法律探微

今與明的新學思

切身生活議題之實用法律參考手冊
考試、研究、論著最佳參考用書

亞洲大學財經法律系教授 合著
前法務部長 施茂林教授、蔡佩芬教授 主編

司法院優遇大法官 蔡清遊
公法學界重量級教授 朱武獻
特別撰文

目　次

序　文

　　本書命名為《法律探微今與明的新學思》，正是表達了法律人對維護社會公平正義的責任，以及法律必須能夠展望未來與符合時代需求的企盼。

　　本書集結了亞洲大學財經法律系專兼任教師們的智慧，探討民眾時下關心的議題，將現今與未來光與熱的法律爭議結集成冊，收錄學界與實務現階段的法律新思維，提出未來修法趨勢，以期許我國法規盡善盡美，並能與時俱進，符合現代人之需求，達到民眾期待的公平正義。

　　本書由前法務部長施茂林、蔡佩芬教授擔任主編，並由本系在社會上頗有聲望的教授特別撰文，例如，現任大法官蔡清遊教授，公法學界重量級的前總統府國策顧問、前行政院人事行政局局長、前考試院副祕書長朱武獻教授。

　　期盼這本書能為民眾解決心中的些許疑惑，為社會法律秩序盡一份微薄的責任。

內容簡介

本書針對臺灣當前與未來面臨的法律問題提出看法。以主題式論文呈現，特色是具有國際觀，內容橫跨德國、日本、美國的文獻（提供譯稿），論述層面分為五大類別：

第一類議題談與民眾財產有切身關係的土地法規運作釋疑。

土地的紛爭一直是民眾在民事案件上的大宗，所以本書也針對民眾對常面臨的議題，例如土地分割、土地徵收，以及新修正的共有物分割主題，進行詳細解說。

第二類談稅捐與金融法律。由蔡清遊大法官執筆，親自為讀者說明國家稅捐處罰的解釋與分析，就民眾每年報稅都會遇到的狀況進行解說，例如逃漏稅捐的處罰與違反稅法作為義務的處罰，是否可以併罰？如果不知道要繳稅或要承擔甚麼稅務行為而沒繳稅或沒執行，就違反法律了，這樣是否必須受到處罰？如何對自己提出有力的抗辯？

另外，也介紹與公司營運有關的稅務問題。有關所得稅法第 38 條關於「經營本業及附屬業務損失」的認定，提供最高行政法院 99 年 9 月份第 2 次庭長法官聯席會議決議供民眾參考，以及對本決議有關人民權益部分，民眾該如何抗辯的建議。

第三類談財經法律議題。著眼於商業金融層面的風險控管，以利社會大眾進行商業活動時，得以預期自身行為是否合法的法律風險控管。

社會上很多金融與商業行為往往因不知法律而觸法，例如收受他人存款是否屬於犯罪行為？實務上判決多以洗錢罪論斷，然而，以洗錢罪苛責真的是正確而毫無爭議的嗎？本書將探討處分違犯銀行法第 125 條的犯罪所得，是否應以洗錢罪論述，以案例探討其合法性。

類似此等問題，本書也探討銀行對個資法的保護與風險控管，這篇文章由前法務部長施茂林指導撰寫。

因臺灣以中小企業為公司型態，商標法對於有註冊者能給予合法保障，但未註冊者，該如何保障？民眾對於未註冊商標的保護可能不甚熟悉，本議題正是要告訴民眾未註冊的著名商標在法律上的保護，並兼論及智慧財產權法和公平交易法的交錯適用問題。同時，因臺商到大陸的人數愈來愈多，因此，在中國大陸「商標搶註」問題，本書也有著墨介紹其類型化及構成要件。

本議題也關心整體經濟在憲法層面的架構和合憲性概念，所以介紹德國的發展作為未來的借鏡。

甚而有之者，在幾十年前，臺灣被認為是仿冒和盜版的避難所，甚至冠以亞洲仿冒中心的汙名，仿冒和盜版所帶來的威脅，以及仿冒智慧財產權帶來的持續挑戰和對臺灣的機會為何，從美國教授的角度提供觀察與論述，藉此打開國人的視野，省思臺灣在世界的地位。

第四大類是從公法議題切入，探討近年來大家耳熟能詳、並引起舉國憤慨的南海國際仲裁案，及釣魚臺列嶼主權爭議問題，以最近的發展趨勢，作為內容架構依歸。再者，從國際眼光轉移到國內，與人民切身相關的是：隨著人口少子化下的經濟衝擊，法律也隨之調整的行政法人與公法人議題。

第五類著眼於國家法規對人民安全性的保障，分為高科技類的個人資料控管、高齡化社會下長期照護服務員的法律風險控管，以及目前大家最關心的氣候變遷引發洪水風險的法律控管。

隨著科技日新月異，多項產品悄悄而不受察覺地涉入到人類隱私，侵害人權的資料收集默默在進行著，人民沒有相關的科技知識，無法得知自己的所有個資和隱私是否被侵害，國家有義務為人民把關，因此，關於個人資料的控管與資料庫的建立，是本章的重點。

　　再者，預防勝於治療，居家服務員常見及可能的法律風險類型為何？其趨吉避凶的法律風險管理模式為何？如何建構教育訓練與法律風險管理整合的系統化創新模式？均為本主題要探討的重點。

　　本書羅列上述主題，希望每位讀者都能夠在本書中，找到自己引頸已久而仍未能解決或釋疑的指引與方向。

Part 1

土地物權法規
運作疑義

| 第 1 章 |

論共有物裁判分割所衍生之疑義

林秉毅[1]

壹、共有物裁判分割修增訂概說

　　共有物之利用，往往因其為共有狀態，難期達到利用目的與經濟效益，為解決此問題，唯有分割共有物一途，藉以消滅共有狀態。民法物權編第 823 條、第 824 條即是分割共有物之主要法源依據。但在修正前的確存有一些與實務無法融合之問題，例如：分割方法過於狹隘、合併分割要件過於嚴苛、分割前共有人就其應有部分設定抵押權登記，於分割後無法轉載於抵押共有人所分得之土地上、對共有物訂有分管契約無從約定不分割之長期限等。

一、增修重點

　　民法物權編為解決上述實務問題，於民國 98 年 1 月 12 日修正第823 條、第 824 條，並增訂第 824 條之 1，其修增訂重點為：
　　（一）放寬訂有分管契約之約定不分割期限至 30 年。（民法第823 條第 2 項）
　　（二）共有人間雖訂有禁止分割期限之契約，但在該期限內如有重大事由，而例外准許當事人得隨時請求分割。（民法第 823 條第 3 項）
　　（三）共有人間雖訂有協議分割契約，惟其履行請求權倘已罹於消滅時效，共有人並為拒絕給付之抗辯者，共有人得請求法院判決分割。（民法第 824 條第 2 項）
　　（四）共有物分割方法朝向多元化，得：1. 原物分配：將原物分配

---

1. 亞洲大學財經法律系兼任講師。

予各共有人單獨取得，或將部分原物分配予部分共有人單獨取得、部分原物分配予部分共有人共有。2. 變價分配：原物分配顯有困難時，得變賣共有物，以價金分配予各共有人。3. 混合分配：部分原物分配、部分變價分配，或部分原物分配、部分金錢補償。（民法第 824 條第 2、3、4 項）

（五）放寬合併分割之限制。（民法第 824 條第 5、6 項）

（六）明定共有物分割之效力，採移轉主義。（民法第 824 條之 1 第 1 項）

（七）明定共有人於分割前就其應有部分設定抵押權，於分割後該抵押權轉載於抵押共有人分得土地上之要件。（民法第 824 條之 1 第 2 項）

（八）賦予未受原物分配而受金錢補償的共有人有抵押權。（民法第 824 條之 1 第 4、5 項）

二、尚待解決的問題

民法物權編於民國 98 年 1 月 12 日修增訂後，雖然解決了不少上述問題，但究其根源，尚涉及實務上下列數項問題有待解決：

（一）共有人於分割前就其應有部分設定抵押權，於裁判分割後該抵押權轉載於抵押共有人分得土地上之要件，能否適用於協議分割或調處分割？

（二）賦予未受原物分配而受金錢補償的共有人有抵押權，其抵押權登記是生效要件？抑或對抗要件？

（三）賦予未受原物分配而受金錢補償的共有人有抵押權之規定，可否適用於協議分割或調處分割？

（四）賦予未受原物分配而受金錢補償的共有人之抵押權，其受償順序優先於金錢補償義務人於分割前所設定之抵押權，存有道德風險？

（五）共有物如以變價分配方式分割，可否適用土地法第34條之1以多數決方式辦理分割？

（六）土地法第34條之1第6項調處分割，存有「原告易位」之不當？

凡此上述問題，均值得深入加以探究，此類問題亦是社會當前存在之爭議。民法物權編之修增訂是否已真正解決這項爭議，恐怕尚有疑問？本文因受限於篇幅，僅就上揭法條增修後所衍生之「共有物分割效力之發生時期、共有物應有部分上之擔保物權、裁判分割應受補償共有人之保護、抵押權轉載適用之分割類型、應受金錢補償共有人之法定抵押權」等疑義提出探討。

貳、共有物分割效力之發生時期

按共有物分割之效力如何發生，舊時民法未設明文，共有物分割之效力，究採認定主義或移轉主義，學術間每有爭論，該時通說為確保法律關係之安定性，則係以民法第825條：「各共有人，對於他共有人因分割而得之物，按其應有部分，與出賣人同一之擔保責任。」而採認「權利移轉主義」，後經民國98年1月23日新增訂民法第824條之1第1項後，即明確採行「權利移轉主義」，不採權利認定主義（宣示主義）。其差別為，就認定主義而言，如法國立法例上，認為共有物因分割而成為單獨所有之效力，係溯及於共有關係成立時發生，分割僅係將原本屬於各共有人單獨所有之事實，加以宣示，或就此單獨所有之權利認定而已；而在我明文採行之權利移轉主義下，認為因分割而成為單獨所有之效力，於分割完畢，不生溯及效力，各共有人因分割而成為單獨所有人，係各共有人就存在於共有物全部之應有部分互相移轉，使各共有人取得各自分得部分之單獨所有權[2]。

亦即共有物分割後，共有人取得分得部分之單獨所有權，是從「共

有物分割效力發生時」起，向後發生效力，而非溯及於共有關係發生之初即生移轉之效力。又所謂分割之「效力發生時」，在協議分割，如分割者為不動產，係指於辦畢分割登記時；如為動產，係指於交付時。至於裁判分割，則指在分割之形成判決確定時。

參、共有物應有部分上之擔保物權

抵押權具有不可分性，以共有物設定抵押權者，依民法第 868 條規定，其抵押權不因抵押物分割而受影響。而分割共有物之效力，因採移轉主義，依民法第 824 條之 1 第 2 項本文規定，應有部分原有抵押權或質權者，於分割時，其權利不受影響，其權利非但存在於原應有部分上，並將依其應有部分比例繼續存在各共有人所分得之共有物，此將使得擔保及共有之關係顯為複雜。

有鑑於此，民法遂於第 824 條之 1 第 2 項、第 3 項規定：「應有部分有抵押權或質權者，其權利不因共有物之分割而受影響。但有下列情形之一者，其權利移存於抵押人或出質人所分得之部分：一、權利人同意分割。二、權利人已參加共有物分割訴訟。三、權利人經共有人告知訴訟而未參加。……」依此規定，應有部分上之擔保物權將有下列之特別效力發生：

一、擔保物權移存於抵押人或出質人所分得之部分

按共有人得自由就其應有部分設定抵押權或質權，惟此種擔保物權雖不因共有物分割而受影響，但確因此害了其他共有人之利益，故在保障擔保物權之外，亦應兼顧非擔保人之共有人利益[3]。因此，民法第

---

2. 最高法院86年度臺上字第2765號判決；最高法院98年度臺上字第135號判決。
3. 謝在全，〈物權法新紀元——物權編通則及所有權之修正〉，《臺灣法學雜誌》，第122
   期，2009年2月，頁12。

824條之 1 第 2 項即明定當具備三款法定事由之一時，該應有部分上之擔保物權即移存於抵押人或出質人所分得之部分：

　　第一款係明定於協議分割時，擔保物權人同意分割之情形。此所謂同意係指同意其分割方法而言，但當事人仍得另行約定其擔保物權移存或處理之方法。

　　第二款、第三款係指於裁判分割時，權利人已參加共有物分割訴訟或已受告知訴訟之情形。因擔保物權人於該訴訟中，有法律上之利害關係，故適用民事訴訟法有關訴訟參加之規定，擔保物權人於參加訴訟後，就分割方法陳述之意見，法院於為裁判分割時，應予斟酌。若擔保物權人未自行參加者，於訴訟繫屬中，任何一共有人均可請求法院告知權利人參加訴訟。如其已參加訴訟，則應受該裁判之拘束。至若經訴訟告知而未參加者，顯係其放棄陳述意見之權利，亦不得主張本訴訟之裁判不當。

　　例如：甲、乙、丙三人共有土地一筆，應有部分均等，甲將其三分之一應有部分為債權人 A 設定抵押權，共有物分割後，而將土地劃分為編號 1、2、3 三筆土地，共有人甲取得編號 1 土地、乙取得編號 2 土地、丙取得編號 3 土地，而各為單獨取得所分配土地所有權，惟甲在符合民法第 824 條之 1 第 2 項所定三款事由之一前提下，A 之抵押權即可移存於甲所分得編號 1 土地上[4]。

---

4. 釋字第671號解釋：「憲法第十五條關於人民財產權應予保障之規定，旨在確保個人依財產之存續狀態行使其自由使用、收益及處分之權能，不得因他人之法律行為而受侵害。分別共有不動產之應有部分，於設定抵押權後，共有物經分割者，其抵押權不因此而受影響（民法第八百二十五條及第八百六十八條規定參照）。於分割前未先徵得抵押權人同意者，於分割後，自係以原設定抵押權而經分別轉載於各宗土地之應有部分，為抵押權之客體。是強制執行時，係以分割後各宗土地經轉載抵押權之應有部分為其執行標的物。於拍定後，因拍定人取得抵押權客體之應有部分，由拍定人與其他共有人，就該不動產全部回復共有關係，其他共有人回復分割前之應有部分，經轉載之應有部分抵押權因已實行而消滅，從而得以維護其他共有人及抵押權人之權益。準此，中華民國九十年九月十四日修正發布之土地登記規則第一百零七條之規定，符合民法規定之意旨，亦與憲法第十五條保障人民財產權之規定，尚無牴觸。」

又如：甲、乙、丙三人共有一塊大金磚，應有部分均等，甲將其三分之一應有部分為債權人 A 設定質權，乙將其三分之一應有部分為債權人 B 設定質權，丙將其三分之一應有部分為債權人 C 設定質權，並將共有之金磚交付予質權人 A、B、C 共同占有，共有物分割後，而將大金磚切割為編號 1、2、3 三塊小金磚，共有人甲取得編號 1 小金磚、乙取得編號 2 小金磚、丙取得編號 3 小金磚，而各為單獨取得所分配小金磚所有權，惟甲、乙、丙在符合民法第 824 條之 1 第 2 項所定三款事由之一前提下，A 之質權即可移存於甲所分得編號 1 之小金磚上、B 之質權即可移存於乙所分得編號 2 之小金磚上、C 之質權即可移存於丙所分得編號 3 之小金磚上。

二、應有部分之擔保物權法定轉換為權利質權

共有物之分割方法，係以價金分配或金錢補償者，應有部分之抵押人或出質人就所受之價金分配債權或金錢補償債權，乃其應有部分消滅之代位物，該債權遂取代原應有部分成為抵押權或質權之擔保客體，因此，依民法第 824 條之 1 第 3 項準用第 881 條第 1、2 項、第 899 條第 1 項，該抵押權或質權因而法定轉換成為權利質權。

亦即，當上述擔保物權依民法第 824 條之 1 第 2 項移存於抵押人或出質人所分得之部分時，若抵押人或出質人所獲分配者為金錢時，擔保物權人即可依同條第 3 項依物上代位行使其權利，俾能兩全其美[5]。上述之例，若甲並未分得土地，而應由乙對甲為金錢補償時，該補償債權即應為甲之應有部分代位物，A 之抵押權自應存在於該補償債權上，並法定轉換為權利質權。

---

5. 謝在全，〈物權法新紀元——物權編通則及所有權之修正〉，《臺灣法學雜誌》，第122期，2009年2月，頁12。

　　至於在原物分配並受金錢補償之情形，依民法第824條第3項規定，共有人於原物分配後，並未得按其應有部分受完全分配，而得受金錢補償者，解釋上亦應有本條之適用，例如：上例甲雖受原物分配，但未能按其應有部分受分配，而乙應對甲為金錢補償者，此時 A 之抵押權固應移存於甲所受分配之土地上，但同時亦應於甲對乙之補償債權上存有權利質權，始為公允。

肆、判決分割應受補償共有人之保護

一、法定抵押權

　　法院就不動產為裁判分割，若依民法第 824 條第 3 項係以原物分配及金錢補償併用者，共有人就其應受補償之金額，對於補償義務人所分得之不動產，依民法第 824 條之 1 第 4 項之規定，有法定抵押權[6]，此乃因共有人所取得者係屬金錢債權，於憲法上財產權之保障，殊有未足，而為之保障規定也[7]。因此，本條項之規定，係為保障因不動產之裁判分割而應受補償共有人之權益，且僅適用於不動產分割之情形。蓋因動產，請求法院裁判分割之案例甚少，且動產質權之設定，必以占有質物為要件，但在分割時，共有物係由補償義務人所占有，此乃與動產質權之精神不符；又動產有善意受讓問題，如予規定，實益不大，故本項適用範圍不及於動產。又此一法定抵押權，於向地政機關申請共有物分割登記時，依同條第 5 項規定，應一併申請登記。

---

6. 參閱民法第824條之 1 增訂理由第五點。
7. 謝在全，〈物權法新紀元——物權編通則及所有權之修正〉，《臺灣法學雜誌》，第122期，2009年2月，頁12。

二、優先於移存之抵押權

共有人依民法第 824 條之 1 第 4 項之規定，因補償債權而享有法定抵押權者，若於該共有物上，同時存有同條第 2 項因共有物分割訴訟而移存於特定應有部分之抵押權時，依民法第 824 條之 1 第 5 項之規定，該法定抵押權之次序應優先於移存之抵押權，始足以確保應受金錢補償之共有人之利益，並兼顧交易安全。例如：甲、乙、丙三人共有面積 90 坪建地一筆，應有部分均等，甲將其三分之一應有部分為債權人 A 設定擔保新臺幣 100 萬元債權之普通抵押權，共有物分割後，而將土地劃分為編號 1（面積 60 坪）、編號 2（面積 30 坪）等兩筆土地，共有人甲取得編號 1（面積 60 坪）土地，但應補償乙新臺幣 150 萬元，丙則取得編號 2（面積 30 坪）土地，而甲、丙各為單獨取得所分配土地所有權，惟債權人 A 之抵押權如符合民法第 824 條之 1 第 2 項所定三款事由之一前提下，則該抵押權即移轉於甲取得編號 1（面積 60 坪）土地上，但乙就甲取得編號 1（面積 60 坪）土地，亦存有受金錢補償所生新臺幣 150 萬元之法定抵押權。假設乙所受金錢補償新臺幣 150 萬元未獲甲之清償，致乙向法院聲請拍賣抵押物，即甲取得編號 1 之建地，拍定價額為新臺幣 150 萬元，則依民法第 824 條之 1 第 5 項所定，法定抵押權受償之次序應優先於移存之抵押權，導致乙之法定抵押權所擔保之新臺幣 150 萬元優先全獲清償，債權人 A 之抵押權則分文未償。

伍、抵押權轉載適用分割類型之疑義

依民法第 824 條之 1 第 2 項規定：「應有部分有抵押權或質權者，其權利不因共有物之分割而受影響。但有下列情形之一者，其權利移存於抵押人或出質人所分得之部分：一、權利人同意分割。二、權利人已參加共有物分割訴訟。三、權利人經共有人告知訴訟而未參加。」

　　有關分割前之抵押權，於分割後轉載於抵押人分得之土地上，該轉載之規定是否僅適用於裁判分割，於協議分割有否適用？就法條文義上似乎無法直接得出答案。惟就法條規定順序而言，因第一項共有物分割效力之對象包含協議分割與裁判分割，因此接續其後之第2項，如無明文排除適用類型，則理應包含協議分割與裁判分割。另再就其增訂理由觀之，「……為避免法律關係轉趨複雜，並保護其他共有人之權益，另增訂但書三款規定，明定於有但書情形時，其抵押權或質權僅移存於抵押人或出質人所分得之部分。第一款即明定於協議分割時，權利人同意分割之情形，此所謂同意係指同意其分割方法而言，但當事人仍得另行約定其權利移存方法，要屬當然，不待明文。第二款、第三款係指於裁判分割時，權利人已參加共有物分割訴訟或已受告知訴訟之情形……」因此，基於上述理由，民法第824條之1第2項抵押權轉載於抵押人分得土地上之規定，於協議分割與裁判分割皆有適用，惟但書第一款屬協議分割之情形，若分割因法院調解或訴訟上和解而成立者，因其本質上乃協議分割之一，故應有本款之適用，於土地法第34條第6項成立之分割調處亦然[8]；而第2款、第3款則指於裁判分割之時有其適用，因若於協議分割，可能因共有人串通，故意分割不公，致影響抵押權人之權益，惟於調處分割時，第2、3款轉載之規定得否適用則有討論之空間。

　　按裁判分割，係透過法院以公正第三人之角色，並賦予抵押權人對分割內容有陳述意見之機會或放棄其機會時，在斟酌各共有人之利害關係後，以公平適當之原則予以裁判，當不致使原設定抵押人因分割取得價值偏低，而生損害抵押權人權益之虞。而在調處分割，亦係透過公正第三人角色之直轄市、縣（市）不動產糾紛調處委員會所作成之調處結

---

8. 謝在全，《民法物權論（上）》，新學林出版，修訂六版，2014年9月，頁417。

果，若能在調處過程中亦如判決分割轉載之規定，賦予抵押權人在公正第三方下，有其陳述意見之機會或經通知其參加而放棄其陳述意見之機會時，即得就分割前應有部分設定之抵押權，於分割後轉載於抵押人分得之土地上，基於保護其他共有人權益，並促進土地經濟效用、訴訟經濟上，當有莫大助益。因此，本文認為民法第 824 條之 1 第 2 項第 2、3 款轉載之規定於調處分割亦應有其適用為宜。

陸、應受金錢補償共有人之法定抵押權疑義

依民法第 824 條之 1 第 4 項規定：「前條第三項之情形，如為不動產分割者，應受補償之共有人，就其補償金額，對於補償義務人所分得之不動產，有抵押權。」就法條文義觀之，該抵押權係基於法律之規定而生，且就其立法理由「為保障因不動產之裁判分割而應受補償共有人之權益，爰於第四項增訂應受補償人對於補償義務人之補償金債權，就補償義務人分得之不動產，有法定抵押權。」看來，亦已明確指明是為法定抵押權，因此，第 824 條之 1 第 4 項所稱之抵押權係屬「法定抵押權」，應無疑義，即不待登記則生抵押權之效力。惟依第 824 條之 1 第 5 項，該抵押權於辦理共有物分割登記時，若未併同辦理抵押權登記，則基於物權的公示原則與公信原則，能否對抗善意的受讓人？此乃涉及該抵押權的「登記」，係屬生效要件？抑或對抗要件？而有不同。再就該法定抵押權是否適用於協議分割或調處分割之類型，亦或可能產生道德上之風險，此皆存有諸多疑慮，實有加以探究之必要。

一、法定抵押權之「適用分割類型」

按民法第 824 條之 1 第 4 項規定之法定抵押權，就其立法理由「為保障因不動產之裁判分割而應受補償共有人之權益，爰於第四項增訂」看來，當然包括裁判分割並無疑義，但是否僅限縮於「裁判分割」之情

形而不擴及「協議分割」或「調處分割」，則有討論之空間。

　　對此，採限縮論點認為，「協議分割」之性質係屬共有物所有人間之債權契約，其分得補償金之共有人對於分得部分土地之共有人僅取得給付補償金之請求權，核其性質應屬債權性質，並無得轉變為具物權效力「法定抵押權」之正當性，再者，於「協議分割」情形下，各共有人對於共有物之分配方式於協調過程中均應已知之甚詳，且具有高度之可預見性，是對「受價金補償之共有人」而言，殊無創設「法定抵押權」予以保護之必要性，然於「裁判分割」之情形下，則適為相反，蓋其於分割判決確定作成時即生效力，對於「受價金補償之共有人」而言充滿高度不確定性，遂規定其對於補償義務人所分得之土地具有法定抵押權，以資保護[9]。

　　而採「擴張說」則認為，從體系來看，民法第824條是關於分割方法的規定，第1項針對協議分割，概括規定依當事人協議的方法，第2項規定裁判分割的方法，第3項以金錢補償的規定，依體系固然可以認為是延續第2項的規定，而認為只限於第2項裁判分割的情形；然而體系解釋上，也可認為協議分割方法因無另外規定，第2項和第3項的分割方法也可作為協議分割的方法。如果民法第824條第3項的規定可以包括協議分割，則第824條之1第4項既針對「前條第三項之情形」，則應受補償人有法定抵押權，即包括協議分割的情形。再從法理言之，裁判分割應受補償人的補償金債權應加以保障，是基於應得補償金的共有人以其原應有部分換取補償金，協議分割的情形與裁判分割的情形相同，因而協議分割應受補償人的補償金債權也應加以保障，故得主張法定抵押權[10]。

---

9. 陳明燦，〈共有土地分割效力之探析——簡論民法第八二四條之一〉，《臺灣法學雜誌》，第149期，2010年4月，頁86。

　　另外，若從「訴訟經濟原則」之考量觀點而言，則應採擴及「協議分割」說，首先從私經濟觀點而言，倘若於共有人採取「協議分割」之前提下，若能輔以「法定抵押權」之機制，當可顧及「受價金補償之共有人」之權益，事實上，其對「分得土地之共有人」而言，亦無損害其權益，卻可節省後續裁判分割之訴訟成本，當可提升各共有人參加「協議分割」之誘因。再從公經濟觀點而言，土地本具有濃厚之公共財色彩（如區位以及數量固定性等），而共有土地基於交易成本理論甚不利於其使用效率之提升，從而在兼顧各共有人權益之基礎上，實應儘早消滅土地共有關係，如此一來，國家之介入應有其必要與正當性，而法定抵押權之創設，乃具有正當性。事實上，以民法第 876 條第 1 項所定「法定地上權」為例，其創設之目的乃在於平衡土地與其上建築物所有權人之法益，以避免造成「拆屋還地」而浪費社會資源，試想若無此一機制，則將無法體現不動產所具有之「交換價值」（蓋其抵押權將無由設定），同樣地，若欠缺法定抵押權之創設，將使共有人（尤指持分少而須領補償金者）視「協議分割」為畏途，則僅剩「裁判分割」一途，此與增加訟源，將無不同[11]。

　　是故，若不適用協議分割或調處分割之情形，對受金錢補償共有人的權益似有保障不周延之處，亦會使共有人捨協議分割或調處分割之方式，而尋求裁判分割方式，將增加法院負擔與社會成本，此乃立法者所不願樂見。基於保障受金錢補償共有人之權益，且亦可增加成立協議分割或調處分割之誘因，以節省後續裁判分割之訴訟成本，因此，本文認為應採擴張說，法定抵押權之適用不應區分分割之方式。

---

10. 謝哲勝，〈共有不動產分割應受補償人的法定抵押權〉，《月旦法學教室》，第85期，2009年11月，頁19；謝哲勝，《民法物權》，三民書局，增訂四版，2014年2月，頁250。
11. 陳明燦，〈共有土地分割效力之探析——簡論民法第八二四條之一〉，《臺灣法學雜誌》，149期，2010年4月，頁86-87。

二、法定抵押權併同「登記」之效力

依土地登記規則第 100 條之 1 第 1 項規定：「依民法第八百二十四條第三項規定申請共有物分割登記時，共有人中有應受金錢補償者，申請人應就其補償金額，對於補償義務人所分得之土地，同時為應受補償之共有人申請抵押權登記。但申請人提出應受補償之共有人已受領或為其提存之證明文件者，不在此限。」

至若屬「協議分割」之情形者，應受補償共有人仍應向登記機關申辦法定抵押權設定登記，其土地分割效力之發生時點雖有不同，亦即，裁判分割係於分割確定判決作成時即生效力；協議分割則須於土地分割登記完畢後始生效力。然對法定抵押權而言，兩者均須經當事人申請而非由地政機關依職權為之，蓋其屬「單獨申請登記」類型，依土地登記規則第 27 條第 16 款規定，應由權利人單獨向地政機關申請，並於地政機關審查無誤後辦理登記。

然有疑問者為，前揭地政機關審查無誤所為之法定抵押權登記，其效力為何？申言之，其係屬「設權效力」抑或「處分效力」，應值探討。民法第 824 條之 1 第 5 項雖規定：「前項抵押權應於辦理共有物分割登記時，一併登記。」然而法定抵押權是符合法律規定即有抵押權，因此，共有不動產分割應受補償人的法定抵押權不以登記為生效要件[12]。由於其係經由民法第 824 條之 1 第 4 項「法律規定」所創設之抵押權，其性質猶如民法第 876 條第 1 項之「法定地上權」，是其物權變動係因「法律行為以外者」，包括法律事實以及法律規定所致，則其土地登記效力型態之歸屬顯係「登記處分要件主義」，即依民法第 759 條規定，於登記前已取得不動產物權者，應經登記，始得處分其物權。而非民法

---

12. 謝哲勝，〈共有不動產分割應受補償人的法定抵押權〉，《月旦法學教室》，第85期，2009年11月，頁19；謝哲勝，《民法物權》，三民書局，增訂四版，2014年2月，頁250。

第 758 條之「登記生效要件主義」。亦即，前揭應受補償共有人對補償
義務人所分得土地之「法定抵押權」，其申請登記之時點於「協議分割」
之情形時，則應與共有土地分割登記併同辦理；於「裁判分割」情形時，
則於共有土地分割確定判決作成後申辦之，但為保護善意第三人，則於
未完成法定抵押權登記之前，應不生對抗效力，其性質猶如民法第 826
條之 1 第 1 項共有土地分管約定之登記，或信託法第 4 條第 1 項土地信
託契約之登記[13]。

三、法定抵押權次序最優先之「道德風險」

依民法第 824 條之 1 第 5 項規定：「前項抵押權應於辦理共有物
分割登記時，一併登記，其次序優先於第 2 項但書之抵押權。」據此，
可看出該抵押權受償之次序，乃是民法第 874 條所規定「抵押物賣得之
價金，除法律另有規定外，按各抵押權成立之次序分配之。」之例外情
形。倘有共有人心存不軌，於分割前先就其應有部分向第三人借款並設
定抵押權，後於分割共有物時，刻意夥同其他共有人使其他共有人不受
原物分配而受有金錢補償，導致該受金錢補償的共有人對負有金錢補償
義務的共有人（抵押人）所分得的土地有法定抵押權，因而產生該法定
抵押權較先前設定的抵押權有優先受償之效果。嗣後，當該金錢補償之
義務人刻意不履行金錢補償或對第三人債務之義務，致使其抵押物遭拍
賣時，因受有金錢補償之法定抵押權享有最優先受償之效力，則該先前
設定之抵押權人恐即蒙受分文未能受償之風險[14]，此產生之道德盲點，
實非現行法律所得排除。

13.陳明燦，〈共有土地分割效力之探析──簡論民法第八二四條之一〉，《臺灣法學雜
　　誌》，第149期，2010年4月，頁88-89。
14.參如上述「二、優先於移存之抵押權」之舉例。

因此，本文建議應把民法第 824 條之 1 第 5 項規定之最優先受償範圍限縮在一定比例上，以免第三人受此種惡意風險之損害。是故，民法第 824 條之 1 第 5 項建議應修改為：「前項抵押權應於辦理共有物分割登記時，一併登記，其次序優先於第二項但書之抵押權，但以應受補償之共有人分割前面積與補償義務人所分得面積之比例為限。」

柒、結論暨修法之建議

由於土地資源稀少，而且人口又不斷增加，迫使土地使用不得不朝高密度及立體化發展，形成數人共同擁有土地之機會大幅提高。共有物之利用，往往因其為共有狀態，難期達到利用目的與經濟效益，為解決此問題，唯有分割共有物一途，藉以消滅共有狀態。然民法物權編第823 條、第 824 條即是分割共有物之主要法源依據，但在增修正前已存有一些與實務無法融合之問題，又於民國 98 年 1 月 12 日修正第 823 條、第 824 條，並增訂第 824 條之 1 後，再衍生如上述之問題爭論，諸問題如上揭之論述探討後，就其解決之道，本文建議宜就民法第 824 條之 1 做下列之修正：

共有人自共有物分割之效力發生時起，取得分得部分之所有權。

應有部分有抵押權或質權者，其權利不因共有物之分割而受影響。但有下列情形之一者，其權利移存於抵押人或出質人所分得之部分：

一、權利人同意分割。

二、權利人已參加共有物分割訴訟或分割調處。

三、權利人經共有人告知訴訟或調處而未參加。

前項但書情形，於以價金分配或以金錢補償者，準用第八百八十一條第一項、第二項或第八百九十九條第一項規定。

前條第三項之情形，如為不動產分割者，應受補償之共有人，就其補償金額，對於補償義務人所分得之不動產，有抵押權，於分割協議或調處亦同。

前項抵押權應於辦理共有物分割登記時，一併登記，其次序優先於第二項但書之抵押權，但以應受補償之共有人分割前面積與補償義務人所分得面積之比例為限。

上述民法第 824 條之 1 第 2 項之修正，乃為解決抵押權轉載之第 2、3 款法定事由亦應適用於調處分割；第 4 項之修正，乃為解決「法定抵押權」亦應適用於協議分割與調處分割；第 5 項之修正，乃為解決避免法定抵押權之最優先性所衍生之道德風險。

第 2 章

民法第 824 條之 1 之立法源起
與立法後運作現況

郭林勇律師[1]、林心印律師[2]

壹、爭議源起

民法第 825 條規定：「各共有人，對於他共有人因分割而得之物，按其應有部分，負與出賣人同一之擔保責任。」通說因此認為我國民法對共有物分割之性質係採移轉主義。易言之，共有物分割之效力是向將來發生而非溯及既往，共有物上原有的其他物權負擔，應不受分割而影響，共有人以應有部分設定擔保物權亦同。

因而，若以共有物設定抵押權，依民法第 868 條：「抵押之不動產如經分割，或讓與其一部，或擔保一債權之數不動產而以其一讓與他人者，其抵押權不因此而受影響。」之規定，抵押權固存在於共有人所分得之共有物各部分上而不受影響；但若以應有部分設定抵押權時，在共有物分割後，抵押權人應如何實行其抵押權？抵押權人實行其抵押權是否應以原應有部分為限？而共有物分割時，若採變價分配或原物分配並金錢補償時，對抵押權人有無影響？因法無明文，實務及學說即有爭議。

況且，依民法第 881 條第 1 項：「抵押權除法律另有規定外，因抵押物滅失而消滅。但抵押人因滅失得受賠償或其他利益者，不在此限。」第 899 條第 1 項：「動產質權，因質物滅失而消滅。但出質人因滅失得受賠償或其他利益者，不在此限。」等規定，抵押權之代位物為抵押物

---

1. 郭林勇律師，尚德法律事務所所長，亞洲大學財經法律系兼任副教授。
2. 林心印律師，尚德法律事務所律師，亞洲大學財經法律系兼任講師。

（或質物）完全滅失而使抵押權消滅時所得之賠償金，共有物變價分割或原物分配並行之金錢補償，學說均認無法直接等同於民法第881條第1項及第899條第1項之代位物，因而抵押權究應繼續存於分割後之共有物或共有物應有部分？抵押權人及未設定抵押權之其他共有人之權益如何維護？即有探討之必要。

在我國民法未修正前，以應有部分設定抵押權而衍生之爭議已層出不窮，是以自民國69年，立法者暫以修訂土地登記規則第91條加以因應（本條文在民國98年時，變更條文如民法第824條之1之規定，並變更條次為第107條），條文如下：

土地登記規則第91條

分別共有土地，部分共有人就應有部分設定抵押權者，於辦理共有物分割時，該抵押權按原持分轉載於分割後各宗土地之上。但經先徵得抵押權人之同意者，該抵押權僅轉載於原設定人分割後取得之土地上。

土地登記規則第91條但書，固已增加在抵押權人事前同意之情況下，抵押權得轉載於分割後指定範圍部分之條文，以供民眾實務操作時有法可據，然而土地登記規則第91條，並未規範抵押權人於訴訟程序中的地位，或如何主動表達其意願之機會，是以實務上分割共有物仍有不少爭議，例如：

81年2月27日（81）廳民一字第2696號臺灣高等法院民事法律問題座談

法律問題：

甲以其與乙、丙共有土地之應有部分三分之一，為丁設定抵押權，

嗣該地經法院判決分割共有物確定,尚未據以辦理分割登記,丁因抵押權到期未獲清償,乃請准法院裁定拍賣抵押物,並據以聲請執行法院拍賣該土地應有部分三分之一,執行法院應否准許?

討論意見:

甲說:

不應准許:共有物之分割,經分割形成判決確定者,即生共有關係終止及共有人各自取得分割部分所有權之效力,故不動產之各共有人,以其應有部分設定抵押權後,不動產經分割形成判決確定者,抵押權應集中存在於原設定分割後取得之不動產上。(最高法院七十二年臺上字第二六四二號判例參照)

乙說:

應予准許:按「抵押之不動產如經分割或讓與其一部;其抵押權不受影響」民法第八百六十八條定有明文,而上述最高法院判例又係就不動產經假處分後能否予以判決分割而立論,尚不能據以對抗民法第八百六十八條之規定。

審查意見:

最高法院七十二年臺上字第二六四二號判決所謂於共有土地應有部分設定抵押權,該土地經裁判分割後,抵押權即集中於分割後之特定物,應係指抵押權人此際可對該特定土地實行抵押權,就其所得價金之全部依優先順序取償之謂,然抵押權則自仍得依民法第八六八條規定,就分割後之各筆土地實行抵押權,故採乙說。

司法院民事廳研究意見:

按共有物分割之效力,我民法採移轉主義(民法第八百二十五條參照),故共有人間係因分割而各就其應有部分相互移轉,各該分割後所取得之單獨所有權,並不溯及既往,而應自分割完畢後發生。因之,應有部分上所設定之抵押權,於共有物分割後,除有土地登記規

則第九十一條但書之情形,經徵得抵押權人同意,將抵押權轉載於抵押人分得之土地外,抵押權應仍存在抵押人原有之應有部分上,抵押權人自得對全部土地上抵押人之應有部分行使抵押權(土地登記規則第九十一條)。題示情形,抵押權人丁請准法院裁定拍賣抵押物,並據以聲請執行法院拍賣土地應有部分三分之一,揆諸首開說明,執行法院自不能駁回其聲請,仍得就甲、乙、丙三人分割後之特定土地全部按抵押人之應有部分三分之一,逕依強制執行法第十一條規定,辦妥分割登記後,再進行拍賣程序。研討意見乙說認應予准許,尚無不合,惟以抵押權之不可分性加以說明,則有不當(本題為應有部分之抵押與民法第八百六十八條所規定係指不動產(共有物)之抵押,二者情形迥然不同)。至甲說引用最高法院七十二年臺上字第二六四二號判例所稱「……債務人之應有部分,經實施查封後,因裁判分割,其權利即集中於分割後之特定物……」云云,「其權利」三字係指債務人應有部分之原有權利而言,並非謂「抵押權」標的集中存於分割後之特定物,是該判例意旨與本問題之結論亦無影響。

由上開研討意見可知,在移轉主義下,已判決分割之共有物,以應有部分設定抵押權人仍有權聲請拍賣抵押物,且因抵押權人尚未於分割前表示同意,是以法院裁判時亦無法將抵押權轉於原設定人分割後所取得之部分,而僅能將抵押權按原持分轉載於分割後各宗土地之上,如此一來,在抵押權人聲請拍賣後,將使判決分割之各筆土地均將與拍定人形成新的共有關係,既失去原共有人間在裁判分割時對共有物分配所達成的平衡點,也無法達到地盡其利、物盡其用之目的。

貳、修法新增民法第 824 條之 1

立法者以土地登記規則試圖解決上述實務運作爭議之目的固值得肯

定，然而，如上所述，以應有部分設定抵押權之爭議並未隨土地登記規則之修訂而塵埃落定，且由法律體系觀之，土地登記規則僅為依土地法第37條第2項制定之命令，法律位階及效力不應高於民法。是以郭林勇律師任職第六屆立法委員時，在法規委員會中大力檢視民法第824條之1條文之修訂：

民法第824條之1（民國98年01月23日修正）

　　I 共有人自共有物分割之效力發生時起，取得分得部分之所有權。

　　II 應有部分有抵押權或質權者，其權利不因共有物之分割而受影響。但有下列情形之一者，其權利移存於抵押人或出質人所分得之部分：

　　一、權利人同意分割。

　　二、權利人已參加共有物分割訴訟。

　　三、權利人經共有人告知訴訟而未參加。

　　III 前項但書情形，於以價金分配或以金錢補償者，準用第八百八十一條第一項、第二項或第八百九十九條第一項規定。

　　IV 前條第三項之情形，如為不動產分割者，應受補償之共有人，就其補償金額，對於補償義務人所分得之不動產，有抵押權。

　　V 前項抵押權應於辦理共有物分割登記時，一併登記，其次序優先於第二項但書之抵押權。

　　＜修法理由＞

　　……

　　二、共有物分割之效力，究採認定主義或移轉主義，學者間每有爭論，基於第八百二十五條之立法精神，爰增訂第一項，本法採移轉主義，即共有物分割後，共有人取得分得部分單獨所有權，其效力係

向後發生而非溯及既往。又本條所謂「效力發生時」，在協議分割，如分割者為不動產，係指於辦畢分割登記時；如為動產，係指於交付時。至於裁判分割，則指在分割之形成判決確定時。

三、分割共有物之效力，因採移轉主義，故應有部分原有抵押權或質權者，於分割時，其權利仍存在於原應有部分上，爰增訂第二項。但為避免法律關係轉趨複雜，並保護其他共有人之權益，另增訂但書三款規定，明定於有但書情形時，其抵押權或質權僅移存於抵押人或出質人所分得之部分。第一款明定於協議分割時，權利人同意分割之情形。此所謂同意係指同意其分割方法而言，但當事人仍得另行約定其權利移存方法，要屬當然，不待明文。第二款、第三款係指於裁判分割時，權利人已參加共有物分割訴訟或已受告知訴訟之情形。權利人於該訴訟中，有法律上之利害關係，故適用民事訴訟法有關訴訟參加之規定，權利人於訴訟參加後，就分割方法陳述之意見，法院於為裁判分割時，應予斟酌，乃屬當然。若權利人未自行參加者，於訴訟繫屬中，任何一共有人均可請求法院告知權利人參加訴訟。如其已參加訴訟，則應受該裁判之拘束。至若經訴訟告知而未參加者，亦不得主張本訴訟之裁判不當。

四、共有人將其應有部分抵押或出質者，嗣該共有物經分割，抵押人或出質人並未受原物分配時，該抵押權或質權應準用第八百八十一條第一項、第二項，或第八百九十九條之規定，由抵押人或出質人所受之價金分配或金錢補償，按各抵押權人或質權人之次序分配之，其次序相同者，按債權額比例分配之，並對該價金債權或金錢債權有權利質權，俾保障抵押權人或質權人之權益，爰增訂第三項。

五、為保障因不動產之裁判分割而應受補償共有人之權益，爰於第四項增訂應受補償人對於補償義務人之補償金債權，就補償義務人分得之不動產，有法定抵押權。本項僅適用於不動產分割之情形。蓋

因動產，請求法院裁判分割之案例甚少，且動產質權之設定，必以占有質物為要件，如分割時，共有物由補償義務人占有，則與動產質權之精神不符；又動產有善意受讓問題，如予規定，實益不大，故本項適用範圍不及於動產。

　　六、前項法定抵押權，於向地政機關申請共有物分割登記時，應一併申請登記之。其次序應優先於囚共有物分割訴訟而移存於特定應有部分之抵押權，始足以確保應受金錢補償之共有人之利益，並兼顧交易安全，爰增訂第五項。至此項法定抵押權與其他抵押權之次序，仍依第八百六十五條規定定之。又不動產分割，應受補償者有多數人時，應按受補償金額比例登記為共有抵押權人，併予指明。

參、新增民法第 824 條之 1 後之影響

　　新增民法第 824 條之 1 條文後，實務上長久以來以應有部分設定抵押權時，如何兼顧抵押權人、各方共有人等人之權益及共有物妥善分割，俾使地盡其利、物盡其用之宗旨，終於有法律明文可茲依循。然而，民法第 824 條之 1 施行後，與實務運作體系尚須接軌銜接之時間。以下歸納並分舉民法第 824 條之 1 施行後，各方賢達所提出之問題及見解，以綜觀民法第 824 條之 1 條文施行至今之成效，令臺灣法制更趨完善。

修法後問題之一

　　共有人請求分割共有物，並將抵押權移存於原有應有部分分割後之部分，移存之請求是否應列為訴之聲明？是否應於判決主文內諭知？

臺灣高等法院暨所屬法院 98 年法律座談會民事類提案第 10 號
　　法律問題：

　　共有人起訴請求分割共有物，部分共有人就應有部分設定抵押權，若符合民法第 824 條之 1 第 2 項但書各款所列之規定，則上開條文所規定「其權利移存於抵押人所分得之部分」，是否應於分割共有物判決主文內諭知？

　　討論意見：

　　甲說：

　　按裁判分割共有物，屬形成判決，法院定共有物之分割方法，固應斟酌當事人之聲明、共有物之性質、經濟效用及全體共有人之利益等，而本其自由裁量權為公平合理之分配，但並不受當事人聲明、主張或分管約定之拘束（最高法院 93 年度臺上字第 1797 號判決要旨參照）。是裁判分割共有物祗要依據民法第 824 條規定為適當之分配，不受任何共有人主張之拘束；分割之結果為何，於法院未為判決前，究係原物、變價分割，或部分原物、部分變價分割，或原物分割搭配補償金與部分共有人等等之方式，本無定論。

　　故所謂「其權利移存於抵押人所分得之部分」，亦將有種種不同之型態，方有民法第 824 條之 1 第 3、4、5 項之規定，對於不同型態之分割方式，將抵押權之移存方式及效果明文定之；況且，同條第 2 項但書各款所規定之權利人即係抵押權人，不論係出於同意分割方法、參加訴訟、受共有人（含原、被告）告知訴訟，基本上僅為利害關係人、參加人、受告知訴訟人，尚非原、被告可比，其等雖得於訴訟程序中陳述並得為自己及被參加人或告知訴訟人為一定訴訟行為，惟並無當事人應受判決事項之聲明；尚且，於上開條文增訂前，參酌土地登記規則第 107 條規定：「分別共有土地，部分共有人就應有部分設定抵押權者，於辦理共有物分割登記時，該抵押權按原應有部分轉載於分割後各宗土地之上。但經先徵得抵押權人同意者，該抵押權僅轉載於原設定人分割後取得之土地上。」原來共有物分割（包含協

議、裁判分割），關於抵押權移存於抵押人所分得部分，即得徵由抵押權人之同意後為之，與增訂條文所指「權利人同意分割」意旨約略相符，而上開土地登記規則，並無庸於裁判分割訴訟上為任何主張。

　　綜上所述，如題旨，關於抵押權移存於抵押人所分得部分，祇要符合民法第 824 條之 1 第 2 項但書各款規定，應屬法律規定之法定效果，無庸當事人為任何聲明，縱有聲明，法院亦無庸於判決主文內諭知，僅於判決理由中說明已足。

　　乙說：

　　按應有部分有抵押權者，其權利不因共有物之分割而受影響，乃為法律所明定。如題旨之「其權利移存於抵押人所分得之部分」，乃須符合法律一定之要件，方能產生法律效果，既此，當事人於裁判分割訴訟程序上仍須為主張，主張之結果即應由當事人以應受判決事項之聲明表彰之，否則，法院不得就當事人未聲明之事項為判決。況且，法院於判決主文內諭知該「移存部分」，於辦理分割共有物登記或聲請強制執行變價分配價金，地政機關登記或法院執行機關強制執行方有依據。

　　初步研討結果：採甲說。

　　研討結果：照審查意見通過。

　　上開座談會研討意見結論固依民法第 824 條之 1 修訂前，實務上僅依土地登記規則第 107 條之規定，而將抵押權移存於抵押人所分得部分之情況，進而推認民法第 824 條之 1 修訂後，將抵押權移存於抵押人所分得部分便已為法律效果，是以無須再以判決主文諭知，亦不影響地政機關登記作業或實務運作。

　　然而，按民事訴訟法第 401 條第 1 項規定：「確定判決，除當事人外，對於訴訟繫屬後為當事人之繼受人者，及為當事人或其繼受人占有

請求之標的物者，亦有效力。」判決既判力僅能擴張至物之受讓人，即使分割物之效力採移轉主義，亦難謂判決既判力能擴張至分割後所得部分其上之抵押權人。

且依民法第824條之1第2項但書第1款「權利人同意分割」之規定，亦有可能出現抵押權人僅單純同意分割卻未參加訴訟之情況，此時抵押權人於本案訴訟程序之地位僅為一利害關係人或證人，並非本案訴訟程序之主體或判決既判力所及之人，若判決主文未諭知將抵押權移存於所分得部分，抵押權人之權益似非屬確定，地政機關亦有可能無法確認抵押權人是否同意分割而於登記時產生疑義。

筆者認為，在修訂民法第824條之1前，無論共有人、抵押權人均無法律依據得請求將抵押權移存於所分得部分，是以起訴時訴之聲明及判決主文均無由列出此請求內容，僅能於判決理由中說明，此乃法制尚未健全時之權宜作法。如今既已修訂民法第824條之1，是否仍應沿行修法前的權宜作法，或應明確以訴之聲明及主文列出轉載抵押權之請求，應有再斟酌之空間。

至於以原應有部分設定抵押權之共有人未通知抵押權人參加訴訟時，其他共有人得法院告知抵押權人，俾使抵押權人得於訴訟中表示對於分割方案之意見，以下最高法院104年臺上字第2467號民事判決之見解，應予贊同。

最高法院104年臺上字第2467號民事判決

民法第824-1條第2項第2款及第3款係指於裁判分割時，權利人已參加共有物分割訴訟或已受告知訴訟之情形，權利人於該訴訟中，有法律上之利害關係，故適用民事訴訟法有關訴訟參加之規定，權利人於訴訟參加後，就分割方法陳述之意見，法院於為裁判分割時，應予斟酌。若權利人未自行參加者，於訴訟繫屬中，任何一共有人均

可請求法院告知權利人參加訴訟。如其已參加訴訟,則應受該裁判之拘束。至若經訴訟告知而未參加者,亦不得主張本訴訟之裁判不當。

修法後問題之二

共有人依民法第824條之1第4項所取得之法定抵押權與原設定於共有物上抵押權之次序為何?

法務部98年10月6日法律字第980036364號函解釋要旨:

1. 按98年7月23日修正施行之民法第824條之1第4項規定:「前條第三項之情形,如為不動產分割者,應受補償之共有人,就其補償金額,對於補償義務人所分得之不動產,有抵押權。」同條第5項復規定:「前項抵押權應於辦理共有物分割登記時,一併登記,其次序優先於第二項但書之抵押權。」該條所定前條第3項之情形,即係指裁判分割時於原物分配外並命金錢補償者而言。此項抵押權係法定抵押權,其立法目的係為保障因裁判分割而應受補償之不動產共有人財產權,且為落實公示原則,避免該法定抵押權未登記可能衍生交易安全之妨害,爰於上開條文明定應於辦理共有物分割登記時,一併登記。又該法定抵押權所擔保之債權即為該補償義務人應補償受補償共有人之金額,原即非補償義務人應有部分所設定抵押權支配之範圍,該法定抵押權之次序自應優先於就應有部分抵押而移存之抵押權。

2. 至上開民法第824條之1修正說明第6點所稱「此項法定抵押權與其他抵押權之次序,仍依第865條規定定之」,係藉以說明本條僅專就第824條之1第4項法定抵押權之次序所為之規定,是該說明所稱「其他抵押權」應係指「因共有物分割訴訟而移存於特定應有部分之抵押權」以外之抵押權。例如甲乙丙共有土地,全體共有人先就

共有土地之全部設定抵押權予丁後，乙復就其應有部分設定抵押權於戊，嗣經請求法院裁判分割，戊同時參加訴訟或經告知訴訟而未參加時，法院判決結果如係以原物分配於甲乙，同時命乙應補償丙金錢，此際丙就其補償金額即取得法定抵押權，其次序優先於該移存之抵押權戊，至於丁與丙之抵押權次序，則仍按第 865 條規定依登記之先後定之。

依土地登記規則第 100 條之 1 之規定：「依民法第八百二十四條第三項規定申請共有物分割登記時，共有人中有應受金錢補償者，申請人應就其補償金額，對於補償義務人所分得之土地，同時為應受補償之共有人申請抵押權登記。但申請人提出應受補償之共有人已受領或為其提存之證明文件者，不在此限。

前項抵押權次序優先於第一百零七條第一項但書之抵押權；登記機關於登記完畢後，應將登記結果通知各次序抵押權人及補償義務人。」

因裁判分割而應受補償之不動產共有人，就其受補償金額，對於補償義務人所分得之不動產有抵押權，其性質屬法定抵押權，登記次序自應優先於就應有部分抵押而移存之抵押權，並應於辦理共有物分割登記時一併登記。

修法後問題之三

債務人以應有部分設定抵押，分割後未取得土地或取得部分低於其原有應有部分而受價金分配或金錢補償，原抵押權應如何處理？抵押權人如何保障權益？

內政部 101 年 10 月 5 內授中辦地字第 1016651718 號解釋要旨：

1. 按判決共有物分割登記，土地共有人中有原以其應有部分設定

抵押權，該抵押權人並已參加共有物分割訴訟或經受告知訴訟但未參加，嗣該共有人經法院判決以金錢補償而未予分配土地，該原設定之抵押權權利應依民法第 824 條之 1 第 3 項準用同法第 881 條第 1 項及第 2 項之規定辦理，亦即原抵押權人轉為就該共有人得對負補償義務之共有人請求給付補償金之權利有權利質權，登記機關於受理判決共有物分割登記時，除應請申請人一併為應受補償之共有人申請同法第 824 條之 1 第 4 項所定之抵押權登記外，並應依土地登記規則第 107 條第 2 項規定同時申請塗銷原抵押權之登記。

2. 上述情形，倘負補償義務之共有人擬先為給付或提存補償金，以不發生上開民法規定之抵押權時，申請人應依土地登記規則第 100 條之 1 第 1 項但書規定，提出應受補償共有人已為受領或為其提存之證明文件及其給付已經原設定抵押權人（即質權人）同意之證明文件，或依提存法施行細則第 22 條第 1 項規定，以應受補償之共有人（即出質人）為受取權人辦理提存時，並在提存書記載提存款設定有債權質權及質權人姓名，於出質人提出已清償所擔保之債權或質權人同意領取之證明文件，始得領取等文字。

承上述，因裁判分割而應受補償之不動產共有人，就其受補償金額，對於補償義務人所分得之不動產有抵押權，且登記次序優先於就應有部分抵押而移存之抵押權。此係指債務人分割後仍取得部分土地，故抵押權仍得移存於上之情形。

若債務人分割後並未取得分割後共有物之一部分，或其取得部分低於其原有應有部分，而僅受價金分配或金錢補償時，抵押權即失所附麗。未增訂民法第 824 條之 1 前，依我國民法分割共有物採移轉主義，通說認共有人所受價金分配或金錢補償不得視為民法第 881 條所規定之「因抵押物滅失所受賠償或其他利益」。然而，因現行民法第 824 條之

1 第 3 項已明文規定準用同法第 881 條第 1 項及第 2 項之規定,是以目前抵押權人對於債務人所得價金分配或金錢補償已得享有法定之權利質權,且其次序與原抵押權相同。

自此,登記機關於受理判決共有物分割登記時,應依據土地登記規則第 107 條第 2 項規定同時申請塗銷原抵押權之登記,如負補償義務之共有人擬先為給付或提存補償金,應依據土地登記規則第 100 之 1 條第 1 項但書規定,提出應受補償共有人已為受領或為其提存之證明文件且該給付已經原設定抵押權人同意之證明文件等。

此為民法第 824 條之 1 施行後,實務運作中可能遇到的情況,值得實務工作者留意。

修法後問題之四

未合併分割之土地且應金錢補償時,法院判決得否命部分共有人合併給付予其他共有人,或就各筆土地之金錢補償互為扣抵後給付予其他共有人?以擔保金錢補償為目的之法定抵押權應如何登記?

按民法第 824 條之 1 第 4 項、第 5 項,不動產之分割,以原物為分配時,因共有人中有不能按其應有部分受分配者,得以金錢補償之;應受補償之共有人,就其補償金額,對於補償義務人所分得之不動產,有抵押權;於辦理共有物分割登記時,一併登記。準此,為明法定抵押權所擔保債權之範圍,法院就多筆土地為裁判分割時,就個筆土地分別為原物分割,並命金錢補償時,應就個筆土地之金錢補償分別諭知,於辦理共有物分割登記時一併登記;不得就各筆土地之金錢補償互為扣抵後,諭知部分共有人應給付他共有人之金額。

（最高法院 100 年臺上字第 1055 號民事判決、101 年臺上字第 815 號民事判決意旨參照）

　　以上判決應佐以個案事實思考理解。謹參考最高法院 100 年臺上字第 1055 號及 101 年臺上字第 815 號民事判決所涉事實，設計案例如下：

　　　甲、乙、丙三人共有 A、B 兩筆土地，A、B 兩筆土地因法規限制而無法合併分割。法院判決：A、B 兩筆土地應分割為 A、B 1、B 2、B 3 等四筆土地，分別由甲分得 A 及 B 1 土地、乙分得 B 2 土地、丙分得 B 3 土地；且因乙、丙未分得 A 土地，應由甲金錢補償予乙、丙；另甲所分得 B 1 土地大於其原有應有部分，乙所分得 B 2 等於其原有應有部分，丙所分得 B 3 土地小於其原有應有部分，甲應金錢補償予丙。試問：法院應如何下判決？

　　依修正後民法第 824 條之 1 第 4 項之規定，分割共有物以金錢補償者，應受補償之共有人就其補償金額，對於補償義務人所分得之不動產，有抵押權。因此以本設計案例而言，A 土地部分，乙、丙得受有金錢補償，且乙、丙對於甲所有之 A 土地有相同順位之法定抵押權；B 土地部分，甲則應金錢補償予丙，且以 B1 土地設定法定抵押權。

　　有疑問部分者為，甲對於丙有 A 土地部分及 B 土地部分之金錢補償義務，法院得否合併計算補償金額後，命甲給予丙合併後之金額？依最高法院 100 年臺上字第 1055 號民事判決、101 年臺上字第 815 號民事判決意旨，因甲應補償丙之金額分別以 A 及 B1 土地為擔保，法院諭知 A 及 B1 土地上之抵押權時，應分列 A 及 B1 土地抵押權所擔保之金錢補償金額，方為適切。

　　且依本設計案例所示，A、B 土地因法規限制而不得合併分割，實務常見情形為 A、B 土地雖然鄰接但分屬不同土地使用分區，例如工業用地與建築用地，或商業區與住宅區等，因此 A、B 土地市價可能差異

甚大，純由 A 或 B1 設定予丙之抵押權，有可能反而對甲不公平。再者，就 A 土地而言，乙、丙兩人均未分得土地而受有金錢補償，因此甲應以 A 土地對乙、丙兩人為金錢補償及設定法定抵押權，若甲對丙之金錢補償得合併計算，則甲對乙之金錢補償及法定抵押權亦有可能因此混亂。最高法院 100 年臺上字第 1055 號民事判決、101 年臺上字第 815 號民事判決見解，應予贊同。

　　至於因受金錢補償而生之法定抵押權，性質為分割共有物之方式之一，因此該法定抵押權應於共有物分割時同時生效，應於辦理共有物分割登記時一併登記，且該法定抵押權之次序應優先於以原應有部分設定後移存至分得部分之抵押權，如此才足以確保應受金錢補償之共有人之利益，抵押權人因已於訴訟中表示對於分割方案之意見（或已經訴訟告知而未參加，應受判決既判力拘束），若因其非第一順位抵押權人而未獲足額清償，亦僅能對債務人其他財產請求給付，而不得對該共有物任何部分主張權利。

　　值得注意者，民法第 824 條第 3 項及第 824 條之 1 第 4 項之條文文字固未明文規定協議分割且由共有人自行協議補償金額時，是否有法定抵押權之適用空間，惟民法第 824 條之 1 第 4 項立法理由稱：「……為保障因不動產之裁判分割而應受補償共有人之權益……」，法定抵押權似僅限於裁判分割時由法院裁判定之。臺中高等行政法院 100 年訴字第 362 號判決意旨亦同此見解，茲摘錄如下：

臺中高等行政法院 100 年訴字第 362 號判決意旨：
　　民法第 824 條之 1 第 4 項規定，同法第 824 條第 3 項之情形，如為不動產分割者，應受補償之共有人，就其補償金額，對於補償義務人所分得之不動產，有抵押權。係為保障因不動產之裁判分割而應受補償共有人之權益，故在不動產分割並以原物分配情形，應受補償之

共有人，就其補償金額，對於補償義務人所分得之不動產，有法定抵押權，應以裁判分割為限，並不包括協議分割在內。協議分割之申請人自無從依該法第824條之1第5項、土地登記規則第100條之1規定辦理法定抵押權設定登記。

是以共有人協議分割且由自行協議補償金額時，宜一併約定如何設定抵押權，以避免爭議。

修法後問題之五

以應有部分設定抵押，受查封登記後，法院裁判分割，得否辦理分割登記？

臺灣高等法院暨所屬法院103年法律座談會民執類提案第4號
　　法律問題：
　　債權人持假扣押裁定，聲請強制執行債務人所有共有土地之應有部分，經執行法院囑託地政機關為查封登記後，他共有人訴請判決分割共有物確定，分割方法為以土地全部原物分配於他共有人，並由他共有人以金錢補償未受原物分配之債務人，嗣他共有人聲請執行法院撤銷共有土地上之禁止處分俾便辦理分割登記，執行法院應如何處理？
　　討論意見：
　　甲說：駁回假扣押債權人強制執行之聲請，塗銷禁止處分登記。
　　按不動產物權因法院之判決而取得者，不以須經登記為生效要件，固為民法第759條之所明定。惟此之所謂判決，係僅指依其宣告足生物權法上取得某不動產物權效果之力，恒有拘束第三人之必要，而對於當事人以外之一切第三人亦有效力者（形成力亦稱創效力）而

言，惟形成判決（例如分割共有物之判決）始足當之，不包含其他判決在內（最高法院 43 年臺上字第 1016 號判例要旨參照）。

本件土地於拍賣前業存在法院確定分割形成判決，關於債務人與他共有人間就土地之共有關係已告終止，質言之，債務人已非共有人，即債務人之應有部分實際上已不存在，該項執行之標的，客觀上並不存在。因之，執行法院遇此情形應裁定駁回債權人就該應有部分之強制執行聲請（臺灣高等法院暨所屬法院 55 年度法律座談會民事執行類臨字第 1 號之研討意見參照）。

乙說：駁回他共有人即利害關係人之聲請。

按共有物之應有部分經實施查封後，共有人（包含執行債務人及非執行債務人）仍得依民法第 824 條規定之方法，請求分割共有物。惟協議分割之結果有礙執行效果者，對於債權人不生效力，至於裁判分割，係法院基於公平原則，決定適當之方法而分割共有物，自不發生有礙執行效果之問題，債權人即不得對之主張不生效力（最高法院 69 年度第 14 次民事庭會議決議參照）。

據此，內政部於 74 年 1 月 7 日發布臺內地字第 283984 號函釋，其要旨稱：「共有土地之共有人中一人或數人之應有部分經法院囑託辦理查封等登記後，未為塗銷前，他共有人得持憑法院確定判決申辦共有土地分割登記」。其內容亦記載：登記機關受理該項登記，於辦理標示變更登記時，應將查封、假扣押、假處分或破產登記僅轉載於原被查封、假扣押、假處分或破產登記之共有人分割後取得之土地上。原登記用紙所有權部該查封、假扣押、假處分或破產登記次序之其他登記事項欄，應記明「因分割轉載於某地號」並於其備註欄記明分割事由及日期，同時將該項查封、假扣押、假處分、破產登記註銷。登記完畢並通知原囑託登記之執行法院及原債權人。是地政機關應依他共有人之申請，辦理共有物分割登記。

又依 98 年 1 月 23 日修正後之民法物權編第 824 條第 2 項第 1 款：「分割之方法不能協議決定，或於協議決定後因消滅時效完成經共有人拒絕履行者，法院得因任何共有人之請求，命為下列之分配：一、以原物分配於各共有人。但各共有人均受原物之分配顯有困難者，得將原物分配於部分共有人。」、第 3 項：「以原物為分配時，如共有人中有未受分配，或不能按其應有部分受分配者，得以金錢補償之。」之規定，已明文承認裁判上分割方法之一得將原物分配於部分共有人，其餘共有人則受原物分配者之金錢補償。且依同法第 824 條之 1 修正理由五、六之意旨可知，地政機關應受理此種共有物分割登記，並將受補償義務人對於補償義務人之補償金請求權，就補償義務人所分得之不動產一併登記其法定抵押權。惟實務上仍普遍遇他共有人持憑法院確定判決申辦共有土地分割登記時，遭地政機關依據土地登記規則第 141 條第 1 項第 4 款之規定，函詢執行法院就共有土地現擬辦理判決分割登記，是否有礙執行乙事表示意見而拖延辦理，促使他共有人祇得另向執行法院聲請撤銷共有土地上之禁止處分以利辦理分割登記。基此，關於他共有人聲請法院撤銷共有土地禁止處分登記之部分，依前揭說明，縱未經法院塗銷查封登記前，亦不影響共有人得持憑法院確定判決申辦共有土地分割登記，地政機關應予受理。是依題示，本件無侵害共有人利益之情形，其聲請為無理由，執行法院應依強制執行法第 12 條規定裁定駁回之。

初步研討結果：採乙說。

審查意見：

以原物為分配時，如共有人中有未受分配，或不能按其應有部分受分配者，得以金錢補償之；前條第 3 項之情形，如為不動產分割者，應受補償之共有人，就其補償金額，對於補償義務人所分得之不動產，有抵押權。前項抵押權應於辦理共有物分割登記時，一併登記，

其次序優先於第 2 項但書之抵押權。民法第 824 條第 3 項、第 824 條之 1 第 4 項、第 5 項分別定有明文。基此,題示債務人之金錢補償,應於辦理分割登記時,於補償義務人分配部分不動產一併辦理抵押權登記,該抵押權擔保之債權,即為債務人之金錢補償。

共有物之應有部分經實施查封後,共有人(包含執行債務人及非執行債務人)仍得依民法第 824 條規定之方法,請求法院裁判分割共有物,且裁判分割,係法院基於公平原則,決定適當之方法而分割共有物,不生有礙執行效果之問題,債權人不得對之主張不生效力(最高法院 69 年度第 14 次民事庭會議決議)。又土地經辦理查封、假扣押、假處分、暫時處分、破產登記或因法院裁定而為清算登記後,未為塗銷前,登記機關應停止與其權利有關之新登記,但無礙禁止處分之登記者,不在此限,此觀諸土地登記規則第 141 條第 1 項第 4 款規定即明。是故,地政登記機關於受理法院確定裁判分割登記時,即將查封、假扣押、假處分、暫時處分、破產登記或因法院裁定而為清算登記,轉載於原被查封、假扣押、假處分、暫時處分、破產登記或因法院裁定而為清算登記之共有人分割取得之土地上(參乙說理由)。

應有部分有抵押權或質權者,其權利不因共有物之分割而受影響。但有下列情形之一者,其權利移存於抵押人或出質人所分得之部分:一、權利人同意分割。二、權利人已參加共有物分割訴訟。三、權利人經共有人告知訴訟而未參加。前項但書情形,於以價金分配或以金錢補償者,準用第 881 條第 1 項、第 2 項或第 899 條第 1 項規定;又抵押權除法律另有規定外,因抵押物滅失而消滅。但抵押人因滅失得受賠償或其他利益者,不在此限。抵押權人對於前項抵押人所得行使之賠償或其他請求權有權利質權,其次序與原抵押權同。民法第 824 條之 1 第 2 項、第 3 項、第 881 條第 1 項、第 2 項分別定有明文。是依同一法理並承上所示,地政機關辦理分割登記時,除於補償義務

人分配部分不動產一併辦理抵押權登記外，並應將假扣押執行之查封登記轉載於債務人之抵押權登記內容，即表明假扣押查封效力及於債務人之金錢補償，而債務人對該補償義務人之抵押權，亦為查封效力所及，以擔保該金錢補償債權之履行。

　　題示情形，應採乙說之結論。惟地政登記機關或因土地登記規定未有明確規範，亦無內政部相關函釋見解為憑，致生得否併將查封登記轉載於金錢補償抵押權之疑慮，宜請司法院民事廳與內政部協調處理。

【參考資料】

資料 1

最高法院 69 年度第 14 次民事庭會議決議

　　提案：院長交議：共有物之應有部分經查封後，共有人得否請求分割共有物，有下列諸說：

　　討論意見：

　　甲說：共有物分割請求權之行使，不因共有人之應有部分被查封而受影響，故任一共有人均得請求分割共有物。執行法院亦僅得就分割後之特定物予以執行。

　　乙說：共有物之應有部分經查封後，任何共有人均不得請求分割共有物。

　　因債務人就共有物之應有部分如經查封，則其於分割時易生懈怠之心，或勾串其他共有人為不當之分割，以圖損害債權人。又若許查封後為裁判分割之請求，則於分割訴訟期間，執行標的物究為應有部分，或分割後之特定物或係變價分割之價金請求權，殊難確定。再土地共有人依土地法規定得優先承買，尤無於執行前請求分割致失優先承買權之必要，故共有土地查封後，不許其分割，於他共有人亦無損害。

丙說：共有物之應有部分被查封後，債務人即不得更基於共有權行使任何權利，自亦不得請求分割共有物。惟其餘共有人分割請求權則不應因而受到影響。按強制執行程序非必即時終結，假扣押、假處分之查封期間，往往持續經年，苟須待其本案執行後，始得請求分割，則對於共有人顯失公平，亦易勾串以查封阻礙他共有人請求分割。故應允許其餘共有人請求分割為宜。至其分割是否妥當，債權人既得代位債務人（被查封之共有人）行使權利，亦得另行訴請撤銷之尚無受侵害之虞。

決議：

共有物之應有部分經實施查封後，共有人（包含執行債務人及非執行債務人）仍得依民法第824條規定之方法，請求分割共有物。惟協議分割之結果有礙執行效果者，對於債權人不生效力，至於裁判分割，係法院基於公平原則，決定適當之方法而分割共有物，自不發生有礙執行效果之問題，債權人即不得對之主張不生效力。（另以研究報告作為補充說明）

資料 2

內政部 74 年 1 月 7 日臺內地字第 283984 號

要旨：

共有土地之共有人中一人或數人之應有部分經法院囑託辦理查封等登記後，未為塗銷前，他共有人得持憑法院確定判決申辦共有土地分割登記。

全文內容：

一、按共有物之應有部分經實施查封後，共有人（包含執行債務人及非執行債務人）仍得依民法第824條規定之方法，請求分割共有物。惟協議分割之結果有礙執行效果者，對債權人不生效力。至於

裁判分割，係法院基於公平原則，決定適當之方法而分割共有物，自不發生有礙執行效果之問題，債權人即不得對之主張不生效力。（最高法院69年7月29日69年度第14次民事庭會議決議參照），是共有土地之共有人中一人或數人之應有部分經法院囑託辦理查封、假扣押、假處分或破產登記後，未為塗銷前，他共有人依法院確定判決申辦共有土地分割登記，登記機關應予受理。

　　二、登記機關受理該項登記，於辦理標示變更登記時，應將查封、假扣押、假處分或破產登記僅轉載於原被查封、假扣押、假處分或破產登記之共有人分割後取得之土地上。原登記用紙所有權部該查封、假扣押、假處分或破產登記次序之其他登記事項欄，應記明「因分割轉載於某地號」並於其備註欄記明分割事由及日期，同時將該項查封、假扣押、假處分、破產登記註銷。登記完畢並通知原囑託登記之執行法院及原債權人。

　　抵押權人經告知訴訟而仍未參加訴訟，抵押權人自行放棄其程序利益，法院自得依法判決分割共有物，不受抵押權人是否參加訴訟所影響，且法院裁判分割方案時不受共有人所主張分割方案之拘束（最高法院85年度臺上字第649號判決、最高法院87年度臺上字第1402號判決意旨參照），若法院斟酌共有人之意願、共有物之使用情形、經濟效用及全體共有人之利益等情形，而認為共有人即債務人宜受金錢補償而不受原物分配，亦無不可。此時，依民法第824條之1第3項準用民法第881條第1項、第2項之規定，原以應有部分設定抵押權人應歸於消滅，取而代之，債權人對債務人所得受之金錢補償則取得權利質權。

　　本座談所提個案情形，若依民法第824條之1第2項第2款及第3項之立法目的，原應由抵押權人參加訴訟時表示對於分割方案之意見，並於訴訟程序中一併討論已聲請之假扣押裁定及查封登記應如何處理，

便足以確保抵押權人之權益。然而因民法第 824 條之 1 第 2 項第 3 款之規定，只要踐行訴訟告知程序後，抵押權人不參加訴訟或不表示意見並不影響法院裁判，是以發生本座談所提地政機關已為查封登記後，其他共有人持法院確定判決卻仍無法辦理分割登記之僵局。查封登記之目的，原是為了保障債權人即抵押權人之權益，此與本次民法第 824 條之 1 之立法方向係屬一致，不應產生如本座談所提個案情形，此實乃立法後在實務操作過程中才會發現的現實面問題。本座談審查意見之論理兼顧民法第 824 條之 1 立法意旨、查封登記之目的及整體法律體系一致性，並提請司法院與內政部協調以行政機關函釋或土地登記規定補充查封登記與分割登記之登記方式，筆者十分贊同。

肆、代結論

未竟之問題，即共有人依分管協議於共有土地上建築房屋，法院判決原物分割後，共有人所建築之房屋不在其所分得土地上，其他共有人應如何處理該地上物？

本次民法第 824 條之 1 之立法乃匯集實務及學說各方多年來所累積之意見，尚稱完整，自民國 98 年施行以來，實務運作良好。本文所整理之上述待解決問題亦多屬實務上銜接面的問題，待實務工作者更習慣民法第 824 條之 1 之規定後，適用上便將更為順暢，瑕不掩瑜。

然而，本次修法無法解決之問題為，共有人原依分管協議於共有土地上建築房屋，但法院判決分割土地後，共有人所建築之房屋不在其所分得土地上，其他共有人應如何處理該地上物？按共有物（土地）與其上建築物乃不同物權標的，是以共有物與其上建築物在分割時自應分別處理，由於實務上每件共有關係之共有人對於共有土地及其上建物可能有不同利益之考量，此問題涉及層面複雜，難以一概而論，是以本次修法尚未對此房地所有權因分割而分離之狀況一概硬性規定其處理方式。

　　詳言之，共有人間成立分管協議（或建築房屋）與裁判分割土地係屬兩個不同的時間點，土地之環境、水文，甚至對外交通、經濟價值均可能產生極大變化，是以裁判分割土地時，依使用現況（即依現況建物位置）分割土地未必是對土地使用方式最好的分割方式，甚至也未必符合共有人之主觀期待。

　　民法第 825 條規定：「各共有人，對於他共有人因分割而得之物，按其應有部分，負與出賣人同一之擔保責任。」其他共有人分割後所取得土地上若有地上物，確有可能影響其他共有人對土地之利用，然而所謂「各共有人對於他共有人之擔保責任」內涵為何，學說及實務上有不同見解：

　　1. 最高法院 79 年臺上字第 2414 號民事判決：「尤其兩造在第一審各提附圖甲、乙各案之分割方法時，均曾表達不予保存房屋之意思……又，共有人對於他共有人因分割而得之物，按其應有部分，負與出賣人同一之擔保責任，民法第八百二十五條定有明文。上開……土地上有上訴人所有之地上物存在，有……勘驗筆錄可稽……，被上訴人請求上訴人就分割結果協同辦理分割登記，並將被上訴人分得之土地上所有之地上物拆除，將該土地交付被上訴人，洵屬正當。」

　　2. 最高法院 88 年臺上字第 224 號民事判決：「按土地與房屋為分別之不動產，各得單獨為交易之標的，且房屋性質上不能與土地使用權分離而存在，亦即使用房屋必須使用該房屋之地基，故土地及房屋同屬一人，而將土地及房屋分開同時或先後出賣，其間雖無地上權設定，然除有特別情事，可解釋為當事人之真意，限於賣屋而無基地之使用外，均應推斷土地承買人默許房屋承買人繼續使用土地，最高法院四十八年臺上字第一四五七號固著有判例。惟本件被上訴人父子係將系爭房屋及其基地之應有部分出賣，上訴人非僅取得系爭房屋，

且對該屋之基地有共有權存在，即有權使用該土地，系爭房屋及其基地並未歸屬不同人，當無土地承買人應默許房屋承買人繼續使用土地之問題。本件因裁判分割而上訴人所有之系爭房屋既在被上訴人分得之土地上，此與前揭判例所示之情形不同，自無適用該判例之餘地。再按共有物之分割，經分割形成判決確定者，即生共有關係終止及各自取得分得部分所有權之效力。共有人對於他共有人分得之部分，既喪失共有權利，則其占有，除另有約定外，即難謂有何法律上之原因（參照最高法院五十一年臺上字第二六四一號判例）。是分割共有土地，各共有人於分割前，在地上有建築物，法院為原物分配之分割時，如將其中一共有人之建築物所占有之土地，分歸他共有人取得者，該建築物占用他人所分得之土地即為無權占有，他共有人本於其所有權，自得請求除去該建築物。又各共有人對於他共有人因分割而得之物，按其應有部分，負與出賣人同一之擔保責任，民法第八百二十五條定有明文。法院判決以原物分配於各共有人後，各共有人就分割所得部分，有單獨之所有權。本件上訴人之系爭房屋既在被上訴人分得之系爭土地上，被上訴人即不能完全使用其分得之系爭土地，依民法第三百五十四條規定，上訴人負不減少該地通常效用之擔保責任，應拆除系爭房屋。且兩造未另有約定，賦與上訴人占用系爭土地之權限，則其占有即無法律上之原因，自屬無權占有。被上訴人本於其所有權，自得請求上訴人拆除系爭房屋，亦無消滅或妨礙被上訴人之請求之事由。」

3. 王澤鑑著《民法物權》2011 年 8 月增訂二版第 319 頁：「對此最高法院見解（註：即最高法院 88 年臺上字第 224 號民事判決），應說明者有二：

（1）各共有人對於他共有人應負物之瑕疵擔保責任時，他共有人得請求減少價金或解除契約，或不履行之損害賠償，但不得請求拆

除房屋。排除物之瑕疵，非屬物之瑕疵擔保責任的內容，出賣人不負拆除房屋義務。就此點而言，上開判決尚有商榷餘地。

（2）拆除房屋的請求權基礎為民法第七六七條。共有人因分割而取得分得部分之所有權，在其所有物上的建築物，除共有人有明示或默示使其繼續存在之約定外，應屬無權占有，土地所有人得請求拆除之。就此點而言，上開判決可資贊同。」

實務及學說均肯定為維護共有人取得分割後土地之完整權益，共有人應得請求其他共有人拆除房屋，不適用民法第 425 條之 1 或最高法院48 年臺上字第 1457 號判例；至於拆除房屋之請求權基礎，實務認為民法第 825 條擔保責任得作為請求權基礎，學者則認為民法第 825 條擔保責任之效力與民法第 767 條物上請求權有別；且實務肯定得以一訴同時請求分割共有物並拆除分割後土地上之地上物。

至於若共有人希望自行拆除地上物，不待其他共有人拆除時，筆者認，依民法第 767 條之意旨，無權占有人應有容忍所有權人排除妨害之義務，因此共有人應得做此請求。

值得注意者，雖然依民法第 825 條之規定，共有人對於其他共有人分割所得部分負擔保責任，然而依上開實務見解或學者意見，目前仍無法直接推導出共有人因負有擔保責任所以等同放棄地上物所有權此一結論。易言之，倘他共有人為使用分割所得土地，未經判決確定便自行拆除地上物，仍有可能構成對地上物所有權人（即原共有人）之侵害。

因此，裁判分割時，法院有職權調查最佳分割方案之權責，得強制各共有人表示對地上物之處置意見，進而以同一訴訟程序解決分割共有物及處置地上物之糾紛（參酌最高法院 79 年臺上字第 2414 號民事判決）；協議分割時，應由具備法律專業及經驗之律師或地政士協助協調分割方案，以避免共有人間嗣後為了地上物之處置再起糾紛。

| 第 3 章 |

土地徵收正當法律程序之探討[1]

劉籐[2]

摘要

「正當法律程序」，為英美法系國家所發展出來之憲政主義基本原則之一，其理念源於英國法上之「自然正義法則」，而美國法繼受英國法理念之後，將此種理念明定於憲法增修條文第 5 條與第 14 條之中，其目的在防止國家濫權，並以正當之法律程序，對政府權力加以限制，以保障人民基本權利。我國未如美國憲法增修條文之規定，惟於歷次大法官解釋中，實已導入正當法律程序概念，對基本權利注入程序保障之理念，而自行政程序法公布施行以來，行政行為踐行正當法律程序之基本要求，亦已邁入一個嶄新發展紀元。對於行政行為依循公正、公開與民主程序，以確保依法行政原則，保障人民權益，並提高行政效能，均有其正面意義。

土地徵收，乃國家因公共事業之需要，對人民受憲法保障之財產權，經由法定程序予以剝奪之謂。因此，除應對被徵收人給予合理之補償外，規定此項徵收及其程序之法律，亦須符合正當性及必要性原則。我國於土地徵收條例公布施行後，對被徵收人權益之保障，已有較進步之規定，惟其是否符合正當法律程序之基本要求？爰有加以探討之必要。本文從正當程序之角度切入，探討土地徵收應有之正當程序，進而檢視現行土地徵收之行政作為是否符合正當程序之基本要求，期對人民財產權益之保障與法治精神之貫徹有所助益。

---

1. 本文係以2006年於國立政治大學舉行之兩岸四地土地學術研討會發表之論文重新修改。
2. 亞洲大學財經法律系兼任講師。

壹、緒言

「正當法律程序」，為英美法系國家所發展出來之憲政主義基本原則之一，美國甚且將此理念明定於憲法增修條文中，其目的在防止國家濫權，並以正當之法律程序，對政府權力加以限制，以保障人民基本權利。我國未如美國憲法增修條文之規定，因此，正當法律程序是否為我國憲法所保障？其保障範圍及程度各如何？學者間容或有不同見解，惟於歷次大法官會議解釋中，實已導入正當法律程序概念，對基本權利注入程序保障之理念，而自1999年2月3日制定《行政程序法》，作為行政機關作成行政決策之程序基本法[3]，並明定自2001年1月1日施行以來，行政行為踐行正當法律程序之基本要求，已邁入一個嶄新發展紀元。對於行政行為依循公正、公開與民主程序，以確保依法行政原則，保障人民權益，並提高行政效能，均有其正面意義。

土地徵收，乃國家因公共事業之需要，對人民受憲法保障之財產權，經由法定程序予以剝奪之謂[4]。因此，除應對被徵收人給予合理之補償外，規定此項徵收及其程序之法律，亦須符合正當性及必要性原則[5]。我國土地徵收之主要準據，原本為土地法土地徵收編，2000年2月2日制定公布土地徵收條例後，該條例成為土地徵收之特別法，固然，該條例對被徵收人權益之保障，有較進步之規定，惟其是否符合正當法律

---

3. 行政程序法第3條第1項固然規定：「行政機關為行政行為時，除法律另有規定外，應依本法規定為之。」將其定位為行政程序之普通法，惟學者通說認為：（1）其他法律之程序規定，須為完全或完整規定，始得排除本法之適用。（2）其他法律之程序保障規範，其程度較本法為優厚或更嚴格者，始得優先本法適用，換言之，其他法律雖有程序規定，但其程序保障規範程度較本法為寬鬆或劣薄者，則仍有本法之適用，俾使其他法律自動向上提升。參蔡茂寅、李建良、林明鏘、周志宏合著，《行政程序法實用》，學林出版，2001年1月，一版再刷，頁16-17。
4. 參司法院大法官釋字第425號解釋。
5. 參司法院大法官釋字第409、425、534號解釋。

程序之基本要求？爰有加以探討之必要。本文擬從正當法律程序之角度
切入，探討土地徵收應有之正當程序，進而檢視現行土地徵收之行政作
為是否符合正當程序之基本要求，期對人民財產權益之保障與法治精神
之貫徹有所助益。

貳、正當法律程序之理念與適用

一、正當法律程序之起源與發展

「正當法律程序」（due process of law），或稱「正當程序」（due
process），其概念最早可上溯至 1039 年神聖羅馬帝國康得拉二世的一
個封建法令規定：「不依帝國法律以及同等地位族的審判，不得剝奪任
何人的封邑。」惟當時尚未形成系統之觀念[6]。正當程序真正作為一種
思想和原則體系，則係起源於 1215 年英國大憲章（Magna Carta）所包
含之制度性規定。大憲章規定了國王與臣民在自由、收益、貢賦、婚
姻、債務、土地、繼承、交通、犯罪和訴訟等方面之權利義務，其中第
39 條規定：「凡自由人除經其貴族依法審判或遵照國家法律規定外，
不得被逮捕、監禁、沒收財產、褫奪法律保護權、流放，或加以任何其
他損害。」[7]此一規定被視為是限制王權、保障個人權利之典型條款，
具有重要憲法意義，構成了正當法律程序原則之憲法淵源。愛德華三世
時期，國會於 1354 年通過倫敦自由律第 3 章第 28 條法令規定：「任
何人非經正當法律程序之審理，不應被逐出其土地或住宅，或被逮捕、

---

6. 丁瑋，〈美國憲法上的正當法律程序——一個歷史的視角〉，中國政法大學博士論文，
　2005年4月，頁37。郭介恒，〈正當法律程序——美國法制之比較研究〉，憲法體制與法
　治行政——城仲模教授六秩華誕祝壽論文集第二冊，三民書局，1998年7月初版，頁129。
7. "No free man shall be arrested or imprisoned, or disseized, or outlawed, or exiled, or in any way
　molested; nor will we proceed against him, unless by the lawful judgment of his peers or by the
　law of the land." Pritchett, C. Herman. "Due Process of Law." *Encyclopedia Americana*. 2006.
　Grolier Online. 14 July 2006 <http://ea.grolier.com/cgi-bin/article?assetid=0134240-00>.

剝奪繼承權或處死。」[8] 此一規定首次使用了「正當法律程序」（due process of law）一詞，並以成文法方式表述正當法律程序原則，擴大了正當程序之適用範圍。

正當法律程序雖肇始於英國，具有深厚的普通法傳統，惟卻係隨著美國憲法在二百多年之憲政實踐而最終確立自己之地位和影響，美國聯邦憲法 1791 年通過第 5 條修正條文規定：「非依正當法律程序，不得剝奪任何人之生命、自由或財產；未予公平補償，不得徵收私有財產作為公共使用」（nor be deprived of life, liberty, or property, without due process of law; nor shall private property be taken for public use, without just compensation），1868 年又通過第 14 條修正條文規定「任何州非經正當法律程序，不得剝奪美國公民及各州公民生命、身體或財產」（nor shall any state deprive any person of life, liberty, or property, without due process of law）。此兩條修正案奠定了正當程序原則在美國憲法地位，亦使正當法律程序成為美國憲法中最具特色和代表性之制度。

源於英國大憲章和普通法之正當法律程序，乃自然正義法則（rules of natural justice）之體現，建立在政府不得專橫、恣意行事原則上，以程序規範來限制政府權力之運行，著重於政府政策執行之方法和程序，保證政府施加管制或懲罰過程之公正性，依其文義及最初之含義，似僅指「程序」，尤其「司法程序」而言，且似僅限於立法者（在法律裡）所規定者（所謂「法定程序」）。然美國聯邦最高法院自始即以體系解釋，賦予該條款憲法意義，謂該條款「顯然不欲聽任立法部門隨意制定任何程序。其無寧為對立法權，亦為對於行政權與司法權之限制，故

---

8. "That no man of what estate or condition that he be, shall be put out of land or tenement, nor taken, nor imprisoned, nor disinherited, nor put to death, without being brought in answer by due process of law." Pritchett, C. Herman. "Due Process of Law." *Encyclopedia Americana*. 2006. Grolier Online. 14 July 2006 <http://ea.grolier.com/cgi-bin/article?assetid=0134240-00>.

而不能解為：任由立法者，依其意志，規定任何程序為『法律正當程序』」。而在美國最高法院司法實踐中，正當程序之發展，除了「程序上正當程序」（procedural due process）外，尚有另一含義之「實質上正當程序」（substantive due process）。前者為政府限制人民「生命、自由或財產」時，應遵循如何程序方為正當的問題；後者為法院審查法律之內容，確保其為「公平」（fairness）的問題。綜而言之，不論是程序上或實質上正當程序，其最終目的均在保障人民之生命、自由與財產，免於遭受國家（含立法、行政及司法部門）恣意暨不合理之侵害[9]。

二、美國法正當程序之檢驗方法

要對政府行為之正當性進行檢驗，首需釐清何為正當程序？是否有可供評價之基本要求和標準？就程序上正當程序而言，在美國法中，當法院確定某項個人自由或財產利益受到政府行為限制後，必須進而評估需要採取何種程序以保障根本之公正性。回應此一問題需考慮兩項因素：一為案件之性質與具體事實背景，性質或背景不同，採取之原則亦會有差異；二為法院於確定何為正當程序時，所採取之方法或標準。最高法院於1976年馬休（Mathews）訴艾爾德里奇（Eldridge）一案[10]中發展出一套平衡個人與政府利益的「利益衡量模式」（interest balance analysis），係七〇年代中後期以後較多採取之檢驗方式。鮑威爾法官（Justice Powell）於該案明確指出，在決定正當程序條款要求的行政程序時需要平衡幾項因素：第一，可能受到政府行為影響之私人利益；第

---

9. 湯德宗，〈論憲法上的正當程序保障〉，《憲政時代》，第25卷第4期，2000年4月，頁4。
10.Mathews v. Eldridge, 424 U.S.319（1976）；丁瑋，前揭文（同註6），頁94-97；高秦偉，〈正當行政程序的判斷模式〉，《法商研究》，2004年第4期；廖元豪，〈行政程序的憲法化——論行政處分之「正當程序」〉，《世新大學學報》第9期，1999年10月，頁226-227。

二，採用之程序造成錯誤地剝奪該利益之風險，以及因任何額外或替代程序所產生之利益；第三，政府的利益，包括因額外或替代程序所帶來之財政或行政負擔。

法院最終認定該案中殘疾救助金之接受者，依照社會保障法不享有終結前聽證權利，即係平衡此三方面利益之結果。法院分析認為，就第一個因素傷殘補助申請人可能不那麼困難；而第二個因素額外的措施代價較大；第三個因素則考慮舉行行政聽證需要從有限資源中撥付大量經費，從而導致減少補助金之後果。因此，最後權衡利益結果，以不舉行聽證程序並不違反正當程序之要求。

在馬休案確立了利益衡量檢驗法後，平衡當事人雙方利益之作法運用於許多案件中，一般針對具體行政行為分析時，如果第一及第二個因素之和大於第三個因素，代表目前所提供之程序保障不足，替代性之程序保障應被採納，始能滿足正當法律程序之要求。反之，如第一及第二個因素之和小於第三個因素，則表示如果採用較為周全之程序，所獲之權利保障利益低於政府之成本，因而現行之程序保障已能滿足正當法律程序之保障，亦即，現行之程序已夠「正當」了。利益衡量模式之優點在於，使正當法律程序此一模糊概念變得明確且易於操作，其精髓是成本與利益分析，係一種奉行經濟理性之決策模式，在此模式下，法律程序存在之正當基礎，在於其正面之作用大於負面作用 [11]。

儘管利益模式被最高法院運用於審查程序是否正當，惟對該標準之質疑與爭論亦廣泛存在。批評者認為該標準實際上仍然是一種主觀評價標準，並不具有客觀性，在權衡利益時往往帶有法官個人喜好與判斷，導致相似之案件卻有不同之衡量結果，進而引發之憲法爭議為：法官是否有能力對各方利益進行權衡。此外，評論家尚認為，此種運用成本與

11.高秦偉，前揭文（同註10）。

效益計算方式，來確定憲法保障的正當程序權利之作法，帶有明顯功利主義色彩，貶低了憲法權利之內在價值。

至於實質上正當程序則為美國之創新，法院透過審查立法之合理性干預政府政策的決定。實質性正當程序對立法之檢驗方式，有理性基礎檢驗與嚴格檢驗標準等兩種方法。理性基礎檢驗係最低限度之檢驗，該方法假定政府制定之法律為合憲、有效，即對立法保持一定程度之尊重，只要該法律與所謂之立法目標或政府利益存在某種理性聯繫，即可通過檢驗。1937 年之後，該標準主要用於審查商業、福利或經濟方面之法律。而嚴格檢驗標準則要求政府必須證明所採取之政策是必需的、政府的利益是重大而急迫的、對個人施加之負擔是最小的，才符合正當程序。嚴格檢驗標準體現了積極能動之司法功能，對涉及個人自由與基本權利之廣泛領域提供憲法保障，法院能對政府之立法政策和目標施加更為實質之影響 [12]。

三、程序上正當程序之基本要求

由上可知，美國法上之所謂正當程序並無統一標準，係由法院就具體個案予以審認。由於「正當」或「正義」概念之抽象與概括性，且因不同文化地域背景、不同歷史時期，均可能有不同之基本要求或理解。因此，在涉及社會、歷史、民族以及心理等多方面差異情況下，是否可以概括出一套具有普適性之標準？學者間認為，具有普遍適用價值之標準如係最低限度之正當標準當較易實現。所謂「最低限度」，意味著某一政府行為之程序一旦違反此一標準，即侵犯生命、自由與財產等基本權利，不論任何社會制度和法律文化均不能容忍、妥協與接受，蓋其已動搖人類社會最一般與最普遍之道德感受和倫理基礎。儘管對最低限度

12.丁瑋，前揭文（同註6），頁117-120。

基本要求，學者見解迄今仍不完全相同或一致，惟仍有可供參採之處。

如前述，正當程序係自然正義法則之體現。所謂「自然正義」，顧名思義，即任何人不假思索，依其固有之理性即可判斷為正當者[13]。自然正義有兩項基本要求，一為任何人不得自斷其案（no man shall be a judge in his own cause）；二為法官於作成裁判書時應聽取雙方當事人意見，並給予所有與案件有關之利害關係人以充分陳述意見之機會，即「兩造兼聽」（both sides shall be heard）。並可進一步化約為「公正」（impartiality）與「公平」（fairness）兩個原則[14]。1932年英國大臣權力委員會又提出兩項新的自然正義原則：第一，無論處理爭議之程序是司法性質或非司法性質，爭議各方都有權了解做出裁決之理由；第二，如果對負責調查之官員所提出之報告草案提出公眾質詢，則爭議各方有權得到該報告副本。自然正義的這兩項要求成為此後學者進一步探討之基礎。美國學者雷本索爾（Gerald Leventhal）從具體之程序角度指出遵循正當程序之要求：是否與案件有利害關係之人的意見都能得到表達；不同當事人或不同之案件是否使用一致之行為或規則；裁決者之獨立和不偏不倚；使用訊息之準確性；裁決之正確性；裁決者之道德水準等。林德（E. Allan Lind）和泰勒（Tom R. Tyler）則從作為獨立個體之尊嚴和人格角度，更加關注人們內心對程序過程之感受：一是人們要求親自經歷程序；二是他們希望在權力機關之「善行」中獲得一種信任感；三是他們希望體驗權力機關之公正；四是他們希望自己之言行能影響裁決之結果。美國學者戈爾丁（Martin P. Golding）則認為程序正當應具備三大方面九項原則：第一，中立性，包括（1）與自身有關的人不應該

---

13. 湯德宗，〈論行政程序的正當程序〉，《月旦法學雜誌》第55期，1999年12月，頁154。

14. 陳瑞華，〈程序正義論——從刑事審判角度的分析〉，《中外法學》第2期，1997年。湯德宗，前揭文（同註13）。

是法官；（2）結果中不應含有糾紛解決者之個人利益；（3）糾紛解決者不應有支持或反對某一方之偏見。第二，勸導性，包括（4）對各方當事人之訴訟均應給予公平之注意；（5）糾紛解決者應聽取雙方之論據和證據；（6）糾紛解決者應只在另一方在場之情況下聽取一方之意見；（7）各方當事人均應得到公平機會來回應另一方之論據和證據。第三，解決，包括（8）解決之諸項條件應以理性推演為根據；（9）推理應論及所提出之論據和證據[15]。

　　而日本學者谷口安平認為有四個因素讓人們覺得程序符合正當之要求：「參與」，如被聽取之機會或是出庭之意義等，個人參與程序之程度影響人們對程序公正之感知；「可信」，需要通過各種制度來保障，如良好之法律教育背景，嚴格之資格認證制度，完善之培訓和優厚之待遇，無腐敗之不良紀錄等，均對人們評價程序公正產生心理影響；「尊重」，參加者在參與過程中獲得被尊重之感受，也可被認為是參與過程中不可分割之一部分；「中立」，包括誠實、公正評價及在決策過程中運用事實而非個人意見[16]。

　　「自然正義」理念原先僅適用於司法程序，後來擴張適用及於行政程序。按英國國會委員會之建議，行政程序中之「自然正義」應包括：當事人應受告知、當事人應有表達意見之機會、決策者應公正、決定應附理由、決定書應載有救濟途徑之教示等項。日本學者鹽野宏認為日本《行政手續法》中之正當程序包含四項原則：告知聽證、閱覽文書、理由附記以及處分基準之設定與公告。我國學者湯德宗認為我國行政程序法之正當程序包括：受告知權（right to be informed）、聽證權（right to

---

15.孫笑俠，〈程序的法理〉，中國社會科學院博士論文，2000年4月，頁57。丁瑋，前揭文（同註6）頁93。

16.丁瑋，前揭文（同註6）頁94。

be heard/right to hearing）、公正作為義務（duty to act fairly）及說明理由義務（duty to give reasons）等四項要素[17]；李建良則認為就正當法律程序的觀點而言，若要以程序來保障基本權利，其內容至少應具備：告知（notice）義務、聽取意見（hearing）義務、公正裁決（fair-trial）義務等三項最低要求[18]。因此，各學者對正當法律程序基本要素之看法固然未必一致，惟就行政程序之正當性而言，其核心之最低限度內涵，仍不外受告知權、聽證權及公正裁決等三項基本要求，茲再析述如下：

（一）受告知權

所稱「受告知權」係指行政程序之當事人或利害關係人，有即時獲悉與其利害攸關之事實及決定之權利，可依告知對象是否特定，分別採通知（口頭或書面等）、或公告方式為之。一般又依告知時點及作用之不同，分為預先告知、事後告知及救濟途徑之教示等三種告知類型。預先告知係行政機關作成終局決定前所為之告知，目的在促使程序權利人及時採取程序行為（例如陳述意見等）；事後告知則係行政機關作成終局行政決定後，將其決定告知程序當事人或利害關係人，目的在使當事人或關係人，明白行政決定之內容，並依該內容對其發生效力；至於救濟途徑之教示，目的在於對終局行政決定不服之當事人，獲悉救濟之管道，就其係於終局決定作成後所為之告知而言，為事後告知之一種，惟就其係為便利當事人利用行政爭訟途徑，以維護自身權益之目的而言，則又屬預先告知之性質[19]。

（二）聽證權

聽證權實源於「兩造兼聽」之理念，其要義在於行政機關作成行政

17.湯德宗，前揭文（同註13）。

18.李建良，〈行政程序法與正當法律程序——初論行政程序法的立法目的與規範內涵〉，《憲政時代》第25卷第3期，2000年1月，頁5-6。

19.湯德宗，前揭文（同註13），頁155-156。

決定前，應給予當事人答辯或說明之機會[20]。一般又依保障聽證權程度（即保障密度）之不同而採聽證、陳述意見或公聽會等不同方式。聽證程序主要適用於行政機關在作成不利益決定（尤其是不利益行政處分或授益行政處分之撤銷）時，對相對人或利害關係人所提供之陳述相關事實、主張或提出證據之機會。聽證可說是最重要之行政程序，因其以言詞方式為之，甚至可提供參與聽證者交叉訊問之機會，因此對於各種主張之呈現、證據之提出、進而真實之發現等均具有重要意義，對於行政決定之公正性、合理性與可信賴性多所助益。而陳述意見則是比聽證更為簡略之程序，其目的在於提供行政決定相對人或利害關係人陳明其主張之機會，通常對於侵害程度較低之行政決定僅以提供陳述意見之機會即為已足[21]。至於「公聽會」，係行政機關於作成諸如行政命令、行政計畫，或其他影響多數人權益之處分時，向相對人、利害關係人、專家學者或社會公正人士，甚至一般民眾在內之多數人，廣泛蒐集意見，以資為參考之制度[22]。

（三）公正裁決

　　「公正」（impartiality）原則，一稱「禁止偏頗」原則（the rule against bias），源於「任何人不得自斷其案」之法諺，與「聽證權」並列為「自然正義」的兩大柱石。就其基本內涵而言，不外迴避制度、禁止片面接觸及組織適法等項。行政程序中為確保行政機關行政作為之公正，有權決定之人員與待決案件，不得有利害關係，或存有預設立場，否則即有偏頗之虞，應行迴避。另為遏阻關說陋習，禁止有權決定之人員與當事人為行政程序外之片面接觸亦屬當然。至於作成行政決定之機

20.湯德宗，前揭文（同註13），頁157。
21.參蔡茂寅，〈行政程序法草案之重要內容（三）重要之程序規定〉，《行政程序法草案研討會論文集》，臺大法律系主辦，，1999年2月，頁93-94。
22.參蔡茂寅、李建良、林明鏘、周志宏合著，前揭文（同註3），頁122。

關，其組織亦應適法（含合議制機關不足法定人數而為決議之情形），否則其決定亦有偏頗之虞。茲宜注意者為，行政機關為強調「專業」與「公正」，輒於內部設置各種委員會，網羅學者專家或社會公正人士，參與作成決策，如屬合法成立，仍不失為一公正裁決之可行機制[23]。

四、實質上正當程序之本質

由前述正當程序在美國之發展及檢驗方法可知，實質上正當程序旨在使法院得以審查法律之內容，確保法律之公平。而所謂「實質正當」之核心在於：法律須為達成合法目的之合理手段，且須為對人民權利限制最少者。美國法制上關於正當程序之實質正當，於個案分析上採立法達成之目的與手段間應具合理適當關聯原則，或比較個別法益及公益之維護，以判定立法是否有實質之公益存在或絕對必要之公益，作為立法是否正當之主要論據。換言之，在裁判實務上，除以方法手段間之必要作為認定標準外，並就公益達成與私益之損害間加以衡量，俾公益與私益得以調和。因此，實質正當之本質，實與我國憲法第 23 條規範之公益原則及比例原則相一致[24]。

五、我國憲法上正當程序保障之規範基礎

我國並未如美國於憲法中對正當法律程序定有明文，除關於「人身自由」之限制或剝奪，按憲法第 8 條[25]之規定，須遵守法定程序，或可稱其為「正當法律程序」之規範外，限制或剝奪憲法所保障之其他權利

23.湯德宗，前揭文（同註13），頁157-158。
24.郭介恒，前揭文（同註6），頁163-166。
25.憲法第8條第1項規定：「人民身體之自由應予保障。除現行犯之逮捕由法律另定外，非經司法或警察機關依法定程序，不得逮捕拘禁。非由法院依法定程序，不得審問處罰。非依法定程序之逮捕、拘禁、審問、處罰，得拒絕之。」

（或利益）時，是否亦須遵守「正當法律程序」？亦即，我國憲法於「人身自由」外，是否承認「正當法律程序」為普遍性的憲法保障？再者，由於我國憲法除第 8 條關於人身自由之保障外，在第 16 條[26] 復設有人民請願、訴願及訴訟權之保障明文，同時憲法第 23 條[27] 則有人民自由權利之一般性限制條文，對於美國法制中慣用之正當法律程序條款，在我國法制是否仍具必要性，均引發不少爭議。惟學界多認為我國釋憲機關，在釋憲實務之具體實踐上，已經對正當法律程序理念有所斟酌。我國釋憲實務，一般認為釋字第 384 號解釋是我國大法官首次明文揭示「實質正當之法律程序」理念之解釋[28]。本號解釋認為檢肅流氓條例違反了憲法第 8 條人身自由保障，強調限制人身自由所依據之程序，應以法律規定，而此種法律規定之內容必須實質正當；並進一步闡明「實質

---

26. 憲法第16條規定：「人民有請願、訴願及訴訟之權。」
27. 憲法第23條規定：「以上各條列舉之自由權利，除為防止妨礙他人自由、避免緊急危難、維持社會秩序或增進公共利益所必要者外，不得以法律限制之。」
28. 司法院釋字第384號解釋略以：「憲法第八條第一項規定……其所稱『依法定程序』，係指凡限制人民身體自由之處置，不問其是否屬於刑事被告之身分，國家機關所依據之程序，須以法律規定，其內容更須實質正當，並符合憲法第二十三條所定相關之條件。檢肅流氓條例第六條及第七條授權警察機關得逕行強制人民到案，無須踐行必要之司法程序；第十二條關於祕密證人制度，剝奪被移送裁定人與證人對質詰問之權利，並妨礙法院發見真實；第二十一條規定使受刑之宣告及執行者，無論有無特別預防之必要，有再受感訓處分而喪失身體自由之虞，均逾越必要程度，欠缺實質正當，與首開憲法意旨不符。又同條例第五條關於警察機關認定為流氓並予告誡之處分，人民除向內政部警政署聲明異議外，不得提起訴願及行政訴訟，亦與憲法第十六條規定意旨相違。」上開解釋理由書並指出：「前述實質正當之法律程序，兼指實體法及程序法規定之內容，就實體法而言，如須遵守罪刑法定主義；就程序法而言，如犯罪嫌疑人除現行犯外，其逮捕應踐行必要之司法程序、被告自白須出於自由意志、犯罪事實應依證據認定、同一行為不得重覆處罰、當事人有與證人對質或詰問證人之權利、審判與檢察之分離、審判過程以公開為原則及對裁判不服提供審級救濟等為其要者。除依法宣告戒嚴或國家、人民處於緊急危難之狀態，容許其有必要之例外情形外，各種法律之規定，倘與上述各項原則牴觸，即應認為有違憲法上實質正當之法律程序。」另，實質正當法律程序之理念，固首見於上開384號解釋（民國84年7月），惟此前（民國79年12月）釋字第271號解釋中吳庚大法官的「不同意見書」已揭示正當程序理念。

正當法律程序」兼指實體法與程序法規定之內容。本號解釋作成後,有
關正當法律程序概念之引用問題,為學界所重視,激起不少有關正當法
律程序在我國憲法上應否適用以及如何適用之討論。

　　自此之後,涉及正當法律程序之解釋甚多[29],其中釋字第 396 號解
釋有關公務員懲戒委員會審理程序(及組織)是否「正當」之問題,解
釋文中首度使用「正當法律程序」一詞,並闡明司法程序亦須符合「程
序上正當程序」,以確保其公正作為[30]。此外,在釋字第 409 號針對
土地徵收[31]、釋字第 462 號針對教師升等資格審查正當程序[32]、釋字第
488 號關於接管金融機構[33],以及釋字第 491 號解釋有關公務員專案考
績免職處分應有之「正當程序保障」[34]等多號解釋中,更數度揭示正當

---

29. 包括釋字第392、396、409、418、436、445、446、462、488、491、574、582、585、
588、603、610、633、636、639、653、654、663、665、667、677、681、689、690、
704、708、709、710、736、737等號解釋。
30. 司法院釋字第396號解釋略以:「憲法第十六條規定人民有訴訟之權,惟保障訴訟權之審
級制度,得由立法機關視各種訴訟案件之性質定之。公務員因公法上職務關係而有違法
失職之行為,應受懲戒處分者,憲法明定為司法權之範圍;公務員懲戒委員會對懲戒案件
之議決,公務員懲戒法雖規定為終局之決定,然尚不得因其未設通常上訴救濟制度,即謂
與憲法第十六條有所違背。懲戒處分影響憲法上人民服公職之權利,懲戒機關之成員既屬
憲法上之法官,依憲法第八十二條及本院釋字第一六二號解釋意旨,則其機關應採法院之
體制,且懲戒案件之審議,亦應本正當法律程序之原則,對被付懲戒人予以充分之程序保
障,例如採取直接審理、言詞辯論、對審及辯護制度,並予以被付懲戒人最後陳述之機會
等,以貫徹憲法第十六條保障人民訴訟權之本旨。」
31. 司法院釋字第409號解釋:「人民之財產權應受國家保障,惟國家因公用需要得依法限制
人民土地所有權或取得人民之土地,此觀憲法第二十三條及第一百四十三條第一項之規定
自明。徵收私有土地,給予相當補償,即為達成公用需要手段之一種,而徵收土地之要件
及程序,憲法並未規定,係委由法律予以規範,此亦有憲法第一百零八條第一項第十四款
可資依據。土地法第二百零八條第九款及都市計畫法第四十八條係就徵收土地之目的及用
途所為之概括規定,但並非謂合於上述目的及用途者,即可任意實施徵收,仍應受土地法
相關規定及土地法施行法第四十九條比例原則之限制。是上開土地法第二百零八條第九款
及都市計畫法第四十八條,與憲法保障人民財產權之意旨尚無牴觸。然徵收土地究對人民
財產權發生嚴重影響,法律就徵收之各項要件,自應詳加規定,前述土地法第二百零八條
各款用語有欠具體明確,徵收程序之相關規定亦不盡周全,有關機關應檢討修正,併此指
明。」

法律程序不只適用於人身自由、訴訟權保障方面，行政機關做出關於人民財產權之行政處分時，亦應踐行正當程序。而釋字第 689 號之理由中更提及「憲法上正當法律程序原則之內涵，除要求人民權利受侵害或限

32.司法院釋字第462號解釋略以：「大學教師升等資格之審查，關係大學教師素質與大學教學、研究水準，並涉及人民工作權與職業資格之取得，除應有法律規定之依據外，主管機關所訂定之實施程序，尚須保證能對升等申請人專業學術能力及成就作成客觀可信、公平正確之評量，始符合憲法第二十三條之比例原則。且教師升等資格評審程序既為維持學術研究與教學之品質所設，其決定之作成應基於客觀專業知識與學術成就之考量，此亦為憲法保障學術自由真諦之所在。故各大學校、院、系（所）教師評審委員會，本於專業評量之原則，應選任各該專業領域具有充分專業能力之學者專家先行審查，將其結果報請教師評審委員會評議。教師評審委員會除能提出具有專業學術依據之具體理由，動搖該專業審查之可信度與正確性，否則即應尊重其判斷。受理此類事件之行政救濟機關及行政法院自得據以審查其是否遵守相關之程序，或其判斷、評量有無違法或顯然不當之情事。」
33.司法院釋字第488號解釋略以：「信用合作社法第二十七條第一項及銀行法第六十二條第一項係為保障存款人權益，並兼顧金融秩序之安定而設，金融機構監管接管辦法第十一條第一項第三款及第十四條第四款雖亦有銀行法第六十二條第三項授權之依據，惟基於保障人民權利之考量，法律規定之實體內容固不得違背憲法，其為實施實體內容之程序及提供適時之司法救濟途徑，亦應有合理規定，方符憲法維護人民權利之意旨；法律授權行政機關訂定之命令，為適當執行法律之規定，尤須對採取影響人民權利之行政措施時，其應遵行之程序作必要之規範。前述銀行法、信用合作社法及金融機構監管接管辦法所定之各種措施，對銀行、信用合作社之股東（社員）、經營者及其他利害關係人，既皆有重大影響，該等法規僅就主管機關作成行政處分加以規定，未能對作成處分前，如何情形須聽取股東、社員、經營者或利害關係人陳述之意見或徵詢地方自治團體相關機關（涉及各該地方自治團體經營之金融機構）之意見設置明文。又上開辦法允許主管機關逕行指派機關（機構）或人員為監管人或接管人，並使接管人取得經營權及財產管理處分權，復由接管人及主管機關決定概括讓與全部或部分業務及資產負債，或與他金融機構合併，無須斟酌受接管之金融機構股東或社員大會決議之可行性，亦不考慮該金融機構能否適時提供相當資金、擔保或其他解決其資產不足清償債務之有效方法，皆與憲法保障人民財產權之意旨未盡相符。」
34.司法院大法官釋字第491號解釋略以：「中央或地方機關依公務人員考績法或相關法規之規定對公務人員所為免職之懲處處分，為限制人民服公職之權利，實質上屬於懲戒處分，其構成要件應由法律定之，方符憲法第二十三條之意旨。……又懲處處分之構成要件，法律以抽象概念表示者，其意義須非難以理解，且為一般受規範者所得預見，並可經由司法審查加以確認，方符法律明確性原則。對於公務人員之免職處分既係限制憲法保障人民服公職之權利，自應踐行正當法律程序，諸如作成處分應經機關內部組成立場公正之委員會決議，處分前並應給予受處分人陳述及申辯之機會，處分書應附記理由，並表明救濟方法、期間及受理機關等，設立相關制度予以保障。」

制時，應有使其獲得救濟之機會與制度，亦要求立法者依據所涉基本權之種類、限制之強度及範圍、所欲追求之公共利益、決定機關之功能合適性、有無替代程序或各項可能程序成本等因素綜合考量，制定相應之法定程序」。

綜而言之，我國釋憲實務上，大法官先是堅持憲法第 8 條之文義解釋，繼而改採論理解釋與體系解釋，肯定第 8 條所謂「法定程序」乃具有憲法意義之「法律正當程序」。而所謂「實質正當之法律程序」兼指「實體法及程序法規定之內容」正當，核其真意，實已含有「實質上正當程序」與「程序上正當程序」之概念。亦即，「人身自由」之正當程序保障確立後，大法官已開始逐步將「正當程序保障」擴大適用於「訴訟權」，乃至限制或剝奪「財產權」與「工作權」之「行政程序」中，「正當程序」似已成為我國憲法上存在之保障[35]。

六、小結

源於英國法自然正義法則之正當法律程序，在美國司法實踐中，除了「程序上正當程序」外，已發展出另一含義之「實質上正當法律程序」，惟不論是程序上或實質上正當程序，其最終目的均在保障人民之生命、自由與財產，免於遭受國家（含立法、行政及司法部門）恣意暨不合理之侵害。我國雖未如美國於憲法中對正當法律程序定有明文，惟於歷次大法官解釋中，已導入正當法律程序之理念，用以保障人民基本權利，且由人身自由之正當程序保障，逐步擴大適用於訴訟權，乃至限制或剝奪財產權與工作權之行政程序中。

至於何為正當程序？美國法上並無統一標準，係由法院就具體個案予以審認。誠然，「正當」或「正義」概念之抽象與概括性，不同文化

35.湯德宗，前揭文（同註9），頁13。

地域背景、不同歷史時期,均可能有不同之基本要求或理解,惟就行政程序而言,有關程序上正當程序部分,參依學者之見解及歷次司法院大法官解釋,仍可歸納出其核心之最低限度內涵不外:受告知權、聽證權及公正裁決等項。其中,受告知權部分,依告知對象是否特定分別可採通知或公告,復依其告知時點及作用之不同,可細分為預先告知、事後告知及救濟途徑之教示等三種告知類型;聽證權部分,則依保障密度之不同,依序包括聽證、公聽會及陳述意見三種不同方式;而公正裁決部分,其基本內涵不外迴避制度、禁止片面接觸及組織適法等項。至於實質上正當程序之本質,則又類於我國憲法第 23 條規範之公益原則及比例原則。

　　我國屬大陸法系國家,向有「重實體、輕程序」之傳統,就行政程序之正當程序而言,從觀念的重視到落實於法制,如果以行政程序法之研議訂定為指標,亦不過十餘年。因此,於判斷行政作為是否符合正當程序時,無妨先以上開最低限度之基本要求為基準,實質正當程序部分則直接以公益原則及比例原則加以檢驗,並注重過程中「參與」、「可信」、「尊重」及「中立」等谷口安平所提要素之導入。至於行政作為中,對當事人有不利益影響之行政處分,更應符合是項基本要求則屬當然。

參、土地徵收之正當法律程序

一、土地徵收之意義與性質

　　土地徵收,乃國家因公共事業之需要,對人民受憲法保障之財產權,經由法定程序予以剝奪之謂,亦即,國家因公共需要或公共用途之目的,基於公權力之作用,依據法定程序,強制取得私有土地,給予公平合理補償,另行支配使用之行為。土地徵收,為公用徵收之一種。所謂公用徵收,其標的廣及一切私人財產與權利,不以土地權利為限。惟

以公共建設，對於土地之需用，遠較其他私有財產權，更為迫切；加以時代推移，公共事業之範圍，日益擴大，則為社會公共福祉之需要，土地徵收，遂成為適用最多之公用徵收。

依我國土地法及土地徵收條例之規定，土地徵收係國家行使其土地最高所有權，單方面所為意思表示之法律行為。不問原土地權利人之意思如何，具有強制之性質，故為行政處分之一種；此處分有為特定公共事業之主體（需用土地人）設定其所必需土地之支配地位之效力，故為一種創設之處分；並此處分行為，須依需用土地人之請求，始得為之，故為一種受動之處分（或稱須協力之處分）；又此處分更以需用土地人補償損失行為之履行，為一般徵收效力完成之條件，故為附有法定條件之處分[36]。

二、土地徵收正當法律程序之價值與功能

如前述，土地徵收既係對私有財產權強制剝奪之行政處分，則於辦理土地徵收時，除應有正當之當事人、符合法定之公益目的、徵收之範圍為公益事業所必需者外，更需遵守程序正義，並給予公平合理之補償。理性公正之行政程序於徵地行為中，表現最為突出之兩大功能當屬控制和約束行政機關之行政權力，以及保障被徵收人之合法權益[37]。

由於土地徵收行為之目的要件——「公共利益」屬不確定之法律概念，雖可從實體法律予以詳細列舉規定土地徵收之範圍，惟畢竟無法窮盡各種可能之情形，行政機關做出徵地行為時，必須根據具體情況裁量。現代行政法治觀於承認行政機關擁有強大權力之同時，著重於從程

36.史尚寬，《土地法原論》，正中書局，1975年2月臺5版，頁456-457；李鴻毅，《土地法論》，三民書局，1999年9月，增修24版，頁886。

37.石磊，〈土地徵收三論〉，中國政法大學碩士論文，2005年4月，頁17。

序方面規範和制約行政權之行使，以促使行政機關公平、有效、合法地行使權力，並保障被徵收人之合法權益 [38]。

　　在英美法系國家，正當法律程序向為實現正義、保障權利之重要手段。正當法律程序具有獨立於裁決結果之程序價值，此種概念已被理論界所普遍接受，其所表達之理念為：在對公共裁決活動之正當性做出評價時，不僅應考慮實體結果之準確性，亦應考慮過程本身對參與者之影響。美國耶魯大學法學教授 Jerry L. Mashaw 認為，維護法律程序公正性、人道性或合理性之最終目的，係使受裁決結果影響者之尊嚴得到尊重。此種正當程序之「尊嚴價值」理論，體現了對人類應有尊嚴之尊重與承認。每個人均為人格尊嚴與平等之道德主體，因此，將人作為中心之法律程序，邏輯上必須體現對人的尊重。從這種意義上看，程序正義體現了保障人權之精神與價值 [39]。

三、我國土地徵收之程序規定

　　我國土地徵收制度中，有關程序部分，原主要依據土地法之規定，2000 年制定土地徵收條例後，有關徵收程序與補償標準之規定，土地徵收條例為土地法及其他法律之特別法，應優先適用。茲將一般土地徵收之相關程序略述如下：

　　（一）土地徵收之前置程序

　　1. 評估興辦事業之公益性及必要性：需用土地人興辦事業徵收土地時，應依下列因素評估興辦事業之公益性及必要性，並為綜合評估分析：（1）社會因素：包括徵收所影響人口之多寡、年齡結構及徵收計

---

38. 石磊，前揭文（同註37）。
39. 石磊，前揭文（同註37），頁17；沈巋譯，Jerry L. Mashaw著，《行政國的正當程序》，高等教育出版社，2005年11月1版，頁48；葉俊榮，《環境行政的正當法律程序》，國立臺灣大學法學叢書編輯委員會編輯，2001年11月2刷，頁18。

畫對周圍社會現況、弱勢族群生活型態及健康風險之影響程度。（2）經濟因素：包括徵收計畫對稅收、糧食安全、增減就業或轉業人口、徵收費用、各級政府配合興辦公共設施與政府財務支出及負擔情形、農林漁牧產業鏈及土地利用完整性。（3）文化及生態因素：包括因徵收計畫而導致城鄉自然風貌、文化古蹟、生活條件或模式發生改變，及對該地區生態環境、周邊居民或社會整體之影響。（4）永續發展因素：包括國家永續發展政策、永續指標及國土計畫。（5）其他：依徵收計畫個別情形，認為適當或應加以評估參考之事項[40]。

2. 舉行公聽會或聽證：事業計畫報請目的事業主管機關許可前，應至少舉行兩場公聽會，聽取土地所有權人及利害關係人之意見。但因舉辦具機密性之國防事業或已舉行公聽會或說明會者，不在此限。需用土地人興辦之事業無須報經目的事業主管機關許可者，則應於與所有權人協議價購或以其他方式取得前，先舉行公聽會。此外，特定農業區經行政院核定為重大建設須辦理徵收者，若有爭議，應依行政程序法舉行聽證[41]。

3. 報經目的事業主管機關許可：需用土地人興辦之事業依法應經目的事業主管機關許可者，於申請徵收土地或土地改良物前，應將其事業計畫報經目的事業主管機關許可[42]。

4. 協議價購或以其他方式取得：需用土地人申請徵收土地或土地改良物前，除國防、交通、水利、公共衛生或環境保護事業，因公共安全急需使用土地未及與土地所有權人協議者外，應先與所有權人協議價購或以其他方式取得；所有權人拒絕參與協議或經開會未能達成協議者，

---

40. 土地徵收條例第3條之2。
41. 土地徵收條例第10條第2~4項。
42. 土地徵收條例第10條第1項。

始得依法申請徵收。是項協議之內容應作成書面，並應記明協議之結
果。如未能達成協議，應記明未達成協議之理由，於申請時送交中央主
管機關。且其協議價購之價格，應由需用土地人依市價（市場正常交易
價格）與所有權人協議[43]。

5. 通知陳述意見：依據行政程序法之規定，行政機關作成限制或
剝奪人民自由或權利之行政處分前，除已依規定通知處分相對人陳述意
見，或決定舉行聽證者外，應給予該處分相對人陳述意見之機會。因
此，土地徵收條例規定，需用土地人申請徵收土地或土地改良物前，應
以書面通知被徵收土地或土地改良物所有權人陳述意見。惟是項通知所
有權人陳述意見，亦得於協議價購或以其他方式取得土地或土地改良物
時，或舉辦區段徵收公聽會時，一併為之[44]。

（二）土地徵收之正式程序

1. 徵收之申請

土地徵收，首須由需用土地人向代表國家行使土地徵收權之政府機
關以申請方式為之。由需用土地人擬具詳細徵收計畫書，並附具徵收土
地圖冊或土地改良物清冊及土地使用計畫圖各兩份，送由核准徵收機關
核准，並副知該管直轄市或縣（市）主管機關[45]。

此外，需用土地人為申請徵收土地或土地改良物之需，得洽請直
轄市或縣（市）主管機關會同有關人員進入公、私有土地或土地改良物
內實施調查或勘測，其所有權人、占有人、使用人或管理人不得拒絕或
阻撓。但進入建築物或設有圍障之土地調查或勘測，應於七日前通知其
所有權人、占有人、使用人或管理人。為實施前項調查或勘測，須遷移

43.土地徵收條例第11條。
44.行政程序法第102條、土地徵收條例第13條之1第1項第5款及同條例施行細則第13條。
45.土地徵收條例第13條第1項。

或拆除地上障礙物，致所有權人或使用人遭受之損失，應先予適當之補償，其補償價額以協議為之[46]。

2. 徵收之核准

土地徵收之核准機關為中央主管機關（內政部）。中央主管機關為審議徵收案件，應遴聘（派）專家學者、民間團體及相關機關代表，以合議制方式辦理之。前項專家學者應由地政、環境影響評估、都市計畫、城鄉規劃等專業領域學者組成，其中專家學者及民間團體代表不得少於二分之一。核准後應將原案通知該管直轄市或縣（市）主管機關據以執行[47]。

中央主管機關應審查之事項包括：（1）是否符合徵收之公益性、必要性及是否適當與合理。（2）需用土地人是否具有執行該事業之能力。（3）該事業計畫申請徵收之土地是否符合現行都市計畫、區域計畫或國土計畫。（4）該事業計畫是否有助於土地適當且合理之利用。（5）該事業計畫之財務評估是否合理可行。（6）提出之安置計畫是否合理可行。（7）其他依法應為或得為審查之事項[48]。

3. 徵收之執行

（1）徵收之公告與通知

直轄市或縣（市）主管機關於接到中央主管機關通知核准徵收案時，應即公告三十日，並以書面通知土地或土地改良物所有權人及他項權利人。土地權利關係人對於公告事項有異議者，應於公告期間內向該管直轄市或縣（市）主管機關以書面提出。該管直轄市或縣（市）主管機關接受異議後應即查明處理，並將查處情形以書面通知土地權利關係

---

46. 土地徵收條例第12條。
47. 土地徵收條例第14、15、17條。
48. 土地徵收條例第13條第2項。

人。被徵收土地權利關係人對於徵收補償價額不服前項查處情形者，該管直轄市或縣（市）主管機關得提請地價評議委員會覆議，土地權利關係人不服覆議結果者，得依法提起行政救濟[49]。

被徵收之土地或土地改良物自公告日起，除於公告前因繼承、強制執行或法院之判決而取得所有權或他項權利，並於公告期間內申請登記者外，不得分割、合併、移轉或設定負擔。土地權利人或使用人並不得在該土地為建築改良物之新建、增建、改建或採取土石、變更地形或為農作改良物之增加種植[50]。

（2）補償費之發給或保管

徵收土地或土地改良物應發給之補償費，由需用土地人負擔，並繳交該管直轄市或縣（市）主管機關於公告期滿後十五日內發給之。其因受領遲延、拒絕受領或不能受領者，由直轄市或縣（市）主管機關於國庫設立土地徵收補償費保管專戶保管之。被徵收土地或土地改良物之所有權人，對於其土地或土地改良物之權利義務，於應受之補償費發給完竣時終止[51]。

（3）土地或土地改良物之限期交付與遷移

被徵收土地或土地改良物應受之補償費發給完竣或核定發給抵價地後，直轄市或縣（市）主管機關應通知土地權利人或使用人限期遷移完竣[52]。

（4）辦理登記與報備

補償費發給完竣後，直轄市、縣市地政機關應於一個月內，檢同被徵收土地清冊及權利書狀，囑託登記機關為所有權登記，或他項權利之

49.土地徵收條例第18、22條。
50.土地徵收條例第23條。
51.土地徵收條例第20、21、26條。
52.土地徵收條例第28條。

塗銷或變更登記，並依規定將辦理經過情形，報中央主管機關備查[53]。

四、我國土地徵收之正當程序分析

土地徵收既係私有財產權強制剝奪之行政處分，自應受正當程序之檢驗，其有無符合正當程序之基本要求？茲就上開我國土地徵收之規定逐項予以檢視如下：

（一）受告知權

就徵收核准之行政處分而言，在土地徵收條例制頒前，原無預先告知之規定，土地徵收條例公布施行後，可勉強稱得上徵收終局決定前之預先告知者，為條例施行細則第 13 條有關需用土地人於申請徵收前，須以書面通知被徵收土地或土地改良物所有權人陳述意見之規定。惟查預先告知之目的，在促使程序權利人及時採取其認屬必要之相關程序行為，俾使其權益獲致應有之保障，因此，除告知預為準備陳述意見外，尚包括預為從事其他有利於程序權利人之作為，從而，陳述意見僅屬其中之一端而已，施行細則第 13 條規定之通知，是否認符正當程序之告知，不無商榷餘地。復以，上開細則規定告知之對象僅限於被徵收土地或土地改良物之所有權人，不包括其他因徵收而可能損及權益之利害關係人，相對忽視了利害關係人之受告知權，則其更不無可議之處。至於事後告知部分，由於土地徵收經中央主管機關核准後，即由直轄市或縣（市）主管機關公告三十日，並以書面通知被徵收人，已符合事後告知之要件。而救濟途徑之教示，土地徵收條例雖未明文規定，惟解釋上仍應依行政程序法第 96 條第 1 項第 6 款（書面行政處分應表明「不服行政處分之救濟方法、期間及其受理機關」）規定辦理。因此，有關當事人之受告知權，除預先告知部分仍有待加強外，事後告知及救濟教示部

---

53. 土地徵收條例施行細則第27條。

分，已得到應有之基本保障。

茲宜注意者為，土地徵收尚涉及補償價格決定之行政處分，作成是項處分時，有無盡到告知之義務，自亦應受到正當程序之檢驗。我國土地徵收補償費係規定於土地徵收條例第 30 條以下條文，地價部分按徵收當期之市價補償，是項市價，係由直轄市、縣（市）主管機關提交地價評議委員會評定之。因此，各直轄市、縣（市）主管機關應經常調查轄區地價動態，每六個月提交地價評議委員會評定被徵收土地市價變動幅度，作為調整徵收補償地價之依據。土地改良物等其他項目之補償則除由中央主管機關訂定查估基準外，亦由直轄市或縣市主管機關估定之。是項補償費評定或估定後，係併同徵收之核准辦理公告及通知，就事後告知及救濟途徑之教示而言，如上述並無不符程序正義，惟就預先告知部分而言，目前規定則付闕如，則徵收補償費決定前，應否預先告知？有加以審究之必要。探討此一問題，本文認為可從兩個角度切入：一為補償費決定之行政處分，是否為獨立於徵收核定之處分，彼此無任何之關連？一為即便補償費決定之處分與徵收核定之處分連結，其有無其他特定須再為告知之事項，俾當事人及時採取必要之程序行為？就前者而言，由於土地徵收應給予公平合理之補償，非但符合憲法保障人民財產權之意旨，亦為公用徵收應有之唇齒條款或相互依存條款，有徵收即有補償，亦即徵收之核准必連結於後續之補償費決定及補償行為，否則徵收即失去效力。從而，倘若土地徵收核定前，已預先告知各當事人，則當事人對徵收行為所連結之後續補償行為，自亦知悉並得採取必要之程序行為。因此，為補償費決定之行政處分時，當無再為通知之必要。次就後者而言，由於補償項目除地價補償外，尚涉及建築改良物、農作改良物、土地改良費、營業損失及遷移費等補償項目，其於評估各該項補償費額時，除實地勘估外，尚需當事人提供詳細資料如種類、數量、建築或種植時間、已投入之改良費用、損失情形等，估價之決定機

關始能準確評估，因此，估定是類補償費前，通知各該權利人提供資料或採取必要之程序行為，似又成為無法簡省之程序。綜而言之，就補償費之決定係連結自徵收之核准而言，核准徵收前既已事先告知，於補償費決定時雖無再為事先告知之必要，惟就補償費決定時，為使估定補償費詳實正確，並體現對被徵收人應有之參與與尊重而言，則又有應為通知之實際需要，為達到填補被徵收人財產損失，維護其價值保障之權益起見，本文認於補償費決定前，仍以事先告知各該補償權利人為宜。

（二）聽證權

陳述意見、聽證或公聽會，均為保障人民「聽證權」之重要程序，同屬廣義「聽證程序」之一環，惟因其保障程度不同，究應採何種保障方式，應就行政作為影響人民權益之情況而定。換言之，依照保障密度之不同，依序以正式之聽證對人民權益之保障最為嚴謹，公聽會次之，陳述意見再次之，於決定以何種方式保障人民之聽證權時，應就行政作為影響人民權益之情況而定，影響人民權益愈嚴重者，保障聽證權之方式應愈嚴謹，以土地徵收而言，既係強制剝奪人民財產權益，其就人民財產權之侵害而言，已無以復加，因此，以採最嚴謹之聽證方式較為周延。惟我國土地徵收相關程序中，有關聽證權之規定，除了特定農業區經行政院核定為重大建設須辦理徵收者，若有爭議，應依行政程序法舉行聽證外，僅包括：需用土地人於事業計畫報請目的事業主管機關許可前，應舉行公聽會，聽取土地所有權人及利害關係人之意見（土地徵收條例第 10 條第 2 項）；以及需用土地人申請徵收前，應以書面通知被徵收所有權人陳述意見（土地徵收條例施行細則第 13 條）等兩項。

先就公聽會以論，公聽會之用意在於興辦事業計畫確定前，就計畫書內容之目的、用途等，向土地所有權人及利害關係人加以說明，並予土地所有權人及利害關係人表示意見，以促進決策之透明化，應屬計畫確定程序中之聽證權，固與本文探討之聽證權，目的在於作成核准徵

收之行政處分時應為兩造兼聽之主題無直接關係，惟就徵收連結於其所依據之上位計畫而言，則是項聽證程序尤應重視。土地徵收條例規定，因舉辦具機密性之國防事業或已舉行公聽會或說明會者，申請徵收前得不再舉行公聽會。以都市計畫公共設施用地之徵收而言，該條例細則規定，興辦事業計畫已依都市計畫法舉行公開展覽及說明會，並通知土地所有權人，且最近一次公開展覽及說明會之舉行距申請徵收三年內者，申請徵收前即不必再舉行公聽會 [54]。然而，都市計畫訂定程序中之公開展覽及說明會，涉及都市生活之經濟、交通、衛生、保安、國防、文教、康樂等重要設施，乃至於整體都市之發展議題，僅以此簡易的展覽及說明會似難達到保障被劃入公共設施用地範圍內之土地權利人之權益。而後者之陳述意見，則側重在需用土地人興辦之事業用地，最終決定以徵收方式取得時，為避免核定機關恣意專斷，並確保相對人之權益，本行政程序法第102 條規定之精神 [55]，予處分之相對人以陳述意見之機會，俾公益考量與私益維護得以兼顧，其雖已達廣義聽證程序之基本要求，惟就財產權剝奪應有之程序保障而言，似有不足，仍有改採正式聽證之必要。

　　次以，是項聽取被徵收人陳述意見之目的，既係為避免核准機關之恣意專斷，並確保相對人之權益，則聽取意見之職責，宜由有權核准徵收之機關為之，而不宜由相對人之一方（需用土地人）聽取另一方（被徵收人）之陳述，以期身為仲裁者之核准機關達到兩造兼聽之超然立場。易言之，需用土地人與核准徵收機關分屬不同法律地位，土地徵收之核准機關應超然於土地徵收計畫之核定，客觀地就需用土地人之公

---

54. 土地徵收條例第10條第2項及同條例施行細則第11條。
55. 行政程序法第102條規定：「行政機關作成限制或剝奪人民自由或權利之行政處分前，除已依第三十九條規定，通知處分相對人陳述意見，或決定舉行聽證者外，應給予該處分相對人陳述意見之機會。但法規另有規定者，從其規定。」

益及被徵收土地所有權人之私益為考量,以使公益之達成與私權之保障
得以兼顧,從而,土地徵收之核准機關於審議土地徵收案件時,不只應
予被徵收土地所有權人,甚至於必要時亦應予需用土地人陳述意見之機
會(若不予核准,對需用土地人不利),以符行政程序法第 102 條規定
之立法意旨[56]。此種本應由有權核准之機關聽取受不利益處分之相對人
(尤其是剝奪私人財產權之土地徵收)意見之職責,實不宜改由當事人
之一之需用土地人為之。因此,土地徵收條例施行細則第 13 條之規定,
似與行政程序法第 102 條規定之意旨不符,亦有違裁決者兩造兼聽之本
意,有檢討調整之必要。

複查,土地徵收補償費之決定,係連結於徵收核准之後續行政行
為,土地徵收核准之負擔處分(對被徵收人而言)如已依正當程序作成,
則後續之補償費決定,雖不必如核准徵收時一樣再辦理聽證,惟因補償
費決定之結果,直接影響被徵收人財產損失之填補,給予最起碼之陳述
意見,以表達其對補償標準之看法或主張,並對估價標的提供必要之資
訊,應非可免,惟現行法令均無關於被徵收人就補償費決定之處分為陳
述意見之規定,對被徵收人聽證權之保障,乃至於參與、尊重、可信因
素之考慮等,均有所不足。

(三)公正裁決

從公正裁決之基本內涵以觀,迴避制度部分,在現行之內政部土地
徵收審議小組設置要點、地價及標準地價評議委員會組織規程[57],以及
行政程序法第 32、33 條[58]已有規範;禁止片面接觸部分,行政程序法
第 47 條[59]亦予明定,適用上均無疑義。組織適法部分,目前均依法成

56.臺北高等行政法院91年度訴字第1642號判決及最高行政法院94年度判字第1709號判決參
   照。
57.內政部土地徵收審議小組設置要點、地價及標準地價評議委員會組織規程均於第8條規
   定:「本會(或本小組)委員對具有利害關係之議案,應自行迴避。」

立及運作，尤以土地徵收條例制定後，依規定於內政部設置合議制之審議小組，有關徵收之審議核准，已較無裁判兼球員之質疑，其設置之功能與目的類於地價評議委員會，均不失為兼顧國情又符合效率原則之公正裁決機制。

　　茲附帶一提者為，徵收補償費之決定機制，雖不必然非採合議制之委員會型態不可，惟因地價評議委員包含議員代表、地方公正人士、專家學者等，象徵民意參與、公正、專業等意義，其評定結果當較易為被徵收人接受。惟經查現行作法，除土地徵收補償市價及市價變動幅度，係由地價評議委員會評定，及土地改良費部分未有具體查估規定外，土地改良物補償費、營業損失補償及遷移費等則依內政部所定查估基準，並由各縣市參酌實際狀況自行訂定查估基準核實查估後，即據以辦理補償，遇特殊情形，有認定之困難或產生糾紛時，始於委託具有公信力之專業機構查估後，提請地價評議委員會評定（土地改良物部分）或由直轄市或縣（市）政府審核認定之（營業損失補償及遷移費部分）。亦即，於正常情況下，查估後並未先提請地價評議委員會評定，僅於異議程序中，不服查處情形依法覆議後，始提地價評議委員會評議。其何以採與地價不同之評定程序？其查估結果是否公正超然？對不服查估

58.行政程序法第32條規定：「公務員在行政程序中，有下列各款情形之一者，應自行迴避：一.本人或其配偶、前配偶、四親等內之血親或三親等內之姻親或曾有此關係者為事件之當事人時。二.本人或其配偶、前配偶，就該事件與當事人有共同權利人或共同義務人之關係者。三.現為或曾為該事件當事人之代理人、輔佐人者。四.於該事件，曾為證人、鑑定人者。」第33條規定：「（第1項）公務員有下列各款情形之一者，當事人得申請迴避：一.有前條所定之情形而不自行迴避者。二.有具體事實，足認其執行職務有偏頗之虞者。……（第5項）公務員有前條所定情形不自行迴避，而未經當事人申請迴避者，應由該公務員所屬機關依職權命其迴避。」

59.行政程序法第47條規定：「公務員在行政程序中，除基於職務上之必要外，不得與當事人或代表其利益之人為行政程序外之接觸。公務員與當事人或代表其利益之人為行政程序外之接觸時，應將所往來之書面文件附卷，並對其他當事人公開。前項接觸非以書面為之者，應作成書面紀錄，載明接觸對象、時間、地點及內容。」

結果之救濟程序，是否能實質達到保障受補償人權益之功能？均有慎酌
之處。況如前述，受補償人無陳述意見機會，查估結果較難獲得受補償
人信服，可能因而徒增不必要之異議案件數量。復以，程序上雖規定被
徵收人不服時，得於徵收公告期間內提出異議，由主管機關循查處、提
請地價評議委員會覆議之程序處理，不服者亦得依法提起行政救濟。惟
除非明顯錯誤，否則主管機關或評議委員會不太可能推翻自己原來的決
定，至於行政救濟，由於估價涉及專業技術及高度之行政裁量，裁量之
妥適與否，法院並無審查權限，因此除非裁量本身明顯逾越權限或濫用
權力，則涉及裁量是否違法問題，法院始予審查[60]，從而，由法院判決
變更補償金額之情況幾乎是不可能。因此，此種補償費決定機制，似仍
有檢討改進之空間。

　　復以，內政部土地徵收審議小組置委員 21 至 31 人，其中除了主管
業務單位主管、有關業務機關首長或單位主管或代表外，尚包括具有地
政、法律、環境資源、都市計畫、城鄉規劃、公共行政、農業、經濟、
交通運輸規劃及其他相關專門學識經驗之專家學者及民間團體代表，代
表性相對多元，值得肯定。惟因機關代表人數與外聘委員人數比例各占
多少，僅規定專家學者及民間團體代表不得少於二分之一，而外聘委員
又應親自出席，由機關代表兼任之委員，如未能親自出席時，卻得指派
代表出席，並列入出席人數及發言、表決[61]。姑不論主管機關對外聘委
員之選聘標準是否會影響個別委員參與會議時發言之公正性，亦不論審
議小組開會時是否給予各委員充裕時間審閱資料，單以出席委員人數而

60.按行政裁量之妥適與否，法院固無權進行審查，惟「逾越權限或濫用權力之行政處分，以
　　違法論」、「行政機關依裁量權所為之行政處分，以其作為或不作為逾越權限或濫用權力
　　者為限，行政法院得予撤銷」分別為行政訴訟法第4條第2項及第201條所明定，因此個案
　　中如當事人主張，裁量決定本身有「裁量逾越」、「裁量濫用」之情形時，該等事由乃屬
　　「裁量是否違法」之問題，法院自仍有審查權限。
61.土地徵收條例第15條及內政部土地徵收審議小組設置要點第3、6點。

論，機關代表如不克與會，一般都會指派人員代理，外聘委員則可能因故無法出席，形成機關代表人數多於外聘委員人數之局面，則其所為審議決議之妥當性即值得商榷，此亦為政府機關邀請專家學者設置委員會之通病，似亦有檢討改進之空間。

（四）公益原則與比例原則

按「國家因公益需要，興辦下列各款事業，得徵收私有土地；徵收之範圍，應以其事業所必須者為限：一、國防事業。二、交通事業。三、公用事業。四、水利事業。五、公共衛生及環境保護事業。六、政府機關、地方自治機關及其他公共建築。七、教育、學術及文化事業。八、社會福利事業。九、國營事業。十、其他依法得徵收土地之事業。」「徵收土地於不妨礙徵收目的之範圍內，應擇其損失最少之地方及方法為之」為土地徵收條例第 3 條及同條例施行細則第 2 條第 2 項所明定，土地法第 208 條及其施行法第 49 條亦有類似規定，其除揭示公益需要原則外，亦已考慮到徵收範圍限於事業所必須及應擇損失最少之地方與方法之比例原則，惟查並非符合土地徵收條例第 3 條規定目的或用途之事業，即得當然任意徵收私人土地，解釋上仍應受土地相關法律及比例原則之限制[62]。且上開之所謂公益或稱公共利益，雖屬不確定之法律概念，惟應指因徵收所得之社會全體利益能超越所失之個別利益者而言，因此須為公益與私益之衡量，以確定徵收之合理性與必要性，俾公益達成與私權保障得以兼顧[63]，惟實務上，土地徵收時究有無為公益與私益之衡量？則有進一步探討之必要。

以日本土地徵收之公益衡量而言，係於事業認定時為之，起業者（即需用土地人）必須是土地收用法第 3 條所定之事業、具有執行該

---

62. 參司法院大法官釋字第409號解釋。
63. 陳立夫，〈評「土地徵收條例草案」〉，《月旦法學雜誌》，第42期，1998年11月，頁100。

事業之充分意思和能力、事業計畫有助於土地適當且合理之利用、徵收
土地係基於公益上之需要等要件，國土交通大臣或都道府縣知事始予認
定，其中後兩項要件之判斷，必須以擬徵收之土地供該事業使用時，就
其「所得之公共利益」與「所失之利益」綜合比較衡量，而「所失之利
益」包括因徵收土地而失去之私人利益及公共利益，必須比較結果前者
較後者為優越，且確為公益所必要徵收時，始足當之[64]。因此，其事業
認定之程序，就得否徵收之公共利益衡量，具決定性之影響。

　　我國土地徵收程序，對於事業認定之規範，原僅於土地法第211條
「需用土地人於聲請徵收土地時，應證明其興辦之事業已得法令之許
可」，及土地徵收條例第10條「需用土地人興辦之事業依法應經目的
事業主管機關許可者，於申請徵收土地或土地改良物前，應將其事業
計畫報經目的事業主管機關許可。……」之規定，實務上，所謂「事業
主管機關許可證明文件」，僅規定係指依組織權責或行政授權規定，由
有權核准興辦該事業之主管機關核發之許可證明文件，包括專案核定之
事業計畫文件或依年度施政計畫所編列之預算證明（須含擬興辦事業之
計畫名稱），若該預算證明未能涵蓋擬興辦之計畫名稱者，應補附其他
相關證明文件[65]。至於核准興辦事業之程序及其審查之基準，相關法令
規定頗不一致，有詳細規定事業計畫之訂定程序及內容者，如大眾捷運
法、都市計畫法是；有僅規定計畫權責及簡略程序者，如公路法是。致
產生目的事業主管機關於許可計畫時，是否應為公益與私益衡量之疑
義。依學者史尚寬認「我國土地法將事業認定及範圍確定，均由徵收核
准機關一次為之」之見解[66]，則又似應由核准徵收之機關負責為公益之

64. 陳立夫，〈日本土地徵收程序中之事業認定〉，《臺灣地政》第147期，1998年5月，頁
　　17；陳立夫，〈日本土地徵收制度之研究——以2001年修正之土地收用法為中心〉，行政
　　院國家科學委員會專題研究計畫成果報告，2005年10月31日。
65. 內政部86年11月25日臺內地字第8683598號函。

衡量。所幸,於 2012 年修改土地徵收條例時,增列了需用土地人興辦事業徵收土地時,應就社會、經濟、文化及生態、永續發展等因素綜合評估分析興辦事業之公益性及必要性,內政部土地徵收審議小組為徵收審議時,亦應審議徵收之申請是否符合徵收之公益性、必要性及是否適當與合理。是項增訂之規定,顯然是回應大法官釋字第 409 號解釋理由書[67]所揭示之精神,明定衡量公益之標準,殊值肯定。

另附帶一提者,協議價購或以其他方式取得雖屬土地徵收之前置程序,惟以土地徵收,畢竟對人民財產權產生嚴重影響,其應為取得用地之「最後手段」,而非「優先手段」,如土地徵收所要實現之目的,得以其他較輕微侵害財產權人權利之方式達成時,需用土地人自應選擇被徵收土地所有權人損害最少之方式為之,若需用土地人選擇最不利被徵收土地所有權人之方式為取得土地之方法,即係裁量之濫用,自為法所不許。簡言之,土地徵收宜於難以協議購買等私法行為取得所需用地時,始得為之,從而,此項前置協議程序,仍應受比例原則之檢驗,始符合實質上正當程序之基本要求。土地徵收條例既已將協議列為需用土地人申請徵收前之先行程序,則需用土地人與被徵收人進行協議時,不但應不厭其煩、想盡辦法達成協議,且協議價購之價格高低,更是能否達成協議之主要關鍵因素,宜優於徵收之法定補償價格(最好是接近市價),並有一定之討價彈性空間,始能真正達成協議,否則,倘需用土地人存有最後終究要採徵收方式取得之心態,虛應了事,勢將失去協議

---

66. 史尚寬,前揭文(同註36),頁515。
67. 大法官釋字第409號解釋理由書略以:「徵收土地對人民財產權發生嚴重影響,舉凡徵收土地之各項要件及應踐行之程序,法律規定應不厭其詳。有關徵收目的及用途之明確具體、衡量公益之標準以及徵收急迫性因素等,均應由法律予以明定,俾行政主管機關處理徵收事件及司法機關為適法性審查有所依據。尤其於徵收計畫確定前,應聽取土地所有權人及利害關係人之意見,俾公益考量與私益維護得以兼顧,且有促進決策之透明化作用。」

之實質意義。我國土地徵收之實務作法，向有將徵收當做公共事業用地取得之當然手段、過於輕易發動徵收之詬病，究其原因，除了以往辦理徵收時，協議並非先行必經程序外，主要仍係由於協議價格無可受公評之客觀標準，承辦人員怕落入圖利之罪嫌，乃逕以徵收補償標準作為協議價格，沒有太大之彈性空間，協議時亦多以召集全體所有權人開會之方式為之，未針對土地所有權人進行個別交涉，此種作法實已流於形式，有違協議之立法本意，所幸，於 2012 年修改土地徵收條例時，已明定協議價購時，應由需用土地人依市價與所有權人協議，使承辦人員不再有圖利之顧忌。

肆、結論

或許，我們還不至於說：沒有程序的公正，就沒有實質的公正；沒有程序保障的地方，就不會有真正的權利保障。然而，誠如 Jerry L. Mashaw 所言，維護法律程序自身的公正性、人道性或合理性，其最終目的是使那些受裁決結果影響之人的尊嚴得到尊重。此種正當程序的尊嚴價值，正是保障人權所追求與亟力達成者。在土地徵收過程中，需用土地人往往亦為徵收之決定者或執行者，很容易從自身利益出發，濫用行政權力，任意徵收土地，損及人民和社會利益。為防止徵收機關濫用徵收權，構成對人民利益的不當干預和損害，正當的法律程序可以預先設定徵收機關的權限，規範徵收機關的行為，以保證行政權力的公正合理行使。此外，正當合理的徵收程序亦可節約成本，提高行政效率，增強被徵收者對行政機關徵收行為的信服度，避免產生糾紛，促使土地徵收的順利進行，其價值與功能實不容忽視。

我國土地徵收制度，在 2000 年制定土地徵收條例，復於 2012 年大幅修正，並配合行政程序法之實施後，對於正當法律程序之最低基本要求，均已有較進步之規定，惟如深入探討，則諸如：核准徵收前預先

告知之補強，尤其是增列利害關係人之預先告知；已舉辦公聽會或說明會者，申請徵收前得不再舉行公聽會過於草率，似宜研議全面採行嚴謹之聽證程序；由需用土地人聽取被徵收人陳述意見之作法，混淆權責，有違裁決者兩造兼聽之本意；補償費決定前未預先告知各該補償費權利人，給予當事人陳述意見之機會，而補償費決定之結果，亦未給予被徵收人最起碼之陳述意見；補償費決定機制，雖採合議制之委員會型態，惟並非各補償項目費額均由合議制之委員會評定；土地徵收審議小組，開會時可能形成機關代表多於外聘委員人數之局面等等，均尚有進步空間，宜速檢討改進，期能在被徵收人參與、肯定公益需要及感受尊重與決定中立情況下，達成保障人民財產權益、恢弘法治之目標。

| 第 4 章 |

從世界各國特留分，論臺灣、香港、澳門與大陸地區特留分之比較研究

王國治[1]

摘要

　　「生」到底從何而來？「死」又究竟往何而去？「生死問題」從古到今都是絕大多數人最忌諱談論的事情，如此詭譎的情境構成了人生的一大弔詭（paradox）與難題。孔子在《論語》的〈先進篇〉曾說：「季路問事鬼神。子曰：『未能事人，焉能事鬼？』曰：『未知生，焉知死。』」莊子在〈知北遊〉曾說：「生也死之徒，死也生之始。熟知其紀？」從生命本生的觀點來看，「生」與「死」都是生命之流無法分割的一部分，換言之，「生」、「死」是生命一體之兩面。生死大事終究是人生無法迴避的必修功課，因此如何維護身、心、靈的整體健康，並且培養出積極而正向的生死態度，是每一位有情個體在其生命中所必須面對的重要課題[2]。在生與死之間，我們無權選擇，但我們必須承認，人即使能活到百歲，也終要離開世界，如果能在人生旅程終結時，不帶著遺憾下車，他就是最聰明的人[3]。換言之，人們無法選擇出生時的命運，但是卻可以表達死亡後的安排，當下我們為了「生存權」而努力奮鬥的同時，別忘記為自己留下「死亡權」的意願表達，也就是以預立遺囑的方式，將特定的「財產權」做合理的安排，才能夠圓滿地為「人性

---

1. 亞洲大學財經法律學系暨研究所副教授兼系主任。
2. 釋慧開，〈從生死課題看精神健康在宗教層面探索生命的意義〉，李宇宙主編，財團法人精神健康基金會，2002年12月初版，頁145-169。
3. 陳雅莉，〈不帶走一些遺憾！如何預立遺囑〉，《消費者報導》，186期，1996年10月，頁10。

尊嚴」畫下一個完美的休止符──「知生又知死，達觀過一生」。

壹、遺囑

　　遺囑（Testament）是立遺囑人對其遺產或者死後其他事務進行處理，並以死亡為生效法律事實的單方意思表示[4]。換言之，遺囑是個人使其最後的意思，在生前預先用書面的方式，交代其後人如何處理其後事的法律行為[5]。

　　日本百歲人瑞家藤靜江女士活過明治、大正、昭和、平成四個年代，可以說是近代史的活的見證人，她在 NHK 電臺的《世紀的遺囑》節目中說「遺囑」並非臨終留言，乃是對於世人的建言[6]。

　　諾貝爾獎是全世界人類的最高殊榮，諾貝爾生前特別以遺囑將死後留下的財產成立一個基金會，每年頒獎給為人類做出傑出貢獻者，他的遺囑全文中提到：「我，簽名人艾爾弗德‧伯哈德‧諾貝爾，經過鄭重的考慮後特此宣布，下文是關於處理我死後所留下的財產的遺囑：在此我要求遺囑執行人以如下方式處置我可以兌換的剩餘財產，將上述財產兌換成現金，然後進行安全可靠的投資；以這份資金成立一個基金會，將基金所產生的利息每年獎給在前一年中為人類做出傑出貢獻的人；將此利息劃分為五等份，分配如下：一份獎給在物理界有最大的發現或發明的人；一份獎給在化學上有重大的發現或改進的人；一份獎給在醫學和生理學界有重大的發現的人；一份獎給在文學界創做出具有理想傾向的最佳作品的人；最後一份獎給為促進民族團結友好、取消或裁減常備軍隊以及為和平會議的組織和宣傳盡到最大努力或做出最大貢獻的人。

---

4. 由嶸主編，《外國法制史》，五南圖書出版公司，1993年10月初版，頁454。
5. 蔡仟松編著，《遺囑寫作DIY》，書泉出版社，2002年2月初版，頁2。
6. 劉焜輝，〈世紀的遺囑〉，《諮商與輔導》，第137期，1997年5月15日，頁1。

物理獎和化學獎由斯德哥爾摩科學院頒發；醫學和生理獎由斯德哥爾摩卡羅林斯卡學院頒發；文學獎由斯德哥爾摩文學院頒發；和平獎由挪威議會選舉產生的五人委員會頒發。對於獲獎候選人的國籍不予任何考慮，也就是說，不管他或她是不是斯堪的納維雅人，誰最符合條件誰就應該獲得獎金，我在此聲明，這樣授予獎金是我的迫切願望……這是我唯一有效的遺囑。在我死後，若發現以前任何有關財產處置的遺囑，一概作廢。」[7]

梵蒂岡教廷公布教宗若望保祿二世的一份遺稿，他警惕世人：「當今人類社會似乎正被陰影所籠罩，屢屢受到悲劇性事件與大規模天災的震撼。」顯示當時已病入膏肓的教宗，念茲在茲的仍是全人類的福祉[8]。教宗的最後遺言表示「我很快樂，我要大家都快樂」[9]。教宗遺囑以波蘭文寫成，教廷將它翻譯成義大利文後公開，教宗分六個階段寫下這份遺囑，每次都是在復活節前的大齋節期間寫的，最早的部分寫於 1979 年，亦即他當上教宗後一年，最後一部分則於 2000 年寫下，內容提及他在 1981 年遭行刺的事件，他認為能夠逃過大難實屬「奇蹟」，但他覺得自己身體狀況已大不如前，而天主教會亦開始踏入新的千禧年，故他曾考慮退位的可能性。教宗在這部分的遺囑中亦顯示出他當時已經了解到自己正走近生命盡頭，他寫道：「我回憶起我的最初、我的父母和兄弟姊妹，我也憶起我受洗的教區、鄰居、朋友，以及小學、大學和克拉科夫教區的友人。我將教會和世界留在聖母的手中，我感謝每一個人，我要求每一個人的寬恕。」[10]

---

7. http://www.edu.cn/20031010/3092482.shtml
8. 〈教廷公布教宗遺稿，病入膏肓時不忘警惕世人天災人禍〉，中國時報，2005年4月17日，第11版。
9. 〈安博思：教宗要大家快樂〉，中國時報，2005年4月4日，第四版。
10.http://hk.news.Yahoo.cnm/050407/10/1b9qy.html（最後瀏覽日期：2006年5月15日）

在九一一恐怖攻擊事件後，全美籠罩在恐怖主義的陰影之中，民眾開始思考預立遺囑的必要性；據估計，美國有 59% 的人沒有預立遺囑，這些人如果走得突然，他們身後親人、財產的未來，根據美國法律是要交由法院判決來決定。雖然九一一事件開始了美國人的恐怖夢魘，雖然沒有人知道這場與恐怖分子之間的戰爭要打多久，但是對已經罹難的美國人家屬來說，確是一輩子無法撫平的傷痛。根據紐約時報估計，這次大難造成幾千名 12 歲以下的兒童失去父親或母親。一位 32 歲的單親媽媽坎拉姿（Rose Conzalez）在知道自己可能跑不出來時，利用生命最後的幾分鐘打了個電話給妹妹，希望妹妹能代替她繼續照顧 12 歲的女兒，而不要把女兒交給自己的前夫，因為前夫曾被法官判決不適合撫養孩子。但是由於坎拉姿未能事先預立一份有效的遺囑，現在所留下的財產與小女兒未來的命運，可能要交由一群素昧平生的陪審團判決來決定[11]。

長榮張榮發家屬於 2016 年 03 月 23 日首度見面，做出至少 3 點共識。除將按照特留分的規範分配遺產外，也將盡速移交張榮發遺產清冊，雙方都展現高度誠意，相關的法律提告行動應會暫緩。雙方律師先針對張榮發遺囑內容形成共識。因依照《民法》，遺產繼承權有特留分規定，張榮發遺囑指示財產獨留予張國煒，但不得侵害其他繼承人的權利，所以直系血親仍可獲得應繼承財產[12]。

貳、遺囑自由原則

遺囑自由原則是財產繼承制度中的一項重要原則，但在對待這項原則方面，世界各國歷來存在著兩種主張，一種主張偏重於強調保護遺囑

---

11. 羅曉瑩，〈不知道什麼時候恐怖分子會到你家，美國人搶著上網預立遺囑〉，《數位周刊》，第60期，2001年10月，頁82-83。
12. 〈長榮家族內訌可望暫告平息 遺囑會議 雙方達三共識〉，工商時報，2016年3月24日，第5版。

人的自由意志，使之享有自由處分自己財產的絕對權利，該主張又稱遺囑自由主義，或稱絕對遺囑自由主義；另一種主張認為，財產所有人以遺囑的方式處理財產，應當符合公平原則，不得違反法律有關特定的法定繼承人保留必要的遺產份額的規定。這種主張稱為相對的遺囑自由主義，或有限制的遺囑自由主義[13]。

　　我國採取限制的遺囑自由主義，依據《民法》第 1187 條規定：「遺囑人於不違反關於特留分規定之範圍內，得以遺囑自由處分遺產。」符合世界各國有關遺囑自由之限制規定。差別在於各國對於特留分所保留之比例不一致。在我國過去傳統農業社會，多子多孫多福氣的觀念，每當被繼承人往生後遺留龐大的遺產時，不論有無立下遺囑，演變成子女與母親互控爭產與反目成仇的事件層出不窮，最主要的原因是子女與鰥夫或寡婦同屬平等繼承之地位，子女為自身利益分得遺產後而棄鰥夫或寡婦於不顧，導致鰥夫或寡婦晚年淒涼之社會事件一再發生，很多鰥夫或寡婦都不知道可以依據我國《民法》第 1030 條之 1 第 1 項規定：「法定財產制關係消滅時，夫或妻現存之婚後財產，扣除婚姻關係存續中所負債後，如有剩餘，其雙方剩餘財產之差額，應平均分配。依前項規定，平均分配顯失公平者，法院得調整或免除其分配額。」此乃貫徹《憲法》第 7 條男女平等之原則，例如夫在外工作，或經營企業，妻在家操持家務、教養子女，備極辛勞，使夫得無內顧之憂，專心發展事業，其因此所增加之財產，不得不歸功於妻子之協力，則其剩餘財產，除因繼承或其他無償取得者外，妻自應有平均分配之權利，反之夫妻易地而處，亦然。惟夫妻一方有不務正業，或浪費成習等情事，於財產之增加並無貢獻者，自不能使之坐享其成，獲得非分之利益。此際如平均分配，顯失公平，應由法院酌減其分配額或不予分配。

13.侯放著，《繼承法比較研究》，澳門基金會，1997年6月第一版，頁93。

　　換言之，生存的配偶可向法院提出主張法定財產制關係消滅時剩餘財產分配請求權訴訟，先平均分配雙方剩餘財產之差額來保障鰥夫或寡婦的晚年生活，剩下剩餘財產再考量子女與生存配偶之繼承權益，此項立法目的雖佳，但是法律卻不保障權利的睡眠者，此項剩餘財產分配請求權，依據我國《民法》第 1030 條之 1 第 4 項規定：「自請求人知有此剩餘財產之差額時起，二年間不行使而消滅。自法定財產制關係消滅時起，逾五年者，亦同。」此法定財產制關係消滅時之剩餘財產分配請求權，宜從速確定，以免影響家庭經濟及社會交易之安全，爰設請求權之消滅時效期間為兩年，若夫妻之一方就剩餘財產有所隱匿，而他方「知悉」在後已罹 2 年時效者，雙方權益顯失均衡，乃增列規定，延長其時效期間為 5 年，並以法定財產制關係消滅時之確定點起算，俾夫妻剩餘財產之分配狀態能早日確定。

　　其實許多鰥夫或寡婦經常超過除斥期間或是根本不知道可以行使此項權利，筆者建議直接刪除我國《民法》第 1030 條之 1 第 4 項除斥規定，並參考《美國統一繼承法》，都賦予被繼承人的配偶享有宅園特留分、豁免財產、家庭特留分的權利，及在特留分份額和順序上，配偶優先於子女。修改我國《民法》第 1187 條規定：「遺囑人有配偶時應先扣除法定財產制關係消滅時剩餘財產分配請求後，於不違反關於特留分規定之範圍內，得以遺囑自由處分遺產。」以保障鰥夫或寡婦在婚姻關係期間對雙方所做出的貢獻。

參、特留分之內容

　　羅馬法上之繼承，以遺囑自由為其原則；但於共和末期，因遺囑之自由太泛濫，致流弊叢生。於是創設「義務分」（legitima pars）之制度，以杜防弊端。詳言之，自共和末期以來，設百人官（centum viri）法院，對被繼承人之無正當理由而不遺留相當財產於一定近親（法定

表一　世界各國遺囑自由之比較

遺囑 主義 國家	絕對遺囑 自由主義	相對遺囑自由主義
英國及 英聯邦 國家	20 世紀 以前	在英國及英聯邦國家，20 世紀以後，遺囑自由已趨於完備，遺囑人可以不必像大陸法系國家那樣，受「保留分」或「特留分」的限制。但在蘇格蘭，女兒的應繼分仍然得到保留，生存的配偶仍然可以得到「寡婦應繼分」或主張「生存者的權利」。 　　在紐西蘭，1900 年通過了一項法律，授權法院在遺囑人不照顧他的配偶或生存困難的子女的情況下，可以下令從遺囑中支付一定數量的扶養費，這是保障家庭成員不因遺囑自由而被剝奪繼承權的一項新的立法。此後，澳大利亞、加拿大和英國本土也通過了類似的家庭成員的扶養法條例。 　　根據英國 1938 年《家庭供養條例》和 1952 年修正該條例的《無遺囑繼承條例》，法院可以違反遺囑人的意願，甚至可以不依遺囑繼承的一般法規，根據申請人的要求，判決從遺產收益中，甚至從本金中支付扶養費給予生存的配偶、未婚子女、未成年子女以及因身體或精神上的疾病，不能養活自己的子女。在 1958 年的《婚姻訴訟（財產和扶養）條例》中，此項原則被擴展到被繼承人生前已離婚的配偶。英國《繼承法》在 20 世紀內已經從絕對的遺囑自由原則轉變為相對的遺囑自由原則。
美國		夫妻的任何一方均可以在對方的不動產中享有應得的一份產業，一般為死者不動產的三分之一；也有為死者不動產的二分之一，如紐澤西州、堪薩斯州；還有個別州的鰥夫享有妻子全部不動產的終身財產權，如阿拉巴馬州。配偶所享有的這項權利是不能剝奪的。另外，美國的特留分制度也起到了限制遺囑自由的作用，在有些州，生存配偶除了享有死者遺產的二分之一或三分之一的鰥夫產或寡婦產以外，還可以取得其他遺產利益，如宅園特留分、家庭特留分、豁免財產等，這些權利是被繼承人不能用遺囑予以剝奪的。
法國		法國《民法典》規定遺囑人不得剝奪法定繼承人的繼承權。被繼承人的遺產可以分為兩部分，一部分是可以自由處分的；另一部分是不能自由處分的，這部分財產在法律上稱之為「特留分」。在法國體制的國家，遺囑自由受到了「特留分」的嚴格限制，違背特留分規定的遺囑是無效的，但在法國，配偶不得享有「特留分」。

國家 遺囑 主義	絕對遺囑 自由主義	相對遺囑自由主義
德國		德國體制的國家,「保留分」是為繼承人保留其法定繼承財產價額的半數;可以有「保留分」的是直系卑親屬、父母和配偶;「保留分」不是遺產的半數,而是遺產價額的半數。
日本		日本《民法典》關於享有「特留分」的人包括直系卑親屬、父母和配偶。日本《民法典》第 1028 條規定的特留份額是:只有直系卑親屬為繼承人時,或者只有直系卑親屬和配偶是繼承人時,其特留分為被繼承人遺產的二分之一;在其他情況為被繼承人遺產的三分之一。
前蘇聯		遺囑人不得剝奪 18 歲以下的未成年人和無勞動能力的法定繼承人以及依靠被繼承人生活的人的應繼份額。按照前蘇聯《民法典》第 535 條的規定,被繼承人的未成年子女或無勞動能力的子女(養子女)以及無勞動能力的配偶、父母(養父母)和依靠死者生活的人,不論遺囑的內容如何,都可以繼承不少於依法定繼承時每個各自應繼份額的三分之二。
捷克斯洛伐克		捷克斯洛伐克《民法典》第 479 條規定,未成年的卑親屬應當得到不少於他們的法定應繼分,成年的下輩親屬應得到不少於他們的法定應繼分的四分之三,遺囑與此相牴觸的,這部分遺囑無效。
香港地區		香港 1995 年 11 月 3 日由 1995 年第 496 號法律公告《財產繼承(供養遺屬及受養人)條例》,該條例第 3 條申請從死者遺產中提供經濟給養;第 4 條賦予法院做出命令的權力;第 5 條規範法院行使第 4 條下的權力時須顧及的事宜。法院可以做出命令限制遺囑人自由處分財產,並為具有一定身分之申請人提供合理經濟給養。
澳門地區		澳門認遺囑繼承係指根據被繼承人明確表達的意願產生的繼承。法律允許被繼承人通過遺囑處分自己的財產。如果被繼承人所立遺囑妨礙特留分繼承人的強制性遺產份額,則應按此比例減少遺囑處置部分,以便使特留分繼承人應得的份額不受損害。
大陸地區		大陸《繼承法》第 19 條規定保留必要遺產份額。

資料來源:參考陶希晉總編,《中國民法學‧財產繼承》,中國人民公安大學出版社,1990 年 6 月第一版,頁 330-335。

繼承人），卻指定品性卑劣之他人為繼承人之行為，以為違背近親之愛情義務（officium pietatis），而承認此等近親，對指定繼承人得提起「違背人倫遺囑之訴」（quer-ela inofficiosi testamenti），以撤銷該遺囑。據此，羅馬法之「義務分」，係基於倫理，對遺囑自由加以限制而發生，故法定繼承人之享有此種權利，非本法定繼承人之資格，乃因其係一定近親而所有之權利；質言之，「義務分」之權利人（亦即法定繼承人），縱使以遺囑被廢除，仍得享受「義務分」之權利。依羅馬法，「義務分」係財產之一部，非繼承財產之一部。德國民法之「義務分」（Pflichtteil），大體上屬於此羅馬法系統[14]。日耳曼法上，家產制度根深柢固，為維持家之永續，必須將主要財產，保留於法定繼承人，故被繼承人之遺產處分權，不得不限定於上述財產以外之一定數額，此即日耳曼法上之自由分權（Freite-ilrecht）。其所謂特留分，即由遺產中減去此自由分之財產。日耳曼法之特留分制度，由於解除此財產拘束（家產強制保存）而發生，故特留分權利人，必須限定於繼承人。非繼承人，不得請求特留分；但苟為繼承人，即使非近親，仍可為特留分權利人。在日耳曼法，特留分係繼承財產之一部，非財產之一部。日耳曼法此種思想，成為法國習慣法區域之特留分制度（reserve），法國民法乃吸收此種思想[15]。

被繼承人死亡後，依法應將一定的遺產特別留給法定繼承人，亦即被繼承人不能任意處分的一定遺產，就是民法上的特留分。特留分的定義，因各國法律規定的不同而有所差異，但其作為遺產的一部分，特留分權利人取得此種權利受法律保障，卻是一致的。特留分的設立，一方

---

14. 戴炎輝，戴東雄合著，《中國繼承法》，三民書局，1987年8月修訂版第二版，頁305-306。
15. 戴炎輝，戴東雄合著，前揭書，頁306。

面是尊重遺囑人的意思；另一方面則是設法安定特留分權利人的生活，使其最低限度的繼承分不受到侵害，以達到保障其未來生活的目的，以免貽害社會全體的利益。因此，特留分又可理解為不可侵害的繼承分[16]。

一、特留分的比例份額

我國《民法》第 1223 條規定：「繼承人之特留分，依下列各款之規定：一、直系血親卑親屬之特留分，為其應繼分二分之一。二、父母之特留分，為其應繼分二分之一。三、配偶之特留分，為其應繼分二分之一。四、兄弟姊妹之特留分，為其應繼分三分之一。五、祖父母之特留分，為其應繼分三分之一。」可見，我國《民法》中不僅有特留分的概念，且對此做了具體、明確的規定。凡是法定繼承人皆有特留分，即被繼承人的直系血親卑親屬、父母、兄弟姊妹、祖父母，均得按此順序，各有特留分權，生存配偶則為當然順序的特留分權利人，所以應與各順序權利人分享特留分。這特留分的規定正是為了保護法定繼承人的法定繼承利益和權利，也是為了保護他們生活的需要。當然特留分的多少與親等的遠近和順序相聯繫，直系血親卑親屬、父母、配偶的特留分均為應繼分的一半，即遺囑人除了不能自由處理這一半遺產外，尚可以任意處分其餘的一半。對兄弟姊妹和祖父母的特留分則只是應繼分的三分之一，遺囑人自由處分的權利相對更為充分些。

二、特留分的算定

我國《民法》第 1224 條規定：「特留分，由依第一千一百七十三

16.王光儀主編，《海峽兩岸婚姻家庭繼承制度的法律比較》，鷺江出版社，1993年5月第一版，頁125-126。

條算定之應繼財產中，除去債務額，算定之。」即是繼承開始時被繼承人所有的財產加上繼承人所受被繼承人生前的特別贈與價額作為應繼遺產，再從中扣除被繼承人的債務，其剩餘的遺產作為算定特留分的基數[17]。

三、遺贈的扣減

我國《民法》第 1225 條規定：「應得特留分之人，如因被繼承人所為之遺贈，致其應得之數不足者，得按其不足之數由遺贈財產扣減之。受遺贈人有數人時，應按其所得遺贈價額比例扣減。」這種情況，稱之為遺贈的扣減。法律賦予特留分權被侵害的法定繼承人以保全自己權益的權利，即稱為扣減權。扣減權的行使必須在繼承開始以後而不是繼承開始之前。因繼承開始之前，特留分權人和特留分數額均無從確定。根據上述的規定，法定繼承人的特留分受到侵害，只能從遺贈財產中請求扣減。如果受遺贈人有數人，則應按比例從各受遺贈人所得遺贈額中扣減[18]。

四、判例

（一）25 年臺上字第 660 號

《民法》第 1225 條，僅規定應得特留分之人，如因被繼承人所為之遺贈，致其應得之數不足者，得按其不足之數由遺贈財產扣減之，並未認特留分權利人，有扣減被繼承人生前所為贈與之權，是被繼承人生前所為之贈與，不受關於特留分規定之限制，毫無疑義。

---

17. 胡大展主編，《臺灣民法研究》，廈門大學出版社，1993 年 7 月第一版，頁 539-540。
18. 胡大展主編，前揭書，頁 540-541。

（二）48 年臺上字第 371 號

被繼承人生前所為之贈與行為，與《民法》第 1187 條所定之遺囑處分財產行為有別，即可不受關於特留分規定之限制。

（三）58 年臺上字第 1279 號

《民法》第 1225 條，僅規定應得特留分之人，如因被繼承人所為之遺贈，致其應得之數不足者，得按其不足之數由遺贈財產扣減之，並未認侵害特留分之遺贈無效。

（四）81 年臺上字第 1042 號

被繼承人因遺贈或應繼分之指定超過其所得自由處分財產之範圍，而致特留分權人應得之額不足特留分時，特留分扣減權利人得對扣減義務人行使扣減權，是扣減權在性質上屬於物權之形成權，經扣減權利人對扣減義務人行使扣減權者，於侵害特留分部分，即失其效力。故扣減權利人苟對扣減義務人行使扣減權，扣減之效果即已發生。原審謂扣減權為債權之請求權，扣減權利人對扣減義務人就其請求扣減之標的物，固發生效力中斷之效力，就未經扣減之標的物消滅時效仍繼續進行云云，其法律上見解不無可議。

（五）91 年臺上字第 556 號

被繼承人因遺贈或應繼分之指定超過其所得自由處分財產之範圍，而致特留分權人應得之額不足特留分時，特留分扣減權利人得對扣減義務人行使扣減權，是扣減權在性質上屬於物權之形成權，經扣減權利人對扣減義務人行使扣減權者，於侵害特留分部分，即失其效力。且特留分係概括存在於被繼承人之全部遺產，並非具體存在於各個特定標的物，故扣減權利人苟對扣減義務人行使扣減權，扣減之效果即已發生，其因而回復之特留分乃概括存在於全部遺產，並非具體存在於各個標的物。

五、實例說明

遺囑人甲生前於 74 年 6 月 29 日偕乙、丙至第一審法院公證處作成遺囑，將其所有屏東縣佳冬鄉佳和段 000 號及同鄉石光見段 000 號土地全部給繼承人之一的丁繼承。甲於 75 年 1 月 25 日死亡後之同年 8 月 13 日，丁人於將各該土地登記為其所有完畢。按甲之其他繼承人有戊、己、庚、辛、壬、癸均未獲得遺產。丁則以：庚、壬因分居營業，已受甲生前贈與由甲出賣其一分四厘土地供各該繼承人購屋。辛、己出嫁時，已獲得甲贈與之粧奩，戊亦獲補償，其他繼承人對遺囑人遺產不得再有主張。戊於訴訟繫屬中死亡，試問其他繼承人可否主張享有特留分？

查遺產繼承與特留分扣減，兩者性質及效力均不相同。前者為繼承人於繼承開始時，原則上承受被繼承人財產上一切權利義務；繼承人有數人時，在分割遺產前，各繼承人對於遺產全部為公同共有。後者則係對遺產有特留分權利之人，因被繼承之遺贈致其應得之數不足，於保全特留分之限度內，對遺贈為扣減。扣減權之行使，須於繼承開始後對受遺贈人為之。且為單方行為，一經表示扣減之意思，即生效力，不發生公同共有問題。丁於被繼承人甲死後，依甲遺囑，將屬於戊、己、庚、辛、壬、癸所有之系爭土地登記為丁一人所有，侵害其他繼承人之特留分，丁將其他繼承人應得之特留分即該土地各五十六分之五應有部分移轉登記予其他繼承人，應可主張行使特留分之扣減權。

肆、世界各國特留分之比較

世界上絕大多數的國家《民法》，為了保護被繼承人較近的血親屬和配偶的利益，對於被繼承人立遺囑的自由都給予了一定的限制，設立了「特留分」、「保留分」或「必繼分」等制度。西方國家多採用「特留分」、「保留分」制度，雖有相同之處，但差距較大，有著自己的獨

特點，而與前蘇聯、東歐等社會主義國家的「必繼分」制度，則極為相似[19]。

表二　世界各國特留分之比較

前蘇聯	前蘇聯《民法典》第535條規定，被繼承人的未成年子女或無勞動能力的子女，以及無勞動能力的配偶、父母和依靠死者生活的人，不論遺囑內容如何，都繼承不少於依法繼承時每人應得份額（必繼分）的三分之二。
捷克斯洛伐克	捷克斯洛伐克《民法典》第479條規定：「未成年的下輩親屬應當得到的不得少於他們的法定應繼分；成年的下輩親屬不得少於他們的法定應繼分的四分之三。遺囑與這項規定牴觸的時候，致部分遺囑認為無效。」
前東德	前東德《民法典》第396條在其「強制份額的權利」中規定：「（一）受領強制份額的人士遺囑排除繼承的配偶、有扶養或贍養義務的子女、孫子女和父母。（二）強制份額是一種金錢上的請求權。強制份額為受領人法定繼承份額價值的三分之二。（三）強制份額的請求權是繼承發生時由遺產產生的一種義務。請求權的時效為得知繼承及遺囑內容後的兩年，但不得晚於繼承發生後十年（四）對強制份額的請求權與繼承權無關。」前東德《民法典》明確規定了強制份額的債權性質。
匈牙利	匈牙利《民法典》第665條規定：「後代和配偶的必繼分應當相當於他們作為法定繼承人本應享受的遺產的半數（按必繼分基礎計算）。」
南斯拉夫	在南斯拉夫享有特留分的人，包括具有血親關係或婚姻關係的親屬。第一順序為：子女、配偶、父母（共和國如波斯尼雅—黑賽哥維那和馬其頓等不包括父母）。第二順序為具有屬於婚姻關係或某一特定親等的血親關係的親屬，如父母、祖父母、兄弟姊妹等，以及與死者長期共同生活或由死者撫養的人。此順序的繼承人要享有特留分，還必須有附加條件，即是長期不適於勞動並缺乏必要的生活物資的人。一般地說，第一順序的繼承人所享有的特留分為法定應繼分的二分之一，第二順序的繼承人所享有的特留分為法定應繼分的三分之一。而在馬其頓共和國，特留分則通常為應繼分二分之一。

19.陶希晉總編，《中國民法學‧財產繼承》，中國人民公安大學出版社，1990年6月第一版，頁402-408。

韓國	韓國《民法典》第1112條規定，被繼承人的直系卑親屬、配偶的特留分，各為其法定繼承份額的二分之一；被繼承人的直系尊親屬、兄弟姊妹的特留分，各為其法定繼承份額的三分之一。
日本	日本《民法典》第1028條規定，直系尊親屬為繼承人時，特留分為被繼承人財產的三分之一；直系卑親屬或配偶為繼承人時，特留分為被繼承人財產的二分之一。
法國	法國《民法典》第913條至915條規定，不問生前贈與或遺贈，如處分人死亡時僅遺有一個子女時，其贈與或遺贈不得超過其所有財產的半數；如遺有兩個子女時，其贈與或遺贈不得超過三分之一；如遺有子女三人以上時，不得超過四分之一；非婚生子女的應繼分，比均為婚生子女情況下每人應得的遺產份額減半。如處分人並無子女，而在父系和母系各遺有直系尊血親一人或數人時，其贈與或遺贈不得超過其所有財產的半數；如僅一系遺有直系尊血親時，不得超過四分之三。被繼承人不得用遺囑處分的部分，就是特留分。法國《民法典》對於應繼分所規定的作法與日本相似，均把特留分作為遺產人不得處分的一定數額的遺產，而不是按每個繼承人的法定應繼分來確定其各自的應繼分比例。法國《民法典》還進一步規定，遺囑人生前贈與也不得處分繼承人的應繼分。在應繼分的確定上，非婚生子女的應繼分僅等於其婚生子女的情況下應得的一半，也是法國《民法典》至今還保留著歧視非婚生子女的作法，這是當今世界上少有的。
德國	德國《民法典》第2317條規定，被繼承人的直系血親卑親屬、父母和配偶，在其由於死因處分被排除繼承時，得向繼承人請求特留分；特留分為法定應繼分價額的一半（德國《民法典》第2303條）。該法典還規定，特留分請求權在繼承開始時成立，而且該項權利可繼承並可轉讓。這條規定明確表示了特留分為債權性質。
保加利亞	保加利亞《繼承法》是「特留分」制度，與法、日、瑞士等國的「特留分」基本相同。享有「特留分」的權利人有：「配偶、直系卑親屬、父母。在無配偶時，其卑親屬的特留分為：有子女一人或子女的卑親屬時，特留分為遺產的二分之一；在有子女兩人以上或子女的卑親屬時，特留分為遺產的三分之二。父母的特留分為遺產的三分之一。僅有配偶時，其特留分為遺產的二分之一；有父母時，配偶特留分為遺產的三分之一；如有卑親屬，配偶特留分與子女相等。」（保加利亞《繼承法》第29條）

美國	在美國採用《美國統一繼承法》的州，都賦予被繼承人的配偶、未成年子女和未獨立生活的子女享有宅園特留分、豁免財產、家庭特留分的權利。《美國統一繼承法》第 2-401 條「宅園特留分」規定：「居住在本州的繼承人的生存配偶有權取得價值 5,000 美元的宅園特留分。如果沒有生存配偶，則被繼承人未成年子女的每一個未獨立生活的子女可一起取得價值 5,000 美元的特留分，並依他們的人數確定各自應得份額……。」該法第 2-402 條「豁免財產權」還規定：「除宅園特留分外，生存配偶還可以從家俱、汽車、服飾品、家用器械和個人財產的擔保利益的餘額中取得不超出 3,500 美元的財產。如果沒有生存配偶，則被繼承人的子女可以取得同等價值的財產……」。 該法第 2-403 條「家庭特留」則規定：「除宅園特留分和豁免財產權之外，如被繼承人居住在本州，則被繼承人供養的配偶或生存配偶或子女或被繼承人實際上在死亡前一直供養的子女，有權從遺產外的現款中取得合理的特留分以保證在遺產管理期間維持他們的生活。如遺產不足負擔一切已准許的權利要求，則此種特留分的存在以一年為限。此種特留分可以以現款一次付清，也可以在一定期間內分期付清……，家庭特留分是豁免財產，並優先於宅園特留分之外的其他債權受償。」從上述規定中可以看出，美國《繼承法》中所規定的特留分是債權性質的。《美國統一繼承法》所規定的特留分制度還具有下列特點：（一）在特留分份額和順序上，配偶優先於子女；（二）根據財產的種類，特留分分為三種：宅園特留分、豁免財產、家庭特留分。
瑞士	瑞士《民法典》第 471 條關於特留分規定：直系卑血親各為其法定繼承權的四分之三；父母中任何一方，為其法定繼承權的二分之一；兄弟姊妹各為其法定繼承權的四分之一；生存的配偶，如與他人共同繼承時，為其法定繼承權的全部，如僅其一人為法定繼承人時，為其法定繼承權的二分之一。該法典第 472 條還規定，各州有權不承認兄弟姊妹的特留分請求權，或允許其請求權延伸至兄弟姊妹的直系卑血親。
英國	英國《繼承法》賦予被繼承人的配偶、未成年及不能自立生活的子女請求「財政津貼」的權利，含有特留分制度的意義。對於「財政津貼」，英國《繼承法》沒有規定具體的遺產數額，只規定了一個不確定的所謂「適當」的標準，具體數額由法院因人、因時、因地而定。英國《繼承法》要求被繼承人將其一定數額的財產遺留給配偶和子女，如被繼承人將遺產全部遺贈給他人，則被繼承人的合法配偶、無效婚姻中的配偶、離婚後尚未再婚的配偶、婚生和非婚生子女，可以排除被繼承人的遺囑而繼承部分遺產。

資料來源：陶希晉總編，《中國民法學·財產繼承》，中國人民公安大學出版社，1990年6月第一版，頁402-408。

伍、臺灣、香港、澳門與大陸地區特留分之比較

一、兩岸四地對於特留分問題的法律規定有相似之處

對特留分問題，海峽兩岸法律規定有相似之處，而在形式上又有所不同。但作為一種法律制度，大陸《繼承法》規定較為原則、概括，而臺灣《民法》和某些國家對特留分的規定，則較為具體、明確，便於實施和運用[20]。香港地區依據《財產繼承（供養遺屬及受養人）條例》，符合法定條件就可以向法院申請從死者遺產中提供經濟給養，從側面而且間接地保護特留分。澳門地區將特留分規定為法定繼承的一種，有詳細而且具體的保護規定。

二、兩岸四地對於遺贈的扣減有無規定不同

我國《民法》繼承編第 1187 條及第 1225 條有關特留分規定，乃限制被繼承人為遺贈時，不得違反關於特留分規定之範圍，否則應得特留分的人（居於繼承順序之法定繼承人）如因被繼承人所為之遺贈，致其應得之數不足者，得按其不足之數，由遺贈財產扣減之。受遺贈人有數人時，應按所得遺贈價額比例扣減（《民法》繼承編第 1225 條）。大陸《繼承法》對於遺贈則無特留分之規定，僅於第 19 條規定：「遺囑應當對缺乏勞動能力又沒有生活來源的繼承人保留必要的遺產份額」。在實務上的運用，應有類似特留分規定之性質，惟其並非對任何法定繼承人予以保留必要遺產份額，僅限於保障缺乏勞動能力又沒有生活來源的繼承人[21]。香港有關繼承的法律沒有直接規定立遺囑人可以設立遺囑將其財產死後贈與他人。香港法律始終是承認並保護遺贈行為的，但

---

20. 王光儀主編，前揭書《海峽兩岸婚姻家庭繼承制度的法律比較》，頁127-129。
21. 行政院大陸委員會編著，《中共婚姻法與繼承法之研究》，行政院大陸委員會，1993年9月出版，頁311-312。

《財產繼承（供養遺屬及受養人）條例》有關限制性內容對遺贈行為同樣適用，如果遺囑人利用遺囑將其財產贈與其親屬以外的任何人，而使其親屬的生活未得到適當的安排，有關的親屬向法院提出申請，由法院頒發扶養令，從死者已通過遺囑處理的財產中撥出去適當的數額，供上述有關人員生活之用，即香港從法院以頒發扶養令行遺贈扣減之方法。澳門地區依據澳門《民法典》第 2009 條規定扣減遺囑處分，則不論對其中以遺產名義或以遺贈名義做出之死因處分，均應按比例扣減。

現代社會父母與子女之親情逐漸淡薄，養兒防老的觀念逐漸退去，多元競爭的社會讓適婚男女晚婚或不生小孩的觀念慢慢形成，少子化的時代已經來臨，不少子女在父母生前就驕縱成性，物質生活的富裕造就出揮霍無度的個性，然而貧富懸殊的差距愈來愈大，許多子女離家出走，不顧父母死活，也未盡扶養父母責任，等到父母過世後，發現留有巨額遺產，突然冒出來要求繼承財產，實乃有違倫常。雖然我國《民法》規定父母可以在生前預立遺囑，重新分配或減少不孝子女應得繼承之財產，但是法律仍予最低限度的特留分之保障。一般人民對於如何訂立有效遺囑之法律程序繁複而感到卻步，有的父母是猝逝而來不及立下遺囑，導致縱使子女不孝，也不符合喪失繼承權之五項要件，仍然可以繼承父母財產。我國《民法》第 1145 條第 1 項規定喪失繼承權之情形包括：故意致被繼承人或應繼承人於死，或雖未致死因而受刑之宣告者；以詐術或脅迫使被繼承人為關於繼承之遺囑，或使其撤回或變更之者；以詐術或脅迫妨害被繼承人為關於繼承之遺囑，或使其撤回或變更之者；偽造、變造、隱匿或湮滅被繼承人關於繼承之遺囑者；對於被繼承人有重大虐待或侮辱情事，經被繼承人表示其不得繼承者。此條文卻未將不扶養父母的情形明文列入，僅能透過法院判決，使不孝子女喪失繼承權，因此我國法務部將明訂「掃地出門」條款，明定負有扶養義務而惡意不扶養父母者，父母得預立「書面表示」，經過法院認證後就可

以剝奪不孝子女的財產繼承權，兼顧倫常與社會公義。

建議我國《民法》第 1145 條增訂第 1 項第 6 款：「負有扶養義務而惡意不扶養父母者，父母得預立書面表示喪失繼承權，經過法院認證者。」如此對於不孝子女就沒有特留分最低限度的保障，如此才能有警世的效用。

另續弦引發爭產風波也常見，為尊重現代《民法》朝向個人財產自主分配趨勢，修正案仍保留「特留分」，若父親想多留遺產給元配的子女，不留給配偶，法律對最低特留分的規定，這次修訂從應繼分的二分之一降為三分之一，父母及直系血親卑親屬比例亦同；但兄弟姊妹及祖父母的特留分由三分之一降為四分之一 [22]。

表三　《民法》繼承編修正重點

1145 條	不孝條款	兒女無正當理由未盡扶養義務，不得繼承
1166 條	胎兒繼承權	胎兒出生後才能繼承遺產
1149 條	防小三條款	小三必須舉證生活陷於困難，才能繼承財產
1189 條	遺囑便民條款	遺囑可用電腦、機器打字列印
1195 條	緊急狀況列遺囑	遇到生命危急時在 2 人以上見證下，可錄音、拍影音立遺囑
1223 條	繼承人特留分	配偶、子女、父母繼承從 1/2 降為 1/3，兄弟姊妹、祖父母從 1/3 降為 1/4
1146 條	遺產繼承時效	15 年間不行使即消滅

資料來源：〈民法修正不孝子女將喪失繼承權遺產禁止分割處分時間從 10 年縮短為 5 年，並保障「細姨囝仔」〉

22.〈民法修正 不孝子女將喪失繼承權 遺產禁止分割處分時間從10年縮短為5年，並保障「細姨囝仔」〉，工商時報，2016年4月1日，第20版。

Part 2

稅捐金融法律

| 第 5 章 |

大法官對於稅捐處罰相關解釋之分析

蔡清遊[1]

壹、前言

　　有關稅捐處罰之問題，大法官歷年來已做出多號解釋，例如：漏稅罰應以有漏稅結果為必要；行為罰應有合理最高額之限制；行為罰與漏稅罰不應併罰；稅捐構成要件應有法律及法律明確授權之法規命令為依據，並應遵守法律明確性原則等，均為大法官多年來所堅持，並為稅捐機關向來遵守並據以執行之稅捐原則。以下，乃介紹大法官對於稅捐處罰所作成之重要解釋。

貳、以過失為其責任條件

　　違反稅捐義務而應受行政罰之行為，雖不以出於故意為必要，仍須以過失為其責任條件。

　　司法院釋字第 275 號解釋謂：「人民違反法律上之義務而應受行政罰之行為，法律無特別規定時，雖不以出於故意為必要，仍須以過失為其責任條件。但應受行政罰之行為，僅須違反禁止規定或作為義務，而不以發生損害或危險為其要件者，推定為有過失，於行為人不能舉證證明自己無過失時，即應受處罰。」準此，漏稅之處以行政罰，不以故意為限，如因過失致生漏稅者，仍應加以處罰。此為稅捐稽徵機關一致之見解，只是因行為人故意或過失之不同，而異其處罰之輕重。財政部頒定之「稅務違章案件裁罰金額或倍數參考表」即針對故意者處較重之罰鍰倍數，針對過失而導致違章者，處較輕倍數之罰鍰。

---

1. 司法院優遇大法官。亞洲大學財經法律系兼任客座教授、臺灣大學國家發展研究所兼任教授。

參、漏稅罰應以有漏稅結果為必要

司法院釋字第 337 號解釋謂：「營業稅法第五十一條第五款規定，納稅義務人虛報進項稅額者，除追繳稅款外，按所漏稅額處五倍至二十倍罰鍰，並得停止其營業。依此規定意旨，自應以納稅義務人有虛報進項稅額，並因而逃漏稅款者，始得據以追繳稅款及處罰。財政部中華民國七十六年五月六日臺財稅字第七六三七三七六號函，對於有進貨事實之營業人，不論其是否有虛報進項稅額，並因而逃漏稅款，概依首開條款處罰，其與該條款意旨不符部分，有違憲法保障人民權利之本旨，應不再援用。」釋字第 339 號解釋謂：「中華民國六十年一月九日修正公布之貨物稅條例第十八條第一項，關於同條項第十二款，應貼於包件上或容器上之完稅或免稅照證，不遵規定實貼者，不問有無漏稅事實，概處比照所漏稅額二倍至十倍之罰鍰之規定（現已修正），顯已逾越處罰之必要程度，不符憲法保障人民權利之意旨；財政部六十六年十二月二十日臺財稅字第三八五七二號函釋『凡未按規定貼查驗證者，不再問其有無漏稅，均應按該條文規定以漏稅論處』，均應不予援用。」上開二號解釋對於漏稅之處罰，明確採相當於「結果犯」之概念，認為漏稅之處罰，應以有漏稅結果為必要。

肆、行為罰應有合理最高額之限制

釋字第 327 號解釋謂：「所得稅法第一百十四條第二款前段：『扣繳義務人已依本法扣繳稅款，而未依第九十二條規定之期限按實填報或填發扣繳憑單者，除限期責令補報或填發外，應按扣繳稅額處百分之二十之罰鍰，但最低不得少於一千五百元；逾期自動申報或填發者，減半處罰』，旨在掌握稅源資料，維護租稅公平，就違反此項法律上作為義務應予制裁部分，為增進公共利益所必要，與憲法尚無牴觸。惟對於

扣繳義務人已將所扣稅款依限向國庫繳清，僅逾期申報或填發扣繳憑單者，仍依應扣繳稅額固定之比例處以罰鍰，又無合理最高額之限制，應由有關機關檢討修正。」釋字第 356 號解釋謂：「營業稅法第四十九條就營業人未依該法規定期限申報銷售額或統一發票明細表者，應加徵滯報金、怠報金之規定，旨在促使營業人履行其依法申報之義務，俾能確實掌握稅源資料，建立合理之查核制度。加徵滯報金、怠報金，係對營業人違反作為義務所為之制裁，其性質為行為罰，此與逃漏稅捐之漏稅罰乃屬兩事。上開規定，為增進公共利益所必要，與憲法並無牴觸。惟在營業人已繳納其應納稅款之情形下，行為罰仍依應納稅額固定之比例加徵滯報金與怠報金，又無合理最高額之限制，依本院大法官釋字第三二七號解釋意旨，主管機關應注意檢討修正，併此說明。」均闡明行為罰應有合理最高額之限制[2]。

伍、行為罰與漏稅罰不應併罰

　　釋字第 356 號解釋謂：「違反稅法之處罰，有因納稅義務人逃漏稅捐而予處罰者，此為漏稅罰；有因納稅義務人違反稅法上之作為或不作為義務而予處罰者，此為行為罰。」釋字 503 號解釋謂：「納稅義務

---

2. 關於扣繳憑單之填報或填發義務的違反，所得稅法第114條第2款現已配合修正為：「扣繳義務人已依本法扣繳稅款，而未依第九十二條規定之期限按實填報或填發扣繳憑單者，除限期責令補報或填發外，應按扣繳稅額處百分之二十之罰鍰。但最高不得超過二萬元，最低不得少於一千五百元；逾期自動申報或填發者，減半處罰。經稽徵機關限期責令補報或填發扣繳憑單，扣繳義務人未依限按實補報或填發者，應按扣繳稅額處三倍以下之罰鍰。但最高不得超過四萬五千元，最低不得少於三千元。」另外，關於營業稅之滯報金或怠報金，營業稅法第49條於90年7月9日亦已修正為：「營業人未依本法規定期限申報銷售額或統一發票明細表，其未逾三十日者，每逾二日按應納稅額加徵百分之一滯報金，金額不得少於四百元，最高不得多於四千元；其逾三十日者，按核定應納稅額加徵百分之三十怠報金，金額不得少於一千元，最高不得多於一萬元。其無應納稅額者，滯報金為四百元，怠報金為一千元。」在所得稅法及營業稅法，皆已加上最高額之限制。

人違反作為義務而被處行為罰，僅須其有違反作為義務之行為即應受處罰；而逃漏稅捐之被處漏稅罰者，則須具有處罰法定要件之漏稅事實方得為之。二者處罰目的及處罰要件雖不相同，惟其行為如同時符合行為罰及漏稅罰之處罰要件時，除處罰之性質與種類不同，必須採用不同之處罰方法或手段，以達行政目的所必要者外，不得重複處罰，乃現代民主法治國家之基本原則。是違反作為義務之行為，同時構成漏稅行為之一部或係漏稅行為之方法而處罰種類相同者，如從其一重處罰已足達成行政目的時，即不得再就其他行為併予處罰，始符憲法保障人民權利之意旨。本院釋字第 356 號解釋，應予補充。」已清楚闡示，行為罰與漏稅罰除性質與種類不同者外，不得併行或重複處罰。所謂種類之不同，例如一處罰鍰，另一處徒刑，則可併罰或重複處罰。

陸、應有法律或法律明確授權之法規命令為其依據

稅捐構成要件與稽徵程序法應有法律或法律明確授權之法規命令為其依據，並應遵守法律明確性原則，釋字第 640 號解釋理由書謂：「憲法第十九條規定，人民有依法律納稅之義務，係指國家課人民以繳納稅捐之義務或給予人民減免稅捐之優惠時，應就租稅主體、租稅客體、稅基、稅率、納稅方法、納稅期間等租稅構成要件及租稅稽徵程序，以法律定之。是有關稅捐稽徵之程序，除有法律明確授權外，不得以命令為不同規定，或逾越法律，增加人民之租稅程序上負擔，否則即有違租稅法律主義。」釋字第 697 號解釋理由書謂：「憲法第十九條規定，人民有依法律納稅之義務，而法律規範之租稅構成要件，應遵守法律明確性原則。」釋字第 705 號解釋理由書謂：「憲法第十九條規定人民有依法律納稅之義務，係指國家課人民以繳納稅捐之義務或給予人民減免稅捐之優惠時，應就租稅主體、租稅客體、租稅客體對租稅主體之歸屬、稅基、稅率、納稅方法及納稅期間等租稅構成要件，以法律或法律具體明

確授權之法規命令定之；」釋字第 706 號解釋理由書謂：「憲法第十九條規定，人民有依法律納稅之義務，係指國家課人民以繳納稅捐之義務或給予人民減免稅捐之優惠時，應就租稅主體、租稅客體、稅基、稅率、納稅方法及納稅期間等租稅構成要件，以法律或法律明確授權之命令定之；」可歸結言之，租稅主體、租稅客體、租稅客體對租稅主體之歸屬、稅基、稅率、納稅方法及納稅期間、租稅稽徵程序，應以法律或法律具體明確授權之法規命令定之，且該法律或法規命令應遵守法律明確性原則。是釋字第 619 號解釋謂：「……土地稅法施行細則第十五條規定：『適用特別稅率之原因、事實消滅時，土地所有權人應於三十日內向主管稽徵機關申報，未於期限內申報者，依本法第五十四條第一項第一款之規定辦理』，將非依土地稅法第六條及土地稅減免規則規定之標準及程序所為之地價稅減免情形，於未依三十日期限內申報適用特別稅率之原因、事實消滅者，亦得依土地稅法第五十四條第一項第一款之規定，處以短匿稅額三倍之罰鍰，顯以法規命令增加裁罰性法律所未規定之處罰對象，復無法律明確之授權，核與首開法律保留原則之意旨不符，牴觸憲法第二十三條規定，應於本解釋公布之日起至遲於屆滿一年時失其效力。」即以施行細則作為稅捐處罰對象之規範依據，並無法律明確授權，與法律保留原則不符，而宣告違憲[3]。

柒、結語

上開各號解釋，均為大法官對於稅捐處罰所做之重要解釋，早已為稅捐稽徵機關有關稅捐處罰重要之依循原則，在最近數年大法官解釋中，亦多次加以援用。以行為罰應有合理最高額之限制而言，釋字第 685 號解釋以「七十九年一月二十四日修正公布之稅捐稽徵法第四十四

---

3. 經查，土地稅法第54條業已於96年7月11日經總統令修正公布，而為相應之修正。

條關於營利事業依法規定應給與他人憑證而未給與，應自他人取得憑證而未取得者，應就其未給與憑證、未取得憑證，經查明認定之總額，處百分之五罰鍰之規定，其處罰金額未設合理最高額之限制，而造成個案顯然過苛之處罰部分」逾越處罰之必要程度而違反憲法第 23 條之比例原則，宣告該部分違憲。至釋字第 641 號解釋，以菸酒稅法第 21 條原規定：「本法施行前專賣之米酒，應依原專賣價格出售。超過原專賣價格出售者，應處每瓶新臺幣二千元之罰鍰。」其有關處罰方式之規定，一律處每瓶新臺幣 2,000 元之罰鍰，採取劃一之處罰方式，於個案之處罰顯然過苛時，法律未設適當之調整機制，因認與憲法第 23 條之比例原則尚有未符；暨釋字第 673 號解釋，以所得稅法第 114 條第 1 款後段原規定：「有關扣繳義務人不按實補報扣繳憑單者，應按應扣未扣或短扣之稅額處三倍之罰鍰部分」未賦予稅捐稽徵機關得參酌具體違章狀況，按情節輕重裁量罰鍰之數額，其處罰顯已逾越必要程度，因認就此範圍內不符憲法第 23 條之比例原則。上述二號解釋，直接以處罰方式未設適當調整機制或未按情節輕重裁量處罰，違反比例原則而違憲，並非以處罰未設合理最高額之限制為由宣告違憲，此與釋字第 327 號、第 356 號、第 685 號解釋宣告違憲之理由尚有些許差異。惟上開各號解釋，不論係以處罰未設合理最高額之限制或以處罰之方式過苛或未按情節輕重裁量處罰，均屬違反憲法第 23 條之比例原則，則屬相同。

| 第 6 章 |

所得稅法第 38 條
「經營本業及附屬業務損失」之認定
兼評最高行政法院 99 年 9 月份
第 2 次庭長法官聯席會議決議

謝如蘭 [1]

摘要

最高行政法院 99 年 9 月份第 2 次庭長法官聯席會議決議將證券投資事業之自有資金用途僅限於行為時證券投資信託事業管理規則第 2 條規定之「業務」經營之「合理必要」之用途，從而否認證券投資信託事業以自有資金承購所募集基金持有之無擔保公司債所造成的損失得以列報所得稅法第 38 條之投資損失。從該決議的意涵來看，似乎最高行政法院 99 年 9 月份第 2 次庭長法官聯席會議決議乃將所得稅法第 38 條的損失與費用的認列，以經營本業及附屬業務的「合理及必要」的費用為限。該決議的內容已明顯增加所得稅法第 38 條法律所未規定的內容，而有違反租稅法律原則之虞。而所得稅法第 38 條營業費用的認列是否須以「合理及必要」為要件亦存有爭議之處，對此本文將從德國以及日本實務及學說見解為基礎加以分析討論，並且提出個人的見解。

壹、前言

　　查最高行政法院針對證券投資信託事業以自有資金承購所募集基金持有之無擔保公司債的行為可否視為證券投資信託事業之「業務」，以

---

1. 亞洲大學財經法律學系暨研究所專任副教授。

及所受之損失可否認列為所得稅法第 38 條「經營本業及附屬業務」之
損失，已於 99 年 9 月份第 2 次庭長法官聯席會議做出決議。該決議目
前已成為最高行政法院就上述類似案件的判決基礎[2]。該決議認為營業
事業費用的認列須以支出具有「合理及必要」為要件，因此在實務上引
起不少爭議。對此本文擬以最高行政法院 99 年度判字第 1188 號判決為
例，評析 99 年 9 月份第 2 次庭長法官聯席會議決議之內容。

貳、判決大要

本案原告為元大證券投資信託公司，被告為財政部臺北市國稅局。

一、案件事實

原告（元大證券投資信託公司）旗下經理之元大多利證券投資信託
基金（下稱元大多利基金）及元大多利二號證券投資信託基金（下稱元
大多利二號基金）所持有中強電子股份有限公司（以下簡稱中強公司）
無擔保公司債，因中強公司 88 年爆發財務危機，導致原告持有中強公
司所發行的無擔保公司債之債券型基金面臨相當的贖回壓力。原告為了
穩固基金市場及投資人信心，避免基金持續被贖回，導致基金規模之巨
幅萎縮，乃於 88 年 3 月 30 日經董事會決議通過，並於 4 月 3 日報經證
期會核准以自有資金承受經理基金所購買之中強公司債。

依據財政部證券暨期貨管理委員會（以下簡稱證期會）88 年 11 月
22 日臺財證（四）第 4310 號函說明四之規定，為配合「營業稅法」上

---

2. 其他與本件判決相同案情的裁判，尚有：最高行政法院99年度判字第1147號判決（當事人
　為匯豐中華證券投資信託股份有限公司）；最高行政法院99年度判字第1305號判決（當事
　人為寶來證券投資信託股份有限公司）；最高行政法院99年度判字第1159號判決（當事人
　為元大證券投資信託股份有限公司）；最高行政法院99年度判字第1160號判決（當事人為
　第一金證券投資信託股份有限公司）。

開條文規定，應考量證券投資信託事業之行業特性，並強化其經營體質，茲規定證券、投資信託事業自88年7月1日起4年內應就其專屬本業之銷售額百分之三相當金額，按月全數提列作為業務損失準備之用。同函說明六規定，所提列之「業務損失準備」僅得用於沖銷持有財務困難公司債或其他投資標的之發行公司發生非經常性之重大損失所提列之備抵跌價損失及其他經本會核准之用途。因此原告主張依該函釋的見解得以將其以自有資金承購所募集基金持有之無擔保公司債的損失列報為業務損失。同時原告認為其以自有資金承購所募集基金持有之無擔保公司債之行為乃是考量原告以往基金經理的績效及所建立之商譽所為，因此該承購無擔保公司債之行為與經營業務有關。從而原告於民國89年度營利事業所得稅結算申報時，乃將承購中強公司債之損失列報其他損失新臺幣（下同）55,743,698元。

惟國稅局則認為原告以1億300萬元的對價取得中強公司債，係以不相當的對價讓與財產，且該款項除公司債之取得成本外，尚包括基金損失之承擔。從而該系爭投資行為已將原本應由基金專戶於持有中強公司無擔保公司債期間產生之損失，無償讓與原告承受。且依行為時有效之證券投資信託事業管理規則第19條、同條第2項第5款及證券投資信託事業募集證券投資信託基金公開說明書應行記載事項準則第6條第1項第11款第1目規定，可知證券投資信託事業不得有提供特定利益對價或負擔損失之行為，亦不負責基金之盈虧，不保證最低收益。因此原告並無應自所管理之證券投資信託基金承受該基金所持有之公司債因發行公司財務困難所發生之債權損失，或承受該基金所持有其他標的所發生之非經常性重大損失之責。由此可知，在無故意或過失情況下，投資信託基金之經理公司對於基金受益憑證之受益人並無須負擔盈虧之責，亦即基金經理公司操作投資而產生之盈虧，係由基金投資者自負盈虧之責，從而原告依董事會臨時決議，以自有資金承受上開無擔保公司

債所造成之損失，與一般營業常規有違，且與業務無關，對此國稅局否
准原告認列損失，核定其他損失為 0 元。

二、判決理由

本案經臺北高等行政法院判決原告（元大證券投資信託公司）敗訴[3]，
之後仍遭最高行政法院 99 年度判字第 1188 號判決駁回原告之上訴，以
致該案判決確定，其主要理由如下：

（一）「經營本業及附屬業務以外之損失，或家庭之費用，及各
種稅法所規定之滯報金、怠報金、滯納金等及各項罰鍰，不得列為費
用或損失。」所得稅法第 38 條定有明文。次按 85 年 3 月 1 日修正發
布證券投資信託事業管理規則（下稱行為時證券投資信託事業管理規
則）第 17 條第 1 項規定：「證券投資信託事業之自有資金不得貸與他
人或移作他項用途，除經營業務所需者外，其資金運用以下列為限：
一、銀行存款。二、購買政府債券或金融債券。三、購買國庫券、可
轉讓之銀行定期存單或商業票據。四、其他經證管會核准之用途。」
是營利事業事實上發生損失時，於營利事業所得稅結算申報時，固非
均得認列為損失，惟如經過證管會核准之自有資金之使用，因而產生
之損失，應屬所得稅法第 38 條所謂經營本業或附屬業務之損失。然
而，本件上訴人經董事會決議以自有資金承購所募集基金持有之公司
債（無擔保中強公司債）後，雖有向證管會請求依行為時證券投資信
託事業管理規則第 17 條規定予以核准，惟證管會於 88 年 4 月 3 日以
（88）臺財證（四）第 32186 號函覆上訴人所表示「洽悉」之文義並
非核准，且行為時證券投資信託事業管理規則第 17 條第 1 項第 4 款既

---

3. 臺北高等行政法院97年度訴字第980號判決。

已明文規定：「其他經證管會『核准』之用途」，則證管會若有核准之意，當非使用「洽悉」一詞，至於覆函之主旨中所謂「請確實依董事會決議提報股東會追認」等語更與核准無涉。故被上訴人承購公司債之自有資金使用行為，不得認已經證管會核准。

（二）又按「本規則所稱證券投資信託事業，指經營左列業務之事業：一、發行受益憑證募集證券投資信託基金。二、運用證券投資信託基金從事證券及其相關商品之投資。三、其他經財政部證券管理委員會（下稱證管會）核准之有關業務。」為行為時證券投資信託事業管理規則第2條所明定。上述行為時證券投資信託事業管理規則第17條第1項所規定「經營業務所需」之「所需」，係指於業務之經營所合理必要之用途而言。另經營證券投資信託事業，依77年1月29日修正公布之證券交易法第18條第1項規定，應經主管機關之核准，而依同條第2項授權訂定之行為時證券投資信託事業管理規則第2條又明定證券投資信託事業經營業務之範圍，是同規則第17條所稱「經營業務所需」之「業務」，自係指該規則第2條所規定之業務。而此「業務」就證券投資信託事業言之，即所得稅法第38條所規定之「本業及附屬業務」，俾符行為時證券交易法第18條規定之意旨。又依72年5月11日增訂公布證券交易法第18條之2第1、2項及84年11月27日修正發布證券投資信託事業發行受益憑證編製公開說明書應行記載事項陸規定，「證券投資信託事業」與其所募集之「證券投資信託基金」，其等之財產係分別獨立，且證券投資信託事業對所募集「證券投資信託基金」之基金受益憑證受益人，並不負基金盈虧之責，亦不保證基金投資之最低收益，故雖該「證券投資信託基金」因持有之公司債，將發生發行公司債之公司無力清償公司債，而產生損失情事，亦是該基金受益憑證之受益人所應負擔，募集「證券投資信託基金」之證券投資信託事業並無應負擔之責任。故證券投資信託事業以其自

有資金且高於市價之價格向其所募集之證券投資信託基金承購該基金所持有公司債，此自有資金之使用行為，並非合理及必要；且此行為並非上述行為時證券投資信託事業管理規則第 2 條第 1、2 款所規定證券投資信託事業之業務，亦非依同條第 3 款規定經證管會核准之業務，自非其經營業務所需。證券投資信託事業以其自有資金且高於市價之價格向其所募集之證券投資信託基金承購該基金所持有公司債，此自有資金之使用行為，既不得認屬已經證管會核准之用途，亦非其經營業務所需，則因此所致之損失，應認係證券投資信託事業經營本業及附屬業務以外之損失，不得認列為投資損失，於課稅所得額中減除（本院 99 年度 9 月份第 2 次庭長法官聯席會議決議意旨參照）。本件上訴人為證券投資信託事業，以自有資金承購基金持有之公司債，非屬其經營之業務範圍，其經理元大多利基金、元大多利二號基金投資持有中強公司債，88 年間中強公司因公司資產遭掏空致財務困難，上訴人遂於 88 年 3 月 30 日經公司董事會決議以自有資金承購上開基金持有之中強公司債，於同日以（88）元投信字 151 號函報請證期會備查，並於 88 年 4 月 1 日執行決議購入中強公司債，且於當日完成交割事項，證期會則於 88 年 4 月 3 日以（88）臺財證（四）第 32186 號函覆上訴人洽悉，並未核准上訴人以自有資金承購其經理基金持有之財務困難公司債，上訴人就上開二基金依基金債券投資信託契約除於經理基金應盡善良管理人之注意義務外，就基金之盈虧及受益人之損失不負責任，亦不保證投資人最低之收益，上訴人以自有資金購買系爭中強公司債，有影響公司整體營運及損害公司股東權益之虞，上訴人以自有資金承購上開二基金持有之中強公司之公司債所致之損失，原處分以之非屬經營本業及附屬業務之損失否准認列，並無不合等情，已經原判決依調查證據之辯論結果，詳述其得心證之理由及法律意見，並敘明證期會 88 年 11 月 22 日（88）臺財證（四）第 4310 號函釋所揭

示者僅涉財務會計之沖轉，並未指稱證券投資信託事業以自有資金購買財務困難公司債，致受損失，亦屬本業之業務損失，及行政院金融監督管理委員會95年12月19日金管證四字第0950156435號函僅泛稱「核屬經營業務行為」，是否即為所得法第38條所指之「本業及附屬業務」尚有未明，及就上訴人所主張之論點何以不足採，予以指駁，依上開所述，核屬有據，並無上訴人所稱違反經驗、論理法則、職權調查原則或平等原則，亦無判決不備理由、理由矛盾或適用法規不當之違法。至財政部96年6月26日臺財稅字09604509630號函雖謂：「主旨：關於證券投資信託事業經行政院金融監督管理委員會核准，於93年7月1日起至95年6月30日止以自有資金承擔債券型所持有結構債損失之課稅，請依說明二辦理。……」惟本件之時間及事實與該函釋均不相同，且本件上訴人以自有資金承購所募集基金持有之公司債之自有資金使用行為，並未經證期會核准，已如上述，故上訴人以其承購公司債行為已經證期會核准，而援引上開財政部96年6月26日臺財稅字第09604509630號函主張為爭議，自無可採。再被上訴人及原判決雖有援引財政部94年11月10日臺財稅字第09404117580號函釋，然上訴人以自有資金承購所募集基金持有之公司債非屬其經營之業務範圍之法律依據詳如上述，且依上述本院關於原處分係屬適法之論斷，財政部上開函釋於本件是否援引，並無影響，併此敘明。

（三）綜上所述，原判決將訴願決定及原處分均予維持，而駁回上訴人在原審之訴，核無違誤。上訴論旨，指摘原審判決違法，求予廢棄，為無理由，應予駁回。

三、爭點整理

原告（元大證券投資信託公司）係申請依所得稅法第38條，就其

以自有資金承購所募集基金持有之無擔保公司債的損失列報投資損失。惟國稅局則認為投資信託基金之經理公司對於基金受益憑證的受益人並不須負擔盈虧之責，亦即基金經理公司操作投資而產生的虧損應由基金投資者自負盈虧。因此證券投資信託事業以自有資金承購所募集基金持有之無擔保公司債所造成的損失與經營業務並無關聯，從而否准原告列報投資損失。對此原告不服並提請行政訴訟，最高行政法院引用 99 年 9 月份第 2 次庭長法官聯席會議決議，認為行為時證券投資信託事業管理規則第 17 條第 1 項所稱「經營業務所需」之「業務」係指該規則第 2 條所規定之「業務」，而此業務，就證券投資信託事業言之，即所得稅法第 38 條所規定之「本業及附屬業務」，從而元大證券投資信託公司以自有資金承購所募集基金持有之無擔保公司債之行為非屬所得稅法第 38 條「經營本業及附屬業務」之行為。其所導致的損失亦不得認列為投資損失，於課稅所得額中扣除。

對此，本件涉及的主要爭點有二：

（一）最高行政法院 99 年 9 月份第 2 次庭長法官聯席會議決議係將行為時證券投資信託事業管理規則第 17 條第 1 項所稱「經營業務所需」之「業務」視同該規則第 2 條所規定之「業務」，並且將證券投資事業之自有資金用途僅限於行為時證券投資信託事業管理規則第 2 條規定之業務經營合理必要之用途，該決議的內容是否牴觸法律保留原則與侵害憲法上所保障之營業自由？

（二）最高行政法院 99 年 9 月份第 2 次庭長法官聯席會議決議將證券投資事業之自有資金用途僅限於行為時證券投資信託事業管理規則第 2 條規定之「業務」經營之「合理必要」之用途，並且否認證券投資信託事業以自有資金承購所募集基金持有之無擔保公司債所造成的損失得以列報所得稅法第 38 條之投資損失。對此，該決議的內容是否對於所得稅法第 38 條「經營本業及附屬業務」之損失額外增加一個「合理

及必要」之要件，從而違反租稅法定主義以及量能課稅原則？

　　就爭點一的部分主要涉及到兩個問題。首先最高行政法院 99 年 9 月份第 2 次庭長法官聯席會議決議將行為時證券投資信託事業管理規則第 17 條規定的證券投資信託事業之自有資金的用途僅限於該規則第 2 條所規定的業務之經營合理必要之用途，從而限制了證券投資信託事業之自有資金的運用範圍，並且侵害原告的營業自由。依據憲法第 23 條之規定，人民的基本權利只得以法律限制之，依據司法院大法官會議解釋[4]，最高行政法院 99 年 9 月份第 2 次庭長法官聯席會議決議只是一個「命令」而已，而非憲法第 23 條所定的合憲的限制基本權利的「法律」，從而最高行政法院 99 年度 9 月份第 2 次庭長法官聯席會議決議有違反基本權利干預的法律保留原則之虞。

　　此外，姑且不論本案已欠缺侵害基本權利違憲審查的形式阻卻違憲事由，在實質阻卻違憲事由部分，本案亦欠缺正當化理由。德國聯邦法憲法法院 1958 年藥房判決中係將職業自由分成「職業選擇」及「職業執行」的自由[5]，此分類亦得用於營業自由上。由於限制特定營業領域內的營業活動自由對人民自由權影響較小，因此對於限制營業活動自由的違憲審查亦採取較為寬鬆的方式。換言之，只要基於合理的公益考量，對於營業活動自由的限制即存在「正當目的」，該限制即非違憲[6]。惟即使如此，最高行政法院 99 年度 9 月份第 2 次庭長法官聯席會議決議中限制證券投資信託事業以自有資金承購無擔保公司債的行為是否欠缺公益的正當目的？尤其是證券投資信託事業的資產與基金的資產係各自獨立之下，證券投資信託事業以自有資金承購無擔保公司債的行為何

---

4. 司法院大法官釋字第622號解釋理由書。
5. BVerfGE 7, 377 ff. 本判決全文中譯，參見蕭文生，〈關於「職業自由（工作權）」之判決〉，《西德聯邦憲法法院裁判選輯（一）》，1990年1月，頁128以下。
6. 李建良，〈經濟管制的平等思維〉，《政大法學評論》，第102期，2008年4月，頁113。

以會影響投資大眾的利益？從而該限制即有侵害證券投資信託事業的營業自由之虞。

　　爭點二方面主要係認為最高行政法院 99 年 9 月份第 2 次庭長法官聯席會議決議對所得稅法第 38 條的投資損失認列已增列一個「合理及必要」的要件。最高行政法院 99 年 9 月份第 2 次庭長法官聯席會議決議乃認為證券投資事業之自有資金用途應僅限於行為時證券投資信託事業管理規則第 2 條規定之「業務」經營之「合理及必要」之用途，從而否認證券投資信託事業以自有資金承購所募集基金持有之無擔保公司債所造成的損失得以列報所得稅法第 38 條之投資損失。換言之，自有資金的使用只限於行為時證券投資信託事業管理規則第 2 條規定之「業務」經營之「合理及必要」之範圍內時，其所產生的損失方得依所得稅法第 38 條列報投資損失。惟德國實務及學者對營業費用的認列皆採取所謂 Veranlassungsprinzip（肇因理論），對於營業費用的認列並不以與本業與附屬業務有合理及必要為要件，因此最高行政法院 99 年 9 月份第 2 次庭長法官聯席會議決議有違反國際間對費用認列的標準之虞。

參、最高行政法院 99 年 9 月份第 2 次庭長法官聯席會議　對證券投資信託事業自有資金的限制與營業自由的保障

一、營業自由在憲法上的保障範圍

　　憲法第 15 條僅規定人民的工作權應予保障。營業自由是否受憲法上的保障？其與職業自由又有何關係？此即必須先從營業自由的性質先加以了解。在自由市場經濟體制下，人民享有一定的經濟自由，其可以從事各種各樣的職業與商業活動並且享有財產權的保障。而得以選擇創立並且從事某一商業營利事業之經營，正是營業自由所保障的範圍，如果個人所從事的各種形態的營生工作均視為是「職業」的話，那麼營業

自由即是職業自由的一種表現形態[7]。德國學者及實務均認為職業自由（Berufsfreiheit）乃是營業自由（Gewerbefreiheit）的上位概念，從而職業自由涵蓋的範圍大於營業自由。德國基本法第12條雖僅規定「所有德國人享有自由選擇職業、工作職位及教育場所的權利。職業之執行得依法律或基於法律授權規範之」，然而營業自由亦得由職業自由所導出並且受憲法所保障[8]。

　　我國雖然在憲法上並沒有明文規定保障職業自由及營業自由，然而大法官釋字第462號解釋理由書認為：「按憲法第十五條規定，人民之工作權應予保障，是以凡人民作為謀生職業之正當工作，均應受國家之保障，對於職業自由之限制，應具有正當之理由，並不得逾越必要程度。」釋字第584號解釋文：「人民之工作權為憲法第十五條規定所保障，其內涵包括人民選擇職業之自由。」從而可以得知工作權與職業自由的概念相同。而在大法官釋字第514號解釋文做出「人民營業之自由為憲法上工作權及財產權所保障」後，亦可得知營業自由係受憲法第15條工作權的保障[9]。

　　依據一般學說見解，職業自由所保障的範圍，廣泛地涵蓋了選擇或拒絕進入某一職業工作，以及從事該職業活動的自由。若仔細探究其

---

7. 吳越，〈論經濟自由在經濟法中的核心價值〉，《月旦財經法雜誌》，第12期，2008年3月，頁64。

8. BVerfGE 22, 380 (383); 30, 292 (312); 41, 205 (228); 50, 290 (362 f.); R. Scholz, in: Mauer/Dürig (Hrsg.), GG-Kommentar, Art. 12, Rn. 6.

9. 大法官自1996年起對於憲法第15條工作權的保障已逐漸擴及職業自由以及營業自由。「憲法第十五條規定人民之工作權應予保障，故人民得自由選擇工作及職業，以維持生計」（釋字第404、411號），「憲法第十五條規定人民之工作權應予保障，人民從事工作並有選擇職業之自由」（釋字第510、612、637號），「人民之工作權為憲法第十五條規定所保障，其內涵包括人民選擇職業之自由」（釋字第584、634號），「人民營業之自由為憲法上工作權及財產權所保障」（釋字第514號），皆從自由權的角度，將工作權與職業自由乃至營業自由相連繫。

內涵，不難發現前者可說是後者的前提所在。倘若人民不能選擇某一職業，自無從事該職業活動的可能性。基此，職業自由之保護可以細分為職業選擇（Berufswahl）及職業執行（Berufsausübung）的自由[10]。而在營業自由係為職業自由保障內涵中的一種特殊表現之下，其保障內涵亦可以從職業自由的保障中得出[11]。依據德國營業法（Gewerbeordnung）對於「營業」解釋，營業乃是持續一段時間，以獲利為目的，於市場從事交易行為，具有一定獨立性的營利活動。從而營業自由主要是針對各種形態的商業經營活動與無特定雇主的自由業之選擇、創立與經營之自由。其內涵可如職業自由一般，可區分為進入特定領域的營業選擇自由，以及在該特定營業領域內從事營業活動的自由[12]。

二、營業自由的限制及違憲審查的模式

對於一個採取自由市場經濟制度的國家而言，各類的經濟、職業活動，包括工商業設立與經營、所從事的活動，原則上都不須國家權力的支持與協助。只有在國家基於各種公益的需求時，才會將私經濟活動納入公權力的控管範圍[13]。而國家公權力介入管制私經濟活動行為，正是對於自由權的干預，其必須符合憲法所規定之限制基本權利的要件。倘若國家認為選擇與從事某一營業應納入管制，例如設定客觀與主觀之從事此等營業的許可要件，對營業活動之管理等，則該管制手段即對相關

10.許志雄，〈職業規制與保留的違憲審查（上）〉，《法學新論》，第19期，2010年2月，頁13。

11.蔡宗珍，〈營業自由之保障及其限制〉，《臺大法學論叢》，第35卷第3期，2006年5月，頁288。

12.吳越，〈論經濟自由在經濟法中的核心價值〉，《月旦財經法雜誌》，第12期，2008年3月，頁65。

13.吳越，〈論經濟自由在經濟法中的核心價值〉，《月旦財經法雜誌》，第12期，2008年3月，頁67。

人的營業自由造成限制。從而該干預性的法律必須受到各項合憲性要求之審查[14]。

　　一般而言，對於限制基本權利的合憲性審查，主要在於審查限制或侵害人民基本權利的國家行為是否具有阻卻違憲事由的存在。倘若國家可以提出憲法上的正當理由，則該限制或侵害人民基本權利的國家行為即為合憲，否則即構成對人民基本權利的違法侵害。所謂國家限制人民基本權利之「阻卻違憲事由」則可分為「形式阻卻違憲事由」及「實質阻卻違憲事由」[15]。前者係著重於限制基本權利的形式要件，要求國家必須有法律之依據，始得為之，亦即所謂的「法律保留原則」[16]。此表現在我國憲法第 23 條，凡是對人民的自由與權利加以限制者，應以抽象性、一般性的法律預先明確規定。惟立法者對於涉及人民權利義務的事項，往往無法鉅細靡遺的加以規定，因此立法者亦得授權予行政機關以法規命令的方式加以制定之，惟授權的目的、內容及範圍應具體明確，此即所謂的「授權明確性原則」[17]。而哪些事項須由立法者在法律中明文規定，哪些事項立法者得以授權行政機關以法規命令的方式加以制定，大法官於釋字第 443 號解釋理由書建立了所謂「層級化法律保留原則」[18]，其將法律之「規範密度」分成不同的層次，首先，剝奪人民生命或限制人民身體自由者，應以制定法律之方式為之；其次，涉及人民其他自由權利之限制者，得以法律授權主管機關發布命令為補充規

14.大法官歷年來對於人民工作權及職業自由所為的憲法解釋有釋字第172, 191, 206, 301, 390, 404, 411, 412, 432, 462, 491, 510, 514, 538, 584, 606, 612, 623, 634, 637號。

15.李建良，〈基本權利體論體系之構成及其思考層次〉，《憲法理論與實踐（一）》，頁91。

16.關於法律保留原則的論據，參見許宗力，《論法律保留原則，法與國家權利》，1993年增訂2版頁131以下。

17.大法官釋字第313, 360, 367號。

18.吳庚，《行政法之理論與實用》，三民書局，2010年8月，增訂11版，頁107；同作者，《憲法的解釋與適用》，三民書局，2004年6月，第3版，頁58以下。

定，但應符合具體明確之原則[19]。因此法律保留原則之所謂「法律」，除了指經立法院通過、總統公布之法律外，亦包括經法律明確授權，由行政機關所制定之法規命令[20]。

「實質阻卻違憲事由」則著重於國家限制人民基本權利的「內容」，其在於審查國家限制人民基本權利的原因與侵害之程度，尤其在於審查該限制是否逾越必要限度，此即所謂「比例原則」[21]。而對於國家限制人民職業自由的規範是否具備合憲性要求，德國聯邦憲法法院在1958年「藥局判決」（Apothekenurteil）[22]中則提出「三階層理論」（Drei-Stufentheorie）。其首先將職業自由區分為「職業選擇」（Berufswahl）與「職業執行」（Berufsausübung）的自由[23]。對於職業執行自由的限制，聯邦憲法法院認為只要國家基於合理的公益考量（vernüftige Erwägungen des Gemeinwohls），顯示具有合目的性（zweckmäßig），即可為之。而對於職業選擇的自由，僅可基於保護特別重要的社會利益〔Schutz besonders wichtiger（überragender）Gemeinschaftsgüter〕，且

---

19. 錢建榮，〈終身不得考領駕駛執照合憲性之檢討——兼論釋字第351號解釋〉，《月旦法學》，第128期，2006年1月，頁78。
20. 李建良，《行政法基本十講》，元照出版社，2013年，第4版，頁135。
21. 大法官釋字第206, 301, 404, 411, 414, 462, 531, 538, 577, 584, 634號亦以「比例原則」的方式審查對於職業自由的限制是否構成違憲。
22. BVerfGE 7, 377 ff.; 法治斌、董保城，《憲法新論》，元照出版社，2012年，第5版，頁269-273。
23. 我國大法官同樣認為職業自由包含職業選擇及職業活動自由，釋字第510號（航空人員）、釋字第584號（營業小客車駕駛人）、釋字第612號（廢棄物清除處理技術員）、釋字第634號（證券投資顧問事業）以及釋字第637號（離職公務員）的解釋，乃涉及職業選擇自由；而釋字第404號（中醫師）、釋字第411號（土木工程科技師）的解釋，則涉及職業執行自由。
24. 參考李惠宗，〈德國基本法所保障之職業自由——德國聯邦憲法法院有關職業自由保障判決之研究〉，司法院印行，《德國聯邦憲法法院裁判選輯（七）》，1997年6月，頁1以下。該判決全文翻譯，請參蕭文生譯，〈關於「職業自由（工作權）」之判決〉，司法院印行，《德國聯邦憲法法院裁判選輯（一）》，1990年10月，頁128以下。

有強烈必要時（zwingend erfordert），始可加以限制[24]。其理由在於，基本權利旨在保護個人的自由，一旦國家對人民的職業選擇自由加以限制，其對人民職業自由的影響較大，因此只能在國家經過審慎的權衡，其所欲保護的利益優於個人的自由訴求，且該利益的保護無法以其他手段達成時，方得以限制職業選擇自由，且對於職業選擇自由的干預，若無可避免，則立法者恆須挑選對該基本權利限制最少的干預方式。而對於職業執行自由的限制，由於人民已經在從事該職業，國家只是對該職業執行的方式加以規範，因此其違憲審查的標準較為寬鬆，只要基於合理地公益考量，國家即得對之加以限制[25]。

對此德國聯邦憲法法院在判決中特別針對其所發展出的「階層理論」加以說明：

倘若法律規範僅涉及個人的職業執行，由於其不影響職業選擇自由，而僅規定某一行業的從業人員以何種方式從事其職業活動，因此立法者最為自由。在此大的範圍內，立法者得基於合目的性觀點的考量，加以衡酌對人民給予何種負擔，以便防止其對公眾造成弊害及危險。在此範圍內，對於基本權利（職業自由）的保護，僅限於給予人民的負荷過重且無期待可能的法律上負擔時，該規範才會被宣告違憲。除此例外情形，上述規範對於職業自由尚不致構成侵害，蓋該從業人員業已在從事職業，且可以決定是否從事該行業[26]。

其次，倘若立法者規定從事某種職業必須符合一定的要件，從而觸及職業選擇自由時，則該規範限制僅能為保護「特別重要之社會利益」，使具正當性。於此存有一項極為重要的區分，即上開規範限制是否涉及「主觀」許可要件（subjektvie Zulassungsvoraussetzungen），尤

25.BVerfGE 7, 377 (404).
26.BVerfGE 7, 377 (405 ff.).

其是職前或養成教育，或涉及「客觀」許可要件（objektvie Zulassungs-voraussetzungen），亦即該要件與欲從事該行業之人的個人資格、能力無關，且個人對該要件無從影響者 [27]。據此，法院指陳：

　　職業選擇的主觀要件規範，乃職業圖像（Berufsbild）法秩序的一部分；其僅開放給具有一定資格能力之人從事特定職業。此種限制之正當性來自於事務的性質；蓋多數職業的執行，有賴一定的理論與實務訓練所獲取的知識及技能。如果缺乏特定的知識或技能，則此種職業的執行，不是毫無可能，就是不合專業，甚至會對公眾造成危害。立法者只是基於實際生活關係的需要，將此等職業圖像予以具體化並「規格化」（formalisiert）。此種限制足以作為防制可能弊端及危險的適當手段（das adäquate Mittel）；抑且，其因同等適用於所有想要從事該職業之人，且為其事前所知，個人在選擇職業之前，即可判斷其能否符合該等要求，故非不合理。在此意義下，比例原則的作用為：立法者所設定的主觀要件與其所欲追求的目的，不得失其均衡 [28]。

　　而對於職業許可設定客觀要件，則完全不同。此等條件的符合，個人完全無影響力。此等限制恰恰牴觸基本權利的保障意旨，蓋符合所有法定要件而業已選定從事特定職業之人，甚至可能因此而被排除於該行業之外，該等職業的職前訓練及養成教育的時間愈長，愈是專業，因而日後選擇從事此一特定職業的可能性愈是明顯，則此種自由的限制愈是嚴重。因此唯有為防止特別重要的社會利益受到可資證明或極可能發生的嚴重危害，此種對職業選擇自由的干預，始具正當性 [29]。

---

27. 李惠宗，〈推定、擬制與法律漏洞──從法學方法論簡評大法官釋字第637號解釋〉，《臺灣本土法學雜誌》，第104期，2008年3月，頁318；許志雄，〈職業規制與保留的違憲審查（上）〉，《法學新論》，第19期，2010年2月，頁21。
28. BVerfGE 7, 377 (407).
29. BVerfGE 7, 377 (408).

　　歸納上述，聯邦憲法法院乃是對於限制職業自由的法規之違憲審查建立一種漸層式的思維法則。擇要言之，即：第一階層，對於職業執行自由的限制，基於公益的合理考量，具有合目的性者，即具正當性。第二階層，對於職業選擇自由的主觀許可限制，須為保護特別重要的社會利益，始具正當性。第三階層，對於職業選擇自由的客觀許可限制，僅為防止特別重要的社會利益受到可資證明或極可能發生的嚴重危害時，始得為之[30]。

　　而「比例原則」運用在檢視國家對於職業自由的干預是否合憲上，得以做下列的審查方式[31]：

　　首先，在適當性原則的要求下，立法者所選用的手段必須「適合於」達成所欲追求的目的。對此，我國學者認為對於職業執行之限制是否合乎目的，立法者享有一定的評估特權；而對於主觀的職業自由限制是否足以促進重要的公共利益，立法者的評估若非顯然可予反駁或明顯錯誤，即應予尊重；惟倘若涉及客觀之職業許可要件，立法者必須明確表明或甚至證明危險存在，方得為之。

　　其次，在必要性原則的要求方面，立法者必須採取對人民造成較小負擔，同時足以達到目的的手段。對此，立法者所為客觀上許可要件的

---

30. 我國學者於論述職業自由時，亦多逕行援引德國的「階層理論」，將我國立法者對於工作權的立法限制，依職業選擇主、客觀要件與職業行使要件的三種形態而區分其審查密度，例如：李惠宗，〈論營業許可基準之司法審查——兼論我國營業自由之限制〉，《經社法制論叢》，第5期，1990年1月，頁227-264；同作者，〈職業自由主觀要件限制之違憲審查〉，《憲政時代》，30卷3期，1994年1月，頁255-294。

31. 李建良，〈論立法裁量之憲法基礎理論〉，《憲法理論與實踐（二）》，學林文化，2007年8月2版，頁299以下。李惠宗，〈推定、擬制與法律漏洞——從法學方法論簡評大法官釋字第637號解釋〉，《臺灣本土法學雜誌》，第104期，2008年3月，頁320；錢建榮，〈終身不得考領駕駛執照合憲性之檢討——兼論釋字第351號解釋〉，《月旦法學》，第128期，2006年1月，頁79；許志雄，〈職業規制與保留的違憲審查（上）〉，《法學新論》，第19期，2010年2月，頁21。

限制，對人民職業自由的干預最大，主觀上許可要件的限制次之，職業執行的限制對人民職業自由的干預最小。因此立法者為了達到其所追求的目的，必須選擇對人民職業自由干預影響最小的方式為之 [32]。例如，為了避免藥物販售的浮濫，導致人民對有害人體的藥物上癮，立法者可以採取限制藥局販售該藥物或者限制藥房設立的措施。由於限制藥局新設乃是一種客觀上許可要件的限制，其對人民職業自由的侵害最大，因此立法者必須先採用限制藥局販售該藥物或限制藥物廣告等限制職業執行的方式，在該方式仍無法達到目的時，方可採取限制藥局新設的措施。

最後，在「狹義比例原則」的要求下，立法者干預人民權利所生損害與所欲達成目的之間必須「處於合理的關係」（in angemessenem Verhältnis），是否合理，乃利益衡量之問題 [33]。從而立法者對於職業自由的干預愈大，其所欲追求的目的之價值必須越高，否則即違反「狹義比例原則」。由於德國聯邦憲法法院對於職業自由的干預做出三個階層不同的評價，因此「狹義比例原則」運用在審查對職業自由的干預是否合憲上，可以做出以下的詮釋：第一階層，職業執行自由的限制，基於公益的合理考量，具有合目的性者，即具正當性；第二階層，職業選擇自由的主觀許可限制，須為保護特別重要的社會利益，始具正當性；第三階層，職業選擇自由的客觀限制，必須僅為防止特別重要的社會利益受到可資證明或極可能發生的嚴重危害，始得為之 [34]。

如前所述，職業自由可以說是營業自由的上位概念。因此德國聯邦憲法法院在「藥房判決」所發展出基於立法者對於職業自由所造成的干

---

32. Pieroth/Schlink, Grundrechte, Staatsrecht II, 22. Aufl. 2006, Rn. 850.

33. Pieroth/Schlink, Grundrechte, Staatsrecht II, 22. Aufl. 2006, Rn. 855; Rupert Scholz, in: Maunz/Dürig, Kommentar zum Grundgesetz, Art. 12 Rn. 325 ff., Rüdiger Breuer, Freiheit des Berufs, in: Isensee/Kirchhof (Hrsg.), Handbuch des Staatsrechts, Bd. 6, 2. Aufl., 2001, § 147, Rn. 1 ff.

預程度的不同，而有不同的合憲性審查標準的理論，亦得適用在營業自由上。基此，國家權力對於營業自由之限制形態可分為對進入特定營業領域的營業選擇自由（創業自由）之限制，以及對於該特定營業領域內之營業活動自由之限制。前者是涉及人民「是否」能進入某一營業領域中從事相關營業活動，後者則是涉及對人民「如何」具體從事某一種營業活動的要求。倘若國家對於營業選擇自由設定各類門檻條件的限制，則有意從事該營業的人民一旦不具備此法定要件或資格，即會被摒棄在該營業領域的門外，因而此等法定要件所構成的限制，明顯是對人民營業自由的干預。而立法者所制定的限制人民進入該營業領域的規制又可進一步區分為「主觀」許可要件及「客觀」許可要件[35]，前者乃是針對從事該營業活動之人的個人資格、特性、條件，或是以可受其主觀意志所影響之要件，例如，須取得某一證照、年齡或學經歷的限制。後者所為的限制則與從事該營業活動之人的個人資格、特性、條件或是以可受其主觀意志所影響之要件無關，例如，限制某一行業在特定區域之總數上限，須經有權機關許可始可營業。而對於已進入某一營業領域之營業活動自由的法令限制，則主要是針對營業活動之內容應如何加以規範，從而乃是在已從事的營業活動的基礎上，就該營業活動的方式加以約

---

34. 大法官釋字第584號即嘗試針對職業選擇自由的主觀許可限制以「比例原則」的方式審理該系爭規定是否構成違憲，但仍較為粗淺，釋字第634號亦然。而在釋字第649號則異於過去的解釋，不但對於職業自由的規制進行分類，而且針對不同規制類型，分別設定違憲審查基準。相關評論參見許志雄，〈職業規制與保留的違憲審查（上）〉，《法學新論》，第19期，2010年2月，頁1以下；同作者，〈職業規制與保留的違憲審查（下）〉，《法學新論》，第20期，2010年3月，頁1以下；邵惠鈴，〈憲法對視障者社會基本權之保障——論釋字第649號解釋產生之憲法疑義與因應途徑〉，《月旦法學》，第187期，2010年12月，頁238以下。

35. 李惠宗，〈職業自由主觀要件限制之違憲審查——司法院大法官釋字第584號解釋評析〉，《憲政時代》，第30卷第3期，1994年1月，頁263；邵惠鈴，〈憲法對視障者社會基本權之保障——論釋字第649號解釋產生之憲法疑義與因應途徑〉，《月旦法學》，第187期，2010年12月，頁240。

束，例如，營業時間的限制[36]。

由於對於營業選擇自由的限制對人民營業自由的影響較大，並且可能導致人民根本無法從事該營業活動，因而該干預性的規定必須受到較嚴格的合憲性審查。而對於特定營業領域內之營業活動自由之限制，則對於人民營業自由的影響較小，因此可以採取較為寬鬆的合憲性審查標準。而哪些干預性的規定已過度侵害人民的營業自由，則可以採用德國聯邦憲法法院所發展出的「階層理論」，就各種管制法令對於營業自由所造成的干預程度不同，而有不同的違憲審查密度。

三、最高行政法院 99 年 9 月份第 2 次庭長法官聯席會議對證券投資信託事業自有資金限制的合憲性問題

最高行政法院 99 年 9 月份第 2 次庭長法官聯席會議決議係將行為時證券投資信託事業管理規則第 17 條第 1 項所稱「經營業務所需」之「業務」視同該規則第 2 條所規定之「業務」，從而將證券投資事業之自有資金用途僅限於行為時證券投資信託事業管理規則第 2 條規定之業務經營合理必要之用途。對此，首先必須探討是否行為時證券投資信託事業管理規則第 17 條第 1 項所稱「經營業務所需」之「業務」僅限於該規則第 2 條所規定之「業務」？或者應做更寬廣的解釋？77 年 1 月29 日修正公布之證券交易法第 18 條第 2 項雖然授權財政部以法規命令的方式確定證券投資信託事業經營業務之範圍，財政部亦於行為時證券投資信託事業管理規則第 2 條明定證券投資信託事業經營業務之範圍，惟從行為時證券投資信託事業管理規則第 17 條的文義看來，並無法確知該條文所規定的「經營業務所需」即只限於該規則第 2 條的「業務」。

---

36. 蔡宗珍，〈營業自由之保障及其限制〉，《臺大法學論叢》，第35卷第3期，2006年5月，頁292。

換言之，行為時證券投資信託事業管理規則第 17 條第 1 項所稱「經營業務所需」之「業務」不應僅限於該規則第 2 條所規定之「業務」，換言之，行為時證券投資信託事業管理規則第 17 條第 1 項所稱「經營業務所需」之「業務」不應僅限於該規則第 2 條所規定之「業務」。

此外，本案原告（元大證券投資信託公司）以自有資金承購其所募集的證券投資基金持有之公司債，則是基於考量公司債發行人已爆發財務危機，持有該公司債的基金淨值在短期間內嚴重滑落，並且導致持有該公司債的基金面臨相當大的投資人回贖壓力，倘若原告不以自有資金承購該公司債，則可能導致該基金的規模巨幅萎縮，並且造成原告公司的基金市場嚴重流失，從而影響原告的商譽以及將來的獲利能力，因此原告以自有資金承購其所募集的證券投資基金持有之公司債的行為明顯與經營業務所需有關。倘若行為時證券投資信託事業管理規則第 17 條第 1 項所稱「經營業務所需」僅限於該規則第 2 條所規定之「業務」，則原告對於其本身對於公司的營業決策及營業方式的決定自由將會受到限制。因此，行為時證券投資信託事業管理規則第 17 條第 1 項所稱「經營業務所需」應不只限於該規則第 2 條所規定之「業務」而言，從而應做整體解釋，亦包括所有與經營業務有關的事務。

對於基本權利之干預，通常可以就其對基本權利的影響區分成對於「權利內容」的干預以及對於「權利行使條件與程序」的干預。前者乃是直接影響基本權利保障的本身，因此其必須受到較高度的限制，從而只能由立法者在法律中明文規定或者立法者授權予行政機關以法規命令制定之，但是授權的目的內容範圍應符合「授權明確性原則」。後者則對於基本權利本身的影響較小，該基本權利的干預行為基本上屬於管理行為，而非創設、重大改變基本權利本身的行為，因此並不須立法者在法律中明文規定[37]。

最高行政法院 99 年 9 月份第 2 次庭長法官聯席會議決議將行為時

證券投資信託事業管理規則第 17 條第 1 項所稱「經營業務所需」之「業務」限縮至該規則第 2 條所規定之「業務」，從而將證券投資事業之自有資金用途僅限於行為時證券投資信託事業管理規則第 2 條規定之業務經營合理必要之用途。該決議已明顯限制原告自有資金的使用方式，從而是對原告營業自由本身的干預。德國對於證券投資事業的營業方式則明文規定於投資法（Investmentgesetz）。該法第 6 條規定：「證券投資事業的業務範圍限於對於本國投資基金或歐盟投資基金的管理，以及同法第 7 條第 2 項的業務及附屬業務。」由此可知，證券投資事業並不負責所募集之證券投資信託基金的盈虧，亦不得以自有資金承購其所募集的證券投資基金持有之公司債。與德國投資法相較，我國證券交易法並沒有此類似的規定，證券交易法第 18 條授權財政部所制訂的行為時證券投資信託事業管理規則第 2 條及第 17 條亦無法明顯看出禁止證券投資事業以自有資金承購其所募集的證券投資基金持有之公司債的規定。而依據司法院大法官會議解釋[38]的見解，最高行政法院 99 年 9 月份第 2 次庭長法官聯席會議決議只是一個「命令」而已，而非憲法第 23 條所定的合憲的限制基本權利的「法律」，由於最高行政法院 99 年度 9 月份第 2 次庭長法官聯席會議決議明顯限制證券投資事業自有資金的使用方式，該決議已限制人民的營業自由本身，因此該決議已違反基本權利干預的法律保留原則。

　　最高行政法院 99 年度 9 月份第 2 次庭長法官聯席會議決議除了欠缺形式阻卻違憲事由外，在實質阻卻違憲事由的部分，亦欠缺正當性。如前所述，德國聯邦法憲法法院在 1958 年藥房判決中將職業自由分成

37. 蔡宗珍，〈營業自由之保障及其限制〉，《臺大法學論叢》，第35卷第3期，2006年5月，頁299。
38. 司法院大法官釋字第622號解釋理由書。
39. BVerfGE 7, 377 ff.

「職業選擇」及「職業執行」的自由[39]，而該分類亦得用於營業自由上。由於限制特定營業領域內的營業活動自由對人民自由權影響較小，因此對於限制營業活動自由的違憲審查亦採取較為寬鬆的方式。換言之，只要基於公益的合理考量，對於營業活動自由的限制即存在「正當目的」，該限制即非違憲[40]。惟即使如此，最高行政法院 99 年度 9 月份第 2 次庭長法官聯席會議決議中限制證券投資信託事業以自有資金承購無擔保公司債的行為仍欠缺公益的正當目的。由於證券投資信託事業的資產與基金的資產乃是各自獨立，因此證券投資信託事業以自有資金承購無擔保公司債的行為並不會影響其所募集的證券投資基金的投資人的權益。從而亦無必要基於公益考量限制證券投資信託事業自有資金的運用。因此本文認為最高行政法院 99 年度 9 月份第 2 次庭長法官聯席會議決議所為的限制已違反比例原則，並且侵害證券投資信託事業的營業自由。

肆、所得稅法第 38 條費用與損失的認列是否須以「合理及必要」為要件？

最高行政法院 99 年 9 月份第 2 次庭長法官聯席會議決議將證券投資事業之自有資金用途僅限於行為時證券投資信託事業管理規則第 2 條規定之「業務」經營之「合理必要」之用途，從而否認證券投資信託事業以自有資金承購所募集基金持有之無擔保公司債所造成的損失得以列報所得稅法第 38 條之投資損失。換言之，所得稅法第 38 條「經營本業及附屬業務」的損失僅限於證券投資事業將自有資金用於行為時證券投資信託事業管理規則第 2 條規定之「業務」經營之「合理必要」之用途為限，其餘的損失即不得列報為所得稅法第 38 條的投資損失。惟值得思考的是，所得稅法第 38 條投資損失的認列是否須以與經營本業及附

40.李建良，〈經濟管制的平等思維〉，《政大法學評論》，第102期，2008年4月，頁113。

屬業務有關之「合理及必要」的費用為限？

一、德國所得稅法對於營利事業費用認列所採取的原則

德國對於營利事業費用的認列係準用個人所得稅法第 4 條第 4 項。個人所得稅法第 4 條第 4 項[41] 規定：「營利事業支出係指因經營所發生的支出。」因此德國對於營利事業費用支出的認列係採取所謂的「肇因原則」（das Veranlassungsprinzip）[42]。換言之，營利事業費用支出必須是因經營活動所發生。從而營業費用乃是以獲得所得為目的的經濟活動的結果[43]。而「肇因原則」的具體內涵為何？德國學說及實務則有不同的見解。

（一）因果肇因理論（Die kausale Veranlassungstheorie）

德國個人所得稅法第 4 條第 4 項要求營利事業支出必須因經營而發生（veranlassen）。而何謂法條文義上的「發生」則有不同的見解。主張因果肇因理論的學者[44] 認為該條文文義上的「發生」應與「引起」（verursachen）同義；雖然個人所得稅法第 4 條第 4 項只明文規定「發生」，而非採用「引起」，然而亦無明顯的論點可以支持立法者有意將「發生」與「引起」做不同的解釋，尤其是 1927 年帝國財政法院（RHF）的判決[45] 中曾經提及「發生」與「引起」乃是同義。此外，從個人所得

---

41. 德國個人所得稅法第4條第4項原文：Betriebsausgaben sind die Aufwendungen, die durch den Betrieb veranlasst sind.
42. Schön, Werbungskosten wegen doppelter Haushaltsführung und allgemeiner Werbunskostenbegriff, StuW 1983, S. 193 (194.)
43. Tipke/Lang, Steuerrecht, 21. Aufl., 2012, S. 331.
44. Schön, Betriebsausgaben, Privatausgaben, gemischte Aufwendungen, in: DStJG 3 (1980), S. 13 (19 ff.); Wanner, Die einkommensteuerrechtliche Zurechnungszusammenhang steuerbarer Wertabgänge – Ein Beitrag zu einer kausalen Veranlassungstheorie im (Einkommen-)Steuerrecht, StuW 1987, S. 302 (314 ff.).
45. RFHE 20, 208 (210).

稅法第 4 條第 4 項的立法目的來看，亦無區分兩者的必要性存在。因此「肇因原則」可以說是一個特別的因果關係理論（Kausalitätstheorie），其只是採用另一用語表示罷了。

　　對此營利事業費用支出應僅限於與經營有決定性的支出為限，並且從自然法則可推定出該支出與經營有相當的關聯性。而判斷是否該支出與經營有決定關聯性（maßgeblich）的存在，帝國財政法院則發展出三階段的理論：首先必須從所有的原因中找出在法律上有重要意義的原因，也就是說必須將所有的原因先歸類成經營上的原因及私人的原因。其次，再加以判斷是否該經營上的、私人的或者經營與私人混合的原因是引起支出的決定性原因。只要該支出並非是納稅義務人基於私人原因所引起，即可推定該支出是由於經營上的原因所產生[46]。最後，該支出可以視為是由經營上的原因所產生，倘若非因為經營活動即不會有該支出的產生。此外，若該支出同時是因為私人與經營的原因所產生，則必須採用特別因果關係理論，經營上的原因必須依私人原因所占的比例而加以確定[47]。

　　（二）最終肇因理論（Die finale Ve ranlassungstheorie）

　　主張最終肇因理論的學者則從個人所得稅法第 4 條第 4 項的條文文義出發，認為該條文乃是用「發生」的字眼，而非「引起」。因此「發生」的意涵並非等同於「引起」的意涵，並且「發生」的概念所涵蓋的內涵應大於「引起」。倘若「發生」可以解釋為是針對支出的發生時刻（das auslösende Moment），則「引起」是在探討支出產生的決定性理由，即何以會產生該支出。因此「發生」的概念是以主觀時刻（das

---

46.Tipke, Zur Abgrenzung der Betriebs- oder Berufssphäre von der Privatsphäre im Einkommensteuerrecht ß, StuW 1979, S. 197.

47.Stapperfend, in: Herrmann/Heuer/Raupach, Einkommenstuer- und Körperschaftsteuergesetz Kommentar, § 4, Anm. 790.

subjektives Moment）為前提，因為只有人才可以決定發生何事。從而導出營利事業支出的決定基礎在於最終目的的確定，換言之，倘若納稅義務人主觀上認為該支出是為經營活動所為，則該支出即可視為是營利事業費用。而「引起」的概念則不須顧及到納稅義務人主觀上的目的[48]。

（三）實務見解

總而言之，「因果肇因理論」乃是認為支出與經營活動之間必須具有客觀因果關連性存在，亦即客觀上該支出必須基於經營所引起，該支出才可視為是營利事業支出。納稅義務人主觀意思為何，並非所問。而「最終肇因理論」則著重於納稅義務人主觀因素，亦即只要納稅義務人主觀上認為該支出是為經營活動所為，則該支出即可視為是營利事業支出，即使客觀上、一般情況並不會將該支出視為與經營活動有關聯，亦不會影響對於營業支出的認定。對於上述兩種關於「肇因原則」的不同闡釋，德國聯邦財政法院在其判決中並沒有明確表明採用何種見解。相對於上述的理論，德國聯邦財政法院在 1990 年的判決[49]中則建立另一個評定標準。其認為支出與所得之間必須存在一個可認可的經濟上關連性。是否有該關聯性存在，其決定標準在於必須該支出在發生的時刻與經營有關聯性存在，並且納稅義務人主觀上是為經營活動而為該支出。換言之，只要該支出在發生的時刻與經營有關聯性存在即可，並且納稅

---

48. Schmidt, Einkommensteuergesetz Kommentar, 33. Aufl., 2013, § 4, Rn. 28; v. Bornhaupt, Der Begriff der Werbungskosten unter besonderer Berücksichtigung seines Verhätlnisses zum Betriebsausgabenbegriff, in: DStJG 3 (1980), S. 149 (180); Rönitz, Die Abgrenzung der Betriebsuasgaben/Werbungskosten von den privaten Ausgaben als Problem der Sachverhaltsermittlung – unter besonderer Berücksichtigung der Lebenserfahrung und der typisierenden Betrachtungsweise, in: DStJG 3 (1980), S. 297 (305); Wassermeyer, Der Erfordernis objecktiver und subjektiver Tatbestandsmerkmale in der ertragsteuerlichen Rechtsprechung des BFH – ein Beitrag zu der im Ertragsteuerrecht maßgebliche „Kausalitäts"lehre, StuW 1982, S. 352(358).

49. Beschluß v. 4. 7. 90 (GrS 2-3/88, BStBl. II, S. 817, 823).

義務人主觀上是為經營活動而為該支出。一旦支出擁有上述兩個要件，該支出即可視為是營利事業費用。

（四）小結

目前德國大多數的學者都採用德國聯邦財政法院的見解[50]，其認為個人所得稅法第4條第4項所衍生出的「肇因原則」必須該支出在客觀上與經營有關聯性存在，並且納稅義務人主觀上是為經營活動而為該支出，在此情況下，該支出才可視為是營利事業費用[51]。

目前德國大多數學者不再採用「因果肇因理論」與「最終肇因理論」的理由，乃是認為「因果肇因理論」與「最終肇因理論」所爭執的在於個人所得稅法第4條第4項的「發生」與「引起」是否是同一意涵。惟該爭執只有在極少數的案件中才有意義。因為「因果肇因理論」與「最終肇因理論」乃是針對兩個情況產生爭執：其一，是否營利事業費用必須以主觀因素，亦即支出的目的確定為前提；其二，是否在客觀上必須有「引起」的存在，亦即支出與收入之間客觀上必須有因果關係存在。惟實務上大多數的案件都無此區分的必要，因為只有極少數的支出會產生納稅義務人主觀上欠缺該支出是為經營活動所為的情形。此外，一般而言支出亦會與收入存在一個因果關係，因而「發生」與「引起」兩者是重疊的[52]。

不過，不可忽略的是在有些特殊的案例中，「因果肇因理論」與「最終肇因理論」的運用會有不同的結果，尤其是在混合性支出特別有此情

---

50. Stapperfend, in: Herrmann/Heuer/Raupach, Einkommentstuer- und Körperschaftsteuergesetz Kommentar, § 4, Anm. 793.; Tipke/Lang, Steuerrecht, 21. Aufl., 2012, S. 331; Ruppe, Die Abgrenzung der Betriebsausgaben/Werbungskosten von den Privatausgaben, in: DStJG 3 (1980), 103 (126 ff.).

51. Lang, Der Stellenwert des objectiven Nettoprinzips im deutschen Einkommensteuerrecht, StuW 2007, S. 3 (9).

52. Schön, in: DStJG 3 (1980), S. 401.

況。例如，納稅義務人為了一趟兼具商務及私人性質的旅行購買一支手機，以便在旅行中與公司同事及太太通電話。在該案中納稅義務人乃是基於私人及商務的理由購買手機，倘若依據「因果肇因理論」則可能導致購買手機的支出無法視為是營利事業費用，因為「因果肇因理論」對於營利事業費用的認定在於該支出必須是由經營上的原因所產生，換言之，倘若非因為經營活動即不會有該支出的產生。而本案則非此情況，因為納稅義務人亦同時基於私人理由而購買該手機，因此即使非因經營活動納稅義務人亦會購買手機。為了避免該支出無法被認列為營利事業費用的結果產生，主張「因果肇因理論」的學者針對私人及經營上原因混合引起的支出即發展出一個「特別因果原因理論」，亦即經營上的原因必須依私人原因所占的比例而加以確定，並且確定營利事業費用的金額。

　　此外，目前德國大多數的學者均認為個人所得稅法第 4 條第 4 項的條文文義是「發生」而非「引起」，從而「因果肇因理論」的見解並不足採。主張「因果肇因理論」的學者雖然認為並沒有明顯的證據可以顯示，立法者有意區分「發生」與「引起」，然而該主張仍欠缺有力的支持點。尤其是個人所得稅法第 4 條第 4 項的條文乃是明確使用「發生」此一文字，此乃是重要的決定關鍵點。因此個人所得稅法第 4 條第 4 項所採用的文義「發生」不可以被「引起」的概念所取代，特別是「引起」的概念所包含的範圍比「發生」的概念狹窄，例如上述購買手機案即為一個典型的例子。在「因果肇因理論」之下，支出與經營活動之間客觀上必須有因果關係，該支出方可視為是營利事業費用。具體而言，「引起」的概念乃是著重於支出與經營活動間的自然法則的必要性，而「發生」的概念則著重於人的行為，從「發生」的語意即可導出「發生」與人的主觀行為有緊密的牽連關係，只要納稅義務人主觀上認為該支出是為經營活動所為，該支出即可視為是營業事業費用 [53]。

二、營業費用的認列是否須以「合理及必要」為要件？

最高行政法院 99 年 9 月份第 2 次庭長法官聯席會議決議將證券投資事業之自有資金用途僅限於行為時證券投資信託事業管理規則第 2 條規定之「業務」經營之「合理必要」之用途，從而否認證券投資信託事業以自有資金承購所募集基金持有之無擔保公司債所造成的損失得以列報所得稅法第 38 條之投資損失。從該決議的意涵來看，似乎最高行政法院 99 年 9 月份第 2 次庭長法官聯席會議決議乃將所得稅法第 38 條的損失與費用的認列以經營本業及附屬業務的「合理及必要」的費用為限。該決議的內容已明顯增加法律所未規定的內容，從而有違反租稅法律原則之虞。而所得稅法第 38 條營業費用的認列是否須以「合理及必要」為要件，仍存有爭議之處。以下將就不同的學說見解加以說明。

（一）否定說

德國個人所得稅法第 4 條第 4 項明文規定：「營利事業支出係指因經營所發生的支出。」從該條文的文義可以導出，支出與經營活動之間必須有一個關聯性的存在，而該關聯性在學說上即稱為「肇因關聯性」（Veranlassungszusammenhang）。

「肇因關聯性」的具體內涵為何？在德國則存有爭議，是否在納稅義務人經營活動與支出之間必須存有主觀及客觀的關聯性，該支出方可視為是營利事業費用，或者經營活動與支出之間只須存有間接關聯性即可。德國聯邦財政法院在其 1990 年的判決[54] 即認為營利事業費用的認列，必須該支出與納稅義務人的經營活動之間存有主觀及客觀的關

---

53. Wassermeyer, Der Erfordernis objectiver und subjektiver Tatbestandsmerkmale in der ertragsteuerlichen Rechtsprechung des BFH – ein Beitrag zu der im Ertragsteuerrecht maßgebliche „Kausalitäts"lehre, StuW 1982, 352 (358).
54. Beschluß v. 4. 7. 90 (GrS 2-3/88, BStBl. II, S. 817, 823).

聯性；換言之，客觀上該支出在發生的時刻必須與經營有關聯性存在，並且納稅義務人主觀上是為經營活動而為該支出。主觀關聯性方面，必須納稅義務人主觀上認為該支出是為經營活動所為。而在客觀關聯性方面，則只須該支出在發生的時刻與經營有關聯性存在即可。該要求比在「因果肇因理論」下對於支出與經營活動的關係更低。聯邦財政法院對於客觀關聯性的要求並不著重於支出與經營活動之間的自然法則的必要性，經營活動並不須是支出的唯一的因素（das ausschließlicher Anlaß），其只須該經營活動對於支出有決定性（ausschlaggebend）影響即可[55]。以上述所提的手機費用認列為例，依「因果肇因理論」該手機費用並無法認列為營業事業費用，因為經營活動並非是支出的唯一因素，即使非基於經營活動，納稅義務人亦會購買該手機。然而依德國聯邦財政法院的判決見解，該手機費用可以部分列為營業事業費用，因為主觀上納稅義務人乃是為了經營活動而購買該手機，而在客觀上，尤其是支出發生的時刻，經營活動乃是支出發生的一個決定性因素[56]。

值得注意的是，依據德國聯邦財政法院的見解，費用支出並不以必要的、相當的、慣行的以及合乎目的為限[57]。換言之，非慣行的、非合乎目的以及欠缺必要的支出，並非就立即視為是基於私人因素所產生的支出。尤其在經濟活動中經常發生企業的期待或預估不被證實，或是該支出徒勞無功，或者該支出從第三人的觀點是非經濟的、無益的，然而此並非立即將該支出視為是由私人因素所引起，仍須有其他證據才可視為是由私人因素所引起的支出[58]。此外，德國個人所得稅法第 4 條第 4

---

55. Vgl. Dazu BFH v. 17. 6. 99 III R 37/98, BStBl. II S, 600; Kanzler, FR 1999, S. 1119.
56. Stapperfend, in: Herrmann/Heuer/Raupach, Einkommentstuer- und Körperschaftsteuergesetz Kommentar, § 4, Anm. 793.
57. Schmidt, Einkommensteuergesetz Kommentar, 33. Aufl., 2013, § 4, Rn. 481.
58. Stapperfend, in: Herrmann/Heuer/Raupach, Einkommentstuer- und Körperschaftsteuergesetz Kommentar, § 4, Anm. 809.

項並沒有明文要求支出必須有助於企業經營成果。即使是非經濟的、非慣行的、無益的支出亦得視為是營業事業費用，只要該支出是基於經營活動所引起。例如，倘若麵包店購買一輛昂貴的跑車是為了作為運送麵包的貨車之用，只要購買跑車當時的確是為了營運之用，並且無私人的因素，實際上亦用來運送麵包，則該跑車的支出可以作為營業事業費用[59]。

此外，支出並不須直接透過經營而引起，即使支出與經營活動只存在一個間接關聯性，然而該關聯性並非完全被刪除，該支出亦可視為是營業事業費用。其決定性在於支出發生的時刻該經營活動對其有最後（或至少間接）的影響。例如，律師的私人汽車遭訴訟當事人的對造破壞，該損失依德國聯邦財政法院的見解亦可列為營業事業費用[60]。

最後，支出必須在經濟上觀點與經營活動有關聯性，此乃是從量能課稅原則的觀點導出[61]。惟營業事業費用的認列並不以支出須有法律上負擔責任為限[62]，因此德國聯邦財證法院並不認為營業費用的認列必須以「合理及必要」為要件。

（二）肯定說

不同於德國聯邦財政法院的見解，日本學者大多數則採取肯定說。換言之，營業費用的認列必須以「合理及必要」為要件。日本學者認為與業務有關的費用支出，仍應考量避免納稅人進行實質的隱藏盈餘分配或變相成為私人生活消費支出，因此必須具有業務上的必要性，才可認

59.Stapperfend, in: Herrmann/Heuer/Raupach, Einkommentstuer- und Körperschaftsteuergesetz Kommentar, § 4, Anm. 845.

60.BFH v. 19. 3. 82, VI R 25/80, BStBl. II S. 442, 443.

61.BFH v. 1. 6. 78 IV R36/73, BStBl. II S. 499, 500; v. 6. 5. 76 IV R79/73, BStBl. S. 560.

62.Schmidt, Einkommensteuergesetz Kommentar, 33. Aufl., 2013, § 4, Rn. 482; Stapperfend, in: Herrmann/Heuer/Raupach, Einkommentstuer- und Körperschaftsteuergesetz Kommentar, § 4, Anm. 814.

列費用支出。至於是否具有業務上的必要性，除了納稅義務人主觀上認為該支出是為經營所為外，尚須著重於客觀上是否可認為是必要費用。在此所謂必要費用，是指為了取得所得所必要的支出。一般而言，必要經費應為通常且必要的經費。而所謂必要，主要係指該項支出對於其事業活動適當且有益者為限。然而該「必要」並不以支出對於經營活動不可或缺的絕對必要為限，此乃是由於企業主在從事活動期間，可以考量在數個處理方式中，選擇一個其認為最有效的方式為之，因此不須該支出對於經營活動是不可或缺的絕對必要。

　　一般而言，如果費用支出屬於社會一般通行的事業慣例或在社會通念上具有重要意義，則可推認該支出具有業務上通常必要性，從而可以列為營業事業費用。倘若支出不符合一般通行慣例則不可視為是營業事業費用，但如果有「特殊事由」存在時，則仍可承認其費用之必要性，而准予扣除[63]。

　　（三）本文見解

　　所得稅第 38 條營業事業費用的認列是否須以支出具有「合理及必要」為要件，我國實務目前似乎採取肯定說的立場。行政法院 71 年 10 月 15 日 71 年度判字第 1242 號判例即謂：「關於營利事業，其營業費用及損失之認列，依租稅公平之原則，應以合理及必要者為限，營業人倘若一方面借入款項支付利息，一方面貸出款項不收利息，對該相當於該貸出款項支付之利息支出，當然係不合理及不必要之費用，稽徵機關自難准予認列。」

　　惟對於費用與損失的認列是否須以「合理及必要」？個人認為應採取否定說為妥。基於憲法所保障的營業自由，在不違反法律明文規範下

63.陳清秀，〈論客觀的淨額所得原則〉，《現代稅法原理與國際稅法》，元照出版社，2010
　　年2版，頁374。

納稅義務人原本即享有充分的營業活動自由，同時納稅義務人也可以決定透過哪些支出方可達到其預計的營業目的。一般人對於支出的認定標準，例如，哪些支出是必要的，哪些支出方合乎目的，並不應影響納稅義務人對於支出的自主決定權[64]。因此德國聯邦財政法院在其判決中對於營業費用的認定即採取「肇因原則」，換言之，納稅義務人的支出與經營活動間雖然須存在主觀及客觀的關聯性。然而不同於「因果肇因理論」對於支出與經營活動之間必須存在自然法則的必要性的要求，德國聯邦財政法院認為除了納稅義務人主觀上必須認為該支出是為經營活動所為外，在客觀上則只須支出發生時刻與經營活動有關聯性存在，該支出即可視為是營業費用。此外，費用支出並不以必要的、相當的、慣行的以及合乎目的為限，只要該支出非為隱藏的盈餘分配所為，即使該支出非慣行的、非合乎目的，仍得視為是營業事業費用。

　　本案原告（元大證券信託投資公司）以自有資金承購其所募集證券投資基金所持有的無擔保公司債，乃是為了維護原告過去幾年所建立的商譽以及將來的獲利能力。倘若原告不以自有資金承購該無擔保公司債，則可能導致該證券投資基金的規模巨幅萎縮，造成原告公司的基金市場嚴重流失，並且影響原告公司將來的營運。原告以自有資金承購公司債的當時乃是為了證券投資公司的經營活動所為，並且原告主觀上亦認為該支出是為了經營活動。因此即使原告以自有資金承購公司債的行為非慣行的，非一般企業經營常態，但該支出仍應可列為營業費用。我國學者陳清秀教授亦贊成此見解，其亦認為只要費用支出與獲得所得之經濟活動具有經濟上的關聯性，基於尊重當事人的自主決定權，該支出即應視為營業費用[65]。

64.陳清秀，〈論客觀的淨額所得原則〉，《現代稅法原理與國際稅法》，元照出版社，2010年2版，頁373。

　　此外德國營利事業所得稅法第 8 條第 3 項第 2 句所規定的隱藏的盈餘分配，係指公司資產減少的目的是為了降低公司的盈餘，並且導致公司無法為盈餘分配或盈餘分配減少。一旦有隱藏盈餘分配的情形，公司的所得並不因此減少[66]。然而本案並無隱藏盈餘分配的情況。原告以自有資金承購其所募集證券投資基金所持有的無擔保公司債乃是為了維護投資基金的大眾權益，而非圖利於公司投資股東，相對的公司股東反而有受到損失。

　　對於營業事業費用的認列是否須以支出具有「合理及必要」為要件，日本雖採取肯定說，然而在某些特殊情況承認該支出亦得視為是營業費用。例如母公司負擔子公司債務，如果可以認為該項支出對於母公司的所得增加具有直接貢獻性質時，則該支出應可承認費用扣除[67]。因此參考德日的學說見解，其亦不嚴格要求營業費用的認列必須以「合理及必要」為要件。

伍、結論

　　據上論結，本文認為最高行政法院 99 年度 9 月份第 2 次庭長法官聯席會議決議已明顯牴觸營業自由、租稅法律主義以及量能課稅原則。簡要理由如下：

　　一、對於基本權利之干預，可以就其對基本權利的影響區分成對於「權利內容」的干預以及對於「權利行使條件與程序」的干預。前者乃是直接影響基本權利保障的本身，因此其必須受到較高度的限制，從而

65.陳清秀，〈論客觀的淨額所得原則〉，《現代稅法原理與國際稅法》，元照出版社，2010年2版，頁373。

66.R36 KStR.

67.陳清秀，〈論客觀的淨額所得原則〉，《現代稅法原理與國際稅法》，元照出版社，2010年2版，頁376。

只能由立法者在法律中明文規定或者立法者授權予行政機關以法規命令制定之。後者則對於基本權利本身的影響較小，該干預行為基本上屬於管理行為，因此並不需立法者在法律中明文規定。

　　依據司法院大法官會議解釋最高行政法院 99 年度 9 月份第 2 次庭長法官聯席會議決議只是一個「命令」而已，而非憲法第 23 條所定的合憲的限制基本權利的「法律」。由於最高行政法院 99 年 9 月份第 2 次庭長法官聯席會議決議將行為時證券投資信託事業管理規則第 17 條第 1 項所稱「經營業務所需」之「業務」視同該規則第 2 條所規定之「業務」，並且將證券投資事業之自有資金用途僅限於行為時證券投資信託事業管理規則第 2 條規定之業務經營合理必要之用途。該決議明顯限制證券投資事業自有資金的使用方式，並且已限制人民的營業自由本身，因而已違反基本權利干預的法律保留原則。

　　二、最高行政法院 99 年度 9 月份第 2 次庭長法官聯席會議決議除了欠缺形式阻卻違憲事由外，在實質阻卻違憲事由的部分，亦欠缺正當性。如前所述，德國聯邦法憲法法院在 1958 年藥房判決中將職業自由分成「職業選擇」及「職業執行」的自由，而該分類亦得用於營業自由上。由於限制特定營業領域內的營業活動自由對人民自由權影響較小，因此對於限制營業活動自由的違憲審查亦採取較為寬鬆的方式。換言之，只要基於公益的合理考量，對於營業活動自由的限制即存在「正當目的」，該限制即非違憲。惟即使如此，最高行政法院 99 年度 9 月份第 2 次庭長法官聯席會議決議中限制證券投資信託事業以自有資金承購無擔保公司債的行為仍欠缺公益的正當目的。由於證券投資信託事業的資產與基金的資產乃是各自獨立，因此證券投資信託事業以自有資金承購無擔保公司債的行為並不會影響其所募集的證券投資基金的投資人的權益，從而亦無必要基於公益考量限制證券投資信託事業自有資金的運用。因此最高行政法院 99 年度 9 月份第 2 次庭長法官聯席會議決議所

為的限制已違反比例原則，並且侵害證券投資信託事業的營業自由。

　　三、基於憲法所保障的營業自由，在不違反法律明文規範下納稅義務人原本即享有充分的營業活動自由，同時納稅義務人也可以決定透過哪些支出方可達到其預計的營業目的。一般人對於支出的認定標準，例如，哪些支出是必要的，哪些支出方合乎目的，並不應影響納稅義務人對於支出的自主決定權。

　　因此所得稅第 38 條營業事業費用的認列標準應採取德國聯邦財政法院的見解，換言之，納稅義務人的支出與經營活動間雖然須存在主觀及客觀的關聯性。然而除了納稅義務人主觀上必須認為該支出是為經營活動所為外，在客觀上應只須支出發生時刻與經營活動有關聯性存在即可。該支出與經營活動之間是否存在必要性、符合經營上的常規，則非所問。最高行政法院 99 年度 9 月份第 2 次庭長法官聯席會議決議額外增加法律所未規範的事項，並且就所得稅法第 38 條營業事業費用認為須以支出「合理及必要」為要件，該決議已明顯違反租稅法律主義以及量能課稅原則。

Part 3

財經法律議題

| 第 7 章 |

從違反個資保護案件
探索銀行個資之法律風險管理

薛筱諭[1]、施茂林[2]

摘要

　　隱私權為基本人權，個人對其資料擁有自我決定權，而銀行業乃是金融體系中與人民財產權最息息相關之行業，其中又以客戶之個人資料與財務隱私為銀行業最重要之資產，因此銀行如何徹底落實金融隱私權資料保護之法律風險管理，實為銀行須正視之課題。

　　我國電腦處理個人資料保護法於 1995 年 8 月 11 日公布施行（嗣後於 2010 年立法院三讀通過其修正草案，並更名為「個人資料保護法」，經總統公布生效，其後於 10 月 1 日正式施行），迄今已逾 19 年。觀察目前司法實務中銀行業因個人資料外洩情事而依個人資料保護法裁判之案例屈指可數，但從金管會裁罰事件觀之，有多家銀行發生個資洩露情事，分別為委外資料處理缺失、不當交互個資行銷、行員故意上傳客戶資料、員工過失外洩檢舉資料、程式設計缺失，與制度面、體制型、系統性、管理式機制以及控管效力等均有關連，不容忽視。

　　銀行業對個人資料之保護有不周全之處，所導致資料外洩並非只有法律責任，其後續造成的系統性風險，將對銀行造成更大的傷害。實有必要使銀行業者了解目前司法與行政案例之情況，加以修正與制定銀行內部的作業規範以符合法律要求，以免其將來在使用個人資料時，有動輒得咎之虞。因此本文係從個人資料保護之司法、行政案例探討解析，

---

1. 中華法律風險管理學會學術研究會研究員。
2. 亞洲大學財經法律學系暨研究所講座教授、中華法律風險管理學會名譽理事長。

接著探究銀行業實務上個人資料保護之作法，分析現行個人資料保護規範，做出銀行風險管理綜合評析，以達政府、銀行業者、消費使用者等多贏之目標。

壹、引言

維護人性尊嚴與尊重人格自由發展，為自由民主憲政秩序之核心價值，憲法對隱私權雖未明文，但基於人性尊嚴與個人主體性之維護及人格權發展之完整，並為保障個人生活私密領域免於他人侵擾及個人資料之自主控制，隱私權為不可或缺之基本權利，受憲法第 23 條之保障[3]，《公民與政治權利國際公約》第 17 條多亦寓其意旨，足見隱私權保護之重要[4]。

1995 年 8 月 11 日公布《電腦處理個人資料保護法》係鑒於電腦科技發展日新月異，個人資料如姓名、身分證字號經過電腦處理後，得以大量儲存及利用，若運用不妥，將嚴重侵害個人隱私權益，因當時的法律尚不足以完全規範此種新科技附隨而來的弊端，乃制定該法。施行後因保護客體僅限於電腦資料、非公務機關僅限於八大行業、對於特種個人資料保護不周、損害賠償機制不完善、當事人權利保護不足等原因，導致施行成效不彰[5]。嗣後，2010 年 4 月 27 日立法院三讀通過《電腦處理個人資料保護法》修正草案，並更名為「個人資料保護法」（下簡稱個資法），同年 5 月 26 日經總統公布生效，其後於 10 月 1 日正式施行。

---

3. 參照司法院大法官釋字第585、603號解釋文。
4. 隱私權係個人私密事不願為人知悉與分享，包括個人私事、資訊及個人空間，具體而言包括個人生活安寧權、個人生活祕密權、個人通信祕密權及個人隱私自主利用權，參見郭鵬主編，《電子商務法》，北京出版社，2013年4月，頁134-135。
5. 李震山，〈「電腦處理個人資料保護法」之回顧與前瞻〉，《中正大學法學集刊》，第14期，2003年12月，頁35-82。

個人資料保護法之立法目的係為「規範個人資料之蒐集、處理及利用，以避免人格權受侵害，並促進個人資料之合理利用」。修正要點部分，適用主體不再侷限於特定產業，規範客體除電腦處理之資料外，將紙本資料也納入保護，行為規範方面，新增限制蒐集敏感個人資料、蒐集資料前的告知義務、當事人有表示拒絕接受行銷之權利、罰責加重、個資保護與新聞自由之平衡、排除社交與家庭活動之適用等，使個人資料保護更加明確與完善[6]。

個人資料外洩之事件依舊層出不窮，並未因個人資料保護法之施行而有所減少。常見個人資料外洩，可分為三項：（一）人為因素故意竊取個資與過失導致，例如臺中地檢署查出大甲分局警員利用職務之便，以手機通訊軟體 LINE 傳送個人資料，洩露個資給討債集團使用[7]；科學工藝博物館承辦人員作業疏失，未依照電子報發送流程，導致訂戶電子郵件資料外洩[8]；龍潭國中老師為私校招生，在課堂以 20 元代價要學生填寫資料交與私校招生用[9]；又如電子公司為防資訊外洩，監看員工電子信件[10]；又一科技公司人力部門員工離職帶走內部人事資料，再與員工聯繫[11]；電話行銷人員攜走客戶資料，轉職至另家公司任職[12]。（二）網路駭客攻擊者，例如美國摩根大通銀行電腦系統遭駭客攻擊，導致數千萬名客戶個人資料外洩[13]；美國僅次於沃爾瑪的大型連鎖商店 Target 於 2013 年年底遭駭客入侵以電腦病毒入侵，刷卡終端裝置，約有四千萬

---

6. 劉靜怡，〈不算進步的立法：「個人資料保護法」初步評析〉，《月旦法學雜誌》，第183期，2010年8月，頁147-164。
7. 聯合報，大臺中綜合新聞B2版，2014年10月18日。
8. 蘋果電子報，2012年03月28日。
9. 自由時報，生活新聞A10版，2014年10月20日。
10. 陳櫻琴、葉玟妤、錢世傑、黃于玉，《資訊法律》，華立圖書，2005年8月2版，頁87-89。
11. 自由時報，財經新聞A14版，2014年10月25日。
12. 聯合報，大臺中運動版，2014年10月21日。
13. 今日新聞電子報，2014年10月3日。

名客戶信用卡資料被竊[14]；知名日系衣芙網站遭駭客入侵，歹徒以勾選分期付款要求購買遊戲點數，或至櫃員機輸入密碼詐騙購衣客戶[15]；又韓國 2014 年 1 月爆發三家企業大量個資外洩事件，兩千萬人受影響，政府乃考慮花費 10 億為之全面換新身分證。（三）電腦程式缺失者，例如彰化縣某國中學務電腦系統程式缺失，導致入學新生個資外洩[16]；內政部自願服務資訊網因作業疏失，導致志工個資外洩[17]。

再者，工商企業在網路世界利用資訊科技從事經營活動，也導致個人資訊隱私遭受威脅，如利用瀏覽或閱讀某些資訊時，其管理系統即有自動發揮監視與計算功能，進而了解個人之生活方式、個人喜好、消費屬性等。又如企業主強調員工之 E-Mail 應該歸屬企業所有，以及企業本身基於評估工作效率之考量，對上班時間內員工所從事之網路活動，藉由資訊科技之輔助進行監視，員工形同無隱私可言[18]。是以自動資訊處理技術愈來愈高明，功能愈來愈強大，效果愈來愈好時，個人資料隱私利益之保護更形重要[19]。

銀行業者擁有大量客戶資料，凡處理客戶事務之人員，均會接觸客戶個人資料，而人民受限於金融體系環境，難以保有個人財務隱私權[20]，例如銀行寄發客戶所得扣繳證明、資料檔卷管理、銀行分行資料傳遞等尚包含核心資料、消費習性、消費能力等；此種攸關銀行客戶之一切資

14.iThome新聞電子報，2014年1月13日。

15.蕃薯藤新聞電子報，2013年10月08日。

16.蘋果電子報，2014年9月23日。

17.蘋果電子報，2013年3月15日。

18.劉靜怡，〈網際網路時代的資訊使用與隱私權保護規範：個人、政府與市場的拔河〉，收錄於《法務部犯罪研究中心編刑事政策與犯罪研究論文集(五)》，法務部，2002年10月，頁17。

19.許文義，《個人資料保護法論》，三民書局，2001年1月初版1刷，頁54。

20.賴敏慈，〈信用資訊與隱私權保護——由信用資訊之揭露與隱私權之衝突檢討個人信用資料保護法制〉，中原大學財經法律研究所碩士論文，2005年8月，頁3-16。

料之金融隱私權（Right to Financial privacy），皆與客戶個人資料之財務隱私密不可分，均在保護之列[21]。隨著科技日新月異，電腦網路資訊流通快速，若無完善的資料安全管理措施，易造成侵害客戶個人隱私權益之問題。又銀行從業人員在缺乏法治觀念或經驗不足時，亦可能造成客戶權益損害。

從資訊安全事件中，可看出人為因素部分，來自外部人員約 10%，其餘 90% 主要來自內部人員[22]，如銀行行員不法變更客戶個資、盜領存款[23]，再鑒於消費使用者資訊外洩之可能性，銀行業者應更注意個人資料安全之維護管理。觀察目前違反個資法案件，民眾因為個人資料外洩而提告或集體求償者並不多[24]，僅零星幾例為涉及銀行因與人民有糾紛而對簿公堂，而銀行因個人資料外洩大多是由其主管機關金融監督管理委員會（下稱金管會）裁罰居多，主要以違反銀行法第 45 條之 1 第 1 項規定，依同法第 129 條第 7 款規定裁處罰鍰，而且分屬不同銀行，顯示銀行業不能忽視洩露之問題。

依銀行法第 3 條所列，銀行經營之業務，包括收受支票存款、其他各種存款、受託經理信託資金、發行金融債券、放款、票據貼現、投資有價證券、直接投資生產事業、住宅建築及企業建築、國內外匯兌、商業匯票承兌、簽發信用狀、國內外保證業務、代理收受款項、買賣有價證券、債券發行之經理及債券發行簽證人、受託經理各種財產、辦理證

---

21. 李智仁，〈日本金融隱私權保障規範之發展——兼論我國面臨之問題與對策〉，《中正大學法學期刊》，第19期，2005年11月，頁3-60。

22. 洪良明，〈從風險管理與法令遵循談個人資料保護新法之因應策略〉，《內部稽核》，第78期，2012年4月，頁43-48。

23. 參見臺灣臺中地方法院94年度重訴字第196號民事判決。

24. 學者認為我國主管機關並未要求金融機構公布隱私權政策，因之法令上雖賦予消費者對於個人隱私權基本保障，但多數消費者並不知道如何行使或主張自己權利，形成權利睡著之困境，參照王文宇，《控股公司與金融控股公司法》，元照出版，2003年9月1版，頁303。

券投資信託有關業務、買賣金塊、銀塊、金幣、銀幣及外國貨幣、辦理
與前列各款有關之倉庫、保管及代理服務業務、經中央主管機關核准辦
理之其他有關業務等 22 項，其項目包涵甚廣，所擁有之客戶資料龐大，
均涉及客戶之財產利益、財務處理及個人財產隱私等。

　　美國有關隱私權之概念，憲法未明文規定，有認不明確，大法官乃以
月暈理論，從一些保護隱私條文之侵權行為之領域中發展，歷經普通法
原則之闡釋，醞釀隱私權之輪廓[25]，推導出隱私為憲法中之基本權[26]。

　　美國 Ruth Gavison 教授將人格權中之隱私權以廣泛概括的方式來定
義，涵蓋「祕密」（secrecy）、「匿名」（anonymity）、「單獨」（solitude）
等，反駁其他學者將隱私權視為自我資訊控制權的狹隘定義，認為隱私
權屬自主權之一種，為具有排他性之權利[27]。由隱私權衍生而來之個人
資料保護，有美國學者將個人資料定義為描述資料與個人之間的關係，
包含以下三點：1. 與個人之間的作者關係：例如將個人與其所製作用以
跟他人溝通的資料之間連結起來，所以電子郵件或信函皆足以構成個人
資料；2. 對個人的敘述關係：係指個人資料用以敘述個人的生理或社會
狀況，如性別、身高、體重、血型、生日、婚姻狀況、信用紀錄、宗教
或政治團體的會員身分等，皆是本類型之個人資料；3. 對個人的指示關
係：例如臺灣的國民身分證號碼，則是藉以指示或追索特定個人的個人
資料類型之最佳例證[28]。透過上述觀點可以得知，個人資料保護，其所
欲保護之客體為個人「人格權」及其所衍生之「隱私權」，而非為單純

25.陳起行，〈資訊隱私權法理探討──以美國法為中心〉，《政大法學評論》，2000年12
　　月，頁298。
26.楊智傑，《資訊法》，五南書局，2008年3月2版2刷，頁182。
27.Charles Fried,"Privacy," 89 Yale L.journals, pp.475-477 (1980).
28.Jerry Kang, "Information Privacy in Cyberspace Transactions," 50 Stan. L.Rev.1193,pp.1202-1203
　　(1998).

資料本身，俾能體現個人自主，不受他人之操縱與支配，保有自我獨立之決定權，在法學領域與立法上，並成為 21 世紀重要之法律議題[29]。

　　由於個人資料保護法並非唯一有關個資保護之法律，許多的金融法令都有個資保護條款，如銀行法第 48 條第 2 項的保密義務；金融控股公司法第 42 條第 2 項的保密義務、第 43 條共同行銷於交互運用客戶資料的部分，都訂有嚴密的法規[30]。個人資料保護倘若處理不慎，後續責任歸屬與求償問題，嚴重可能導致銀行面臨巨額賠償問題，而銀行經營的失敗，並非僅由該金融機構承擔責任，往往必須由國家社會付出極大的代價才足以收拾，甚至單一銀行體系崩潰所引發之骨牌效應與「系統性風險」（Systemic Risk），所波及的範圍，除國內金融市場外，在金融無國界的現代，國際間金融體系與經濟發展亦會受到影響[31]，足見法律風險管理之必要性與重要性。個人資料保護法之施行可能帶給銀行業者衝擊與法律風險，惟恐將來在使用個人資料時，有動輒得咎之虞，本文係以目前司法判決及行政裁罰案件分析為研究主軸，接著探究銀行現行實務資料保護問題，分析現行個人資料保護法之規定，最後綜觀各項研究結果，做出法律風險管理與評估，提出適合之對策，以供參酌改進。

貳、司法行政案例與解析

一、司法案例[32]

電腦處理個人資料保護法於 1995 年 8 月 11 日公布施行，嗣後於

29.王澤鑑，《人格權法》，三民書局，2012年4月1版2刷，頁210。

30.陳研沂，〈美國財務資訊隱私權保護規定之研究〉，政治大學法學院碩士在職專班論文，2008年5月，頁3-10。

31.L. C. LEE,"Taiwan's Current Banking Development Strategy: Preparing for Internationalization by Preventing Insider Lending," available at LEXIS(R)-NEXIS(R) Academic Universe(2001).

32.司法院法學資料檢索系統：http://jirs.judicial.gov.tw/Index.htm（最後瀏覽日2015年10月23日）

2010 年立法院三讀通過其修正草案，並更名為「個人資料保護法」，新舊個資法之施行，迄今已逾十九年，觀察目前司法實務中金融業違反個人資料保護法之訴訟案件屈指可數，其中以個人與個人間提起違反個人資料保護法損害賠償者相對為多，依司法院查得 2001 年至 2014 年之司法個資案件，列表統計如下：

表一 2001 年至 2014 年司法個資案件統計資料

地方法院	法庭錄音光碟	其他損害賠償等	總 計
臺北	12	23	35
士林	10	1	11
新北	4	5	9
宜蘭	0	2	2
基隆	6	2	8
桃園	2	2	4
新竹	0	5	5
苗栗	1	0	1
臺中	1	8	9
彰化	0	2	2
南投	1	0	1
雲林	2	0	2
嘉義	1	1	2
臺南	1	2	3
高雄	7	7	14
臺東	0	0	0
屏東	0	1	1
澎湖	1	0	1
金門	0	0	0
連江	0	0	0

資料來源：作者自行整理

　　觀察個資案例大多係因新個資法之施行而聲請法庭錄音光碟遭駁回[33]，與銀行有關之個資案件較少，部分雖係請求銀行交付個人資料事件，惟與銀行蒐集使用個人資料等較無關連[34]，又例如博客來網站於2007年辦理金馬影展套票出售，因作業疏失，導致會員個人資料外洩，

---

33. 駁回理由是庭訊筆錄及錄音光碟內容涉及該案件當事人個人隱私，法庭錄音含有參與法庭活動之人之聲紋及情感活動等內容，交付法庭錄音光碟或數位錄音涉及其人格權等基本權之保障，應以法律明文規定或由法律明確授權。法庭錄音光碟之內容係當事人及其他在場人員之錄音資料，要屬個人資料保護法第2條第1款所稱個人資料，且於技術上尚無法將當事人與其他在場人員之錄音資料分離，故其提供拷貝燒錄亦屬公務機關對於保有個人資料之利用，依個人資料保護法第16條規定，應於執行法定職務必要範圍內為之，並與蒐集之特定目的相符；如為特定目的外之利用，應符合個人資料保護法第16條但書各款情形之一，始得為之。惟無論係特定目的之範圍內或特定目的外之利用，均應遵循個人資料保護法第5條規定，不得逾越特定目的之必要範圍（最高行政法院判決，103年度判字第53號參照）。

34. 如臺灣臺北地方法院民事判決101年度訴字第77號，原告郭○○請求被告銀行交付個資事件為例，原告聲明為「請求被告告知確認93年6月10日當日於被告三重分行有兌現匯票者或當場提領現款者，其中是否有用以繳付系爭繳款書款項，其兌現匯票或提領現款金額為何」，主張伊為系爭繳款書其一繳款義務人郭○○之繼承人，自屬系爭繳款書之當事人，依個人資料保護法第3條、金融業接受個人資料查詢閱覽製給複製本之程序及收費標準第2條、電腦處理個人資料保護法第4條及行政程序法第46條之規定，本有權請求被告交付系爭繳款書之款項來源紀錄及相關資料或資訊。詎經原告詢問後，被告三重分行僅一再以「93年6月10日未有與系爭繳款書繳款金額相同之當場提款紀錄」等語回應。為此，爰依上開規定提起本訴，被告則辯護其曾以電話告知系爭繳款書交易當日並無與該繳款書應繳金額同等金額之現金傳票。嗣原告復於100年4月18日檢具申請書，並於同年月22日親至被告三重分行要求查詢繳款帳戶提款資料，被告三重分行亦檢視當日現金收付紀錄表及相關原始傳票供原告審視閱覽，並查得郭○○未於被告處開立存款帳戶。後原告於100年7月19日再為上開申請，被告於100年8月1日函覆，原告當已清楚知悉系爭繳款書係以全額現金繳納，且郭○○於被告處並無開立存款帳戶之事實，亦無由郭○○帳戶提領款項之情事。況原告所欲查詢事證如涉及其他存款人權益，依電腦處理個人資料保護法及銀行法第48條之規定，被告無從逐一提供予原告查悉，原告之主張，即屬無據。法院認為，原告依個人資料保護法第3條、電腦處理個人資料保護法第4條之規定提起本訴，並無理由，又金融業接受個人資料查詢閱覽製給複本之程序及收費標準第2條，僅係規定當事人向金融業申請查詢、閱覽其個人資料及製給複製本時之程序，原告自不得憑此為請求被告告知確認93年6月10日當日於被告三重分行有兌現匯票者或當場提領現款者，其中是否有用以繳付系爭繳款書款項，其兌現匯票或提領現款金額為何之請求權基礎，原告此部分之主張，亦難認有理。因本件屬私法關係所生之爭執，無適用行政程序法之餘地。原告依行政程序法第46條之規定為本件請求，自有未當，仍難認有理，乃判決駁回原告之請求。

上百人權益受到影響，其中有 17 人不願接受和解，要求賠償 169 萬元。臺灣臺北地方法院於 2008 年 11 月認定博客來為無店面零售業，並非電腦處理個人資料保護法規範範圍，但仍認為將客戶資料外洩，涉有過失責任，被害人精神受有損害，判決應賠償每位被害人 7,000 元至 17,400 元不等 [35]。然博客來之問題現因新個資法之施行，不限於八大行業而在保護規範內。本文僅就其中一件有關銀行侵權行為損害賠償事件 [36] 提出解析。

（一）事實——未爭執之事實

1. 原告與被告 A 銀行間並無借貸或任何資金往來關係，詎被告銀行自民國 91 年 8 月 20 日起至 98 年 3 月 12 日止，未經伊之同意，向財團法人金融聯合徵信中心（下稱聯徵中心）查詢伊擔任董事及監察人之相關個人信用資料共計 17 次。

2. 原告為訴外人林○○之二親等姻親。

（二）動機（請求權基礎）

1. 原告主張

被告 A 銀行未經伊同意，向聯徵中心查詢伊擔任董事及監察人之相關個人信用資料共計 17 次，違反電腦處理個人資料保護法第 18 條之規定，致伊權益受損害，應負非財產上之損害責任，依同法第 27 條第 2、3 項、第 28 條規定，請求臺灣士林地方法院命上訴人給付新臺幣 85 萬元及法定遲延利息。

2. 被告主張

原告屬銀行法第 33 條之 1 第 1 款之利害關係人，且原告擔任董事

35.臺灣臺北地方法院97年度訴字第1683號判決，司法院法學資料檢索系統：http://jirs.judicial.gov.tw/Index.htm。

36.臺灣高等法院99年度上易字第283號判決，司法院法學資料檢索系統：http://jirs.judicial.gov.tw/Index.htm。

或監察人之企業亦屬同條第 4 款之利害關係人，均為同法第 33 條規範之授信限制對象。依財政部 82 年 7 月 12 日臺財融字第 821165024 號函、85 年 12 月 17 日臺融局（一）字第 85556881 號函、86 年 5 月 6 日臺財融字 86620894 號函、88 年 2 月 11 日臺財融字第 88706271 號函，伊為建立授信限制對象資料之特定目的，了解原告擔任企業之董事及監察人之情形，符合電腦處理個人資料保護法第 18 條第 5 款之規定，無須原告之同意，即可向聯徵中心查詢原告擔任董事及監察人之個人資料。是伊查詢原告之個人資料並未違反電腦處理個人資料保護法第 28 條之規定，不須負損害賠償責任。

（三）法院判決主文

1. 第一審判決主文：臺灣士林地方法院審理後，判命被告給付原告 34 萬元及自 98 年 8 月 11 日起至清償日止，按週年利率 5% 計算之利息。駁回原告其餘之請求（臺灣士林地方法院 98 年度訴字第 1078 號）。

2. 第二審判決主文：臺灣高等法院判決，原判決關於命上訴人給付部分及該假執行之宣告暨訴訟費用裁判（除確定部分外）均廢棄。上廢棄部分，被上訴人在第一審之訴及其假執行之聲請均駁回。

（四）爭點

1. 銀行向「聯徵中心」查詢「有利害關係人」之董事、監察人資料是否違反電腦處理個人資料保護法規定？

2. 銀行與特定當事人間從未有任何法律關係前提下，可否逕行向聯徵中心查詢個人資料？

（五）判決理由

1.「有利害關係人」任董事、監察人或經理人之企業或獨資、合夥經營之事業等資料，係屬電腦處理個人資料保護法第 18 條第 5 款規定容許之特定目的之項目範圍，應已具備法規範之必要性與正當性，並未違反電腦處理個人資料保護法第 28 條規定。

2. 第二審法院認為被告銀行為電腦處理個人資料保護法第 3 條第 7 款第 2 目明定之金融業者，是金融業者為達特定目的如有相關特別規定，雖未經當事人書面同意者，仍非不得依同法第 18 條 5 款規定蒐集或電腦處理個人資料。又原告為被告銀行經理級職員林○○之二親等姻親，亦為兩造所不爭，應屬銀行法第 33 條、第 33-1 條規定之「有利害關係者」甚明，金管會復函覆，金融機構向聯徵中心查詢「個人任職董監事資料」，符合其資料蒐集之特定目的，應無違反個人資料保護法之規定等旨[37]，另法務部亦函覆銀行之上述查詢符合個人資料保護法第 18 條第 5 款規定容許之特定項目範圍[38]，尚未違反同法第 28 條之規定，是以被告銀行向聯徵中心查詢原告之信用卡帳款、授信與保證、個人綜合信用資訊等資料及查詢伊擔任董事及監察人之相關個人信用資料共計 17 次，並未違反電腦處理個人資料保護法第 18 條規定，依同法第 28 條第 1 項，自無損害賠償責任可言，原告請求被告銀行賠償損害，自屬無據。

二、行政裁罰案例 [39]

案例一　資訊設備採購及缺失

（一）案情摘要

B 銀行辦理信用卡業務資訊系統暨資料處理委外及資訊設備採購作業，核有未建立相關內部控制制度及內部作業制度與程序，且有未確實執行之缺失，金管會認定違反銀行法第 45 條之 1 第 1 項及第 3 項規定，依同法第 129 條第 7 款規定，核處新臺幣 600 萬元罰鍰。

---

37. 參見行政院金融監督管理委員會99年11月2日金管銀法字第09900258760號函。
38. 參見法務部100年3月8日法律決字第1000004634號函。
39. 金融監督管理委員會，http://www.fsc.gov.tw/ch/index.jsp#tabs-5（最後瀏覽日2014年10月23日）

（二）裁罰理由

1. B 銀行長期將核心業務（信用卡業務）之主要資訊系統委外單一
關係人○○科技（股）公司，且依金管會專案檢查報告所提檢查意見，
銀行對受託機構終止服務之緊急狀況，尚未制定應變計畫，以避免服務
中斷風險，顯示內部制度未能辨識評估重大風險，且風險有未限制在可
承受範圍內之虞，有未落實金融控股公司及銀行業內部控制及稽核制度
實施辦法第 7 條第 2 款規定之情事。

2. 委外合約內容未符「金融機構作業委託他人處理內部作業制度及
程序辦法」，有未建立有效內部作業制度與程序且未落實執行之缺失，
增加作業風險，影響銀行權益。

3. 未建立妥善之採購制度，單一關係人得標比率偏高，易衍生人為
操作弊端，內部控制制度存有缺失。

4. 金融控股公司及銀行業內部控制及稽核制度實施辦法第 8 條規
定，內部控制制度應涵蓋所有營運活動，訂定適當之政策及作業程序
（包含有關總務、資訊之業務規範及處理手冊）。B 銀行未建立完善之
採購作業制度，致單一關係人得標比率偏高，內部控制制度核有未完整
建立及未落實之缺失。

案例二　不當交互個資行銷

（一）案情摘要

甲公司於 101 年 7 月將子公司 C 銀行所提供不同意將其基本資料
以外資料為行銷之目的而交互運用之客戶資料，經篩選後提供予乙信託
保險經紀人公司辦理共同行銷，違反金融控股公司法第 42 條第 1 項規
定，金管會乃依同法第 60 條第 12 款規定，處以新臺幣 200 萬元罰鍰。

（二）裁罰理由

甲公司將子公司 C 銀行所提供不同意將其基本資料以外之往來交

易資料為行銷目的而交互運用之客戶資料，設定存款餘額大於一定金額、是否有消費以及曾否投保等條件進行篩選，篩選後將該等客戶之資料提供另一子公司〇〇信託保險經紀人公司辦理共同行銷，交付之資料實質上已涵蓋客戶信用等級及帳戶往來水準等基本資料以外之財務狀況資料，違反金融控股公司法第 42 條第 1 項規定。

案例三　行員故意上傳客戶資料

（一）案情摘要

D 銀行未建立妥適之資訊作業管理內部控制制度，致發生行員上傳客戶資料至外部〇〇大學網站，且偵測發現後，未即時通報並妥適處理，有違反銀行法第 45 條之 1 第 1 項規定之情事，金管會乃依同法第 129 條第 7 款規定，裁處新臺幣 400 萬元罰鍰。

（二）裁罰理由

D 銀行未建立妥適之資訊作業管理內部控制制度，致發生法金授信管理部專案組行員將業務知悉之客戶資料，上傳至〇〇大學網路磁碟機；前資訊服務處核心系統部分行營管組人員，透過撰寫非法指令方式，不當存取客戶證券交易資料並上傳至個人架設網站之事實明確，客戶資料有遭外洩之風險，且銀行偵測發現後，未即時通報並妥適處理。

案例四　員工故意下載客戶資料

（一）案情摘要

E 銀行離職員工於 101 年 12 月 14 日，將客戶資料下載至私人外接儲存裝置（USB）並攜走，總共下載檔案數為〇〇〇個，其中含有客戶資料之檔案數計〇〇〇個，歸戶客戶數達〇〇〇人，另有內部稽核檔案等機密資料，核未妥適建立資訊作業管理之內部控制制度，違反銀行法第 45 條之 1 第 1 項規定，經金管會依同法第 129 條第 7 款規定，處以

新臺幣 300 萬元罰鍰。

（二）裁罰理由

對於公用資料夾之檔案存取權限控管未明確區分授權，致無法防杜行員存取非授權資料；另未能就行員存取資料建立每日監控機制，即時採行資訊保全措施。上該缺失顯示該行未妥適建立資訊作業管理之內部控制制度。本案因遭下載之檔案數量大且內容涉及機密資訊，應提高處分級距。惟考量該違規之情事係貴行自行發現，並已為適當之處理，故予酌減。

案例五　員工過失外洩檢舉資料

（一）案情摘要

F 銀行行員將檢舉人檢舉資料去除識別後，交付予被檢舉人，金管會認銀行將民眾檢舉資料外流，暨授信徵審作業及程序規範不完備，金管會以 F 銀行違反銀行法第 45 條之 1 第 1 項規定，依同法第 129 條第 7 款規定，核處新臺幣 400 萬元罰鍰。

（二）裁罰理由

F 銀行未訂定完善之檢舉案件相關內部控制架構及程序，又辦理授信業務之徵審作業及程序規範不完備，分別以銀行法第 45 條之 1 第 1 項及「金融控股公司及銀行業內部控制及稽核制度實施辦法」第 7 條第 3 款規定及第 8 條第 1 項規定核處罰鍰。

案例六　程式設計缺失

（一）案情摘要

G 銀行辦理網路銀行，於 102 年 4 月 13 日將網站索引檔案上傳予網路搜尋引擎業者，發生疏失，導致客戶個人資料外洩，核有未落實執行內部控制制度之缺失，違反銀行法第 45 條之 1 第 1 項規定，金管會

遂依同法第 129 條第 7 款規定，核處新臺幣 400 萬元罰鍰。

（二）裁罰理由

G 銀行將網站索引檔案上傳予網路搜尋引擎業者，惟該行對網站索引檔案產出程式之設計未臻嚴謹，對相關檔案驗證方法及程序亦有欠周延，且未對銀行內部目錄網頁之讀取權限做嚴謹控管，導致一般網路使用者得進入瀏覽並取得銀行內部目錄網頁所留存之客戶資料，受影響之客戶數達 33,320 戶，資料筆數計 57,297 筆。該行亦未能有效發現外部人士瀏覽銀行內部目錄網頁，有未落實執行內部控制制度之缺失。

三、司法行政案例綜觀剖析

由上述司法及行政裁罰事例，銀行有資訊系統及委外處理之缺失，有屬於不當交互個資行銷問題，有為員工故意上傳客戶資料，有為員工故意下載客戶資訊，有因員工過失外洩檢舉資料，有為程式設計存有缺失，亦有向聯徵中心查詢個人信用資料，不一而足，細繹其中原委有人為故意行為，有員工過失疏忽之因素，從其面向以觀，有屬制度面、體制型、系統性、管理式機制以及控管效力問題，本文蒐羅事例雖不多，但各案例分屬不同銀行，從銀行機理面探索，銀行處理客戶個人資料之問題，已有相當代表性。

公私部門之採購事項曾先後發生重大採購弊端，向為社會所關注[40]，以 B 銀行而言，資訊電腦設備為銀行業務運作之重心，對於採購設備之良窳、實用性關係重大，但綜觀 B 銀行雖訂有「電腦設備採購管理及驗收辦法」，惟該辦法僅適用「電腦、工作站、伺服器等軟、硬體設備」之採購，系統建置或軟硬體設備之採購，並未納入適用，該銀

40.洪添福，〈我國政府採購制度變遷之探討〉，中正大學政治系暨研究所碩士論文，2004年7月，頁12-30。

行所訂定之內部作業程序並不完備，另訂頒之「經費開支授權額度處理辦法」雖有不同額度之核決層級，惟採購程序並未針對高金額案件，另定較嚴謹公正之採購機制，且採購方式僅有「比價或議價」兩種方式，亦未有稽核單位得參與議價、比價或驗收之程序。再觀其最近三年資訊軟硬體設備之關係人高金額採購案件，雖均由監察人出具交易條件無優於其他同類交易對象之意見，惟因得以參與評選之廠商係由銀行先行篩選邀請，於比價、議價過程，並無稽核單位參與，監察人僅就評選通過廠商之出價高低出具價格比較結果意見書，相較於同業係以公開招標方式，或以最適價原則決標，或要求稽核單位參與採購過程，該銀行之程序顯然不透明，容易有人為操作，以致衍生弊端。

依據 102 年 4 月底金融機構申報資料所示，B 銀行目前為第三大發卡銀行（流通卡數），且收單業務亦屬第三大（特約商店總數及手續費收入），信用卡業務係屬該行之核心業務。對於此核心業務理應列為銀行之重大事務，不僅需高度重視，對其相關事務如採購、系統建置、風險控管、弊端防制、補救措施等，更應有完整之機制，但事實顯示並不盡然，令人費解。

B 銀行自 90 年起將信用卡業務之資訊系統暨資料處理均委外單一關係人○○科技（股）公司，過去十二年實際支付款項達新臺幣（以下同）30 餘億元，未建置相關大型主機及周邊機器等硬體設備。且重要之六套信用卡軟體系統中有五套之版權均屬於○○科技（股）公司[41]，B 銀行又未就受託機構服務中斷風險制定應變計畫，未從銀行長期穩健經營立場進行委外必要性評估，信用卡資訊系統高度依賴單一關係人，

---

41. 近3年（99年1月1日至101年12月31日），B銀行資訊設備軟硬體之採購案件，由貴行洽邀關係人○○科技（股）公司參與評選計有16件，最終由○○科技（股）公司取得承作廠商資格者為11件（得標率68.75%），最終採購總金額達23億元〔占○○科技（股）公司參與貴行採購項目金額93%〕。

核心業務暴露於重大風險，內部制度未能辨識評估此一風險，且風險有未限制在可承受範圍內之虞[42]，都有改進之必要，本質上也是銀行之重要義務。

又銀行客戶資料攸關銀行客戶之隱私與財務安全，銀行本身應有一套完備之保護機制，其有必要委託第三人處理時，應做好風險控管工作，法令上亦如此要求[43]，惟 B 銀行委外處理客戶資料，欠缺警覺性，並因承包之科技公司堅持於該終止／解除合約事由中新增損害賠償條款，導致陷於僵局，未能依 B 銀行所提改善時程完成修約，顯然有內部作業不當造成銀行損失之作業風險之虞。

金融控股公司法中以第 42 條第 1 項之保密義務與個人資料保護最相關，其制定係鑑於「隱私權」之保障及客戶對其個人「資料控制處分權」之尊重，而隱私權及資料處分權非無止境擴大，而係有所限制，因此若涉及公共利益，於司法等公務機關因辦案需要而須取得之資料，即不在保障範圍內[44]。同條第 2 項中，主管機關得令金融控股公司及其子公司就其應保守祕密之資料訂定並執行相關之書面保密措施，並命其以公告、網際網路或主管機關指定之方式揭露保密措施之重要事項，以落實執行。

又金融控股公司與其子公司及各子公司間或金控體系與第三人間，

---

42. 金融控股公司及銀行業內部控制及稽核制度實施辦法第7條第2款規定：「有效之內部控制制度須可辨識並持續評估整體目標之達成可能產生負面影響之重大風險，並決定如何因應相關風險，使其能被限制在可承受之範圍內。」

43. 銀行法第45條之1第3項規定，銀行作業委託他人處理者，其對委託事項範圍、客戶權益保障、風險管理及內部控制原則，應訂定內部作業制度及程序；復依金融控股公司及銀行業內部控制及稽核制度實施辦法第34條第1項規定，法令遵循單位應確認各項作業及管理規章均配合相關法規適時更新，使各項營運活動符合法令規定。同辦法第35條第1項規定，銀行業應訂定適當之風險管理政策與程序，建立獨立有效風險管理機制。

44. 陳美如、梁懷信，〈「金融控股公司法」下有關個人資訊隱私權保護之探討〉，《月旦法學雜誌》，第91期，2002年12月，頁217-279。

就客戶個資之流用，主要以金融控股公司法、金融控股公司及其子公司自律規範、金融控股公司之子公司進行相關規範等法規加以規範，對消費使用者而言，並不清楚其內涵，消費使用者對選擇參加或選擇退出，亦不了解，常由銀行主導，對消費使用者之權益有相當影響，須有明確規範，使之了解合理利用之必要。再者，金融控股公司之子公司間之資訊共用，是否需事前經當事人同意，法律上有疑義，需予釐清[45]。

　　由上述可知，個人資料之保護還包括對「個人資料控制處分權」之尊重，然隱私權之保護範疇並非無止境擴張，而係有所限制，亦即權利與保障仍須符合比例原則。又金融控股公司法中規定，主管機關係「得」令金融控股公司及其子公司訂定相關保密措施，非為強制規定，難保會落實執行，保護似有不足，需待日後修法始能改善之。

　　客戶之資料既然如此重要，銀行對於行員要搜尋、擷取、引用或建檔等，需有完整之作業程序及控管稽核措施，以防制行員隨意或不法盜取使用，以 E 銀行發生之非法下載客戶資料為例，竟未建立妥適之存取權限及授權控管機制，使行員利用公用資料夾管理之瑕疵，存取與其職務相關且含客戶個人資料之檔案。又 D 銀行對於資訊作業內部控制，未建立有效制度，致行員將業務知悉之客戶資料上傳至他機構網路磁碟機，並發生行員透過非法指令方式，不當存取客戶證券交易資料上傳至個人網站，均暴露風險管理有重大缺失，且未能針對行員使用 USB 存取資料建立每日監視控管機制；致行員於 101 年 12 月 14 日至公用資料夾下載非授權檔案，遲至 102 年 1 月 7 日始發現，另 D 銀行偵測外洩之事後，未及時通報並妥適處理，均顯示資訊作業管理內部控制制度未臻完備，風險意識有待加強。

　　電腦網路發達，電腦網路之設計著重於安全性，隱私權強調保護

---

45. 王志誠，《現代金融法》，新學林出版，2013年10月2版1刷，頁305。

個人私領域不受侵犯與干擾，當個人資料遭受不當使用時，隱私即受侵害。個人資料保護所追求之目標，為個人資訊之使用應有自主支配之權利，並排除他人侵害之性質，使達維護人性尊嚴之目的，故電腦程式安全設計是一大課題。銀行作業程序之進行，電腦網路科技是不可或缺之工具，因此網路安全設計更顯得十分重要，網路設計程式若有瑕疵，將可能導致個資外洩。

分析上述裁罰案件，金管會多以銀行違反銀行法第 45 條之 1 第 1 項規定，即銀行應建立內部控制及稽核制度；其目的、原則、政策、作業程序、內部稽核人員應具備之資格條件、委託會計師辦理內部控制查核之範圍及其他應遵行事項之辦法，由主管機關定之。因之各銀行對於金融法規之要求，必須有遵法機制，依法令所定義務嚴格執行，避免風險實現。

銀行客戶隱私權之保護，已逐漸受到高度重視，銀行法第 48 條第 2 項明定：「銀行對於客戶之存款、放款或匯款等有關資料，除有下列情形之一者外，應保守祕密：一、法律另有規定。二、對同一客戶逾期債權已轉銷呆帳者，累計轉銷呆帳金額超過新臺幣 5 千萬元，或貸放後半年內發生逾期累計轉銷呆帳金額達新臺幣 3 千萬元以上，其轉銷呆帳資料。三、依第 125 條之 2、第 125 條之 3 或第 127 條之 1 規定，經檢察官提起公訴之案件，與其有關之逾期放款或催收款資料。四、其他經主管機關規定之情形。」又金融控股公司法第 42 條第 1 項規定：「金融控股公司及其子公司對於客戶個人資料、往來交易資料及其他相關資料，除其他法律或主管機關另有規定者外，應保守祕密。」是以銀行之所有從業人員，從領導階層之董事長、總經理、管理階層、各級主管至員工均負有保密義務[46]。

F 銀行行員以檢舉資料已去識別化為由，逕將檢舉資料交付予被檢舉人，該等違失情節或有導致該行遭受檢舉人訴追之虞，並有損及銀行

商譽等情事，顯示 F 銀行對於檢舉案件之處理，並未訂定完善之內部控制架構及程序，其員工之風險認識自有未足。

銀行員工個人不論故意或過失行為洩漏個資，銀行業者並不樂見，以員工之多、交易量之大、款項之眾及電腦處理數量之龐大，著實不易防範，惟可透過員工品德及風險管理教育來改善。將個人資料保護之精神內化於員工行為中，讓行員了解，若個人資料遭受不法侵害，實已嚴重影響個人之基本人權，因此有必要提升民眾對於自身基本人權維護之意識，可從落實個人資料保護之觀念開始[47]。

聯徵中心對於金融信用相關事務，有完整之檔案，凡在金融機構有信用卡消費，與銀行往來資料，包括信用卡帳款、授信貸款資訊、貸借保證、個人綜合信用資訊等資料，均有紀錄資訊可稽，是以該中心既保有個人財產與信用之個人隱私信息，應有周密之保護措施，不容許有外洩、盜用或被侵入盜取等情事發生。

銀行以貸放款項為重要業務，為避免金融機構對利害關係人為不當之授信，危及存款人權益，銀行法第 32 條、第 33 條規定，銀行不得對其利害關係人為無擔保授信，為擔保授信時，則應有十足擔保，且條件不得優於其他同類授信對象。為落實上開規範，財政部 82 年 7 月 12 日臺財融字第 821165024 號、85 年 12 月 17 日臺融局（一）字第 85556881 號及 86 年 5 月 6 日臺財融字第 86620894 號等函，規定對授信限制對象資料之蒐集事宜，而「有利害關係者」之資料範圍則限於親等稱謂、姓名、身分證統一編號及有關事業之名稱、營利事業統一編號、持股比率、擔任職務等[48]，不容許逾越此範圍或巧立名目，擴大利

---

46. 張正忠，〈淺論金融機構及其從業人員之保密義務〉，《全國律師》，第31期，1999年7月，頁31-35。
47. 施茂林，〈企業經營與法律風險管理之微觀與綜觀〉，發表於廣東工業大學、中華法律風險管理學會等主辦「2014兩岸法律風險研討會」，2014年6月，廣東。

害關係者之對象或濫用權限蒐集利用，以保客戶之隱私權益。

金融主管機關職司金融監理，對於銀行之違法、違規等行為需依法做適當之處理，執行法定賦予之職權，如檢查業務、開取金庫、令提財務報告、財產目錄、報告、制頒法規、行政規則及裁處罰鍰。就罰鍰之金額，銀行法、金融控股公司法等均賦予相當大裁量空間，必須依情節輕重、相關當事人權益受損程度、金融秩序維護及影響力等，做最適當之裁罰。以 E 銀行為例，其遭下載之檔案數量大且內容涉及機密資訊，金管會竟予酌減，不甚妥當。蓋機密資訊外洩，造成不可逆效應，對銀行客戶而言，其個人銀行資訊一覽無遺，甚而有被惡用、濫用之危險性，其造成之損害或損害之虞巨大，縱 E 銀行自行發現，有做適當處置，即據為減輕理由，欠缺正當性。

再觀察金管會對上述 B、D、G 銀行之裁罰以觀，依 B、D、G 三銀行違規之事實係違反銀行法第 129 條第 7 款規定，得處以 200 萬以上 1,000 萬以下罰鍰，核其所犯情節不輕，僅各處以 600 萬元、400 萬元、400 萬元，是否符合行政罰法第 18 條第 1 項之精神，不無疑義。行政罰法第 18 條第 1 項明定：「裁處罰鍰，應審酌違反行政法上義務行為應受責難程度、所生影響及因違反行政法上義務所得之利益，並得考量受處罰者之資力。」賦予行政機關裁量空間，由主管機關具體認定個案所犯情節之目的與方法間所生各種應加斟酌之利益與不利益，並考量行政程序法第 7 條之比例原則，以求適當合法[49]，以 B、D、G 銀行所涉

---

48. 依法務部1997年1月14日法律決字第009845號函及1997年3月8日法律決字第06575號函之意旨，聯徵中心經中央主管機關列入前開規定之金融業提供個人授信資料與銀行業，倘屬其蒐集個人資料之特定目的（授信業務管理）必要範圍內，揆諸個資法第3條、第23條之規定，自非法所不許。
49. 林明昕，〈裁罰之審酌加減及不法獲利之追繳〉，收錄於廖義男主編《行政罰法》，元照出版，2007年11月，頁192-193，臺北；洪家殷，《行政罰法論》，五南圖書，2006年11月增訂2版，頁42。

事實重大，影響深遠，金管會之裁罰亦有研議之餘地。

參、銀行個資保護之具體作法

一、國內商業銀行之比較

我國銀行業者為因應個人資料保護法之施行，紛紛建立客戶資料保護措施，本文國內銀行以元大金融控股公司[50]、國泰金融控股公司[51]及玉山金融控股公司[52]為例，比較其作業流程上之異同點。按訂定客戶資料保密措施之目的係為保護公司客戶資料，以維護客戶之隱私權益；資料蒐集方式皆為該公司擁有客戶之個人資料係因原為各子公司之既有客戶、行銷活動時提供，或從其他合法且公開管道取得客戶資料；資料之儲存保管則以嚴密保存於各公司，或委託具高度安全性、穩定性之資訊保管公司的資料儲存系統，委託公司要取得客戶資料必須在該金控公司訂定之資料授權管理辦法下，始可為之。

資料分類為基本資料、往來交易及其他相關資料，包括帳務資料、信用資料、投資資料、保險資料等；客戶資料利用範圍及資料揭露對象，將在法令許可範圍內依循金融控股公司法、金融控股公司子公司間共同行銷管理辦法及主管機關相關法令規範內為之，且不會再向第三人揭露客戶資料；客戶資料利用目的係為使客戶得到完整多元及專業之金融服務，以滿足客戶各種金融需求；資料變更修改，為保持客戶資料完整性及正確性，客戶可透過書面、電話、傳真或網路及其他方式申請變更個

---

50. 元大金融控股公司網站：http://www.yuantabank.com.tw/bank （最後瀏覽日2014年10月23日）
51. 國泰信託金融控股公司網站：https://www.cathayholdings.com/holdings/web/tos.aspx （最後瀏覽日2014年10月23日）
52. 玉山金融控股公司網站：http://www.esunbank.com.tw/privacy.htm （最後瀏覽日2014年10月23日）

人資料；交互運用資料之子公司名稱，上述部分於三家比較金融控股公司所公布之客戶資料保密措施，大同小異。

然於「資料安全及保護方法」與「客戶選擇退出之作業時間」部分則有所不同，茲將不同之處做出詳述並比較客戶之「風險值高低」，說明如下。

（一）元大金融控股公司

1.資料安全及保護方法：為確保您的個人資料不會被他人直接或間接取得，我們採用嚴格的內部 IP 控管模式，本公司與各子公司間採用區域虛擬網路系統，以分層管理您的個人資料，另一方面，我們亦採用先進之防火牆系統防止未經授權者入侵。

2.客戶選擇退出之作業時間：如果您不願再讓我們於辦理行銷時揭露、轉介或交互運用您的個人資料，您可直接向往來之營業據點以書面通知我們，我們將於接獲通知後第七個營業日起停止使用您的個人資料。

3.客戶風險值比較：高度風險，非應用不定位數及亂碼方式儲存密碼；退出作業時間為七個工作天。

（二）國泰金融控股公司

1.資料安全及保護方法：該集團各公司間採用 SSL 加密機制或其他安全無虞之方式來保護您的個人資料安全，除以安全軟硬體設備進行資料傳輸外，並以安全之防護機制儲存密碼，且加裝防火牆防止第三人不法入侵或內部之非法使用。

2.客戶選擇退出之作業時間：客戶得通知本集團各子公司停止對其相關資訊之交互運用於行銷行為。各子公司於收受上開通知後，將於三個工作日內停止客戶資料之交互運用。

3.客戶風險值比較：中度風險，非應用不定位數及亂碼方式儲存密碼；退出作業時間為三個工作天。

（三）玉山金融控股公司

1. 資料安全及保護方法：該集團各公司間採用 SSL 加密機制，並且加裝防火牆防止不法入侵，以避免客戶之個人資料遭到非法存取。另應用 4 至 16 不定位數密碼及亂碼化方式儲存密碼，以確保客戶資料不會遭到竊取，本公司皆採用最佳的科技技術來保障客戶之個人資料安全。

2. 客戶選擇退出之作業時間：客戶可以隨時以書面或本公司作業規定之方式通知本公司及玉山金控各子公司分支單位服務中心，停止使用您的個人資料為行銷之目的從事共同業務推廣之行為。本公司之各子公司將立即依客戶的指示辦理。

3. 客戶風險值比較：低度風險，應用不定位數及亂碼方式儲存密碼；退出作業時間為立即辦理。

金融控股公司法已於 103 年 5 月 20 日修正第 43 條第 2 項規定，金控公司之子公司進行共同行銷時，應依個人資料保護法規定辦理。換言之，亦即金控公司間共同蒐集、處理及利用客戶資料已不宜續採「選擇退出制」。其修正理由係考量金控業與消費者之資訊、地位、財力不對等之實況，其獲得之個人資料之質或量又較其他行業多且深，本於金控業可因取得客戶資料獲得經營利益，且有較大能力分散風險，自應負擔較大義務之論理，對此行業之規範更不應低於個人資料保護法之保障標準，以避免人格權受到廣泛侵害而悖離人民法感情。故應改採「選擇加入制」精神，明定除姓名及地址外，其他資料應依循個人資料保護法之規範要求，避免金控公司之子公司間共同利用客戶個資進行行銷或商業行為，形成個人資料保護法之法律漏洞[53]。惟觀上述三家金融控股公司

---

53. 立法院法律系統：http://lis.ly.gov.tw/lghtml/lawstat/reason2/01638103052000.htm（最後瀏覽日2014年10月23日）

之客戶資料保密措施，目前仍未依金融控股公司法之修正調整其作業規範。是以在結論中適當處敘明之金融控股公司，應隨時注意法令之修改並調整其內部作業流程與規範，以免觸法而不自知。

二、外國銀行之比較

外國銀行為因應我國個資法也在其網站上公布其隱私權保密政策，然而其客戶資料運用目的、客戶資料蒐集方式、客戶資料分為基本資料、帳務、信用資料等部分，於下列三家日商瑞穗銀行[54]、美商摩根大通[55]、瑞士商瑞士銀行[56]大致相同，茲將不同部分，分述如下：

（一）日商瑞穗銀行：將個人資料保護稱「個人情報管理」，並依「金融控股公司法第 42 條第 2 項制定此一保密措施。

1. 客戶資料之安全及保護方法：採用先進高安全性防火牆並輔以防入侵系統及全面防毒系統保護資訊系統，避免不法侵入及惡意程式之破壞。此保密措施因社會環境及法令變遷而修改。

2. 資料儲存及保管方式：依相關作業規範建檔並儲存資料庫，同時嚴格控管客戶之資料存取，非經正式授權人員不得取得客戶資料。

（二）美商摩根大通（J. P. Morgan）：係公布於個人資料告知書及線上隱私權政策中。

1. 個人資料安全及保護方法：我們有責任很嚴謹的保護您的資訊的隱私性和保密性，包括個人資料。我們認為符合適用法律標準，以確保未經授權的訪問和使用，改變和破壞這些信息的物理、電子和程序上的

---

54. 日商瑞穗銀行：http://www.mizuhobank.com/taiwan/cn/index.html（最後瀏覽日2014年10月23日）

55. 美商摩根大通：https://www.jpmorgan.com/pages/jpmorgan（最後瀏覽日2014年10月23日）

56. 瑞士商瑞士銀行：http://www.ubs.com/tw/tc/legalinfo2/privacy.html（最後瀏覽日2014年10月23日）

保障。我們認為本行員工有職責遵從有關政策、程序、規則和有關信息的隱私和保密法規[57]。

2. 與第三者共用資料之政策：摩根大通不允許獨立的第三方來收集您的網上活動的個人信息當您訪問我們的在線服務。我們也沒有使用過非附屬網站收集的為您服務的廣告與您的瀏覽行為的目的的個人信息。在未來如果採行以上作法，我們將提供適當的通知和選擇，讓你可以選擇退出的作法[58]。

（三）瑞士商瑞士銀行（UBS）：將個人資料保護公布於隱私權聲明中。

1. 安全措施：UBS利用合理的技術性和組織性安全措施保護UBS，從UBS網站收集的個人資料，使它們免遭未經授權的存取、濫用、損失或破壞。傳送予UBS或由UBS送之所有電子訊息自動保存於一個獨特之日誌系統中，日誌系統可保持電子郵件之證據分量。電子訊息受合理的技術及有組織之適當措施保護，且僅能由指定職能部門（如法務、法規遵循及風險部門）之特定人員於有正當理由之情況下根據適用之法律及法規（如法院之命令、犯罪嫌疑行為、違反法定義務、嚴重違反僱傭合約）存取。程序之每個步驟以及所用之搜尋標準均儲存於稽

---

57. 原文：We take our responsibility to protect the privacy and confidentiality of your information, including personal information, very seriously. We maintain physical, electronic and procedural safeguards that comply with applicable legal standards to secure such information from unauthorized access and use, alteration and destruction. We hold our employees accountable for complying with relevant policies, procedures, rules and regulations concerning the privacy and confidentiality of information.

58. 原文：J.P. Morgan does not allow unaffiliated third parties to collect personal information about your online activities when you visit our online services. Nor do we use personal information collected across non-affiliated websites for the purpose of serving you advertising related to your browsing behavior. If we engage in this practice in the future, we will provide appropriate notice and choice so that you may opt out of the practice.

核紀錄中。所有 E-mail 將於所適用之留存期屆滿後予以處置。

2. 揭露客戶資訊：UBS 可能向您所在國家內外之 UBS 的關係機構、UBS 及 UBS 關係機構的代理人、第三方提供者揭露您的資訊。有權透過 UBS 網站取得個人資料的 UBS 關係機構、代理商、以及第三方提供者都必須尊重隱私權。

三、國內外銀行作法比較

由於上述比較之三家外國銀行並未提到使用何種網路安全作業方式來保護個人資料，是以不易評估其風險值高低，故外國銀行部分未為客戶風險值之比較，僅列出其隱私政策，可供我國銀行業參考。

從上述我國銀行與外商銀行之隱私保密政策，不難看出外商銀行對於自身之保護是較我國銀行為之周密，上述外國銀行大多只列出將會依照法律規範之要求為之，而且此三家外商銀行對於個資保護之說明其實係較為抽象；反觀我國銀行而言，雖然有依法規要求，惟並未注意到法令之修改，實有必要再加以修正，使能達其法規遵循之要求。

又銀行業涵蓋甚廣，可包括銀行機構、信用合作社、票券金融公司、信用卡公司、信託業及郵政機構等，均有蒐集處理及利用個人資料以處理金融業務，而銀行機構依銀行法第 20 條所指之商業銀行、專業銀行及信託物資公司，其保有消費使用者之個人資料相當完整，鑒於金融機構大型化、集團化及業務多元，連帶使組織增大、業務擴展，伴隨之經營風險也加大，建構有效率而以風險為導向之風險管理及監理機制成為重要課題[59]，又因各銀行之規模、經營類型、業務量等有所不同，有關個人資料之保護，除遵守銀行法等規定外，應依其系統規模、體制機理、業務項目、管理方式、控管效率等，自訂個資安全保護制度，以保障消

---

59. 石人仁，《金融法論》，三民書局，2009年3月，頁10-11。

費使用者金融個資隱私權。

肆、個人資料保護法規範要求

個人資料保護法之立法目的係為避免資訊關係人之隱私權、人格權遭受侵害，並促進個人資料之合理利用[60]，基於個人資訊自決權與人性尊嚴及人格發展具有密不可分之關聯性，應可將「個人資訊自決權」視為一項獨立之基本權，並從憲法第 22 條之概括基本權利中定位其為憲法之層次[61]。

整部個人資料保護法之基本架構與其前身電腦處理個人資料保護法之不同，在於規範保護客體、行為、適用主體之擴大範圍，並透過程序保障與罰責加重之方式，落實保障當事人享有資訊自主權利與要求適用主體負擔資訊隱私保護義務，來使個人資料保護更加明確與完善[62]。本文將集中探討現行個人資料保護法與銀行業較具關聯性之部分問題。

個人資料保護法之基本架構問題，於規範客體除電腦處理之資料外，也將紙本資料納入保護；行為規範方面，新增限制蒐集敏感個人資料、蒐集資料前的告知義務、當事人有表示拒絕接受行銷之權利、罰責加重並增訂團體訴訟規定、個資保護與新聞自由之平衡、排除社交與家庭活動之適用等；適用主體也不再侷限於特定產業[63]。然而前述基本架構之設計仍無法落實資訊自決與資訊隱私之保護[64]。如何設計同類

---

60. 蔡朝安，〈個人資料保護實務：以遵法及風險管理為中心〉，《資訊安全通訊》，第 19 卷，第 3 期，2013 年 7 月，頁 80-95。
61. 李震山，〈論資訊自決權〉，《現代國家與憲法──李鴻禧教授六秩華誕祝賀論文集》，元照出版，1997 年 3 月，頁 710-755。
62. 劉靜怡，〈不算進步的立法：「個人資料保護法」初步評析〉，《月旦法學雜誌》，第 183 期，2010 年 8 月，頁 147-164。
63. 呂丁旺，〈修正《個人資料保護法》的釋義與實踐(上)〉，《國會月刊》，第 38 卷，第 11 期，2010 年 11 月，頁 20-35。

（gleichartig）、等值（gleichwertig）之保護，有待研議彰顯本法立法精神[65]。

　　根據個人資料保護法第三章非公務機關對個人資料之蒐集、處理及利用，按個人資料保護法第 19 條規定，是將「當事人書面同意」列為條件之一，而與「法律明文規定」、「契約或類似契約關係」、「已合法公開」、「學術研究有必要」、「與公共利益有關」、「個人資料取自一般可得來源」並列，上述規定只要符合其中一項條件，便無須獲得當事人同意，即可對該個人資料蒐集或處理，然而除當事人同意外，其他允許條件多為不確定法律概念[66]。同法第 20 條但書規定，非公務機關對個人資料之利用，限於「增進公共利益」、「免除當事人生命、身體、自由或財產上之危險」、「防止他人權益之重大危害」，如此之不確定法律概念又顯得更加抽象化，有架空當事人資訊自決之權利及無法落實資訊隱私權之保護問題存在[67]。

　　除上述基本架構所存在不確定法律概念之問題外，以下將探討個人資料保護法與銀行業較具關連性之問題，包括個人資料範圍界定、個人資料之蒐集、處理與利用、停止與刪除，並列出銀行法、金融控股公司法中所涉及與個人隱私保密義務相關之規定，以茲參酌。

一、個人資料之範圍界定

　　按我國個人資料保護法第 2 條第 1 項第 1 款規定，個人資料係指

64.朱柏松，〈人格權保護之法制比較及我國法規範之檢討〉，收錄於施茂林主編《跨世紀法律新思維——法學叢刊創刊50週年》，元照出版，2006年1月1版，頁256。

65.王澤鑑，同前註27，頁249。

66.呂丁旺，〈淺析修正個人資料保護法〉，《月旦法學雜誌》，第183期，2010年8月，頁137。

67.陳銘雄、劉庭妤，〈從「個人資料保護法」看病患資訊自主權與資訊隱私權之保護〉，《月旦民商法雜誌》，第34期，2011年12月，頁41-43。

自然人之姓名、出生年月日、國民身分證統一編號、護照號碼、特徵、指紋、婚姻、家庭、教育、職業、病歷、醫療、基因、性生活、健康檢查、犯罪前科、聯絡方式、財務情況、社會活動及其他得以直接或間接方式識別該個人之資料[68]，係參考1995年歐盟資料保護指令（95/46/EC）、日本個人資訊保護法，將「其他足資識別該個人之資料」修正為「其他得以直接或間接方式識別該個人之資料」，以期周全。是以應認個人資料保護法之保護客體並非為單純之資料，而係與個人之識別性有關連之自然人資料，其本質則為個人人格之保護。由上述可以得出個資要件：（1）自然人之個人資料，（2）得以直接或間接方式識別特定個人之資料[69]。

　　個人資料之保護是否僅限於生存之自然人？由於個人資料之合理公開係個人生存於社會環境中為展現自己之特色、建立人際關係等，而無可避免之情事，例如於銀行行員教育訓練之自我介紹或成績考核等資料，將與個人形象塑造與升遷與否息息相關，因此有必要適度公開個人之資料。有疑慮的是，是否限於生存之自然人之個人資料始能受到個人資料保護法保護，為此法務部做出函釋[70]，若僅查詢已死亡之人之資料則無個人資料保護法之適用。按個人資料保護法施行細則第2條之立法理由，所稱個人，係指現生存之自然人，蓋個人資料保護法立法目的之一為個人人格權之隱私權保護，唯有生存之自然人方有隱私權受侵害之恐懼情緒及個人對其個人資料之自主決定權，至於已死亡之人，其個人資料已成為歷史，故非在個人資料保護法保護之列。惟個人資料常同時

---

68. 立法院法律系統：http://lis.ly.gov.tw/lgcgi/lglaw?@143:1804289383:f:NO%3DC701829*%20OR%20NO%3DC001829%20OR%20NO%3DC101829$$4$$$NO（最後瀏覽日2014年10月23日）
69. 范姜真媺，〈個人資料自主權之保護與個人資料之合理利用〉，《法學叢刊》，第57卷第1期，2012年1月，頁80。
70. 法務部100年9月22日法律字第1000022498號函意旨參照。

涉及親屬資料，如遺傳基因等，是以有學者主張於某特定親屬間或繼承制度之需要，得將死亡者之個資視為生存親屬之個資，而受個人資料保護法之保護[71]。本文認為若於特定親屬或繼承制度間因有保護必要，則可例外將死亡者個資亦納入保護，可使個資保護更為周全。

　　例示規定中個人資料若不具識別性是否為個資保護範圍？我國個人資料保護法除新增基因、犯罪前科、聯絡方式等例示規定，並概括以直接或間接方式識別該個人之資料。然而，例示規定內個人資料的蒐集若與識別性無關聯性時，則是否仍受個人資料保護法之規範？實有疑慮。例如犯罪前科，將曾犯罪人數為統計，而未記載個人姓名或其他可直接或間接識別該個人資料時，雖以屬我國個人資料保護法上開例示範圍，似應受其規範，惟上述統計資料無法辨識出資料當事人，故不在個人資料保護法之適用範圍內[72]。因此個人資料保護法之例示規定若與個人資料識別分離，難謂有需受保護之必要。

　　個人資料之保護範圍必須有所限制，因個人資料之種類、數量、範圍牽涉甚廣，某些特定個資可能涉及重大社會整體公共利益，例如犯罪前科之統計，常為公共領域利用於某特定時點，若此犯罪前科未涉個人資料識別性，該個人很難於此種資料主張個人絕對之資訊自主權。又個資常為個人生存在社會上所被預定須向他人公開者，例如員工的健康檢查結果，若每項皆需再經由該員工書面同意，則將提高公司利用個資之成本與法律風險，為建立社會一定之信賴關係，有必要清楚界定保護個資之範圍[73]。再從價值評估而言，個人資料理論上可以金錢來估算，惟

71.范姜真媺，〈個人資料保護法關於「個人資料」保護範圍之檢討〉，《東海大學法學研究》，第41期，2013年12月，頁96-97。
72.蕭奕弘，〈論個人資料保護法的法制性問題〉，《成大法學》，第23期，2012年6月，頁160-165。
73.范姜真媺，同前註67，頁91-120。

若涉及個人人格及人性尊嚴部分，恐非金錢可以衡量估計[74]。

二、個人資料之蒐集、處理與利用

按個人資料保護法第 2 條之用詞定義，蒐集係指以任何方式取得個人資料。早期學說上有認為蒐集包含蒐集者以其本身能力，主動取得個人資訊之行為、蒐集者對該資料具利用之目的性[75]，現已不合時宜，且現行個人資料保護法律規範已與時俱進，觀其立法理由係由於蒐集個人資料之行為態樣繁多，有直接向當事人蒐集亦有間接從第三人取得，為落實保護個人資料隱私權益，參考德國聯邦個人資料保護法規定，擴大蒐集之定義，因此不論是主動或被動取得個人資料，皆應受現行個人資料保護法之規範要求。

處理係指為建立或利用個人資料檔案所為資料之記錄、輸入、儲存、編輯、更正、複製、檢索、刪除、輸出、連結或內部傳送。利用係指將蒐集之個人資料為處理以外之使用。然「內部傳送」於本法施行細則第 6 條第 2 項規定，係指公務機關或非公務機關本身內部之資料傳送，並說明內部傳送不包括上級機關傳送個人資料予下級機關，將造成下級機關傳送個人資料予上級機關之行為屬於「處理」，上級機關傳送個人資料予下級機關之行為卻屬「利用」之問題產生，然是否應將傳遞之行為統一以「利用」定義，接收行為統一以「蒐集」定義[76]，其中針對利用之定義仍有討論空間。然本文作者認為一般傳遞之行為應解為「處理」，然於使用該傳遞資料內容來達成某一目的之行為，解為「利用」

74.翁清坤，〈告知後同意與消費者個人資料之保護〉，《臺北大學法學論叢》，第87期，2013年9月，頁41-42。

75.許文義，《個人資料保護法論》，三民書局，2001年1月初版1刷，臺北，頁284-286。

76.呂信瑩，《個人資料保護法上目的拘束原則之探討》，臺灣論證出版股份有限公司，2012年12月初版1刷，頁20-24。

較為妥適[77]。不論蒐集、處理、利用，均應考量當事人權益，兼顧社會安全之維護、蒐集之必要性、合理利用原則，依誠實信用方法為之[78]。而是否誠實信用之方法，將由具體案例研判之[79]。

個資法強調目的明確化原則及限制利用原則，在蒐集、處理及利用個人資料上，以特定目的原則為核心條件，尤其在利用上，直接觸及個人隱私，除依個資法所定特定目的外，有關特定目的外之利用，尤應以客戶個人隱私為重，其以定型化書面要求有繼續性契約關係之客戶簽立，作為未來必要時可為特定目的外利用之依據，依個資法及消費者保護法之規定有所不合，而以概括方式由客戶簽立書面同意書，亦有不當[80]。

根據趨勢科技主動式雲端截毒技術（Smart Protection Network）所蒐集之資料發現，受到駭客青睞的前十大網站皆為知名品牌、銀行及拍賣購物網站[81]。另外，資安業者McAfee和Guardian Analytics報告指出，

---

77. 有認為個資法修正後，至少有三個規範架構，其一為將蒐集與處理包成一類，利用為另一類；其二處理與利用合成一類規範，蒐集為另外一類，而為告知規定之分野；其三將蒐集、處理與利用統一規範，形成三不同體系，詳見蕭奕弘，《個人資料保護法之研究》，司法院司法行政廳，2012年12月1版，頁102。

78. 個人資料保護法第7條明定：「第15條第2款及第19條第5款所稱書面同意，指當事人經蒐集者告知本法所定應告知事項後，所為允許之書面意思表示。第16條第7款、第20條第1項第6款所稱書面同意，指當事人經蒐集者明確告知特定目的外之其他利用目的、範圍及同意與否對其權益之影響後，單獨所為之書面意思表示。」又法務部1987年2月19日法86律04778號函、1998年9月15日法87律00050號函、1998年11月21日法87律字第042963號函參照。

79. 臺灣臺北地方法院95年訴字第12632號判決，原告主張銀行陸續將其個人資料提供予多家催收帳款公司非法利用，一再透過催收公司對其進行騷擾，造成困擾，又透過信用管理顧問公司利用其個資向中華電信申辦行動門號停話，導致營運、名譽、精神等受有損失，請求損害賠償，法院以原告未能舉證以實其說，認為縱使被告曾將個資提供催收公司，亦無法推論被告銀行有指示催討公司以不法手段向原告催討債務，判決原告此部分主張尚難以採信。本案有三問題值得探討：（一）當初原告簽立同意書時其利用範圍如何，（二）客戶一般而言是否知悉有同意擴及提供個資與催討公司利用，（三）簽立同意書時，若未明列及此，銀行交與催收公司是否為誠實信用方法。

80. 蕭長瑞，《銀行法令實務（一）》，臺灣金融研訓院，2006年3月增修6版，頁199、207。

81. Trend Labs, Trend Micro Predictions for 2013 and Beyond: Threats to Business, the Digital Lifestyle, and the Cloud, Trend Micro (2013).

有一國際駭客組織正向全球金融機構展開名為 Operation High Roller 的攻擊行動，至今已成功入侵 60 家銀行，藉由取得具有高額存款的企業或個人帳戶的登入資訊，已經竊取 7,500 萬美元，受到影響的金融機構，包括國際銀行以及地區性銀行等，而受害地區則從歐元區蔓延至南美洲和美國。McAfee 實驗室的安全研究總監 David Marcus 表示，Operation High Roller 把攻擊目標轉移至中央伺服器，讓竊取行為變得更有效率，而這種鎖定特定個人或金融機構所發起的攻擊，造成的損失也相當驚人，由此看來，駭客組織的攻擊手法愈來愈先進[82]，因此如何完善且即時更新公司資料儲存系統之網路安全，實為必要機制。

三、停止與刪除

按個人資料保護法第 3 條第 4 款、第 5 款之規定，當事人有請求停止蒐集、處理或利用與請求刪除之權利，且不得預先拋棄或以特約限制之。亦即當事人可以請求資料控制者終結此資訊一切的運用。資料保護之重要原則是個人資料不應被永久的儲存，於該資料不須再為使用時，應立即被刪除[83]。然而，刪除之定義與執行，依一般社會通念皆認刪除即資料消失，惟現今社會通常係將資料儲存於電腦設備中，是否只要將資料丟入電腦資源回收筒即屬刪除之行為呢？答案是否定的，原因在於此動作只是清除檔案系統表中的檔案紀錄，實際上檔案內容仍完整保存於磁碟中。

資料控制者接受當事人之請求停止或刪除資料，違反此一作為義務，可按個人資料保護法第 48 條第 2 款之規定，即中央目的事業主管機關可要求限期改正，屆期未改正者，按次處新臺幣 2 萬元以上 20 萬

82.McAfee and Guardian Analytics, Dissecting Operation High Roller (2012).
83.許文義，同前註73，頁219-221。

元以下罰鍰，有爭議的是，究竟要達何種程度之刪除才是個人資料保護法施行細則第 6 條規定所稱，其刪除乃指使已儲存之個人資料自個人資料檔案中消失，是以未有刪除之履行標準，此一立法漏洞將無法保障資料當事人之權益，於執法時亦可能違反刑罰明確性原則。

是以本文建議銀行業者，在刪除個人資料時，可將早期銀行留存之紙本資料，先使用「碎斷式碎紙機」銷毀紙本資料後再委託清潔公司進行清運；而硬碟的銷毀，除可使用消磁機進行消磁或低階格式化之外，還可利用泥水淹漬、火燒等物理方式來銷毀硬碟資料，始能達到真正的刪除，若僅交環保公司清運處理，往往未予焚毀。歷年來，私人企業將公司內部文書或檔案委由環保公司等處理時，環保業者不一定直接運交焚化爐直接燒燬，而隨意丟棄或掩埋，後經人發現，始東窗事發，例如近期發生於美國休士頓，有居民於物資回收中心發現 2 大箱銀行帳戶文件，內容包含客戶社會安全號碼及銀行帳戶金額等資料[84]。同時也提醒立法機關，日後修法時能將此一立法漏洞問題修正，例如規定須進行燒毀等方式，以期明確。

四、個人資料保護法、銀行法及金融控股公司法之競合

個人資料保護法之性質係為專法，與其他法規內訂有個人隱私保護條文間並非一定有普通法與特別法之法理，也不一定為後法、前法或其他關係[85]，是以個人資料保護法為期明確，一行為只能構成一罪之法益保護，於本法第 46 條明文規定，犯本章之罪，其他法律有較重處罰規定者，從其規定。然若涉及子公司之交互行銷則與金融控股公司法有關，為使個人資料保護法、銀行法及金融控股公司法在個案中的適用關

84.世界新聞網，2014年10月3日。
85.許文義，同前註73頁284-286。

係更清楚明確，以下將提出兩部法規中與個人隱私保護有關之處，說明如下：

（一）銀行法

按銀行法第48條第2項規定，銀行對於客戶之存款、放款或匯款等有關資料，除有下列情形之一者外，應保守祕密：

1. 法律另有規定。

2. 對同一客戶逾期債權已轉銷呆帳者，累計轉銷呆帳金額超過新臺幣5千萬元，或貸放後半年內發生逾期累計轉銷呆帳金額達新臺幣3千萬元以上，其轉銷呆帳資料。

3. 依第125條之2背信罪、第125條之3以詐術使銀行交付財物或第127條之1不當關係人交易之罰則規定，經檢察官提起公訴之案件，與其有關之逾期放款或催收款資料。

4. 其他經主管機關規定之情形。

（二）金融控股公司法

1. 第42條第1項規定，金融控股公司及其子公司對於客戶個人資料、往來交易資料及其他相關資料，除其他法律或主管機關另有規定者外，應保守祕密。同條第2項規定，主管機關得令金融控股公司及其子公司就前項應保守祕密之資料訂定相關之書面保密措施，並以公告、網際網路或主管機關指定之方式，揭露保密措施之重要事項。

2. 第43條金融控股公司之子公司間進行共同行銷，應由金融控股公司事先向主管機關申請核准，且不得有損害其客戶權益之行為。金融控股公司之子公司間進行共同行銷，其營業、業務人員及服務項目應使客戶易於識別。除姓名及地址外，共同蒐集、處理及利用客戶其他個人基本資料、往來交易資料等相關資料，應依個人資料保護法相關規定辦理。

人格權受侵害時，財產損害可依民法第184條第1項前段之侵權行

為請求賠償；非財產損害依民法第 195 條規定，不法侵害他人之身體、健康、名譽、自由、信用、隱私、貞操或不法侵害其他人格法益而情節重大者，得請求賠償慰撫金[86]。當個人資料保護受侵害時似可依民法規定請求，然特別法優於普通法，仍應依個人資料保護法優先請求。

當個人資料保護法與銀行法有所競合時，應優先適用銀行法[87]，個人資料具有強烈隱私權之性質，一般人不喜歡其個人資料被窺視、竊取或盜用等，否則形同一覽無遺，成為透明人，甚而內心產生恐懼、害怕、不安或欠缺安全感，是以銀行所保有之個人資料，須盡最大之保護義務，如有洩露、惡用、濫用時，應採有利金融消費者原則，若發生法律競合，而處罰有所扞格，應以保護消費者為主，從重處罰。銀行法第129 條第 11 款之處罰規定較個人資料保護法重，違反銀行法第 48 條保密規定者，處新臺幣 200 萬元以上 1,000 萬元以下罰鍰。因此當銀行業者有違反隱私保密規定時應優先適用銀行法；同理，若涉及金融控股公司之子公司間進行共同行銷，應優先適用金融控股公司法第 60 條第 12款、13 款之規定，違反第 42 條第 1 項未保守祕密、違反第 43 條資訊交互運用之規定時，處新臺幣 200 萬元以上 1,000 萬元以下罰鍰。

伍、銀行法律風險控管對策（代結論）

一、建置網路系統，有效管理

由於現今社會科技發達，多數文書處理工作早已不再以人工紙本方式留存，而是藉由電腦網路為資料處理，雲端空間為儲存方式，有關個人隱私資料之安全保護，相當重要[88]。世界先進國家均極為重視，以歐

86.陳聰富，〈人格權的保護〉，《月旦法學教室》，第132期，2013年10月，頁42-53 。
87.許文義，同前註83。
88.財政部曾頒布金融業個人資料檔案安全維護計畫標準，要求金融業應建立個人資料檔案，
　加強安全維護，指定專人管理，加強識別碼、通行碼之管理並建置稽核制度。

盟為例，歐聯資料保護綱領（The EU Data Protection Directive）對於資料之蒐集、利用、傳遞、管理等，均有詳細規範[89]，是以居於服務業龍頭之銀行業為提高競爭力必須採用最新科技，以因應銀行資訊業務之加速發展，因之電腦系統資訊安全之建置即為銀行個資保護強度之核心關鍵[90]。

　　銀行業在建置電腦系統時，首先應認清個人資料之擁有者是「個人」，不是建置之銀行，也唯有個人才有權決定其流向，而非由銀行依其意向作為決定關鍵，如此才能審慎思考有關個人資料隱私權保護之策略，而且安全條款必須以保障個人自主選擇，在個人資料之蒐集、利用及管理上，重視隱私權之維護[91]。

　　當電腦資訊系統建置完畢，尚需有人員操作、運轉、管理、稽核，層層分級負責，從法律之規範要求管理之適當性及技術之安全性考量，在法律與機制上重視法令規範、規避風險。在管理程序面，強化人員風險與安全觀念，簡化個資流程，另在技術面上衡量維護之方便性、緊急處理性與安全防護，務必使管理完備周全，減少個人資料之洩露發生[92]。

　　為確保銀行業務之正常運作，於購置電腦系統設備時，必須考量資訊安全問題，在設置上要架構專屬防火牆、防毒防駭系統[93]，從程式安全出發，即如何避免病毒感染等，作業系統之功能性有行程管理、主記憶體管理、檔案管理、輸入輸出管理、輔助記憶體等，多而複雜可建立監控目錄及使用者信任辨識等，資料庫系統宜建立多層次安全資料庫，

---

89. 何金鍾，《歐盟資料保護綱領》，金融聯合徵信中心，1997年6月，頁45-61。
90. 李順仁，《資訊安全》，文魁資訊股份有限公司，2007年10月2版，頁3-27。
91. 劉靜怡，同前註16，頁34-35。
92. 廖偉民，〈資安政策與法律課責-兼論我國2010年個人資料保護法中的資安管理體制〉，《前瞻科技與管理》，第2卷第2期，2012年12月，頁49。
93. 程秉輝、John Hawke，《Windows 網路釣魚、側錄、間諜、詐騙、毒駭》，旗標出版，2008年7月版，頁3-2至3-8。

亦即可因不同之安全要求而給予不同之保護，例如：客戶高層次之財務隱私只能由高階主管有權限開啟此資料庫等等[94]。

以 B 銀行為例，長期將主要資訊系統委外單一科技公司，又對受託機構終止服務之緊急狀況，亦未制定應變計畫，且其內部制度未能辨識評估重大風險，也無法將風險控制在可承受範圍內，恐有服務中斷風險，對於銀行之營運危害頗大。

再以 G 銀行為例，其對網站索引檔案產出程式之設計未臻嚴謹，對相關檔案驗證方法及程序亦有欠周延，且未對銀行內部目錄網頁之讀取權限嚴謹控管，如能於購置電腦設備時即加強其作業系統、程式設計與資料庫權限控管，將可以減少此種情形之發生。

由於電腦系統設備所費不貲，連同維修，花費高昂，本著掌控及降低成本觀念，一般企業可能以低成本、低價位為準，但銀行之電腦系統關係客戶之財務祕密與隱私，並涉及公共利益，各銀行應以電腦資訊系統設備能有效保密、安全運作、高速處理、高度精確運算原則[95]，不能只考量價錢高低，而必須全面性思考其功能性、駭客防範機制、網路安全管理等，又資訊安全除建立技術控制要能符合企業內部資訊安全之需求外，其本質上仍以人員管理觀念的強化，否則系統再好，人員故意竊取資料，也是枉然。

是以除了建置效能良好之電腦設備外，網路安全管理亦十分重要。銀行業者應與從業人員簽訂保密條款，採取統一配發電腦設備作業系統標準化與管制權限，每一網路插座僅允許單一網路卡使用，若為異常之網路卡或 IP 位址，立即停止網路服務。人員開啟個人資料庫系統，必須獲得授權權限始可為之，由網路單位主管定期與不定期審視其系統安

94.賈蓉生、許世豪、林金池、賈敏原，《資訊與網路安全——基礎系統資訊安全技術與實務》，博碩文化股份有限公司，2013年8月，頁1-2-6-35。

95.邱潤容，《銀行實務》，三民書局，2004年10月增訂2版，頁362。

全性問題，並定期更新防毒軟體，提升網路安全管理。

二、建置及執行法律風險評估調控機制

對企業而言，應該盡量於事前做好預防管理，避免實施危機處理，而且一旦發生危機時，則於妥善謹慎處置後，認真檢討該事件之前因後果，施作防範措施[96]。例如當個資外洩時，資安人員可否即時將資訊系統關閉或適當控制，避免危害擴大。

法律風險管理旨在做好法律風險之預防與控管，避免風險實現或降低風險產生之危害程度與防範再度發生相同風險。降低管理成本、謀取利益、創造利潤，實乃銀行業之重要目標，認識法律風險並落實法律風險管理正可使銀行業達成其目標。因銀行業主要面對的風險為營運風險與法律風險，基本上皆與法律風險相牽連或以法律風險之形式體現，因此法律風險在整體風險之重要性甚高。鑒於法律風險與法律責任實為一體兩面，相互依存，若能重視法律風險之管理，防阻法律責任之產生，必能提升銀行業之效能，開創經濟價值[97]。

銀行對於消費使用之客戶個人資料，必隨著銀行規模擴充而增加，也因業務量之擴大而增多，加上資訊科技之發達，內外環境經常變動，法律風險管理制度成為一長期性、基礎性之工作，也只有形成法律風險管理之長效機制，才能真正實現對法律風險有效管理與調控[98]，同時運用資訊技術，快速處理大量資訊，化為有用之商機，自然可以提高資訊化之效能，因之，銀行對此動態、滾動式之運作，須提高風險控制能力[99]。

---

96. 施茂林，《法律風險管理跨領域融合新論》，五南出版，2013年9月初版1刷，頁3-34。
97. 施茂林，同前註94，頁12-17。
98. 謝清佳、吳琮璠，《資訊管理理論與實務》，智勝文化，2010年9月6版2刷，頁529。
99. 陳麗潔，《企業法律風險管理的創新與實踐——用管理的方法解決法律問題》，北京法律出版社，2012年4月修訂版，頁199-200。

　　管理學極為重視「隱私權衝擊分析」（Privacy Impact Assessment, PIA），對銀行業而言，應引據隱私權衝擊分析方法，達到法律風險控管防範之目的。所謂隱私權衝擊分析，或稱「個資洩露風險控管程序」，係指為避免違法處理個人資料，針對個資之蒐集、處理與利用之過程中所牽涉到之人員、技術、作業流程，找出其可能洩露隱私資訊之風險，經由各種措施實施避免個資洩露之評量鑑識方法，如其程序不符合該方法，即可推定具有違法性，得以及早因應[100]。

　　近年來，隨著網際網路之快速發展，電子商務之蓬勃成長，電子銀行已成為金融市場新趨勢，此種整合電腦設備與通訊網路提供客戶多元化與便捷之金融服務，對銀行與客戶均有重大實益，也隨著科技之進步，電子金融類型愈來愈多，有關消費者之個人資料保密因電子商務之特性更加重要，尤其在確認身分、簽章等部分更不容有個資外洩情形[101]。銀行對此保護措施須更為周全穩固，當然相關之法律風險必須詳為評量識別及確認，預防風險發生。另外，銀行雲端化後，個人資料是否容易外洩，須做深度評估，而銀行行員利用海量資料，以解析與業務推展有關之訊息以及與其他行業跨業合作[102]，涉及個資利用之法律問題，不能忽視。

　　銀行對於消費使用者之所有金融隱私權資料負有保密義務，違反時，有重大法律責任，因之銀行對於此類資訊之蒐集、利用、傳遞等，均須做風險之評量，採取最妥適及周密之保護措施，以前述 C 銀行之共同行銷為例，消費使用者對於銀行內部保有之個人資料，不論消費者係

100. 李婉萍，〈隱私暨個人資料保護與管理工具介紹（一）──隱私衝擊分析〉，《科技法律透析》，2011年7月，頁18-20。
101. 王文宇，《民商法理論與經濟分析》，元照出版，2000年5月1版，頁353-358。
102. 布雪特・金恩（Brett King）著，孫一仕譯，《銀行轉型未來式》，臺灣金融研訓院，2013年10月初版，頁317-328。

採選擇加入或選擇退出，均有事先同意與否決之權限[103]，銀行應評估其關係企業中個人資料流通之法律風險，更須遵照金管會頒布之金控公司建置資料庫有關保密義務相關規範，強化保護作為[104]。

為預防法律風險之產生，可先為風險評估之計算，個資風險評估為個資保護之運作基礎，依其風險高低做出分級並確定因應措施，將可有效防阻及降低風險造成之危害。如使用現代資訊高度運算能力，計算出管理個人資料之風險值（Value at Risk），對於法律風險管理策略，有相當大助力[105]。

有關風險之評估，先界定個人資料之範圍，再進行個資數量盤點，個資風險評估係依個資數量換算發生之次數計算，個資當事人與銀行業往來之緊密度，依訴訟率計算風險程度之高低。亦即資料多而重要性高者為「高度風險」；資料少而重要性高者或資料多而重要性低者為「中度風險」；資料少且重要性低者為「低度風險」。按風險程度採取風險策略，高度風險可採保險措施；中度風險可採保險或控制作為；低度風險可採自留方式為之[106]。透過不斷的調整改善風險管理方式，思考資料保護流程可否再簡化、個資數量是否太多、資料文件保存是否完善等問題，達成資料風險控管，再將無法自行承擔之高風險部分採風險移轉之方式，如投保保險等，並同時規劃新的預防管理機制，以保障客戶之資料安全。

103.李婉萍、鄭菀瓊，〈淺析金融控股公司內部個人資料流通問題〉，《科技法律透析》，2004年4月，頁20。
104.周伯翰，《銀行法與金融控股公司法》，麗文文化，2010年3月初版，頁183。
105.周大慶、沈大白、張大成、敬永康、柯瓊 ，《風險管理新標竿——風險值理論與應用》，智勝文化，2002年2月初版，頁11-13。
106.施茂林，同前註94，頁7-14。

三、嚴密執行遵法機制

我國法令規範中與銀行業有關之業務項目、內部控制、稽核制度及隱私保護之規範要求，有銀行法、金融控股公司法、信用合作社法第21條、票券金融管理法第43條、農業金融法第31條等，相關法律多如牛毛，要確實遵循法規，實在很困難，必須透過事前法律風險計評估或計畫，始能達防範之目的。

又銀行係資金中介機構，融通資金供需，創造信用、增進社會經濟發展，就客戶而言，係其財務資金之保護者，不容有盜用、塗改資訊、竊取侵占存款等情事，銀行須依銀行法第45條之1，建立內控及稽核制度，在內部控管部分，訂定業務作業流程、會計人事管理流程、查核程序及作業手冊等；在內部稽核部分，要有客觀稽核人事、詳細稽核手冊，執行業務查核，提出公正之查核報告[107]。

金融控股公司及銀行業內部控制及稽核制度實施辦法，係依銀行法第45條之1第1項規定，其辦法第7條包含：（一）管理階層之監督及控制文化；（二）風險辨識與評估：有效之內部控制制度須可辨識並持續評估整體目標之達成可能產生負面影響之重大風險，並決定如何因應相關風險，使其能被限制在可承受之範圍內；（三）控制活動與職務分工：控制活動應為每日整體營運之一部分，並設立完善之控制架構，訂定各層級之內控程序；有效之內部控制制度應有適當之職務分工，且管理階層及員工不應擔任責任相互衝突之工作；（四）資訊與溝通：金融控股公司及其子公司與銀行業應保有完整之財務、營運及遵循資訊；資訊應具備可靠性、及時性與容易取得之特性，並以一致性之格式提供，有效之內部控制制度應建立有效之溝通管道；（五）監督活動與

---

107. 鄭正忠，《銀行法》，書泉出版社，2004年7月6版2刷，頁126-136。

更正缺失：應持續監督內部控制整體之有效性，管理、營業單位、內部稽核或其他內控人員發現之內部控制缺失，均應即時向適當層級報告，若屬重大之內部控制缺失，應向高階管理階層及董理事會報告，並應立即採取改正措施。其辦法第9條，內部稽核制度之目的，在於協助董理事會及管理階層查核及評估內部控制制度是否有效運作，並適時提供改進建議，以合理確保內部控制制度得以持續有效實施及作為檢討修正內部控制制度之依據。上述為銀行內部控制及稽核制度之規範，是以銀行必須儘快評估其上述法律風險做出適宜對策，進而具體落實於作業流程中，以免再次受罰。

　　由上述行政案例中，不難發現遭裁罰銀行多未落實執行銀行法第45條內部控制及內部稽核等法律問題，例如D銀行未建立妥適之資訊作業管理內部控制制度，致發生法金授信管理部專案組行員將業務知悉之客戶資料，上傳至○○大學網路磁碟機；前資訊服務處核心系統部分行營管組人員，透過撰寫非法指令方式，不當存取客戶證券交易資料並上傳至個人架設網站。又E銀行對於公用資料夾之檔案存取權限控管未明確區分授權，致無法防杜行員存取非授權資料；另未能就行員存取資料建立每日監控機制，即時採行資訊保全措施，因之，2000年11月銀行法修正時，新增第45條之1內控稽核制度之規定，如銀行均能使內部控制及稽核制度發揮其應有功能，當能降低法律風險之發生[108]。

　　由於法律風險管理事涉企業之存活關鍵，應列為首要，可訂定完備法律風險管理計畫或手冊，來因應社經發展趨勢、商業環境之變化，藉由法律風險辨識、分析、評量、決策及監測控制等方式，將法律風險管理與危機管理融入企業經營體系與工作流程中，而推動法律風險管理工作，須有舵主及企業經營人將之擬定計畫或手冊，以利落實執行[109]。成

108.金桐林，《銀行法》，三民書局，2010年4月修訂7版1刷，頁152。

立推動小組或專責單位，由企業領導人擔任總領導，指導企業全力推動
既定工作及事務，並擇定小組成員負責實施計畫規劃推動、協調、管控、
檢驗等事務，並應全面了解法律風險事項，分析危險因子，探求可能風
險機率高低，督促專責單位重視，採取預防措施，有效建立健全法律風
險防範機制後，更要與加快建立現代企業制度、完善法人治理結構有機
結合，使法律風險防範成為企業內部控制體系之重要組成部分，隨時發
揮法律風險避讓與控制之效能，並提供經營團隊參考決策及應變策略。

　　從資安犯罪以觀，大抵分成駭客入侵、電腦病毒、網路釣魚及利
用網路平臺犯罪，當前銀行業日益電子化之趨勢，利用便捷網路平臺作
業必更為普遍，對資安更不容忽視，銀行本身須在法律風險管理機制內
納入資訊犯罪防制功能，採取適當保護措施，更要注重客戶端之資安觀
念，提醒客戶不定期查對資料，對個資做必要更換，防阻外洩及隱私被
侵害之風險[110]。

　　由本文上述所提我國商業銀行與外國銀行個資保護作法之比較中可
以了解，各家銀行目前所推行之保密皆以個資法之法規遵循為原則來制
定，各銀行應考量其企業規模大小、業務範圍等特殊體制之不同，進而
制定一套適合該銀行之法律風險管理計畫或手冊，如此相輔相成，才能
達到最大成效。

四、加強銀行從業人員教育訓練

　　賽門鐵克（SYMC）與 Ponemon Institute 共同發表 2013 年全球資
料外洩成本調查報告指出，62% 的員工認為在公司以外的場合使用公司

109.施茂林，同前註94，頁34-35。
110.施茂林，《法律站在你身邊——法律風險防身術》，聯經出版社，2013年1月初版3刷，
　　頁208-209。

資料是合理的，其中多數員工使用完畢後也從不刪除資料，銀行人員資料列印、部門間資料傳輸或電子郵件寄送錯誤等情況，也可能造成個人資料外洩。為避免資料外洩，降低資料外洩事件成本，賽門鐵克建議最佳作法為：（一）加強教育訓練，訓練員工善加處理機密資料；（二）強化金融人員資訊素養，培養具謹慎處理客戶個人資訊之信念與能力[111]；（三）採用防止資料外洩相關技術來識別敏感性資料，並預防機密資料外流[112]。

　　為訓練員工有良好風險管理，莫如建立風險管理文化，讓銀行行員將風險管理落實於銀行作業中，並強化法律風險意識，教育同仁認知到作業風險、信用風險、市場風險等與法律風險息息相關[113]。其中消費使用者之個人資料具有保密性，更須有正確之法律風險管理知能，做好事前風險管理預防法律風險實現[114]。同時，銀行負責人及經營者或許不必具備半點法律知識，但不可沒有法律意識，體會防患未然之思維[115]，尤其對於本身有關之個資保護之強弱缺失甚為了解，也應清楚風險之所在與風險出現之原因及可能性，更要以身做則，改善缺陷瑕疵，建置完備之安全防控制度[116]。

　　銀行業因應個人資料保護法之施行，可先培養員工法律風險意識與理念，透過員工在職訓練，由銀行業內部各單位主管，定期培訓個資種子教師，定期為個人資料保護法教育宣導，內容可分為銀行作業流程中

111.詹炳耀、任文瑗、郭秋田、張裕敏，《資訊倫理與法律》，旗標出版，2009年6月出版，第一篇，頁1-22。

112.SYMC and Ponemon Institute, Cost of Data Breach Study: Global Analysis (2013).

113.李小海，《企業法律風險控制》，中國法律出版社，2009年7月，頁35-36。

114.《風險管理理論與方法》，風險管理理論與方法編輯委員會，臺灣金融研究院，2006年1月2版，頁360-388。

115.唐青林、項先權，《企業家刑事法律風險防範》，北京大學出版社，2008年11月，頁44-45。

116.柴松林，〈風險預防與風險處理〉，《日新》，第2期，2004年1月，頁169。

常見之個資外洩原因、案例分析、因應措施、問題與討論等，讓銀行從業人員能更加清楚與了解個人資料保護法內容，再藉由舉行個資保護考核測驗，得知從業人員對於個人資料保護法之認識是否足夠。

　　資訊風險管理應以資訊安全訓練及宣導為主軸，強調預防勝於治療，銀行在策略上，以人為主，非以事為主[117]，可採三階段進行，第一階段主要以個人資料保護法之認識為主，使人員明確了解法律規範要求，不定期邀請專家學者進行個資保護議題演講，第二階段配合法律與銀行欲採行之因應措施宣導，讓人員能夠具體落實執行於作業流程中，第三階段則以達成個資保護與達成企業經營目標，並以鼓勵方式給予人員實質回饋。如此將可使銀行從業人員循序漸進地熟悉法律規範，進而達成銀行業所欲推動實施之措施，達成個人資料保護之目標並提高銀行經營成效，達至多贏局面。

五、控管軟硬體設備與運作

　　目前國外個資管理認證系統，係以 1980 年 9 月由經濟合作暨發展組織（Organization for Economic Co-operation and Development，簡稱 OECD）發布之《OECD 隱私保護與個人資料跨境流通指導原則》為基礎，主要內容有限制蒐集、目的明確、安全保護、個人參與、內容正確、限制利用、公開、責任義務原則，然在各國之個人資料管理系統，為因應國內法律規範之不同，仍有所差異存在[118]。

　　國際標準組織 ISO 於 2005 制定的 ISO 27001 的資訊安全管理系統（ISMS），可供各國進行個人資料保護認證，然因各國法律規定不同，

---

117. 李順仁，同前註88，頁3-27。
118. 林俊宏，〈檢視電子化政府與資訊安全機制之建置〉，《植根雜誌》，第22卷第6期，2006年6月，頁21-40。

若引進單一個資認證系統可能衍生許多問題，許多國家仍會建立自己的個資認證機制，例如英國個資保護認證（BS-10012）PIMS、日本個人資料管理系統（JIS-Q-15001）[119] 以及德國的 ISP 個人資料保護驗證與標章，我國亦在 2009 年經濟部商業司推出一套 TPIPAS 個資認證系統，該認證參考日本的 JIS-Q-15001，並依據我國個人資料保護法進行調整。

　　雖然各國認證系統因國情不同而有所調整，但都遵循 PDCA 管理架構，主要內容為：P（Plan）規劃，先規劃建立個人資料管理制度，定義管理範圍及目標，制訂適合企業運作之個人資料管理政策；D（Do）執行，實施與運作個人資料管理制度之要求，確保企業已指定適當人選來推動與執行，推派適當人選共同進行個人資料之風險評估，並做出風險等級，也要求企業對員工進行教育訓練，確保個人資料被合法使用；C（Check）檢查，企業必須制定稽核計畫，指定合適之稽核人員依政策定期實施內部稽核，還必須定期實施管理階層之審查會議，審查內部稽核結果，掌握個資處理現況，並適時修正現行之個人資料管理政策內容；A（Act）行動，進行有效性與效率之維持與改善，針對企業可能違法之事件，在事前做預防行動，事中對不合政策要求之事項進行改正，以求降低風險[120]。然而個資認證的建立並非一成不變，仍須以 PDCA 為基礎，透過不斷修正、改善管理制度，才能達到保護個人資料之安全。

　　維護資訊安全（Information Protection），如同保護財產安全，須防阻遭受竊取、盜用、濫用、外洩、不受干預以及資訊攻擊，就資訊攻擊方面，常面對資訊攔截（Interception）、資訊阻斷（Interruption）、攻擊侵入（Penetration）、資訊捏造（Fabrication）等威脅，銀行應體

---

119. 鍾文岳、汪家倩，〈個人資料保護法，這樣讀就對了──企業篇〉，《萬國法律》，第181期，2012年2月，頁3-15。
120. 張書鳴、黃明達，〈以BS10012為基礎評估組織導入個人資訊管理制度之研究〉，《電腦稽核》，第24期，2011年7月，頁11-28。

認其對客戶個資侵害之嚴重性，須從電腦系統建置做起，即將資訊安全列為軸心事項，設計安全程式，防免程式瑕疵（Program Flaws），力求作業系統、資料庫安全，有效設計多層式防火牆，完備資料加密措施，設立安全偵防系統（Intrusion Detection Systems），對於駭客等級侵害者，採取防堵（Preventing）、阻擾（Deterring）、欺敵（Reflecting）、偵搜（Petecing）及修復（Recovering）等措施，達到銀行客戶個人資料周密安全保護之目標 [121]。

六、主管機關強化監理督導效能

本文前舉個資保護案例中，有為銀行業者本身之觀念、系統建制、資料控管及人員管理等導致被裁罰者，但銀行法及金融控股公司法等，均明白規定銀行須有依法執行業務之義務，金管會為其主管機關，負有督導之責任，並依各案情節有行政裁量權，且為充分發揮金融檢查之功能，還規定主管機關得委託適當機構或指定專門職業及技術人員進行檢查，竟未能為有效之監理，實在令人難以認同現行作法 [122]。

金融控股公司及銀行業內部控制及稽核制度實施辦法，係依金融控股公司法第 51 條、銀行法第 45 條之 1 第 1 項、信用合作社法第 21 條第 1 項、票券金融管理法第 43 條及信託業法第 42 條第 3 項規定訂定之。上開條文中均明定內部控制及稽核制度之規範，內部控制之基本目的在於促進金融控股公司及銀行業健全經營，然其目標係為達成營運之效果

---

121. 賈蓉生等著，同前註92，頁1-2-6-35。
122. 金融監督管理委員會組織法第2條第1項，本會主管金融市場及金融服務業之發展、監督、管理及檢查業務；銀行法第45條之1，銀行應建立內部控制及稽核制度；其目的、原則、政策、作業程序、內部稽核人員應具備之資格條件、委託會計師辦理內部控制查核之範圍及其他應遵行事項之辦法，由主管機關定之；金融控股公司法第51條，金融控股公司應建立內部控制及稽核制度；其辦法，由主管機關定之。

及效率、相關法令之遵循等，故金管會應注意督促有無制定內部控制、稽核等，並監督銀行業者是否確實執行[123]。

銀行作業委託他人處理應建立內部處理制度及程序，以確保作業之品質及客戶之權益，並減低對銀行可能造成之風險，然以 B 銀行為例，其電腦系統建制，竟受委外廠商控制，非但無法降低風險反而有產生風險之虞，是以為落實加強個資保護，金管會更須強力監督將電腦系統委外之銀行業者，使其能減少風險之產生。

有關金融控股公司共同行銷，對於銀行金融事業版圖之擴展固有助益，但客戶個人資料卻淪為銀行之商品，其隱私權有受到損害之虞，是以金融控股公司應如何揭露、轉介或交互運用客戶資料，須有完備之控管措施，金管會宜採事前備查制，增加拒絕被行銷作法，其非屬基本資料，須事前取得客戶書面同意，並應向客戶揭露保密措施，萬全之策，將金融隱私權統一明文化最為適當[124]。

法律風險管理對消費使用者之個人資料保護，至為重要，而且銀行對客戶存放匯款等資金往來資料，有保密之義務，乃憲法對於人民財產權保障之最具體之實踐，揆發生洩密之事例，法令規範之要求極為明確，竟仍發生諸多外洩情事，金管會應督導各銀行建立各類法律風險管理計畫或手冊明定保密對策，制定法律風險管理之步驟，於運作實務上之流程可分為法律風險管理目標、法律風險辨識、法律風險鑑別、法律風險評估、法律風險策略、法律風險控管、法律風險移轉、法律風險復

123.金融主管機關為維護金融秩序、保障客戶之權益，對銀行之財務狀況以及其業務經營是否遵循法令規範，依銀行法第45條等規定，具有檢查權與調查權，有關銀行是否依法蒐集客戶之資料、利用及管理，是否建置銀行內部控制及稽核制度，應予介入，有效監督。參見郭土木，《金融管理法規上冊》，三民書局，2006年7月，頁120-124。

124.莊書雯、林筱瓴，〈論個人資料於金融控股公司共同行銷時之保護〉，收錄於陳志龍《金控公司與併購：金融改革與財經犯罪》，翰蘆圖書出版有限公司，2006年11月，頁200-205。

原等階段 [125]，再加以原有內部控制、稽核機制之徹底執行，將可健全金融控股公司與銀行業務之經營，強化企業體質。

125.宋明哲，《風險管理新論——全方位與整合》，五南出版，2012年10月，6版1刷，頁187-480。

| 第 8 章 |

處分違犯銀行法第 125 條之犯罪所得應論以洗錢罪？

蔡佩芬[1]

摘要

　　處分違犯銀行法第 125 條（準收受存款罪）之犯罪所得，未必僅可能該當洗錢犯罪，有可能是觸犯刑法詐欺取財罪、贓物罪。本案被告未曾發現有收受存款之構成要件行為，根據大法官會議釋字第 109 號解釋可能該當詐欺取財罪與準收受存款罪之共謀共同正犯或幫助犯，甚至可能該當收受贓物罪之正犯，而非處分違犯銀行法第 125 條之犯罪僅能以洗錢罪論之。法官審判不該先有心證結果方找理由與依據，更不該狹隘的僅以洗錢罪為思考與審理方向，如此先有心證後找理由證據之審判方式是倒果為因、容易入人於罪，更違反無罪推定原則。

　　本案以判決確定的事實為基礎，探討在刑法上與刑事特別法中可能該當的犯罪，藉此指出判決僅以洗錢罪方向思考之瑕疵與錯誤之處。

　　本案主要以實體法為評論中心，未深入探討證據法則。

壹、前言

　　本文題目「處分違犯銀行法第 125 條之犯罪所得應論以洗錢罪？」，係源自實務上不乏將違反銀行法規定之行為逕認定是洗錢犯罪並判決之，而未深究是否該當刑法之相關規定，逕以洗錢防制法是刑法之特別

---

1. 現任亞洲大學財經法律系暨研究所專任副教授、中國醫藥大學兼任副教授、考試院司法特考命題與閱卷委員、臺中市勞資爭議仲裁人與調解委員、臺中市車輛行車事故鑑定委員會委員、中華民國仲裁協會仲裁人、高雄市中正大學校友會會長。

規定而適用洗錢防制法，未再深究刑法與洗錢防制法之間的各犯罪構成要件該當性之間是否有重疊性；尤其犯罪構成要件要素中的主觀要件必須有賴於客觀證據或行為人自白去綜合判斷時，檢察官或法官在未能取得可靠的自白證據情況下，若客觀證據又游走在洗錢犯罪或刑法各罪規定之間而難以判斷時，豈可逕自利用特別法優先普通法之原則對行為人論以洗錢犯罪？本文以士林地方法院 99 年度金訴字第 1 號判決為例說明之。

貳、本案事實

一、判決確認之事實

　　張翠芳基於違反銀行法不得收受存款規定之犯意，自民國 91 年 5 月間起至 92 年 9 月間止，向多人表示現正從事水果進口生意，如參與每單位新臺幣（下同）20 萬元之投資，每期 15 日可獲得紅利 1 萬 5 千元，紅利若不領取可再繼續投資，以此方法，使人誤信可獲得顯不相當之紅利，而向多數人收受投資款，並由楊秋樺（未據起訴）負責記帳。

　　本案被告張麗月（為另案張翠芳之胞姊），明知張翠芳收受款項屬於違反銀行法第 29 之 1 條第 1 項之重大犯罪所得財物，仍與張翠芳分享利益，兩人謀議看屋，由張翠芳將金錢交付張麗月，以張麗月名義購屋，並由張翠芳居住，同時滿足張翠芳之居住需求及張麗月之財產需求。張翠芳於 92 年 6 月 2 日所收受之投資款中，將購屋所需之 1,700 萬元現金交付張麗月收受，張麗月將其中之 1,530 萬元存放國泰世華商業銀行館前分行所租用之 3477 號保管箱內，所餘 170 萬元，作為簽約金及頭期款支付予豐麒公司，張麗月又於 92 年 6 月 23 日，至保管箱取出 680 萬元，於當日支付 340 萬元房屋價款予豐麒公司，再於 92 年 6 月 28 日支付 340 萬元土地價款予郭國慶，復於 92 年 7 月 25 日，至保

管箱取出 850 萬元，作為土地尾款支付郭國慶，進而取得內湖房地之產權，但張麗月自己未曾居住其內，均由張翠芳居住。

　　嗣於 92 年 9 月間，張翠芳無法繼續支付大量投資額累計之紅利，投資人之投資無法回收，追問了解之後始知張翠芳帶同參觀之內湖房地居所，係以張麗月名義所購買，因而得悉上情。

二、判決結果

　　被告張麗月犯洗錢防制法第 11 條第 2 項洗錢罪，處有期徒刑兩年。

三、判決理由

　　法院認為上列被告張麗月因違反洗錢防制法案件，經檢察官提起公訴（98 年度偵續一字第 11 號），本院判決如下：

　　（一）證據能力方面：

本文僅評論實體面內容，故此部分從略。

　　（二）實體面部分：

1. 被告具備洗錢動機

　　被告供述時常資助胞妹張翠芳[2]，兩人具備深厚信賴關係，有互相融通財物並且保守祕密之情感基礎；依被告每年薪資所得不滿 35 萬元，利息所得不滿 6 萬元，股票投資亦屬有限，尚非富裕，如收受張翠芳交付之投資款，不論為代張翠芳保管投資款或自己實際取得投資款，均可增加自己財務調度運用之空間。因而，按照張翠芳與被告間親近信賴之程度及兩人互相融通財務之過往關係，張翠芳於獲得巨額金錢時，有

---

2. 被告張麗月與張翠芳為姊妹，張翠芳以收受投資為名義，向多數人收受款項，並約定給付與本金顯不相當之紅利，違反銀行法第29條之規定，依同法第125條第1項業經臺灣高等法院98年度上訴字第3974號刑事判決。

與被告分享之意願，而具備將投資款交付被告之動機，被告依其財務狀況，亦有收受該等投資款進行洗錢之動機，均堪認定。

2. 被告購屋資金是處分他人犯罪所得

（1）他人犯罪所得去向不明

張翠芳於 91 年 5 月間至 92 年 9 月間，收受所示巨額投資款倒帳後，經告訴人提出告訴，偵察機關追查結果，張翠芳逃匿通緝，且於緝獲後因精神障礙，未曾說明金錢去向，又無法查得張翠芳財產所在，以致該等巨額投資款去向不明。

（2）被告財物經調查非借款亦非母親遺產，係來路不明

被告於 92 年 6 月 2 日至 92 年 7 月 25 日之間，陸續支付內湖房地買賣價金 1,700 萬元，非由名下帳戶 1,191 萬提領，又未能清楚說明其購屋價金支應方式；被告財產所得狀況尚非富裕，其金融體系內存款已達千萬元以上，如另有 1,700 萬元購屋資金另行藏放他處，亦難想像；又被告分期支付後續買賣價金後，財務理應更為吃緊，但被告於 92 年 7 月 25 日付清尾款後，名下帳戶存放之金錢卻高達 1,589 萬元，不僅並未減少，反而大幅增加，更難認定被告以自有資金購買內湖房地；再被告支付各期買賣價金時，均以無法辨識來源之現金支付等情，違背一般大額付款須顧及金錢運輸保管風險之常態。因此，上開 1,700 萬元購屋款項，不能認定被告係以自有資金支付；又胞兄無法證明是母親遺產，兄嫂已死亦無法證明是借款，故應認定為來路不明。

（3）張翠芳財物去向不明與被告購屋款來源不明有對應關係

被告以現金購屋乖離常情，違背一般大額付款須顧及金錢運輸保管風險之常態，又被告之購屋款來源無其他任何合理解釋，因此，張翠芳金錢之不明去向與被告購屋款之不明來源，顯有對應關係，故被告明知張翠芳交付之金錢屬於違反銀行法第 125 條第 1 項之不法所得，仍收受張翠芳 1,700 萬元金錢用以購買內湖房地之事實，即堪認定。

3. 被告從事洗錢行為之認定理由

（1）以被告名義購屋卻由他人居住

被告購屋之過程，本應與胞姊張翠芳無甚關連，張翠芳並無參與之必要，但張翠芳卻始終參與，且事後又實際居住該屋，足認張翠芳對該屋具備支配關係。

（2）透過房屋買賣，被告名目財產將大幅增加。張翠芳則居住屋內改善生活條件，兩人互蒙其利，均有所獲。

（3）洗錢行為，係透過移轉財產之方法，達成隱匿重大犯罪所得財物之目的，在行為特徵上，當事人必然更為謹慎避免留存跡證，且金錢又極易混合致無法辨識其來源，故洗錢案件，時有無法取得直接證據之情形，可以想見，參照最高法院 27 年滬上字第 64 號、44 年臺上字第 702 號判例意旨，自得綜合各種間接證據，並本於經驗法則進行推理判斷。

參、處分違犯銀行法第 125 條之犯罪所得未必論以洗錢犯罪

本案被告雖不算富裕，卻經常資助胞妹張翠芳，兩人情感深厚，張翠芳犯罪所得分享於被告，被告也據此購買房屋與改善財務狀況，據此，按刑法與特別法之規定觀之，被告可能觸犯洗錢防制法，亦可能觸犯刑法贓物罪，或可能是胞妹收受存款之共謀共同正犯，或者是他人犯罪（胞妹收受存款）之精神支持者而為幫助犯，或者是詐欺取財之共犯。在無任何充分證據之下，怎可因為收受犯罪所得並利用之，而遽認定被告一定是洗錢正犯？

從上述犯罪事實與判決理由可知，被告可能觸犯的罪刑有下列幾種可能性：

一、被告可能該當詐欺取財罪與準收受存款罪之想像競合犯

刑法第 339 條規定：「意圖為自己或第三人不法之所有，以詐術使人將本人或第三人之物交付者，處五年以下有期徒刑、拘役或科或併科一千元以下罰金。以前項方法得財產上不法之利益或使第三人得之者，亦同。前二項之未遂犯罰之。」據此，詐欺取財罪之犯罪構成要件為：客觀要件中，須有 1. 行使詐術行為；2. 為財產處分之交付行為或使人得利之行為；3. 行為人或第三人取得財物或受有利益；4. 處分行為與詐欺行為有因果關係（即第 1 點與第 2 點有因果關係）；5. 行為人或第三人取得財物或受有利益間有因果關係（即第 2 點與第 3 點有因果關係）；主觀要件中，須有詐欺故意與使他人為財物交付之故意，以及為自己不法之所有之意圖[3]。

所謂行使詐術行為，係指因行使詐騙行為並且因此使他人陷於錯誤之行為，若未使他人陷於錯誤者，則非詐術行為（詐欺行為），所以，此之詐術行為（詐欺行為）必須是達到使他人陷於錯誤之情境，且陷於錯誤與實施詐騙行為之間有因果關係。此之詐騙行為可以是虛構事實，或隱匿事實真相，該事實可以是具體事件過程或狀態，並可以檢驗其真假，如物之來源、成分、特性、交易適格性、人之年齡、身分、家庭關係、社會關係、財務狀況、支付能力等，或內在事實，如行為人的內心世界、特定的認知、確信、想像、意圖、動機、打算、支付意願等與外在事實[4]，亦可以是言語、行為、動作、直接或間接、現在、過去或

---

3. 意圖是無須與客觀要件相對應之特殊主觀要素，詳蔡聖偉，〈所有權與侵害整體財產之犯罪（下）〉，《月旦法學教室》第70期，頁52。

4. Reniger Strafrecht B/T 1,§13 Rn. 4:Wessel/Hillenkamp B/T 2,Rn.49: Krey/Hellmann, B/T 2,Rn.339;Cramer,in:Sch○○nke/Schr○○der, StGB §2632 Rn..8,Joecks,Stuk-StGB §263 Rn.23.轉引自吳耀宗，〈詐欺罪詐術行使之解析〉，《月旦法學雜誌》第163期，2008年12月，頁51-64；吳耀宗，〈好心沒好報──侵占、詐欺、竊盜與搶奪罪之區辨〉，《月旦法學教室》第84期，2009年10月，頁105-115。

未來事實均可。所謂財產之交付，是指被害人基於己意、任意性、自願性的將財物移轉使他人支配占有之事實行為，此之移轉占有行為也是來自陷於錯誤所導致，故處分行為與陷於錯誤之間有因果關係。因為有處分行為而使第三人或行為人因此獲得財物或受有財產上利益，所以處分行為與第三人或行為人之獲利有因果關係[5]。

主觀要件是必須認識到所有客觀要件之內涵，並有意欲為之，且有將該財物與利益據為己有、以所有權人自居之不法意圖。

銀行法第 29 條規定：「除法律另有規定者外，非銀行不得經營收受存款、受託經理信託資金、公眾財產或辦理國內外匯兌業務。」又同法第 29 之 1 條規定：「以借款、收受投資、使加入為股東或其他名義，向多數人或不特定之人收受款項或吸收資金，而約定或給付與本金顯不相當之紅利、利息、股息或其他報酬者，以收受存款論。」且同法第 125 條第 1 項則規範收受存款論者，處三年以上十年以下有期徒刑，得併科新臺幣 1,000 萬元以上 2 億元以下罰金，其犯罪所得達新臺幣 1 億元以上者，處七年以上有期徒刑，得併科新臺幣 2,500 萬元以上 5 億元以下罰金。

據此，被告之胞妹張翠芳明知非銀行不得經營收受存款業務，且以投資名義向多數人或不特定人收受款項，而約定給付與本金顯不相當之紅利者，亦以收受存款論，但張翠芳仍基於違反銀行法不得收受存款規定之犯意（同時存在詐欺取財罪之意圖為不法之所有），自民國 91 年 5 月間起至 92 年 9 月間止，向多人表示現正從事水果進口生意，如參與每單位新臺幣（下同）20 萬元之投資，每期 15 日可獲得紅利 1 萬 5

---

5. 參考甘添貴，《刑法各論（上）》，三民書局，2010年，頁311-335；曾淑瑜，《刑法分則實例研習——個人法益之保護》，三民書局，2011年，頁323-331；林山田，《刑法各罪論（上）》，作者自版，2006年，頁447-449。

千元，紅利若不領取可再繼續投資，以此詐騙方法（詐欺取財罪之詐騙故意與詐欺行為），使人誤信（陷於錯誤）可獲得顯不相當之紅利，而收受投資款（為財物之處分行為），然事後投資人並未如期獲得紅利，使人受有財物之損害，除違反銀行法之規定外，另觸犯刑法詐欺取財罪。

詐欺罪必須有行使詐欺行為令人陷於錯誤而為財物之交付，銀行法第 125 之 1 條亦須有收受財物之行為，本案被告尚未實施詐騙行為，亦未向受害人實施收受存款之行為，僅事後從胞妹取得犯罪財物，從目前證據尚難論以詐欺罪與銀行法第 125 之 1 條及共同正犯，但被告之胞妹為銀行法第 125 之 1 條及詐欺行為時是否被告知悉且與被告共謀？本案未調查。

被告並未實施該詐欺行為與收受財物交付之行為，但是被告仍受有財物之利益，蓋被告以自己名義購屋，但購屋行為由胞妹代勞亦由胞妹居住，惟被告以現金購屋後資金不增反減，合理懷疑被告購屋之資金與胞妹違法收受存款之間有因果關係，或謂被告購屋資金就是胞妹犯罪所得。據此，被告可能是單純享受犯罪成果之收受贓物犯，或者，有可能是與胞妹共謀而由胞妹下手實施犯罪之幕後操控黑手，所以胞妹才會將犯罪所得共同分享。至於是哪一種，這是法官應該要詳細調查的部分，但是本案從判決文完全看不到這部分內容。

大法官會議釋字第 109 號解釋文指出：「以自己共同犯罪之意思，參與實施犯罪構成要件以外之行為，或以自己共同犯罪之意思，事先同謀，而由其中一部分人實施犯罪之行為者，均為共同正犯。」理由書亦表示：「以自己共同犯罪之意思，事前同謀，而由其中一部分人實行犯罪之行為者，亦均應認為共同正犯，使之對於全部行為所發生之結果，負其責任。本院院字第一九〇五號解釋，係指事前同謀，事後得贓，推由他人實施……」本案被告之胞妹張翠芳實施收受存款和詐欺取財行

為，被告是事後得贓，若被告於胞妹著手前共謀者，則該當收受存款與詐欺取財罪之共同正犯。在本號解釋之下，被告無須著手實施構成要件行為，只要有事前同謀而事後得贓者，仍為共同正犯。則觸犯銀行法第125條第1項與詐欺取財罪是一行為觸犯數罪名之想像競合犯，從一重罪處斷；因詐欺取財罪是處五年以下有期徒刑、拘役或科或併科1,000元以下罰金，準收受存款罪在犯罪所得1億元以下者處以三年以上十年以下有期徒刑，得併科新臺幣1,000萬元以上2億元以下罰金，若犯罪所得達新臺幣1億元以上者，處七年以上有期徒刑，得併科新臺幣2,500萬元以上5億元以下罰金，故不論犯罪所得是1億元以下或1億元以上，均處以較重罪之銀行法準收受存款罪論；只是共謀共同正犯可以主張僅在其當初共謀決意範圍內負責，逾越當初決議範圍者，共謀共同正犯不須為下手實施者的逾越範圍負責。

簡言之，若被告與其胞妹兩人共謀而決意由其胞妹實施銀行法第125之1條及詐欺罪構成要件者，則被告為銀行法第125之1條及詐欺罪之共謀共同正犯，從而可以合理解釋被告出名購屋由其胞妹居住，並且購屋之後現金不減反增之結果，則其後來寄藏（放入國泰世華銀行保險箱）、處分（購屋資金）該財物之行為，則為不罰後行為而不該當犯罪。本案對於被告是否該當銀行法第125之1條及詐欺罪共謀共同正犯均未調查，逕認定是洗錢罪則稍嫌遽斷；被告完全不可能是銀行法第125之1條及詐欺罪之共謀共同正犯嗎？在未經調查之前，不該擅斷就是洗錢犯罪。

二、被告可能該當詐欺罪與準收受存款罪之幫助犯

所謂「幫助犯」，係指該當刑法第30條之規定者：「幫助他人實行犯罪行為者，為幫助犯。雖他人不知幫助之情者，亦同。」幫助犯主觀上要有幫助故意[6]，客觀上要有幫助行為，幫助行為不論是精神幫助

或物質上幫助均可，消極行為或積極行為均可，作為或不作為均可，只要在犯罪過程中對行為人有所助益，為他人犯罪之意思而非為自己犯罪之意思，對犯罪過程增添順利或排除阻礙，且未著手於構成要件行為者，則屬幫助犯。

在本案，若被告未曾參與銀行法第125之1條及詐欺罪之謀劃，但曾經給予胞妹精神支持或告知事後能協助銷贓者，則此心理上支持與銷贓計畫均可增進銀行法第125條及詐欺行為之順遂，則被告該當張翠芳詐欺行為之幫助犯。究竟被告是否為銀行法第125條及詐欺罪之幫助犯？本案亦未調查，便逕自認定是洗錢犯罪。試問：被告完全不可能該當幫助犯嗎？在未經調查之前，法官不該擅斷。

該當洗錢犯罪者，處以處七年以下有期徒刑，得併科新臺幣500萬元以下罰金；而該當詐欺取財罪與準收受存款罪之想像競合犯應從一重罪以準收受存款罪論者，處三年以上十年以下有期徒刑，得併科新臺幣1,000萬元以上2億元以下罰金，若犯罪所得達新臺幣1億元以上者，處七年以上有期徒刑，得併科新臺幣2,500萬元以上5億元以下罰金，且根據刑法第30條第2項規定：「幫助犯之處罰，得按正犯之刑減輕之。」關於刑度之衡量，對被告之權益不得不謂有重大影響，法官應該審慎調查之。

三、被告可能觸犯贓物罪

刑法第349條規定：「收受贓物者，處三年以下有期徒刑、拘役或五百元以下罰金。搬運、寄藏、故買贓物或為牙保者，處五年以下有期徒刑、拘役或科或併科一千元以下罰金。因贓物變得之財物，以贓物論。」

---

6. 黃惠婷，〈幫助故意〉，《臺灣法學雜誌》，2008年9月，頁139-143。

　　所謂收受，係指自他人行為手中收下的動作，以及達到自己監督控制的結果，故收受的犯罪型態是結果犯；收受行為的樣態不拘，凡取得持有者均可。應以合意、和平交付之情形為限。須是無償行為，或未達對價之有償行為，以區別故意買賣為取得所有權之收受行為。收受原因為何，在所不問，即使是輾轉收受，非直接自財產犯取得者亦可。

　　所謂寄藏，須有寄藏之行為和結果，即是行為人已將犯罪所得之物持有監督中，以達受託而為保管之行為。如果只是剛為寄藏而交付、或已為交付而尚未隱藏者，隨即就被逮獲，為寄藏之未遂，本罪不罰未遂而不為罪。須對於受寄他人犯罪所得之物為之隱藏[7]。

　　「寄藏」與「收受」相同處在於，可以是有償，也可以是無償；不同者為，寄藏無法取得對犯罪所得物之處分權，收受則取得處分權；寄藏是寄託且加以隱藏，收受只有取得持有之行為，並未加以隱匿。

　　收受贓物罪必須有收受故意，且必須基於他人因財產犯罪而收受之故意。被告一向資助胞妹，故如今胞妹有一大筆金錢交予其收受，必然追問這筆資金來源，故被告收受當下知悉該筆資金係他人犯罪所得應可肯定。

　　胞妹觸犯銀行法準收受存款罪之犯罪所得，法律性質是贓物，則被告未如前述該當胞妹之共謀共同正犯或幫助犯者，則被告是收受贓物、寄藏贓物，蓋經調查被告購屋之資金來路不明，且事後總資產不減反增，而胞妹之犯罪所得去向不明，兩者之間法官推論有對應關係，姑且認為這推論是正確之基礎觀察，被告接受胞妹之犯罪所得，該當收受贓物罪，又將犯罪所得存於保險箱中，該當贓物罪之寄藏行為；從被告

---

7. 30年非字五七號及徐世賢、陳煥生著《刑事特別法實用》，月旦出版，1995年，頁157。但也有反對說，認為受寄與藏匿不以同時存在為必要，參見韓忠謨著《刑法各論》，三民書局，1982年，頁471，筆者認為韓氏學者之說法不甚妥當，蓋如此一來，收受行為將無法與寄藏之受寄行為區分，同時有違罪刑法定主義下，構成要件從嚴解釋之原則。

以此犯罪所得支付購屋且為房屋所有人，可知被告對該犯罪所得有處分權，而從贓物罪構成要件寄藏與收受之區別觀之，與其論以寄藏，倒不如論以收受贓物罪更為貼近被告及前犯罪行為人之本意。

贓物罪本質之學說及實務有各種說法，學說上向來有以下幾種見解[8]：

（一）事後幫助犯理論

贓物罪之行為是對於他人犯罪之事後幫助行為，故贓物犯是該先行為所犯罪之事後幫助。

（二）隱匿理論

贓物罪之行為是對於他人犯罪行為之隱匿行為，包括對犯罪所得之物的隱匿、犯罪所用之物的隱匿，及犯罪行為本身之隱匿。

（三）妨礙返還請求權理論[9]

贓物罪之行為是對於他人犯罪之所得為避免受害人取回而加以妨礙之行為。我國實務上採之[10]。

---

8. 甘添貴，《刑法各論（上）》，三民書局，2009年，頁377-379只認為有第三說與第五說，並採「回復持有妨害說」；林山田，《刑法各罪論（上）》，作者自版修正五版，2005年，頁523；蔡墩銘著《刑法各論》，三民書局，1992年再修訂版，頁212只記載丙說及戊說；徐石松著《刑法》，臺灣商務印書館，1977年修一版，頁347只認為有第一說及第二說；曾榮振著《刑法總整理》，三民書局，1980年，頁364認為是第三說；曾淑瑜，《刑法分則實例研習──個人法益之保護》，三民書局，2011年10月，頁428。

9. 實務上通說〔參考甘添貴，《刑法各論（上）》，三民書局，2010年，頁378〕、韓忠謨著《刑法各論》，三民書局，1982年，頁468稱之為「妨礙追及權說」；蔡墩銘著《刑法各論》，三民書局，1992年再修訂版，頁213、16年度臺上字第460號判決稱之為「追求權侵害說」。

10. 由41臺非36「刑法上之贓物罪，原再防止因竊盜、詐欺、侵占各罪被奪取或侵占之物難於追及或回復，故其前提要件，必須犯前開各罪所得之物，使得稱為贓物」可知；又63年12月17日決議：「贓物罪乃妨害財產犯罪之一獨立罪，被害人之財產遭他人之不法侵害，原得依法請求回復其物，但因贓物犯之參與，致被害人之回復請求權發生困難，是以贓物罪之行為，亦應認為對他人財產之侵害。……」

（四）受益理論

贓物罪之行為是對於他人犯罪所得不法利益之剝削以享受該不法利益。故贓物罪之本質在於不法利益之追求及享受。

四、維持理論 [11]

贓物罪之行為是對於他人犯罪行為所造成之違法狀態繼續維持，使之難以回復原狀。故贓物罪之本質是對於違法狀態之維持或穩固。

五、回復持有妨害說

贓物罪之可罰性，乃在於妨害本犯被害人回復其持有財物之可能性。與追求權妨害說（即第三說）不同之處在於，贓物罪成立與否繫於被害人有無返還請求權存在，且贓物須被害人於法律上尚有返還請求權始足當之。而本說不論被害人是否有返還請求權，亦不論是合法持有或非法持有，只需其持有為本犯所侵害，而為贓物罪構成要件行為，因而增大被害人回復請求財物之困難性或不能性者，即得以贓物罪論 [12]。

以上五種見解各有所偏，任何單一理論均無法妥適及完整說明贓物罪之本質。通說採第三說，據此，贓物罪之法益在於保護「返還請求權」被告收受贓物之當下，理當知悉是他人（胞妹）犯罪所得，且有據為己有之意思，同時挪為己用並享受該財物帶來的快樂而不希望返還於投資人，可見對原所有人返還請求權之受害在所不惜，可見被告已侵害到贓物罪欲保護之法益。

據上論述，被告該當收受贓物罪。然本案判決未論及此，甚至未為

---

11. 又稱「穩固理論」（perpetuierungstheorie）；蔡墩銘著《刑法各論》，三民書局，1992年再修訂版，頁213稱「違法狀態維持說」；韓忠謨著《刑法各論》，三民書局，1982年，頁468稱「違法財產狀態維持說」。
12. 甘添貴，《刑法各論（上）》，三民書局，頁328-379。

相關調查與論證。

（一）被告可能觸犯洗錢罪

洗錢防制法第 2 條規定：「本法所稱洗錢，指下列行為：一、掩飾或隱匿因自己重大犯罪所得財物或財產上利益者。二、掩飾、收受、搬運、寄藏、故買或牙保他人因重大犯罪所得財物或財產上利益者。」

本案被告究竟有無該當銀行法準收受存款罪之共謀共同正犯？法官未曾調查，若被告曾為詐欺罪與準收受存款罪之行為犯者，則可能觸犯的是洗錢防制法第 2 條第 1 項，反之則第 2 項。

洗錢的法益眾說紛紜，簡列如下 [13]：

1. 妨害國家司法權之公正行使：重大犯罪以洗錢方式處理犯罪所得，妨害偵察工作與國家司法權之行使。

2. 侵害社會公共信用與金融交易安全：破壞金融體系之健全。

3. 妨害國家對於犯罪追訴與處罰 [14]：洗錢防制法第 1 條後段的立法目的強調「追查重大犯罪」，故本法僅是保護妨害國家對於犯罪追訴與處罰。並認為：

（1）洗錢罪之保護法益不及於前不法行為，前置重大犯罪行為有其他構成要件規範，已足保護，不必再疊床架屋以洗錢犯罪規範之。

（2）司法權行使有被動性，司法任務是審判不是追訴，故非對於犯罪追訴處罰，不會妨礙國家司法權行使。

（3）洗錢行為與一般經濟行為相同，不會侵害經濟秩序與金融秩序。

（4）妨礙合法權利人之返還請求權，侵害個人法益。

（5）第一款是保護「本國司法任務」，第 2 款因與贓物罪規定要

---

13. 參考李傑清，《洗錢防制的課題與展望》，法務部調查局編印，頁36-39。
14. 江朝聖，中興大學碩士論文，頁93。

件相同，而認為洗錢法益應是保護「禁止與預防對於未來重大犯罪之誘使」。

（6）避免未來有重大或特定犯罪之發生，及避免未來侵害一般法益：我國未如德國把洗錢罪規定在刑法當中，亦未如日本僅把洗錢規範在毒品與犯罪組織密切相關之特別法中。因此，保護法益解釋為重大犯罪所侵害之法益，避免重大犯罪所得在投資後侵害個人法益（如生命、自由法益）與財產法益。

（7）保護刑罰公平原則：財產犯罪有贓物罪規範，但販毒、軍火等重大犯罪無具體被害人，無法科以贓物罪，有違公平正義原則，故以洗錢規範之，使其失去交易能力，符合公平正義原則。

（8）保護社會治安不受潛在性威脅：洗錢行為乃將非法犯罪所得投入社會各種非法或合法活動，使社會治安受威脅，故該防治之。

（9）兼具保護社會公共法益與國家司法任務，並維護社會法益[15]：

a. 處罰洗錢行為，使行為人無法行使犯後所得之交易，足以防治前置重大犯罪之產生，且洗錢手段危害國家重大犯罪行為與洗錢犯罪之調查與追訴，故兼具國家司法保護任務。

b. 洗錢會造成合法經濟活動不良之影響，基於維持社會公共生活之平穩，有此規範。

以上各說，通說認為是防止妨礙國家對於重大犯罪之追訴及處罰。據此，洗錢行為必須是已經妨礙國家對於重大犯罪之追訴及處罰，故而洗錢犯罪之構成要件可以分析如下：

客觀要件上，要有掩飾、隱匿、收受、搬運、寄藏、故買、牙保之其一行為。在本案，被告可能涉及的是掩飾、隱匿、收受、寄藏之行為。

---

15. 李傑清，《洗錢防制的課題與展望》，法務部調查局編印，頁39。

所謂掩飾,係指操作任何事實上或法律上之行為,足以讓人無法察覺真正之所在[16],類似隱匿但須有主動、積極的加工行為[17]。

所謂隱匿,係指使之不易發現。此解釋同刑法第 165 條湮滅刑事證據罪之解釋[18]。有學者認為,應擴及以消極事實或法律行為顯示目標似乎不存在之作為[19]。

收受與寄藏則如前所述贓物罪解釋,以避免法條同文字卻有不同內涵之疑義。

(二)從洗錢法益著眼

惟在此等解釋之下,贓物罪與洗錢罪之客觀行為除掩飾與隱匿之外均重疊,該如何區別?此應從洗錢法益著眼。如上所述,洗錢罪要保護的法益是防止妨礙國家對於重大犯罪之追訴及處罰,故而洗錢犯罪行為必須達到妨礙國家對於重大犯罪之追訴及處罰之程度方屬之。據此,任何一個洗錢行為,都要能夠達到防止妨礙國家對於重大犯罪之追訴及處罰之目的,國際上 FATF(The Financial Action Task Force)將洗錢行為分為三個階段:

1. 處置階段:處置階段係指直接處理大筆資金之行為,亦即將傳統犯罪所得之資金轉入傳統、非傳統金融機構或其他經濟領域之行為。此階段正是現金偏離原有金融系統的最初階段,故被認為是洗錢過程中最脆弱之一環,亦是最容易被查獲之一環。此部分最常見之手法有:小鈔換大鈔、兌換外匯、存入銀行、購買貴重金屬、購買高爾夫球場等價額高的會員證、購買骨董、購買藝術品、與合法資金單獨混合而投資……等等[20]。

---

16. 李傑清,《洗錢防制的課題與展望》,法務部調查局編印,頁66。
17. 李傑清,《洗錢防制的課題與展望》,法務部調查局編印,頁50。
18. 為避免對法規條文名詞定義解釋不一,造成適用上的不一致或錯誤,宜用相同定義。
19. 李傑清,《洗錢防制的課題與展望》,法務部調查局編印,頁66。

2. 多層化階段：此階段是一連串較為細緻與複雜的企圖掩飾犯罪所得手法，主要行為是利用已存入金融機構的犯罪所得進行商業轉換行為，例如將第一階段所存入之現金（犯罪所得）購買旅行支票、債券、證券、股票、基金……等，或利用此筆現金開設銀行帳戶或申請信用卡進行電子商務交易，或將第一階段因處置現金所獲得之骨董轉賣……等等。這階段的行為會比第一階段行為更為細膩而複雜，並且企圖強化第一階段的行為以掩飾直接非法來源，更欲借現代商業金融交易自由化市場與交易管道增強其商業性、機動性、合法性，以強化合法化之偽裝。此階段之常見手法有：利用已經進入金融機構之現金轉換成旅行支票、債券、股票或信用狀等金融憑證；將現金所購得之貴重金屬、會員證、不動產、骨董、藝術品等高價資產轉售或變賣；利用已進入金融機構之現金於金融機構開設的帳戶中進行網路電子交易，或利用境外銀行市場進行電子商務交易[21]。

3. 整合階段：本階段是洗錢行為最後一個階段，是長期持續的將犯罪所得進行清洗的動作。本階段的金額未必龐大，主要是持續而長期進行，以斷絕所有客觀上可能被懷疑之犯罪痕跡，進而使外觀上與一般合法商業行為與資金往來活動無異。由於多層化階段經常藉各種不同的交易增加非法資金移轉的複雜性、變現性，故在整合階段的洗錢者，通常會以較合於常情（自然）、更精緻的商業資本家之操作手法進行，以切斷一切的合法線索或痕跡，使其在形式上或名義上與一般個人資產或商業活動之資金完全相同，而得以成為近似或類似合法經濟活動的一環。例如：洗錢者以合法資金支付訂金；購買商品或不動產之貨款或貸款以

20.謝福源，《防制洗錢之研究——理論與實務》，金融人員研究訓練中心編印，1996年，頁16。
21.謝福源，《防制洗錢之研究——理論與實務》，金融人員研究訓練中心編印，1996年，頁16-17。

犯罪所得支付；向境外銀行貸款再以犯罪所得支付貸款及利息；創設子公司、假公司、一人公司，或串通他公司進行假交易，達到洗清犯罪所得之違法目的[22]。

　　FATF 雖然將洗錢方法分為處置、多層化、整合三階段，但事實上該三階段並無嚴格區分或順位關係，只要能達成將非法所得變成合法化之外觀，就是洗錢行為。換言之，雖然贓物罪與洗錢罪之客觀行為均是收受、搬運、寄藏、牙保之犯罪行為，但是洗錢行為要求必須再進一步侵害到國家司法追訴或處罰與將非法及合法財物融合成為一體而無法分辨合法與否之程度始可。

　　據此，在主觀要件上，應認知到掩飾、隱匿、收受、搬運、寄藏、故買、牙保之內涵與意欲為之，且必須有妨礙國家對於重大犯罪之追訴及處罰之意欲，以及將非法與合法財物融合成為一體而無法分辨合法與否之故意，始為洗錢犯意。換言之，洗錢之故意內涵必須涵括到將非法轉變成形式合法以及逃避與妨礙國家司法追訴處罰的主觀認知與意欲作為洗錢行為之主觀要件之一，亦即對「掩飾」行為而言，行為人主觀上除有操作任何事實上或法律上之行為，足以讓人無法察覺真正意圖之所在的認知與意欲之外，尚須包括認識該掩飾行為與妨礙國家追訴處罰有關聯性而意欲為之，亦即必須包括使犯罪所得來源足以形式上合法化以逃避國家機關追處之意思在內[23]。

　　從本案被告購屋前將前行為犯罪所得置放於銀行保險箱之行為觀之，被告是將自己固有財物與犯罪所得刻意分離，雖然銀行保險箱有隱蔽之功能，卻無法將非法轉化為合法，亦無法達到將非法外觀與合法財物融合成一體而無法分辨孰非法孰合法之境地，且被告再無其他任何隱蔽或掩飾非法與轉化成合法外觀之行為，未能達到洗錢的客觀要件要求

22. 李傑清，《洗錢防制的課題與展望》，法務部調查局編印，頁12。

程度與法益侵害目的；若謂被告觸犯洗錢罪，似應更多證據證明。

　　從主觀要件觀之，被告處分犯罪所得之購屋行為是享受犯罪成果，可從其胞妹協同受害者（投資人）觀賞該新居落成可知，被告有收受犯罪所得與處分（購屋）之故意，卻未將非法轉化為合法外觀並彰顯出足以妨礙國家司法追訴與處罰之行為和程度，故被告未具洗錢故意。

　　因此，被告不該當洗錢犯罪之主客觀構成要件，若非準收受存款罪與詐欺罪之行為犯，就是收受贓物罪之行為犯，而非洗錢犯。縱退萬步言，無法分清楚究竟是洗錢罪或贓物罪時，在罪疑惟輕之原則下，應對被告有利之贓物罪論處。

肆、結論

　　處分違犯銀行法第125條之犯罪所得，未必均應論以洗錢罪，法官應按客觀事實與證據，善盡調查責任，始能評斷應處犯何種罪刑，而不該未審先判，不該心中早有定見之後才找理由與證據來作為入罪之依據。之所以要有保障人權為出發之訴訟程序，就是要避免法官的先入為主印象，法官非聖賢亦非神或上帝，縱然審判過許多案件，也已過盡千帆，但審判縮影經驗未必已經是每個被告與受害者的人生經驗，千遍一

23.實務上同此解釋者有101年臺上字第531號判決指出：「又洗錢防制法之立法目的，依同法第一條之規定，係在防制洗錢，追查重大犯罪。申言之，即在於防範及制止因特定重大犯罪所得之不法財物或財產上利益，藉由洗錢行為（例如經由各種金融機構或其他交易管道），使其形式上轉換成為合法來源，以掩飾或切斷其財產或財產上利益來源與犯罪之關聯性，而藉以逃避追訴、處罰，故其所保護之法益為國家對於特定重大犯罪之追訴及處罰，至該特定重大犯罪行為所侵害之一般法益，因已有該當於各犯罪行為之構成要件規定加以保護，即非制定該法之主要目的。準此以觀，洗錢防制法第十一條第一項洗錢罪之成立，除行為人在客觀上有掩飾或隱匿因自己重大犯罪所得財產或財產上利益之具體作為外，尚須行為人主觀上具有掩飾或隱匿其財產或利益來源與犯罪之關聯性，使其來源形式上合法化，以逃避國家追訴、處罰之犯罪意思，始克相當。」目前實務上同此解釋者尚有101年臺上字第531號判決、98年臺上字第5317號判決、92年臺上字第3639號判決、92年臺上字第2963號、91年臺上字第4956號。

律的用同一色系眼鏡看每個被告，終有失誤之時，對被告的審判失誤等同失誤於受害者的公平正義，而先有心證後找理由證據之審判方式是思維僅陷入某一犯罪之思考與審理方向，不但無視其他犯罪構成要件可能也該當，審理程序不看證據而心證也是倒果為因、容易入人於罪，更違反罪疑惟輕、無罪推定原則。

| 第 9 章 |

未註冊著名商標的保護
以德國及歐洲商標法及公平交易法為中心

魏馬哲（Mr. Matthias Wetzel）[1]

壹、前言

　　特別有成效的市場及行銷策略，往往與賣方及顧客間存在有效率的溝通有著緊密的關係。因此作為溝通核心而容易讓人記住、具有廣告效果的著名商標，其作為產品來源及特色的承載者，就成為產品在國內及國外市場銷售成功不可或缺的因素。

　　然而，伴隨商標的著名，其在國內及國外遭受他人利用的危險性就越高。尤其是某些人故意利用他人的努力成果遂行自己的目的。該行為尤其容易發生在企業未將其商標予以註冊的國家中，致使商標保護發生漏洞。

　　對於商標以及商標擁有者的危險，存在第三者故意將著名的商標用在其個人貨物或服務上，從而造成稀釋著名商標（損害其區別力）或者損害著名商標名聲的危險。

　　此外商標擁有者亦可能成為「偷商標者」的犧牲者，亦即第三者將與著名商標完全相同或極為近似的標章以自己的名義註冊，以對著名商標擁有者或其顧客採取法律行動，或者對商標擁有者施予壓力，要求其購買該商標或授予其著名商標的獨家代理權。在德國，法院就不正當、惡意的商標登記，尤其是將國外著名的商標以自己的名義登記的情況，在過去幾年就做過不少的判決。

　　在該背景之下，本文將探討未註冊著名外國商標擁有者在「被偷竊

---

1. 亞洲大學財經法律學系暨研究所專任助理教授。

商標」的情況下，是否依德國法律或者歐盟法律在德國得以受到保護。

對此本文將以德國商標法以及保護未註冊著名商標的相關法規為基礎，介紹德國對於未註冊著名商標依其著名的程度，在面對已註冊使用之相仿商標時，在德國所受到的保護。

更進一步亦將以高等法院的所做的判決為例，介紹已使用或國外著名商標在面對第三人的註冊或使用時，依公平交易法所受的保護。

貳、德國商標法對於未註冊商標的保護

在德國除了註冊商標外，「表徵」，亦即使用的標識，以及《巴黎公約》第 6 條的「眾所周知著名商標」，皆受德國商標法的保護，而不須有在德國專利商標局的註冊。

換言之，交易上共同認知的著名商標，在一定的界限下替代了註冊商標。

一、「眾所周知的著名商標」的保護（德國商標法第 4 條第 3 款）

商標法第 4 條第 3 款明文規定，屬於《巴黎保護智慧財產公約》第 6 條的「眾所周知的著名商標」，亦受德國商標法的保護。

一方面德國商標法對於「眾所周知著名商標」的保護並不以在德國國內的實際使用為前提，只要該商標達到眾所周知的知名度，即獲得德國商標法的保護。

惟另一方面德國法院——不同於個別學者看法——非直接從法律的文義解釋，卻要求眾所周知的知名度亦包括在德國國內具備眾所周知的知名度，從而只在國外具有眾所周知的知名度，並無法達到德國商標法的保護前提要件。

此外，德國商標法第 4 條第 3 款對於眾所周知著名商標的知名度亦有相當高的要求。眾所周知的概念，依德國的理解，必須在德國相關交

易範圍內獲普遍認知，亦即大眾所知悉的商標，作為前提。

　　僅僅德國專利及商標局的官員知悉該商標，並不足以滿足眾所周知的要求，從而眾所周知的商標必須是在國內相關交易範圍內得以作為具有產品識別能力的區別（特別）標誌。

　　若以百分比來表示，依德國法院的判決，必須知名度達到 60% 才達到眾所周知的程度。惟亦有學者認為基於保護外國著名商標，對於「眾所周知」的要求應達到表徵（使用商標）的著名程度即已足夠。

二、「表徵」的保護（德國商標法第 4 條第 3 款）

　　德國商標法第 4 條第 3 款所保護的「表徵」，係指在營業交易上所使用的標識，並且該標識在相關交易範圍內因使用而成為交易上共同認知者。

　　即使從條文文義無法明確得出，惟該條文的重點則在於商標的使用以及該商標必須在德國國內達到「交易上共同認知」。在國外使用商標以及在國外達到交易上共同認知，尚不足以達到獲得德國商標法「表徵」的保護。

　　德國法院對於達到「交易上共同認知」所要求的在相關交易範圍內的「知名度」，介於 16% 至 70% 之間。其不同的知名度要求乃是基於該標識原來的「識別力」及「區別力」，以及該標誌須保留給「公眾自由使用」的程度而定。

　　倘若該標識具有高度的「區別力」，且無「保留給公眾自由使用的必要」，則對於在相關交易範圍內的「知名度」只需達到 15% 到 25%。相對地倘若該標識有「保留給公眾自由使用的必要」，則依目前法院判決，其達到取得表徵的保護所要求的知名度必須達到 50% 或以上。

三、未註冊商標的保護範圍

依德國商標法的規定，第4條第2款及第3款所保護的未註冊商標，原則上其所享受的保護與註冊商標相同。

此亦意味著，受保護未註冊商標的擁有者可以如已註冊商標擁有者一般，得以對抗第三人對該商標的使用，以及對抗相同或有混淆之虞的近似的標識登記。

依商標法第4條第2、3款，受保護的未註冊商標所有人得禁止第三人於與未註冊商標相同的商品或服務上，登記或使用與未註冊商標相同的標識。

（一）於與未註冊商標相同或相類似的商品或服務上，登記或使用與未註冊商標相同或相類似的標識，而使公眾有混淆之虞，或在觀念上有引起聯想之虞者。

（二）於與未註冊商標不相同的商品或服務上，登記或使用與未註冊商標相同或相類似的標識；若此涉及到國內著名商標，並且使用該標識將構成無正當理由以不正當方法利用或減損著名商標的區別力及評價。

依早期的程序，較晚登記的相同或有混淆之虞的商標與較早存在的表徵產生衝突時，僅允許表徵所有者向民事法院對於較晚登記的商標提出註銷之訴，而不得提出異議；惟目前該規定已廢除。從而較早存在未登記的表徵所有者亦得如註冊商標所有者一般，得以對於較晚登記的商標，向德國專利商標局提出異議或向民事法院提出註銷之訴，兩者之間擇一行使。

然而就他人違法使用註冊或未註冊商標，因而原商標所有人得以對之提出不作為請求（不得再使用該商標）、告知請求（告知其過去做過多少違反商標法的事）以及損害賠償請求，則仍歸屬於民事庭。

四、小結

德國商標法對於未註冊商標，包括眾所周知的著名商標以及經由使用而獲得交易上共同認知的表徵，均享有與註冊商標一樣的保護，其得以禁止第三人對該商標的使用及登記。

依德國法院的見解，未註冊商標在德國是否受到保護，其決定性在於該商標在德國國內交易上的知名度。商標在國外的知名度以及其在國外的使用，對於該商標在德國是否受到保護並不產生任何影響。

到目前為止，實際上尚無任何一個外國著名商標，在無註冊或實際使用的情況下，達到德國法院要求的高知名度，而在德國獲得商標法的保護。

參、德國競爭法上對未註冊商標的保護

此外若一企業所擁有的商標雖然在國外，但不在德國擁有相當的知名度以及形式上的註冊，則該企業對於「偷竊商標者」的防禦，在德國亦可以基於競爭法為之。

其法律根據乃基於原先的不正競爭防止法第1條，現今的第4條第10項的規定：「從事一個不允許且不正當的行為，且故意阻礙競爭者。」

過去幾年來，德國法院對於企業在國外所擁有的已使用且著名的商標，由於他人在德國已註冊相同或者有混淆之虞的相類似商標，而使該企業在進入德國市場時遭受困難或者阻礙的情況，已做出不少判決；近年來更有增加的趨勢。

一、與商標法的競爭關係

先說明已與歐體法一致的德國商標法與德國競爭法之間，彼此的衝突與適用關係。

德國商標法第 2 條明文規定：「依本法對於商標的保護，並不排除其他法律對於該商標的保護的適用。」

即使有些學者認為基於商標法第 2 條，德國商標法得優先適用競爭法，只有在商標法規範不足的地方，方可適用競爭法。惟就惡意註冊商標的情況，目前在法院判決及實務上皆認為商標法及競爭法得同時並存適用。

對此，德國最高法院對於 2004 年新引入的惡意商標註冊的不予保護（德國商標法第 8 條第 2 項第 10 款），以及因此而同時允許的向德國專利商標法院進行的註銷程序之外，同時並允許基於不正競爭防止法而向民事法院採取的註銷程序。

實際上，商標法與競爭法的同時併存，在惡意註冊商標的案件上亦具有存在的意義。

對於相當複雜甚至有些部分具有爭議的事實，向民事法院提起競爭訴訟，比起向德國專利及商標法院提起註銷程序，民事法院更能做出公平及全面的釐清及決定。

再加上偷竊商標者違反競爭的行為而使原商標所有者得以提出不作為請求、損害賠償請求以及其他請求，原本就屬於民事法院的管轄範圍。倘若相同的爭議事實，卻由不同的委員會決定，將會導致不符合目的。最後，對抗惡意商標註冊的有效暫時性的法律保護以及法律行為的不允許，亦只能向民事法院提出。

二、競爭法上的不正當及惡意註冊已使用的商標

在哪些前提下，所進行的商標註冊在競爭法上會被視為是不正當及惡意，或者行使商標上的權利會在德國被視為是法律上的濫用？

該前提究係以第三人已在德國國內或者外國使用該商標，或者（該商標的註冊）已經影響到第三人有價值資產（例如已經存在的國外已使

用的知名商標），或者商標註冊者須知悉該商標已被使用或已作為有價
資產？以及商標註冊者是否必須具體認知外國商標擁有者意圖將他的標
章在未來亦在德國使用，或者商標註冊者只需從外在環境知悉外國商標
擁有者意圖將進入德國市場即可？

德國最高法院目前的見解如下：

（一）原則：無一般「已使用權」

依據目前已確定的德國最高法院判決，倘若商標註冊者已知悉他人
已實際使用相同或有混淆之虞的近似商標在相同或類似的產品上，商標
註冊者所為的商標註冊並不視為是「不正當」。無論該實際使用在德國
或在國外，該商標註冊者的註冊皆（尚）不構成「不正當」。

換言之，基於在德國國內或國外實際使用該標章所衍生出的一般已
使用權，在德國商標法以及競爭法上並不加以保護及承認。

（二）已使用或在國外知名的商標作為具有保護價值的「有價資
產」

然該行為將會違反競爭法，倘若商標註冊者（此乃竊取商標者）藉
由相同或有混淆之虞的近似商標，而有以下的狀況：

1. 以自己的名義登記在相同或類似的產品或服務上。

2. 知悉該商標乃是外國已使用者之具有保護價值的資產。

3. 且無任何特別正當理由。

4. 達到破壞商標已使用者之資產的目的。

案例：「Modess」（德國最高法院 1966 年 3 月 23 日判決，Ib
　　　 ZR120/63, GRUR 1967, 298）

（1）事實

該類型可以以 2006 年的 Modess 案作為例子。原告乃是美國的公
司，其生產衛生棉並自 1925 年起以「Modess」商標在美國及國外（但

不包括德國）銷售。被告（德國企業）亦生產衛生棉，並以「Comelia」商標在德國國內及國外銷售。1950 年被告在德國就其所生產的墊肩以「Modis」標章向德國專利及商標局註冊登記，1954 年其又將該商標擴大登記在原料、緶帶以及衛生棉上。

原告因此對之提出禁止銷售的請求，以及要求被告同意註銷「Modis」商標。原告認為將「Modis」商標用在衛生棉上，乃不正當並且違反競爭法，被告的目的明顯是為了阻擋原告將來以「Modess」商標進入德國市場。

被告在註冊「Modis」標章時，已知悉原告及其子公司數年來一直使用「Modess」商標。該商標的知名度雖然在德國尚未達到交易上共同認知，但該「Modess」商標在世界上已可視為是眾所周知的著名商標。被告在註冊「Modis」標章時已知悉原告打算將該「Modess」商標未來在出口衛生棉到德國時加以使用。即使被告打算將「Modis」標章用在其自己生產的衛生棉上，然對於其所生產的衛生棉被告早已使用「Comelia」商標，「Modis」標章對被告而言則是單純地防衛及封鎖他人的商標。

被告則駁斥原告將來要在德國使用「Modess」商標的意圖，並且認為該商標在德國根本沒有人認識。此外被告亦主張其將「Modis」標章登記在衛生棉上具有正當理由。被告已經就「Modis」標章投資了 80 萬元的 DM 廣告費，然而原本使用該標章的墊肩市場已經萎縮，為了確保對「Modis」標章的投資，因此決定將「Modis」標章作為被告生產的衛生棉的第二個商標。

（2）法院判決

在判決中最高法院首先強調，單純的認知第三者已使用該商標，商標註冊者就此所為的商標登記尚不構成「不正當」。商標註冊者必須知悉第三人所使用的商標已是有價資產，其所為的登記才構成「不正當」。

對此，最高法院對於「不正當」的成立，發展出雙重要素（主觀及客觀要素）。

客觀上，第三人對於商標的使用必須達到一定的範圍及品質，並且該商標必須對第三人而言乃是一「有價的資產」。是否該商標為一個「有價資產」，可以依商標的知名度，「goodwill」，已使用的期間，以及對該商標所為的實際投資，做一整體判斷。

主觀上，商標登記者在登記商標時，必須知悉該商標已由第三人使用，且該商標對第三人而言是一「有價的資產」。

在 Modess 案的判決，德國最高法院將上述的標準運用在審查只具國外知名度的外國商標上。

「倘若該侵犯乃針對一個外國標章，而該外國標章雖然在德國國內尚未被使用，但該標章在德國以外的國家以及在德國境內的專業領域與商標登記者間享有交易上共同認知的知名度，亦可能存在一個不正當的行為。若商標登記者意圖藉此透過商標法阻礙已使用在國外著名的商標進入德國，並且該商標登記欠缺任何充分合理理由，則在德國國內登記與該商標有混淆之虞的商標於同一種類的產品上，將是違反商業道德的阻礙公平競爭的行為。」

德國最高法院在判決中並且強調：

對於在世界交易上具有相當知名度的商標，以及對於第一次在交易上出現且尚未在任何地方使用的商標，兩者透過商標登記所對之造成的阻礙，在競爭法上不可以相同的基本原則加以評價。世界適用原則乃建立在競爭法上具有價值資產的商標上，其不受限於特定國家國界的拘束，即使商標所登記的產品沒有在該經濟領域銷售，但從標章擁有者的意圖可以看出，其在未來將會將其產品銷售到該地，則該經濟領域亦受到競爭法的保護。在本案，標章擁有者在競爭法上具有

保護價值的利益必須受到承認,以確保其在世界上著名的標章可以使用以及充分利用與其相連的廣告價值。倘若其商標的使用在該地域上(已由於第三人的商標登記而)基於形式上商標法而被阻擋,而原商標擁有者在商標法並無任何保護利益可以請求,標章擁有者的利益將會透過違反競爭法的方式遭受到侵害。

（3）最近法律發展

在 2008 年的 Akademiks 判決中,德國最高法院針對過去幾十年法院判決對於「具有保護價值的資產」所做出的要求,再次予以強調與整理。從而「具有保護價值的資產」須以以下為前提,即系爭已使用的標章較晚進行商標登記時,必須:

1. 已在德國國內有成就的使用。

2. 或者在國外具有交易上共同認知。

3. 而達到相當的知名度。

（三）違反目的的運用「禁止他人使用商標權」作為競爭的手段

在實務上,比起前述類型——亦即以競爭法上具有保護價值資產,例如在國外已使用的著名標章作為保護對象——更具有意義的,乃是以下將討論的類型。

此類型特別存在於違反競爭的商標登記,該商標登記者運用與競爭法毫無關聯的方式,以基於商標登記所衍生出的固有的禁止他人使用商標之效果,作為競爭的手段。

案例一:「Siroset」（德國最高法院 1966 年 11 月 11 日判決,Ib ZR 91/64, NJW 1967, 493）

（1）事實

在 Modess 案公布不久後,針對在澳洲新開發出來,並由原告取得

專利的製作流程，對於該製作流程所登記的商標，最高法院做出一個
Siroset 案判決。在該案中原告尚在德國尋找購買使用許可的買主，而被
告就商標登記為 Siroset 的製作流程欲向原告取得獨家代理權。當原告
明確告知被告，其只授與給被告一般使用許可時，被告即以自己的名義
註冊登記「Siroset」商標，以脅迫原告授予其獨家代理權。在此被告亦
知悉，原告在其他國家使用「Siroset」商標。

（2）法院判決

在該案中最高法院認為被告的行為乃是不正當的阻礙公平競爭，並
且並非依據「Siroset」商標在國外的著名程度與否，做出該決定。此亦
是令人驚訝之處，因為在判決理由中，法院亦認為註冊為「Siroset」商
標的製作流程在專業領域中具有相當明顯的經濟意義。

最高法院對該案做出一決定性的見解：「被告在德國所做的商標登
記並非為了原告的利益所為，而是為了在與原告為契約協商時，取得更
有利的地位。」

從而最高法院認為被告單純的惡意「封鎖故意」將會構成違反公平
競爭。依據最高法院的見解，被告的商標註冊只是作為與原告契約協商
時的脅迫手段，以便原告在不願給予被告獨家授權時，透過該商標註冊
而使原告在德國無法使用「Siroset」商標。最高法院因此認為，被告對
於「Siroset」商標並無個人利用的正當利益，且其亦沒有產生有成就的
事業銷售。

（3）結果

一般而言，行為人若有以下行為，亦違反公平競爭：

a. 無個人合理理由，特別是無個人具體使用目的。

b. 明知第三人對該商標有使用的意圖。

c. 將該商標以自己的名義登記。

d. 以達到禁止他人使用該商標的目的並且達成特定的商業行為。

只要是行為人以惡意的方式在德國註冊國外已使用的商標，依過去眾多的判決，德國最高法院會以此類型加以處理。

其原由在於證明「具有價值的資產」須花費相當高的費用，倘若在德國國內並未使用該商標，則在這些案件中即必須證明該商標在國外具有相當交易上共同認知的知名度。為了避免上述的困難，實際上外國的商標已使用者即做了妥協（即採取主張被告違反目的的運用「禁止他人使用商標權」的方式），以避免在證明商標於國外具有相當交易上共同認知的知名度失敗時，使自己的權益無法受到保護。

案例二：「王致和」（慕尼黑，巴伐利亞邦高等法院，2009 年 4 月 23 日判決 － Az. 29 U 5712/07; BeckRS 2009, 12818）

接下來將介紹一新的判決，該判決乃是慕尼黑巴伐利亞邦高等法院於 2009 年針對保護中國著名商標所做出，筆者亦為該案原告的辯護律師，並參與整個訴訟程序。

（1）事實

原告乃是在中國著名主要的香料及調味料製造商。其以圖片／文字「王致和」作為商標在中國，部分亦在外國銷售其產品。原告在中國及外國註冊登記了「王致和」商標，惟獨在德國沒有註冊。此外，原告的「王致和」商標在中國大陸亦由中國商標局視為是著名商標，並予以註冊。

自 2003 年起，原告將其附有商標的產品透過一個中國代理商賣給在德國註冊登記的貿易公司（被告），被告再將原告的產品在德國出售。

2005 年 11 月被告在沒有經過原告的同意下，將原告的標章以相同的內容向德國專利及商標局以自己的名義在食品類第 29、30 項中註冊為商標。基於該商標註冊，原告對被告提出不作為，商標讓渡以及若無法解決時的商標註銷請求。

被告針對其行為加以辯解，稱其所為的商標登記乃是避免原告以外的第三人在德國註冊「王致和」商標，從而藉此對原告採取法律行動。被告截至目前為止只出售附有原告原廠商標的產品，其並沒有意圖出售非來自原告的個人產品。

（2）法院判決

邦地方法院以及作為被告上訴法院的邦高等法院，皆認為被告的行為違反公平競爭。不同於之後的邦高等法院，邦地方法院肯定原告的商標乃是具有價值的資產，此可以從原告乃是屬於中國主要的香料及調味料製造商，其產品銷售到全世界，並且其產品皆標上本案系爭的商標中得出（原告的商標是具有價值的資產）。

邦高等法院及邦地方法院則同時贊同，被告將系爭商標以違反公平競爭阻礙他人的方式加以登記，以違反目的的濫用「禁止他人使用商標」權作為競爭手段。

邦高等法院認為被告不僅知悉原告已使用「王致和」商標，被告在德國的商標註冊是為了確保被告作為原告產品唯一的進口商，並且預防將來無法獲得原告的產品。此亦可得出，已註冊的商標乃首先作為脅迫的手段，以強迫原告繼續提供被告產品。被告的主張所稱透過其投資的努力以使原告的產品在德國獲得確保，並無法正當化被告的商標登記。

案例三：「Akademiks」（德國最高法院 2008 年 1 月 10 日判決，Az. I ZR 38/05; GRUR 2008, 621）

（1）事實

原告乃是於 1999 年建立的美國公司，主要生產 Hip-Hop 服飾。1999 年 6 月其在美國註冊一個文字／圖片商標「Akademiks USA」。與此相對，被告（在德國註冊的公司，並同樣銷售 Hip-Hop 服飾）於 2000 年 10 月在德國註冊相同的「Akademiks」商標。

在訴訟程序中原告主張，儘管其就 Hip-Hop 服飾以「Akademiks」商標在市場上出現的時間並不長，但已獲得非比尋常的成果，2003 年的銷售額已達 100 百萬美金。該「Akademiks」商標在被告以自己的名義登記之前，已於 2000 年在美國及歐洲的專業人士間相當知名。由於原告原本即打算將其產品以「Akademiks」商標在德國出售，並且此計畫亦未在被告面前隱藏，因此原告主張被告在德國的商標登記乃是法律濫用。

（2）法院判決

在該案中最高法院亦判給原告勝訴，並且承認原告除了不作為及其他請求外，亦得依不正競爭防止法第 3 條、第 4 條以及第 10 款第 8 條，請求被告註銷德國的「Akademiks」商標。

最高法院首先認為，前審法院（亦即慕尼黑邦高等法院）認為本案並無具有保護價值的資產的觀點，亦即類型（一）的情況，是正確的。

邦高等法院在其判決中闡明，原告並沒有提出足夠的證據，證明其商標在短暫的期間已在美國達到具有交易上共同認知的知名度。最高法院又繼續加以說明，原告於 1999 年在美國使用「Akademiks」商標時，其商品乃於 2000 年在市場推出。因此最高法院認為，原告不可能在極短的時間，亦即從 1999 年 6 月至被告登記商標的 2000 年 10 月之間，其「Akademiks」商標已在美國達到交易上共同認知的相當知名度。

然最高法院認為本案成立類型（二）的情況，最高法院並藉由本案就類型（二）的前提要件更加以具體闡明。倘若商標登記者就該商標已在外國使用有所知悉的同時，亦可以從客觀上得知外國公司意圖將該商標在可預知的將來在德國使用，則商標登記者的商標登記可以視為是違反公平競爭。

最高法院強調，在具體的案件中，於美國市場銷售良好的服飾亦將在德國境內銷售，符合一般生活經驗。雖然亦不須就據此自行推論所有

美國新上市的服飾在可預知的將來皆將在德國出售，但本案的事實乃是一特殊情況。原告從一開始即以「Akademiks」商標銷售商品而獲得相當好的成果，亦可以在短期間內在美國以外專業領域變得著名。

　　對被告而言，其自己從事追隨美國市場發展的服飾，對原告的銷售成就亦得以知悉，因此被告應可得知，原告打算在短期內將其產品在德國境內銷售。

肆、結論

　　在此筆者將就本文做個結論。著名商標，亦即「眾所周知的著名商標」或「已使用的表徵」，即使未在德國註冊，亦享有德國商標法的保護。

　　此外，在外國已使用的標章亦可在德國受到競爭法的保護。對此，德國法院在過去發展出兩個類型，亦即保護具有相當價值的「有價資產」以及禁止他人以違反目的的方式註冊商標。因此想在短期間內到德國發展市場的外國企業，不須擔心在德國會成為「偷竊商標者」的犧牲者。

　　惟另一方面亦須注意，保護當事人避免受到「偷竊商標者」的侵害，乃是一例外的情況。原則上在德國及歐洲的商標法中並不承認當事人擁有「已使用權」，競爭法的適用乃經常依個案情況而定。

| 第 10 章 |

德國經濟憲法爭議的啟發性意義

李東穎[1]

摘要

　　部門憲法作為縮短臺灣憲法學研究中規範與事實之差距的嘗試，曾經引起值得注意的討論。然而部門憲法的研究取徑：藉由對於特定社會部門的認知，回溯整合憲法對此部門的價值秩序，在法學方法上亦呈現諸多問題。本文目的在於，藉由德國憲法學界關於「經濟憲法」的討論，實際觀察憲法學如何運用部門憲法的觀點、藉由法學理論的發展與憲法解釋，處理實存之經濟秩序與法律體系間相互影響與交互作用的問題。

壹、前言

　　部門憲法曾經在臺灣引起令人注目的討論。鑑於國內憲法釋義學中規範論述與社會現實的差距，以及在選擇比較法對象與解釋方法上的混亂，蘇永欽大法官曾在〈部門憲法──憲法釋義學的新路徑？〉一文中大力鼓吹進行「部門憲法」的研究。儘管不免化約，然而此一研究取向的主要關懷應可以歸結在他的期許之中：「一方面希望藉此把憲法的適用拉回到原本，正視規範內部整合不足的問題；另一方面也在既有的釋義學基礎上，通過對於個別部門的整體觀察，而以更全面的詮釋學循環來理解憲法的內涵，使它面對快速變遷的臺灣社會，仍能發揮適當的規範和引導功能。」[2] 其方法上的進路，簡潔地來說，希望一方面藉由實質掌握特定「社會部門」（經濟、宗教、環境等）中之現象，另一方面

---

1. 亞洲大學財經法律學系暨研究所助理教授。本文曾發表於《東吳法律學報》第27卷第4期。
2. 蘇永欽，〈部門憲法──憲法釋義學的新路徑？〉，《部門憲法》，元照，2005年，頁4。此研究方向的具體成果亦可參閱前引書第二篇各文。

以「部門」的角度切入並統整散落於基本權、國家組織規定中與此相關的種種憲法規範，透過此兩者的交互參照，藉部門的事實分析注入規範的「社會性」，俾縮短規範與事實間之差距，期使憲法解釋能夠切合實際[3]。

　　就蘇大法官所提出之「部門憲法」研究取徑在法學方法上的細緻化，張嘉尹教授在〈憲法、憲法變遷與憲法釋義學——「對部門憲法論述」的方法論考察〉一文中提供了重要的指引[4]。即使認同蘇大法官藉由部門憲法「從實存秩序切入，去認識整理該秩序的根本、最高與結構規範，而不是從規範本身切入，去做體系化的工作」的出發點，張教授更精準地指出上述研究取徑在方法上最關鍵的問題：若應然與實然在法學中是個重要的區分，則如何既維持又緩解兩者的區別[5]？就此，張教授具體建議，鑑於憲法在語言上往往欠缺精確性，可將憲法解釋視為一「具體化」的過程，憲法解釋既無法昧於現實，因此「規範領域的分析」扮演著必要角色，就此，「社會的自我理解」可作為分析社會結構的輔助工具；此外，「如果所涉及的部門指的是具有自主性的社會領域，則憲法的任務只能是想辦法引導它，因此更應尊重實存秩序的邏輯」[6]。從張教授該文的論述中，可以明顯地看出，Niklas Luhmann 的系統理論與法律詮釋學方法對其論述的具體影響。

　　若在此銜接張嘉尹教授的看法，可以進一步思考的是：若採取

---

3. 蘇永欽，前揭註1，頁10、21。
4. 就此請參照張嘉尹，〈憲法、憲法變遷與憲法釋義學——「對部門憲法論述」的方法論考察〉，《部門憲法》，元照，2005年，頁33以下，對蘇大法官前文的深入評論。
5. 張嘉尹，前揭註3，頁49。
6. 張嘉尹，前揭註3，頁60以下。然而，針對上述建議張教授亦自承：「雖可緩解兩個層面的緊張，但是仍非一般性的處理兩者關係的方法，因此建立一個一般性的理論來處理憲法釋義學如何納入實存秩序的知識，是『部門憲法論述』更進一步發展時無可迴避的任務。」

Luhmann 的系統理論，將法律、經濟、政治等「社會部門」／「社會次系統」理解成各個在運作上封閉的溝通系統，部門憲法研究主旨毋寧可轉換成下述更為一般性的問題：涉及規範性論述的法律系統與涉及事實性論述的社會系統如何聯繫與互動？在此脈絡下，上述兩位學者共同的觀點：「從實存秩序切入，去認識整理該秩序的根本、最高與結構規範，而不是從規範本身切入，去做體系化的工作」，對於原則上自我指涉的法學論述而言，如何理解與進行？「社會的自我理解」作為分析社會結構的輔助工具又如何連結法學的論述？針對上述問題，除可在理論與方法的層次提供解答外，透過檢視憲法學界與實務界關於部門憲法的討論，亦可具體觀察規範與事實論述互動的過程；就後者而言，德國部門憲法中著名之「經濟憲法」（Wirtschaftsverfassung）辯論，確實提供了一個比較法上適切的觀察對象[7]。本文的目的因此在於，一方面從法體系的內部觀點，觀察德國憲法學如何藉由憲法理論及釋義學的發展，回應實存的經濟秩序；另一方面檢討，在德國法學的研究方法與脈絡下，「部門憲法」提出如何的貢獻，以作為國內相關研究的參考。為達成上述目標，筆者擬依循下列步驟進行討論：1. 回顧德文文獻中關於「經濟秩序基本結構」（Wirtschaftsverfassung）的討論，並指出社會科學與法學對於經濟現象不同的研究方法與理解（貳）。2. 由於德國經濟憲法的辯論焦點之一在於，「社會性市場經濟」在基本法中可能的定位，因此簡要說明此二戰後主要的經濟模式，以及它在該國社會脈絡下的重要意義，將有助於理解社會性市場經濟概念對於法學論述的影響（參）。3. 回到法學的脈絡，說明在基本法架構下經濟憲法的討論。就此，除了說

---

7. 國內文獻對此議題的介紹：蘇永欽，〈經濟憲法作為政治與經濟關係的基本規範——從昔日德國的爭議來看今日臺灣的回應之道〉，《新世紀經濟法制之建構與挑戰》，元照，2002年，頁127以下；吳秀明、楊坤樵，〈憲法與我國經濟部門之基本秩序〉，《部門憲法》，元照，2005年，頁264。

明「經濟憲法」爭議的起源（肆、一）外，分別觀察德國憲法學界（肆、二），以及德國聯邦憲法法院對於「經濟憲法」議題的立場（肆、三），將可釐清「基本法經濟政策中立性」此一重要命題的始末由來。此外，作為反思，筆者將從聯邦憲法法院所發展的基本權釋義學，檢討所謂「基本法經濟政策中立性」命題是否合理（肆、四）。4. 說明「經濟憲法」背後的國家理論基礎及其對釋義學的功能（伍）。5. 綜合分析德國經濟憲法辯論之特色，並提出其對我國部門憲法研究，在方法上（陸、一）以及釋義學上（陸、二）可值參考借鏡之處。6. 整理本文的主要論點（柒）。

貳、「經濟秩序的基本結構」議題

在社會科學與法學中呈現的不同面向

　　既然部門憲法的研究取徑意在媒介規範與事實，依其情形，也可能在媒介經驗科學與規範科學各自創造的知識，因此，回顧德國文獻中關於「經濟秩序之基本結構」[8]議題，在社會科學與法學中之主要論旨，應可為本文所欲處理的問題帶來更為廣泛的觀點。

　　戰後德國經濟行政法的先驅 Ernst R. Huber 早已指出，關於「經濟秩序之基本結構」議題，社會科學研究者與法學家各有其研究取徑與理解：在政治、社會或經濟科學研究中，「經濟秩序之基本結構」主要探究一國之內的貨品與服務事實上如何生產、分配與組成。根據研究方法的不同，又可分為取向於經濟史觀點之「經濟風格」（Wirtschaftsstile）

---

8. 德文Wirtschaftsverfassung一詞，在不同的使用脈絡中可能有不同的意義：其既可一般性的指涉「經濟秩序的基本結構」；在社會科學的脈絡中其通常意指一國的經濟活動「事實上」的組成方式；在法學的脈絡中，則通常翻譯成「經濟憲法」。後者，則又有廣義及狹義之分。

的研究進路，就此，經濟發展史上出現的「真實類型」（Realtype）
是研究者關心的重點。研究者或者致力於發展經濟秩序的「理念型」
（Idealtype），質言之，以抽象的方式描述特定經濟模型的秩序結構，
以及主要的組織原則[9]。銜接至後者的研究成果，我們原則上可以在兩
種極端的經濟理念型中思考經濟秩序：在市場經濟（Marktwirtschaft）
或者交易經濟（Verkehrswirtschaft）中，經濟決定，亦即何種貨品與服
務應被創造、其數量與價格，以及有限的資源應如何分配與投入，完全
取決於市場競爭與個別的經濟行動者；貨品與服務之生產及供應是由私
人或企業自主決定，其經濟決定模式因此是分散的。在所謂的「集中行
政式經濟」（Zentralverwaltungswirtschaft）中，經濟性活動則全然是由
國家或類似的統治性組織，以統一、計畫的方式集中管理與決策[10]。惟
透過經濟史的研究可知，歷史上並未存在完全符合上開兩種經濟理念型
之一的經濟體，實際生活中的經濟決定，或多或少皆受市場或國家因素
的影響，經濟的真實類型往往擺盪於兩個極端的理念型之間；理想之經
濟模式與實際經濟政策辯論的焦點，經常在於如何最佳地配置市場競爭
與國家計畫的元素[11]。

　　無論社會科學如何解釋、描述經濟結構，法律作為一個獨立的溝通
系統，其關心的議題始終圍繞在法／不法的區分；而實定法規範作為判
斷法／不法的重要程式（Programm），就法律系統與其環境的區分而
言，因此具有重大意義[12]。在法學的討論中，「經濟秩序之基本結構」

---

9. Ernst R. Huber, Wirtschaftsverwaltungsrecht, Bd. 1, 2. Aufl., 1953, S. 21.

10. Ebd., S. 21 ff.

11. Hans-Jürgen Papier, Grundgesetz und Wirtschaftsordnung, in: Benda/Maihofer/Vogel (Hrsg.),
Handbuch des Verfassungsrechts der Bundesrepublik Deutschland, 2. Aufl., 1994, § 18 Rn. 5 ff.

12. 關於法的符碼化與程式化，及其與法律系統之功能的關聯：Niklas Luhmann, Das Recht der
Gesellschaft, 1995, S. 187 ff.

因此必須訴諸現行有效的實定法規範[13]。關於法學規範性的「經濟秩序基本結構」討論，德國學理上通常將其再細分為狹義與廣義之「經濟憲法」的概念：前者係指憲法本身對於經濟事務的本質重要決定，因此是從規範的角度，尋找憲法對經濟秩序、組織與決定過程的基本決定[14]；後者則將經濟本身視為一作用脈絡，並以法學之觀點探討對其組織與運作而言重要的規範與制度。惟依上開定義，若本文採取廣義之經濟憲法的概念，則必須將法律層次重要的經濟規範，如公平交易法、公司法等納入討論，如此勢將過度擴大討論的範圍；採取狹義的經濟憲法定義則有助於集中討論德國基本法本身。下文因此擬將討論的焦點，集中在基本法是否針對經濟秩序做出的原則性決定，據此，所有的國家經濟政策皆須立於此框架之下，其合憲性亦須以此作為審查標準。

參、德國二戰後的經濟模式——社會性市場經濟

德國為解決二戰後國內經濟問題所採取的特殊進路，特別表現在1948 年的貨幣改革，以及由戰後第一任經濟部長 Ludwig Erhard 所引進的「社會性市場經濟」（Soziale Marktwirtschaft）政策。相較於上述兩種極端的經濟理念型，社會性市場經濟也因其具有平衡不同社會團體之利益衝突、創造社會基本共識，以及維持長期、永續的社會競爭能力等特殊的制度性優勢，而在國際經濟制度的比較上占有一席之地[15]。

儘管社會性市場經濟的概念內涵不易確定，在德國戰後不同的時

---

13. Peter Badura, Wirtschaftsverfassung und Wirtschaftsverwaltung, 4. Aufl., 2011, Rn. 11 ff.

14. Peter Badura, Grundprobleme des Wirtschaftsverfassung, JuS 1976, S. 207; Peter M. Huber, Öffentliches Wirtschaftsverwaltungsrecht, in: Schoch (Hrsg.), Besonderes Verwaltugsrecht, 15. Aufl., 2013, 3. Kapital Rn. 17.

15. Werner Abelshauser, Deutsche Wirtschaftsgeschichte, 2. Aufl., 2011, S. 12 f. 關於社會性市場經濟在德國經濟發展史上的特殊地位亦可參閱：Knut Wolfgang Nörr, Die Republik der Wirtschaft, Teil I, 1999, S. 58 ff.

期亦經歷不同的形塑重點¹⁶，沒有爭議的是，社會性市場經濟概念的提

16.社會性市場經濟作為經濟風格的主導理念，其功能在指出政策方向與所維護的價值，
在政策落實的面向上，其毋寧開放廣泛的形成空間。文獻中一般認為社會性市場經濟
在德國的發展大致可分為四個時期：第一階段（1948-1966）以身為基督教民主聯盟
（CDU）成員之Ludwig Erhard的經濟政策為主軸。此時，社會性市場經濟的「社會元
素」主要透過市場機制，以及國家所擔保的競爭秩序來達成；俾斯麥干預主義式的社
會政策被視為備位手段。在此思想主導下，1957的「不當競爭限制法」（Gesetz gegen
Wettbewerbbeschränkung）被視為秩序政策（Ordnungspolitik）上的重要成果；儘管社會
福利政策的成長趨勢實際上並未減緩。第二階段（1967-1978）以當時的經濟部長Karl
Schiller（社會民主黨，SPD）的「宏觀調控」（Globalsteuerung）政策為特色；Schiller主
張結合弗萊堡學派的競爭誡命與凱因斯學派的整體調控形成經濟政策。透過「促進經濟穩
定與成長法」（Gesetz zur Föderung der Stabilität und des Wachstums der Wirtschaft）將「物
價穩定、完全就業、持續與適當的經濟成長，以及外貿平衡」（Magisches Viereck）設定
為國家經濟政策目標，國家的經濟與財政政策遂承擔調控總體經濟的任務。社會性市場經
濟在此階段則呈現強烈的國家「景氣調控」（Konjunktursteuerung）色彩。即使「促進經
濟穩定與成長法」在當時被譽為全世界最先進的經濟立法，然過度要求國家經濟政策與
「整體調控」的缺點，在德國往後的經濟發展中亦逐漸浮現：國家支出占國民生產毛額的
比重逐漸增加、對於國家實現就業承諾的期待與日俱增，以及愈發惡化的國債問題。社會
性市場經濟的第三階段（1979-1989/90）則著重在引入更多的市場元素，以修正宏觀調控
政策的缺點，本時期的特點在於秩序政策上的遲疑與改革政策的壅塞。第四時期則是從兩
德統一起算至今（1990-）。作為兩德統一基礎的「關於貨幣、經濟與社會聯盟之國家契
約」（Der Staatsvertrag zur Währungs-, Wirtschafts-, und Sozialunion）第1條第3項，將「社
會性市場經濟」約定為契約雙方共同的經濟秩序，並約定私人自治、競爭、自由的價格
決定，與勞動、資本、貨物及服務原則上的移動自由，為其經濟生活的基礎。該契約第1
條第4項更約定，必須透過符合社會性市場經濟的勞動市場秩序，以及奠基於給付的公平
性與社會平衡原則的社會安全體系來形成社會秩序。本時期則以社會國以及社會政策的
改革著稱，其目的在於恢復經濟與社會面向的平衡（Hierzu vgl. Werner Abelshauser, a.a.O.
(Fn. 14), S. 189 ff.; Reinhard Blum, Soziale Marktwirtschaft, in: Staatslexikon IV, 7. Aufl., 1988,
Sp. 1247 f.）。然而，即使在1967年修正基本法第109條第2項與制訂「促進經濟穩定與成
長法」後，德國的經濟政策明顯地朝向「市場經濟中強化之國家計畫」方向發展，社會性
市場經濟作為整體經濟的主導理念仍未動搖。原因在於，國家經濟政策仍處於市場與國家
引導間的「第三條路」；國家的引導性措施主要以長期的重大公共建設發展計畫，以及影
響未來經濟結構的區域性發展計畫為主，而非整體經濟決定模式的改造。即使德國之經濟
經歷了上述不同階段的發展，以及歐洲經濟整合的過程，聯邦憲法法院對於基本法之經
濟憲法的立場並未動搖，質言之，該法院至今仍維持其「基本法經濟政策中立性」的命
題（後詳）。由此亦可看出，法學中經濟憲法的論述相對於現實經濟政策發展的獨立性
與穩定性。Vgl. hierzu Hans-Jürgen Papier, a.a.O. (Fn. 10), § 18 Rn. 5 ff.; Oliver Lepsius, Der
Eigenwert der Verfassung im Wirtschaftsrecht, in: Vesting/Korioth (Hrsg.), Der Eigenwert des
Verfassungsrechts, 2011, 183 f.

出，其目的在於超越當時東／西方、資本／社會主義在經濟模式上的對抗，並設法克服德國傳統「勞動」與「資本」間的「階級對立」。德國戰後的特殊情勢：西方（美、英、法）與東方（前蘇聯）陣營各據占領區，加上德國政黨政治及經濟、社會發展模式的傳統，迫使二戰後的經濟模式，必須尋找突破「舊」經濟自由主義與「舊」社會主義的「第三條路」。藉由「社會」與「市場經濟」在文字上結合而散發的語意上想像，儘管具體的內容尚無法確定，社會性市場經濟的理念在戰後卻取得不同政治立場間的普遍認同。戰後初期國家計畫經濟盛行的階段，社會性市場經濟不僅已被視為未來經濟的「和平公式（Friedensformel）」，其毋寧也是結合市場經濟的競爭秩序與國家社會政策之修正效果的經濟實驗[17]。誠如前聯邦憲法法院法官 Brun-Otto Bryde 所言，社會性市場經濟理念在現實政治中的貫徹，對憲法學界在經濟秩序上的理解產生重大影響[18]。因此，為能觀察比較法學之經濟憲法的討論如何回應現實的經濟秩序，方法上宜先釐清社會性市場經濟的理念本身（而非不同階段的具體政策內容），以避免此概念在不同時期之不同面貌所造成理解上的困擾。

長期作為 Ludwig Erhard 經濟政策諮詢者的經濟學家 Alfred Müller-Armack，其融合社會經濟自由主義、新自由主義（Neoliberalismus），以及天主教社會倫理學（Katholische Soziallehre），而對於社會性市場經濟概念所做的解釋，被認為具有決定性的影響。對 Müller-Armack 而言，社會性市場經濟必須結合市場自由的原則與社會利益的平衡，因

---

17. Vgl. Reinhard Blum, a.a.O. (Fn. 15), Sp. 1242 f.; Hans F. Zacher, Das soziale Staatsziele, in: Isensee/Kirchhof (Hrsg.), Handbuch des Staatsrechts, Bd. II, 3. Aufl., 2004, § 28 Rn. 55.
18. Brun-Otto Bryde, Das Sozialstaatsprinzip als Programm, Deskription und Norm, in: Evers (Hrsg.), Sozialstaat. Gießener Diskurse, Band. 16, 1998, S. 42 zitiert nach John Philipp Thurn, Welcher Sozialstaat?, 2013, S. 84.

此，在經濟政策上必須尋找融合市場經濟與國家計畫經濟之道。古典經濟自由主義的主張：透過市場的供給與需求即可自然協調不同的社會利益，必須加以修正[19]。然而，如何在經濟的自由放任與國家的全然計畫間尋找適當的進路？主要為反省 20 世紀 30 年代世界經濟危機而發展的秩序經濟自由主義（Ordoliberalismus），已為社會性市場經濟提供理論上的基礎：對於弗萊堡學派的代表人物 Walter Euken 而言，自由競爭本身本非自然生成的秩序，自由放任的經濟毋寧傾向於避免競爭，並可能導致經濟的自我毀滅。藉由一個強大、立於經濟與所有利益之上之國家所形成的秩序框架，才能擔保市場的競爭秩序與人民的自由[20]。儘管 Müller-Armack 承襲秩序經濟自由主義的方向，認為應將市場經濟整合進入整體的經濟、社會與政治政策之中；然而，相較於弗萊堡學派「極端之結構政策」的主張，質言之，藉由國家形成「完全競爭」的經濟秩序，以利用市場機制達成整體性的經濟、社會及政治政策，Müller-Armack 顯然更傾向實用主義。他強調，社會性市場經濟的目標著眼於，在競爭的基礎之上，結合自由的創意與市場經濟帶來的社會進步；易言之，市場經濟中「社會元素」的提升必須透過消費所主導的生產調控、由競爭產生的生產力提升，以及國家的財富分配政策（社會救助、退休政策、住宅政策以及國家補助行為等社會福利政策）來達成[21]。問題是，如果「社會元素」的成長必須仰賴市場效率，則市場經濟的自由秩序如何與國家的社會政策相互調和？國家介入經濟的界限何在？依Müller-Armack 之見，國家對於經濟修正的界限，特別是存在於市場的

19.Reinhard Blum, a.a.O. (Fn. 15), Sp. 1242.
20.社會性市場經濟理念之根源必須溯源至國家科學（Staatswissenschaft）對於1930年代世界經濟危機的反省，以及其與弗萊堡學派的關連請參閱：Werner Abelshauser, a.a.O. (Fn. 14), S. 92 ff.
21.Reinhard Blum, a.a.O. (Fn. 15), Sp. 1246.

運作能力被影響，以及人民的自我責任與創意無法發揮之處[22]。相對於此抽象的說明，一般則認為，在社會性市場經濟中，國家介入經濟之措施應「符合市場特性」（Marktkonformität），並遵循「補充性原則」（Subsidiarität）。就此，可參考 Hans F. Zacher 的說明：1. 就市場經濟與國家干預措施的界分，應適用「補充性原則」與「比例原則」，質言之，國家對於經濟的介入只能限制在「必要」的限度；2. 國家介入調控與修正市場時，應採取「符合市場特性」的手段，就此，經濟政策不應干涉市場的價格與競爭機制；此外，經濟參與者的經濟理性與決定不應被國家理性取代。若欲改變、影響個別的經濟決定，則應透過提供資訊、說服以及提供誘因等方式，並避免使用強制手段[23]。

總結而言，在社會性市場經濟的理念下，經濟上的成就必須仰賴市場經濟與國家社會政策的相互配合；然而在策略上，社會性市場經濟強調市場競爭必須先創造經濟上的最大可能性，以形成社會自我實現的前提條件，並使國家的社會目標得以落實。社會政策之目的在於改善經濟自我調控不足之處，在於適度地重新分配（Umverteilung）市場所創造的初級分配（Verteilung），而非越俎代庖，以國家的政治理性取代市場的經濟理性[24]。

肆、基本法架構下經濟憲法的討論

一、基本法關於經濟秩序的規定

對比社會性市場經濟理念相對清楚的目標與規劃，依德國憲法學界

22.Uwe Andersen/Woyke Wichard (Hg.), Handwörterbuch des politischen Systems der Bundesrepublik Deutschland, 7. Aufl., 2013, S. 222.

23.Hans F. Zacher, a.a.O. (Fn. 16). § 28 Rn. 59.

24.Reinhard Blum, a.a.O. (Fn. 15), Sp. 1246; Hans F. Zacher, a.a.O. (Fn. 16). § 28 Rn. 57.

普遍的見解，基本法並未對經濟生活秩序採取明確的立場[25]。筆者以為，此命題始終帶有歷史比較的觀點，而比較的對象即為威瑪憲法對於經濟生活相對完整的規劃。

　　經濟公法學家 Reiner Schmidt 曾指出，德國的經濟模式最遲從 19 世紀後半葉以來，即呈現某種國家與市場相互依存與影響的「干預主義」（Interventionismus）形式；即使在 19 世紀強調營業自由的年代，經濟自由主義及個人主義式、市場取向的經濟體系亦須面對諸多社會政策上的限制，國家也絕非僅承擔保障市場外部秩序的功能[26]。在憲法層次上，國家對於經濟的責任首次系統性的規劃，出現在威瑪憲法的「經濟生活」（Wirtschaftsleben）章節中。該章嘗試透過經濟性的自由權與授權國家進行干預措施，調和自由─保守主義、資本主義、社會改革，以及社會主義的思想[27]。威瑪憲法「經濟生活」章開宗明義規定，經濟秩序須符合保障人性尊嚴的正義原則；在此界限內個人的經濟自由始予保障（該法第 151 條第 1 項）。在此原則的引導下，威瑪憲法雖然保留了傳統的經濟自由（營業與商業自由、契約自由、財產權等），但同時亦規定許多帶有濃厚社會主義色彩的條文，例如：該法第 156 條第 1 項

---

25. Vgl. statt vieler Peter Badura, a.a.O. (Fn. 13), S. 205.; Wolfgang Durner, Grundlagen des nationalen öffentlichen Wirtschaftsrechts (mit europäischen Bezüge), in: Ehlers/Fehling/Pünder (Hrsg.), Besonderes Verwaltungsrecht, 3. Aufl., 2012, § 11 Rn. 2 m.w.N.

26. Reiner Schmidt, Staatliche Verantwortung für die Wirtschaft, in: Isensee/Kirchhof (Hrsg.), Handbuch des Staatsrechts, Bd. II, 3. Aufl., 2004, § 92 Rn. 1. 從19世紀初期，德國各邦不僅是在政治上逐漸地受到法國大革命所帶來之自由主義思想的衝擊，自由主義的重要理念——「國家與社會的分立」亦逐步擴展至經濟領域。然而，即使在此市民自由主義高漲的時代，自由主義經濟原則的實現，質言之，經濟應依照自己的「自然法則」自主運作，始終受到所謂「國家干預主義」（Staatsinterventionismus）的修正。對於經濟領域的干涉毋寧表現在所謂「俾斯麥國家式的社會主義」（Bismarckschen Staatssozialismus）概念下所進行的干預措施：帝國郵政、帝國銀行以及帝國鐵路局的設立、保護關稅以及社會保險的引進。Hierzu vgl. Ernst R. Huber, a.a.O. (Fn. 8), S. 3 ff. 關於經濟干預主義與德國社會國家理念的建立，請參閱：Mathias Schmoeckel, Rechtsgeschichte der Wirtschaft, 2008, S. 199 ff.

27. Reiner Schmidt, a.a.O. (Fn. 25), § 92 Rn. 4.

規定，國家可依據法律公有化（Vergesellschaftlichung）私人企業，並授權國家參與企業的經營；該條第 2 項則規定，在急迫的情形，國家得以法律結合企業與勞工團體，以利雇主與勞工共同經營，以及共同規範產品製造、分配、使用與價格。第 157 條規定勞動力受國家特別保護。第 161 條規定國家形成廣泛社會保險的任務。第 163 條第 1 項規定國民有運用其精神及體力創造公益的倫理性義務；但同條第 2 項隨即規定，在國民無適當維生機會時，國家須提供維持必要生活之所需。經濟憲法作為經濟生活之基礎規範決定的意義，在此可謂展露無疑。

　　相對於威瑪憲法以完整的章節規範國家對經濟秩序的責任，二次戰後的基本法則顯得相當保留。主要的原因雖可回溯基本法 1949 年制訂之初，立憲者鑑於東西德在政治上的分裂，而將基本法視為暫時性的憲法，並有意將經濟憲法的議題留待統一後適用全國的憲法作成最終決定[28]。然而，此構想即使在兩德統一後亦未實現。基本法對於經濟生活始終缺乏明確而根本的決定。即使明文承認經濟性的基本權如職業自由（同法第 12 條第 1 項）、財產權（第 14 條第 1 項）、團結自由（同法第 9 條第 3 項），然而，對於國家經濟秩序之責任的整體規劃卻付之闕如。國家與經濟秩序的關聯，或者僅象徵性以國家目標條款的形式出現（如基本法第 20 條第 1 項：「德國為民主與社會的聯邦國家」、第 28 條第 1 項「民主與社會的法治國」），或者分散在聯邦與邦的權限分配規則（如同法第 74 條第 1 項第 11 款：包含礦業、工業、能源、手工業、銀行，以及保險業等經濟性的立法，屬於所謂競爭性的立法權限）、國家組織的規範（同法第 88 條規定，聯邦銀行負有穩定物價的義務），以及財政憲法（例如同法第 109 條第 2 項：聯邦與邦須在其財政計畫中

---

28. Peter Badura, a.a.O. (Fn. 12), Rn. 15 ff.; Hans-Jürgen Papier, a.a.O. (Fn. 10), § 18 Rn. 3; Reiner Schmidt, a.a.O. (Fn. 25), § 92 Rn. 16.

考量所謂「總體經濟的衡平性」）之中。

必須指出的是，即使基本法未如威瑪憲法般，以自成一體的章節規範經濟生活的基本綱要，此並不表示其放棄規範國家與經濟秩序的關係，或者放任立法者自由形成其經濟政策而不加任何限制。事實上，從學界關於經濟憲法的討論，以及聯邦憲法法院的相關裁判即可得知（詳述如下），基本法對於經濟事務的分散規範，不僅有相當不同的解釋可能性，立法者對於經濟政策的形成空間也從未處於「憲法真空」狀態之中。

二、「社會性市場經濟」作為基本法所保障的經濟理念？

由於基本法對於經濟整體秩序缺乏明確規範，導致德意志聯邦共和國開國初期，憲法學界中一系列以「經濟憲法」為題的討論。爭論的焦點在於：基本法的經濟秩序是否以特定的經濟模型為基礎？根據此規範性的經濟理念，基本法僅允許，甚或要求特定的經濟政策？文獻中相關的立場，原則上可分為三個方向。

首先是以 Hans Carl Nipperdey 為代表的，關於基本法制度性地擔保「社會性市場經濟」的主張。Nipperdey 認為基本法透過保障基本權（人格發展自由、競爭自由、營業自由、契約自由、結社自由、財產權保障等）已經選擇特定的經濟模型：市場經濟。國家原則上不應介入經濟事務，若有必要，原則上只能使用「符合市場特性」的手段（在此意指以排除干擾競爭之因素為目的的國家行為）；非符合市場特性的手段則僅在市場失靈時始得採取。社會性市場經濟中的「社會元素」，則僅授權國家採取維護競爭秩序、排除競爭干擾的措施[29]。Nipperdey 的主

29.Hans Carl Nipperdey, Die soziale Marktwirtschaft in der Verfassung der Bundesrepublik , 1954, S. 6 ff.

張在憲法解釋上至少存在著兩項無法忽視的疑點：其一，其主張並非基於條文的解釋，而在於試圖將「社會性市場經濟」概念提升為憲法所保護的客觀價值。然而，「社會性市場經濟」概念雖可用以描述、分析特定「經濟風格」，但作為一法律概念則須面對諸多嚴肅的憲法問題。例如，Nipperdey 無法精確區分「符合市場特性」與「非符合市場特性」之國家干預，以致只要國家行為造成競爭機會的變動，即可能被界定為「扭曲競爭」（Wettbewerbsverfälschung）而為憲法所不容許 [30]。此外，Nipperdey 並未充分考量基本法中得以正當化經濟基本權限制的其他憲法價值（如社會國原則），因此也導致其經濟憲法的論述大幅傾向市場競爭秩序的維護 [31]。

　　Herbert Krüger 則採取與 Nipperdey 幾近相對的立場。依 Krüger 之見，基本法未清楚規劃國家對於經濟秩序的責任係在「經濟憲法上不為任何決定」，該法因此要求國家在經濟政策中保持中立（經濟政策的中立性）。由此「經濟政策中立性」命題，亦衍伸出憲法對於國家經濟政策的特殊要求：立法者不得以法律對特定經濟模式或經濟規劃做出原則性的決定，尤其禁止立法者作成即使嗣後國會多數變更亦無法回復的決定 [32]。然而，接受 Krüger 的意見毋寧將導出，須在憲法與法律層次上放棄規範國家對於經濟秩序之責任的結論。鑑於國家在整體經濟生活中扮演的重要角色：從日常經濟競爭秩序的維護、透過法律與司法裁判確保經濟的穩定性、促進與輔導科學與技術的發展，到經濟繁榮時期對物價的控制、蕭條時對景氣的刺激，甚至藉由社會福利制度穩定社會秩序，以及對於弱勢者的生存照顧等，憲法實無法迴避國家對經濟秩序之責任

30.Peter M. Huber, a.a.O. (Fn. 13), 3. Kap. Rn. 19; Reiner Schmidt, a.a.O. (Fn. 25), § 92 Rn. 19.

31.Ernst R. Huber, Der Streit um das Wirtschaftsverfassungsrecht (I), DÖV 1956, S. 101即指出 Nipperdey的主張幾乎便是弗萊堡學派在憲法論述中的繼受。

32.Herbert Krüger, Staatsverfassung und Wirtschaftsverfassung, DVBl. 1951, S. 361 ff.

的問題。Ernst R. Huber 即正確地指出，經濟憲法不僅在探究國家介入經濟事務的界限，其毋寧亦在尋找國家促進、保護經濟，以及衡平經濟與社會利益之責任在憲法上的標準[33]。不嘗試以憲法的觀點對上述問題提出解答，也代表著憲法規範性在上述重大經濟問題上的空白。

最後是由 Ernst R. Huber 所提出的，基本法作為混合式經濟憲法（gemischte Wirtschaftsverfassung）的命題。Huber 認為，即使基本法本身對於經濟事務欠缺體系性的規劃，其仍以特定的經濟秩序為根基；然此基本秩序並非如 Krüger 所主張，是消極的「經濟憲法上的不為決定」，或者如 Nipperdey 的意見，是積極的「國家經濟干預的一般性授權」。「混合式經濟憲法」的出發點在於，基本法第 2 條至 19 條所擔保的基本權具有保障經濟自由的秩序功能，但自由的擔保並非絕對，其毋寧必須與基本法的社會拘束條款相互整合；基本法的經濟秩序即產生於此「自由」與「拘束」相互協調與平衡的體系中。基本法毋寧旨在實現平衡、相互理解與合作的經濟憲法規劃[34]。Huber 亦曾對「混合式經濟憲法」的憲法理論基礎做出說明：依其之見，一妥善安排的憲法體系並非得立基於純粹、毫無矛盾的思想體系上不可，嘗試整合相對立的原則或許更有助於建構健全、永續與平衡的經濟秩序。基本法既承認個人的經濟自由，其同時亦承認國家的社會國性格，兩個經濟憲法的重要元素並非毫無關聯的並立，而是處於一辯證關係之中。競爭與社會拘束的對立必須嚴肅以對，並須透過「真正的憲法上妥協」尋找平衡之道。而上述經濟憲法理論則須以「憲法規範的交互指涉」（Wechselbezüglichkeit aller Verfassungsnormen）的方法，落實於基本法個別經濟條款的解釋之中[35]。

---

33. Ernst R. Huber, a.a.O. (Fn. 30), S. 98 f.

34. Ernst R. Huber, a.a.O. (Fn. 8), S. 30 f.

35. Ernst R. Huber, a.a.O. (Fn. 30), S. 101 f.

　　Huber 嚴肅面對基本法實證條文的論證方式，對往後學界與實務界
就經濟憲法的理解毋寧產生深遠的影響。而其「混合式經濟憲法的命
題」，則與聯邦憲法法院關於國家經濟措施的違憲審查模式，多有共通
之處：一方面藉由經濟性基本權落實個人的經濟自由，他方面在正當化
經濟性基本權的限制時融入社會國理念，進而協調經濟自由與國家的經
濟調節措施[36]。然而，在評斷 Huber 之「混合性經濟憲法」命題能否為
基本法的經濟秩序提供一個適當的理論基礎前，宜先觀察德國聯邦憲法
法院對於相關議題的立場。

三、聯邦憲法法院之基本法「經濟政策中立性」的命題

　　聯邦憲法法院關於經濟憲法的立場，主要係由兩則較為早期的裁判
（「投資協助」案與「共同決定」案）所形塑，而此審查模式大體上亦
為嗣後相關裁判所遵循。

　　（一）「投資協助」案

　　在 1954 年「投資協助」（Investionshilfe）案中涉及者為，聯邦欲
藉由「投資協助法」支持特定、對整體經濟而言重要的工業類別，而課

36.Ernst R. Huber, Der Streit um das Wirtschaftsverfassungsrecht (II), DÖV 1956, S. 135 ff. 在
法治國與社會國原則之衝突與調和的問題上，Huber顯然傾向當時學界的多數意見。此
立場以Ulrich Scheuner發展的，將基本法的社會國解釋為「社會法治國」（der soziale
Rechtsstaat）的意見為代表。在1950年代德國憲法學界關於法治國與社會國關係的大辯論
中，相對於以Hans Peter Ipsen與Wolfgang Abendroth為代表的，認為基本法已揚棄古典市
民、形式法治國而進入實質的社會國，因此基本法的條文應以實現社會國目標為解釋原則
的立場，以及Ernst Forsthoff為首的，拒絕賦予基本法的社會國條款任何規範性意義的極
端主張，Scheuner傾向於調和法治國與社會國的衝突。Scheuner主張，相對於形式的法治
國，社會法治國雖亦承認自由經濟秩序，然國家必須超越單純經濟秩序守護者的功能，積
極承擔影響經濟發展的任務。他在憲法釋義學上的立場，則（不無反覆地）承接如此國家
理論的理解。關於上述社會國理論的發展歷程，以及4位具代表性的學者在方法與國家理
論上的異同，請參照：John Philipp Thurn, a.a.O. (Fn. 17), 35 ff.；蘇永欽，前揭註6，頁133-
138。

予不同的行業提交一定比例獲利至一特種基金（Sondervermögen）的義務，以提供礦業、製鐵工業以及能源業貸款之用。究其實，投資協助法特別是為協助（直接影響煉鋼與能源事業的）採煤業籌措資金而制定，蓋採煤業在當時既無法自行，亦無法在資本市場取得足夠的資金；該法命各行業提交資金於特種基金的行為，實際上是在限制企業的投資[37]。憲法訴願人（數家受影響的企業）主張，投資協助法違反基本法的經濟政策中立性原則，以及當時的經濟與社會秩序（在此意指社會性市場經濟）；此外，訴願人雖認為立法者有權調控市場，但投資協助法所使用者，並非「符合市場特質」的手段，因此主張其違憲。對此，聯邦憲法法院闡明，基本法既未擔保行政與立法機關在經濟政策上的中立性，亦未制度性地保障僅能使用「符合市場性質」手段的「社會性市場經濟」。「基本法的經濟政策中立性」意謂著，立憲者並未明確地選擇特定的經濟體系，因此，「只要立法者遵守基本法之規定，即可採取各該對其而言合事理的政策」。而現存的經濟與社會秩序雖然為基本法所允許，但絕非唯一允許的秩序。因此，對於憲法的審查而言，「投資協助法」是否與當時的經濟與社會秩序相符，或者該經濟引導手段是否符合市場法則，皆非所問[38]。

　　本判決藉由「基本法經濟政策中立性」的命題，否定了基本法制度性地確保特定經濟體系的主張，並藉此賦予立法者廣泛的經濟政策決定權。由於如此的結論符合基本法民主國的政治決策體系，以及該法對於經濟事務相對開放的規劃，因此在學理上獲得多數的認同[39]。然而必須注意的是，聯邦憲法法院並非認為立法者的經濟規劃與引導權限不受憲

37.Knut Wolfgang Nörr, a.a.O. (Fn. 14), S. 103.

38.BVerfGE 4, 7, 17 f.

39.Reiner Schmidt, a.a.O. (Fn. 25), § 92 Rn. 25.

法的控制，即使尚未明確地表明，實際上該法院已將個別的經濟性基本權（在本案中為財產權）當做「投資協助法」主要的合憲性審查標準。

（二）「共同決定」案

聯邦憲法法院以個別基本權作為審查國家經濟措施合憲性之主要標準的立場，在所謂的「參與決定」案中表現更為明顯。本案之審查標的為 1976 年所制訂的「共同決定法」（Mitbestimmungsgesetz）。爭議的主要焦點在，「共同決定法」擴大了受雇階級在特定形式之資合公司中參與形成企業政策的權利：該法規定勞方代表在監事會（Aufsichtsrat）中與資方代表擁有同等席次，且監事會主席須由三分之二以上之監事會成員決定。由於「共同決定制度」之目的在透過企業組織的重構，突破勞動與資本的對立，並促使資方與勞方為企業整體利益共同合作，因此被當時聯邦層級的左右聯合政府視為重大經濟政策；「參與決定法」也成為經濟與社會政策辯論的焦點之一[40]。本法在當時引發國家之經濟引導措施是否過度介入企業經營領域的疑慮。聯邦憲法法院最後宣告本法並未侵害受影響的企業、持股人與受雇人之基本權。對於本文討論的議題而言，重要的是聯邦憲法法院下述的意見[41]：

> 本案中聯邦憲法法院再度重申在「投資協助案」中已表明的意旨：立法者只要遵守基本法所設定框架規範，在經濟與社會政策上即具有原則性的形成自由。聯邦憲法法院在本判決中清楚表明該案的審查標準為，「在引進擴大的參與權時，劃定立法者形成自由之框架條件與界限的個別基本權」。這些基本權雖然無法「不顧其保護領域

40.參與決定制度在德國經濟發展史上的的重要意涵以及該判決背景的介紹，請參見：Klaus Ritgen, in: Menzel/Müller-Terpitz (Hrsg.), Verfassungsrechtsprechung, 2. Aufl., 2011, S. 323 f.

41.BVerfGE 50, 290, 336.

間之相互重疊、互補與關聯」而為解釋，惟其間不存在超越個別基本
權的「經濟憲法的制度性關聯」（institutioneller Zusammenhang der
Wirtschatsverfassung）或「基本權的保障與秩序關聯」（Schutz- und
Ordnungszusammenhang der Grundrechte）。

　　聯邦憲法法院此段論述主要係為反駁由 Peter Badura、Fritz Rittner
與 Bernd Rütters 共同提出的「科隆鑑定意見」（Kölner Gutachten）[42]。
上開鑑定意見傾向於綜觀個別經濟自由權，並將市場經濟客觀化為基本
權的保障客體，據此，經濟自由權整體將被濃縮成一個以競爭為基礎的
市場經濟原則[43]。反對於此，聯邦憲法法院表示，基本法所包含之基本
權原則上應理解為古典的基本權，其異於威瑪憲法，並未擔保特定的
經濟秩序與體系。民主的立法者在此基本權所劃定之範圍內，即得自由
地履行其形成經濟政策的任務；而此立法者的形成範圍，不得再以基本
權解釋的方法，超越基本權所誡命內容再予限制。援引呂特案（Lüth-
Urteil）的論述，該法院再度重申對於基本權作為主觀權利與客觀秩序
的理解：基本權原則上為個人的權利，其以保護具體、受危害之人的自
由領域為客體。基本權作為客觀原則的功能僅在於強化作用效力，因此
不能脫離個人權利的核心，而被理解成客觀的規範結構，並進而使基本
權原本的意義退居其後。作為審查基準者，因此是立法者在形成經濟政
策時必須尊重之個人的自由，而非超越基本權個人權利內涵而客觀化的
「經濟憲法的制度性關聯」或者「基本權的保障與秩序關聯」[44]。

---

42. Peter Badura/Fritz Rittner/Bernd Rütters, Mitbestimmungsgesetz 1976 und Grundgesetz,
Gemeinschaftsgutachten, 1977.
43. Vgl. Oliver Lepsius, a.a.O. (Fn. 15), S. 157.
44. BVerfGE 50, 290, 336 ff.

（三）聯邦憲法法院對於經濟憲法議題的立場

　　根據聯邦憲法法院在上述兩則裁判之基礎上發展的違憲審查模式，該法院對於基本法之「經濟憲法」毋寧採取保留、謹慎的態度：無論從個別的基本權，或體系性地解釋基本法關於經濟事務之條文，皆無法得出該法擔保特定經濟體系的結論。具民主正當性的立法者，在遵守基本權與國家組織之權限分配規則的前提下，擁有廣泛形成經濟及社會政策的空間。雖然經濟性基本權經常在個案中劃定立法者形成自由的界限，但基本權所擔保的經濟自由亦未可無限上綱，因公共利益的需求，其毋寧可受合憲法律的限制；而正當化經濟性基本權之限制的理由，則往往來自社會國的目標。在聯邦憲法法院的裁判實務中，社會國原則主要課予立法者形成實踐自由之現實條件的「客觀義務」[45]。就此，聯邦憲法法院強調，如何落實社會國原則，立法者雖具有廣大的形成空間，但在尚未經由立法程序具體化前，社會國原則仍無法直接當做限制基本權的依據[46]；然而，特定社會立法的目標，諸如對於急難與貧困提供協助[47]、符合人性尊嚴的最低生存保障[48]、減緩貧富差距創造更多的平等[49]、對人生的起伏以提供更多的安全[50]等，皆可透過社會國原則來正當化。至於自由權、公共利益與社會國目標間如何取得平衡，則通常透過基本權審查的三階段審查模式（保護領域—侵害—正當化，特別是其中的比例原則審查）予以解決[51]。

---

45. Vgl. Rolf Gröschner, in: Dreier (Hrsg.), GG Kommentar, 2. Aufl., 2006, Art. 20 Rn. 20, 32. 因此，具體的社會給付請求權通常無法由社會國原則直接推導而出。

46. Vgl. ferner Gröschner, (Fn. 44), Art. 20 Rn. 32 f.

47. BVerfGE 1, 97, 105.

48. BVerfGE 40, 121, 133; 44, 353, 357; 45, 187, 228 ff.

49. BVerfGE 26, 16, 37; 81, 242, 255; ferner BVerfGE 22, 180, 204; 93, 121, 163; 100, 271, 284.

50. BVerfGE 21, 363, 375.

四、經濟基本權之體系與基本法的經濟秩序

然而，即使如聯邦憲法法院所言，（主要是）個別的基本權劃定了國家經濟性措施在憲法上的形成空間，可以再進一步探討的問題是：既然基本法已廣泛保障人民之契約自由、職業自由、財產權等經濟性自由權，基本法的經濟秩序究竟在如何的範圍內仍能符合聯邦憲法法院所稱「經濟政策中立性」的命題？欲實現經濟基本權所保障的經濟活動，是否已使特定的經濟制度無法避免？聯邦憲法法院難道不是從如此的制度性「前理解」出發解釋經濟性基本權的內涵？以下，筆者將藉由（主要是）由聯邦憲法法院本身所發展的標準，進一步說明個別基本權與基本法之經濟秩序的關聯，並檢討該法院「經濟政策中立性」命題是否合理。

（一）契約自由

儘管從基本權保障之觀點，由基本法第 2 條第 1 項所導出的一般行動自由，僅具補充性之地位；質言之，在國家經濟性措施的違憲審查個案中，依照個別基本權的保護範圍，以及待審查之國家措施的規範目的與效果，可能須優先適用其他個別基本權（如職業自由或財產權）[52]。然在基本權所展現的價值體系中，從基本法第 2 條第 1 項（結合第 1 條第 1 項）所推導出的人格發展自由毋寧更具有引導與啟發性的意義。

基本法雖並未如威瑪憲法明文保障契約自由（威瑪憲法第 152 條第 1 項），然而透過該法第 2 條第 1 項所保障之人格發展自由，「私人自治」（Privatautonomie）亦為該條保護範圍所及。作為人格發展自由

---

51. 以「共同決定」案為例，聯邦憲法法院一方面承認財產權在基本權體系中的重要性，另一方面則強調財產權之內容與界限的確定必須取向於公益，以及財產權的社會義務（基本法第14條第2項）。藉由個別財產權所承擔的「社會功能」與其「社會關連性」，該法院因此可以調整財產權的保護密度與立法者對於財產權的形成空間（Vgl. BVerfGE 50, 290, 381）。

52. Peter Badura, Grundrechte und Wirtschaftsordnung, in: Merten/Papier (Hrsg.), Handbuch der Grundrechte, Bd. II, 2006, § 29 Rn. 18.

之部分內容，「私人自治」所保障者為「法律生活中個人的自我決定」[53]，亦即個人依其自我意志形成與他人之法律關係之自由。據此，基本權主體可自主決定「是否」、「與何人」形成法律關係，以及法律關係的具體內容；而由此保障內涵亦可衍生出個人經濟交易自由與契約自由，以及參與競爭的權利[54]。當事人得自主以契約取得與相對人利益間之平衡，實為在法律中實現自由與自我負責的主要手段。

　　然而，私人自治必然有其限制且需要法律的規制。由於受到基本法第2條第1項作為客觀法規範的拘束，立法者在形成私法秩序時，負有使個人事實上確能自由決定契約內容的義務。假如契約自由的前提：契約當事人間相對平衡的協商能力與地位，事實上並不存在（例如於勞動或租賃關係中），立法者必須制訂保護協商地位處於結構上弱勢者之保護規範，以使契約當事人之利益得以再度平衡；換言之，契約自由具有形成私法秩序的作用，國家負有義務，在形成與維護私法秩序時，使基本權所呈現的價值秩序得以體現及確保[55]。

（二）職業自由

　　基本法第12條第1項保障所有德國人，自由選擇職業、工作場所以及職業養成場所（Ausbildungsstätte）的自由。有別於威瑪憲法第151條第3項將行業自由（Gewerbefreiheit）僅視為「社會與經濟秩序的客觀原則」，基本法所保障的職業自由（Berufsfreiheit）則為一真正的基本權，其擔保個人選擇成為其生活基礎之經濟活動的自由。儘管聯邦憲法法院深知職業自由在基本權體系中的重要性；質言之，任何基本權的行使皆以一定的物質基礎為前提，在創造基本權前提的意義上，職業自

---

53. BVerfGE 89, 214, 231.

54. BVerfGE 50, 290, 363; 70, 115, 123; 95, 267, 303; vgl. auch Udo Di Fabio, in: Maunz/Dürig (Hrsg.), GG Kommentar, Art. 2 Abs. 1, Stand: 2001, Rn.101 ff., 116 ff.

55. BVerfGE 89, 214, 231 ff.; 103, 89, 100; Udo Di Fabio, a.a.O. (Fn. 53), Art. 2 Abs. 1 Rn.112 ff.

由的重要性並不亞於其他政治性的基本權。然而，聯邦憲法法院並非在
創造與穩定個人經濟生活基礎的功能上，承認職業自由對於個人自由的
深刻意義；銜接至德國觀念論的傳統[56]，職業的真正意義毋寧在形成自
我人格意識，與尋找個人在社會中的定位，亦即在於發展個人人格、在
於自我實現[57]。

　　在此主導理念下，基本法所理解的「職業圖像」（Berufsbilder），
因此不能限制在傳統行業自由下所理解的獨立行使、以營利為目的之
「行業」（Gewerbe）；在生產方式工業化後，「非獨立性質」的工作
亦得為人格發展自由的基礎[58]。然在高度資本化的經濟模式中，組織性
的營業模式毋寧亦為經濟生活中的常態。職業自由賦予自然人自由結合
生產要素與經濟成果的權利，在符合該法第 19 條第 3 項「本質相符」
之要件時，亦得由本國法人或企業主張之；因此，自由創設、經營企業
的「企業自由」（Unternehmenfreiheit）亦屬於基本法第 12 條第 1 項職
業自由的保護範圍[59]。如同職業自由賦予個人決定給付之價格、選擇交
易對象與給付內容之權利，企業自由亦賦予營利性質的法人團體決定其
「企業目的」（Unternehmenszweck）的自由；據此，企業得以自我負
責的方式決定，是否、如何投入資本，以及提供何種貨品與服務，並在
企業營運、成本計算與價格形成的基礎上，以自承風險的方式參與市場
競爭[60]。

　　聯邦憲法法院一再強調，職業（或企業）自由的行使以立法者形成
一定的交易與私法秩序為前提，而基本法第 12 條第 2 句亦規定職業行

---

56. Otto Depenheuer, Freiheit des Berufs und Grundfreiheiten der Arbeit, in: Badura/Dreier (Hrsg.), Festschrift 50 Jahre Bundesverfassungsgericht, 2001, S. 245 ff.

57. BVerfGE 7, 377, 397; 50, 290, 366.

58. Vgl. BVerGE 81, 242, 242.

59. BVerfGE 50, 290, 363.

60. Peter Badura, a.a.O. (Fn. 51), § 29 Rn. 20; Hans-Jürgen. Papier, a.a.O. (Fn. 10), § 18 Rn. 48.

使（解釋上亦包含職業選擇自由）得以法律或基於法律限制之。據此，
該法院亦在其裁判中根據法律所規範的客體（職業行使方式，抑或主觀
或客觀之職業選擇自由的限制），以及職業自由在個案中所保護的利
益，為立法者劃定寬嚴不同的形成空間[61]。儘管立法者擁有廣泛之形成
職業規範的權限，惟基本法第 12 條賦予個人與企業選擇職業與企業目
的，以及據此依照自己的利益尋求對經濟與社會生活之貢獻的自由，必
然造成一個原則上以供給與需求為導向，且在決策過程上分散的經濟流
程與分配秩序[62]。對於因基本權之行使所造成之社會狀態的修正，也唯
有在保障更重要的公共利益所必要，以及符合比例原則的範圍內，始能
允許。

（三）財產權保障

作為經濟基本權之一的財產權，在基本法的經濟秩序中承擔舉足
輕重的功能，蓋若無法律確保經個人努力所獲取的經濟成果，基本法
對於人民自由參與經濟生活的保障將無從貫徹。無財產權保障，人民
擁有的將僅是無益的自由，只是第歐根尼式的自主（Souveränität des
Diogenes）[63]。作為自由社會基礎原則的財產權保障，也與職業（及企
業）自由密切相關，蓋透過保障自由營利的行為也間接確保了對於財產
的權利[64]。

基本法第 14 條第 1 項第 1 句之財產權，保障法律上歸屬於財產權
人之所有「具體」財產價值的權利[65]。根據本項定義，財產權因此是一
個須經規範形成的基本權（normgeprägte Eigentumgarantie）；財產權的

61.BVerfGE 7, 377, 399 ff.; 30, 292, 313 ff.
62.Peter Badura, a.a.O. (Fn. 51), § 29 Rn. 23.
63.Walter Leisner, Eigentum, in: Isensee/Kirchhof (Hrsg.), Handbuch des Staatsrechts, Bd. VIII, 3.
　　Aufl., 2010, § 173 Rn. 1.
64.Peter Badura, a.a.O. (Fn. 51), § 29 Rn. 25

內容與界限因此須先由立法者形成，並負有社會義務（基本法第14條第1項第2句、同條第2項第1句）。然而，作為憲法上所保障的權利，立法者對於財產權的形成權限並非無所限制，蓋財產權不僅保障歸屬於特定人之現存財產地位，它同時也是私財產制的客觀制度性保障，其課予立法者依照私人自治與私使用性（Privatnützlichkeit）的原則形成私法秩序的義務[66]。在上述廣泛的形成空間內，立法者必須考量靜態的法律地位保障與動態之社會資源分配的需求，只有在法安定性與分配的需求達成平衡時，財產權作為制度始具正當性且能為社會所接受[67]。

　　財產權與社會拘束的平衡及協調不僅須在個人的財產中落實，以公司或企業形式出現之商業組織，其內部複雜之財產與社會利益的協調，亦屬立法者形成財產制度內容的任務。以資合企業為例，立法者除須顧及持股人（自然人或法人）間不同財產利益的協調；考量到基本法所保障的結社自由，其亦須確保（以股份持有形式出現之）企業持有者自主形成企業政策與決定程序的自由。在此具較強社會關連性與社會功能的企業組織形式中，立法者雖可考量社會國原則與非企業持有人（如勞工與雇員）之利益，而形成共同決定企業決策的制度，然而此所謂「經濟民主」的措施仍須遵守財產權與結社自由設下的界限，質言之，其不得對企業持有人決定公司政策之自由產生決定性的影響[68]。

　　憲法上保障財產權之目的在於確保個人維持生存與形塑私人生活的財產上基礎[69]，並透過制度保障個人在法律上自主決定其財產之使用與

---

65. Vgl. etwa BVerfGE 95, 267, 300. 基本法意義下的財產權保障，首先是在法律上被視為具有財產價值的「有體物」（BVerfGE 100, 226, 240 f.; 104, 1, 88 f.）。然若財產權保障之目的在於確保個人經濟生活的自由與獨立性，則在現代經濟生活中，單純保障「有體物」顯然有所缺漏，因此，在特定條件下（自我負擔、專屬性、生存保障），聯邦憲法法院亦承認具財產價值的公法上法律地位亦受財產權之保障（Vgl. etwa BVerfGE 69, 272, 300）。

66. BVerfGE 21, 73, 82 f.; 24, 367, 389 f.; 70, 191, 199 ff.

67. Walter Leisner, a.a.O. (Fn. 62), § 173 Rn. 14.

交易的自由。根據此規範構想，分配因財產處分而生之經濟上風險與成
果的規則，原則上即須以自我負責的方式建構，如此一來，交易市場的
建構與經濟決定的分散化即為保障財產權必然的後果 [70]。

（四）團結自由

基本法第 9 條第 3 項的團結自由（Koalitionsfreiheit）同屬該法對
於經濟秩序的重要規範。本項第 1 句擔保所有人及任何職業，為維護與
促進勞動及經濟條件而結成團體的權利 [71]。團結自由權的理念基礎——
集團性的自助（assoziative Selbsthilfe），雖可在自由主義與社會主義中
發現其思想上的根源，然其內容的具體形塑則承襲 19 世紀以來德國社

---

68. 從基本法的結社自由可以導出「禁止強制結合」原則；據此，國家的法規範原則上不
　　得強制任何私法團體接納新成員（BVerfGE 38, 281, 298）。然而，此原則在資合企業容
　　有例外，蓋此種團體的組成方式本即帶開放成員的性質，成員自我決定團體事務的要
　　求某種程度必須降低。然而，立法者針對此種具有較強「社會相關性」的企業，雖具更
　　廣泛的介入與規整權限，其仍須遵守團體內部意志決定自由對此所設下的界限。如同聯
　　邦憲法法院在「共同決定」案所指出，結社自由雖不禁止企業內部某種「外部決定」
　　（fremdbestimmend）的元素（在本案中為勞方代表於監事會中對於董事會的影響權限），
　　然決定性的影響企業主體形成內部意志的自主性，仍為結社自由所禁止（BVerfGE 50, 290,
　　356）。Vgl. ferner Peter Badura, a.a.O. (Fn. 51), § 29 Rn. 33.
69. BVerfGE 50, 290, 339; 69, 272, 300; 91, 294, 307.
70. Peter Badura, a.a.O. (Fn. 51), § 29 Rn. 28. 在此可以進一步說明的是，基本法第15條規
　　定，土地、自然資源以及生產工具可以為公有化（Vergesellschaftung）的目的，根
　　據附有補償規定之法律，移轉進入公共財產（Gemeineigentum）或其他形式的公共團體
　　（Gemeinwirtschaft）。就基本法第15條在基本權體系中的意義而言，一般認為其未創造另
　　一基本權，而僅在提供基本法第14條以外之干涉財產權的理由。此外，該條的規範意義也
　　僅在於授權國家得以公共化私人財產，而非憲法委託。在經濟憲法的意義上，基本法第15
　　條並未弱化同法第14條對於財產權的保障程度，亦未具有部分學者主張的「經濟憲法上的
　　對反功能」（verfassungsrechtliche Konträrfunktion），蓋上開二條文皆是以財產權的價值
　　保障取代存續保障的規定，對此，兩者皆必須以財產在私法秩序受到保障為其前提條件。
　　Vgl. Hierzu Hans D. Jarass/Bodo Pieroth, GG Kommentar, 8. Aufl., 2006, § 15 Rn. 1 ff.; Hans-
　　Jürgen. Papier, a.a.O. (Fn. 10), § 18 Rn. 17 f.; Rudolf Wendet, in: Sachs (Hrsg.), GG Kommentar,
　　5. Aufl., 2009, § 15 Rn. 2, 20.
71. 關於得主張團結自由之勞工或雇主團體（Koalition）的構成要件：BVerfGE 18, 18, 28;
　　ferner Christian Bumke/Andreas Voßkuhle, Casebook Verfassungsrecht, 2013, Rn. 921 ff.

會與經濟秩序的發展，資本與勞動兩項生產元素的對立最後導致資方與工會團體的成立；特別是透過團體協約，勞動秩序的形塑主要委由兩者以自我負責、自我規整的方式實現[72]。

團結自由從其對於勞工的保護功能與欲達成的社會目標觀之，雖可被視為社會國原則在基本法中的具體化[73]，然其本質仍是一自由權。如同結社自由（基本法第9條第1項），團結自由一方面保障個人成立、參加、退出與不參加此類同盟團體的權利；作為團結自由的集體性面向，其亦維護勞工或資方團體自由決定其組織、決議程序，以及為維護與促進工作與經濟條件之目的，而進行相關活動的權利[74]（團結自由的雙重性質）。受本條所保障者，特別是團體協約自治（Tarifautonomie）。儘管聯邦憲法法院強調，團體協約自治並非團結自由唯一保障的內涵[75]，然作為社會自我規制與勞動鬥爭主要的手段之一，其揭示了基本法對於經濟秩序重要的規範性理念：透過團體協約由勞工與雇主團體共同協商形成勞動條件（特別是特定職業活動的工資），並使國家的規範盡可能的退卻[76]。立法者對於勞動關係的規範，必須限縮在擔保團體協約自治運作的基本條件[77]；正當化國家干涉的理由，特別是在確保團體協約成員間的平權（Gleichberechtigung）與均衡（Gleichgewichtigkeit），以及相對於國家及其「對手」之獨立性的措施[78]。

由於團體協約為影響總體經濟的重要手段，透過基本法第9條第3

72.Rupert Scholz, in: Isensee/Kirchhof (Hrsg.), Handbuch des Staatsrechts, Bd. VIII, 3. Aufl., 2010, § 175 Rn. 2 ff.

73.Ebd., § 175 Rn. 27.

74.Vgl. etwa BVerfGE 88, 103, 114; 93, 352, 357 ff.

75.BVerfGE 19, 203, 321; 28, 295, 304; 38, 281, 305.

76.BVerfGE 18, 18, 28; 44, 322, 349.

77.BVerfGE 50, 290, 370; 92, 365, 394.

78.BVerfGE 50, 290, 367 ff.; 58, 233, 248.

項及其所保障的團體協約自治，同盟團體因此獲得參與重大經濟決定的
權利。基本法透過團體協約保障私法團體自主參與經濟與社會政策的形
成，也因此是對高權與集中式計畫經濟的明白拒絕[79]。

（五）基本法經濟政策中立性命題的再思考

回顧上述基本權保障的內容，筆者以為，聯邦憲法法院關於「基
本法經濟政策中立性」的命題，毋寧需要更細緻的詮釋。「中立」不應
理解為基本法完全未對經濟制度設定原則性的規範。基本法保障契約自
由、職業自由、團結自由與財產權的結果，毋寧將「反射」至現實的社
會結構[80]；質言之，經濟自由權將間接地導致市場經濟的主要結構因素：
以競爭為基礎的經濟體系架構原則、以供給與需求為取向的資源分配及
價格決定機制，以及分散的經濟決定過程無法避免。立法者在制定經濟
政策時，因此必須尊重「市場」作為經濟秩序主要的結構原則。儘管從
嚴格憲法解釋的方法觀之，市場經濟制度「本身」的確無法脫離個別基
本權，而以客觀化之「經濟憲法的制度性關聯」或「基本權的保護或制
度關聯」的型態，成為基本權所直接保障的客體。然而，若非在原則上
以市場為主的經濟結構中，亦難想像經濟自由權得以落實與貫徹；市場
經濟作為解釋經濟性基本權在「規範領域」（Normbereich）上的制度
性前理解，似亦無法否認。若採此觀點，則承認「市場經濟」為解釋經
濟基本權無法想像其不存在的制度上條件，應非學者欲藉法律解釋偷渡
其主觀的政治意識之故[81]。即使聯邦憲法法院未免陷入意識型態之爭，
通常不願正面肯認「市場」在基本法之經濟秩序中的地位，然其亦曾在
裁判中表示「現行的經濟憲法亦承認，在市場上以需求或供應者出現之

79.Hans-Jürgen Papier, a.a.O. (Fn. 10), § 18 Rn. 72.
80.Oliver Lepsius, a.a.O. (Fn. 15), S. 159.
81.So aber Oliver Lepsius, a.a.O. (Fn. 15), S. 161.

企業原則上的自由競爭，為其主要原則之一」[82]。在聯邦憲法法院的裁判基礎上，Hans Jürgen Papier 也指出，基本法對於經濟體系的基本決定並非完全的「中立」，其至少禁止立法者將原則上分散、去中心化的經濟決策與分配體系，轉變成主要是中央計畫式的經濟類型[83]。基本法雖然多方允許國家干涉或引導經濟，然而財產權作為維護財產之私使用性的客觀制度性保障，特別課予立法者形成有利個人或企業自我決定與自我負責之經濟制度的義務。一個原則上否定私人財產，以及將經濟決策集中化的經濟體系，將嚴重違反基本法第14第1項的財產權保障[84]。換言之，透過財產權的保障以及其他基本權所維護之私人參與經濟生活的自由，勢將否定一個完全統治經濟生活的政治系統，並肯定讓個人自由得以發展之市場經濟的存在。

伍、基本法背後的經濟憲法

在釋義學的層次上，德國的經濟憲法呈現出「制度上高度克制但保留個案基本權審查可能」[85] 的結構。Oliver Lepsius 特別指出，正因為聯邦憲法法院將基本法的經濟憲法高度主觀化的結果，以致該法院可適度抽離現實上經濟政策的更替，而始終保持立場上的一貫性與獨立性。關於如何理解上開釋義學結構背後的理論基礎，Lepsius 認為，將基本法固定於特定經濟體系，一方面承載了過多政治意識型態的爭議，另一方

82.BVerfGE 32, 311, 317.

83.Hans-Jürgen Papier, a.a.O. (Fn. 10), § 18 Rn. 23 ff.此立場亦為論者所支持：Udo Di Fabio, Wettbewerbsprinzip und Verfassung, ZWeR 2007, S. 270; Otto Depenheuer, a.a.O. (Fn. 55), S. 248; Fritz Ossenbühl, Staat und Markt in der Verfassungsordnung, in: Murswiek/Storost/Wolff (Hrsg.), Staat-Souveränität-Verfassung: Festschrift für Helmut Quaritsch, 2000, S. 236; Wolfgang Durner, a.a.O. (Fn. 24), § 11 Rn. 4; Reiner Schmidt, a.a.O. (Fn. 25), § 92 Rn. 24 ff.; Jan Ziekow, Öffentliches Wirtschaftsrecht, 3. Aufl., 2013, Rn. 9.

84.Hans-Jürgen Papier, a.a.O. (Fn. 10), § 18 Rn. 14 ff.

85.Oliver Lepsius, a.a.O. (Fn. 15), S. 179 f.

面也將基本權原來的主觀權利性質過度地客觀化[86]；他因此建議將基本
法的經濟憲法詮釋為「制度性的權限分配秩序」，且不對基本法的經濟
秩序做任何「實質性」理解。據此，基本法僅意在藉由國家組織法上的
權限分配規則，授權不同的組織（立法者、行政機關、功能性的自我行
政、專業性組織〔如聯邦銀行〕等）自主地形成經濟政策。Lepsius 亦
認為，如此的解釋方式除更符合基本法放棄對經濟體系作成最終決定的
意旨外，也更適應經濟事務必須快速回應環境變遷的性質[87]。

　　筆者以為，Lepsius 雖能精準地分析基本法關於經濟事務的規範結
構，但是他意圖避免實質理解規範背後之思想脈絡的方法，正好為理解
基本法的經濟憲法提供了方向與契機。基本法的立法者並非在歷史的真
空中形成規範；在歷史發展的脈絡上，詮釋架構基本法的基本原則（如
法治國、社會國、民主國），毋寧可為憲法解釋提供具啟發性的觀點。
在德國的經濟發展史中，特別是在社會主義的影響下，國家對於經濟的
責任始終不限於維持經濟的競爭秩序，或是僅在國家組織領域劃分形
成經濟政策的權限，社會國的思想毋寧督促國家依據正義的原則扶助弱
勢、協助分享經濟發展成果，以及提供符合人性尊嚴之最低生活保
障[88]。就此，Ernst R. Huber 的「混合性的經濟憲法命題」可以理解為
此思想史脈絡在基本法中的承繼。然而，筆者以為 Huber 對該命題的簡
短陳述，仍無法完整的說明基本法之經濟憲法背後的理論基礎。就此，
或許可以採取 Matthias Ruffert 的建議，在經濟憲法的脈絡中，銜接關
於基本法後設之國家理論的討論[89]，甚至更進一步地考量，在基本法之

---

86. Oliver Lepsius, a.a.O. (Fn. 15), S. 156 ff.
87. Oliver Lepsius, a.a.O. (Fn. 15), S. 151 ff., 179 f.
88. 聯邦憲法法院也一再強調，社會國條款不僅是方針條款，毋寧係具規範效力的法規範
　　（Rechtssatz），社會國目標課予國家必須實現符合基本法要求之社會秩序的義務：
　　BVerfGE 1, 97, 105 st. Rspr.
89. Matthias Ruffert, Zur Leistungsfähigkeit der Wirtschaftsverfassung, AöR 2009, S. 205.

國家理論發展上具有重要意義的、關於法治國與社會國關係的辯論[90]。

　　儘管國家意志建構程序的民主化，以及容許透過社會國目標正當化國家干涉經濟的行為，植基於基本權的自由秩序，基本法始終仍建構在「國家與社會區分」的命題上[91]。基本法所預設的並非統整與掌握所有生活領域的專制國家，而是在理念上承認先於國家存在之自由社會的「有限國家」（der scktorale Staat）[92]。承認個人自由必須接受某種程度（因自然或社會差異所造成的）不平等，自由社會因此是一個先驗的不平等的社會。然而，訴諸歷史的經驗，放任社會力量自由競

90.Zusammenfassend John Philipp Thurn, a.a.O. (Fn. 17), S. 548 ff. 本文審稿意見之一指出，德國「經濟憲法」的討論屬基本法施行初期的爭議，然若觀察該國晚近的發展，本文所提觀點，似不足以完整解決當下具體的經濟憲法問題。該審稿意見具體指出：「1967年基本法新增第109條第2項後，實現『總體經濟平衡』作為國家（從聯邦到各邦）執政時之義務，固然國家仍是在市場經濟下進行調控、達成總體經濟平衡……，但各種衡平措施與市場自由競爭原則可能衝突，而法律位階……以『物價穩定、完全就業、持續與適當的經濟成長、外貿平衡』作為認定『總體經濟平衡』的指標，往往流於空泛而使國家可動輒進行調控。另外，衡平措施的選擇是否有界限，在何範圍內容許舉債進行經濟調控，實現平衡，在2009年基本法不再強調凱因斯學派的總體調控政策，轉而以『債務抑制』作為預算收支的指導方針，是否改變基本法的經濟憲法決定，國家還有多少實現總體經濟衡平的能力。」就上開提問，甚至關於在歐洲經濟聯盟體系下，德國基本法的經濟憲法理念應如何變遷與適應，以及2009年以來歐洲央行一系列的「歐元救市措施」（Euro-Rettungsmaßnahmen）是否符合基本法等現實且饒富意義的具體問題，本文限於目標設定（探討德國經濟憲法的討論對我國的啟發），以及文章篇幅（上述問題牽涉到經濟事務中，基本法在歐盟、聯邦與邦層次複雜的權限分配秩序）等因素，無法進行討論。然而，在全球性與區域性的經濟整合日趨頻繁的挑戰下，重新回顧與檢討基本法在經濟事務中的基本價值決定，毋寧具有現實意義。基本法的經濟憲法理念在於調和個人的經濟自由與（透過民主制度實現的）集體的政治自由，強調個人的經濟自由更為其核心；在歐盟以及全球經濟秩序愈趨「制度化」（institutionalisiert）的趨勢下，提醒與強調個人經濟自由在經濟秩序中的重要意義，不但絕非老調重彈，更有其建構性的功能。Hierzu vgl. Jens Kersten, Teilverfasste Wirtschaft, in: Vesting/Korioth (Hrsg.), Der Eigenwert des Verfassungsrechts, 2011, S. 135 ff.; 145 ff.

91.代表性的意見：Ernst-Wolfgang Bökenförde, Die Bedeutung der Unterscheidung von Staat und Gesellschaft im demokratischen Sozialstaat der Gegenwart, in: ders., Staat Gesellschaft Freiheit, 1976, S. 185 ff.

92.有限國家的概念主要請參照：Josef Isensee, Staat und Verfassung, in: ders./Kirchhof (Hrsg.), Handbuch des Staatsrechts, Bd. II, 3. Aufl., 2004, § 15 Rn. 75 ff.

爭並任由不平等恣意擴大，終將危及──以人的自由與平等為其規範
性出發點的──自由社會本身。在此脈絡之下，社會國條款在基本法
中，往往被理解成國家必須承擔「形成自由社會之實質前提條件」[93]、
「促進社會進步」[94]的任務；或者將「國家擔保符合人性尊嚴之最低生
活條件的責任、社會平等、社會安全與社會補償，以及國家對於經濟的
責任」[95]視為社會國目標的基本元素。在基本法將自己定性為「民主的
社會法治國」（該法第 20 條第 1 項），如何平衡「自由」與「社會拘
束」勢必成為辯論的焦點。從德國憲法學界長年的辯論中可以觀察，儘
管基於不同的立論基礎，學界已承認社會國目標正當化國家介入經濟行
為的可能性；然而，在強調國家實現社會平等的功能，或者以 Mathias
Schmoeckel 的用語來表達，在將社會國視為「國家新的正當性來源」[96]
的同時，形式法治國維護自由秩序的理念最終仍得以貫徹[97]。其背後的
理由在於，「有限的國家」是建築於補充性原則之上的理念，就此，國
家始終不獨占公益的實現，憲法毋寧期待人民藉由基本權的行使同時實
現公益[98]。Hans F. Zacher 的論述尤其發人深省：自由與平等的辯證不
但是因自由所生，其毋寧已建構於自由之中。基本法藉由維護特定的機
制：家庭、選擇職業與職業養成場所的自由、自由的形成私人生活與發
展人格、集體性的追求共同的利益等，同時開啟了「創造」與「消弭」

---

93. Ernst-Wolfgang Bökenförde, a.a.O. (Fn. 90), S. 203 ff.

94. Peter Badura, Die Förderung des gesellschaftlichen Fortschrifts als Verfassungsziel und der
Schutz der grundrechtlichen Freiheit, in: Sachs/Siekmann (Hrsg.), Der grundrechtsgeprägte
Verfassungsstaat : Festschrift für Klaus Stern zum 80. Geburtstag, 2012, S. 276 ff.

95. Hans F. Zacher, a.a.O. (Fn. 16), § 28 Rn. 34 ff.

96. Mathias Schmoeckel, a.a.O.(Fn. 25), S. 238.

97. 形式法治國作為如何解釋「社會法治國」的定著點（Fixpunke）：John Philipp Thurn, a.a.O.
(Fn. 17), S. 567 f. 在此也可觀察，Ernst Forsthoff 關於社會國必須限制在法治國之憲法結構中
的主張，在德國憲法學界的長期影響力。

98. Josef Isensee, Gemeinwohl im Vergfassungstaat, in: ders./Kirchhof (Hrsg.), Handbuch des
Staatsrechts, Bd. IV, 3. Aufl., 2006, § 74 Rn. 29 ff.; Hans F. Zacher, a.a.O. (Fn. 16), § 28 Rn. 26 f.

不平等的機會[99]。在個人的層次是如此，在集體的層次上，透過民主的
程序，憲政主義國家固然可以追求實現更為平等的社會秩序、創造實踐
社會公平的條件；然而，基本法同樣要求社會國之目標必須在法治國的
標準下進行，其中特別是基本權的保護，其始終要求國家正當化對於個
人自由的干預，並為國家的干預設下界限。基本法有別於威瑪憲法，大
幅放棄國家對於經濟生活之實質規範的理由，或許不僅在於體認唯有透
過自由競爭有效地創造社會資源，國家的分配性措施始有穩固的基礎；
其更深層的意義或許在於，個人的自由與自我負責才是社會法治國的基
本前提[100]。由此觀點，亦可解釋為何「市場」這樣的「基本權前提」[101]
對於基本法所預設之「自由的社會國」[102]具有重大意義，蓋市場機制根
本是行使經濟自由的前提要件[103]。從上述的說明亦可觀察，在基本法的
框架下，即使社會性的市場經濟並非基本法所唯一容許的經濟秩序，但
兩者確實在基本的構想上相當程度地相互呼應[104]。

陸、德國經濟憲法之辯論對我國部門憲法研究的啟發

總結前文之說明，筆者以為德國關於經濟憲法之討論，在方法上與

99.Hans F. Zacher, a.a.O. (Fn. 16), § 28 Rn. 41 ff.

100.Hans F. Zacher, a.a.O. (Fn. 16), § 28 Rn. 33.

101.基本權前提理論請參照：Josef Isensee, Grundrechtsvoraussetzungen und Verfassungserwartungen an die Grundrechtsausübung, in: ders./Kirchhof (Hrsg.), Handbuch des Staatsrechts, Bd. IX, 3. Aufl., 2011, § 190 Rn. 178 ff.

102.概念的說明請參照：Rolf Gröschner, a.a.O. (Fn. 44), Art. 20 Rn. 16 ff.

103.Paul Kirchhof, Erwerbsstreben und Maß des Rechts, in: Isensee/ders., Handbuch des Staatsrechts, Bd. VIII, 3. Aufl., 2010, § 169 Rn. 109.; Hans F. Zacher, a.a.O. (Fn. 16), § 28 Rn. 72 ff. 正確地將在市場條件下的社會國稱為「以經濟為中心的社會性」（die ökonomische Mitte des Sozialen）：基本法的社會國原則以經濟自由為前提，社會國因此必須在經濟條件下接受考驗，同時協助個人實踐自由。

104.Hans F. Zacher, a.a.O. (Fn. 16), § 28 Rn. 33甚至認為社會性市場經濟概念在憲法上具有必要性（ein verfassungsrechtlich Notwendiges）。

釋義學層次上，有以下值得參考借鏡之處：

一、方法的層次

由前文的說明可以得知，在德國經濟憲法的討論中，社會科學的概念與主張（例如市場的制度、所謂的「符合市場特性」的干預手段）能否作為法律上的論據而主張法效力，主要是透過法體系內部法釋義結構來判斷。就此，聯邦憲法法院透過基本法「經濟政策中立性」命題，以及將經濟基本權視為國家經濟政策的合憲性判斷標準，否定 Nipperdey「社會性市場經濟」作為基本法之制度性保障，以及科隆鑑定意見將「市場機制」視為基本法所保障之客觀價值的主張。法釋義學作為德國法學運作的主要模式，因此建立了相對於其他社會科學的獨立性 105。

至於在方法上，蘇永欽大法官欲「從實存秩序切入，去認識整理該秩序的根本、最高與結構規範，而不是從規範本身切入，去做體系化的工作」的部門憲法研究構想，則必須要做非常謹慎的解讀。來自社會科學、「非法律原生」之概念與主張，對於法學論述的作用，首先在於刺激法學依照其內部的運作邏輯對於現實的社會環境做出反應 106；質言之，在經濟憲法的脈絡下，例如市場作為經濟性制度、社會性的市場經濟概念、「符合市場特定之手段」等概念，並無法直接作為建構法體系與法律論述的主導觀念，其僅在促使法學建立內部運作的規則並給予答案。從前文可以得知，實證法條文與據此所發展的釋義學體系是德國法學判斷法與不法的區分、維持應然與實然分別的特殊進路，而法學對其

---

105. 儘管如此一來亦遭受批評，例如Oliver Lepsius, a.a.O. (Fn. 15), S. 179 f.; Ruffert, a.a.O. (Fn. 88), S. 234 f.即認為德國經濟憲法的討論並未充分考量其他社會科學（特別是經濟學與經濟政策）的發展，以至於欠缺跨領域觀點（因獨立性而導致封閉性）。

106. 在此主要參考Luhmann之系統理論的「擾動」（Irritation）概念。「擾動」的概念及其與「結構耦合」（strukturelle Kopplung）的關聯請參照：Niklas Luhmann, a.a.O. (Fn. 11), S. 442 ff.

他社會科學的開放可能性，亦由此釋義學結構決定。因此，法律系統如何透過規範的觀點「自主」地組織法律條文與論述，反而才是決定法體系能否穩定法律運作、回應實存秩序之變動，以及維持其適度開放性的關鍵之點。

雖然法體系的封閉性為決定其開放性的前提，然而過度自我指涉與欠缺反思的法體系亦可能造成法律論證的僵固，欠缺與系統環境的連結。就如何維持事實與法律論述的獨立性，並同時促進法學反映現實、與時俱進，張嘉尹教授發展憲法理論以同時達成此二目標的主張已如前述。筆者以為，此呼籲誠值注意，蓋理論雖無法直接主張法效力，但透過在理論的層次處理哲學的論述、規範性的理念、歷史與社會結構的描述，確可正當化或者反省法釋義學的論述。在德國憲法學中，此重要任務主要係由「國家學／國家理論」來承擔。舉例而言，在經濟憲法的脈絡下，藉由「法治國」與「社會國」原則相互關係的辯論，可以說明經濟基本權保障社會國目標的衝突與調和，為何在釋義學的操作上具有重要意義；藉由「有限國家」與「基本權前提」的概念，亦可反思基本法經濟政策中立性的命題，並提醒市場機制其實係具體化經濟自由權內涵不可或缺的社會結構前提。

二、釋義學的層次

觀察國內有限的、關於經濟部門憲法的討論，學者關心的重點多集中在憲法的經濟性基本權（亦即工作權、結社權、財產權，以及從憲法第 22 條推導而出的一般行動自由、契約自由與競爭自由），其基本國策條文關係如何解讀的問題[107]。例如吳秀明教授與楊坤樵先生即明確主張：透過綜合觀察與解釋憲法上的經濟性基本權，「可以得出經濟秩序中強調自由保障之一面，如私有財產制、市場機能、私法自治、事業在市場經濟活動中之自由、競爭自由等」；另一方面，藉由「綜合考察與

解釋」憲法第142條之節制資本與謀求國計民生之均足、第143條有社會化色彩的土地政策、第144條之公用性與獨占性事業之公營原則、第145條第1項對私人財富與私人事業之限制，以及憲法第23條基本權利之限制，可以證立國家介入經濟管制、調節經濟活動的行為；兩者因此得出「我國的經濟基本體制是受上述兩種經濟基本秩序之交互作用而形成」的結論[108]。根據前述結論，吳秀明教授與楊坤樵先生進一步指出，基於人格發展自由的基礎性意義，市場代表之「為競爭所調控之自由經濟秩序」與「計畫經濟之管制干預」之間具有原則與例外之關係，並明白將自由的市場經濟制度視為我國憲法經濟秩序的原則；至於國家在經濟事務中的角色，兩者則強調憲法第144條與第145條維持競爭秩序的規範，凸顯國家維持與保護市場競爭秩序的任務與地位[109]。

由前文說明可以觀察，我國與德國的經濟憲法論述，即使立基於不同的實證憲法規範，但仍係架構在經濟基本權的保護與憲法的經濟干預授權之衝突與調和的模型上。然而，可以進一步思考的是：首先，儘管憲法透過個別經濟性的基本權保障職業自由、營業自由、私有財產制、

107.吳秀明、楊坤樵，前揭註6，頁268以下；蘇永欽，前揭註6，頁151以下。司法院大法官有時亦援用基本國策章中的規範，作為經濟性立法違憲審查的憲法依據。由於憲法基本國策章的規範效力在學理的討論及實務的應用上素有爭議，因此，若欲釐清基本國策在經濟憲法上的地位，在方法上即應先判斷基本國策的規範效力如何。就此，學理上向有所謂「方針條款」與「憲法委託」的爭議。前者主張基本國策僅指示立法行政之目標，無強行之性質；後者則傾向認為基本國策對於立法者有拘束效力，亦即課予立法者制訂特定法律的「立法義務」。鑑於基本國策章之條文在內容上的差別，質言之，有時只指出政策方向（例如憲法第148條關於貨物應許自由流通），有時規定特定事項應以法律定之（例如憲法第154條關於勞資糾紛的調解與仲裁），其規範效力因此不宜概括認定，應就個別條文分別定其屬性（請參閱：陳新民，《中華民國憲法釋論》，修正4版，三民，2001，頁832以下）。然而，即使係方針條款也不應認為全然無規範效力，其至少具有強化國家干預措施在憲法上之正當性的作用。關於司法院大法官就基本國策能否成為限制基本權之依據在立場上的不一致，請參閱：蘇永欽，前揭註6，頁151以下。
108.吳秀明、楊坤樵，前揭註6，頁269。
109.吳秀明、楊坤樵，前揭註6，頁270。

契約自由、競爭自由的結果，市場機制的確在憲法解釋上發揮一定的功能，但是在釋義學操作上較為清楚的操作方法毋寧是，將市場當做具體化經濟基本權內涵時客觀上必須存在的社會結構條件。透過整體觀察經濟基本權的保障，將「自由的經濟秩序」視為具有憲法所保障的「客觀上的優先性」，依筆者之見，似有將特定經濟體系客觀化為憲法所保障之利益之嫌。此外，透過強調憲法第 144 條與第 145 條維持競爭秩序的規範，以凸顯國家作為市場競爭秩序維護者的觀點，也因為忽略其他授權國家進行經濟干預以及財富重分配的基本國策條文，而較無法完整描述國家於經濟事務中所應承擔的任務。若能將我國憲法的經濟秩序理解成以個人之經濟自由為根基，但廣泛授權國家進行影響與干預措施的圖像，或許更能不偏廢地說明我國經濟憲法的基礎架構。

柒、結論

部門憲法的研究方法旨在藉由掌握特定「社會部門」之現象，並以「部門」的角度切入統整憲法規範；其目的主要在於，透過規範與事實的交互參照，藉部門的事實分析注入規範的「社會性」，以縮短規範與事實間之差距，俾憲法解釋切合實際。比較觀察德國關於經濟憲法討論的發展，社會科學的理論與概念，諸如社會性市場經濟、符合市場特質之手段，以及市場機制等，雖然皆促使法學開始思考上開概念及其背後的制度思想在基本法中的銜接可能性；然而，決定基本法對外來觀念之接受程度者，毋寧仍是實證法條文及由此所發展的釋義學體系。由前述德國經濟憲法的討論可以觀察，尋找規範上的主導觀念，並據此建立獨立於事實科學的釋義學體系，是維持實然與應然的區分，並維持法學開放性不可或缺的條件。在聯邦憲法法院的主導下，德國經濟憲法呈現出「制度上高度克制但保留個案基本權審查可能性」的特色。藉由「基本法經濟政策中立性」的命題，聯邦憲法法院否定基本法選擇了特定的經

濟模式，藉此保留給立法者廣泛形成經濟與社會政策的空間；但透過經
濟性基本權在個案中對於立法形成空間的限制可能，聯邦憲法法院毋寧
意在強調基本權保障的經濟自由，才是基本法之經濟秩序的基礎。透過
釋義學背後國家理論的說明，上述經濟憲法的釋義學結構可被理解為法
治國與社會國原則衝突與調和的產物；強調社會國必須在法治國的結構
中實現，則為目前德國學界主要的觀點。國內關於經濟憲法的討論與德
國相似，重點亦落在經濟性的基本權與基本國策條文間的緊張關係，儘
管在釋義學的操作上仍有更加細緻的空間。

第 11 章

中國大陸「商標搶註」類型化及構成要件之研究

賴苡任[1]

　　過去 20 年來大陸「商標搶註」行為層出不窮，由於經濟改革開放後全球企業爭先恐後到大陸設廠，甚至積極進軍大陸市場，因此讓商標蟑螂獲得大量搶註靈感與來源。兩岸之間「商標搶註」事件更是嚴重，基於彼此同文同種、大量臺商赴陸投資、我國開放陸客來臺、網際網路趨於發達等因素，使得我國企業的商標或是常見之地理名稱容易被對岸人民知悉。「商標搶註」行為人便是看準臺灣企業希冀進入大陸市場，因此肆無忌憚地註冊我國企業商標，此舉大大增加商標維護之風險，也成為我國企業心中的痛。本章之重點，將全面論述大陸商標法如何處理「商標搶註」事件，透過研究大陸商標法搶註的相關條文，並將其類型化，藉以維護保障我國企業赴陸投資的相關權益。

　　大陸商標法不同於我國商標法，其條文明確出現「搶先註冊」之用語，並將該行為及構成要件立法化。「商標搶註」、「傍名牌」等不正當市場競爭行為，往往嚴重破壞公平競爭的市場環境，不僅損害商標權利人和消費者的合法權益，同時也浪費大量行政資源。一個國家面對「商標搶註」若是束手無策，將會造成商標申請人對其救濟之不信任而於申請階段時大量申請「防禦商標」[2]，這也就是為何大陸商標申請案

---

1. 亞洲大學法學碩士，北京大學法學院知識產權法學博士研究生，北京大學科技法律研究中心研究助理。
2. 商標註冊一般須指定用於何種類別的商品（或服務）。在獲得商標註冊後，商標註冊人就對其註冊商標獲得排他性的商標專用權，但一般侷限在他註冊時指定的商品類別，難以排除他人在其他商品類別中的使用。為排除他人在其他商品類別中的使用，盡量大範圍地維護其商標專用權，註冊人有時會在一類或幾類商品上獲得商標註冊後，再選擇在其他多種商品類別上，註冊與其註冊商標相同的商標，目標是主動防禦他人對其商標的不當使用。

如此之高的緣故，因此「商標搶註」行為絕對有必要透過法制加以扼制。

　　大陸商標法其中三個條文明確規範出「惡意搶註」之定義，分別是第 13 條「馳名商標條款」、第 15 條「代理人條款」及第 32 條「在先權利條款」，個別條款所描述搶註行為之定義皆有不同。

　　具體搶註行為可從第 13 條「馳名商標條款」來分析，「惡意搶註」係指商標申請人「對他人馳名商標的複製、摹仿或者翻譯」。其中「複製」意思為欲申請之商標與他人馳名商標相同；「摹仿」是指抄襲他人馳名商標，沿襲他人馳名商標的顯著部分或者顯著特徵；「翻譯」是指系爭商標將他人馳名商標以不同的語言文字表達，而且該語言文字已與他人馳名商標建立對應關係，讓公眾或消費者可以認定為其翻譯，並為相關公眾廣為知曉或習慣使用。

　　而商標法第 15 條，於立法時更直接點出是為制止惡意搶先註冊他人之商標，其定義為「違背誠實信用原則，明知他人已經使用特定商標而惡意搶先註冊，使他人無法繼續使用該商標，不正當利用該商標已經積累起來的商業信譽及市場價值，藉由搭便車的方式侵占他人商標，攀附其商標價值，甚至脅迫他人花錢購買其搶先註冊的商標，以達到牟取利益的手段。」具體行為包括「代理人、代表人搶先註冊被代理人、被代表人的商標」及「因具有特定關係而明知他人商標存在的人搶註他人商標」，也就是存在代理或者代表、貿易、合作、地緣（地域）或者其他關係明知或者應知的商標。

　　最後一項是第 32 條後段的「不得以不正當手段搶先註冊他人已經使用並有一定影響的商標」，其定義為構成搶註他人商標者，是將他人已經使用並在消費者中產生一定影響但尚未申請註冊之商標，搶先申請註冊。這種行為違反了大陸「民法通則」關於誠實信用的原則，屬於一種惡意行為，著實干擾社會及市場經濟秩序，因此立法者希望制止此種行為。

　　商標搶註行為於實務上不只上述這三種，這三項條款僅為商標法中對於搶註的明確定義而已，在現實的大陸投資市場中，為了想要搶註他人之商標其手段可謂千奇百種，呈現方式也不盡相同，譬如將他人享有在先權利的商號、作品、外觀設計、姓名、肖像等具有知名度或者其他因素，作為商標申請。又或是將公共資源的旅遊景區名稱、產地名稱具有知名度的名稱申請註冊商標，也就是說商標被搶註人能夠證明搶註行為人申請註冊爭議商標違反了誠實信用原則，則可以認定主觀構成惡意。因此對於是否構成具體之商標搶註行為，下列將其類型化，以便於實務中因應各種搶註行為。

第一節 非法占有他人未註冊之商標

壹、未註冊之馳名商標[3]

　　為保護馳名商標所有人利益和維護公平競爭及消費者權益，對可能利用馳名商標的知名度和聲譽，造成市場混淆或者公眾誤認，致使馳名商標所有人的利益可能受到損害的商標註冊行為予以禁止，彌補嚴格實行註冊原則可能造成不公平後果的不足。

　　對「未」在大陸取得註冊的馳名商標和「已」在大陸註冊之馳名商標，保護範圍有所不同。首先，若有人提出申請之商標屬於複製、摹仿或者翻譯他人之「未」在大陸註冊的馳名商標，而指定於「相同或類似」之商品或服務使得容易導致混淆者，不予註冊，並禁止使用。也就是說，對「未」在大陸註冊的馳名商標，其保護範圍較狹隘，限定商標搶註人所指定之商品或服務必須「相同或類似」於馳名商標權人，才能適用此

---

3. 大陸商標法第13條：「為相關公眾所熟知的商標，持有人認為其權利受到侵害時，可以依照本法規定請求馳名商標保護。就相同或者類似商品申請註冊的商標是複製、摹仿或者翻譯他人未在中國註冊的馳名商標，容易導致混淆的，不予註冊並禁止使用。」

條文加以打擊搶註行為。

　　商標法第 13 條第 1 款規定，馳名商標持有人認為其權利受到侵害時，可以依照本法規定請求馳名商標保護。而根據「馳名商標認定和保護規定」第 4 條規定：「馳名商標認定遵循個案認定、被動保護的原則。」換言之，馳名商標的適用為「被動保護原則」，所以商標局、商標評審委員會、人民法院等不得主動適用本法有關保護馳名商標的規定，只有當事人提出保護其馳名商標的申請後，才可以適用相應的規定。

一、未註冊馳名商標之定義

　　所謂馳名商標，其定義於商標業務主管機關國家工商行政管理總局根據令第 66 號「馳名商標認定和保護規定」第 2 條，明確規定「馳名商標是在中國為相關公眾所熟知的商標」，因此馳名商標之定義於「未註冊」及「已註冊」並無不同。而所稱「未註冊」之馳名商標，係指尚未向商標局提出申請取得商標註冊，也就是未取得商標註冊證之商標，並非指「沒有取得馳名商標註冊的商標」，況且馳名商標採「認定制」而非「註冊制」，先行敘明以防在名詞上造成混淆誤認。而這一定義也為往後在認定是否為「馳名商標」時，埋下諸多不便因素。搶註「未註冊馳名商標」其構成要件有四項：

（一）他人商標在系爭商標申請日前已經馳名但尚未在中國大陸註冊。

（二）系爭商標構成對他人馳名商標的複製、摹仿或者翻譯。

（三）系爭商標所使用的商品或服務，與他人馳名商標所使用的商品或服務，相同或者類似。

（四）系爭商標的註冊或者使用，容易導致混淆。

二、未註冊馳名商標之認定機關

根據大陸商標法第 14 條後段指出，能夠認定是否為「馳名商標」之機關共有三個：

（一）商標局

在商標註冊審查、工商行政管理部門查處商標違法案件過程中，當事人依照本法第 13 條規定主張權利時，商標局根據審查、處理案件的需要，可以對商標馳名情況做出認定。

（二）商標評審委員會

在商標爭議處理過程中，當事人依照本法第 13 條規定主張權利時，商標評審委員會根據處理案件的需要，可以對商標馳名情況做出認定。

（三）法院

在商標民事、行政案件審理過程中，當事人依照本法第 13 條規定主張權利時，最高人民法院指定的人民法院根據審理案件的需要，可以對商標馳名情況做出認定。

三、未註冊馳名商標之認定標準

認定是否為馳名商標時，各個機關分別有其標準及規定，以下將分為行政機關及司法機關個別論述之。

（一）行政機關

首先，根據馳名商標的定義，馳名商標是在中國為相關公眾所熟知的商標，認定他人商標是否構成馳名商標，應當視個案情況綜合考慮下列各項因素，但不以該商標必須滿足下列全部因素為前提：

1. 相關公眾對該商標的知曉程度。

2. 該商標使用的持續時間。

3. 該商標的任何宣傳工作的持續時間、程度和地理範圍。

4. 該商標作為馳名商標受保護的紀錄。

5. 該商標的註冊情況。

6. 該商標馳名的其他因素。

而所謂「相關公眾」的定義及標準，包括但不以下列情形為限：

1. 商標所標識的商品的生產者或者服務的提供者。

2. 商標所標識的商品或服務的消費者。

3. 商標所標識的商品或服務在經銷管道中所涉及的經營者和相關
人員等。

綜合商標局及商標評審委員會所公布的認定標準，認定馳名商標的
參考因素可由下列證據資料予以證明：

1. 相關公眾對該商標知曉程度的資料。

2. 該商標使用持續時間的資料，如該商標使用、註冊的歷史和範
圍的資料。若該商標為未註冊商標，應當提供證明其使用持續時間不少
於五年的資料。若該商標已註冊商標，應當提供證明其註冊時間不少於
三年或者持續使用時間不少於五年的資料。

3. 該商標的任何宣傳工作的持續時間、程度和地理範圍的資料，
如近三年的廣播、電影、電視、報紙、期刊、網路、戶外等媒體廣告宣
傳、媒體評論、促銷活動的方式、地域範圍、宣傳媒體的種類以及廣告
投放量等其他活動資料。

4. 該商標曾在中國或其他國家和地區作為馳名商標受保護的資料。

5. 該商標馳名的其他證據資料，如使用該商標的主要商品在近三
年的銷售收入、市場占有率、淨利潤、納稅額、銷售區域等資料。

6. 該商標所使用的商品或服務的合同、發票、提貨單、銀行進帳
單、進出口憑據等。

7. 該商標所使用的商品或服務的銷售區域範圍、銷售網站分布及
銷售管道、方式的相關資料。

8. 該商標所使用的商品或服務參加的展覽會、博覽會的相關資料。

9. 該商標的最早使用時間和持續使用情況的相關資料。

10. 商標行政主管機關或者司法機關曾認定該商標為馳名商標並給予保護的相關文件，以及該商標被侵權或者假冒的情況。

11. 具有合格的評估機構出具的該商標無形資產價值評估報告。

12. 具有公信力的權威機構、行業協會公布或者出具的涉及該商標所使用的商品或服務的銷售額、利稅額、產值的統計及其排名、廣告額統計等。

13. 該商標獲獎情況。

14. 其他可以證明該商標知名度的資料。

15. 上述證據原則上以系爭商標申請日之前的證據為限。

為證明商標馳名所提供的證據資料不以中國大陸為限，但當事人提交的國外證據資料，應當能夠據以證明該商標為中國大陸相關公眾所知曉。馳名商標的認定，不以該商標在中國大陸註冊、申請註冊或者該商標所使用的商品或服務在中國大陸實際生產、銷售或者提供為前提，該商標所使用的商品或服務的宣傳活動，亦為該商標的使用，與之有關的資料可以作為判斷該商標是否馳名的證據。

（二）司法機關

根據 2009 年 4 月 22 日最高人民法院審判委員會第 1467 次會議通過，2009 年 4 月 23 日公布法釋（2009）3 號，自 2009 年 5 月 1 日起施行的「最高人民法院關於審理涉及馳名商標保護的民事糾紛案件應用法律若干問題的解釋」，當中提到解釋所稱馳名商標，是指在中國境內為相關公眾廣為知曉的商標，而於實務上法院往往認定為證明馳名商標所提交之證據資料必須以明確在中國境內使用為準。並且當事人若主張商標為馳名的，應當根據案件具體情況，提供下列證據，證明被訴侵犯商標權或者不正當競爭行為發生時，其商標已屬馳名：

1. 使用該商標的商品的市場份額、銷售區域、利稅等。
2. 該商標的持續使用時間。
3. 該商標的宣傳或者促銷活動的方式、持續時間之程度、資金投入和地域範圍。
4. 該商標曾被作為馳名商標受保護的紀錄。
5. 該商標享有的市場聲譽。
6. 證明該商標已屬馳名的其他事實。

　　所涉及的商標使用時間、範圍、方式等，包括其核准註冊前持續使用的情形。對於商標使用時間長短、行業排名、市場調查報告、市場價值評估報告、是否曾被認定為著名商標等證據，人民法院應當結合認定商標馳名的其他證據，客觀、全面地進行審查。

四、未註冊馳名商標之效力

　　根據大陸商標法第 13 條第 2 項規定：「就相同或者類似商品申請註冊的商標是複製、摹仿或者翻譯他人未在中國註冊的馳名商標，容易導致混淆的，不予註冊並禁止使用。」因此對未在中國註冊的馳名商標，保護範圍僅及於相同或者類似的商品或服務。而所謂的複製、摹仿或者翻譯他人馳名商標的判定標準如下：

　　（一）複製指系爭商標與他人馳名商標相同。

　　（二）摹仿指系爭商標抄襲他人馳名商標，沿襲他人馳名商標的顯著部分或者顯著特徵。

　　（三）馳名商標的顯著部分或者顯著特徵，是指馳名商標賴以起主要識別作用的部分或者特徵，包括特定的文字或者其組合方式及字體表現形式、特定圖形構成方式及表現形式、特定的顏色組合等。

　　（四）翻譯指系爭商標將他人馳名商標以不同的語言文字表達，且該語言文字已與他人馳名商標建立對應關係，並為相關公眾廣為知曉或

者習慣使用。

（五）混淆、誤導是指導致商品或服務來源的誤認。混淆、誤導包括以下情形：

1. 消費者對商品／服務的來源產生誤認，認為標識系爭商標的商品或服務是由馳名商標所有人生產或者提供。

2. 使消費者聯想到，標識系爭商標的商品其生產者或服務提供者與馳名商標所有人存在某種聯繫，如投資關係、許可關係或者合作關係。

3. 混淆、誤導的判定不以實際發生混淆、誤導為要件，只須判定有無混淆、誤導的可能性即可。

混淆、誤導可能性的判定，應當綜合考慮下列各項因素：

（1）系爭商標與引證商標的近似程度。

（2）引證商標的獨創性。

（3）引證商標的知名度。

（4）系爭商標與引證商標各自使用的商品／服務的關聯程度。

（5）其他可能導致混淆、誤導的因素。

而最高人民法院認定足以使相關公眾對使用馳名商標和被訴商標的商品來源產生誤認，或者足以使相關公眾認為使用馳名商標和被訴商標的經營者之間具有許可使用、關聯企業關係等特定聯繫，屬於商標法第13條第1款規定的「容易導致混淆」。足以使相關公眾認為被訴商標與馳名商標具有相當程度的聯繫，而減弱馳名商標的顯著性、貶損馳名商標的市場聲譽，或者不正當利用馳名商標的市場聲譽，屬於商標法第13條第2款規定的「誤導公眾，致使該馳名商標註冊人的利益可能受到損害」。

而商標法第45條的宣告無效，其中複製、摹仿或者翻譯他人馳名商標申請註冊者，自該商標註冊之日起五年內，馳名商標所有人或者利

害關係人可請求商標評審委員會撤銷該系爭商標，但對屬於惡意註冊者，馳名商標所有人請求撤銷系爭商標不受五年的時間限制。

判定系爭商標申請人是否具有惡意，可考慮下列因素：

1. 系爭商標申請人與馳名商標所有人曾有貿易往來或者合作關係。

2. 系爭商標申請人與馳名商標所有人共處相同地域，或者雙方的商品或服務有相同的銷售管道和地域範圍。

3. 系爭商標申請人與馳名商標所有人曾發生其他糾紛，可知曉該馳名商標。

4. 系爭商標申請人與馳名商標所有人曾有內部人員往來關係。

5. 系爭商標申請人註冊後具有以牟取不當利益為目的，利用馳名商標的聲譽和影響力進行誤導宣傳，脅迫馳名商標所有人與其進行貿易合作，向馳名商標所有人或者他人索取高額轉讓費、許可使用費或者侵權賠償金等行為。

6. 馳名商標具有較強獨創性。

7. 其他可以認定為惡意的情形。

貳、代理人或其他特定關係 [4]

一、代理人、代表人搶先註冊被代理人、被代表人的商標

因商標申請人為被搶註人之「被代理人」或「被代表人」而發生搶註行為。大陸商標法第 15 條前款所稱代理人和代表人，既包括為被代理人和被代表人辦理商標事務的人，也包括為被代理人和被代表人辦理

---

4. 大陸商標法第15條：「未經授權，代理人或者代表人以自己的名義將被代理人或者被代表人的商標進行註冊，被代理人或者被代表人提出異議的，不予註冊並禁止使用。就同一種商品或者類似商品申請註冊的商標與他人在先使用的未註冊商標相同或者近似，申請人與該他人具有前款規定以外的合同、業務往來關係或者其他關係而明知該他人商標存在，該他人提出異議的，不予註冊。」

其他事務（例如生產加工、行銷管理活動）、貿易、合作、地緣的人。
認定代理人或者代表人未經授權，擅自註冊被代理人或者被代表人商標
的行為，須符合下列條件：

　　1. 系爭商標註冊申請人是商標所有人的代理人或者代表人，或是
非以代理人或者代表人名義申請註冊被代理人或被代表人的商標，但有
證據證明，註冊申請人與代理人或者代表人具有串通合謀行為。

　　2. 系爭商標指定使用在與被代理人、被代表人的商標使用的商品
或服務相同，或者類似的商品或服務上。

　　3. 系爭商標與被代理人、被代表人商標相同或者近似。

　　4. 代理人或者代表人不能證明其申請註冊行為已取得被代理人或
者被代表人授權。

　　大陸商標法第 15 條之概念源於《巴黎公約》第 6 條之 7，起初對
於本條中「代理人」的理解曾有三種不同的認識：「民法上的代理人」、
「商標代理人」、「包括經銷商在內的商業代理人」，為制止代理人違
反誠實信用原則的惡意搶註行為，目前行政及司法單位已經達成共識，
排除第一種「民法上的代理人」的解釋，採用第二及第三種解釋來認定
「商標代理人」及「商業代理人」，也就是包括基於商事業務往來，而
可以知悉被代理人商標的經銷商為此條文前項適用之構成要件。至於代
表人則可包含具有從屬於被代表人的特定身分，因執行職務行為而可以
知悉被代表人商標的個人，包括法定代表人、董事、監事、經理、合夥
事務執行人等人員。

　　假設代理關係結束後，代理人將被代理人商標申請註冊，致使被代
理人或者利害關係人利益可能受到損害，仍可適用本條判定不予核准註
冊或者撤銷系爭商標。

　　代理人和代表人從事任何代理和代表活動，應當以被代理人和被代
表人的利益為最大化，不得從事與被代理人和被代表人利益相衝突的活

動。這一要求反映在商標權的合理取得，就要求代理人和代表人未經授權不得擅自以個人名義，將被代理人或被代表人的商標進行申請註冊，而被代理人的商標包括：

1. 在合同或者授權委託文件中載明的被代理人商標。

2. 如當事人無約定，在代理關係已經確定時，被代理人在其被代理經銷的商品／服務上，已經在先使用的商標視為被代理人商標。

3. 如當事人無約定，代理人在其所代理經銷的商品／服務上所使用的商標，若因代理人自己的廣告宣傳等使用行為，已足以導致相關公眾認為該商標是表示被代理人的商品／服務與他人商品或服務相區別的標誌，則在被代理人的商品／服務上視為被代理人的商標。

被代表人的商標包括：

1. 被代表人已經在先使用的商標。

2. 其他依法屬於被代表人的商標。

因此，代理人或者代表人接受被代理人或者被代表人的委託，進行商標註冊，應當以被代理人或者被代表人的名義進行。此外，代理人或者代表人不得申請註冊的商標標誌，不限於與被代理人或者被代表人商標相同的標誌，同時也包括與被代理人或者被代表人商標相近似的標誌。

代理人或者代表人未經授權，而以自己的名義將被代理人或者被代表人的商標進行註冊，被代理人或者被代表人有權提出異議，對提出異議的商標，商標主管機關不予註冊，並禁止使用。另外，代理人或代表人搶註行為，保護範圍不限於與該商標所使用的相同商品或服務，也擴及於類似的商品或服務，但必須舉證雙方有代理或代表關係。根據2005 年由商標局和商標評審委員會制定了「商標審查及審理標準」，被代理人可用下列證據資料證明代理關係的存在：

1. 雙方當事人簽訂的合同。

2. 雙方當事人之間的交易憑證、採購資料等可以證明合同關係或者商事業務往來存在的證據資料。

3. 其他可以證明具有代理關係的證據資料。

被代表人可用下列證據資料證明代表關係的存在：

1. 企業註冊登記資料。

2. 企業的工資表、勞動合同、任職文件、社會保險、醫療保險資料。

3. 其他可以證明一方當事人具有從屬於被代表人的特定身分，因執行職務行為而可以知悉被代表人商標的證據資料。。

二、因具有合同、業務往來關係或其他關係，而明知他人商標存在搶註他人商標

於實務中有企業或個人利用與已經在先使用但尚未註冊商標進行惡意搶註，同時彼此又存在某些特定關係。例如在訂立合同過程中知悉他人已經使用的未註冊之商標而搶先註冊，嚴重損害了商標在先使用人的權益，也不利於建造一個公平競爭的市場環境。因此，商標法第 15 條後款專門對此做出規定，禁止與商標在先使用人具有合同、業務往來關係或者其他關係，而明知該他人商標存在的人搶註在先使用人的商標。本條後款的構成要件是：

1. 系爭商標與先使用的商標相同或近似。

2. 系爭商標與先使用商標的商品為同一或類似。

3. 有先使用商標的事實。

4. 明知他人商標存在而搶註商標，申請人與該他人除具有代理或代表關係以外，因合同、業務往來關係或者其他關係而明知該他人商標存在，而剽竊搶註商標之情形。

申請人就同一種商品或者類似商品申請註冊的商標，與他人在先使用的未註冊商標相同或者近似。但如果搶註人在與在先使用人不相同、

不相類似的商品上申請註冊該商標,則不受本款規定限制。而且保護範圍也僅於商品而已,並不擴及服務。

所稱「先使用」商標,依大陸修法說明,僅適用於在大陸地區有先使用之商標為限,大陸境外未註冊之在先使用商標是否符合構成要件,可能還需要個案認定,但依照過往經驗,必須以大陸地區為限。與其他涉惡意搶註商標的規定比較,如現行大陸商標法第13、32條,除有先使用外,並須具知名度之要求不同[5]。此外,在判斷搶註人是否與他人具有合同、業務往來關係或者其他關係而明知該他人商標存在時,其對於合同、業務往來之認定標準為:

1. 雙方當事人簽訂的合同。
2. 雙方當事人之間的交易憑證、採購資料等可以證明合同關係或者商事業務往來存在的證據資料。
3. 其他可以證明具有業務往來的證據資料。

必須注意這一要求的重點在於,搶註人「明知」他人在先使用該商標,進而實踐在通過合同、業務往來等關係表明其「明知」,「其他關係」則是一個「兜底條款」,實務上可由國務院或者國務院工商行政管理部門根據實踐需要做出具體規定。

參、不正當手段搶註一定影響之商標[6]

爭議商標註冊後,若被申請人以牟取不正當利益為目的,妨礙他人正當使用,向他人索要高額轉讓費、許可使用費、侵權賠償金,或者進行誤導公眾的宣傳,造成市場混亂等結果施以搶註行為,可依大陸商標

---

5. 育林國際專利商標事務所,中國大陸新商標法已施行,見http://www.twyulin.com/modules/news/article.php?storyid=31(最後閱覽時間2016/06/06)
6. 大陸商標法第32條後段:「……也不得以不正當手段搶先註冊他人已經使用並有一定影響的商標。」

法第 32 條後段請求保護。此規定是基於誠實信用原則，對尚未註冊但已經使用並有一定影響商標予以保護，制止以不正當手段搶註行為，彌補嚴格實行註冊原則可能造成不公平後果的不足。在商標異議、異議複審及爭議案件審理中，任何涉及搶註他人尚未註冊但已經使用並有一定影響的商標，皆以個案審查。其審查標準及構成要件為：

1. 他人商標在系爭商標申請日之前已經使用並有一定影響。
2. 系爭商標與他人商標相同或者近似。
3. 系爭商標所使用的商品／服務與他人商標所使用的商品／服務原則上相同或者類似。
4. 系爭商標申請人具有惡意。

　　在先使用並有一定影響商標的所有人或者利害關係人請求依據大陸商標法第 33 條的規定撤銷系爭商標時，應自系爭商標註冊之日起五年內提出。

　　經使用並有一定影響商標，是指在大陸地區已經使用並為一定地域範圍內相關公眾所知曉的未註冊商標。至於相關公眾的判定適用大陸國家工商行政管理總局所發布的「第二部分——商標審理標準」當中的「複製、摹仿或者翻譯他人馳名商標審理標準」中對於相關公眾的審查標準[7]。此外，認定商標是否有一定影響，應當就個案情況做出綜合考慮，並斟酌下列各項因素，但不以該商標必須滿足下列全部因素為前提：

1. 相關公眾對該商標的知曉情況。
2. 該商標使用的持續時間和地理範圍。

---

7. 馳名商標是指在大陸地區為相關公眾廣為知曉並享有較高聲譽的商標。相關公眾包括但不以下列情形為限：（1）商標所標識的商品的生產者或者服務的提供者；（2）商標所標識的商品／服務的消費者；（3）商標所標識的商品/服務在經銷管道中所涉及的經營者和相關人員等。

3. 該商標的任何宣傳工作的時間、方式、程度、地理範圍。

4. 其他使該商標產生一定影響的因素。

而上述參考因素可由下列證據資料加以證明：

1. 該商標所使用的商品／服務的合同、發票、提貨單、銀行進帳單、進出口憑據等。

2. 該商標所使用的商品／服務的銷售區域範圍、銷售管道、方式的相關資料。

3. 涉及該商標的廣播、電影、電視、報紙、期刊、網路、戶外等媒體廣告、媒體評論及其他宣傳活動資料。

4. 該商標所使用的商品／服務參加展覽會、博覽會的相關資料。

5. 該商標的最早創用時間和持續使用情況等相關資料。

6. 該商標的獲獎情況。

7. 其他可以證明該商標有一定影響的資料[8]。

其中，最為抽象的判定系爭商標申請人是否具有「惡意」，可綜合考慮斟酌下列因素，但不以其為限：

1. 系爭商標申請人與在先使用人曾有貿易往來或者合作關係。

2. 系爭商標申請人與在先使用人共處相同地域或者雙方的商品／服務有相同的銷售管道和地域範圍。

3. 系爭商標申請人與在先使用人曾發生過其他糾紛，可知曉在先使用人商標。

4. 系爭商標申請人與在先使用人曾有內部人員往來關係。

5. 系爭商標申請人註冊後具有以牟取不當利益為目的，利用在先使用人有一定影響商標的聲譽和影響力進行誤導宣傳，脅迫在先使用人

8.「商標審查及審理標準」，第二部分——商標審理標準，頁25-6。

與其進行貿易合作，向在先使用人或者他人索要高額轉讓費、許可使用費或者侵權賠償金等行為。

6. 他人商標具有較強獨創性。

7. 其他可以認定為惡意的情形[9]。

綜上所述，對於未註冊馳名商標，其保護範圍為相同或者類似商品，保護要件包括「複製、摹仿或者翻譯」以及「容易導致混淆」，「馳名商標司法解釋」第9條就明確規定，足以使相關公眾對使用馳名商標和被訴商標的商品來源產生誤認，或者足以使相關公眾認為使用馳名商標和被訴商標的經營者之間具有許可使用、關聯企業關係等特定聯繫的，屬於商標法第13條第1款規定的「容易導致混淆」[10]。

第二節 攀附他人已註冊之商標

壹、已註冊之馳名商標[11]

有人提出申請之商標屬於複製、摹仿或者翻譯他人「已」在大陸註冊的馳名商標，而指定於「不相同或不相類似」之商品或服務，使得誤導公眾，致使該馳名商標註冊人的利益可能受到損害時，不予註冊並禁止使用。換言之，對「已」在大陸註冊的馳名商標，不僅禁止他人在「相同或類似」之商品或服務上註冊和使用，也同時禁止他人在「不相同或不相類似」商品或服務上註冊和使用。

---

9. 「商標審查及審理標準」，第二部分——商標審理標準，頁26-7。

10. 周云川，《商標授權確權訴訟:規則與判例》，北京，法律出版社，初版，2014年，頁211。

11. 大陸商標法第13條：「為相關公眾所熟知的商標，持有人認為其權利受到侵害時，可以依照本法規定請求馳名商標保護。就不相同或者不相類似商品申請註冊的商標是複製、摹仿或者翻譯他人已經在中國註冊的馳名商標，誤導公眾，致使該馳名商標註冊人的利益可能受到損害的，不予註冊並禁止使用。」

一、已註冊馳名商標之定義

商標業務主管機關國家工商行政管理總局根據令第66號的「馳名商標認定和保護規定」第2條，明確規定「馳名商標是在中國為相關公眾所熟知的商標」，所謂「已註冊」之馳名商標係指已向商標局提出申請取得商標註冊，也就是已取得商標註冊證之商標，並非指「已經取得馳名商標註冊的商標」，況且馳名商標採「認定制」而非「註冊制」，先行敘明以防在名詞上造成混淆誤認。搶註已註冊馳名商標其構成要件有四項：

1. 他人商標在系爭商標申請日前已經馳名且已經在中國註冊。
2. 系爭商標構成對他人馳名商標的複製、摹仿或者翻譯。
3. 系爭商標所使用的商品／服務，與他人馳名商標所使用的商品／服務，不相同或者不相類似。
4. 系爭商標的註冊或者使用誤導公眾，致使該馳名商標註冊人的利益可能受到損害。

二、已註冊馳名商標的認定機關

根據大陸商標法第14條後段指出，能夠認定是否為「馳名商標」的機關共有三個：

（一）商標局

在商標註冊審查、工商行政管理部門查處商標違法案件過程中，當事人依照本法第13條規定主張權利的，商標局根據審查、處理案件的需要，可以對商標馳名情況做出認定。

（二）商標評審委員會

在商標爭議處理過程中，當事人依照本法第13條規定主張權利的，商標評審委員會根據處理案件的需要，可以對商標馳名情況做出認定。

（三）法院

在商標民事、行政案件審理過程中，當事人依照本法第 13 條規定主張權利的，最高人民法院指定的人民法院根據審理案件的需要，可以對商標馳名情況做出認定。

三、已註冊馳名商標之認定標準

認定是否為馳名商標時，各個機關分別有其標準及規定。以下將以行政機關及司法機關個別論述。

（一）行政機關

首先，根據馳名商標的定義，馳名商標是在中國被相關公眾所熟知的商標，認定他人商標是否構成馳名商標，應當視個案情況綜合考慮下列各項因素，但不以該商標必須滿足下列全部因素為前提：

1. 相關公眾對該商標的知曉程度。

2. 該商標使用的持續時間。

3. 該商標的任何宣傳工作的持續時間、程度和地理範圍。

4. 該商標作為馳名商標受保護的紀錄。

5. 該商標的註冊情況。

6. 該商標馳名的其他因素。

而所謂的「相關公眾」之定義及標準，包括但不以下列情形為限：

1. 商標所標識的商品的生產者或者服務的提供者。

2. 商標所標識的商品或服務的消費者。

3. 商標所標識的商品或服務，在經銷管道中所涉及的經營者和相關人員等。

綜合商標局及商標評審委員會所公布的認定標準，認定馳名商標的參考因素可由下列證據資料予以證明：

1. 相關公眾對該商標知曉程度的資料。

2. 該商標使用持續時間的資料，如該商標使用、註冊的歷史和範圍的資料。該商標為未註冊商標的，應當提供證明其使用持續時間不少於五年的資料。該商標為註冊商標的，應當提供證明其註冊時間不少於三年或者持續使用時間不少於五年的資料。

3. 該商標的任何宣傳工作的持續時間、程度和地理範圍的資料，如近三年的廣播、電影、電視、報紙、期刊、網路、戶外等媒體廣告宣傳、媒體評論、促銷活動的方式、地域範圍、宣傳媒體的種類以及廣告投放量其他活動等資料。

4. 該商標曾在中國或者其他國家和地區，作為馳名商標受保護的資料。

5. 該商標馳名的其他證據資料，如使用該商標的主要商品在近三年的銷售收入、市場占有率、淨利潤、納稅額、銷售區域等資料。

6. 該商標所使用的商品或服務的合同、發票、提貨單、銀行進帳單、進出口憑據等。

7. 該商標所使用的商品或服務的銷售區域範圍、銷售網站分布及銷售管道、方式的相關資料。

8. 該商標所使用的商品或服務參加的展覽會、博覽會的相關資料。

9. 該商標的最早使用時間和持續使用情況的相關資料。

10. 商標行政主管機關或者司法機關曾認定該商標為馳名商標，並給予保護的相關文件，以及該商標被侵權或者假冒的情況。

11. 具有合格資質的評估機構出具該商標無形資產價值評估報告。

12. 具有公信力的權威機構、行業協會，公布或者出具的，涉及該商標所使用的商品，或服務的銷售額、利稅額、產值的統計，及其排名、廣告額統計等。

13. 該商標獲獎情況。

14. 其他可以證明該商標知名度的資料。

15. 上述證據原則上以系爭商標申請日之前的證據為限。

為證明商標馳名所提供的證據資料不以中國大陸為限，但當事人提交的國外證據資料，應當能夠據以證明該商標為中國大陸相關公眾所知曉。馳名商標的認定，不以該商標在中國大陸註冊、申請註冊，或者該商標所使用的商品或服務在中國大陸實際生產、銷售或者提供為前提，該商標所使用的商品或服務的宣傳活動，亦為該商標的使用，與之有關的資料可以作為判斷該商標是否馳名的證據。

（二）司法機關

根據 2009 年 4 月 22 日最高人民法院審判委員會第 1467 次會議通過，2009 年 4 月 23 日公布法釋（2009）3 號，自 2009 年 5 月 1 日起施行的「最高人民法院關於審理涉及馳名商標保護的民事糾紛案件應用法律若干問題的解釋」，當中提到解釋所稱馳名商標，是指在中國境內為相關公眾廣為知曉的商標，而於實務上法院往往認定為證明馳名商標所提交之證據資料必須以明確在中國境內使用為準。並且事人主張商標馳名的，應當根據案件具體情況，提供下列證據，證明被訴侵犯商標權或者不正當競爭行為發生時，其商標已屬馳名：

1. 使用該商標的商品的市場份額、銷售區域、利稅等。
2. 該商標的持續使用時間。
3. 該商標的宣傳或者促銷活動的方式、持續時間之程度、資金投入和地域範圍。
4. 該商標曾被作為馳名商標受保護的紀錄。
5. 該商標享有的市場聲譽。
6. 證明該商標已屬馳名的其他事實。

所涉及的商標使用的時間、範圍、方式等，包括其核准註冊前持續使用的情形。對於商標使用時間長短、行業排名、市場調查報告、市場價值評估報告、是否曾被認定為著名商標等證據，人民法院應當結合認

定商標馳名的其他證據，客觀、全面地進行審查。

四、已註冊馳名商標之效力

根據大陸商標法第 13 條第 2 項規定：「就相同或者類似商品申請註冊的商標是複製、摹仿或者翻譯他人未在中國註冊的馳名商標，容易導致混淆的，不予註冊並禁止使用。」因此對未在中國註冊的馳名商標，保護範圍僅及於相同或者類似的商品或服務。而所謂的複製、摹仿或者翻譯他人馳名商標的判定標準如下：

（一）複製指系爭商標與他人馳名商標相同。

（二）摹仿指系爭商標抄襲他人馳名商標，沿襲他人馳名商標的顯著部分或者顯著特徵。

（三）馳名商標的顯著部分或者顯著特徵是指馳名商標賴以起主要識別作用的部分或者特徵，包括特定的文字或者其組合方式及字體表現形式、特定圖形構成方式及表現形式、特定的顏色組合等

（四）翻譯指系爭商標將他人馳名商標以不同的語言文字予以表達，且該語言文字已與他人馳名商標建立對應關係，並為相關公眾廣為知曉或者習慣使用。

（五）混淆、誤導是指導致商品或服務來源的誤認。混淆、誤導包括以下情形：

1. 消費者對商品／服務的來源產生誤認，認為標識系爭商標的商品或服務是由馳名商標所有人生產或者提供。

2. 使消費者聯想到標識系爭商標的商品的生產者或者服務的提供者與馳名商標所有人存在某種聯繫，如投資關係、許可關係或者合作關係。

3. 混淆、誤導的判定不以實際發生混淆、誤導為要件，只須判定有無混淆、誤導的可能性即可。

混淆、誤導可能性的判定，應當綜合考慮下列各項因素：

1. 系爭商標與引證商標的近似程度。

2. 引證商標的獨創性。

3. 引證商標的知名度。

4. 系爭商標與引證商標各自使用的商品／服務的關聯程度。

5. 其他可能導致混淆、誤導的因素。

而最高人民法院認定足以使相關公眾對使用馳名商標和被訴商標的商品來源產生誤認，或者足以使相關公眾認為使用馳名商標和被訴商標的經營者之間具有許可使用、關聯企業關係等特定聯繫，屬於商標法第13條第1款規定的「容易導致混淆」。足以使相關公眾認為被訴商標與馳名商標具有相當程度的聯繫，而減弱馳名商標的顯著性、貶損馳名商標的市場聲譽，或者不正當利用馳名商標的市場聲譽，屬於商標法第13條第2款規定的「誤導公眾，致使該馳名商標註冊人的利益可能受到損害」。

而商標法第45條的宣告無效，其中複製、摹仿或者翻譯他人馳名商標申請註冊的，自該商標註冊之日起五年內，馳名商標所有人或者利害關係人可請求商標評審委員會撤銷該系爭商標，但對屬於惡意註冊的，馳名商標所有人請求撤銷系爭商標不受五年的時間限制。其惡意註冊的判定如下判定系爭商標申請人是否具有惡意可考慮下列因素：

1. 系爭商標申請人與馳名商標所有人曾有貿易往來或者合作關係。

2. 系爭商標申請人與馳名商標所有人共處相同地域或者雙方的商品或服務有相同的銷售管道和地域範圍。

3. 系爭商標申請人與馳名商標所有人曾發生其他糾紛，可知曉該馳名商標。

4. 系爭商標申請人與馳名商標所有人曾有內部人員往來關係。

5. 系爭商標申請人註冊後具有以牟取不當利益為目的，利用馳名

商標的聲譽和影響力進行誤導宣傳，脅迫馳名商標所有人與其進行貿易合作，向馳名商標所有人或者他人索要高額轉讓費、許可使用費或者侵權賠償金等行為。

　　6. 馳名商標具有較強獨創性。

　　7. 其他可以認定為惡意的情形。

　　綜上所述，所謂足以使相關公眾認為被訴商標與馳名商標具有相當程度的聯繫，而減弱馳名商標的顯著性、貶損馳名商標的市場聲譽，或者不正當利用馳名商標的市場聲譽的，屬於大陸商標法第 13 條第 2 款規定的「誤導公眾，致使該馳名商標註冊人的利益可能受到損害」。而實務判斷上的難點主要在於已註冊馳名商標，涉及「複製、摹仿或者翻譯」以及「誤導公眾，致使該馳名商標註冊人的利益可能受到損害」判定[12]。

第三節 損害他人在先權利

壹、在先權利[13]

　　大陸商標法第 32 條前款特別指出，申請商標不得損害他人在先權利。也就是說商標申請註冊之人搶註他人享有「在先權利」或者其他因素且必須構成明知或應知他人在先權利的存在，方視為商標搶註。而大陸主管機關在過去也特別訂立出「在先權利」之種類，譬如商號、作品、外觀設計、姓名、肖像等具有知名度。而所謂在先取得的合法權利（稱之為在先權利），是指他人在註冊商標申請人提出註冊商標申請以前，已經依法取得或依法享有並受法律保護的權利。除了主管機關曾經明確

12.周云川，《商標授權確權訴訟規則與判例》，北京，法律出版社，初版，2014年，頁211。

13.大陸商標法第32條前段：「申請商標註冊不得損害他人現有的在先權利……」

訂立的種類以外，有學者認為商標在先權利的範圍適用[14]可以參考大陸專利法司法解釋中提到的外觀專利的在先權利[15]，因此若用廣義角度來說，在先權利至少包含下列十一項，以下就個別種類「在先權利」詳細論述。

一、法律保護的企業名稱權或商號權

將與他人在先登記、使用並具有一定知名度的商號相同或者基本相同的文字申請註冊為商標，容易導致大陸地區之相關公眾混淆，致使在先商號權人的利益可能受到損害的，應當認定為對他人在先商號權的侵犯，系爭商標應當不予核准註冊或者予以撤銷。其構成要件包含下列：

1. 商號的登記、使用日應當早於系爭商標註冊申請日。
2. 該商號在大陸地區相關公眾中具有一定的知名度。
3. 系爭商標的註冊與使用容易導致相關公眾產生混淆，致使在先商號權人的利益可能受到損害。

此外，關於在先商號權的界定，以商號權對抗系爭商標之商號的登記、使用日應當早於系爭商標的申請註冊日。在先享有商號權的事實可以透過企業登記資料、使用該商號的商品交易文書、廣告宣傳資料等加以證明。

關於混淆可能性的判定，系爭商標的註冊與使用將會導致相關公眾誤以為該商標所標識的商品或服務來自於商號權人，或者與商號權人有某種特定聯繫。認定系爭商標容易與在先商號發生混淆，可能損害在先

---

14. 黃暉，《商標法》，北京，法律出版社，第二版，2016年，頁79。
15. 2015年大陸專利司法解釋中提到的外觀設計的在先權利包括：商標權、著作權、企業名稱權、肖像權、知名商品特有包裝或者裝潢使用權等，大陸最高法院的「權利衝突司法解釋」第1條也規定：原告以他人註冊商標使用的文字、圖形等侵犯其著作權、外觀設計專利權、企業名稱權等在先權利為由提起訴訟，若符合大陸民事訴訟法第108條規定，人民法院應當受理。

商號權人的利益，應當斟酌考慮下列各項因素：

1. 在先商號的獨創性。如果商號所使用的文字並非常見的詞語，而是沒有確切含義的臆造詞彙，則可以認定其具有獨創性。

2. 在先商號的知名度。認定在先商號在相關公眾中是否具有知名度，應從商號的登記時間、使用該商號從事經營活動的時間跨度、地域範圍、經營業績、廣告宣傳情況等方面來考察。

3. 系爭商標指定使用的商品或服務與商號權人提供的商品或服務原則上應當相同或者類似。

在先權利的保護範圍必須根據在先商號所具有的獨創性、知名度，以及雙方商品或服務的關聯程度，在個案中具體確定該在先商號的保護範圍。

二、著作權

未經著作權人的許可，將他人享有著作權的作品申請註冊商標，應認定為對他人在先著作權的侵犯，系爭商標應當不予核准註冊或者予以撤銷。其構成要件包含：

1. 系爭商標與他人在先享有著作權的作品相同或者實質性相似。

2. 系爭商標註冊申請人接觸過或者有可能接觸到他人享有著作權的作品。

3. 系爭商標註冊申請人未經著作權人的許可。

關於在先著作權的界定係指在系爭商標申請註冊日之前，他人已經通過創作完成作品或者繼承、轉讓等方式取得著作權，在先享有著作權的事實可以下列證據資料加以證明：

1. 著作權登記證書。

2. 在先公開發表該作品的證據資料。

3. 在先創作完成該作品的證據資料。

4. 在先通過繼承、轉讓等方式取得著作權的證據資料等。

5. 對生效裁判文書中確認的當事人在先享有著作權的事實，在沒有充分相反證據的情況下，可以予以認可。

此外，根據主管機關所公布之「商標審查及審理標準」第二部分——商標審理標準，「作品」是指受到大陸著作權法保護的客體，惟系爭商標註冊申請人能夠證明系爭商標是獨立創作完成的，則不構成對他人在先著作權的侵犯。系爭商標註冊申請人應就其主張的取得著作權人許可的事實承擔舉證責任。根據大陸著作權法及其實施條例的有關規定，系爭商標註冊申請人應當就下列情形舉證證明：

1. 系爭商標註冊申請人與著作權人簽訂了著作權許可使用合同。

2. 或者著作權人做出過直接的、明確的許可其使用作品申請註冊商標的意思表示。

三、工業產品外觀設計專利權

未經授權，在相同或者類似商品上，將他人享有專利權的外觀設計申請註冊商標者，應當認定為對他人在先外觀設計專利權的侵犯，系爭商標應當不予核准註冊或者予以撤銷。其構成要件包含：

1. 外觀設計專利的授權公告日早於系爭商標申請註冊日及使用日。

2. 系爭商標與外觀設計使用於相同或者類似商品。

3. 系爭商標與外觀設計相同或者近似。

關於他人在先外觀設計專利權的界定，授權公告日應當早於系爭商標註冊申請日及使用日。當事人主張在先享有外觀設計專利權時，應當提交外觀設計專利證書、年費繳納憑據等證據資料加以證明。

此外，系爭商標與外觀設計使用於相同或類似商品，如果商品不相同或者不類似，則不能認定為侵犯外觀設計專利權。關於系爭商標與外觀設計相同或者近似的判斷，既可就系爭商標與外觀設計的整體進行比

對,也可就系爭商標的主體顯著部分與外觀設計的要部進行比對。有關系爭商標與外觀設計相同或者近似的認定,原則上適用商標相同、近似的審查標準。外觀設計專利中的文字僅保護其特殊表現形式,含義並不在專利權保護範圍內。系爭商標註冊申請人應當就其主張的取得外觀設計專利權人授權的事實承擔舉證責任。

四、姓名權

未經許可,將他人的姓名申請註冊商標,給他人姓名權造成或者可能造成損害者,系爭商標應當不予核准註冊或者予以撤銷。其構成要件包含:

1. 系爭商標與他人姓名相同。

2. 系爭商標的註冊對他人姓名權造成或者可能造成損害。

「他人」的姓名包括本名、筆名、藝名、別名等。同時「他人」是指在世自然人。「相同」是指使用了與他人姓名完全相同的文字,或者是他人姓名的翻譯,在社會公眾的認知中指向該姓名權人。

認定系爭商標是否損害他人姓名權,應當考慮該姓名權人在社會公眾當中的知曉程度,系爭商標註冊申請人應當就其主張的取得姓名權人許可的事實承擔舉證責任。未經許可使用公眾人物的姓名申請註冊商標,或者明知為他人的姓名,卻基於損害他人利益的目的申請註冊商標,應當認定為對他人姓名權的侵害。在系爭商標申請註冊日之前姓名權人撤回許可,超出姓名權人許可使用的商品或服務之外申請註冊商標,在姓名權人未明確許可的使用商品或服務上申請註冊商標者,視為未經許可。

使用姓名申請註冊商標,妨害公序良俗或者有其他不良影響者,依據大陸商標法第 10 條第 1 款第（8）項[16] 的規定進行審查。

五、肖像權

未經許可，將他人的肖像申請註冊商標，對他人肖像權造成或者可能造成損害，系爭商標應當不予核准註冊或者予以撤銷。其構成要件包含：

1. 系爭商標與他人肖像相同或者近似。

2. 系爭商標的註冊給他人肖像權造成或者可能造成損害。

「他人」的肖像包括肖像照片、肖像畫等，「他人」是指在世自然人。「相同」是指系爭商標與與他人肖像完全相同。「近似」是指雖然系爭商標與他人肖像在構圖上有所不同，但反映了他人的主要形象特徵，在社會公眾的認知中指向該肖像權人。

系爭商標註冊申請人應當就其主張的取得肖像權人許可的事實承擔舉證責任。未經許可使用公眾人物的肖像申請註冊商標，或者明知為他人的肖像而申請註冊商標，應當認定為對他人肖像權的侵害。在系爭商標申請註冊日之前肖像權人撤回許可者，超出肖像權人許可使用的商品／服務之外申請註冊商標者，在肖像權人未明確許可的使用商品／服務上申請註冊商標者，視為未經許可。

使用他人的肖像申請註冊商標，妨害公序良俗或者有其他不良影響的，依據大陸商標法第 10 條第 1 款第（8）項[17]的規定進行審查。

六、知名商品之特有名稱、包裝及裝潢

任何商品皆有專屬的名稱，除了原料產品以外，通常也都有包裝、

---

16. 大陸商標法第10條：「下列標誌不得作為商標使用：（八）有害於社會主義道德風尚或者有其他不良影響的。」

17. 大陸商標法第10條：「下列標誌不得作為商標使用：（八）有害於社會主義道德風尚或者有其他不良影響的。」

裝潢等。

1.「商品名稱」用以稱謂呼叫商品的文字。

2.「商品包裝」用以識別商品，使消費者能加以辨別，以及方便攜帶、儲運而使用在商品上的輔助物和容器。

3.「商品裝潢」用以識別與美化商品而在商品或者其包裝外附加的文字、圖案、色彩及其排列組合。

商品的通用名稱、包裝及裝潢人人都可以使用，基本上不能被一人獨占專用。但特有的名稱包裝及裝潢在其知名的地域內，則可以受到大陸「反不正當競爭法」的保護，而實際上也屬於一種特殊的未註冊商標。大陸最高人民法院在 2015 年「專利司法解釋」中將知名商品的包裝、裝潢列入了外觀設計可能的在先權利之一，因此可以推敲在商標法中享有同樣對待。

知名商品特有的名稱、包裝及裝潢權是在 1993 年「反不正當競爭法」第 5 條中予以規範，主要的內容包括：「經營者不得採用、擅自使用知名商品特有的名稱、包裝、裝潢，或者使用與知名商品近似的名稱、包裝、裝潢，造成和他人的知名商品相混淆，使購買者誤認為是該知名商品的不正當手段從事市場交易，損害競爭對手。」為了便於操作，大陸國家工商行政管理局 1995 年制定了「關於禁止仿冒知名商品特有的名稱、包裝、裝潢的不正當競爭行為的若干規定」。根據該規定訂立出明確範圍：

1.「知名商品」是指在市場上具有一定知名度，為相關公眾所知悉的商品。

2.「特有」是指商品名稱、包裝、裝潢非為相關商品所通用，並具有顯著的區別性特徵。

3.「知名商品特有的名稱」是指知名商品獨有的與通用名稱有顯著區別的商品名稱。但該名稱已經作為商標註冊的除外。

4.「包裝」是指為識別商品以及方便攜帶、儲運而使用在商品上的輔助物和容器。

5.「裝潢」是指為識別與美化商品而在商品或者其包裝上附加的文字、圖案、色彩及其排列組合。

實務上對於如何認定知名商品的問題，該規定確立了一條著名的反推法則：

1. 商品的名稱、包裝、裝潢被他人擅自做相同或者近似使用，足以造成購買者誤認者，該商品即可認定為知名商品。

2. 特有的商品名稱、包裝、裝潢應當依照使用在先的原則予以認定。

3. 知名商品的特有名稱、包裝和裝潢的保護具有較大的地域性，並不是所有的知名商品的特有名稱、包裝、裝潢都能當然對抗在後商標註冊申請。

在實際運行中，它的保護與已經使用並有一定影響的商標具有較大的重疊性，也需要考慮申請人的主觀狀態才能判斷。根據大陸最高人民法院公報2008年第6期的「費列羅」巧克力包裝案，被認定為具有指導性，最高法院就充分考慮了包裝的國內外知名度以及整體的顯著性，最後給予了保護[18]。

七、地理標誌

大陸於2001年按照TRIPS的要求正式導入「地理標誌」的概念，即標示某商品來源於某地區，該商品的特定品質、信譽或者其他特徵，主要由該地區的自然因素或者人文因素所決定的標誌。

如果商標中含有商品的地理標誌，而該商品並非來源於該標誌所標

---

18. 黃暉，《商標法》，北京，法律出版社，第二版，2016年，頁83。

示的地區並誤導公眾者，不予註冊並禁止使用；但是，已經善意取得註冊者繼續有效。也就是說，根據這一規定，地理標誌即使尚未註冊為集體、證明商標，仍然應該作為一種在先權利獲得保護，事實上，在「湘蓮」案中，商評委即對未註冊的地理標誌進行了保護。北京第一中級人民法院在「香檳」案中，也是通過司法認定直接給予了地理標誌的保護。

八、特殊標誌權

大陸為了加強對特殊標誌的管理，推動文化、體育、科學研究及其他社會公益活動的發展，保護特殊標誌所有人、使用人和消費者的合法權益，國務院 1996 年制定了「特殊標誌管理條」，條例內明示所謂「特殊標誌」是指經國務院批准舉辦的全國性和國際性的文化、體育、科學研究及其他社會公益活動所使用的，由文字、圖形組成的名稱及縮寫、會徽、吉祥物等標誌。

根據該條例，「特殊標誌」不得含有下列內容的文字、圖形組成的特殊標誌：

1. 有損於國家或者國際組織的尊嚴或者形象者。

2. 有害於社會善良習俗和公共秩序者。

3. 有民族歧視性，不利於民族團結者。

4. 缺乏顯著性，不便於識別者。

5. 法律、行政法規禁止的其他內容。

另一方面，也明確規範出「特殊標誌」的限制範圍：

1. 不得與已經取得在先申請的「特殊標誌」相同或者近似。

2. 不得與已在先申請註冊的商標或者已獲得註冊的商標相同或者近似。

3. 不得與已在先申請外觀設計專利或者已依法取得專利權的外觀設計專利相同或者近似。

4. 不得侵犯他人著作權。

經國務院工商行政管理部門核准登記的「特殊標誌」，受該條例保護。

擅自使用與所有人的「特殊標誌」相同或者近似的文字、圖形或者其組合者，未經「特殊標誌」所有人許可，擅自製造、銷售其特殊標誌或者將其「特殊標誌」用於商業活動者，以及對「特殊標誌」所有人造成經濟損失的其他行為，都將構成對「特殊標誌」的侵犯。

九、奧林匹克標誌權

為加強對「奧林匹克標誌」的保護，保障「奧林匹克標誌」權利人的合法權益，維護奧林匹克運動的尊嚴，大陸國務院 2002 年制定「奧林匹克標誌保護條例」。該條例所稱「奧林匹克標誌」是指：

1. 國際奧林匹克委員會的奧林匹克五環圖案標誌、奧林匹克旗、奧林匹克格言、奧林匹克徽記、奧林匹克會歌。

2. 奧林匹克、奧林匹亞、奧林匹克運動會及其簡稱等專有名稱。

3. 中國大陸奧林匹克委員會的名稱、徽記、標誌。

4. 北京 2008 年奧林匹克運動會申辦委員會的名稱、徽記、標誌。

5. 第 29 屆奧林匹克運動會組織委員會的名稱、徽記，第 29 屆奧林匹克運動會的吉祥物、會歌、口號，「北京 2008」、第 29 屆奧林匹克運動會及其簡稱等標誌。

6. 「奧林匹克憲章」和「第 29 屆奧林匹克運動會主辦城市合同」中規定的其他與第 29 屆奧林匹克運動會有關的標誌。

該條例所稱奧林匹克標誌權利人，是指國際奧林匹克委員會、中國奧林匹克委員會和 29 屆奧林匹克運動會組織委員會。奧林匹克標誌權利人依照該條例對奧林匹克標誌享有專有權。未經奧林匹克標誌權利人許可，任何人不得為商業目的（含潛在商業目的）使用奧林匹克標誌。

所謂「為商業目的使用」，是指以營利為目的，以下列方式利用奧林匹克標誌：

1. 將奧林匹克標誌用於商品、商品包裝或者容器以及商品交易文書上。

2. 將奧林匹克標誌用於服務項目中。

3. 將奧林匹克標誌用於廣告宣傳、商業展覽、營業性演出以及其他商業活動中。

4. 銷售、進口、出口含有奧林匹克標誌的商品。

5. 製造或者銷售奧林匹克標誌。

6. 可能使人認為行為人與奧林匹克標誌權利人之間有贊助或者其他支援關係而使用奧林匹克標誌的其他行為。

十、世界博覽會標誌

為加強對世界博覽會標誌的保護，維護世界博覽會標誌權利人的合法權益，2004 年國務院頒布了「世界博覽會標誌條例」，「世界博覽會標誌」指：

1. 中國大陸 2010 年上海世界博覽會申辦機構的名稱（包括全稱、簡稱、譯名和縮寫）、徽記或者其他標誌。

2. 中國大陸 2010 年上海世界博覽會組織機構的名稱、徽記或者其他標誌。

3. 中國大陸 2010 年上海世界博覽會的名稱、會徽、會旗、吉祥物、會歌、主題詞、口號。

4. 國際展覽局的局旗。

「世界博覽會標誌」權利人，是指中國大陸 2010 年上海世界博覽會組織機構和國際展覽局，「世界博覽會標誌」權利人依照本條例享有「世界博覽會標誌」專有權，換言之，未經世界博覽會標誌權利人許

可，任何人不得為商業目的（含潛在商業目的）使用世界博覽會標誌。
所謂為商業目的使用，是指以營利為目的，以下列方式使用「世界博覽
會標誌」：

1. 將世界博覽會標誌用於商品、商品包裝或者容器以及商品交易
文書上。

2. 將「世界博覽會標誌」用於服務業中。

3. 將「世界博覽會標誌」用於廣告宣傳、商業展覽、營業性演出
以及其他商業活動中。

4. 銷售、進口、出口含有「世界博覽會標誌」的商品。

5. 製造或者銷售「世界博覽會標誌」。

6. 將「世界博覽會標誌」作為字型大小申請企業名稱登記，可能
造成市場誤認、混淆。

7. 可能使他人認為行為人與「世界博覽會標誌」權利人之間存在
許可使用關係而使用「世界博覽會標誌」的其他行為。

十一、其他

中國大陸最高法院在「商標授權確權意見」中沒有將在先權利的種
類完全類型化或封頂，中國大陸人民法院審查判斷訴爭商標是否損害他
人現有的在先權利時，對於商標法已有特別規定的在先權利，按照商標
法的特別規定予以保護，若是商標法雖無特別規定，但根據民法通則和
其他法律的規定屬於應予保護的合法權益者，應當根據該概括性規定給
予保護[19]。

根據大陸「最高人民法院關於審理註冊商標、企業名稱與在先權利

19.黃暉，《商標法》，北京，法律出版社，第二版，2016年，頁83。

衝突的民事糾紛案件若干問題的規定」[20] 第 1 條之規定，以他人註冊商標使用的文字、圖形等侵犯其著作權、外觀設計專利權、企業名稱權等在先權利為由提起訴訟，符合民事訴訟法第 108 條規定者，人民法院應當受理[21]。

貳、企業名稱[22]

企業名稱是區別不同市場主體的標誌，它是由行政區劃、字型大小、行業（或經營特點）和組織所構成，其中字型大小是企業名稱的核心部分，是區別不同企業的主要標誌。儘管商標和企業字型大小在性質上並不相同，但兩者同屬於「商業標誌」的範疇內，兩者皆在一定程度上發揮區別商品和服務來源的作用[23]，大陸商標法第 58 條專門處理將他人註冊商標或未註冊之「馳名商標」用做企業字型大小的規定。

把註冊或未註冊的「馳名商標」作為企業名稱中的字型使用，是長久以來於商標實務管理中發現的一種特殊商標違法行為，經常發生將他人商標用為企業字型大小，通過「傍名牌」獲取利益的現象[24]。經常有個人或企業為謀取不正當利益，規避有關商標法的法規，逃避現行規範，不直接使用假冒商標、商品或者使用類似商品、相似商標等典型的

---

20. 法釋（2008）3號，2008年2月18日通過，同日最高人民法院公告公布，自2008年3月1日起施行。
21. 北京市萬慧達律師事務所（編），《知識產權訴訟法律手冊》，北京，北京萬慧達知識產權代理有限公司，初版，2014年，頁72。
22. 大陸商標法第58條：「將他人註冊商標、未註冊的馳名商標作為企業名稱中的字型大小使用，誤導公眾，構成不正當競爭行為的，依照《中華人民共和國反不正當競爭法》處理。」
23. 國務院法制辦公室（編），《中華人民共和國商標法註解與配套》，北京，中國法制出版社，第3版，2014年，頁53。
24. 袁曙宏（編），《商標法與商標法實施條例修改條文釋義》，北京，中國法制出版社，初版，2014年，頁69-70。

商標侵權手段，而是採取移花接木的方式，看中一些已經獲得市場認可品牌的註冊商標，將這些商標中容易引起消費者注意的元素引入自己企業名稱中的字型大小，將他人註冊商標、未註冊的馳名商標作為企業名稱中的字型大小使用，誤導公眾，以達到其提升知名度、推銷商品的目的，危害了市場競爭的公平原則，構成不正當競爭行為，若查明屬實將依照反不正當競爭法處理。符合本法並受規範之客體及要件主要有其二，分述如下。

一、關於商標與企業字型大小

首先要正確理解商標、企業名稱、企業字型大小的含義、功能及區別。商標是區別不同商品或服務來源的標誌，由文字、圖形、字母、數位字元、三維標誌、顏色等要素組合構成，該權利由商標局經過審查後核准註冊。商標是企業品牌的核心價值之體現，在中國大陸之範圍內接受到法律保護，同行業具有全國唯一性。

企業的字型大小則是企業名稱的四個要素之一，企業名稱的另外三個要素是行政區劃、行業、組織形式。企業名稱是區分不同市場主體的標誌，由地方省級工商行政管理部門核名登記註冊，是頒發給企業市場准入的合法證書，其獲得的法律保護範圍僅限於註冊本地。在企業名稱的四個要素中，字型大小是每個企業獨有的。字型大小由兩個以上的字組成，具有識別性、顯著性、表意性等特點，是企業名稱中的一個核心要素，是企業名稱中最顯著和最重要的組成部分，也是某一企業與其他企業相區別的重要元素。選擇和確定字型大小，應當符合法律規定，不得損害他人合法權益。

二、構成不正當行為的情形

根據大陸商標法第 58 條之規定，將他人註冊商標、未註冊的馳名

商標作、企業名稱中的字型大小使用，在主觀上具有誤導公眾的故意或過失，在客觀上也會產生損害他人合法權益、誤導社會公眾、擾亂社會經濟秩序的不良效果。該行為與商標法第 57 條規定的侵犯註冊商標專用權行為的最大區別，在於其隱蔽性，形式上沒有冒用他人商標或者使用近似於他人註冊商標等行為那樣直截了當，反而是只使用了他人註冊商標或未註冊之馳名商標作為企業名稱中的字型大小，但於實際市場之交易使用上也誤導了公眾，間接侵犯了他人的商標專用權。

因此，對於此類構成不正當競爭行為的行為，依照大陸「反不正當競爭法」處理[25]。

此外，企業名稱的「簡稱」源於語言交流的方便，擅自使用知名企業之「簡稱」，足以使特定地域內的相關社會公眾對在後使用者和在先企業之間發生市場主體的混淆、誤認，也可能同樣受到保護。企業簡稱的形成包含下列兩種過程：

1. 企業自身使用簡稱代替其正式名稱。

2. 社會公眾對於企業簡稱的認同，即認可企業簡稱與其正式名稱所指之對象為同一企業。

由於簡稱省略了正式名稱中某些具有限定作用的要素，可能會不適當地擴大正式名稱所代表的對象範圍，因此企業簡稱能否特指該企業，取決於該企業簡稱是否為相關社會公眾所認可，並在相關社會公眾中建立起與該企業的穩定「關聯關係」[26]。

換言之，對於具有一定的市場知名度、為相關社會公眾所熟知並已經實際具有商用使用的企業名稱的簡稱，可以視為企業名稱。譬如「中

25.何永堅（編），《新商標法條文解讀與適用指南》，北京，法律出版社，初版，2013年，頁159-60。

26.國務院法制辦公室（編），《中華人民共和國商標法註解與配套》，北京，中國法制出版社，第3版，2014年，頁54。

國國際航空公司」於市場上經常簡稱「國航」，而「中國南方航空公司」也使用簡稱「南航」，兩航空公司在市場上的簡稱使用習慣已經足以使社會公眾認同，並且企業的特定簡稱已經在特定地域內為相關社會公眾所認可，具有相應的市場知名度，與該企業建立了穩定的關聯關係，具有識別經營主體的商業標識意義。如果有他人在後擅自使用「國航」或「南航」，足以使特定地域內的相關社會公眾對在後使用者和在先企業之間發生市場主體的混淆、誤認，在後使用者就屬不正當利用在先企業的商譽，構成侵害在先企業的合法權益。於使用上具有此種情形者，應當將在先企業的特定簡稱視為企業名稱，並根據「中華民共和國反不正當競爭法」第 5 條的規定加以保護。同時根據大陸「最高人民法院關於審理註冊商標、企業名稱與在先權利衝突的民事糾紛案件若干問題的規定」第 2 條之規定，以他人企業名稱與其在先的企業名稱相同或者近似，足以使相關公眾對其商品的來源產生混淆，違反反不正當競爭法第 5 條第（3）項的規定為由提起訴訟，符合民事訴訟法第 108 條規定者，人民法院應當受理[27]。

第四節 惡意占有公共資源

　　兩岸的商標搶註實務中，由於近年來開放陸客來臺觀光，因此臺灣較有名氣的地名或觀光景點在大陸地區廣為人知，尤其以「阿里山」、「日月潭」等廣負盛名的旅遊景點為甚。部分不肖人士為了搶搭臺灣地名的熱潮，紛紛進行商標搶註，將「阿里山」、「日月潭」等臺灣地理名稱申請註冊在茶葉或食品等商品類別上。此舉對臺灣真正的茶農或是以地方農會為代表的商品在進入大陸市場時形成巨大的損失與打擊，大

---

27. 北京市萬慧達律師事務所（編），「知識產權訴訟法律手冊」，北京，北京萬慧達知識產權代理有限公司，初版，2014年，頁72。

陸地區市場上流通之相關商品打著「阿里山」、「日月潭」的旗號販售，
其內容物卻與臺灣毫無關聯，商品產地也非「阿里山」或「日月潭」。

　　大陸商標局於審查階段時基於疏忽或是認定其商標不具有不得申請
之要件，因此核准註冊。面對如此惡劣之搶註行為，於實務上將其歸類
於惡意獨占公共資源或旅遊景點。某些作為公眾資源的標記，有的具有
表示商品品質、產地等特點，當商標由某家獨占難而形成商標識別商品
來源的作用，本應作為集體商標或者證明商標註冊，不宜為某家獨占，
又或是有的註冊使用在特定商品或者服務上本身缺乏顯著性，或容易造
成相關公眾對商品產地或者特點等發生混淆，不具備可註冊之要件。此
類搶註行為的基本特徵，在於將本屬於公共資源的標記搶註為商標，商
標註冊後妨礙他人正當使用而造成市場秩序混亂，或者使用時容易造成
相關公眾對商品產地或者特點等發生混淆。例如：

　　1. 將旅遊景區名稱申請註冊於提供「旅遊服務」類別上。

　　2. 將具有表示商品特點的產地名稱申請註冊於該商品上。

　　3. 將缺乏顯著特徵的標記申請註冊為商標。

　　因此，在類型化此種商標搶註行為時，依照其事實的適用與構成要
件，大致分為「旅遊景點」、「農特產品」以及「欺騙手段或其他不正
當手段」。

壹、旅遊景點

一、社會主義道德風尚或其他不良影響[28]

　　大陸商標法第 10 條第 1 款第 8 項指出，有害於社會主義道德風尚
或者有其他不良影響的標誌不得註冊。社會主義道德風尚，是指在大陸

28.大陸商標法第10條：「下列標誌不得作為商標使用：（八）有害於社會主義道德風尚或者
　　有其他不良影響的。」

的體制之下共同生活及其行為的準則、規範，以及在一定時期內社會上流行的良好風氣和習慣[29]。這一規定的目的在於保障人民群眾利益，維護社會的道德風尚，避免因不健康的商標設計而對社會產生不良的影響[30]。例如大陸商標局曾經駁回「二房」、「二奶」、「911」、「六合彩」[31]、「DARKIE」[32]、「財神爺」[33]或是「福爾摩莎」及「Formosa」[34]的案件。

　　至於「其他不良影響」，是指商標的文字圖形或者其他構成要素對中國大陸的政治、經濟、文化、宗教、民族等社會公共利益和公共秩序產生消極的負面影響[35]。有害於社會主義道德風尚或者具有其他不良影響的判定，應考慮社會背景、政治背景、歷史背景、文化傳統、民族風俗、宗教政策等因素，並應考慮商標的構成及其指定使用的商品和服務。本條後段所稱「其他不良影響」乍看之下如同「帝王條款」或稱「兜底條款」，但實際上並非如此。「其他不良影響」僅僅保護公共資

---

29. 何永堅（編），《新商標法條文解讀與適用指南》，北京，法律出版社，初版，2013年，頁35。
30. 趙惜兵（編），《新商標法釋解》，北京，人民法院出版社，初版，2002年，頁61。
31. 劉銀良，《知識產權法》，北京，高等教育出版社，第二版，2014年，頁194。
32. 國家工商行政管理局、商業部1992年曾專門發文禁止銷售帶有「DARKIE」、「DARLIE」文字和醜化了黑人頭像圖形的黑人牙膏，因為「DARKIE」英文意思對黑人是一種蔑稱，而「DARLIE」是從「DARKIE」一詞派生出來，也是蔑稱。這些文字、圖形商標明顯地帶有對黑人的種族歧視。
33. 商標局1997年以「財神爺」商標具有濃厚的封建迷信色彩，作為商標有悖於社會主義精神文明，有害於社會主義道德風尚，其註冊違反了商標法第8條第1款第（9）項的規定為由，撤銷綜合部註冊的第806355號等27件「財神爺」商標。
34. 商標局1997年在撤銷「福爾摩莎」商標的決定中認為「Fomosa」中文音譯為「福爾摩薩」，是16世紀葡萄牙侵占臺灣省時對臺灣的蔑稱，至今有時仍被沿用，帶有濃厚的殖民色彩。萬仕得實業開發有限公司在男女衣服等商品上註冊的第793539號「福爾摩莎」商標與「福爾摩薩」一詞近似，作為商標易造成不良影響，其註冊違反了商標法第8條第1款第（9）項的規定，決定予以撤銷。
35. 大陸「最高人民法院關於審理商標授權確權行政案件若干問題的意見」（法發C2010012號2010年4月20日）第3條。

源或是公共利益，並不保護私益，因此若有私人企業或是個人之商標被
搶註，將無法以「其他不良影響」作為適用條文，如果有相關標誌的註
冊損害特定民事權益，由於商標法已經另行規定了救濟方式手段相應程
序，不宜認定其屬於具有「其他不良影響」的情形[36]，「其他不良影響」
之適用條件必須符合下列兩項：

1. 爭議商標由屬於公共資源的標記構成或者含有該標記。考慮旅
遊景區名稱、產地名稱等標記的知名度。

2. 爭議商標註冊使用在指（核）定商品或者服務上沒有顯著特徵，
或者容易使相關公眾對商品或者服務的品質、產地或者其他特點發生誤
認。

二、顯著性[37]

根據大陸商標法第9條規定[38]，申請註冊的商標應當具有顯著特徵，
便於識別。可識別性是商標的基本特徵，生產經營者通過商標推介自己
的商品和服務，消費者通過商標區別不同生產經營者的商品和服務。如
果商標不具有顯著特徵，就無法實現商標的功能，也就無法作為商標申
請註冊。商標顯著特徵的判定應當綜合考慮構成商標的標誌本身、商標
指定使用商品、商標指定使用商品的相關公眾的認知習慣、商標指定使
用商品所屬行業的實際使用情況等因素[39]。

大陸商標法第11條第1款的3項都是在規定缺乏顯著性的商標不
得註冊。其中，第1項及第2項分別規定通用標記和直接表示商品特點

36.「最高人民法院關於審理商標授權確權行政案件若干問題的意見」，頁58。
37.大陸商標法第11條：「下列標誌不得作為商標註冊：（三）其他缺乏顯著特徵的。」
38.大陸商標法第9條：「申請註冊的商標，應當有顯著特徵，便於識別，並不得與他人在先
取得的合法權利相衝突。商標註冊人有權標明『註冊商標』或者註冊標記。」
39.何永堅（編），《新商標法條文解讀與適用指南》，北京，法律出版社，初版，2013年，
頁37-8。

及功能的標記缺乏顯著性，不得註冊。而第（3）項準確地表述應該是「其他缺乏顯著特徵」。在 2013 年以前尚未修訂大陸商標法的 10 條第 1 款第 7 項「容易使公眾對商品的品質等特點或者產地產生誤認」時，此類公共資源的標記搶註行為雖不適用上述第 1 項、第 2 項之規定，但可以適用第 3 項用以解決紛爭。

貳、農特產品

一、產地誤認 [40]

此項規範為 2013 年大陸商標法修法時所新列增之項目，凡「帶有欺騙性，容易使公眾對商品的品質等特點或者產地產生誤認者」，不得註冊標。也就是所使用的商標故意誇大商品或服務之功能、作用，欺騙消費者，容易使公眾對商品的品質等特點或者產地產生誤認的行為，皆不得准予註冊。

其中，「產地產生誤認」的規範可說是修法後，面對獨占公共資源類型的商標搶註行為最為有力之適用條款。譬如將「阿里山」、「日月潭」、「古坑」或「西螺」等旅遊景點同時也為產地名稱的字詞，分別申請註冊商標指定使用在高山茶、紅茶、咖啡或醬油等商品類別，此時為保護消費者的權益，對容易使公眾產生產地誤認之商標，將禁止作為商標使用。

至於「誇大宣傳並帶有欺騙性的」禁用標誌，在理解上存在歧義，容易被理解為本項規定的情形要同時符合「誇大宣傳」、「帶有欺騙性」兩個要件。實務中存在並非誇大宣傳但是可能誤導公眾的情形，如以「憨豆咖啡」作為飲料、蛋糕等商品商標，很難說是誇大宣傳，但是

---

40. 大陸商標法第10條第1款第7項：「下列標誌帶有欺騙性，容易使公眾對商品的品質等特點或者產地產生誤認的，不得作為商標使用。」

容易誤導消費者認為商品由此原料（憨豆）生產，本項實際需要禁止使用的是可能欺騙公眾、誤認的標誌。誇大宣傳並帶有欺騙性的標誌，如果不會引起誤認，有可能只是構成廣告違法行為，不一定是商標法禁止的違法行為[41]。最高人民法院 2010 年發布的「關於審理商標授權確權行政案件若干問題的意見」第 2 條就規定：「實踐中，有些標誌或者其構成要素雖有誇大成分，但根據日常生活經驗或者相關公眾的通常認識等並不足以引人誤解。對於這種情形，人民法院不宜將其認定為誇大宣傳並帶有欺騙性的標誌。」

二、地理標誌[42]

同樣是面對搶註農特產品之搶註行為，亦可用地理標誌條款加以打擊。所謂地理標誌，按照 TRIPs 第 22 條第 1 款之規定，係指標示出某商品來源於某成員地域內，或來源於該地域中的某個地區或某地方，該商品的特定品質、信譽或者其他特徵，主要與該地理來源的自然因素或者人文因素相關聯。有鑒於地理標誌是表明商品來源的標記，產生了識別商品的作用，與商品的品質和信譽關係密切，因此，TRIPs 將其列為智慧財產權保護的項目之一，以確保相關權利人及消費者之利益。地理標誌具有以下特徵：

1. 地理標誌是實際存在的地理名稱，而不是臆造出來的。

2. 使用地理標誌的商品其真實產地必須是該地理標誌所標示的地區，而不是其他地區。

---

41. 袁曙宏（編），《商標法與商標法實施條例修改條文釋義》，北京，中國法制出版社，初版，2014年，頁15-6。
42. 大陸商標法第16條：「商標中有商品的地理標誌，而該商品並非來源於該標誌所標示的地區，誤導公眾的，不予註冊並禁止使用；但是，已經善意取得註冊的繼續有效。前款所稱地理標誌，是指標示某商品來源於某地區，該商品的特定品質、信譽或者其他特徵，主要由該地區的自然因素或者人文因素所決定的標誌。」

3. 只有該地理標誌標示地區的生產經營者才能在其商品上使用該地理標誌。

4. 使用地理標誌的商品必須具有特定品質、信譽或者其他特徵，而且其特定品質、信譽或者其他特徵主要是由該地區的自然因素或者人文因素所決定的。

5. 地理標誌不是商標，不具有獨占性，不能轉讓。[43]

地理標誌具有識別商品的作用，標誌雖然不是商標，但作為表明商品來源的標記，與商標一樣具有識別商品的作用，應該受到商標法保護。特別是地理標誌表示的是某種商品具有特定品質、信譽或其他特徵的標誌，在該原產地地域範圍內，只要符合一定標準的企業或個人都應該有權使用該地理標誌，而不應由一家獨有，是它與普通商標的差別所在[44]。因此，在市場經濟條件下，有必要加強對地理標誌的管理，以保護消費者的利益。為此，TRIPs 第 22 條第 3 款規定，如果某商標中包含有或者組合有商品的地理標誌，而該商品並非來源於該標誌所標示的地域，誤導公眾無法認明商品真正來源地，該成員應依職權（如法律允許），或者依利害關係人的請求駁回或撤銷該商標的註冊[45]。大陸商標法第 16 條根據 TRIPs 的精神，也從保護消費者利益出發，對地理標誌的管理做出了規定。中國大陸的地理標誌保護，基於中國各地均有自己的土產或特產，「土產」是指主要由某一地方的自然因素決定的產品，而「特產」是指主要與某一地方的傳統人文因素有關的產品，所謂「一方水土養一方人」。多數華人探親訪友時都有習慣會以土特產作為禮品

---

43. 國務院法制辦公室（編），《中華人民共和國商標法註解與配套》，北京，中國法制出版社，第3版，2014年，頁19。

44. 謝冬偉，〈入世與我國原產地名稱（地理標誌）的保護〉，《商標通訊》，2001年第4期，頁37。

45. 何永堅（編），《新商標法條文解讀與適用指南》，北京，法律出版社，初版，2013年，頁53。

贈送，這時的地名就不僅僅只是在指示產品的地理來源，同時也在表明特定的品質，並成為一條聯繫產品的生產者和使用者的紐帶[46]。

　　中國大陸早期保護地名的典型案例有兩個，一是北京京港食品有限公司在其生產的一種食品上，使用「丹麥牛油曲奇」名稱，商標局1987年發文指出，中國大陸是《巴黎公約》成員國，有義務遵守該公約的規定。若外國委託人反映的情況屬實，應責令北京京港食品有限公司立即停止使用「丹麥牛油曲奇」這一名稱，以保護《巴黎公約》締約國的原產地名稱在中國大陸的合法權益。二是涉及對「香檳」或「Champagne」字樣的保護。大陸國家工商行政管理局1989年專門發文認為，「香檳」是法文「Champagne」的譯音，指產於法國Champagne省的一種起泡白葡萄酒。它不是酒的通用名稱，是原產地名稱。近年來，大陸一些企業將「香檳」或「Champagne」作為酒名使用。這不僅是誤用，而且侵犯了他人的原產地名稱權。發文要求大陸企業、事業單位和個體工商戶以及在中國大陸的外國（法國除外）企業不得在酒類商品上使用「Champagne」或「香擯」（包括大香檳、小香檳、女士香檳）字樣。對現有商品上使用上述字樣者，要限期使用，逾期不得再用。商標局1996年又重申，香檳是法文「Champagne」的譯音，是產於法國Champagne省的一種起泡白葡萄酒，既屬於原產地名稱，又屬於公眾知曉的外國地名。1989年，國家工商行政管理局曾發文要求停止在酒類商品上非法使用「Champagne」或「香檳」字樣，以履行《巴黎公約》所規定的義務，保護原產地名稱[47]。

　　地理標誌保護的目的在於使消費者對產品的真實來源不發生誤解，

46.黃暉，《商標法》，北京，法律出版社，第二版，2016年，頁271。

47.殷朴涵，〈法國原產地名稱與其名牌（一）〉，《中華商標》，總第23期，1999年1月，頁48-50。

使該地域特殊的水、土氣候條件和生產者長期的貢獻得到社會的承認，因此為地理標誌提供快捷簡便可靠的保護，將使生產者和消費者兩方面的利益都得到保障。此外，若要以地理標誌作為集體商標、證明商標註冊的，應當在申請書件中說明下列內容：

1. 該地理標誌所標示的商品的特定品質、信譽或者其他特徵。

2. 該商品的特定品質、信譽或者其他特徵與該地理標誌所標示的地區的自然因素和人文因素的關係。

3. 該地理標誌所標〃示的地區的範圍。

其中，條文的「但書」主要考慮由於歷史原因，已經善意取得註冊的含有地理標誌的商標經過使用，已經在消費者中產生了特定的含義，不會造成消費者對商品來源的誤認，如「青島啤酒」[48]。但必須特別注意，並非某地方生產了某種產品就能夠將其地名作為該產品的地理標誌。對於因歷史原因形成者、含有地名的註冊商標，雖然商標權人根據商標法享有商標專用權，但是如果該地名經國家專門行政機關批准實施原產地域產品保護，則被獲准使用的民事主體可以在法定範圍內使用該原產地域專用標誌。商標權人以行為人合法使用的原產地域專用標誌侵犯自己的商標專用權為由，訴至人民法院而請求侵權損害賠償，人民法院不予支持[49]。

地理標誌的核心在於，其能夠表明所標示的商品具備特定的品質和信譽，而且這種品質和信譽是由於該地域的特定地理條件、人文因素所促成，不是其他地方能夠輕易模仿、複製的。從地理標誌的構成來看，保護地理標誌的意義和目標體主要有兩個目的：

---

48. 何永堅（編），《新商標法條文解讀與適用指南》，北京，法律出版社，初版，2013年，頁53。

49. 《最高入民法院公報》2007年第11期〈浙江省食品有限公司訴上海市泰康食品有限公司、浙江永康四路火腿一廠商標侵權糾紛案〉。

1. 防止標示特色產品的地理標誌被假冒或仿冒，保護該地區能夠可持續地擁有其特色產品，以保護該區經營者的正當權益。

2. 保證消費者能夠選擇他所期望的特色產品，避免被欺騙或誤導，以保護消費者權益。[50]

參、欺騙或不正當手段 [51]

實務上商標註冊違反相關法律規定，可以分為來自當事人方面的緣由及來自商標審查人員的疏忽，特別是在商標審查人員出現錯漏、受矇騙以及審查工作失誤等情況難以完全避免。因此，為了維護商標註冊管理秩序以及市場經濟秩序，保障商標當事人的合法權益，對於以欺騙手段或者其他不正當手段取得註冊的商標，都應當給予限制級規範[52]。根據大陸商標法第 44 條之規範，其不得註冊之適用範圍已經明確類型化絕對不得註冊理由（第 10 條、第 11 條、第 12 條），但如果只限於上述之構成要件又過於狹隘，因此多制定一項不得註冊之構成要件：「欺

---

50. 劉銀良，《知識產權法》，北京，高等教育出版社，第二版，2014年，頁220。

51. 大陸商標法第44條：「已經註冊的商標，違反本法第十條、第十一條、第十二條規定的，或者是以欺騙手段或者其他不正當手段取得註冊的，由商標局宣告該註冊商標無效；其他單位或者個人可以請求商標評審委員會宣告該註冊商標無效。

　　商標局做出宣告註冊商標無效的決定，應當書面通知當事人。當事人對商標局的決定不服的，可以自收到通知之日起十五日內向商標評審委員會申請複審。商標評審委員會應當自收到申請之日起九個月內做出決定，並書面通知當事人。有特殊情況需要延長的，經國務院工商行政管理部門批准，可以延長三個月。當事人對商標評審委員會的決定不服的，可以自收到通知之日起三十日內向人民法院起訴。

　　其他單位或者個人請求商標評審委員會宣告註冊商標無效的，商標評審委員會收到申請後，應當書面通知有關當事人，並限期提出答辯。商標評審委員會應當自收到申請之日起九個月內做出維持註冊商標或者宣告註冊商標無效的裁定，並書面通知當事人。有特殊情況需要延長的，經國務院工商行政管理部門批准，可以延長三個月。當事人對商標評審委員會的裁定不服的，可以自收到通知之日起三十日內向人民法院起訴。人民法院應當通知商標裁定程序的對方當事人作為第三人參加訴訟。」

52. 袁曙宏（編），《商標法與商標法實施條例修改條文釋義》，北京，中國法制出版社，初版，2014年，頁121。

騙手段或其他不正當手段」。

　　針對以「欺騙手段或其他不正當手段」取得註冊之商標做出相對應處理，其立法之目的在於申請商標註冊應當遵守誠實信用原則，不得以弄虛作假的手段欺騙商標行政主管機關取得註冊，也不得基於進行不正當競爭、牟取非法利益的目的，惡意進行註冊。換言之，依據相關資料及文獻，可將施以「欺騙手段或其他不正當手段」之對象歸納為兩類，一為主管機關、二為權益受損害之人。而面對權益受損害之人是否構成之適用要件，又再分為主管機關見解及法院見解。

　　就主管機關而言，在認定上較為簡單。面對商標申請之人以「欺騙手段或其他不正當手段」取得註冊，是指以向商標行政主管機關虛構或者隱瞞事實真相、提交偽造的申請書件或者其他證明文件，以騙取商標註冊的行為。2005年由大陸國家工商行政總局及商標局聯合制訂的「商標審查及審理標準」明確要求，商標局或商評委在裁量是否有以「欺騙手段或其他不正當手段」取得商標註冊之疑慮時，必須以此標準進行個案判定，包括但不限於下列情形：

　　1. 偽造申請書件簽章的行為。

　　2. 偽造、塗改申請人的主體資格證明文件的行為，包括使用虛假的身分證、營業執照等主體資格證明文件，或者塗改身分證、營業執照等主體資格證明文件上重要登記事項等行為。

　　3. 偽造其他證明文件的行為。

　　又根據大陸商標法實施細則第25條第1項之規定，虛構、隱瞞事實真相或者偽造申請書件及有關文件進行註冊的行為包含：

　　1. 申請商標註冊必須符合商標法規的有關條件，商標註冊人必須是依法成立的企業、事業單位、社會團體、個體工商戶、個人合夥以及符合商標法規定的外國人或者外國企業。

　　2. 商標註冊申請人申報的商品或服務必須是其生產、製造、加工

揀選或者經銷的商品及經營的服務項目，不得超出核准登記的經營範圍。

3. 偽造營業執照，塗改經營範圍的，均屬虛構、隱瞞事實真相。

至於損害他人權益部分，所謂不得基於進行不正當競爭、牟取非法利益的目的，惡意進行註冊，係指有充分證據證明系爭商標註冊人明知或者應知為他人在先使用的商標而申請註冊，其行為違反了誠實信用原則，損害了他人的合法權益，危害了公平競爭的市場秩序，系爭商標應當不予核准註冊或者予以撤銷。但是誠信原則屬於民法上之概念，而商標法又採註冊主義，當兩者發生衝突時，對於明知是他人的商標，搶先予以註冊的行為是否適用「欺詐毀滅一切」[53] 的原則，存在兩種不同的意見。一種意見認為規定註冊在先原則的商標法屬特別法，而規定誠信原則的民法通則屬一般法，在發生衝突時應優先適用特別法，除非註冊的商標屬於公眾熟知的商標；另一種意見則認為，欺詐註冊完全可以與馳名商標或公眾熟知商標無關，因為只要有證據表明註冊人的確知道他人正在使用某一商標，則無論該商標是否馳名均應構成欺詐註冊。而誠信原則屬所有民法上行為的「帝王條款」，欺詐行為永遠不能成為取得權利的基礎，換句話說，任何時候都不應該赦免違反誠信原則的行為[54]。

依照中國大陸商標業務主管機關商標局的認定規則，《商標法實施細則》第 25 條列舉五種行為屬於以「欺騙手段或其他不正當手段」取得商標註冊的註冊不當行為，第 1 項是於申請註冊時對主管機關的欺瞞，第 3 至 5 項已於前論述之，因此不予論述，僅就第 2 項「違反誠實信用原則，以複製、模仿、翻譯等方式，將他入已為公眾熟知的商標進

---

53. 古羅馬法諺「欺詐毀滅一切」（fraus omnia corrumpit），意思是誠實信用原則要求人們誠實不欺，其行為不得以惡意損害他人利益為目的。
54. 黃暉，《商標法》，北京，法律出版社，第二版，2016年，頁48。

行註冊」加以討論，其規範包括：

1. 複製是與公眾熟知的商標完全或基本相同。

2. 模仿是與公眾熟知的商標顯著部分或主體部分相同或基本相同。

3. 翻譯是與公眾熟知的商標使用語言文字不同但含義相同。

4. 提出撤銷註冊不當商標的申請，商標評審委員會受理與否，一般以 1988 年 1 月被搶註的馳名商標仍在註冊不當商標的審理範疇之內。

5. 對馳名商標的搶註「惡意」複製、模仿或翻譯馳名商標。

6. 與馳名商標雷同、近似只是設計上的巧合。

7. 屬明顯惡意的搶註行為，該商標的撤銷不受時間限制

8. 與馳名商標雷同或近似只是設計上的巧合，不是刻意模仿，推斷不屬惡意行為，且該商標註冊已滿五年以上者，一般不予撤銷。

有些商標雖不是公眾熟知的商標，但具有獨創性，又有一定的使用歷史或較廣的使用範圍，所有人為宣傳該商標投入了大量的廣告費用，但未能及時進行註冊，被同行業或同地域的他人搶先註冊，一舊屬有違誠實信用原則。主管機關商標局認為，對於以其他不正當手段取得註冊的商標，在實務中還會出現其他情況，商標評審委員會必須根據具體情況進行認定、評審。譬如醜化他人公眾熟知商標進行註冊者，違反中國大陸參加的國際條約規定取得註冊者，以及違反中國大陸其他法律法規取得註冊等等[55]。

其中對於「惡意」的要件，於 2005 年由大陸國家工商行政總局及商標局聯合制訂的「商標審查及審理標準」明確要求，判定系爭商標註冊人是否具有惡意，可綜合考慮下列因素：

1. 系爭商標申請人與他人曾有貿易往來或者合作關係。

55.王眾孚（編），《工商行政管理法律理解與適用叢書E卷：商標法律理解與適用》，北京，工商出版社，初版，1998年9月，104-6。

2. 系爭商標申請人與他人共處相同地域或者雙方的商品／服務有相同的銷售管道和範圍。

3. 系爭商標申請人曾與他人發生過涉及系爭商標的其他糾紛。

4. 系爭商標申請人與他人存在內部人員往來關係。

5. 系爭商標註冊後，系爭商標註冊人出於牟取不正當利益的目的，脅迫他人與其進行貿易合作的，或者向他人索要高額轉讓費、許可使用費、侵權賠償金。

6. 他人商標具有較強獨創性。

7. 其他可以認定為明知或者應知的情形。[56]

而法院認為惡意作為一種主觀心理狀態，需要當事人行為等客觀事實予以證明，即根據一定的客觀行為等判斷其主觀上是否具有惡意。當引證商標具有較高的知名度，同時，爭議商標與引證商標的中文部分相同，字體書寫方式及特徵極為近似，而使得爭議商標的使用容易造成與引證商標的混淆、誤認，進而根據爭議商標與引證商標相類似的程度，以及引證商標為公眾所熟知的程度等客觀事實，綜合判斷認定系爭議商標的註冊是否具有惡意[57]。

由上述可知，商標業務主管機關對於「欺騙手段或其他不正當手段」之認定標準較為寬鬆，以民法上的誠實信用原則為基礎放寬保護，認為市場經營者在民事活動中應遵循誠實信用原則[58]，從商評委對「鯊人 SHARKMAN 及圖」[59]案例中便可得知主管機關之見解及態度。也因此可推知就算權利受到損害之人其權利屬「私益」，只要商標申請註冊

---

56. 商標局和商標評審委員會制定了《商標審查及審理標準》。此標準業經國家工商行政管理總局批准，第二部分「商標審查標準」。

57. 程永順（編），《務實知識產權判例精選第16輯商標確權判例（下）》，北京，知識產權出版社，2010年11月，頁339。

58. 國家工商行政管理總局商標評審委員會（編），《商標評審案例精選》，北京，中國輕工業出版社，初版，2007年，頁194。

之人用惡意不誠實之手段搶註，同時「私益」又為公眾所知曉，便得以適用本條款。

　　但中國大陸人民法院對於「欺騙手段或其他不正當手段」是否保護「私益」持不同見解，根據「最高人民法院關於審理商標授權確權行政案件若干問題的意見」，人民法院在審查判斷有關標誌是否構成具有其他不良影響的情形時，應當考慮該標誌或者其構成要素是否可能對國家政治、經濟、文化、宗教、民族等社會公共利益和公共秩序產生消極、負面影響。如果有關標誌的註冊損害特定民事權益，由於商標法已經另行規定了救濟方式手段相應程序，不宜認定其屬於具有其他不良影響的情形。換言之，商標法 44 條前項規定已經註冊的商標，違反本法第 10 條、11 條、第 12 條規定不得註冊，是因為牽涉違反不得註冊的「絕對理由」，而絕對禁止註冊的理由是對涉及社會公共利益、公共秩序、善良風俗等的標誌禁止任何人將之壟斷為自己的商標註冊、使用。相反的，相對禁止註冊的理由是對因侵害他人在先民事權益而申請商標註冊者，在他人提出異議或申請撤銷時，對該商標不予核准、撤銷註冊。北京法院過去的相關判例也曾多次徘徊在「其他不正當手段」到底能否擴

59.國家工商行政管理總局商標評審委員會，第1230538號「驚人SHARKMAN及圖」商標爭議裁定書商評字（2005）第0295號：「……以上事實有商標檔案、申請人證據1、2、3、5、7及雙方當事人陳述在案佐證。經合議組評議，我委認為：市場經營者在民事活動中應遵循誠實信用原則。依據哈羅‧斯特瑞特（香港）有限公司與富文公司簽訂的商標許可合同中所附商標圖樣，對比爭議商標與被許可商標，明顯可以看出爭議商標中位於顯著位置的鯊魚人圖形與申請人商標許可使用合同附圖中設計獨特具有較強顯著性的鯊魚入圖形商標（即SHARKMAN LOGO）在整體外觀及設計細節上非常近似，爭議商標中的另一橢圓形圖形與申請人商標許可使用合同附圖中的『七』圖形商標（即"SEVEN" LOGO）完全相同。爭議商標的原註冊人武漢兆豐公司作為商標被許可使用人富文公司的股東，不可能不知曉申請人許可富文公司使用商標的情況，其在與被許可使用商標指定使用商品相同或類似的衣物、鞋、帽等商品上註冊與前述商標十分近似的爭議商標，足以使人確信其行為在主觀上存在惡意，違反了誠實信用原則。綜上，武漢兆豐公司註冊爭議商標的行為構成了《中華人民共和國商標法》（以下簡稱《商標法》）第四十一條第一款所禁止的以其他不正當手段取得商標註冊的行為，故爭議商標應予撤銷。」

張適用於「私益」又或著僅限於「公益」兩者之間。

最後，總結多過去審判經驗的基礎上，北京市高級人民法院於「北京市高級人民法院 2008 年商標審判新發展北京市高級人民法院智慧財產權庭」報告中明確選擇了限縮的作法，認為不宜過度擴張解釋，主張商標法第 44 條「其他不正當手段」是指損害公共秩序或者公共利益的行為，於「真的好想你 ZHENDEHAOXIANGNI」[60] 一案中做出司法解釋，認定「其他不正當手段」不包括僅損害他人在先民事權益的行為，回歸條文前項僅應屬於絕對禁止註冊的理由[61]。

2013 年修改之新商標法將「誠實信用」作為一項總則引入商標法，

---

60. 鄭州市帥龍紅棗食品有限公司（簡稱鄭州帥龍公司）訴商標評審委員會及第三人河南省新鄭奧星實業有限公司（簡稱新鄭奧星公司）商標撤銷行政糾紛一案中，鄭州帥龍公司於2001年8月20日申請註冊爭議商標「真的好想你ZHENDEHAOXIANGNI」，並於2002年12月7日獲准註冊，指定使用商品為第32類，包括：果茶（不含酒精）、茶飲料（水）、果汁料（飲料）、蔬菜汁（飲料）、酸梅湯、乳酸飲料（果製品，非奶）、礦泉水、啤酒、汽水、飲料製劑。新鄭奧星公司從1999年就開始在第29類棗片商品上使用「好想你」商標。2006年2月21日，新鄭奧星公司以鄭州帥龍公司註冊爭議商標的行為違反了商標法第31條和第41條第1款的規定為由，請求商標評審委員會撤銷爭議商標的註冊。商標評審委員會認為，「好想你」是新鄭奧星公司使用在先並具有一定的名度的商標，鄭州帥龍公司與新鄭奧星公司處於同一地域、從事同一行業，其已知悉新鄭奧星公司的「好想你」商標，理應知曉新鄭奧星公司使用「好想你」商標的情況，卻在第32類果茶等商品上註冊爭議商標。由於爭議商標與「好想你」文字構成相似，在含義上有遞進關係，而爭議商標指定使用的商品與新鄭奧星公司在先使用的商品具有基本相同的功能、用途、銷售管道，均屬於食品加工行業，雙方實際生產經營狀況可能使消費者產生混淆和誤認，鄭州帥龍公司的行為違反了誠實信用原則，損害了新鄭奧公的合法權益，屬於商標法第41條第1款規定的「以欺騙手段或其他正當手段取得註冊」的行為。商標評審委員裁定撤銷爭議商標的註冊。一審法院維持了商標評審委員會的裁定。北京市高級人民法院認為，引證商標實際使用在棗片商品上，爭議商標核定使用在第32類的果茶等商品上，二者雖均屬於食品類，但其在功能、用途、生產部門、消費對象和銷售管道方面存在一定差異。商標法第41條第1款規定的「以欺騙手段或其他正當手段取得註冊」涉及的是損害公共秩序或者公共利益的行為，一審法院及商標評審委員會以爭議商標的註冊損害新鄭奧公司的權益為由，依據該款撤銷爭議商標註冊的作法是錯誤的。北京市高級人民法院判決撤銷一審判決和商標評審委員會的裁定，責令商標評審委員會重新做出裁定。

61. 曹中強（編），《中國商標報告2009年第1卷》，北京，中信出版社，初版，2009年，頁368-370

在第7條規中提到「申請註冊和使用商標，應當遵循誠實信用原則」，也就是說「誠實信用」原則納入商標註冊與保護的整個過程。司法實務中，對於第44條第1款的適用採取了較為嚴格的限制，第7條的「誠實信用」不能直接作為無效理由。因此，人民法院在審理涉及撤銷註冊商標的行政案件時，審查判斷訴爭商標是否屬於以「其他不正當手段」取得註冊，要考慮其是否屬於欺騙手段以外的擾亂商標註冊秩序、損害公共利益、不正當占用公共資源或者以其他方式謀取不正當利益的手段。對於只是損害特定民事權益的情形，不宜認定其屬於具有其他不良影響的情形。

　　但需要特別注意，於司法實務中存有例外情況，對於「大規模批量搶註」他人知名商標的行為，由於不僅僅涉及個別商標權的利益，且已給公共利益造成損害，法院還是會援引該條規定駁回相關商標註冊或宣布無效[62]。在著名的「蠟筆小新系列商標撤銷案」[63] 中可以看到如果有人多次搶註不同他人之商標，以此為業並可以推知為「商標蟑螂」，在此特定情況之下法院不能一昧遵守「其他不正當手段」只保護「公益」而不予保護「私益」，因為多個不同的「私益」遭受同一人惡意搶註時，已經構成損害公共秩序或者公共利益的行為。

---

62. 黃暉，《商標法》，北京，法律出版社，第二版，2016年，頁51。
63. 在該案中，誠益公司在第9、18、25、44類多個類別上申請註冊了「SN○○PY」、「史諾比」、「夢迪嬌」、「浪琴」、「CHANEL」、「VOLVO」、「高露潔」等多件商標，該公司具有大批量、規模性搶註他人商標並轉賣牟利的行為。2007年3月8日，日本雙葉社針對工件爭議商標提出撤銷註冊申請。2011年1月4日，商評委裁定均認為：原註冊人誠益公司申請註冊爭議商標的行為違反了「誠實信用原則」，擾亂了商標註冊管理秩序及公共秩序，損害了「公共利益」，已構成商標法第41條第1款所指「以其他不正當手段取得註冊」的情形，爭議商標予以撤銷。爭議人不服，向北京一中院提起訴訟。北京一中院審理後，對商評委裁定予以維持。爭議人繼續上訴到北京市高院，北京高院經審理，認為爭議商標將「蠟筆小新」文字、卡通形象申請註冊商標主觀惡意明顯，且商標最初申請人還具有大批量、規模性搶註他人商標並轉賣牟利的行為情節惡劣，違反了「誠實信用原則」，擾亂了商標註冊管理秩序及公共秩序，損害了「公共利益」，構成了商標法第41條第1款所指「以其他不正當手段取得註冊」的情形，於是北京高院最終維持了一審判決。

| 第 12 章 |

仿冒智慧財產權帶來的持續挑戰和對臺灣的機會

詹姆斯・庫珀（James M. Cooper）[1]

壹、簡介

現今，我們生活在後工業經濟社會。[2]創新融匯於生命科學、綠色科技、自動化和機器人，以及半導體和網絡技術當中。因此相較於生產行業來說，創新有著更強大的經濟增長。[3]我們的工作環境逐漸從煙囪林立的場所，轉換到整潔清爽的辦公室。

這個轉變在亞洲最為明顯。中國正在以驚人的速度將其社會轉變成以生態文明為基礎。[4]這表明了對清潔科技的重視，轉移國家工業汙

1. 美國加州聖地亞哥加州西部法學院法律系教授，兼國際法研究主任。特別感謝瑪利亞・貝克海默（Malia Berkheimer, 2017年法學博士學位候選人）為本章提供寶貴協助，還有盧穎和林葳（均為2018年法學博士學位候選人）的協助和翻譯。

2. Julie E. Cohen, "What Kind of Property is Intellectual Property?", *Houston Law Review*, Vol. 52, No.2, 2014, pp.691-708.

3. Nathan Rosenberg, "Innovation and Economic Growth", 2004.<https://www.oecd.org/cfe/tourism/34267902.pdf>（創新科技被認為是經濟增長的主要力量，並且側重於經濟合作與發展組織〔OECD〕領域裡高度工業化中的顯著創新）; G. Cameron, "Innovation and Growth, Center for Economic Performance", <http://eprints.lse.ac.uk/20685/1/Innovation_and_Economic_Growth.pdf>（創新與經濟增長間關聯的實質證據）; "R&D and the Financing of Innovations in Europe", *EIB Papers*, Vol. 14, No.1, 2009, pp.1-204, <http://www.eib.org/attachments/efs/eibpapers/eibpapers_2009_v14_n01_en.pdf>（研發和其他無形資產的投資對創新和增長的重要性，強調創新企業獲得融資的重要性）。

4. "Highlights of Proposals for China's 13th Five-Year Plan", *Xinhuanet*, November 4, 2015, <http://news.xinhuanet.com/english/photo/2015-11/04/c_134783513.htm>; Mandy Zuo, "Key Takeaways from China's 13th Five-Year Plan and Annual Reports", *South China Morning Post*, March 5, 2016. <http://www.scmp.com/news/china/policies-politics/article/1920966/key-takeaways-chinas-13th-five-year-plan-and-annual>.

染生產基地。[5]根據 2016 年世界智慧財產權組織（WIPO）出版的《世界智慧財產權指標》記載，在 2015 年，像過去的三年一樣，中國的專利申請遠超過其他國家。[6]實際上，從中國遞出的總申請量遠比美國和日本要多。WIPO 媒體中心報導：「在 2015 年，中國的創新發明家在一年內提交一百多萬份的初次申請，刷新了全球專利申請紀錄，從而表示經濟活動對智慧財產權的需求增長。」[7]在中國的專利申請提升了 18.7％，商標註冊申請提升了 27.4％。

　　亞洲其他國家也正在推進知識型經濟。例如，新加坡開展後工業經濟發展，[8]韓國在以科技為本的經濟發展中有傲人的成績。[9]

　　在過去的幾十年當中，在經濟上，臺灣已從製造業轉型到尖端科技工業。[10]

5.　TCTA Clean Technology Association of China, <http://www.tcta.com.tw/?cat=3&lang=en>（討論清潔技術產業為什麼是高科技產業的基礎）。

6.　World Intellectual Property Organization, "World Intellectual Property Indicators 2016", *Economics & Statistics Series*, 2016, p.5, <http://www.wipo.int/edocs/pubdocs/en/wipo_pub_941_2016.pdf>.

7.　"Global Patent Applications Rose to 2.9 Million in 2015 on Strong Growth From China; Demand Also Increased for Other Intellectual Property Rights", *World Intellectual Property Organization Media Center*, PR/2016/802, November 23, 2016, <http://www.wipo.int/pressroom/en/articles/2016/article_0017.html>.

8.　Jake Maxwell Watts, "Singapore GDP Shows Economic Shift", *Wall Street Journal*, July 14, 2014, <http://blogs.wsj.com/economics/2014/07/14/singapore-gdp-shows-difficult-economic-shift/>; Department of Statistics Singapore, *Singapore in Figures 2016*, 2016, <https://www.singstat.gov.sg/docs/default-source/default-document-library/publications/publications_and_papers/reference/sif2016.pdf>.

9.　Michelle Jamrisko & Wei Lu, "These Are the World's Most Innovative Economies", *Bloomberg*, January 19, 2016, <http://www.bloomberg.com/news/articles/2016-01-19/these-are-the-world-s-most-innovative-economies>.

10.Robert Schwarz, "And the winner is⋯.Taiwan", *Bertelsmann Transformation Index*, April 26, 2016, <https://blog.bti-project.org/2016/04/25/and_the_winner_is_taiwan/>：（臺灣在經濟和社會政策〔在市場經濟地位上排第一〕方面創造令人矚目的成績，同時也有穩固的民主

「在經濟和科技行業的發展上，臺灣的科技水平可以與北亞的國家相媲美。」[11]

現在，科技創造很多源自於臺灣。盧愛林（David Llewelyn）教授認為臺灣未來的經濟增長依賴其創新科技，「臺灣在較短的時間內，提高其經濟地位；從低成本的製造中心轉型成世界級的電子科技中心。臺灣製造的這個概念從而被賦了了新的含義，不再是全球消耗品的製造工廠。或者它還會是個製造業平臺，但會是高度專業的電子製造業平臺，同時是全球電子科技生產的中心。」[12]

這種轉變並非偶然。[13]數十年來，臺灣採取創新和競爭策略，來為穩定的市場經濟奠定深厚的基礎。[14]美國中央情報局（CIA）報告這樣說：

臺灣有著動態的資本主義經濟。政府逐漸減少投資和對外貿易的指導。電子、機械和石油化工為主的出口，為經濟發展提供主要的推動力。[15]

傳統〔民主地位排行第三〕。這歸功於有遠見的政治領導人，強而有力的政策和經濟系統，以及充滿活力的民主社會。〕Leaf Chiang & Romulo Huang, "Taiwan tops global list of transformation index", Focus *Taiwan News Channel*, February 29, 2016, <http://focustaiwan.tw/news/asoc/201602290023.aspx>.

11. Chung-Hsi Lee & Nicholas Van Heyst, "Protection of Genetic Resources in Taiwan: Retrospect and Prospect", paper presented at 15th Asian Bioethics Conference, Beppu Japan (Beppu, Japan: Asian Bioethics Conference, November, 2014).

12. David Llewelyn, *Invisible Gold in Asia: Creating Wealth Through Intellectual Property* (Singapore: Marshall Cavendish International Asia Pte Ltd, 2011), p.140.

13. 「隨著臺灣成為新工業化國家，發現自身不再依賴勞動密集型產業來維持其經濟繁榮。臺灣被迫將低附加價值製成品，交給亞洲二級新興工業國家，同時必須轉向高附加值產業。」1991-1996年，臺灣撥款330億美元實施「六年國家發展計畫」系統化升級其經濟結構。Y. Kurt Chang, "Special 301 and Taiwan: A Case Study of Protecting United States Intellectual Property in Foreign Countries", *Northwestern Journal of International Law & Business*, Vol.15, No.1, Fall 1994, p.216.

14. 「臺灣的發展是產業轉型歷史上的重要一步。」如上例，p.216.

強大的私有產權和穩定的貨幣政策，以及政府對私人企業一系列的激勵措施，將繼續推動達到目的。[16] 此項發展對 IP（智慧財產權）有著重要的保護作用。[17]

幾十年前，臺灣曾經是仿冒和盜版的避難所。[18] 皮克（Francis Pike）認為，除了人均公司比例最高之外，「臺灣也成為了亞洲的仿冒中心。」[19]

在過去很長一段時間，臺灣被列入「301 特別觀察名單」（由白宮內閣的美國貿易代表辦公室提交給國會的年度報告）上。[20] 但透過近年的努力，臺灣政府認真對待智慧財產權的問題，最初是為了吸引外國投資，後來是用於為創新積累資本，同時在全球經濟中獲益。臺灣現在已經走在科技出口的領先地位，[21] 類似於加州在全球經濟中的地位。臺灣

---

15. Central Intelligence Agency, *THE WORLD FACTBOOK: TAIWAN*, <https://www.cia.gov/library/publications/the-world-factbook/geos/tw.html>.

16. Jacyln Tsai, "Clean Technologies in Taiwan: An Overview of its Policies", *IPBA Journal*, June 2010, <http://www.leetsai.com/fyi/ezcatfiles/leetsai/img/img/752/clean%20technology%20in%20taiwan-%20an%20overview%20of%20its%20plicies.pdf>（強調最近推行的法律和政策，透過鼓勵使用和開發環保技術和產品，來促進清潔技術）。

17. 雖然智慧財產權已經存在幾個世紀，但後工業化增加了對作為商業資產的智慧財產權的保護的關注。這是社會從製造業經濟走向？資訊和服務型經濟的過渡。Julie E. Cohen, "What Kind of Property is Intellectual Property?", p.698.

18. Grant G. Erickson, "Intellectual Property Protection in Taiwan: "False Face Must Hide What False Heart Doth Know"", *Transnatinal Lawyer*, Vol.4, 1991, p.291; Mitchell A. Silk, "Legal Efforts of the United States and the Republic of China on Taiwan at Controlling the Transnational Flow of Commercial Counterfeit Goods", *Maryland Journal of International Law and Trade*, Vol. 10, 1986, pp.209-272.

19. Francis Pike, *Empires at War: A Short History of Modern Asia Since World War II* (London: I.B. Tauris, 2011) p.125.

20. Paul C.B. Liu, "U.S. Industry's Influence on Intellectual Property Negotiations and Special 301 Actions", *UCLA Pacific Basin Law Journal*, Vol. 13, p.87.

21. Daniel Workman, "Taiwan's Top 10 Exports", *WTEx*. March 20, 2016, <http://www.worldstopexports.com/taiwans-top-exports/>.

領導人蔡英文推出的「五加二」產業政策，把未來與創新掛鉤，[22] 凸顯了智慧財產權的重要性。此「五加二」政策（亞洲矽谷、生技醫療、綠能科技、智慧機械以及國防航太五大創新產業，加上新農業和循環經濟）將會為臺灣提供更多工作機會和收入。[23]

　　因此，現正是臺灣與其貿易夥伴對促進智慧財產權發揮積極作用的時候，就像加州帶頭進行公眾教育，遊說美國國會和外國政府，共同執行智慧財產權以及用其他法律程序以保護其領先工業一樣。本章將探討智慧財產權持續增長的重要性，同時解釋科技轉移。（把基礎科研投放於實用產品和商業應用之中）。本章第貳部將闡述加州作為世界第六大經濟體智慧財產權的重要性。[24] 並將回顧加州主要產業（農業、生物技術、電影、高科技和音樂錄製），並概述仿冒和盜版對其的威脅。第參部將研究在美國「301 特別觀察名單」上的臺灣打擊盜版和仿冒商標的方式。最後，第肆部將提供在亞洲智慧財產權未來發展的結論，同時探討臺灣將如何促進與其建立外交關係的國家的智慧財產權執法，以及在世界貿易組織執行智慧財產權的方式。[25]

---

22. Department of Information Services, Executive Yuan, "Government responding to global political and economic trends", November 17, 2016, <http://www.ey.gov.tw/pda_en/News_Content.aspx?n=1C6028CA080A27B3&sms=E0588283EFAA02AD&s=EF8AD1A50BD7A055>.

23. "President Tsai to deliver her first national day speech", *Focus Taiwan:News Channel*, October 9, 2016, <http://focustaiwan.tw/news/aipl/201610090019.aspx >; "President Tsai again urges Beijing to engage in talks", *China Post*, October 10, 2016, <http://www.chinapost.com.tw/taiwan/national/national-news/2016/10/10/480672/President-Tsai.htm>.

24. John Myers, "California's Economy (Maybe) Moves to World's Sixth Largest", *L.A. Times*, June 30, 2016, <http://www.latimes.com/politics/la-pol-sac-essential-politics-california-s-economy-maybe-moves-to-1465940673-htmlstory.html>.

25. World Trade Organization, "WTO successfully concludes negotiations on entry of the Separate Customs Territory of Taiwan, Penghu, Kinmen and Matsu", No. 244, September 18, 2001, <https://www.wto.org/english/news_e/pres01_e/pr244_e.htm>.

　　經濟合作發展組織、聯合國發展計畫、世界衛生組織，還有其他組織也正在考量醫療計畫，作為先進經濟和民主自由組織的重要一筆。[26]公共和私人的資助大幅增長之下，我們預料新醫療程序，診斷測試和成像方法、疫苗、藥物、醫療設備和其他預防服務都能取得穩步發展。

　　這些公眾期望透過科技轉移來實現，利用對創新的商業化[27]把先進科技投入到商業服務和產品當中。[28]當中就會涉及智慧財產權的分配，其中的法律手段包括發放使用許可、特別許可權和企業合併等。發展知識型經濟需要更多的實驗室和清潔的辦公室，而不是工廠。智慧財產權激勵和保護創新：「在外國市場不恰當的智慧財產權保護和執法阻礙了科技轉移協議的簽署和市場投資的擴充。」[29]

　　智慧財產權在全球範圍上執法的缺乏一直是個重大問題。[30]仿冒和

---

26. World Health Organization, *Health & Human Development in the New Global Economy*, p. 6, <http://apps.who.int/iris/bitstream/10665/166091/1/GAL-ENG-.pdf>（討論了健康狀況不僅取決於貧困，還取決於收入不平等。但得出這個結論的方法論並未被清楚提供）。Benedict Clements, David Coady, & Sanjueev Gupta, "The Economics' of Public Health Care Reform in Advance and Emerging Economies", *International Monetary Fund*, April 2012, <https://www.imf.org/external/pubs/ft/books/2012/health/healthcare.pdf >; Maryann Baribault & Carey Cloyd, "Health Care Systems: Three International Comparisons", *EDGE: Ethics of Development in A Global Environment*, <https://web.stanford.edu/class/e297c/poverty_prejudice/soc_sec/health.htm >（注意到世界上每一個其他先進工業國家都找到了保證其人民能有良好的醫療設施，並指出在政策挑戰上，美國可以從國際上的關鍵措施當中得到啟示）。

27. Association of University Technology Managers, "About Technology Transfer", <http://www.autm.net/autm-info/about-tech-transfer/about-technology-transfer/>.

28. David Exline, "Technology Transfer: Bridging the Commercialization Gap", *Gateway Analytical*, August 23, 2011, <http://www.nstedb.com/fsr-tbi09/images/chapter1.pdf>; World Intellectual Property Organization, *Technology Transfer, Intellectual Property and Effective University Industry Partnerships*, <http://www.wipo.int/edocs/pubdocs/en/intproperty/928/wipo_pub_928.pdf >（指出各國政府已經頒布促進從高等學府到工業的技術轉移政策，很多亞洲大學都已經採用正式的智慧財產權政策，還有建立科技轉移辦公室來處理智慧財產權事務）。

29. Office of the United States Trade Representative, *2016 Special 301 Report*, <https://ustr.gov/sites/default/files/USTR-2016-Special-301-Report.pdf>

30. James M. Cooper, "Piracy 101", *California Western International Law Journal*, Vol. 36, 2005, p.98.

盜版不僅存在於加州或者臺灣[31]和中國[32]，而是對世界各國的挑戰。[33]加州的經驗告訴我們，在臺灣知識型經濟發展迅速的同時，智慧財產權以及執法將會愈來愈重要。[34]加州的後工業經濟是如此的依賴智慧財產權執法，和其帶來的租金和特許使用權費用。本章將探討在加州，盜版和仿冒如何對各種行業的經濟增長構成挑戰。

貳、借鏡加州，這個仿冒和盜版的受害者

加州引領全球發展趨勢，是「全球最多樣化和最充滿活力的經濟體。」[35]在 2015 年，國際貨幣基金組織的數據表明，加州以 2.46 萬億美元在國內生產總值中排行第六，高於法國和印度。[36]加州經濟持續增長，在 2015 年內增加了 48 萬 5 千個工作機會，「多於第二和第三大人口的

---

31. Tze-Shiou Chien, "Intellectual Property Rights in Taiwan: An Anti-Trust Perspective", *Wisconsin International Law Journal*, Vol. 15, 1996, p.324.（說明為什麼臺灣智慧財產權法必須進行大規模改革，以適應其經濟轉型，避免像美國這樣的貿易夥伴對其進行經濟制裁）。

32. Martin Dimitrov, *Piracy and the State: The Politics of Intellectual Property in China* (Cambridge: Cambridge University Press, 2009), p.4.（當版權持有人被侵權時，他們確實能夠向一些政府機構要求落實對侵權的執法。雖然這些機構有做出回應，但它們提供的執法，對盜版和商標仿冒的嚇阻作用微乎其微）。

33. "Magnitude of Counterfeiting and Piracy of Tangible Products: An Update", *Organization of Economic Cooperation and Development*, November 2009, <http://www.oecd.org/industry/industryandglobalisation/44088872.pdf>.

34. John Eastwood & Eve Chen, "IP Enforcement Litigation in Taiwan: Some Basics", *Convergence*, Vol.3, 2007, p. 117 （指出臺灣有司法部批准的幾個獨立機構來為版權和專利侵權案件提供評估報告）；Thomas Traian Moga, "Recent Intellectual Property Developments in Japan, Taiwan, and China", *University of Detroit Mercy Law Review*, Vol. 70, 1993, p. 326（討論臺灣和美國如何達成關於版權和專利的協定，臺灣同意根據國際智慧財產權法修訂其法律）。

35. Matthew A. Winkler, "California Makes America's Economy Great", *Bloomberg*, June 6, 2016, U.S. Economy <https://www.bloomberg.com/view/articles/2016-06-06/california-makes-americas-economy-great>.

36. John Myers, 2016/6/30. *California's Economy (Maybe) Moves to World's Sixth Largest*, L.A. Times, <http://www.latimes.com/politics/la-pol-sac-essential-politics-california-s-economy-maybe-moves-to-1465940673-htmlstory.html>.

佛羅里達州和德克薩斯州的總和，此就業增長快於全球任何一個發達經濟體。」[37]

　　加州在國內的幾個經濟部門都處於領先地位，包括農業、生物科技、娛樂、高科技和製造業。[38] 加州「最大的集團企業存在於銀行，生物科技、通信設備和其他科技硬體、醫療、線上零售、石油和天然氣、電影與娛樂、半導體和各項軟體領域裡。」[39]

一、農業

　　在 2014 年，加州農業總值（純利潤）達到了 186 億美元。[40] 而在 2015 年，農業為當地工作者帶來了 127 億美元的工資，提供了 42,213 個工作機會。[41] 這不僅對加州，甚至對整個美國都起重要的作用。農業和農業相關的產業，在 2014 年占國內生產總值的 4.8％，[42] 高達 8,350 億美元。這些產業包括林業、漁業、食品、飲料、菸草、紡織、服裝、皮革製品、食品服務和酒類賣場等。[43]「根據美國農業部國家農業統計局出版的《農業生產性支出報告》，2015 年，美國農民在農業產品上總共支出 3,628 億美元比 2014 年下降了 8.8％，扭轉了長期的成本增加

---

37. Winkler, "California Makes America's Economy Great".

38. Cal. Governor's Off. of Bus. & Econ. Dev., *California by the Numbers*, California Economy by The Numbers, 2013.

39. Winkler, "California Makes America's Economy Great".

40. Matt Weiser, "Despite Drought, California Farming Prospered", *News Deeply*, August 1, 2016, <https://www.newsdeeply.com/water/articles/2016/08/01/despite-drought-california-farming-prospered>.

41. 如上例。

42. United States Department of Agriculture Economic Research Service, "Ag and Food Sectors and the Economy", October 14, 2016, <http://www.ers.usda.gov/data-products/ag-and-food-statistics-charting-the-essentials/ag-and-food-sectors-and-the-economy.aspx>.

43. 如上例。

趨勢。」[44] 美國農業部的這個數據，把飼料與農場服務等相關費用（例如，家禽和家畜支出、農作物開支等費用）計算在內。「農作物的支出為 1,803 億美元，比 2014 年降低了 10.9％。」[45] 在 2014 年，農業提供了 1,730 萬個工作機會（包括全職和兼職），占美國近 10％的工作機會。[46]

　　但是，如此重要的產業也不免受到仿冒的危害：「食品貨架上的產品描述並不一定如實，尤其是橄欖油、蜂蜜、魚和紅酒這類產品。國家食品保護和防禦中心估計，每年仿冒食品在美國總共售出約 100-150 億美元。這通常是因為蓄意仿冒標籤，以仿冒產品換成正版的包裝出售和使用未經授權的商標。」[47]

　　食品和其他消耗品的仿冒引起了許多問題，包括對正版商標的混淆，[48] 商標持有人聲譽的損害，未經監管的產品或者有害藥品導致的人體傷害，還有損失銷售分流產生的利潤損失。[49]

　　當產品以地區分類時，偽造商從特定地區發出的該類產品會帶來問

---

44. United States Department of Agriculture Economic Research Service, "News Release: U.S. Agriculture Production Costs Sharply Decline in 2015", August 4, 2016, <https://www.nass.usda.gov/Newsroom/2016/08_04_2016.php>.

45. 如上例。

46. 如上例。

47. 如上例。Chris Bennett, "Counterfeit Food Robs Americans of $10 Billion Each Year", *Farm Press*, March 11, 2013, <http://westernfarmpress.com/blog/counterfeit-food-robs-americans-10-billion-each-year>：（在過去幾年中，中國的蜂蜜仿冒案倒致美國的蜂蜜業損失了數十億美元的利潤。美國橄欖油業也同樣受到仿冒偽劣者和摻假者的困擾）。

48. 如上例：「2012年，加州大學戴維斯分校測試了21件橄欖油品牌。15件被標為『特級初榨橄欖油』的品牌樣品，有9件都未能達到美國農業部『特級初榨橄欖油』的標準。此外，所有21件樣品中有2件被發現加入了芥花籽油。其他很多的研究都出現與此相似甚至更糟糕的結果。」

49. Symposium, "The Perfect Pairing: Protecting U.S. Geographical Indications with a Sino-American Wine Registry", *Washington Law Review*, Vol. 88, June 2013, p.724.

題。[50] 很多紅酒是以地域區分的，仿冒紅酒就破壞了區域標誌的含義。例如說，「近期有一家中國酒莊打算為其在國內生產的紅酒註冊『納帕谷』商標。」[51] 除此以外，有時候產品會存在毒素或者其他危險藥劑，[52] 例如說，農藥的仿冒會對消費者健康產生隱憂。[53] 所有這些都對（加州經濟重要組成部分的）酒莊和其他食品、飲品生產上的品牌價值，帶來巨大損害。

二、生物科技與生命科學

加州的生物科技公司創造了許多開創性的醫療貢獻，包括早期診斷和治療方案（使得愛滋病引起的死亡率從 1995 年下降 70％），三類用於減緩阿茲海默症惡化的藥物，大量早期篩檢技術和高效少擴散的癌症治療技術，以及 163 種針對發炎性疾病的治療。[54]

加州的生命科學產業，由在三藩市灣區、聖地亞哥、橘子縣、洛杉磯的 2,848 家「世界級學院、基礎研究中心、生物科技公司」支撐，產生的就業機會約有 28 萬多個。[55] 在 2015 年，加州引入 212 家生命科學

---

50. Michael Steinberger, "A Vintage Crime", *Vanity Fair*, June 12, 2012, <http://www.vanityfair.com/culture/2012/07/wine-fraud-rudy-kurniawan-vintage-burgundies>.

51. Symposium, The Perfect Pairing: Protecting U.S. Geographical Indications with a Sino-American Wine Registry", p.724.

52. Lettie Teague, "Wine Scams: A Counterfeiter Confesses", *Food & Wine*, <http://www.foodandwine.com/articles/wine-scams-a-counterfeiter-confesses>; "The Dangers of Fake Alcohol", *Drinkaware*, <https://www.drinkaware.co.uk/advice/staying-safe-while-drinking/the-dangers-of-fake-alcohol/>.

53. Kirsten M. Koepsel, "Counterfeit Pesticides: Silent Spring of the Chesapeake Bay?", *Maryland Bar Journal*, Vol. 48, No.3, May 2015, p.32：冒牌農藥有的可能是偽劣產品（例如僅僅由水組成，或者是含有滑石粉、稀釋、過期、失效、受管制的化學物），或者是非法平行進口（非法仿製當作正牌出售）。

54. "Special Report: California Biotechnology: Numbers Behind a Medical Miracle", *Cal. Biotechnology Found*, 2011, < http://www.cabiotech.org/numbers.html>.

公司，它們很多都是「基於創新科技的小型新興公司，目標在發展能夠改變數以上萬計病患的醫藥。」[56]加州生命科學協會在「2016年產業報告」指出，加州的公司正在研究1,235種潛在新藥，其中很多都處於審查階段。這些潛在的新藥物中的336種用於治療癌症，151種用於治療傳染病，還有「109種用於治療中樞神經疾病。」[57]

「假藥對公眾健康和安全是主要的全球威脅。」[58]世界上每個地區都受到仿冒醫療產品的影響，在黑市和未經監管的網站中流通，甚至在藥房和醫療設施中使用。[59]「理論上來說，一些假藥可能是優質而且對健康有效。」[60]但是一般來說，仿冒醫療產品對公眾健康會產生嚴重損害，因為它們不能有效治癒或者抵抗疾病，更甚的是，其有毒或者受汙染成分可能會傷害病患。[61]仿冒醫療產品的持續廣泛流通，也會導致公眾不信任藥品和醫務人員。[62]

---

55. 114th Congress, *Senate Resolution 120- A Resolution Modifying Extended Debate in the Senate to Improve the Legislative Process*, March 27, 2015.

56. "California Life Sciences Industry 2016 Report", *California Life Sciences Association*, November 2011, <https://califesciences.org/wp-content/uploads/2015/11/CLSA-PwC-2016-CA-Life-Sciences-Industry-Report-NL1.pdf>.

57. 114th Congress, *Senate Resolution- A Resolution Modifying Extended Debate in the Senate to Improve the Legislative Process*, March 27, 2015; "California Life Sciences Industry 2016 Report", *Cal. Life Sciences Association*, November 2011, <https://califesciences.org/wp-content/uploads/2015/11/CLSA-PwC-2016-CA-Life-Sciences-Industry-Report-NL1.pdf>.

58. James M. Cooper, "Piracy 101", p.90.

59. World Health Organization, "Fact Sheet: Substandard, spurious, falsely labelled, falsified and counterfeit (SSFC) medical products", January 2016, <http://www.who.int/entity/mediacentre/factsheets/fs275/en/> (以下稱"Fact Sheet")。

60. Jonathan Liberman, "Combating Counterfeit Medicines and Illicit Trade in Tobacco Products: Minefields in Global Health Governance", *The Journal of Law, Medicine & Ethics*, Vol.40, No.2, 2012, p.329.

61. World Health Organization, "Fact Sheet".

62. 如上例。

三、電影業

電影和錄音產業對加州和美國的經濟都非常重要。[63] 2014 年，私人
電影業直接和間接提供了 190 萬個就業機會，創造了 1,210 億美元的薪
酬。[64]「該行業在 2014 年，向全國超過 34 萬 5 千家本地企業，支付了
超過 410 億美元，」並且透過零售稅、國家所得稅和聯邦稅收（包括聯
邦所得稅、失業補助、醫療保險和社會福利等）產生了 193 億美元的公
共收入。[65]

在 2015 年，「全球電影業票房高達 383 億美元，」表示在美國、
加拿大和其他國家地區，看電影的人愈來愈多。[66] 在 2015 年，洛杉磯有
41 萬 7 千個創意工作機會，而電影和錄音業占 1/4。[67] 電影業「憑藉本
地電影和電視帶來的版稅成為新收入的主要來源。」[68] 在 2015 年，「電
影業和錄音業為洛杉磯提供了 11 萬 9 千 4 百個工作機會，比 2014 年的
12 萬個工作機會稍有下降。」[69]

---

63. Motion Picture Association of America, "The Economic Contribution of the Motion Picture & Television Industry to the U.S.", February 2016, <http://www.mpaa.org/wp-content/uploads/2016/04/MPAA-Industry-Economic-ContributionFactsheet_2014_v2-002.pdf>："在 2014年，該行業的出口是進口的5倍。"

64. Motion Picture Association of America, "The Economic Contribution of the Motion Picture & Television Industry to the U.S.", February 2016, <http://www.mpaa.org/wp-content/uploads/2016/04/MPAA-Industry-Economic-ContributionFactsheet_2014_v2-002.pdf>.

65. 如上例。

66. Motion Picture Association of America, "2015 Theatrical Market Statistics Report", April 2016, <http://www.mpaa.org/wp-content/uploads/2016/04/MPAA-Theatrical-Market-Statistics-2015_Final.pdf>.

67. *2016-2017 Economic Forecast & Industry Outlook*, L.A. County Econ. Dev. Corp. 72 (Feb. 2016), *available at* http://laedc.org/wp-content/uploads/2016/02/LAEDC-2016-2017-February-Forecast.pdf (last visited on Oct. 27, 2016).

68. 如上例。

69. 如上例。

　　現代科技帶來了巨大的挑戰：「媒體產品的數字化允許在網路上共享媒體檔案，削弱了版權的效力，迫使政府考慮如何根據數字時代改革版權政策，迫使公司考慮新策略來與網路盜版競爭。」[70]

　　與其他數字媒體一樣，電影行業因為盜版而導致的損失難以量化。政策創新研究所（IPI）發現：「盜版電影每年占美國經濟中的 205 億美元。L.E.K. 咨詢公司發現盜版每年占全球經濟的 61 億美元。（基於以上的 IPI 研究、工作室貿易協會的研究、美國電影協會的研究，還有 L.E.K. 在 22 個國家進行的 20 多萬消費者調查所得的結果。）」[71]

　　L.E.K. 研究的主要難題在於找到盜版和計算數字。[72] 在制定國際適用的打擊盜版和仿冒方案上，數據是一個重要難關。簡單來說，我們並不知道仿冒和盜版究竟是多大問題。多年來，美國政府提供的估計都不準確。前美國商務部長卡洛斯・古鐵雷斯和其他的美國官員曾經聲稱美國企業每年損失 2 千 5 百億美元。這一說法受到美國政府責任辦公室的批評，認為其缺乏可靠的證據和推導方法。[73]

　　儘管如此，「在音樂、電視和電影行業中的仿冒行為，經濟學家普遍對其負面影響有普遍共識。」[74] 一個以數據量化盜版的支出的方法是計算收入、用戶間非法共享和在像 Megaupload 這樣的網絡鎖定網站

70.Advisory Committee on Enforcement, *Copyright Enforcement in the Digital Age: Empirical Economic Evidence and Conclusions*, WIPO/ACE/10/20, August 25, 2015.

71.Carl Bialik, "Putting a Price Tag on Film Piracy", *The Wall Street Journal*, April 5, 2013, <http://blogs.wsj.com/numbers/putting-a-price-tag-on-film-piracy-1228/>.

72.如上例。

73.U.S. Government Accountability Office, "Observations on Efforts to Quantify the Economic Effects of the Counterfeited and Pirated Goods", April 12, 2012, <http://www.gao.gov/products/GAO-10-423>.

74.Advisory Committee on Enforcement, *Copyright Enforcement in the Digital Age: Empirical Economic Evidence and Conclusions*.

上的非法傳播。雖然這個方法也不能準確衡量問題的範圍，[75] 它還是有自身價值的。例如說 Megaupload 等的網站關閉後，合法的銷售就會增加。[76] 和音樂業一樣，「儘管 DVD/VHS 的銷售額在 2000 年到 2003 年內有增長，但是 BitTorrent 檔案共享協議使銷售額從 2004 年到 2008 年內下降了 27％。」[77]「很多人呼籲改革現有版權政策已解決數字化帶來的問題，政府嘗試採用了各種政策從需求和供應範疇上減輕盜版對銷售的影響。」[78]

四、高科技

加州的強大經濟依賴其科技產業。在大蕭條後矽谷和灣區的就業機會全面恢復。[79] 在 2015 財政年度，加州的科技公司提供了 7,320 億美元的收入，占美國科技收入的一半以上。[80]2015 年矽谷的就業增長率增加了 4.3％以上，這是自 2000 年網絡泡沫破裂以來的最高紀錄；而其中的科技工作機會增長了 37％。[81]

75.Carl Bialik, "Putting a Price Tag on Film Piracy".

76.如上例（引用了Brett Danaher & Michael D. Smith, "Gone in 60 Seconds: The Impact of the Megaupload Shutdown on Movie Sales", *International Journal of Industrial Organization* Vol.33, September 14, 2013, pp.1-8, <https://ssrn.com/abstract=2229349%20or%20http://dx.doi.org/10.2139/ssrn.2229349>.

77.Advisory Committee on Enforcement, *Copyright Enforcement in the Digital Age: Empirical Economic Evidence and Conclusions*.

78.如上例。

79.George Avalos, "Tech-fueled Job Market Powers Record Boom for Silicon Valley: Report", *Mercury News* February 10, 2016, <http://www.mercurynews.com/business/ci_29500133/silicon-valley-economy-and-job-market-powers-record>.

80.Matthew A. Winkler, "California Makes America's Economy Great".

81."2016 Silicon Valley Index", *Institute for Regional Study*, 8, February 2016, <https://www.jointventure.org/images/stories/pdf/index2016.pdf>.

　　自 2014 年，矽谷的專利申請增長了 14％，而天使投資和風險投資分別達到了 14 億美元和 245 億美元。[82]

　　毫無疑問，在清潔能源產業方面加州也領先。2014 年，風能、太陽能、地熱、生物質能和小型水力發電等可再生能源占電力零售總額近 25％。[83] 加州公司擁有比任何其他州更多的清潔技術專利，包括「能源儲存、效率、綠色材料、生物燃料、風能、太陽能和交通」。[84] 在過去五年中，加州太陽能的使用增長了 1378％。[85] 在「彭博美洲清潔能源指數」上市的 127 家北美公司中，23 家位於加州。2015 財政年度裡，這些加州公司的平均研發開支占收入的 25％，其中非加利福尼亞州公司平均開支占 13％。[86] 但是未經授權的軟體仍然存在，對合法公司和政府從其獲益產生挑戰：「BSA 軟體聯盟在 2014 年的一項研究指出，全球無執照軟體的商業價值至少為 620 億美元。」[87]

　　然而，應用保安公司 Arxan Technologies 的一份報告顯示，2014 年盜版軟體（包括移動應用程序式到桌面操作系統和其他軟體）的價值超過 8 千億美元。[88] 盜版內容大多透過網站傳播[89]：「在 2014 年，最大的

---

82. 如上例，p.8.

83. St. of Cal. Energy Commission, *California Energy Commission – Tracking Progress*, 1, Dec. 22, 2015, <http://www.energy.ca.gov/renewables/tracking_progress/documents/renewable.pdf>.

84. Rob Nikolewski, "California is the U.S. Leader in Clean Energy and Sits High Atop World Market Too, Report Says", *L.A. Times*, July 1, 2016, <http://www.latimes.com/business/la-fi-california-clean-energy-20160701-snap-story.html>.

85. 如上例。

86. Matthew A. Winkler, "California Makes America's Economy Great".

87. U.S. Trade Representative, *Special 301 Report (2016)*, 19, April 2016, <https://ustr.gov/sites/default/files/USTR-2016-Special-301-Report.pdf>.

88. Arxan Tech, *4th Annual State of Application Security Report*, Vol.4, 2015, <https://www.arxan.com/wp-content/uploads/2015/06/State-of-Application-Security-Report-Vol-4-2015.pdf>.

89. 如上例：很多這些網站的生存依賴廣告服務，而其他的網站是依賴向用戶收取費用或者贊助來維持。阿科森技術公司估計到2015年，盜版將會累積到196萬美元。

盜版網站從廣告中獲得超過 2 億美元收入。」[90]

　　谷歌（Google）透明度報告顯示，「數字千年著作權法案」移除通知在過去幾年大幅增加，從 2008 年的幾十個申請到 2016 年 5 月每天近 19 萬個申請。[91]這相當於每小時有接近 10 萬個移除索引中侵權數據的申請。[92]商業軟體聯盟（BSA）結論如下：「盜版軟體減少 10％會在四年內帶來 2 萬 5 千個高科技工作機會，近 380 億美元的新經濟活動，以及 61 億美元的稅收。」[93]

　　盜版也存在於遊戲當中：娛樂軟體協會（ESA）指出，最大的遊戲生產商「2015 年在美國總收入是 235 億美元，比 2014 年增長了 5％」。[94]在 2015 年，軟體銷售比 2014 年多 165 億美元。[95]ESA 的銷售額包括實體產品、訂閱、數字銷售和手機遊戲。[96]

90. ZhugeEX, "Video Game Piracy on the Rise, Will Cost the Industry as Much as It Makes", *Gearnuke*, August 20, 2015, <http://gearnuke.com/video-game-piracy-rise-will-cost-industry-much-makes/>.

91. Ernesto, "Google Asked to Remove 100,000 'Pirate Links' Every Hour", *Torrent Freak*, March 6, 2016, <https://torrentfreak.com/google-asked-to-remove-100000-pirate-links-every-hour-160306/>.

92. 如上例。

93. Business Software Alliance, "Software Enforcement and the U.S. Law: Information on Software Enforcement in the United States", <http://www.bsa.org/anti-piracy/tools-page/software-piracy-and-the-law?sc_lang=en-US>.

94. Chris Morris, "Level Up! Video Game Industry Revenues Soar in 2015", *Fortune*, February 16, 2016, <http://fortune.com/2016/02/16/video-game-industry-revenues-2015/>;"2016 Sales, Demographic and Usage Data: Essential Facts About the Computer and Video Game Industry", Entertainment Software Association, April 2016, <http://essentialfacts.theesa.com/Essential-Facts-2016.pdf>.

95. "2016 Sales, Demographic and Usage Data: Essential Facts About the Computer and Video Game Industry".

96. Chris Morris, "Level Up! Video Game Industry Revenues Soar in 2015"; "2016 Sales, Demographic and Usage Data: Essential Facts About the Computer and Video Game Industry".

五、音樂產業

加州是音樂產業的非官方總部。美國錄音業協會（RIAA）匯報 2015 年零售收入 70 億美元，批發收入 49.5 億美元，其中 34.3％的收入來自流動媒體，34％來自數字下載，28.8％來自實體，2.9％來自同步版稅。[97] 數字下載收入帶來了 48 億美元，高於 2014 年的 45 億美元。[98] 流媒體服務帶來了全球 24 億美元，[99] 美國人在流媒體服務訂閱上花費 1080 萬美元，產生 12 億美元的收入。[100] 實體格式出貨價值為 20 億美元，比 2014 年下降 10％。[101]

技術是音樂唱片業的雙刃劍：「音樂的數字化不僅帶來了盜版，而且大大降低了製作，發行和促銷音樂相關的成本。」[102] 盜版是未來產業的主要威脅。[103]

---

97. Joshua P. Friedlander, "News and Notes on 2015 RIAA Shipment and Revenue Statistics", *Recording Industry Association of America*, 2015, <https://www.riaa.com/wp-content/uploads/2016/03/RIAA-2015-Year-End-shipments-memo.pdf>.

98. 如上例。

99. 流媒體服務包括訂閱、廣告、語音交換。"

100. Joshua P. Friedlander, "News and Notes on 2015 RIAA Shipment and Revenue Statistics".

101. 如上例。

102. Advisory Committee on Enforcement, *Copyright Enforcement in the Digital Age: Empirical Economic Evidence and Conclusions*；如上例：「在納普斯特之後的十年內，全球唱片銷售額下降了50％；儘管之前有上升趨勢。」

103. "Tackling Music Piracy", International Federation for Phonographic Industries, <http://ifpi.org/music-piracy.php>：「數字盜版是對持牌音樂部門發展和對投資音樂人最大的威脅。它破壞了許多形式和渠道的許可音樂業務 — 無執照流媒體網站、點對點（P2P）文件共享網絡、網絡鎖和聚合器、未授權流媒體和流媒體剪切以及移動應用程式。」

參、臺灣如何打擊盜版和商標仿冒

甚至到 1994 年，臺灣都一直被視為「發展中的島嶼」。[104] 該島的經濟主要來自對美國和日本的出口。[105] 但是，島上經濟大部分是透過智慧財產權的盜版（公然無視受版權保護的檔案）。事實上，1986 年美國國際貿易委員會認為，臺灣的盜版規模龐大，美國產業估計損失了 7.53 億美元。[106]

因此，在法律授權用於每年審查智慧財產權保護和執法的全球狀況的「特別 301 報告」裡，[107] 臺灣處於「優先觀察名單」，意思是臺灣將會在未來四年裡接受觀察。[108] 美國對電影版權、視聽作品權利、有線電視法律和平行進口的關注是對的。[109] 它要求修訂版權、專利和商標法，包括建立中央機構來監管智慧財產權登記和管理。[110]

---

104. Y. Kurt Chang, "Special 301 and Taiwan: A Case Study of Protecting United States Intellectual Property in Foreign Countries", p.214.

105. 如上例, p.217。

106. United States International Trade Commission, *Foreign Protection of Intellectual Property Rights and the Effect on U.S. Industry and Trade*, USITC Pub. 2065, Inv. No. 332-245, 11, February, 1988.

107. 美國貿易代表辦公室根據「1988年綜合貿易和競爭力法案」、「烏拉圭回合協定法」和「2015年貿易便利和執行法」來修訂1974年貿易法第182條，規定每年進行301特別報告。19 U.S.C. § 2242.

108. Y. Kurt Chang, "Special 301 and Taiwan: A Case Study of Protecting United States Intellectual Property in Foreign Countries", p.218-219; Alisa M. Wrase, "U.S. Bilateral Agreements and the Protection of Intellectual Property Rights in Foreign Countries: Effective for U.S. Intellectual Property Interests or a Way Out of Addressing the Issue?", *Penn State International Law Review*, Vol. 19, No. 1, Article 10, 2000, pp.261-62：「臺灣不在1997或1998年的『特別301報告』上，是因為美國貿易代表辦公室相信臺灣給的承諾。但是，當沒有看到任何實質轉變時，臺灣在1999年和2000年又再次被放在觀察名單上。」

109. 如上例, pp.220-221. 平行進口，是指受智慧財產權保護的進口商品，根據許可協議進入經銷商指定的區域。平行進口沒有列入《伯爾尼公約》裡，一般也不倡導平行進口。雖然臺灣極力反對對其實行平行進口，但始終抵不過美國的壓力。

110. Y. Kurt Chang, "Special 301 and Taiwan: A Case Study of Protecting United States Intellectual Property in Foreign Countries", pp.218-19.

　　在上世紀 80 年代早期，司法院採取不同的措施來啟發法官，加速法律程序，以及確保裁決公平。[111] 但這還不夠。在 1993 年的「特別 301 報告」裡，國際智慧財產權聯盟匯報數十億美元損失在計算機軟體、電影和書籍上，其中以臺灣、韓國和中國最為嚴重。[112]

　　現在，臺灣積極履行其保護智慧財產權的義務。首先，臺灣對制止盜版光碟（最公然的智慧財產權濫用）採取行動。[113] 多年來，臺灣是世界上最大的 DVD 和 CD 盜版地區。[114] 臺灣政府下一步的改革會放在教育領域上的智慧財產權法律。以往政府當局一直漠視學生影印教科書的行為。[115] 現在臺灣政府終於注重對司法機構人員的培訓，來讓他們了解保護智慧財產權的重要性，從而有了試驗性的智慧財產權專門法庭的建立。[116]

---

111. Ruey-Long Lin, "Protection of Intellectual Property in the Republic of China", *Chinese Yearbook of International Law and Affairs*, Vol. 6, 1986-1987, p.160. "Legislative Yuan of the Republic of China, the Sino-America Trade", *Chinese Legislative News Series*, Vol. 6, December 1986. "Legislative Yuan of the Republic of China, Intellectual Property Rights", *Chinese Legislative News Series*, Vol. 2, May 1986.

112. Paul C.B. Liu, "U.S. Industry's Influence on Intellectual Property Negotiations and Special 301 Actions".

113. 美國認為臺灣是世界上最大的未授權光學媒體製造商。「光學媒體」包括 CD、VCD、DVD 和 CD-ROM。 Office of the United States Trade Representative, *2001 Special 301 Report*, Executive Summary, p.1. <https://ustr.gov/sites/default/files/2001%20Special%20301%20Report.pdf>.

114. Andy Y. Sun, "From Pirate King to Jungle King: Transformation of Taiwan's Intellectual Property Protection", *1997 Occasional Papers/Reprints Series in Contemporary Asian Studies*, No. 6, 1997. （臺灣曾是世界公認的「盜版王國」）。

115. "List and Text of Agreements Concluded between the American Institute in Taiwan (AIT) and the Taipei Economic and Cultural Representative Office in the United States (TECRO), Formerly the Coordination Council for North American Affairs (CCNAA), in 1995", *Chinese Yearbook of International Law and Affairs*, Vol. 14, 1986, p. 644.

116. American Institute in Taiwan, "List of Agreements Concluded between the American Institute in Taiwan and the Taipei Economic and Cultural Representative Office in the United States", *Federal Regulation*, Vol. 60, 1995, pp.159-02.

臺灣的仿冒和邊境執法也是一個問題，尤其在仿冒零件 [117] 和藥物上。[118] 美國也指出，臺灣身為世界貿易組織一員（自 2002 年 1 月 1 日開始生效）[119] 有義務遵守「與貿易有關的智慧財產權條約」（TRIPS），[120] 包括對專利保護從十五年改為二十年。[121]

對於上述美國的憂慮，臺灣開始取得實質性的進展。2000 年到 2009 年的「特別 301 報告」，表明了臺灣在智慧財產權保護上不斷改善，呈線性上升狀態。[122] 在 2002 年，行政院宣布該年為「智慧財產權行動年」，臺灣當局積極開展智慧財產權公眾認知活動，為智慧財產權執法機構、法官和檢察官提供培訓機會。[123] 該計畫延長到 2005 年，加強打擊盜版的執法（尤其是光學媒體）。[124]

---

117. U.S. Trade Representative, *Special 301 Report (2001)*. <https://ustr.gov/sites/default/files/asset_upload_file553_14869.pdf>.「特別301報告」是對全球智慧財產權的年度總結，同時也是美國貿易代表(USTR)對「1974年貿易法案」中「特別301」條款的執行。

118. U.S. Trade Representative, *Special 301 Report (2004)*, 2004. <https://ustr.gov/archive/assets/Document_Library/Reports_Publications/2004/2004_Special_301/asset_upload_file963_5996.pdf >.

119. *Final Act Embodying the Results of the Uruguay Round of Multilateral Trade Negotiations*, United Nations – Treaty Series, Vol. 1867, April 15, 1994, p.14.

120. *Agreement on Trade-Related Aspects of Intellectual Property Rights,* April 15, 1994, *Marrakesh Agreement Establishing the World Trade Organization*, United Nations – Treaty Series, Vol. 1867, Annex 1C, 1994, p.299.

121. U.S. Trade Representative, *Special 301 Report (2002),* Executive Summary, <https://ustr.gov/archive/assets/Document_Library/Reports_Publications/2002/2002_Special_301_Report/asset_upload_file628_6354.pdf>.

122. Andy Y. Sun, "From Pirate King to Jungle King: Transformation of Taiwan's Intellectual Property Protection".

123. American Institute in Taiwan, "Protecting Your IPR in Taiwan", June 2010. <https://www.ait.org.tw/en/ipr-overview.html>.

124. U.S. Trade Representative, *Special 301 Report (2004)* <https://ustr.gov/archive/assets/Document_Library/Reports_Publications/2004/2004_Special_301/asset_upload_file963_5996.pdf>.

　　臺灣貫徹和執行「光學」盜版法規，是回應美國隱憂的第一步。[125]
臺灣立法修正案把盜版光碟的製造和銷售列為「公然犯罪」，執法人員
不須成交訴狀來起訴違法人員。[126] 該修正案同時也增加了刑事侵權的監
禁刑期，還有民事和刑事訴訟的罰款。[127]

　　另外，臺灣通過增加匯報和執行法律生產和進口仿冒藥品的處
罰。[128] 在 2003 年，「臺灣設立了由警察和其他熟悉偵查和扣押仿冒盜版
貨物的公務員組成的特別『綜合執法工作組』（IETF）。」直到 2004 年，
「綜合執法工作組成為常務智慧財產權警察團隊，帶領超過 220 名公務
員和專業人員，來調查智慧財產權相關罪行。」[129]

　　根據美國的報告，在 2004 年，盜版帶來的經濟損失從 8.479 億美
元減到 3.155 億美元。[130] 臺灣透過立法加強了版權法，增加對侵權的處
罰，並為版權所有者提供更大的保護。[131] 臺灣還「修改了藥品法來為藥
品測試數據提供五年的保護期。」[132] 這些措施，使得臺灣在 2005 年從
「優先觀察名單」轉移到較輕的「觀察名單」[133]。然而，互聯網和軟體

125. "The United States Trade Representative (USTR) placed Taiwan on its Priority Watch List on the Special 301 Report in 2001, primarily due to concerns about Taiwan's increased production of pirated optical media products." American Institute in Taiwan, Protecting Your IPR in Taiwan, June 2010, *available at* https://www.ait.org.tw/en/ipr-overview.html (last visited on Dec. 12, 2016).

126. Stephen K. Shiu, "Motion Picture Piracy: Controlling the Seemingly Endless Supply of Counterfeit Optical Discs in Taiwan", *Vanderbilt Journal of Transnational Law*, Vol. 39, 2006, p. 627.

127. 如上例，pp. 627-628.

128. U.S. Trade Representative, *Special 301 Report (2004)*.

129. American Institute in Taiwan, "Protecting Your IPR in Taiwan".

130. U.S. Trade Representative, *Special 301 Report (2005)*. 2005, p. 48. <https://ustr.gov/archive/assets/Document_Library/Reports_Publications/2005/2005_Special_301/asset_upload_file948_7645.pdf>.

131. 如上例，p.47。

132. 如上例。

133. U.S. Trade Representative, *Special 301 Report (2005)*, p. 4.

盜版、教科書仿冒、偽造商品的轉運和未經授權的有線操作，仍然未能根除。[134]

為了建立智慧財產權專門法庭，臺灣開始為法官和檢察官舉辦智慧財產權法律研討會。[135] 在 2005 年，臺灣智慧財產權局讓跨學科法律研究所、法學院和臺灣國立大學，執行「智慧財產權專業人才培養和培訓計畫」[136]。現在，臺灣有審理智慧財產權案件的專門法庭。[137] 該法庭設立於 2008 年，負責審理民事和行政案件，還有智慧財產權刑事案件。[138] 初審案件由一名法官負責，上訴的案件由三名法官組成的小組審理。[139] 民事和刑事案件的上訴由最高法院審理，而涉及行政訴訟的上訴由最高行政法院審理。[140] 在這個新司法機制中所有的法官都熟練智慧財產權法律，而該法庭配有一名具有智慧財產權法律背景的技術審查人員[141] 來向證人提出問題並向法官提出建議。[142] 另一方面，智慧財產權專門法庭被批評其解決爭議緩慢和對專利所有人持敵意。[143]

---

134. 如上例，p.48。

135. 如上例，p.47。

136. Taiwan Intellectual Property Training Academy. <https://www.tipa.org.tw/ep1.asp>.

137. International Intellectual Property Institute, *Study on Specialized Intellectual Property Courts: A Joint Project between the International Intellectual Property Institute and the U.S. Patent and Trademark Office*, January 25, 2012, p.18. <http://iipi.org/wp-content/uploads/2012/05/Study-on-Specialized-IPR-Courts.pdf>.

138. *Intellectual Property Court Organization Act*, 2008, Art. 3.

139. *Intellectual Property Court Organization Act*, 2008, Art. 6.

140. Taiwan Intellectual Property Court, *IP Cases Procedures*, <http://ipc.judicial.gov.tw/ipr_english/index.php?option=com_content&view=article&id=27&Itemid=51>.

141. Intellectual Property Court Organization Act, 2008, Arts. 3 & 16.

142. Intellectual Property Case Adjudication Act, 2007, Art. 4.

143. Yu Tzu-Chiu, "Taiwan Patent Court a Concern for U.S. Tech Firms", *Institute of Electrical and Electronics Engineers (IEEE) Spectrum*, February 2011, <http://spectrum.ieee.org/consumer-electronics/audiovideo/taiwan-patent-court-a-concern-for-us-tech-firms>.

　　2008 年是臺灣在「特別 301 報告」的最後一年。該年，美國承認臺灣用於結束線上對點非法檔案共享的立法，智慧財產權的執法，還有 2007 年用於保護校園智慧財產權的行動計畫（尤其是臺灣教育部提供的臺灣互聯網服務供應商 TANet）。[144]

　　然而，要知道，臺灣之所以積極保護智慧財產權，不只是為了取悅美國和消除對盜版和仿冒的隱憂，這些保障也是臺灣經濟得以快速發展的重要因素。事實上，如果臺灣沒有採取措施來打擊盜版和仿冒行為，經濟年增長將會受到阻礙。[145]

　　「發展中國家對盜版的縱容，破壞了本土創造智慧財產權的動機。其次，缺乏適當的實施產權保護，發達國家的公司並不會願意轉移技術到發展中國家。因此，這種投機取巧的態度，迫使發展中國家永遠低人一等。」[146]

144.U.S. Trade Representative, *Special 301 Report (2008)*, 2008, pp.3, 45. <https://ustr.gov/sites/default/files/asset_upload_file553_14869.pdf>.

145.如上例，p.23（1991年臺灣因為錄音盜版，在貿易中損失約5千萬美元。）；Leo K. Chen, "Computer Software Protection against Piracy in Taiwan", *Journal of Chinese Law*, Vol.8, 1994, p.138.（1985-1992年間，與美國有關的臺灣電腦軟體盜版和其他智慧財產權違規活動，引起美國的貿易報復（臺灣被列入「特別觀察名單」），嚴重傷害了臺灣經濟。）；Peter C.Y. Chow, "The U.S. - Taiwan Free Trade Area Agreement: A Bridge for Economic Integration in the Asia-Pacific Region", *Maryland Series in Contemporary Asian Studies*, No.4, 2002, p.1.（指出美國與臺灣之間的貿易愈來愈熱絡，但仍有一些懸而未決的爭執，例如臺灣對盜版的打擊，美國仍認為臺灣政府必須改進智慧財產權的執法和法律框架。）William O. Hennessey, "Intellectual Property Implementation, Compliance and Effectiveness in Mainland China and Taiwan", *Proceedings of the Annual Meeting (American Society of International Law)*, Vol.91, 1997, p.407 .（根據IIPA，臺灣因為盜版損失了2.5億美元）。

146.Y. Kurt Chang, "Special 301 and Taiwan: A Case Study of Protecting United States Intellectual Property in Foreign Countries", p. 215; Andrew D. Getslinger, "A New Approach to Combating the Piracy of Intellectual Property: Develop the Rule of Law and Increase the Supply of Legitimate Goods", *Journal of Patent and Trademark Office Society*, Vol. 96, 2014, p. 55（討論原本對〔來自西方的〕智慧財產權並不熟悉的臺灣，如何在其創意產業發展初期，迅速引入接受這個觀念。）

像加州一樣，臺灣的經濟受益於知識型社會。也正因為這樣，臺灣的經濟前景受到全球智慧財產權保護不力的威脅。

肆、結論：智慧財產權與亞洲

臺灣現有帶領亞洲保護和促進智慧財產權的機會。好比臺灣在不久前還被認為對智慧財產權執法持寬鬆態度，如今中國被看作是智慧財產權執法不力的國家。[147] 臺灣在許多知識型產業上的領先地位，在亞太地區促進對智慧產權的保護，能發揮很大的作用。

臺灣可以雙邊運作，激起承認它的 22 個國家的興趣。在南太平洋上，基里巴斯、馬紹爾群島、瑙魯、帕勞、所羅門群島、圖瓦盧等島嶼國家，都能從打擊智慧財產權盜版活動中獲益。臺灣最強的盟友：巴拉圭，一直被視為盜版國家。透過資助南美國家內陸項目，能夠幫助該國提升對智慧財產權的保護。在加勒比海域，多明尼加共和國和海地，也有促進保護本土文化產業不受仿冒貨盜版的需求（聖克里斯多福及尼維斯、聖露西亞、聖文森及格林那丁也是如此）。在非洲，布基納法索、聖多美和普林西比以及斯威士蘭，作為發展中國家都存在挑戰，很可能會樂意接受臺灣的技術援助。在中美洲，伯利茲、薩爾瓦多、瓜地馬拉、宏都拉斯、尼加拉瓜和巴拿馬，都遵循「與貿易有關的智慧財產權協議」和「美國－中美自由貿易協定」（伯利茲除外）。它們都會從臺灣的援助中獲益。

在促進全球智慧財產權中，臺灣能夠發揮極大的作用。雖然臺灣不

---

147. "China Tops Annual US Trade Watch List – Again", *VOA News*, April 28, 2016, <http://www.voanews.com/a/china-tops-priority-watch-list-us-trade/3307431.html>. Paulina Rezler, "Breaking Through the Great Wall: Problems of Enforcement of Intellectual Property Rights in China", *Toronto International Law Review*, Vol.14, 2010.

是世界智慧財產權組織或者世界衛生組織的成員，[148] 但它仍然可以在多邊體系裡作為改革者來促進智慧財產權。臺灣以「中華臺北」或者「臺灣、澎湖、金門和馬祖的獨立海關領土」加入了世界貿易組織。[149] 透過委員會工作、立法模式以及人力資源能力建設，臺灣在帶領世界推動智慧財產權執法方面有著重要作用。

臺灣也可能在這些問題上與中國大陸合作。[150] 隨著中國政府對國內消費逐步地關注，智慧財產權將會在中國的發展中發揮愈來愈重要的作用。[151] 這將會受到美國和歐盟極大地歡迎（它們的企業和領導人長期指責中國漠視智慧財產權侵權行為，[152] 就像在臺灣法律改革前受到美國還有其他工業國家的指責一樣）。

像臺灣一樣，在中國，智慧財產權的重要性將會不斷上升。專利、版權、商標和工業品外觀設計的保護，將會至關重要。因為中國新興的消費社會需要受到認證的產品，並且中國的新工程師和新經濟企業家獲益於智慧財產權的租用。最近，透過智慧財產權專門法庭和其他政策措施，[153] 中國在執行智慧財產權的前景一片光明。

148.Brad R. Roth, "The Entity That Dare Not Speak Its Name: Unrecognized Taiwan as a Right-Bearer in the International Legal Order", *East Asia Law Review*, Vol. 4, 2009.

149.World Trade Organization, "WTO successfully concludes negotiations on entry of the Separate Customs Territory of Taiwan, Penghu, Kinmen and Matsu".

150.在臺灣的角度看待臺灣法律現狀，請參閱Tzu-Wen Lee, "The International Legal Status of the Republic of China on Taiwan", *UCLA Journal of International Law & Foreign Affairs*, Vol. 1, 1997. 從中國官方角度看待臺灣法律現狀，請參閱Taiwan Affairs Office & Information Office, The State Council of the PRC, August 1993, "The Taiwan Question and Reunification of China", *Chinese Journal of International Law*, Vol. 2, 2003.

151.Ashley L. Davidson, "Through the Grapevine: New Developments in the Protection of Geographical Indications in China", *Oregon Review of International Law*, Vol. 17, 2015, p.167.

152.Paulina Rezler, "Breaking Through the Great Wall: Problems of Enforcement of Intellectual Property Rights in China", p.194.

　　隨著中國鞏固其作為專利和工業設計的生長動力的地位，法律權威將會持續為大陸的專利持有人、還有來自臺灣和世界各地的專利持有人保護智慧財產權。事實上，不久的將來可能就是亞洲國家指責西方國家不保護亞洲發明家的智慧財產權。

　　然而，完全消除世界各地的盜版和仿冒，還有很長一段路要走。臺灣用以滿足其國際法律義務的公共政策，以及創新型經濟所帶來的諸多好處，臺灣能夠在雙邊和多邊層面上對促進全球智慧財產權發揮巨大作用。在打擊盜版和仿冒行為中，加州並不是孤軍奮戰。智慧財產權很重要，並且會愈來愈重要。[154] 盧愛林教授認為：「亞洲各國政府已經意識到，一個國家在 21 世紀的區域和全球貿易中的優勢在於：其創新企業可以在國內外控制的價格溢價（附加值）。」[155]

---

153. Benjamin Bai, "Specialized IP Courts in China: One Giant Step?", *Kluwer Patent Blog*, December 10, 2014, <http://kluwerpatentblog.com/2014/12/10/specialized-ip-courts-in-china-one-giant-step/>. International Intellectual Property Institute, *Study on Specialized Intellectual Property Courts: A Joint Project between the International Intellectual Property Institute and the U.S. Patent and Trademark Office*, p.14.

154. 加州能從臺灣中學習如何採取法律改革來達到公共政策的目標。參閱Benjamin Fox, "Why Taiwan's Sustainable Energy Policy Matters", *Consilience: The Journal of Sustainable Development*, Vol. 6, No. 1, 2011, pp. 210-221.<http://large.stanford.edu/courses/2011/ph240/jan2/docs/237-507-1-PB.pdf> . （討論臺灣的能源政策改革對美國有示範作用，以及臺灣的經濟和政治結構與美國和其他西方國家的相似之處。）

155. David Llewelyn, *Invisible Gold in Asia: Creating Wealth Through Intellectual Property*, p. xii.

Part 4

......

國家主權與管轄

第 13 章

明代中國《使琉球錄》與釣魚臺列嶼主權爭議

林田富[1]

壹、前言

近年來，釣魚臺列嶼主權爭議，有愈演愈烈的趨勢，甚至有引發戰爭的危險。我們一直期待，爭端的解決可以擺在學術的論證上，而不是靠著不理性的戰爭方式。因為，正如我們所熟知的：戰爭沒有贏家，和平沒有輸家。

十幾年前，為了研究釣魚臺列嶼主權爭議問題，除了在海峽兩岸廣泛收集各種相關史料外，也親自去琉球大學、琉球公文書館等地拜訪學者、收集史料，並野人獻曝的出版了兩本研究著作[2]。後來，因為借調政府機關服務，研究中斷了將近十年。如今重回教職，還是心心念念希望以學術論證方式，和平解決釣魚臺列嶼主權爭議。

就釣魚臺列嶼主權的爭端而言，過去日本喜歡談的是國際法上所謂的「占有就是法律的一半」（Possession is half the law）理論，彰顯的是國際強權政治、強勢外交（power politics）[3]。但是，正如十幾年前預測的，強權不是絕對的，對於臺灣，日本是絕對的強權；相對於中國，十年後，日本軍事的強權，是否還稱得上強權，就是很大的問題[4]。十

---

1. 亞洲大學財經法律學系暨研究所專任副教授兼產學長。
2. 林田富，《釣魚臺列嶼主權歸屬之研究》，五南圖書，臺北，1999年9月初版1刷；林田富，《再論釣魚臺列嶼主權爭議》，五南圖書，臺北，2002年初版。
3. 朴椿浩（Choon-ho Park），〈東北亞解決領土爭執之某些消極的因素〉（Some Negative Factors in the Settlement of Territorial Disputes in Northeast Asia），收錄於程家瑞主編，《釣魚臺列嶼之法律地位──釣魚臺列嶼問題學術研討會論文集》，臺北，東吳大學法學院，1998年8月，頁71-74、291-300。
4. 林田富，《再論釣魚臺列嶼主權爭議》，前引註1，頁2-3。

年過去了，日本現在不依靠美國，在軍事上還存有多少信心？可以預見的是，再不用十年，可能美國也靠不住了。

釣魚臺列嶼主權爭議起因於美國的琉球群島施政權返還（日本），更直接的原因是 1969 年在返還前，由聯合國亞洲及遠東經濟委員會贊助的研究報告的發布（Emery Report），該報告透露釣魚臺列嶼周邊的東海海床蘊藏了豐富的石油礦藏 [5]。由此，展開了中、日、臺之間，近半個世紀的釣魚臺列嶼主權爭議。

問題是，為什麼這份研究報告（Emery Report）偏偏要在美國準備返還琉球群島施政權之前公布？

又為什麼每次中日關係，特別是經貿關係改善的時候，釣魚臺列嶼爭議就被有心人拿出來炒作？

美國雖然數度聲明不介入釣魚臺列嶼的主權爭議，但，為何又把釣魚臺列嶼劃入美日安保條約的適用範圍？

在爭端、衝突不斷升級中，我們隱隱的看到霸權國家幕後的影子。毫無疑問的，中、日兩國的衝突，最直接傷害的絕對是中、日兩國的人民。中、日兩國已經為釣魚臺列嶼主權問題，爭鬥了將近半個世紀，試問兩個國家從釣魚臺列嶼或周邊海域得到了甚麼經濟利益？如果中、日兩國因此發生慘烈戰爭，就算是釣魚臺列嶼周邊海域存在一些潛在經濟利益，又能彌補戰爭帶來的損害？爭端的武力解決，絕對無益於中、日兩國，而且不利於未來的和平發展。

---

5. 該報告指出：「本地區最有利於石油及天然氣生成的部分，就是臺灣東北方一片二十萬平方公里的區域。該區域沉積物的厚度超過兩公里，在臺灣附近更達到九公里，其中有五公里厚的新第三紀沉積物。在大陸礁層之下堆積的沉積物，相信大部分都屬於第三紀岩層。……在日本，韓國與臺灣，幾乎所有陸地上的油，氣都產自新第三紀的岩層。臺灣與日本之間的大陸礁層，極可能是世界油藏量最豐富的地區之一。」見：K.O. Emery et al., " Geological Structure and Some Water Characteristics of the East China Sea and the Yellow Sea", UNECAFE/CCOP Technical Bulletin , Vol. 2（1969），pp.3-43, at 39-41.

　　相關的爭議，應該回到學術上，用文明的方式解決爭端，讓理性、讓人類累積的文明還能發揮一些作用。歷史一再的告訴我們，國家因為文明而偉大，偉大的文明因為戰爭而毀滅。爭端必須以和平的手段解決，這才是人類的共同利益。

　　釣魚臺列嶼主權爭議問題，涉及到中、日兩國與舊琉球王國間的交流歷史，也涉及到中、日甲午戰爭、馬關條約，更涉及到二次大戰期間盟國宣言、戰後的和平條約，以及戰後主導國際關係的美國處置行為。本文因篇幅所限，僅從釣魚臺列嶼的原始發現，明代中國與琉球王國存在的冊封關係（從屬關係）史料，循著歷史脈絡梳理相關爭議問題，並同時處理在國際法上的原始發現、先占取得等相關爭議問題。

貳、國際法上領土之先占取得問題

　　傳統的國際法上，國家取得領土的方式，學者認為有五種普遍被承認的方式：先占（occupation）、兼併（annexation）、添附（accretion）、讓與（cession）與時效（prescription）[6]。這些方式在本質上，乃是要求宣稱擁有主權的國家需對該領土行使有效控制（effective control）與權力，或證明其曾具有主權名義[7]。因此，先占和兼併都是基於一種對領土「有效取得」的行為，而添附只是用來表達一實際主權已存在之領土部分的增加。時效是基於一長時期內對領土主權持續且和平的展現，而

---

6. I A Shearer, "Starke's International Law", 11th ed., Butterworth & Co., 1994, p. 145；Robert Jennings and Arthur Watts, "Oppenheim's International Law", Vol. 1, 9th ed., England: Longmans Group UK Limited, 1992, Vol. 1, Parts 2-4, p.679；Malcolm. N. Shaw, "International Law", 3rd ed., England: Woolnough Booking Ltd., 1991, p.284； 國內學者持相同見解者，例如：丘宏達，《現代國際法》，臺北，三民書局，民84年11月初版，頁493；沈克勤，《國際法》，臺北，臺灣學生書局，民80年增修8版，頁155；中國方面的學者：王鐵崖等，《國際法》，臺北，五南圖書，民81年5月初版，頁168。

7. the Island of Palmas , 22 AJIL（1928）, 867 at p.875；I A Shearer, supra note 5, p.146。

讓與則假定讓與國有權有效的處置該被讓領土[8]。

在國際法上對於不屬於任何國家主權下的土地，即一般所謂無主地（res nullius），一個國家意圖將其置於主權之下據為己有的行為，稱為先占（occupation）[9]，對無主地的先占必須是國家的行為，而非私人的行為[10]。occupation 一字在領土取得方面，中文譯為先占為宜；但在戰爭法中譯為占領，兩者涵義不同。軍事占領（military occupation）不能取得主權[11]。

先占是在新被發現不屬於任何國家領土，或較不可能的情形，在先前的控制國所拋棄之不在任何其他國家權威下的領土上，建立起主權[12]。傳統上，先占的標的必須是無主地，一塊由原住民或已有一社會及政治組織之人民所居住的土地，並不屬於無主的性質[13]。在西撒哈拉案（Western Sahara Advisory Opinion）中，國際法院認為：「19世紀後半，先占是除了割讓或繼承外的一種和平取得領土主權的方法。先占的首要條件是該領土必須是無主地。」[14]

國際法學者認為：發現是最古老，而且是歷史上最重要的領土權

8. I A Shearer, supra note 5, p.146；沈克勤，前引註5，頁155。
9. I A Shearer, supra note 5, p.147；Robert Jennings and Arthur Watts , supra note 5,Vol. 1 , Part 2-4, pp.686-687； Gerhard Von Glahn, "Law Among Nations: An Introduction to Public International Law"（7th ed.）, Allyn & Bacon, 1996, p.297.
10. Malcolm. N. Shaw, supra note 5, p.289。
11. 參照德國政府在1949年無條件投降後，由同盟國發表關於德國的否認聲明之案件。根據 Judge Jessup 在西南非一案（The South West Africa Cases, 2nd , ICJ 1966, 6 at 418－419）之見解：「國際法不承認軍事占領為一權利來源的情況，乃是極為普遍的。」以上見：I A Shearer, supra note 5, p.152。
12. Robert Jennings and Arthur Watts , supra note 5,Vol. 1 , Part 2-4, pp.687-688；Peter Malanczuk, "Akehurst's Modern Introduction to International Law"（7th rev. ed.）, London: Routledge, 1997, p.148.
13. Robert Jennings and Arthur Watts , supra note 5,Vol. 1 , Part 2-4, p.687, note 4；Malcolm. N. Shaw, supra note 5, p.289；I A Shearer, supra note 5, p.147。
14. Western Sahara Advisory Opinion, I. C. J. Reports, 1975, p.39.

利的取得方式；在 19 世紀以前，僅僅發現的事實就足以建立法律上的權利，19 世紀以後發現則必須伴隨有效的占有（effective occupation）以作為領土權利被承認的基礎[15]。而所謂的「發現」，通常是指「自然界的（實體的）發現或單純的視力所及」（physical discovery or simple visual apprehension）[16]。15、16 世紀有所謂「發現即領有」的主張，學者認為：「曾經 15、16 世紀時相信只要發現就可以取得主權。現代研究則有理由去懷疑，這段期間內發現是否會取得比原始權利更多，有效的利用行為似乎是必要的。」[17] 到了 19 世紀，基本上已無「無主地」存在，因此，「無主地先占」原則就取代了「發現」原則，成為取得領土的要件。

　　19 世紀以後的現代國際法，先占作為領土取得的方式必須是有效的（effective），而非僅是擬制的（fictitious），其要件如下：

　　（1）占有：國家必須將有人居住的土地置於其占有之下並意圖取得該土地之主權，通常要有人定居其上，並有某種正式的行為。

　　（2）行政管理：國家對此領土置於某種行政管理之下。例如將領土置於其占有下後，在合理期間內未建立某些管理權力，則此種先占並非有效[18]。

　　早期的國際法並未規定上述占有與行政管理兩個要件[19]，占有經常只是象徵性質的行為，甚至有認為僅僅發現以及象徵性行為就可以取得主權者[20]，但到了 19 世紀，國際法學者與國家實踐均支持先占必須有

15. Gerhard Von Glahn, supra note 8, p.297.

16. 趙理海，《海洋法問題研究》，北京大學出版社，1996年初版，頁7；吳輝，〈從國際法論中日釣魚島爭端及其解決前景〉，《國際論壇》，二卷四期，2000年8月，頁38-39。

17. Ian Brownlie, "Principles of Public International Law"（4th ed.），Clarendon Press, 1990, p.146.

18. Robert Jennings and Arthur Watts , supra note 5,Vol. 1, Part 2-4, pp.688-689；丘宏達，前引註5，頁495-496；沈克勤，前引註5，頁156；王鐵崖，前引註5，頁169。

19. Robert Jennings and Arthur Watts , supra note 5,Vol. 1 , Part 2-4, p.689。

效占有才能取得領土主權的原則[21]。單純的發現，只能取得原始的權利（inchoate title）[22]，可以阻止其他國家再對同一土地行使先占，但如果在合理期間內不能有效地占領被發現的土地，則其他國家可以有效占領而取得該地的領土主權[23]。

行使或展現主權的要件，可由占有或控制等具體行為來滿足，或是根據案件的性質，可由一明白或象徵的行為，或由影響該領域的立法或行政手段，或藉由與其他曾承認該國此項主權聲明之國家間的條約，或透過劃定疆界等等方式，來說明對主權之擁有[24]。

必須有證據顯示該國要取得控制的長久企圖；宣稱占領之國如果只是短暫經過的話，本身並不能滿足此項要件。個人私自單獨且未經授權之行為，如果接下來沒有被批准的話，也不能達成占領之目的[25]。

然而，占有國為了達成無主地先占的目的，所需要的國家權威程度，將與該無主地環境有很大的關聯；因此，一塊相對落後的領土，並不要求像一塊較開發且文明化領土上那般的精心控制與管理[26]。一

---

20. Robert Jennings and Arthur Watts , supra note 5,Vol. 1 , Part 2-4, p.689；Malcolm. N. Shaw, supra note 5, p.290。

21. Peter Malanczuk, supra note 11 , pp.148-149.

22. 此處「原始的權利」（inchoate title）也有學者翻譯為「優先權」，見：黃異，《海洋秩序與國際法》，臺北，學林文化公司，2000年，頁541。

23. Peter Malanczuk, supra note 11,p.149；黃異，前引註21，頁541-542；稍早有認為殖民其上是有效占有之必要條件者，目前國際法學者則修正認為：那對廣大而適合居住的地域而言是無疑的，但可能並不適用於那些離岸的小島，例如在the Minqiers and Ecrehos Case 中Jersey島礁就被認為在實際的意義下幾乎不可能「移民」其上，但若不屬於任何國家主權之下，則是可以成為被「先占」的對象；參見：Jennings and Watts, supra note 5, Vol. 1, Parts 2-4, pp.689-690；丘宏達，前引註5，頁496；沈克勤，前引註5，頁157。

24. the Clipperton Island Arbitration（1931），26 AJIL（1932），390 at pp.393-394；國際法院在1953年1月29日對敏奎斯與艾克瑞荷群島爭議案（The Minquiers and Ecrehos）判決中，以英國提出的證據可以確定英國曾長期在該海峽群島行使國家的職務，因此判決英國勝訴（見：ICJ Reports, 1953, p.47）。

25. Fisheries Case ICJ 1951, 116 at 184；I A Shearer, supra note 5, p.147。

26. the Clipperton Island Arbitration（1931），26 AJIL（1932），390 at p.394.

般而言，實質的占有、而非名目的占有，被視為是先占的要件，但
地理環境因素則會影響占有實施的方式，這點在克里普頓島仲裁案
（the Clipperton Island arbitration case）、東格林蘭島案（the Eastern
Greenland case）都曾一再被強調，國際法學者也一再引述這些案例[27]。

在法國與墨西哥的克里普頓島（位於墨西哥西南方太平洋上的珊
瑚礁）主權爭議案中，墨西哥主張，克里普頓島是被西班牙海軍在15
世紀發現，並依照當時有效的法律，歸屬西班牙，嗣後由墨西哥作為
繼承國而繼承之。但是，墨西哥並未提出足夠的證據證明該島是西班
牙航海者所發現。仲裁人發現當法國在19世紀中葉主張擁有該島主
權時，該島在法律上仍是無主地可以被先占[28]。而且，因該島係無人
島，所以法國海軍軍官僅藉由在夏威夷刊登主權聲明，即被法官認為
已足夠創設有效權利[29]，而不要求對該無人島更為有效之占有。在該
案中，仲裁法庭認為，一塊領域，如係完全無人居住的情況，先占國
藉由使國家行為展現之一刻，從那一刻起占有行為應視為已達成，而
先占行為即已完成（Thus, if a territory, by virtue of the fact that it was
completely uninhabited, is, from the first moment when the occupying state
makes its appearance there, at the absolute and undisputed disposition of
that state, from that moment the taking of possession must be considered as
accomplished, and the occupation is thereby completed.）[30]。因此，國際

27.M. N. Shaw, supra note 5, pp.296-297；I A Shearer, supra note 5,p.148；Halina Niec（許家馨
　　譯），"The Application of Past Territorial Dispute Cases Handled by the ICJ to the Dispute over
　　the Diaoyu Islands"（國際法院過去處理領土爭議案件在釣魚臺爭端中之應用），收錄於：
　　臺灣法學會、臺灣國際法研究會編，《1997釣魚臺國際法研討會論文與討論紀實彙編》，
　　臺北，1997年12月，頁68-72。

28.the Clipperton Island Arbitration（1931），26 AJIL（1932），390 at pp.392-393；D. J. Harris，
　　"Cases and Materials on International Law", London, 1973，p.188.

29.the Clipperton Island Arbitration（1931），26 AJIL（1932），390 at p.394; M. N. Shaw, supra
　　note 5, p.296。

法上所謂的實質占有，會因被占有的土地環境性質，而有不同的判定。

　　在挪威與丹麥的東格林蘭島法律地位案中，挪威主張，1931 年該國正式確認（officially confirmed）「領有」（taking possession）尚未被殖民的東格林蘭島；當時丹麥雖僅殖民格林蘭島的部分地區，但主張擁有全島的主權。國際法院認為，在該地接近北極不易進入的情況下（inaccessible character），丹麥不可能也無必要有實際占領的種種措施，因此丹麥的若干行為足以建立其主權主張，而不限於已殖民的地方[31]。

　　另外，先占國是否有義務向其他國家為占領之宣告等行為，學者以為：關於無主地之先占，先占國主動向其他國家為先占事實之告知或聲明，並非國際法上所課之義務；因此，到目前為止，並無任何國際法規則要求將先占通知其他國家作為生效要件[32]。

　　以國際法的發展觀察，先占作為領土取得的方式，其成立要件從簡易的國家行為，到漸漸發展為更趨嚴格的國家權威的行使，從早期簡單的發現便可取得領土主權，到 19 世紀以後必須有實質的占有與行政管理行為始足當之，這樣的結論應該是沒有爭議的；必須強調的是，對無主地行使先占的國家，對該無主地應行使如何的國家權能，始能被視為足夠或有效，將視該無主地的客觀環境而有不同[33]。目前，國際上應已不存在可供先占取得的無主地，因此，先占理論僅在領土紛爭的場合有其適用的餘地[34]。

30.the Clipperton Island Arbitration（1931），26 AJIL（1932），390 at p.394;亦可參見：Edwin D. Dickinson，"Cases and Materials on International Law"，Br○○klyn，The Foundation Press，Inc., 1950，p.184。

31.PCIJ, Series A/B, No.53, P.46, pp.50-51； Manley O. Hudson, "World Court Reports"（4 Vols.），Washington, D.C.: Carnegie Endowment for International Peace, 1934-1944, Vol. 3, pp.174-175.

32.Jennings and Watts, supra note 5, Vol. 1，Part 2-4，p.688, note 1。

33.Peter Malanczuk, supra note 11, p.149.

34.Peter Malanczuk, supra note 11, p.148.

　　日本政府一再的主張，釣魚臺列嶼是日本的固有領土，係日本政府於 1895 年時，以無主地先占的方式取得[35]。日本多數學者也都持相同看法[36]，認定 1895 年時，釣魚臺列嶼仍是無主地，日本政府透過調查等等的程序，方才將該列嶼編入該國的領域。

　　關於領土主權的爭端，在 1928 年的「帕爾馬斯島仲裁案」（Island of Palmas Case）中建立的當代國際法原則是：「在國家關係中，主權意指獨立於其他國家，或擁有排除其他國家的權利。這是指國家功能而言……如果主權發生爭端，依照慣例，要檢視哪一方比起另一方的質疑，有較優越的主權主張──例如割讓、征服、先占等等。」[37]有關釣魚臺列嶼的主權爭議，日本的主權主張，是建立在無主地先占的理論基礎上。但是，所謂的無主地先占，如前所述，是在新被發現不屬於任何國家領土，或較不可能的情形，在先前的控制國所拋棄之不在任何其他國家權威下的領土上，建立起主權主張。

　　從上述先占的理論與實踐觀之，關於釣魚臺列嶼的主權爭議，首先要釐清的關鍵點是，在 1895 年這個時間點，釣魚臺列嶼是否仍為無主地？

---

35. 日本政府主張：「列釣魚臺嶼（尖閣諸島）是日本明治十八年（1885年）以後，以透過沖繩當局等方法，並經再三實地調查，慎重確認該地不單是無人島，而且也無清國統治所及的跡象，然後內閣才在明治廿八年一月十四日決議於該地建設界碑，正式編入我國領土。」1972年3月8日，日本外務省「關於尖閣諸島的領有權問題」，見：浦野起央、劉甦朝、植榮邊吉，《釣魚臺群島（尖閣諸島）問題研究資料彙編》，香港，勵志出版社，2001年9月第一版，頁272-273。

36. 日本學者等組成的「尖閣列島研究會」，於1971年3月發表之〈尖閣列島與日本的領有權〉（The Senkaku Islands and the Japan's Territorial Titles to Them）持相同看法，見：浦野起央、劉甦朝、植榮邊吉，前引註34，頁226-248。

37. the Island of Palmas , 22 AJIL（1928），867 at p.875；D. J. Harris, "Cases and Materials on International Law", London, 1973, p.177.

參、釣魚臺列嶼之原始發現

在現存英國牛津大學 Bodleian 圖書館一本封面題為《順風相送》的古書中，卻有如下的記載：

永樂元年奉差前往西洋等國開詔，累次校正針路、牽星圖樣、海浹、水勢、山形圖畫一本。[38]

福建往琉球……北風，東湧開洋，用甲卯，取彭家山，用甲卯及單卯取釣魚嶼。南風，東湧放洋，用乙辰針，取小琉球頭，至彭家，花瓶嶼在內。正南風，梅花開洋，用乙辰，取小琉球；用單乙，取釣魚嶼南邊……南風，用單辰……用甲卯針，取琉球國為妙。[39]

《順風相送》的作者為何人，目前雖無法查證，但該書的內容中「永樂元年奉差前往西洋等國開詔」一語，提供了非常豐富的資訊。首先，「永樂元年」說明了事實發生的年代（1403 年）；其次，「奉差」則說明了作者的身分為公務員；再者，「前往西洋等國開詔」則說明了作者所肩負的特殊外交任務。

另外，《順風相送》一段敘文中提到：

昔者周公設造指南之法，通自古今，流行久遠。中有山形、水勢抄描圖寫終誤，或更數增減無有之，或籌頭差別無有之；其古本年深破壞，有無難以比對，后人若抄寫從真本，惟恐誤事。予因暇日將更

---

38. 參見：方豪，〈從《順風相送》探索鄭和或其他同時出使人員來臺澎之可能性〉，《東方雜誌》復刊第一卷第二期，1976年8月1日出版，頁49以下。

39. 參見：方豪，《臺灣早期史綱》，學生書局，臺北，民83年8月初版，頁58以下；吳天穎，《甲午戰前釣魚列嶼歸屬考——兼質奧原敏雄諸教授》，（中國）社會科學文獻出版社，北京，1994年8月第1版，頁26圖九；浦野起央、劉甦朝、植榮邊吉，前引註34，頁3。

籌比對，稽考通行，較日于天朝南京直隸至太倉，並夷邦亞靈洋等處更數、針路、山形、水勢、嶼淺深，攢寫於後，以此傳好游者云爾。[40]

　　文中說明，寫作此書，乃參考「年深破壞」的古本，實際比對校訂整理而來。由此觀之，在更早以前，即有與《順風相送》一書相類似記載的書籍之存在；只是「其古本年深破壞，有無難以比對，后人若抄寫從真本，唯恐誤事。予因暇日將更籌比對，稽考通行……」因此，從《順風相送》留下的歷史證據可知，中國人最晚在1403年即已原始發現釣魚臺列嶼，並賦予這些島嶼中國的名稱，甚至更以公開發行書籍的方式（該書籍甚至流通至英國被收藏），廣為當時世人所知曉。

　　這說明了中國人早在在西元1403年以前，即已原始發現釣魚臺列嶼之存在，並且在此之前就有相關的名稱與記載了。參照明史的記載，以及15世紀後半中國與琉球往來的歷史觀之，前文中國學者所推測，在15世紀明代中國初期，中國人即已原始發現釣魚臺列嶼，應是合理的推測。

　　日本雖有學者含糊的認為，這本書是1663年以前的東西，或者這本書何時成書並不太重要者[41]，企圖以輕蔑的語氣，貶低此一重要歷史文件之價值；但是不管如何，這本書至少以書面證明中國人（具有官員身分的公務員）最早發現釣魚臺列嶼，並且賦予該島中國的名稱。相對於日本，遲至19世紀末以前的相關歷史文件，則一無所有。

　　16、17世紀，歐洲國際法的觀念尚在早期發展的萌芽階段（當時，國際法是否為法律都還有很大的爭議），民族國家才處於興起的階段，對於領土的取得，並沒有被廣泛接受的標準存在，更沒有實際占有、管

40.參見：吳天穎，前引註38，頁27。
41.奧原敏雄，〈尖閣列島領有權の根據〉，（日本）《中央公論》，1978年7月號。

理的要件限制。

　　在釣魚臺列嶼的案例中，《順風相送》的存在證明了在 15 世紀初，明代中國的公務員在執行外交任務的過程中，發現了該列嶼、加以命名記載，並以書籍公開發行，使不特定人（中國人、琉球人，甚或日本人）得以知悉；《順風相送》所呈現的是，作者在當時受命執行外交公務，而該公務的性質無疑的是一種宣揚國威的擴張行為，正如當時歐洲各國在美、非建立殖民地或是開拓國際市場的情形一般。

　　雖然《順風相送》的作者與該書作成年代不詳，但因該書是在爭議的當事國以外的第三國（英國）發現，且早於釣魚臺列嶼爭議發生前即已存在，不可能有偽造的可能，因此，在證據上仍有一定的價值。較有爭議的是，《順風相送》的作者雖有公務員的身分，但是該書是在甚麼情況下出版，有無國家公權力介入，無法查證。《順風相送》的相關記載，雖然目前還不能證明具有官方公文書的性質，但對於明代中國人最早發現釣魚臺列嶼，並透過公務員在行使外交公務行為之後，以書籍的方式公開此一發現的事實，仍然有一定的證據價值。

肆、明代中國與琉球王國交流之相關史料

　　如果忽略上文所提到《順風相送》的相關記載，關於釣魚臺列嶼之公文書記載，從中、日、琉球王國等關係國家的史料中，最早可以回溯到明代中國初期，當時中國與琉球王國之間有冊封之宗主關係，每當琉球國王過世、新王登基時，都會向中國皇帝請求冊封，中國依例都會派遣冊封使前往琉球冊封新王。由於冊封使節以航海的方式往返於中國與琉球之間的海域，因為地理位置關係，冊封使節必然會經過釣魚臺列嶼附近海域。因此，釣魚臺列嶼的原始發現與中國對琉球王國的冊封有密切的關係。

　　明代中國有關釣魚臺列嶼記載的官方文書，主要出現在前往琉球行

使冊封琉球國王的冊封使歸國後的述職報告——《使琉球錄》之中。

　　依據學者的統計[42]，明代中國自洪武五年（1372年）至崇禎六年（1633年）止，派往琉球的冊封使共有十六次。但是其中嘉靖期以前十一任冊封使關於琉球的記載檔案，因失火而蕩然無存[43]；從嘉靖十三年（1534年）至崇禎六年（1633年）一百年間，明代中國依例派遣冊封使前往琉球達五次。從嘉靖十三年（1534年）陳侃的《使琉球錄》起，以致後期的冊封使，目前留有較完整的官方檔案，其中有關釣魚臺列嶼之相關資料，整理簡述如下：

一、陳侃：《使琉球錄》（1534）年

　　明嘉靖十三年（1534年），冊封使陳侃受命前往琉球，對琉球新王尚清行使冊封。陳侃在《使琉球錄》中，詳細記載了從出發準備起，以迄到達琉球的整個過程，並詳記航程中所經過的各個島嶼。陳侃在使錄中，不但記載了釣魚嶼，同時也首度出現黃毛嶼（黃尾嶼）與赤嶼（赤尾嶼）等紀錄文字。

　　陳侃關於釣魚臺列嶼的相關敘述，在使錄中有如下的記載：

　　　　五月朔，予等至厂石……至八日，出海口，方一望汪洋矣……九日，隱隱見一小山，乃小琉球也。十日，南風甚迅，舟行如飛，然順流而下，亦不甚動，過平嘉山，過釣魚嶼，過黃毛嶼，過赤嶼，目不暇接……十一日夕，見古米山，乃屬琉球者。夷人鼓舞於舟，喜達於

42.吳天穎，前引註38，頁40。
43.關於前錄因失火而滅失一事，陳侃在使錄中記載云：「行之若是徐徐者，因封琉球舊案，禮部失於回祿；請查頒賜儀物於內府各監局，彌月而後克明；復分造於所司，亦難卒製。」見：陳侃，《使琉球錄》〈使事紀略〉，明嘉靖刻本（本文引證相關資料以此版本為據），頁2；原田禹雄（譯註），《陳侃使琉球錄》（明嘉靖刻本影印），日本琉球，榕樹社，1995年6月發行，頁155。

家……又竟一日，始至其山……[44]

在陳侃《使琉球錄》中，除了如《順風相送》一樣有關於釣魚嶼的記載之外，還首次出現了黃毛嶼（黃尾嶼）、赤嶼（赤尾嶼）的記載。由此可知，釣魚臺列嶼的主要島嶼，最晚在明代中國陳侃出使至琉球行使冊封時，就都被賦予了中國的名稱。

值得注意的是，陳侃在經過古（姑）米山時，附帶說明古米山（今琉球之久米島）「乃屬琉球者」——古米山才是屬於琉球，到了古米山就到了琉球。由此可見，釣魚臺列嶼在當時，顯然不屬於琉球王國。

陳侃使錄很明白地告訴世人，明代中國人清楚知悉古米山才屬於琉球，古米山是琉球的西南界山，到了古米山就到了琉球。不但如此，在使錄中也明白地顯示，琉球人也是如此的認知，因為使錄中記載：「……夷舟帆小不能及，相失在后，十一日夕，見古米山，乃屬琉球者。夷人鼓舞於舟，喜達於家。」琉球人在舟上，見平嘉山（彭嘉嶼）、釣魚嶼、黃毛嶼、赤嶼都沒有特別的感覺，只等到見古米山，才鼓舞於舟，喜達於家——回到自己的國家。陳侃使錄的這段文字，以國際法的角度加以解讀，甚有意義；因為，其中包含了代表兩國的外交公務員的行為，以及兩國人民對於本國領土的認識。

從明代中國對琉球國王的冊封歷史觀察，明代中國皇帝第一次對琉球國王的冊封是在洪武五年（1372 年），由於航路的關係，當時有可能中國人就已經原始發現並命名釣魚嶼。如前文所述，明代中國最晚在永樂元年（1403 年）即原始發現釣魚臺，並以中國名稱命名確定，往後的冊封使，無疑的在前往琉球行使冊封任務時，對於釣魚臺列嶼的存

---

44. 陳侃，《使琉球錄》〈使事紀略〉，前引註42，頁7-8；原田禹雄（譯註），《陳侃使琉球錄》，前引註42，頁166-167；浦野起央、劉甦朝、植榮邊吉，前引註34，頁6。

在，已先有認識，並且將之認定為航程必經之處；同時，在其返國述職報告出使琉球過程中，必有相關的記載。只是，明代中國嘉靖年以前的使錄，因遭回祿之災，而盪然無存[45]。為此，陳侃的《使琉球錄》便成為法律上重要的證據。

陳侃的使錄，在國際法上，一方面不但持續證明了中國人原始發現、命名釣魚臺列嶼這項事實，並以書面的方式證明，明代中國的外交使節，在其代表國家行為的過程中，再度的對前任使節所發現、命名確定的無人島──釣魚臺列嶼，予以確認。

陳侃使錄除了證明，中國人原始發現、命名釣魚臺列嶼這項事實之外，更證明了明代中國對於該列嶼有持續的領有意思、未將之棄於不顧。因為，將釣魚臺列嶼作為航行指標，就是一種「利用」行為，而且是將該列嶼當作為了宣揚國威，冊封琉球國王時，作為航行途中必經的重要地點。把釣魚臺列嶼作為航行的指標，除了表示每次必經該地之外，另外每次經過該地的行為，也可解釋為對自己國家領土的巡視、視察行為。而且在這種長期而重複的冊封行為中，琉球王國何以從未對這兩國使節所熟知的釣魚臺列嶼，有過任何權利的主張，對於這樣的事實，其唯一合理的解釋是，琉球王國對於釣魚臺列嶼屬於中國一事，是充分了解的。

從這個角度理解，明代中國對於釣魚臺列嶼的領有，具備了原始發現、命名、記載於公文書、國家主權者之確認、作為航標使用、巡視等行為，實際上具備領有的意思，符合國際法上無主地先占的要件，明代中國毫無疑問地取得釣魚臺列嶼的主權。再者，考慮到釣魚臺列嶼是不適合人類居住的無人島，依據克里普頓島仲裁案，仲裁法庭認為，一塊領域，如係完全無人居住的情況，先占國藉由使國家行為展現之一刻，

---

45. 關於使錄遭受回祿之災，請見前註42。

從那一刻起，占有行為應視為已達成，而先占行為即已完成。因此，毫無疑問的，明代中國在 16 世紀時，已經先占取得釣魚臺列嶼。

甚至可以認為，明代中國的取得釣魚臺列嶼，受到當時國際的尊重，而且在兩百餘年間，長期和平的領有釣魚臺列嶼，未受到任何的挑戰。正因為對該列嶼的領有沒有引起任何國際紛爭，沒有遭受任何的質疑，明代中國當然沒有必要向其他國家不斷宣示釣魚臺列嶼的領有。日本對於這些證據如果無法提出更強的主張，依據常設國際法院在東格林蘭島一案所表示的：「如果對造國家無法提出更強的主張，往往不必再討論主權如何實際地行使。」

二、郭汝霖：《使琉球錄》（1562 年）

明嘉靖四十一年（1562 年），郭汝霖受命前往琉球冊封琉球國王尚元。郭汝霖在其返國的述職報告《使琉球錄》之〈使事錄〉中，有如下記載：

> ……五月十九日，船至長樂取水……二十九日，至梅花開洋。幸值西南風大旺，瞬目千里……過東湧、小琉球。三十日，過黃茅。閏五月初一，過釣魚嶼，初三日，至赤嶼焉。赤嶼者，界琉球之地方山也，再一日之風，即可望古米山矣。[46]

郭汝霖的述職報告《使琉球錄》，如同陳侃一樣的記載了前往琉球的航程。在郭的使錄中，可以明顯地確認，釣魚嶼、赤嶼在當時被作為

46.浦野起央、劉甦朝、植榮邊吉，前引註34，頁8；蕭崇業、謝杰，《使琉球錄》（明萬曆原刊本影印，本文引證相關資料以此為據），屈萬里主編，《明代史籍彙刊——使琉球錄附皇華唱和詩》，臺灣學生書局，民58年出版，頁65-66。

往返於中國、琉球間的航標使用，已經成為一種習慣。

郭汝霖的使錄，明白地顯露出明代中國人對於中、琉兩國間的國界觀：「赤嶼者，界琉球之地方山也」。這段文字，正足以代表明代中國外交公務員，對於中、琉兩國領土疆界的理解與意思表示。而且，這樣的領域觀，因《使琉球錄》作為返國述職報告的因素，而得到明代中國最高統治者的確認。因此，這樣的領域疆界觀，已經不是個別公務員的私人見解，而是代表了經過國家元首確認之後的國家意思。

「赤嶼者，界琉球之地方山也」，這段文字很明白顯示，代表明代中國的外交使節，對於中國與琉球的兩國國界的標準看法。在15、16世紀時，關係到釣魚臺列嶼的國家，其實很單純，就僅有中國與琉球兩國。當時這兩個國家，琉球自始以古米山為其西南鎮山（國界），中國人也充分了解與尊重，並在各種公文書中顯示；中國則以赤嶼（赤尾嶼）作為與琉球的國界。

「赤嶼者，界琉球之地方山也」，這段文字當然是國界的意思表示。因為，國際上沒有一個國家會拿無主地去與其他國家畫界。最重要的是，這種國際秩序，在明代中國兩百餘年的歷史中，未曾受到任何國際上的挑戰。在當時，琉球臣屬於中國，各方面相對的落後並仰賴於中國，實際上不可能對中國有任何不友善的主張。

三、蕭崇業：《使琉球錄》（1579年）

明代中國萬曆七年（1579年），繼郭汝霖之後，前往琉球冊封琉球國王者，為蕭崇業與謝杰，受封的琉球國王為尚永。

蕭崇業的述職報告《使琉球錄》，除了與前述使錄一樣，詳細記載出使琉球的歷程之外，更於使錄的開端附有清楚的《琉球過海圖》。

《琉球過海圖》從福建厂石的梅花所開始，至琉球的那霸港為止，中途經過的重要島嶼，均一一註明。依該圖上方，梅花所出港放洋之後，

經過梅花頭，依次經過東牆山、平佳山、小琉球、雞籠山、花瓶山、彭嘉山、釣魚嶼、黃尾嶼、赤嶼、粘米山與馬齒山等。圖中雖未說明哪些島嶼屬中國，哪些島嶼屬琉球，或是未標明中、琉兩國的國界為何；但是，在其《使琉球錄》之〈使事紀〉中，轉載了陳侃使錄與郭汝霖使錄的相關部分，因此對於「古米山，乃屬琉球者」（陳侃使錄）、「赤嶼者，界琉球地方山也」（郭汝霖使錄），當然知之甚詳[47]。

《琉球過海圖》的存在，讓釣魚臺列嶼在當時被當做航行於中、琉兩國間的航標使用已經成為一種習慣，得到了進一步的證明。

蕭崇業轉載嘉靖年間陳侃與郭汝霖使錄的行為，也足以證明前述使者出使琉球返國後之述職報告《使琉球錄》，並非僅是私人航海遊記，而是被當成重要的公文書，成為往後前往琉球行使冊封琉球國王的冊封使之重要參考文件。

正因為從陳侃、郭汝霖至蕭崇業出使琉球為止，中、琉兩國的關係沒有任何改變，釣魚臺列嶼屬中國的事實，沒有受到任何的質疑，所以蕭崇業在其使錄中，對於釣魚臺列嶼沒有特別的強調，只轉載了前兩位使者的相關記載。

蕭崇業的使錄，對於釣魚臺列嶼的記載，雖僅見於其轉載前兩位使者的相關記載，但是在其使事紀中，當使船航行快接近古米山時，有一段描繪舟中眾人見古米山之心態。有如陳侃使錄「夷人鼓舞於舟，喜達於家」相似的情景：

（五月）二十三日，從梅花所開洋……二十四日，東風益劇，水與舟相吞博，……連行七餘日……陳孔成等懍然悒熱，乃令艦匠作彩船以禳；又聽習於巫者諠金鼓箕，已又俯伏神前求玟：窮祈祝事，

47.蕭崇業、謝杰，前引註45，頁50-71（轉載陳侃部分見頁50-59，郭汝霖部分見頁60-71）。

一無所吝。當是時，舟人望山之切……又如弱孺思慈媼而弗得親也。三十日，余令夷梢上桅以覘；輒欣然白曰：「雲間隆起者，非古米，即葉璧山也……」於是舟中人無不拍手大歡，各排愁破慮，舉觴相慰勞，稱「見山酒」云。[48]

見古米山即「拍手大歡」，「舉觴相慰勞」，喝起「見山酒」。對當時的中國人而言，見到古米山就等於到了琉球目的地；對琉球人而言，見古米山就等於回到自己的國家。從陳侃（1534 年）到蕭崇業（1574 年），這四十幾年間，情境大致相同。兩國人民，對中、琉兩國之國界觀，沒有任何改變，也沒有任何紛爭。這就是當時中、琉兩國間的國際秩序。

四、夏子陽：《使琉球錄》（1606 年）

明代中國神宗萬曆三十四年（1606 年），夏子陽、王士楨奉派前往琉球行使冊封，受封國王為尚寧。

夏子陽在其返國述職報告《使琉球錄》中，有如下之記載：

二十六日，過平佳山、花瓶嶼……午後過釣魚嶼，次日過黃尾嶼。是夜，風急浪狂，舵牙連折。連日所過水皆黑色，宛如濁溝積水，或又如靛色；憶前使錄補遺稱：去由滄水入黑水，信哉言矣！二十九日望見粘米山，夷人甚喜，以為漸達其家。午後，有小舟忽忽而來，問之為粘米山頭目……[49]

---

48. 蕭崇業、謝杰，前引註45，頁77-79。

49. 夏子陽、王士楨，屈萬里主編，《明代史籍彙刊——使琉球錄》（本文引證相關資料以此為據），臺灣學生書局，民58年初版，頁106-107；臺灣銀行經濟研究室，臺灣文獻叢刊第二八七種 使琉球錄三種（第二冊），民59年12月出版，頁222-223；浦野起央、劉甦朝、植榮邊吉，前引註34，頁9。

　　這裡的粘米山，就是古米山，琉球人到了這裡就「以為漸達其家」，顯然與前述冊封使所見一致，琉球人民把古米山當做本國的領土與國界，而對於航程中所熟知的釣魚臺列嶼則沒有任何的主張。

　　另外，在夏子陽的使錄中，有關回程的部分，於經古米山渡過黑水溝（琉球海溝）後，記載道：

　　　廿九日早，隱隱望見一船，眾喜，謂有船則去中國不遠。且水離黑入滄，必是中國之界……[50]

　　就地理位置而言，釣魚臺列嶼的八個島，分屬兩個部分，東邊為赤尾嶼（赤嶼）獨立自成一體，西邊由釣魚嶼及其他六個島（沖南岩、沖北岩、飛瀬、南小島、北小島及黃尾嶼）所組成，赤尾嶼與黃尾嶼相距約四十八海浬，赤尾嶼往東就是琉球海溝，再往東就到了琉球的古米山（久米島），之後才到琉球的那霸港。位於赤尾嶼與古米山之間的琉球海溝，由於自然形成的海上凶險，便成了中、琉兩國的天然疆界線。

　　在 15、16 世紀科技不甚昌明的時代，乘船渡過琉球海溝，顯然是不平凡的經驗，面對這樣的自然凶險，而將之視為國家的疆界，應該是極為自然而合理的；因此，存在於赤尾嶼與古米山之間的琉球海溝，顯然被明代中國與琉球王國共同視為兩國之間的天然疆界。

　　夏子陽在過釣魚嶼、黃尾嶼時描述：「……午後過釣魚嶼。次日過黃尾嶼，是夜風急浪狂，舵牙連折，連日所過水皆深黑色，宛如濁溝積水，或水如靛色。憶前使補錄稱去由滄水入黑，信哉言矣！」這段文字很深刻的描繪了過琉球海溝的驚險之狀。或許有人會質疑，夏子陽過黑水溝（琉球海溝）的經驗，似乎有誤，因為黑水溝在其記載中，不是

50.夏子陽、王士禎，前引註48，頁116。

在經過赤嶼之後，而是提前在過了黃尾嶼之後？其實，夏子陽也沒錯，因為他文中提到過了黃尾嶼之後，「是夜風急浪狂」，因為入夜風濤大作，以為到了琉球海溝，晚上海水深黑乃必然之理，以致以為到了琉球海溝；而黃尾嶼和赤嶼相距四十八海浬，天明之後過了赤嶼真正進入琉球海溝，以致早上起來一看，海水還是黑的，風濤還是大作，因此寫道：「連日所過水皆深黑色，宛如濁溝……憶前使補錄稱去由滄水入黑水。」乃自然的嘆道：「信哉言矣！」進而肯定了琉球海溝作為中、琉兩國自然國界的意義。

明代中國人稱琉球海溝為「黑水」或「溝」，因為水深顏色深，所以稱「黑」，至於琉球海溝以西，水淺顏色淡的海域稱為「滄」。從中國至琉球是由「滄」入「黑」，從琉球到中國是由「黑」入「滄」。夏子陽在回程經過古米山渡過琉球海溝之後，記載：「水離黑入滄，必是中國之界。」這句話肯認了琉球海溝以西，就是中國之邊界，非常的清楚。因此，當時中國人確實是以琉球海溝作為中、琉兩國的國界。

如上所述，琉球海溝以西，被中國原始發現、命名、載入官方文書之無人島釣魚臺列嶼，不就是明代中國之領土了？

伍、《使琉球錄》的法律性質

明代中國留存至今的《使琉球錄》，如前文所言，乃受當時中國最高統治者（皇帝）命令，前往琉球冊封琉球國王之使節，於返國後，對當時中國的最高統治者，所為之返國述職報告。在法律上，這些使錄是公文書，其內容的主要部分，都經由當時中國最高統治者所肯認；更重要的是，這些使錄有許多都經翻印、公開發行，其內容在當時顯然被目前涉及釣魚臺列嶼爭議的主要國家所知悉（主要指日本、琉球），而未引起爭議。

對於這些重要的歷史證據，日本學者當然知之甚詳，除了少數著書

肯認者之外[51]，絕大多數，都想盡辦法盡情貶抑其法律效力，有將之稱為「古文書」、「古文獻」、「非官方記載和聲明」、「個人的旅行紀錄」者，其用意不外在貶抑其作為公文書的法律價值，相關批評歸納如下：

　　……在領土的爭議上，拿出古文書來並不特別可貴，問題在於解決領土爭議時，爭執的當事國所提出的古文書，在國際法上是否有意義。[52]

　　連續多次的冊封使錄，均屬航海者個人的旅行紀錄，而非中國的官方記載和聲明。[53]

　　從琉球史料的價值來看，在歷史研究上，使錄不是歷史研究上第一等史料……[54]

　　明代中國的《使琉球錄》是否為公文書，對於釣魚臺列嶼的法律地位，有決定性的影響，如果是公文書，那麼被中國原始發現、命名並載入中國的國家檔案的釣魚臺列嶼，無疑的成了明代中國的領土。因此，日本學者中，凡是具法律背景的，都會用盡一切辦法，否認這些「使錄」為公文書，認為只是私人的航海紀錄，這其中又以奧原敏雄為代表。但是，非法學背景的日本學者，未慮及此一關鍵因素，在研究這些史料之後，很明白的確認這些「使錄」為公文書，例如喜舍場一隆就是這樣

51.井上清，《「尖閣列島」──釣魚諸島の史的解明》，東京，第三書館(株式會社)，1996年10月10日初版。

52.奧原敏雄，《動かぬの尖閣群島の日本領有權──井上清論文の「歷史虛構」をあばく》，（日本）日本及日本人，1972年新春號；綠間榮，《尖閣列島》，おきなわ文庫14，沖繩ぎひるぎ社，1984年3月版，頁51。

53.綠間榮，前引註51，頁52。

54.喜舍場一隆，〈尖閣諸島と冊封使錄〉，南方同胞援護會，《沖繩季刊》，第六三號（尖閣列島特集第二集），昭和47年12月發行，頁60。

認為：

　　使錄對於以往的前錄等，予以相當大膽的批評與檢討……陳侃不用說，有關蕭崇業、夏子陽、杜三策、張學禮等之各使錄，都秉著學者的良知……陳侃記在明朝，有關中山國的風土等，自成一派而呈上給朝廷，這方面有極大的意義。[55]

　　從以上日本學者的論述可知，他們的確也注意到《使琉球錄》在當時，是作為公文書呈報給朝廷的。需要強調的是，陳侃等人的身分是外交使節、公務員，不是一般的學者；而且這些文字是以公文書的性質作成，並呈報給最高統治者皇帝批示，在得到最高統治者的確認後，才以書籍的方式公開發行。

　　對於這些使錄是否為公文書，從使錄的內容觀察，就足以證明這些使錄的內容確實是十足的公文書，而且從中還可以證明相關的使錄（公文書），其歷史可溯源於明代中國初期。

　　關於《使琉球記》之起源，按蕭崇業〈使事記〉之說法，「以前錄無所考，刻之自陳（侃）、高（澄）始」，認為《使琉球錄》始於陳侃。事實上，前錄之所以無所考，依陳侃在其〈使事紀略〉中所云：

　　……行之若是徐徐者，因封琉球舊案，禮部失於回祿；請查頒賜議物於內府各監局，彌月而後克明；復分選於所司，亦難卒製。故弗克行，其久稽君命！[56]

---

55. 喜舍場一隆，同前註，頁63。
56. 陳侃，《使琉球記》〈使事紀略〉，前引註42，頁2；原田禹雄（譯註），《陳侃使琉球錄》，前引註42，頁155。

從陳侃的這段記載中，可以很清楚的證實兩件事：第一，在陳侃之前，早有其他《使琉球錄》存在，只是失於回祿（火災）；第二，《使琉球錄》為公文書，其中載明頒賜儀物、往琉球之航路等情，以供後行之使者準據，成為當時中、琉間之慣例。由此段文字可知，與陳侃的《使琉球錄》相同的公文書，應可溯及明代中國初年，並被當時的政府視為重要的公文書，以國家重要檔案的形式保存，作為往後依據、遵循之用。

《使琉球錄》之為公文書，不是一般私文書，除了從上文「因封琉球舊案，禮部失於回祿」一語獲得印證外，另從陳侃之《使琉球錄》中所錄「為周咨訪以備採擇事」之題奏可見一斑：

> 切念臣等奉命往琉球國封王，行禮既畢，因待風坐三閱月而後行，無所事事，因得訪其山川、風俗、人物、起居之詳，杜撰數言，遂成一錄。「錄」之意，大略有二。臣等初被命時，禮部查封琉球國舊案因遭回錄之變，燒毀無存；其頒賜儀等項，請查於內府各監局而後明。福建布政司亦有年久卷案為風雨毀傷，其造船並過海事宜，皆訪於耆民之家得之。至於往來之海道、交祭之禮儀，皆無從詢問；因恐後之奉使者亦如今日，著為此錄，使文有徵而無懼：此「紀略」所以作也……此「質異」之所以作也……但念海外之事，知之者寡；一得之愚，或可以備史館之採擇。是以不避譴責，陡膽進呈。伏維陛下恕其狂僭，下之禮部詳議施行，臣等不勝幸甚！緣係周咨以備採擇事理，謹以《使琉球錄》繕寫一冊隨本上進以聞，伏候敕旨！[57]

陳侃之題奏，當時明代中國最高統治者，下令：「禮部看了來說。欽此」禮部研究後，認為：「既以正載籍之所未盡，且俾後之奉使者有

57.原田禹雄（譯註），《陳侃使琉球錄》，前引註42，頁274-278。

所考；足見各官留心使職，誠可嘉尚！似應俯從。合候命下之日，本部將所進《使琉球錄》付之史館，以備他日史館採集。伏乞聖裁等因。」最後得奉聖旨：「是」。[58]

　　從以上「……或可以備史館之採擇。是以不避譴責，陡膽進呈。伏維陛下恕其狂僭，下之禮部詳議施行，臣等不勝幸甚！緣係周咨以備採擇事理，謹以《使琉球錄》繕寫一冊隨本上進以聞，伏候敕旨！」這段文字可知，《使琉球錄》的相關記載，在當時確實是奉派前往琉球行使冊封任務的陳侃的返國述職報告，並非是一般私人的遊記。

　　陳侃公開發行的《使琉球錄》，很明白的把使錄如何作成，如何呈給明代中國的最高統治者（皇帝）閱覽，如何得到皇帝首肯，詳予記載。這些文字說明，使錄的內容其實是代表國家行使外交任務的公務員的返國述職報告，不是私文書。

　　關於陳侃使錄這段文字的真實性，還可以從明代中國嘉靖十三年（1534 年），禮部尚書夏言的奏疏中得到證明：

　　　祠祭清吏司案呈……陳侃等題：「……臣等初被命時，禮部查封琉球國舊案，因遭回祿之變，燒毀無存……」據給事中陳侃等親歷其地，目擊其事，山川風俗之殊，往來見聞，悉出實錄；因採輯事跡，撰述成書，既以正載籍之所未盡，且俾后之奉使者所考見，足見各官留心使職，誠可嘉尚！似應俯從所請，候令下之日，本部將進《使琉球錄》付之使館，以備他日使館採集。[59]

　　從禮部尚書夏言的奏疏中得到證明，陳侃確實是將《使琉球錄》作

58.原田禹雄（譯註），《陳侃使琉球錄》，前引註42，頁279-280。
59.夏言，《覆議給事中陳侃等進呈〈使琉球錄〉疏》，皇明經世文編，卷二〇三。

為述職報告呈給皇帝閱覽。

另外，從《明世宗實錄》如下記載，可以獲得更直接的證據，證明《使琉球錄》確實是行使外交任務官員的返國述職報告：

> （嘉靖十四年秋七月丙戌）⋯⋯左給事中陳侃奉使琉球，因訪其山川風俗，撰《使琉球錄》一冊，進呈，請下史館，以備採擇，從之。[60]

再者，從清代中國徐葆光所著《中山傳信錄》亦可間接證明，陳侃的使錄是作為述職報告呈給皇帝批閱的公文書，而且被當做國家重要檔案留存著。徐葆光於《中山傳信錄》自序中記載：

> 嘉靖甲午，陳給事侃奉使，始有錄；歸，上於朝。其疏云：訪其山川、風俗、人物之詳，且駁群書之謬，以成紀略、質異二卷，末載國語、國字。而今抄本什存二、三矣。

經此直接、間接的證據證明，《使琉球錄》乃當時奉命出使琉球王國行使冊封任務之官員，於其返國後所完成之述職報告，是為十足的公文書，並非僅是私人航海旅行紀錄。此一述職報告，最後以書籍方式公開發行廣為大眾所知；並且，該類書籍一直以國家重要檔案的形式存在，以至於明代中國陳侃的《使琉球錄》，到了清代中國徐葆光的時代，在清代中國的國家檔案中，「而今抄本什存二、三矣」。由此也可以推知，《使琉球錄》的發行是國家行為，或至少得到國家之支持、認可，並非一般的書籍可以比擬。

如上所述，《使琉球錄》是政府官員的返國述職報告，是公文書，

60.《明世宗實錄》，卷一七七。

這是顯而易見、毫無爭議的事實。然而，為何從 1970 年代起，日本學者將之視為「私人航海遊記」、「古文書」等，而不願意承認其為公文書？初期的評論除了基於「愛國心」的惡意理解之外，後來的學者則應該有很大的比例根本沒有仔細研究過這些書籍，或是根本沒有看過，僅僅是參考前人錯誤的論述並再為論述的結果，否則不至於出現如此離譜的錯誤。

陸、結論

如同前文所言，國際法學者認為：發現是最古老，而且是歷史上最重要的領土權利的取得方式；在 19 世紀以前，僅僅發現的事實就足以建立法律上的權利，19 世紀以後發現則必須伴隨有效的占有以作為領土權利被承認的基礎[61]。

從明代中國與琉球王國往來的史料觀之，毫無疑問的，中國人早在 15 世紀初就原始發現了釣魚臺列嶼。更明確的是，在現存 16 世紀的《使琉球錄》中證明，代表明代中國的政府官員，在奉命出使琉球王國的任務過程中，一再的確認該列嶼的存在，並在返國述職報告中清楚地給予記載。

從前述陳侃《使琉球錄》之記載，以及禮部尚書夏言的奏疏之相互印證，在法律上，吾人已可清楚的判斷，《使琉球錄》確為公務員的述職報告，是公文書；另外，從《使琉球錄》作為述職報告，使當時中國最高統治者皇帝理解相關內容，並加以確認的行為，也可以推論在此之前的無主地釣魚臺列嶼，經過明代中國如此連續的國家行為之後，已經正式成為明代中國的領土。

因為陳侃奉派前往琉球冊封的行為，事實上就是一種領域的宣示行

---

61. Gerhard Von Glahn, supra note 8, p.297.

為——是明代中國對琉球王國作為屬國的宣示。這種冊封行為，無疑的就是宣示琉球王國為中國的「屬國」，因為，經過如此的冊封儀式之後，琉球的國王係以中國的藩臣自居，並非以主權國家元首的地位與中國建立外交關係。

明代中國對琉球行使冊封的意義，毫無疑問的是在於領域的宣示，因為除此之外，對中國而言，無些許利益可言。以如此的觀念理解，冊封行為事實上是領域的宣示行為，因此，明代中國對冊封行為中發現的無主地（釣魚臺列嶼），給予命名、載入公文書、經國家主權者確認、列入國家檔案、公開發行，毫無疑問的是非常明確的領域宣示行為。

陳侃透過冊封的公務行為，將當時由中國發現、命名、不屬於琉球王國的釣魚臺列嶼，列入返國述職報告中，向當時中國的最高統治者報告，並得到確認，這無疑的具備領有的意思表示。另外，明代中國將這樣的述職報告以書籍的方式公開發行，無疑的是一種公示的行為。

釣魚臺列嶼的地理環境不適宜人類居住，在正常的情況下不足以維持正常的經濟生活，因此，至今仍為無人島，考量到這項環境因素，以及明代中國的公務員以返國述職報告的方式，將之呈報給國家最高領導人，列入國家檔案，以及該檔案在往後的冊封行為中，被反覆的加以參考利用，是一種持續的國家行為。明代中國（在 16、17 世紀）如上所述的這一連串行為，相較於克里普頓島案和東格林蘭島案法官所要求的國家領有意思或國家行為，並考慮到地理環境因素（釣魚臺列嶼為不適宜居住的無人島），應已足以滿足 19 世紀後的現代國際法對於先占取得的基本要求。

釣魚臺列嶼由明代中國原始發現、命名、領有，為明代中國的領土這樣的事實，顯然是被當時的琉球王國所熟知、尊重，應可視為一種長期的國際秩序，直到日本滅琉球王國之後，這樣的國際「和平」秩序才被打破。

　　令人好奇的是，對於明代中國 16 世紀就已經取得的領土，日本如何能宣稱在 19 世紀末，以無主地先占取得？

| 第 14 章 |

網路犯罪之審判權與管轄權[1]

李維宗[2]

摘要

　　本文就網路犯罪的特性，主要以網路犯罪空間與傳統犯罪空間不同，討論網路犯罪的審判權（國際管轄權）與（國內）管轄權問題。對國際管轄權而言，參考《網路犯罪公約》之規定及各國實務，我國亦採取擴大屬地原則的解釋，但可能產生的引渡、刑事之偵查、訴追之進行及刑罰之執行等問題，因此，對國際刑法上網路犯罪之處罰規定，必須加以注意。

　　國內管轄權，乃是為了合於法定法官原則，避免司法行政干涉審判所設，因此，管轄權的認定，不能漫無標準，實務以折衷說為主流。本文淺見，國內管轄權應與前述國際管轄權之認定，採取不同標準，或較適當。

壹、前言

　　何謂「網路犯罪」？法律本身並未做任何立法定義，原只有在學理上對「電腦犯罪」之定義而已[3]，但在 2003 年刑法增訂第 16 章「妨害

---

1. 本文已刊載於《軍法專刊》第59卷第1期。兩位匿名審查委員指正本文疏漏之處，藉此特表敬意與謝意。

2. 李維宗，現任亞洲大學財經法律系暨研究所專任副教授。刊登時任僑光科技大學財經法律系副教授。

3. 林山田教授將電腦犯罪區分成廣義說、狹義說和折衷說。廣義說認為電腦犯罪泛指「所有和電腦相關的犯罪，不論是以電腦作為犯罪工具或是犯罪目的，均屬於電腦犯罪」，狹義說認為電腦犯罪是「和電子資料處理有關的故意違法財產破壞行為，需要侵犯財產法益」，折衷說認為「電腦犯罪是行為人濫用電腦或使用足以侵害電腦硬體或軟體的行為，而形成和電腦特質相關的犯罪」。詳見林山田，〈論電腦犯罪〉，《軍法專刊》30卷8期，1984年8月，頁3。

電腦使用罪」之立法理由明確指出：「電腦犯罪向有廣義、狹義之分別，廣義的電腦犯罪指凡犯罪之工具或過程牽涉到電腦或網路，即為電腦犯罪，狹義的電腦犯罪則專指以電腦或網路為攻擊對象之犯罪。由於廣義之網路犯罪，我國刑法原本即有相關處罰規定，毋庸重複規範，故本章所規範之電腦犯罪乃指狹義之電腦犯罪。」由此可知，立法理由將透過網路之犯罪劃入廣義的電腦犯罪[4]。事實上，透過網路犯罪例如雲端運算，使用者除了透過個人電腦（PC）使用雲端服務外，亦可透過個人數位助理（PDA）、智慧型手機或其他裝置（物聯網的概念）與雲端伺服器相連結，這些外表不同於電腦的裝置，應該也在電腦或其相關裝置的概念之中，亦屬本文所說廣義電腦犯罪，亦即包含網路犯罪的範疇。又由於網路犯罪有其特殊性，因此產生審判權與管轄權之爭議。本文即以此所產生之爭議為論述，而此處所稱審判權之爭議，另稱之為國際管轄權，與國內管轄權做區別，本文將分別探討。

貳、電腦犯罪的特性

本文以探討廣義電腦犯罪之管轄權為主，其中最主要就是網路犯罪，而網路最重要的任務就在於將各種不同區域的區域網路（a local area network）及廣域網路（a wide area network）連結起來[5]，並提供使用者一致性的網路聚合體（metanetwork）。網路犯罪即係利用網際網

---

4. 筆者認為立法理由中定義「電腦犯罪」並不明確，以網路為犯罪工具或犯罪牽涉網路，還可以理解，若僅以電腦為犯罪工具或犯罪牽涉電腦，也將其歸類為電腦犯罪，似乎有違一般人的理解。例如以電腦砸死人或在未連線的電腦上留言教唆或幫助殺人，都將歸類為廣義之電腦犯罪？因此，至少應該將其理解為與電腦特質相關的犯罪（如林山田折衷說之分類）。惟此非本文討論重點，不擬深論。

5. 所謂「區域網路」係指一群電腦彼此相互連結或連線至中央電腦，且均位於同一區域內而距離不遠；「廣域網路」指一群電腦彼此相互連結或或連線至中央電腦，但至少有一部電腦或多部電腦不在該區域內，且物理上距離很遠。參董浩雲，〈論網路安全機制及展望〉，《資訊法務透析》，1999年11月，頁51。

路之特性，而為犯罪手段或犯罪工具之網路濫用行為[6]。以下就網路犯罪特性分析之：

1. 廣泛性（跨國性）：電腦可藉由跨國性的網際網路，遨遊於全世界，網路行為可以輕易地跨越國家及地域而進行，影響層面相當廣泛。也由於此一特性，犯罪的行為可能必須經過一段時間才會「既遂」，或者行為地與結果發生地有相當大之區隔。由於電腦犯罪的行為地、結果地，通常都會在不同的地方，甚至不同的國家（如：設計電腦病毒，讓電腦病毒在世界各地讓人使用電腦時發生中毒之現象），遂產生管轄權的爭議。

2. 不特定性：任何與網際網路有所連接的電腦，皆可能成為犯罪者的對象。

3. 智慧性：典型的網路犯罪，通常需要具備專業知識且技術高超（例如網路駭客），故屬於智慧型之犯罪，但隨著網路犯罪技術性的降低，網路犯罪就隨之普遍，任何人都可能透過網路而為犯罪行為。

4. 隱匿性：網路犯罪具有匿名性，使用者可以以境外傳訊或匿名傳訊的方式進行，不須親臨現場，所遺留的證據很少，加上對網路服務業者（ISP）法律管理的規定難以周全，網路服務業者對使用者的查核也無一定的作法與規範，造成網路犯罪氾濫，而破案率低、追訴困難，加上受害者不願聲張，因此「犯罪黑數」相當大。

為有效防範網路犯罪，美國聯邦調查局（FBI）於 1986 年成立一全國電腦犯罪之特勤小組（NCCS）專門處理日益氾濫的電腦犯罪，根據 NCCS 的估計，平均約有 85% 至 95% 的電腦網路入侵案件未被發現，而且被發現且遭舉發的比例低於 10%。根據倫敦英國銀行協會的統計顯

---

6. 馮震宇，《網路使用問題及預防措施之研究》，行政院研究考核委員會編，2000年4月，頁9。

示，全球因電腦犯罪的損失每年約 80 億美元，而電腦安全專家指出，
實際的損失金額應在 100 億美元以上[7]。

　　5. 豐富性：網際網路內容包括了生活上的食、衣、住、行、育、樂
以及工作上的各種需求，與民眾的生活緊密的結合在一起，呈現出多樣
化的犯罪型態。

　　6. 迅速性：網路具有快速傳遞的功能，因此犯案的時間可能只是在
短短數秒之間即可完成。

參、電腦犯罪之審判權（國際管轄權）問題

　　網路犯罪在國際上刑事管轄權之爭議，主要是指實體法意義上的
管轄權之爭議，而非訴訟法意義上的管轄權之爭議。在我國也稱之審判
權。刑事審判權係指法院審理裁判刑事案件之司法權，論者有謂，理論
上，只要我國刑事訴訟法效力範圍所及之刑事案件，我國普通法院對之
即有刑事審判權，不在刑事訴訟法效力範圍之刑事案件，我國刑事普通
法院對其即無審判權[8]。

　　網路犯罪國際管轄權問題的提出，主要原因在於網路犯罪空間與傳
統犯罪空間完全不同。網路空間的全球化、虛擬化打破了主權領土的界
限，網上地址與現實當中的地理位置（無論是當事人或被害人所在或所
呈現的狀態位置）沒有必然的聯繫。行為人在網路空間中的犯罪行為可
能同時跨越數個國家，在此特性下，網路犯罪的行為地或結果地可能涉
及到國際互聯網所觸及的所有國家和地區，電腦網路犯罪行為本身是沒
有國界限制的，於是諸如間諜活動在網路上發生，時有所聞，行為人利

---

7. 林宜隆，〈網路使用的犯罪問題與防範對策〉，網站：http://tanet98.ndhu.edu.tw/TANET98/
　　HOMEPAGE/paper/3c_3/3c_3.htm 造訪日期：2012年12月4日。
8. 林鈺雄，《刑事訴訟法（上冊）》，元照出版，2010年9月，頁28。

用作業系統的漏洞入侵他國國防部的電腦系統，竊取軍事機密資料[9]。犯罪行為的網址所在地、伺服器位置所在地和電腦終端設備所在地等，都可能被認定為犯罪地。如果所有國家和地區都適用屬地原則管轄，那麼互聯網所涉及的任何國家都享有管轄權。

以下對於網際網路管轄權之範圍，提出三則案例，供做討論。

一、典型案例

案例一

一名美國人被控在伺服器所在地的美國紐澤西州上傳誹謗性言論之文章，而該文章可被澳洲維多利亞省之住民存取。本案被告抗辯，在網路上無法控制內容之散布地點，因此侵權行為地應屬伺服器所在地之紐澤西州；但法院認為，誹謗性言論所侵害者係原告之名譽，必須可於網路上下載該誹謗性言論才能將該言論加以理解，故應以原告名譽受侵害之地為侵權行為地；又原告之訴僅請求限於在維多利亞省證明其名譽，因此更證明維多利亞省為其侵權行為地，法院行使其管轄權並無錯誤；澳大利亞高等法院亦認為下級法院審理此案乃適當行使其管轄權。

澳大利亞高等法院 Kirby 法官在本案協同意見書中指出，對非本國籍發布者提起此類訴訟，訴訟的高成本與低效益將阻礙原告提起訴訟之動機；再者，被告通常主張在法庭地沒有資產或沒有接觸，或故意忽略訴訟程序之進行，即使法院依法判決，判決的執行亦難以實現，更是對他國法律之冒犯[10]。基於以上諸問題，即使法院取得管轄權而審理判決

---

9. 美國副國防部長林恩說，超過一百個外國情報機關，試圖入侵美國國防部電腦系統，盜取軍事計畫及武器系統設計圖。參考網站http://www.uwants.com/viewthread.php?tid=11904830 造訪日期：2012年9月4日。

10.See Gutnick v. Dow Jones (2002), HCA 56 (10 December 2002).轉引自鄭嘉逸，〈網際網路管轄權之擴張與緊縮〉，《法制論叢》，43期，2009年1月，頁135。

此案，此一結果仍未臻完美。其根本仍然存有本國與國際間司法未能統合的問題，故法院即使做出對本國人有利之判決，原告最基本的救濟仍未能因此充分實現。

案例二

法國 Yahoo! Inc. v. La Ligue Contre Le Racisme Et L'Antisemitisme 一案，法國法院以其本國法為核心，命令伺服器在美國之 Yahoo 應阻擋法國人民接觸有關納粹之資訊。本案乃由於法國法禁止納粹物品的散布，故 Yahoo 法國子公司在法國所設立的網站並不允許納粹物品利用該網站的拍賣服務。但是，Yahoo 美國總公司則因為美國言論自由的關係，並不禁止納粹物品的流通與散布，故在 Yahoo 位於美國的拍賣網站上乃有納粹物品的流通與散布。為此，一個法國猶太學生團體 LICRA 乃對 Yahoo 提出告訴，指控 Yahoo 違反法國法律規定。Yahoo 主張其已經遵守法國法律，並未在法國拍賣網站上拍賣納粹物品，僅在美國的 Yahoo 網站上才出現，因此法國法院對該公司並無管轄權。

法國巴黎法院則判決，Yahoo 美國網站技術上可以阻止（blocking）來自法國的網路使用人接觸該等納粹物品拍賣資訊，故要求 Yahoo 遵守，否則一天將罰 13,000 美元。不過，隨後 Yahoo 立刻向美國加州聯邦北區地方法院提起訴訟，請求不執行法國法院的判決，加州北區地方法院法官 Jeremy Fogel 認為，若可以准許法國法院的此種判決，則美國境內的許多言論都將違反中國大陸的言論自由管制法規，或是違反英國對新聞自由（freedom of press）管制的規定。該法院指出，基於國際禮儀（comity），美國應該尊重法國判決，但國際條約對此並無規定，因此該法院基於美國法律，尤其是美國憲法第一條之言論自由規定，加以

---

11. 參馮震宇，《企業e化電子商務與法律風險》，元照出版，2002年11月，頁290-291。

審理判斷，而判決 Yahoo 勝訴，法院不會去執行此一外國法院的命令[11]。本案雖屬民事案件，但從中我們可以推知，涉及價值判斷的刑事案件，諸如網路上之誹謗或猥褻言論、商業電子郵件之濫發等，由於涉及各國憲法上言論自由之判斷或刑法構成要件之判斷，極可能有不同的結果。

案例三

1995 年 5 月，德國慕尼黑區法院對於 CompuServe 公司傳輸色情資訊一案做出判決。該案件之事實：德國警方利用德國境內的電腦透過網際網路連線至美國 CompuServe 的電腦主機，並且取得色情資訊，依此德國檢察官對 CompuServe 德國子公司負責人提起訴訟。判決認定德國 CompuServe 公司的電腦主機雖未儲存犯罪資料，但由於德國子公司負責人之幫助，使美國 CompuServe 公司之德國顧客，得與該公司設在美國之伺服器相連接而取得色情資料。該法院主張德國法院對於本案有管轄權，同時認為 CompuServe 德國子公司負責人為猥褻物品罪之共犯。此一判決做出後，遭到諸多的批評，甚至將該案判決稱為「災難判決」。有網路服務提供者因此認為德國過度管制，及考量其法律之不確定，而將伺服器系統移出德國[12]。

二、衍生問題

如果仔細思考，網路犯罪所謂的犯罪地與傳統所謂的犯罪地是否相同？國家的領域是否與網際網路的領域，即所謂的網域（Domain）等同？[13] 本來就存有疑義。但從以上案例，不難看出目前各國解決網路管

12.參陳曉慧，〈從CompuServe案看德國網路服務提供人責任〉，《月旦法學雜誌》，48期，1999年5月，頁109。

轄的最基本方法，是擴大屬地原則的適用。屬地原則本來就是傳統管轄理論最基本的連接點，一般認為犯罪地包括犯罪的行為地和犯罪的結果地。而在網路空間中，資訊從一個節點到另外一個節點，要經過不確定多的電腦和系統，很難確定哪一個地點是犯罪地，也不容易認定犯罪人的真實身分。於是可能產生以下問題：

（一）雖然世界各國刑事立法，都以屬地原則為主，屬人原則、保護原則與世界原則作為相互補充，但是，在網路犯罪大都堅持屬地原則之適用。

（二）因此，造成同一案件多個國家都擁有刑事管轄權，從而形成不必要的管轄權衝突。

（三）可能導致行為人在一國境內的合法行為，將面臨著被自己無從知曉的另一國法律認定為違法或者犯罪從而受到刑罰。也將破壞罪刑法定意義下，行為人應預知行為將產生法律後果的心理強制理論。

（四）網上地址與現實當中的地理位置沒有必然的聯繫。擴張的屬地原則管轄，會使所有處於網路環境中的犯罪將變成所有國家均享有普遍管轄權的全球犯罪，這不僅是對犯罪嫌疑人之權益過度侵害，同時也必然會對傳統意義上的國家司法主權形成巨大衝擊和影響。

（五）網路犯罪具有長距離、大範圍、易修改、不留痕跡等特點，沒有他國合作的跨國偵查、追訴，根本無法達成。偵查耗費的人力、物力，也必須考量。至於訴訟中，確切嚴格證明犯罪也極為困難。

13.有學者曾經提出，以我國法的情形為例，網際空間裡中華民國的想像領域，至少應該有以下三種可能：網域名稱之末為.tw之網域、在中華民國內可透過網際網路接觸之網域、中華民國國民所架設管理之網域等。參閱陳榮傳，〈網際網路行為的涉外法律問題〉，《月旦法學雜誌》，第84期，2002年4月，頁242-243年。該文結論乃在國際上並無共識下，網路犯罪之管轄權又回到刑法之規定做討論。

三、網路犯罪公約

　　如上所述，網路無國界的特點以及各國主權範圍對管轄權的影響，使得各國僅在國內法中確定管轄權規則，不能從根本上防治具有跨國性的網路犯罪。有學者建議將網際空間類推解釋為不屬於任何國家領域之國際空間[14]，此與一般人的法感有悖，國家也不可能放棄既有管轄權，故不可行。因此，各國在積極修改或制定網路犯罪的管轄權規則的同時，也考慮到網路犯罪跨國性追訴的困難，並認識到只有國際合作方能對利用網路從事犯罪的行為人有實質性的規範。同時，也只有全球一致的立法，才能為網路使用者提供明確具體的規範，認識到網路犯罪的構成和基本內涵，從而不至因跨越國界而受到兩種內容迴異的法律系統之規範。在此背景下，歐洲主要國家和美國等共同起草和簽署了《網路犯罪公約》。2001 年 11 月 23 日歐洲議會（Council of Europe, COE）於布達佩斯公布全球第一個國際性的《網路犯罪公約》（Convention on Cybercrime）[15]，其公約內容具有強制性，要求各締約國根據公約內涵，再依不同需求與法令適當地修正其國內法律。自此《網路犯罪公約》成為全世界第一部針對網路犯罪行為所制訂的國際公約。現今《網路犯罪公約》對歐洲理事會成員國已生效的重要國家為：法國（2006 年 5 月 1 日生效）、挪威（2006 年 10 月 1 日生效）、荷蘭（2007 年 3 月 1 日生效）、義大利（2008 年 10 月 1 日生效）、德國（2009 年 7 月 1 日生效）、

---

14. See Darrel C. Menthe, Jurisdiction in Cyberspace: A Theory of International Spaces, 4 Mich. Telecomm. Tech. L. Rev. 69, 70 (1998)；Anna Maria Balsano, An International Legal Instrument in Cyberspace? A Comparative Analysis with the Law of Outer Space, The International Dimensions of Cyberspace Law, UNESCO, Law of Cyberspace Series Vol. 1 (2000). 轉引自黃佩倫，〈入侵電腦行為之研究〉，國立交通大學科技法律研究所2004年碩士論文，頁73。

15. See Council of Europe, ETS No. 185, Convention on Cybercrime, Budapast, 23.XI.2001 [hereinafter Convention], at http://conventions.coe.int/Treaty/en/Treaties/Html/185.htm（visited 08 September 2012）。

葡萄牙（2010 年 7 月 1 日生效）、西班牙（2010 年 10 月 1 日生效）、
英國（2011 年 9 月 1 日生效）、瑞士（2012 年 1 月 1 日生效）、奧地
利（2012 年 10 月 1 日生效），至於對非成員國的生效情況為：美國（2007
年 1 月 1 日生效）、加拿大（未批准）、日本（2012 年 11 月 1 日生效）、
南非（未批准）[16]。

　　《網路犯罪公約》制定的目標之一，是期望使國際間對於網路犯罪
的立法有一致共同的參考標的，也希望國際間在進行網路犯罪偵查時有
一個國際公約予以支持，而得以有效進行國際合作。

　　《網路犯罪公約》於序文（Preamble）中提及制訂本公約的意旨，
在於透過適當的立法與國際合作，形成共同的刑事政策，以保護社會免
於網路犯罪行為之侵害。因此，公約內容涵蓋三大議題：（1）為了統
一電腦網路犯罪領域裡的相關實體法規定，各締約國必須依照公約裡的
相關規定修改其國內實體法律與相關刑罰；（2）針對電腦網路犯罪行
為及其他以利用電腦系統為手段的犯罪行為，提供執法機關調查電子形
式之證據與起訴的程序法依據；（3）建立快速且有效的國際合作制度。
公約全文共計有四個主要的章節、48 個條文。其中，序言是說明《網
路犯罪公約》的功能、目標；第一章將公約內容中所提及的重要名詞，
像是電腦系統（Computer System）、電腦資料（Computer Data）、服
務提供者（Service Provider）以及通信紀錄資料（Traffic Data）等加以
定義[17]；第二章則規定各國關於實體法與程序法所應採取之措施[18]，包
括有刑事實體法、刑事程序法和管轄權三個部分，其目的為要求各簽約
國於各國國內應採取的措施，且在程序法部分規定了有關電子證據調查

---

16. See Chart of signatures and ratifications，at http://conventions.coe.int/Treaty/Commun/
　 ChercheSig.asp?NT=185&CM=&DF=&CL=ENG (visited 08 September 2012)。.
17. See Convention, supra note 1 3, at Ch. 1.
18. See Convention, supra note 1 3, at Ch. 2.

的特殊程序法制度，而值得注意的是在規範非法擷取（Illegal access）的行為方面，《網路犯罪公約》要求各國應立法明定非法擷取為犯罪行為並應予處罰；第三章包含了國際合作與相互合作之規範和引渡之規則，以及有關電腦證據取得的問題，簽約國應建立一週七天且一天二十四小時皆能聯絡合作機制的網路，各國也要對於相關人員加強訓練，並配予必要的裝備以配合各國合作事項的進行[19]；第四章則為《網路犯罪公約》的簽署、生效、加入、區域應用、公約的效力、聲明、聯邦條款、保留、保留的法律地位和撤回、修訂、爭端處理、締約方大會、公約的退出和通告等事項[20]。

在刑事管轄權方面，《網路犯罪公約》採納傳統的「屬地優越權」和「屬人優越權」（公約第 22 條），其中「屬地優越權」的領域範圍包含「擬制領土」。該公約規定，締約國應通過必要的立法和其他措施，對本公約所規定的犯罪行使刑事管轄權，條件是當這些犯罪：（1）發生在本國領域內；（2）發生在懸掛本國國旗的船舶上；（3）發生在由本國註冊的航空器上；（4）由本國公民所為，且依照犯罪地法應受刑罰或該犯罪不在任何國家管轄權範圍以內。由於刑事管轄權問題的敏感性和網路犯罪的複雜性，公約允許締約國對上述規定的第 2 項到第 4 項加以全部或部分保留，並明確規定「不排除任何根據國內法行使的刑事管轄權」。針對管轄權的衝突，公約規定，當不止一方對一項根據本公約確定的犯罪主張管轄權時，有關各方應通過妥善協商，決定最適當的管轄權[21]。換言之，該公約不排除任何簽約方依據其本國法律行使的犯罪管轄權限。因此，並無法解決擴大屬地原則適用範圍的爭議，但至少

19.See Convention, supra note 1 3, at Ch. 3.

20.See Convention, supra note 1 3, at Ch. 4.

21.Convention on Cybercrime, Budapest 23 November 2001, ETS 185, Article 22, at http://conventions.coe.int/Treaty/EN/WhatYouWant.asp?NT=185 (visited at 30 August 2012).

依照本公約規定，得由簽約而產生管轄權爭議之國家協商，並解決。

四、我國的審判權

一國之法院對某種涉外案件有無管轄權，應以該國之法律規範為準據，而國家決定國際管轄權之範圍時，通常需考量以下幾點[22]：領域管轄原則（Territorial Principle）、國籍原則（Nationality Principle）、被害人國籍原則（Passive Nationality Principle）、保護原則（Protective Principle）、普遍原則（Universal Principle）等。我國對刑法效力的範圍規定在第3至第8條，也是本此原則制定，以中華民國領域內、外做劃分標準，在領域內犯罪（包括犯罪行為與結果），除非有例外情形，例如議員的言論免責權、外交豁免權[23]以外，我國均有審判權，即所謂屬地原則（刑法§§3、4）；在領域外犯罪，則有屬人、保護、世界原則等規定（刑法§§5-8）。

就屬地原則在實務的運作上，除非即成犯，例如以將自己持有他人之物，在國外向國外銀行設定抵押而侵占設定抵押行為完成後，犯罪行為即已完成，與犯罪案所取得之財物如何利用無關，從而被告之犯罪行為地及結果地均在國外，即在中華民國領域外犯罪[24]，否則依刑法第4條規定：「犯罪之行為或結果，有一在中華民國領域內者，為在中華民國領域內犯罪。」實務對所謂「犯罪之行為」，係指發生刑法效果之意思活動而言，自動機、犯罪決意、預備至著手實行均包括在內，再加上承認「共謀共同正犯」，故參與共謀者，其共謀行為應屬犯罪行為中

---

22. 請參邱宏達著，《現代國際法》，三民書局，2004年2月初版六刷，頁650。
23. 議員的言論免責權，因根本不構成犯罪，檢察官對此類案件應為不起訴，法院應為無罪之判決；至於外交豁免權則有爭論，如為保護我國司法主權，應解為外交豁免權為免訴權之規定，則受理此類案件，應為無審判權之判決。外交豁免權究為實體法上之免責權或程序法上免訴權之問題，可參考林鈺雄，《新刑法總則》，元照出版，2011年9月3版，頁81註82。
24. 參臺灣高等法院92上易3494判決。

之一個階段行為，而與其他行為人之著手、實行行為整體地形成一個犯罪行為。則不論單獨一人或兩人以上，共同在國外著手實行犯罪行為，若其動機、決意、預備、著手及實行等犯罪行為中之任一個階段行為在國內，不論國內刑法是否處罰該行為之動機、決意及預備行為，仍均屬刑法第4條所稱之「犯罪之行為」，而應認係在中華民國領域內犯罪，進而應適用國內刑法予以處罰[25]，對「犯罪之行為」認定相當寬泛。按犯罪之動機與決意階段，均非刑法所得處罰，因此，將動機與決意地，亦認為犯罪行為地，似值商榷。而又認為所謂「結果」係指犯罪行為所導致之法益侵害狀態或所引起之外界影響[26]，也在擴大犯罪結果地的認定。此外，實務又認為，依犯罪之態樣，牽連犯、連續犯（已廢除）之裁判上一罪，或接續犯、繼續犯、吸收犯（吸收關係）等實質上一罪之案件，有全部一部關係，而有一在中華民國境內為之者，均應適用我國刑法處罰[27]。另外，針對在國外行使偽造信用卡之行為，則認為當信用卡磁條於刷卡機刷過後，磁條資料自動送至我國內銀行授權中心，核對資料與密碼無誤後，始傳回授權碼，同時在印表機自動印出交易時間、商店名稱、消費金額、授權碼等資料之簽帳單。則被告等前揭行使偽造之信用卡盜刷購物過程中，因所偽造信用卡之發卡銀行為我國內銀行，縱其係利用韓國特約商店之刷卡機進行交易，然當信用卡磁條於刷卡機刷過後，磁條資料即自動送至我國內銀行授權中心，經核對資料與密碼無誤，傳回授權碼後，始能完成該項交易，並使我國內發卡銀行誤信係真正持卡人消費，而代墊系爭消費款項予該特約商店。故其犯罪之行為及結果有部分在我國領域內，仍應認為在我國領域內犯罪，自得依我國

---

25. 參98臺上7532判決；臺灣高等法院100上易1492判決
26. 參89年臺上第7074判決
27. 參94年臺上第6619判決

刑法予以追訴處罰 [28]。

　　從以上分析得知，我國刑法並沒有區分網路犯罪案件與其他案件適用效力有何不同，所以通過解釋犯罪行為地的方法，將傳統刑法管轄權規則適用於網路犯罪案件，以象徵國家主權，如同其他國家擴大屬地原則的適用，並無不當。但如果網路犯罪行為人或犯罪證據不在國內，則人犯之引渡、刑事之偵查、訴追之進行及刑罰之執行等，勢必產生一連串的問題。正如我國人民境外犯罪或犯罪人逃往國外一般，免不了請求國際刑事司法合作機制 [29]，但我國目前僅與美國簽訂有刑事司法互助協定 [30]，又並非如前述之《網路犯罪公約》簽約國，如此一來，對預防和打擊此類易跨越國土疆界的電腦網路犯罪，必然大打折扣或根本無法進行。欲解決此問題，必須與國際接軌，簽訂諸如《網路犯罪公約》，展開合作機制，即使目前尚未簽訂公約，我國亦應特別注意公約之處罰規定，以完善國內刑法之規定，例如對公約中之第二章第 2 條至第 10 條中制定了簽署國需要對九類網路犯罪行為以刑法處罰，在我國刑法規定詳細 [31]，包括非法存取（Illegal access）、非法截取（Illegal interception）、資料干擾（Data interference）、系統干擾（System interference）、設備濫用（Misuse of devices）、偽造電腦資料（Computer-related forgery）、電腦詐騙（Computer-related fraud）、兒童色情的犯罪（Offences related to child pornography）、侵犯著作權

---

28. 參93臺非190判決，最廣義來說，此案似乎也與電腦犯罪有關。
29. 所謂國際刑事司法合作，是世界各國或地區之間，為有效制裁國際犯罪行為，依據國際條約規定或雙邊互惠原則，直接或間接在國際組織協調下進行的刑事司法互助，代為履行一定訴訟事務的司法制度。
30. 請參閱駐美國臺北經濟文化代表處與美國在臺協會間之刑事司法互助協定，民國91年3月26日公布。
31. 我國實體刑法，除了非法截取似乎仍未清楚規定外，其餘均有相對應的處罰規定。本文對此內容不贅述。

及相關權利的行為（Offences related to infringements of copyright and related rights）。蓋管轄權是請求司法互助的前提，而刑事處罰規定則是管轄權的前提。至於公約之刑事司法協助雖不取決於雙重犯罪，但國際間仍有國家對於請求司法協助之犯罪行為，要求需具雙方可罰性[32]。因此，國際刑法對網路犯罪之處罰規定，我們必須加以注意。

肆、電腦犯罪之國內管轄權問題

我國刑事訴訟法關於管轄之劃分，主要依事務管轄（刑訴 §4）、土地管轄（刑訴 §5）之規定。所謂事務管轄，係以案件之性質為基準，決定管轄第一審之法院，此為涉及不同級法院之管轄。我國刑事訴訟法第 4 條規定：「地方法院於刑事案件，有第一審管轄權。但左列案件，第一審管轄權屬於高等法院。一、內亂罪。二、外患罪。三、妨害國交罪。」同級法院間案件之分配則依土地管轄之規定，刑事訴訟法第 5 條第 1 項規定：「案件由犯罪地或被告之住所、居所或所在地之法院管轄。」；第 5 條第 2 項規定：「在中華民國領域外之中華民國船艦或航空機內犯罪者，船艦本籍地、航空機出發地或犯罪後停泊地之法院，亦有管轄權。」因此，土地管轄的取得原因計有：（1）犯罪地，一般認為係依據我國刑法第 4 條之規定，包含「行為地」與「結果地」，其餘參前述國際管轄權中我國審判權之說明。（2）被告之住所、居所或所在地，其中住所與居所之意義與民法概念相同，不論意定或法定均屬之。而所在地係指現時身體所在之地，以起訴時為準，其所在地之原因，係出於任意，或由於強制（例如被逮捕或羈押），均非所問。因此，論者謂被告本人猶如一座取得土地管轄的活動來源[33]。（3）船艦本籍地、

32.請參閱吳景芳，〈國際刑事司法互助基本原則之探討〉，《臺大法學論叢》，13卷2期，1991年6月，頁345。

33.林鈺雄，同註6，頁114。

航空機出發地或犯罪後停泊地，且本款之適用並不排除國際法上領域管
轄原則之適用。

　　實務上認為有關網路犯罪管轄權之問題，有別於傳統犯罪地之認
定，蓋網際網路不同於人類過去發展之各種網路系統（包括道路、語
言、有線、無線傳播），藉由電腦超越國界快速聯繫之網路系統，一面
壓縮相隔各處之人或機關之聯絡距離，一面擴大人類生存領域，產生新
穎之虛擬空間。是故網路犯罪之管轄權問題，即生爭議[34]。

一、學說見解

　　在國內學說上有採廣義說、狹義說、折衷說及專設網路管轄法院等
四說[35]：

　　（一）廣義說：單純在網路上設置網頁，提供資訊或廣告，只要某
地藉由電腦聯繫該網頁，該法院即取得管轄權。「軍火教父」案，臺北
地方法院87年度易字第428號判決就認為，被告煽惑他人犯罪之行為，
只要在該法院之轄區內，有人得以上網查知者，該法院即有管轄權[36]。
又有實務認為，藉由電視、報紙之報導將不實之言論散布全國各地，使
人名譽受損，各地均屬犯罪之結果地（最高法院90年度臺聲字第18號、
91年度臺聲字第51號裁判意旨參照）。本件被告涉嫌在YouTube網頁
上登載辱罵告訴人之文字，供各地不特定之網路使用者瀏覽，而告訴人
係於臺北市○○○路○段7號6樓住處（臺北地院轄區內）瀏覽上開辱

34.臺灣高等法院89上訴字1175判決。
35.請參閱沈榮華，〈網路犯罪相關問題之研究〉，國防大學國防管理學院法律研究所碩士論
　　文，2002年，頁116。
36.楊姓青年涉嫌明知「軍火教父」網站中的文字與圖片，係販賣槍枝的資訊，卻在搜尋引擎
　　奇摩網站上登錄該「軍火教父」的網址，提供不特定多數人上網查詢「軍火教父」刊載的
　　資訊，臺北地院認為楊姓青年的行為觸犯了刑法第153條第1款的「以他法公然煽惑他人犯
　　罪」，判處有期徒刑5個月，緩刑3年。

罵之文字，揆諸上開判例及裁判意旨，告訴人接收辱罵文字之處所似得認係犯罪之「結果地」。如果無訛，本件既無其他困擾或不便存在，何以不能依犯罪「結果地」定管轄權之歸屬？原審（案採折衷說）遽謂「被害人隨機見得上載資料之處所並非本件定管轄之連繫因素」云云，殊嫌率斷。是故原審僅憑臺北地院（轄區）並非犯罪「行為地」，遽認「犯罪地」非於臺北地院轄區內，而諭知管轄錯誤，即有未合[37]。

（二）狹義說：以行為人之住居所或網頁主機設置之位置等傳統管轄為主。

（三）折衷說：除尊重刑事訴訟法管轄權之傳統相關認定，避免當事人及法院困擾外，並斟酌其他具體事件，如設置網頁、電子郵件主機所在地、傳輸資料主機放置地及其他有無實際交易等相關情狀認定之。

（四）專設網路管轄法院說：認為網路係一新興之虛擬空間，有別於一般傳統空間之概念，宜專設管轄網路犯罪之法院，以杜絕管轄權之爭議。

二、實務見解

若依照近來法院判決的論述，則我國目前實務的多數見解似採折衷說，亦即在尊重刑事訴訟法管轄權之傳統相關認定，避免當事人及法院困擾外，斟酌其他具體事件，如設置網頁、電子郵件主機所在地、傳輸資料主機放置地及其他有無實際交易等相關情狀認定之。舉例如下：

案例一

「按犯罪由犯罪地或被告之住所、居所或所在地之法院管轄，刑事訴訟法第五條第一項定有明文，而所謂犯罪地，參照刑法第四條

37.臺灣高等法院100年度上易字第409號判決。

之規定，解釋上自應包括行為地與結果地兩者而言（最高法院七十二年臺上第五八九四號判例），惟有關網路犯罪管轄權之問題，有別於傳統犯罪地之認定，蓋網際網路不同於人類過去發展之各種網路系統（包括道路、語言、有線、無線傳播），藉由電腦超越國界快速聯繫之網路系統，一面壓縮相隔各處之人或機關之聯絡距離，一面擴大人類生存領域，產生新穎之虛擬空間。是故網路犯罪之管轄權問題，即生爭議。在學說上有採廣義說、狹義說、折衷說及專設網路管轄法院等四說，若採廣義說，則單純在網路上設置網頁，提供資訊或廣告，只要某地藉由電腦連繫該網頁，該法院即取得管轄權，如此幾乎在世界各地均有可能成為犯罪地，此已涉及各國司法審判權之問題，且對當事人及法院均有不便。若採狹義之管轄說，強調行為人之住居所、或網頁主機設置之位置等傳統管轄，又似過於僵化。又我國尚未有採專設網路管轄法院，即便採之，實益不大，亦緩不濟急，故今各國網路犯罪管轄權之通例，似宜採折衷之見解，亦即在尊重刑事訴訟法管轄權之傳統相關認定，避免當事人及法院之困擾外，尚應斟酌其他具體事件，如設置網頁、電子郵件主機所在地、傳輸資料主機放置地及其他有無實際交易地等相關情狀認定之。」[38]

　　本件被告之住所地及電腦主機、光碟機、數據機、螢幕顯示機等均在臺北市○○區○○路 67 號 2 樓，交易地（交易物係星龜、蘇卡達象龜保育動物）亦位於臺北市○○路之三德飯店，固均屬臺灣士林地方法院管轄區域，惟本件被告電腦撥接之「網際光華螞蟻市場」網站實際伺服器（網頁主機）架設位置，係在臺北市○○○路○段 151 之 2 號 1 樓，屬原審法院管轄區域，且由原審法院管轄對被告之應訴並無不便，則不

38.「」引號內容在以下判決，均加以剪貼引用，本文不重複。

論依狹義說或上開折衷管轄之見解，原審法院對本件犯罪均應有管轄權。原審未為詳究，遽為管轄錯誤之諭知，尚嫌未洽。檢察官執此提起上訴，指摘原判決不當，為有理由，自應由本院將原判決撤銷，發回原審法院更為適當之裁判，以資適法[39]。

案例二

有關網路犯罪轄權之問題，如就管轄權有爭議時，由被告之住所或「明確」之犯罪所在地取得管轄權為宜，以貫徹刑事訴訟法制訂管轄權規範之立法本旨。經查本件被告起訴時係住於臺北縣土城市○○路114巷5號5樓，而被告提供予詐騙集團使用之存摺、金融卡、金融卡密碼係在中國信託商業銀行土城分行申辦，該分行所在地為臺北縣土城市○○路○段304號1樓，且被告張貼詐騙網頁之上網地係在臺北縣土城市，而被害人甲○○係在臺北縣永和市住處接獲詐騙電話，並在該住處以網路ATM為轉帳，均非在臺灣臺北地方法院管轄區域，雖被告固係以中華電信公司設置之網際網路上網，連接至雅虎奇摩拍賣網站之實際伺服器（雅虎奇摩拍賣網站係由香港商雅虎資訊股份有限公司所建置經營，其公司及網站主機係設於臺北市中正區），但本件「明確」之犯罪所在地應為臺灣板橋地方法院而非臺灣臺北地方法院，原審因之認對本件犯罪無管轄權，爰不經言詞辯論，逕為諭知管轄錯誤之判決，並移送於有管轄權之臺灣板橋地方法院，其認事用法尚無可議之處[40]。

案例三

依按證券交易法第171條第1項第1款規定：違反第155條第1項

39.臺灣高等法院89上訴字第1175號判決。
40.臺灣高等法院98上易字第2415號判決。

第3、4、5、7款（修正前為同法第 155 條第 1 項第 3 款、4 款、5 款
及 6 款）之行為，其犯罪性質既屬即成犯，一該當構成要件，同時亦
造成侵害法益之結果，故而，犯罪行為地與犯罪結果地通常同時存在
於一地，不發生分屬兩地以上之情形。至於本件被告以上開人為方式操
控○○工業公司股價後，雖造成該公司股價藉由電視臺或全國各地證券
公司之電腦、股價看板與財團法人中華民國櫃檯買賣中心等進行連線買
賣、公布上市、上櫃公司當日股價，導致全國投資大眾亦藉此在全國各
地網路下單買賣，惟依據前揭說明，本罪乃即成犯，被告一旦有上開利
用個人或人頭帳戶之操控股價之下單行為，即該當犯罪構成要件，且行
為地與結果地在同一地，亦即均在被告為上開操控股價之人頭帳戶所在
地，是以，本件被告之犯罪地及住居所、所在地之管轄法院均非原審法
院轄區。退步言之，縱認本件操控股價後，造成正峰工業公司股價透過
電視臺或各地證券公司電腦、股價看板網路，造成投資大眾誤信該遭人
為操控股價為真正，被告操控股價之犯罪有其獨特性，惟基於「財團法
人中華民國櫃檯買賣中心」及臺灣證券交易所股份有限公司之電腦主機
均係位於臺北市，故而被告完成操控股價行為之地點亦應認為係臺北
市。惟不論前者或後者，皆非原審法院之管轄區域，公訴人以遭被告操
控之○○工業公司股價，有透過電視臺及各地證券公司電腦及股價看
板，向投資大眾公布，即以電視臺或電腦所及之處，判斷本件犯罪之管
轄權有無，將使管轄法定原則形同虛設。蓋被告所為利用個人帳戶或人
頭戶操控股價行為乃即成犯，自不應將全國各地上市、上櫃公司股價藉
由電視訊號或電腦連線可及地點之行為與被告利用帳戶操控股價之行為
混為一談，逕行認定含原審法院在內之全國各地方法院均為被告之行為
地，否則有過度擴張被告之行為地，不當侵害管轄法定原則之虞。綜上
所述，本件起訴繫屬於原審法院之時，被告犯罪地及住居所、所在地皆
非屬原審法院管轄區域範圍，檢察官逕向原審法院提起公訴，自有未

合，原審法院考量被告鍾○○、鍾黃○○雖設籍桃園縣，惟被告張○○現另案於法務部矯正署臺北監獄受刑中，且起訴書犯罪事實一、（二）被告利用人頭戶交易之證券商，多集中在臺灣臺北地方法院轄區，且被告鍾○○、鍾黃○○、張○○均否認犯罪，相關人頭戶亦多有設籍臺北市之情形，是不經言詞辯論，逕予諭知管轄錯誤之判決，並移送於有管轄權之臺灣臺北地方法院云云[41]。

三、本文看法

從以上說明，不難發現實務對網路犯罪管轄權之認定，仍有爭議。自法源資料查詢結果，至今最高法院判決仍未為此表示看法。實際上，按犯罪由犯罪地或被告之住所、居所或所在地之法院管轄，刑事訴訟法第 5 條第 1 項定有明文，對以被告住所、居所或所在地為管轄地，似無太多異見，以上網路犯罪國內管轄權的爭議，均在爭議「犯罪地」如何認定之問題。本文藉此也提出以下淺見，供做討論。

由本文參之分析，世界各國在網路犯罪上，均採擴大屬地原則之適用，以表彰國家主權。我國最高法院對其他犯罪在涉外時之認定上，亦是如此。對所謂「犯罪之行為」，係指發生刑法效果之意思活動而言，自動機、犯罪決意、預備至著手實行均包括在內，對「犯罪之行為」認定相當寬泛。而所謂「結果」係指犯罪行為所導致之法益侵害狀態或所引起之外界影響，並非將其分成行為犯之「行為」與結果犯之「結果」來認定行為地與結果地。刑法第 4 條規定之行為與結果有一發生在中華民國領域內者，為在中華民國領域內犯罪，是刑法效力的問題，也就是我國審判權的範圍，係國家主權的表現，因此如前述最高法院實務之認定審判權，本文表示認同。然而，國內管轄權，乃是為了合於法定法官

41.臺灣高等法院101金上訴字第458號判決。

原則，避免司法行政干涉審判所設，因此，在適用上不能毫無標準，此乃刑事訴訟土地管轄之所設理由。在認定網路犯罪之犯罪地，如採廣義說，等於沒有標準，以致遭受非議。至於以何種標準來認定犯罪地？上述折衷說以「尊重刑事訴訟法管轄權之傳統相關認定，避免當事人及法院困擾外，斟酌其他具體事件，如設置網頁、電子郵件主機所在地、傳輸資料主機放置地及其他有無實際交易等相關情狀認定之」，說明了仍應回歸刑事訴訟管轄權之認定，因此，先以行為犯之「行為」與結果犯之「行為」與「結果」來認定行為地與結果地[42]，再就網路犯罪之實際情狀認定管轄地，應較適當。舉例言之，案例一之行為地應為「買賣地」，亦即雙方意思表示一致時之網站實際伺服器（網頁主機）架設位置，結果地則為實際交付金錢與標的物之地；案例二之張貼詐騙網頁時之上網地為行為地，被害人交付財物地（例如 ATM 轉帳地）為結果地；案例三，不法操控股價應為行為犯，故應以完成操控股價時之地為行為地（「財團法人中華民國櫃檯買賣中心」及臺灣證券交易所股份有限公司之電腦主機所在地）。此外，在網路網頁上提供連結國外賭博網站供人以網路簽賭，該行為之犯罪地應係聚眾賭博行為地，即該網頁所在伺服器所在地，此亦為簽賭者的行為地；兒童及少年性交易防制條例第 29 條「以廣告物、出版品、廣播、電視、電子訊號、電腦網路或其他媒體，散布、播送或刊登足以引誘、媒介、暗示或其他促使人為性交易之訊息」之行為，一經散布、播送或刊登，行為即為完成，故該散布、播送或刊登行為之犯罪地，應係該廣告內容之伺服器所在地[43]。

---

42. 此處又產生另一個問題，何謂行為犯與結果犯？如何劃分此兩者？此有待進一步根據刑法學理來劃定。

43. 另參王銘勇，〈電腦網路犯罪之刑事管轄權〉，網站：http://www.im.cpu.edu.tw/cyber06/cyber06-a3.pdf 造訪日期：2012年9月9日。

伍、結語

本文就網路犯罪的特性論網路犯罪的審判權（國際管轄權）與（國內）管轄權，對國際管轄權而言，參考《網路犯罪公約》，並不排除任何簽約方依據其本國法律行使犯罪管轄權限，而且各國幾乎都擴大屬地原則的適用，我國為主張國家主權計，採取擴大屬地原則的解釋，並不為過，但可能產生的引渡、刑事之偵查、訴追之進行及刑罰之執行等，是無法避免的問題。欲解決此問題，必須與國際接軌，簽訂諸如《網路犯罪公約》，展開合作機制，即使目前尚未簽訂公約，我國亦應特別注意公約之處罰規定，以完善國內刑法之規定，蓋管轄權是請求司法互助的前提，因此，國際刑法對網路犯罪之處罰規定，我們必須加以注意。

國內管轄權，乃是為了合於法定法官原則，避免司法行政干涉審判所設，因此，管轄權的認定，不能漫無標準，實務以折衷說為主流，即：「尊重刑事訴訟法管轄權之傳統相關認定，避免當事人及法院困擾外，斟酌其他具體事件，如設置網頁、電子郵件主機所在地、傳輸資料主機放置地及其他有無實際交易等相關情狀認定之。」本文淺見，國內管轄權應與前述國際管轄權之認定，採取不同標準，即先以行為犯之「行為」與結果犯之「行為」與「結果」來認定行為地與結果地，再就網路犯罪之實際情狀認定管轄地，或較適當。此乃就網路犯罪的特性，依刑法效力與刑事訴訟管轄權的規範目的而為之論述，或與 72 臺上 5894 判例 [44] 有著不同解釋，尚祈方家指正。

---

44. 該判例指出：案件由犯罪地或被告之住所、居所或所在地之法院管轄，刑事訴訟法第5條第1項定有明文，而所謂犯罪地，參照刑法第4條之規定，解釋上自應包括行為地與結果地兩者而言。本文認為刑訴法所稱犯罪地雖係參照刑法第4條，但解釋上仍應依規範意旨，如本文解釋行為與結果地，方不至漫無標準，以致破壞法定法官原則。

Part 5

行政管理與法律規範

第 15 章

行政法人之推動現況檢討

朱武獻[1]

壹、緣起

　　2000 年第一次政黨輪替時，全球景氣下滑，經濟不景氣，當時政府財務負擔日趨惡化，遂於 2001 年 10 月行政院由張俊雄院長召集各部會首長、副首長及各級高階主管組成國家願景研習營，在臺北市新生南路人事行政局公務人力發展中心（福華文教會館）集會，共同集思廣益，為國家願景提出新方向。其中政府組織改造為大家討論重點，本人時任人事行政局局長，為形塑小而能的政府，特參考德、日行政法人（公法人）制度，主張在臺灣，除地方自治團體、農田水利會外，應創造另一種（獨立）公法人即行政法人制度，並獲得其他首長之支持[2]。

　　2001 年 10 月總統府成立「政府改造委員會」，並分組討論「彈性精簡的行政組職」、「專業績效的人事制度」等五大議題。行政院為落實上述「政府改造委員會」之建議，於 2002 年 5 月成立「行政院組織改造推動委員會」，負責推動行政院組織改造各項工作的規劃協調及執行作業。2002 年 8 月通過機關業務檢討原則，並確立朝「去任務化」、「委外化」、「地方化」以及「行政法人化」等四大方向同步進行改革[3]。其中行政法人化，即是比照德、日之公法人（行政法人）制度建置。因為除國家及地方自治團體外，尚有很多其他公法人存在，這些獨立的公法人，可自行建立獨立的人事及會計制度，擺脫政府制度之束縛，具有

---

1. 作者為臺灣大學國家發展研究所兼任教授、亞洲大學財經法律系兼任客座教授。

2. 行政院人事行政局2000年10月之國家願景研習會議實錄，並未記錄行政法人化問題，甚為可惜。

3. 行政院人事行政局，〈行政法人法〉，《立法專輯》，100年12月，頁2。

彈性及效率，但也同時要求這些行政法人必須自行籌措全部或部分資金作為年度預算，不能每年仰賴國家稅收，如此，一則減輕政府財政負擔，同時可縮小政府組織規模，符合小而能政府的政策。

以下本人不再做學理及比較制度探討，僅將行政法人制度在行政院及考試院推動過程及中正文化中心實施經驗提出供讀者分享，並建議行政法人制度往後應快速推動。

貳、推動過程

人事局為配合行政院推動行政法人化，於 2002 年 11 月開始試擬行政法人法草案，作為爾後行政法人組職架構及運作機制之法律依據[4]。2002 年 12 月至 2003 年 3 月共 7 次邀請相關機關及學者專家開會擬定「行政法人法草案」內容，並於 2003 年 4 月會銜考試院函送立法院審議[5]。由於本法案在立法院審議進度並未順利，致民進黨執政期間該法案均未能完成立法，2008 年第二次政黨輪替後，次年 5 月行政院及考試院第三次函送「行政法人法草案」至立法院，才於 2011 年 4 月完成立法[6]。

參、行政法人個案推動過程

一、國立中正文化中心

「國立中正文化中心」前身為「國家劇院及音樂廳營運管理籌備處」，後更名為「國立中正文化中心」。其組織未有立法，1992 年以暫行組織規程定之。1994 年行政院以「財團法人中正文化中心設置條例」草案送立法院審議，惜未完成立法。2001 年後，值政府推動行政

---

4. 註3書，頁2-3。
5. 註3書，頁7；行政院人事行政局，《行政法人實例及法規彙編手冊》，93年，頁1。
6. 註3書，頁8-9。

法人制度，2002 年行政院遂正式向立法院提出「中正文化中心設置條例草案」，將組織定位為「行政法人」，2004 年立法院終於完成立法程序，同年 3 月正式改制為行政法人 [7]，成為中華民國除農田水利會外，第一個非地方自治團體之公法人，有其歷史意義，成為各界推動行政法人制度之試金石。

二、其他行政法人

隨後，行政院分別於 2003 年 4 月至 2006 年選定優先推動行政法人之個案，並分別將各設置條例草案送請立法院審議。

第一波優先推動法人化的機關中，包括《國家教育研究院設置條例草案》、《國家臺灣文學館設置條例草案》，以及《國家運動訓練中心設置條例草案》等，也於 2003 年 10 月 15 日函送立法院審議；另外，被列為第二波優先推動法人化暨合併的農委會所屬九個試驗研究機關（農業試驗所、林業試驗所、水產試驗所、畜產試驗所、家畜衛生試驗所、農業藥物毒物試驗所、特有生物研究保育中心、茶葉改良場及種苗改良繁殖場），也於 2004 年 4 月 21 日經行政院第 4382 次會議討論通過《國家農業研究院設置條例草案》，同年月 28 日送請立法院審議。由於前述四項組織設置條例草案均未獲立法院三讀通過，基於屆期不續審原則，行政院於 2005 年 3 月 7 日，再次將《國家農業研究院設置條例草案》、《國家教育研究院設置條例草案》及《國家運動訓練中心設置條例草案》函送立法院審議；再者，《國家臺灣文學館設置條例草案》，也於 2006 年 6 月 20 日再次函送立法院審議。

另行政院為擴大組織改造之成效，2005 年 1 月 25 日進行第三波行政法人化優先推動個案，包括內政部警政署「警察廣播電臺」、教育部

---

7. 陳郁秀，〈行政法人之評析〉，《兩廳院政策與實務》，2010年，頁162以下。

「國立科學工藝博物館」、行政院原子能委員會「核能研究所」，以及
行政院勞工委員會「勞工退休基金監理委員會」等四個機關。然而，前
述四個第三波行政法人化優先推動個案中，僅有《勞工退休基金監理委
員會設置條例草案》於 2005 年 3 月 30 日送請立法院審議[8]。

在行政院研考會 102 年 1 月公布之行政院組織改造簡報中，未來將
改制為行政法人之機關有國防部軍備局中山科學研究院（改制後更名為
國家中山科學研究院）、國家運動選手訓練中心（改制後更名為國家運
動訓練中心）及財團法人國研院國家災害防救科技中心（改制後更名為
國家災害防救科技中心），另國立中正文化中心（現已為行政法人）預
計更名為國家表演藝術中心[9]。

在行政院組織改造委員會及行政院人事行政局所推動之「行政法人
制度」，迄今只有國立中正文化中心成功改制並運作，至今年為止已屆
滿八年，關於建置之優缺點，另行討論。

肆、個案經驗——國立中正文化中心

陳郁秀女士嘗擔任國立中正文化中心之董事長，對於其改制後之執
行情況較有參與，故其於專書中所提出之論點極具參考價值，茲引述以
下幾點加以說明：

「兩廳院改制為行政法人後，由於任務明確，行政自主，管理嚴謹，
在文化藝術的推動比以往更具企圖心與競爭力，內控制度更形完備，行
政作業更加精準，財務運用更具效率。誠如兩廳院主要幹部表示，改制
後，兩廳院營運的彈性明顯增加，彈性增加的部分主要反應在幾個面
向：1. 預算的運用較為靈活；2. 計畫的修正與變更更有彈性；3. 人事制

---

8. 行政院人事行政局，《行政法人法》，100年12月，頁223。

9. 行政院研究考核發展委員會：http://www.rdec.gov.tw/mp100.htm

度的鬆綁；4.兩廳可自行進行內部組織的調整。」由此可知，中正文化
中心改制為行政法人後，管理彈性化，不受限於相關公部門人事、會計
法令之束縛，並能及時回應社會多元化之需求；同時因為人事獨立不須
進用公務員的關係，人員素質也可獲得提升，整體競爭力已見提升[10]。

　　另經費之部分也從原先之執行消耗預算狀態進入控管預算狀態，
預算規模也從原先之新臺幣7億元，成長至新臺幣11億元，除教育
部之補助款外，兩廳院自籌款自2004年起已從32.9%提升至99年的
41.2%，2011年度更高達49.92%，政府補助之部分降低，減輕政府財
務負擔，顯見改制行政法人對政府改造之成效[11]。

　　至於陳女士認為國立中正文化中心改制後有不少缺失，應予改進，
茲介紹如下：

　　1. 分權的雙首長制是不當的設計。

　　董事會有責無權，藝術總監有權無責，造成兩廳院指揮體系紊亂，
是不當的設計。

　　2. 應回歸行政法人法草案的設計，明確採董事會制或首長制。

　　行政法人法明文規定原則採合議制型式的董事會制，但規模較小或
業務較為單純時得採首長制，國立中正文化中心設置條例應配合行政法
人法的規定修正。

　　3. 董事會制較適合兩廳院的發展。

　　兩廳院之節目辦理及營運管理所涉專業層面相當廣泛與多元，故應
採董事會制，透過董事們的不專業，以合議的方式集體領導。

　　4. 董事會應設有給職常務董事。

　　目前兩廳院之董事均為無給職，若採董事會制，應設常務董事，使

10.陳郁秀，註7書，頁162。
11.訪談中正文化中心財務室結果。

其能全職投入廳院之決策與經營。

5. 改制為行政法人時，員工身分宜一律轉換以避免管理困擾。

目前兩廳院員工身分複雜，各自適用其各自之人事規章，造成內部人事管理極大困擾，應一律轉換員工身分，以妥善保障其權益。

6. 兩廳院適合的總預算規模為新臺幣 9 至 10 億元，自籌款比例35％至 40％。

7. 各監督機關與兩廳院間應加強政策對焦，避免評鑑流於形式。

8. 公設表演場地與附屬團隊的組織模式「一法人多館」或「分立多館」，應及早並擴大討論[12]。

關於上述所提出之八項改進建議，本人以為對於中正文化中心改制為行政法人後之運作並無太大的影響，原因如下：

1. 如認為分權的雙首長制為不當設計，只要修改設置條例內容即可，不一定非要董事會制不可。

2. 員工身分之轉換可能會造成原屬公務人員之員工有所反彈，應妥善建立安置計畫，如提供優退方案保障其原有之權益、轉調其他機關同職等之職位或留任原職至其離職。

3. 另中正文化中心只要善於經營，補助款加上自籌款已經足夠，如何加強其行銷能力才是其重點。

教育部委託國立中正文化中心績效評鑑委員會作成之「100 年度國立中正文化中心營運績效評鑑報告」指出，該中心及國家交響樂團「100年度積極推出多元豐富之優質節目，在樹立優質品牌形象、巡迴演出場次及觀眾人次、行銷宣傳、財務自籌比率等，均有長足進步，實值嘉許。」但也同時提出十項應檢討改進之建議[13]。這些檢討意見均為輕微

12. 陳郁秀，註7書，頁162-165。

13. 教育部，100年度國立中正文化中心營運績效評鑑報告，http://www.ntch.edu.tw/file/staticFolder/ File/100（5）.pdf，最後瀏覽日期：2013年03月20日。

缺失,可具體改進。

總之,國立中正文化中心改制為行政法人之經驗迄今雖然有部分缺失仍需改進,但其經驗可謂成功,政府應加快推動其他機關行政法人化之速度,執行行政院所推動之組織改造,以建置小而能的政府。

伍、立法院之附帶決議

由於行政法人制度在我國尚屬萌芽階段,各界對其制度內涵及實施效益較為陌生,且因各機關(構)公務人員擔心改制後權益受影響,國立中正文化中心改制經驗尚未完整呈現,因此,立法院於 2011 年 4 月 8 日第七屆第七會期第八次會議三讀通過行政法人法時,依據該院司法及法制委員會審查本法草案之意見,作成以下決議:「請行政院人事局除就適合改制為行政法人之機關(構)做一疏理,並予以評估分析後,將相關資料送本院司法法制委員會參考外;於本法公布施行 3 年內,改制行政法人數以不超過 5 個為原則,並俟各該法人成立 3 年後評估其績效,據以檢討本法持續推動之必要性。」[14] 使得行政院日後,在推動行政法人立法時較為消極。

陸、改進建議

行政法人制度在人事進用及財務運用方面有其彈性,尤其財務方面因自籌款而更顯靈活,不必完全仰賴政府預算,又可推動更多公共業務,故如能將部分中央或地方機關(構)改制為行政法人,不但可以節省政府之預算,亦可使政府之組織更為精簡而有效能。

立法院朝野黨團於 2010 年 6 月 1 日協商行政法人法草案時曾作成「行政法人法公布施行後,新設立或改制之行政法人,其執行之公共事

14.同註8,頁5。

務以研究、實驗、教育服務、文化設施、科學、訓練、醫療等為原則」之附帶決議[15]。以上這些均非屬公權力本質（核心）業務範圍，乃為給付行政領域。

一、中央政府行政機構

中央行政機關組織基準法第 16 條第 1 項規定：「機關於其組織法規規定之權限、職掌範圍內，得設附屬之實（試）驗、檢驗、研究、文教、醫療、社福、矯正、收容、訓練等機構。」這九大類機構中，有中央三級及四級機構，合計 224 個（詳如附表）。除法務部所屬矯正機構較為特殊外，其他行政機構或可委外辦理，亦可改制為行政法人，這與 2010 年 6 月 1 日立法院朝野協商附帶決議之改制方向相似。

表一　中央三級機構一覽表[16]

類別	機構名稱	機構數
實（試）驗	行政院農業委員委員會農業、林業、水產、畜產、家畜衛生、農業藥物毒物試驗所	6
	行政院農業委員委員會特有生物研究保育中心	1
	行政院農業委員委員會各區農業改良場	7
	行政院農業委員委員會茶業改良場	1
	行政院農業委員委員會種苗改良繁殖場	1
	行政院農業委員委員會屏東農業生物技術園區籌備處	1
	小計	17
檢驗	行政院環境保護署環境檢驗所	1
	小計	1

15. 同註8，頁5。
16. 作者自行整理。

類別	機構名稱	機構數
研究	內政部建築研究所	1
	國立中國醫藥研究所	1
	法務部法醫研究所	1
	交通部運輸研究所	1
	行政院原子能委員會核能研究所	1
	行政院勞工委員會勞工安全衛生研究所	1
	國家教育研究院	1
	小計	7
文教	國史館臺灣文獻館	1
	國立臺灣科學教育館	1
	國立臺灣藝術教育館	1
	國立自然科學博物館	1
	國家圖書館	1
	國立科學工藝博物館	1
	國立教育廣播電臺	1
	國立海洋生物博物館	1
	國立傳統藝術中心	1
	國立國父紀念館	1
	國立中正紀念堂管理處	1
	國立歷史博物館	1
	國立臺灣美術館	1
	國立臺灣工藝研究發展中心	1
	國立臺灣博物館	1
	國立臺灣史前文化博物館	1
	客家委員會客家文化發展中心	1
	小計	16

類別	機構名稱	機構數
醫療	行政院國軍退除役官兵輔導委員會臺北、臺中、高雄榮民總醫院	3
	行政院國軍退除役官兵輔導委員玉里、鳳林、臺東榮民醫院	3
	小計	6
收容	行政院國軍退除役官兵輔導委員會榮民自費安養中心	5
	行政院國軍退除役官兵輔導委員會榮譽國民之家	10
	小計	15
訓練	行政院環境保護署環境保護人員訓練所	1
	外交部外交及國際事務學院	1
	財政部財稅人員訓練所	1
	法務部司法官訓練所	1
	法務部矯正人員訓練所	1
	行政院人事行政總處公務人力發展中心	1
	行政院人事行政總處地方行政研習中心	1
	行政院國軍退除役官兵輔導委員會訓練中心	1
	行政院青年輔導委員會青年職業訓練中心	1
	行政院勞工委員會職業訓練局	1
	國家文官培訓所	1
	小計	11
其他	內政部空中勤務總隊	1
總計		74

註：統計對象以 2013 年 1 月 1 日仍續存，且適用或準用中央行政機關組織基準法規定者為限。

表二　中央四級機構一覽表

類別	機構名稱	機構數
實（試）驗	經濟部水利署水利規劃試驗所	1
	交通部材料試驗所	1
	小計	2
文教	國立中央圖書館臺灣分館	1
	國立臺中圖書館	1
	國立教育廣播電臺彰化、高雄、花蓮、臺東分臺	4
	國立臺灣交響樂團	1
	國立臺灣歷史博物館	1
	國立臺灣文學館	1
	國立新竹、彰化、臺南、臺東生活美學館	4
	衛武營藝術文化中心籌備處	1
	國家人權博物館籌備處	1
	國立海洋科技博物館籌備處	1
	小計	16
醫療	行政院衛生署所屬醫院	28
	行政院國軍退除役官兵輔導委員會臺北、臺中、高雄榮民總醫院所屬各分院	7
	小計	35
社福	內政部（北區、南區、東區、澎湖）老人之家	4
	內政部彰化老人養護中心	1
	內政部南投啟智教養院	1
	內政部雲林、臺南教養院	2
	內政部北區、中區、南區兒童之家	3
	內政部少年之家	1
	小計	12

類別	機構名稱	機構數
矯正	法務部矯正署所屬監獄	24
	法務部矯正署所屬看守所	20
	法務部矯正署所屬戒治所	7
	法務部矯正署所屬技能訓練所	3
	法務部矯正署所屬少年觀護所	18
	法務部矯正署所屬少年矯正學校	2
	法務部矯正署所屬少年輔育院	2
	小計	76
訓練	法務部調查局幹部訓練所	1
	交通部民用航空局民航人員訓練所	1
	行政院勞工委員會職業訓練局泰山、中區、北區、南區職業訓練中心	4
	行政院勞工委員會職業訓練局桃園、臺南職業訓練中心	2
	小計	8
其他	行政院農業委員會漁業署臺灣區漁業廣播電臺	1
	小計	1
總計		150

註：統計對象以 2013 年 1 月 1 日仍續存，且適用或準用中央行政機關組織基準法規定者為限。

二、地方政府行政機構

　　目前臺北市、高雄市、新北市、臺南市、臺中市及桃園縣，五都直轄市及一準直轄市所屬行政機構即有 85 個之多（如表三），這些行政機構絕大多數能委外或改制為行政法人。

表三　六都行政機構一覽表 [17]

類別	機構名稱	機構數
實（試）驗	無	0
檢驗	無	0
研究	無	0
文教	臺北市、新北市、桃園縣、臺中市、臺南市及高雄市家庭教育中心（6家）	6
	臺北市、新北市、臺中市各區圖書館（計32家）、臺南市及高雄市立圖書館	36
	臺北市、高雄市立美術館（2家）	2
	臺北市、高雄市立社會教育館（2家）	2
	臺北市立天文科學教育館、臺南市南瀛科學教育館（2家）	2
	臺北市立交響樂團、臺北市立國樂團（2家）	2
	臺北市立動物園	1
	臺北市立兒童育樂中心	1
	臺北市中山堂管理所	1
	臺北市文獻委員會	1
	新北市立鶯歌陶瓷博物館、淡水古蹟博物館、十三行博物館、黃金博物館及高雄市立歷史博物館（5家）	5
	桃園縣政府藝文設施管理中心	1
文教	臺中市文化資產管理中心、臺南市立文化資產管理處（2家）	2
	高雄市電影館	1
	小計	63
醫療	臺北市、新北市立聯合醫院及高雄市立民生、聯合、凱旋、中醫醫院（6家）	6
	小計	6

17.作者自行整理。

類別	機構名稱	機構數
收容	臺北市立陽明教養院、浩然敬老院及新北市立八里愛心教養院（3家）	3
	新北市、臺中市、臺南市及高雄市立仁愛之家（4家）	4
	臺南市政府照顧服務管理中心	1
	高雄市政府社會局無障礙之家	1
	小計	9
訓練	臺北市職能發展學院	1
	臺北市教師研習中心	1
	新北市政府職業訓練中心	1
	臺中市政府公務人力訓練中心	1
	高雄市政府勞工局訓練就業中心	1
	高雄市政府勞工局博愛職業技能訓練中心	1
	臺南市政府勞工局職訓就服中心	1
	小計	7
其他	無	0
總計		85

註：1. 統計對象以 2013 年 1 月 1 日仍存續，且適用地方制度法者為對象。
　　2. 臺北市計 16 個；新北市計 10 個；桃園縣計 2 個；臺中市計 36 個；高雄市計 14 個；臺南市計 7 個，合計 85 個。

三、行政法人法雖已實施，仍應修改，鬆綁個別行政法人之建置，不必再個別立法，以增進效率

　　行政法人制度自施行起，成功之案例僅有國立中正文化中心，但其改制之結果良好，且行政法人法已於 2011 年 4 月 8 日立法院第七屆第七會期第八次會議修正通過，並於 2011 年 4 月 27 日公布。行政法人法立法後，因其性質屬基準法，故明文規定仍應個別立法建置各個行政法

人（參考行政法人法 §2 以下之規定），但由於立法院議事冗長，效率不足，如國會不能擴大授權行政部門設置，將影響政府改造之時程。解決之道，仍須修改行政法人法，鬆綁個別行政法人之建置。

四、第七屆立法院之決議，可加以變更

立法院院會雖於 2011 年 4 月 8 日作成如上決議，但為加速行政法人化，減輕國家財政負擔及增加政府改造效益，第八屆立法院開議已久，新民意已產生，允宜變更第七屆之決議。如有現職人員之反對，可藉由鼓勵提早退休、安排轉調其他機關或其他配套措施，以為因應。

【補述】

本文壹至陸之內文發表於《臺灣法學雜誌》第 222 期第 29 至 40 頁，2013 年 4 月 15 日，迄今已逾三年，期間行政法人制度相關法律多有變動，行政法人數量亦有增加，謹說明如下：

1. 國立中正文化中心

該中心已改制為國家表演藝術中心，統籌管轄臺北自由廣場內的國家音樂廳、國家戲劇院、臺中的臺中國家歌劇院、高雄的衛武營藝術中心及國家交響樂團。國家表演藝術中心設置條例並已於 2014 年 1 月 29 日完成立法並於同年 4 月間施行。顯見其編制及管轄範圍擴大，但如何提供表演藝術者愛好者及專業之服務，並積極創新推出多元且優質之表演節目，為國人帶來豐富多變的文化饗宴，仍有待該中心全體人員之努力[18]。

2. 國家中山科學研究院

前身為國防部軍備局所屬中山科學研究院，該院設置條例於 2014

---

18. 參閱《103年國家表演藝術中心營運績效評鑑報告》，文化部，104年6月，頁14。

年 1 月 29 日公布施行。國防部軍備局率各相關人員於 2015 年從「研究發展」、「生產委制」、「財務管理」、「軍種滿意」、「安全管理」、「人資管理」等六面向，評鑑該院 103 年度績效結果，認為該院在「研究發展」面向沒有獲得令人滿意成績，顯見該院在研發計畫的管制作為上，仍有努力精進之改善空間[19]。

3. 國家災害防救科技中心

前身為行政院國家科學委員會依據災害防救法設置之任務編組，改制成正式建置行政法人。該設置條例於 2014 年 1 月完成立法，同年 4 月施行。行政院科技部（前身為行政院國家科學委員會）於 2015 年 5 月就該中心 103 年度營運績效進行評鑑，認為「中心成果產出均符合年度工作目標，亦與中心五大業務範圍相契合；營運績效指標之目標達成率均超過原訂目標值；年度自籌款比率亦符合目標值」，但仍提出很多改善建議[20]。

4. 國家運動訓練中心

前身為行政院體育委員會所轄任務編組改制而成之行政法人。該中心設置條例於 103 年 1 月完成立法，104 年 1 月 1 日起正式設立。本中心以「培育優秀人才提升國際運動競爭力，成為世界先進運動訓練專責機構」為使命願景[21]。

5. 其他

國家資通安全科技中心設置條例已於 104 年 12 月完成立法，105 年 1 月開始施行，但同年 5 月又公布廢止，因而該行政法人實未設立。

至於行政院會於 104 年 4 月 16 日通過之「行政法人放射性廢棄物

---

19. 參閱《國家中山科學研究院103年度績效評鑑報》告，國防部編印，104年6月11日，頁58。
20. 參閱《103年國家災害防救科技中心營運績效評鑑報告》，科技部，104年5月，頁11。
21. 參閱《國運中心104年度決算說明》，國家運動訓練中心編，105年4月22日，頁1。

管理中心設置條例」草案，於上屆立法院會期中未完成立法，因屆期不連續，行政院已向立法院重新提案，致該行政法人迄今仍未成立[22]。

6. 結論

新政府已於 105 年 5 月 20 日就任；第九屆立法委員更於 105 年 2 月 1 日就職，民主進步黨已全面執政，為建構小而能政府，允宜全面設置行政法人，既可縮減員額、減少支出，更能有效提升行政效能。

22.范祥偉，〈我國公共組織行政法人化之推動現況與展望〉，收錄於《憲政法治之理論與實踐——朱武獻教授六秩晉五祝壽論文集》，一品文化出版社，104年12月，頁285。

| 第 16 章 |

國家 DNA 資料庫與人權

唐淑美[1]

摘要

2015 年 6 月，科威特遭受恐怖攻擊，該國國會為能有效促進國內維安，迅速逮捕刑事罪犯，通過 No. 78/2015 法案有關全民 DNA 強制採樣規定。依據這項法規，國會要求內政部針對科威特全國 130 萬公民和 290 萬外籍居民（包含短期居留者）強制採樣 DNA 樣本，建立全國 DNA 資料庫。科威特成為全世界唯一強制性要求全國人民 DNA 資料庫建檔國家。Alkarama Foundation 認為科威特強制性蒐集全民 DNA，違反《公民及政治權利國際公約》第 17 條針對隱私權限制之必要性、比例原則和正當性標準。

歐洲人權法院 S. and Marper v. United Kingdom 一案為近年來對於隱私權發展極為重要之指標性判決。英國政府強調公共利益而未依比例原則審慎採樣及留置指紋、生物性樣本及紀錄之立法政策，在歐洲人權法院遭到致命之抨擊。事實上，歐洲人權法院之判決結果，不僅影響英國立法政策，甚至影響歐洲及全世界國家 DNA 資料庫法制。本文回顧各國刑事 DNA 資料庫之建置標準，以歐洲人權法院 S. and Marper v. United Kingdom 判決為例，探討國家 DNA 資料庫過度擴增之議題。個人 DNA 樣本及紀錄之留存，在不同的情況下，具有懲罰、紀錄甚或導致社會汙名標籤之特性，各國有關 DNA 樣本及紀錄留存之修法重點，乃應審慎考慮此三種特性之可能性，在民主社會犯罪預防之目的下，依

---

1. 亞洲大學財經法律學系暨研究所教授。本文主要重新整理自作者發表於法務部《刑事政策與犯罪研究論文集（12）》〈論英國國家DNA資料庫擴增之爭議〉。

據比例原則和正當性標準以作為偵查犯罪、打擊犯罪之工具。

壹、前言

　　2015 年 6 月 26 日恐怖分子自殺炸彈客於科威特城，針對「什葉派清真寺伊瑪目薩迪克（Imam al-Sadiq）」發動恐怖襲擊，造成 27 人死亡，227 人受傷。科威特國會為能有效促進國內維安、迅速逮捕刑事罪犯，通過 No. 78/2015 法案強制全民 DNA 採樣規定（共 13 條條文），該法案已於 2015 年 8 月 2 日公布生效，一年後實施 [2]，但 2016 年底該法令遭律師團體嚴重抗議，目前恐難以施行。依據這項法規，國會要求內政部針對科威特全國 130 萬公民和 290 萬外籍居民（包含短期居留者）建立全國 DNA 資料庫。拒絕提供鑑定樣本的人將面臨 1 年徒刑和高達 3 萬 3000 美元罰款，提供假樣本的人更恐遭判刑 7 年。國會也已依照內政部要求，通過 4 億美元緊急資金預算。法案第 5 條說明法案之目的乃是：（1）基於確認犯罪者及相關同夥犯罪者；（2）確認犯罪嫌疑人及其家屬；（3）確認無名屍；（4）基於國家的最高利益或法院或主管案件調查當局所需之目的。目前科威特是世界上唯一強制性要求全國人民 DNA 樣本採樣國家 [3]。

　　Alkarama Foundation 此一非政府組織，努力致力於阿拉伯世界中個人應享有在法治保護下的自由與尊嚴 [4]，認為科威特強制性蒐集全民 DNA，違反聯合國《公民及政治權利國際公約》（International

---

2. Fiona Macdonald, 2016, You'll soon have to hand over your DNA if you want to visit Kuwait (Report on May 3, 2016), available at http://www.sciencealert.com/you-ll-soon-have-to-hand-over-your-dna-if-you-want-to-enter-kuwait (last visited May 15, 2016).

3. Fiona Macdonald, 2015, Kuwait has become the first country to make DNA testing mandatory for all residents (Report on July 13, 2015), available at http://www.sciencealert.com/kuwait-has-become-the-first-country-to-make-dna-testing-mandatory-for-all-residents (last visited May 15, 2016).

Covenant on Civil and Political Rights，簡稱 ICCPR）第 17 條針對隱私權限制之必要性、比例原則和正當性標準[5]。公約第 17 條內容：一、任何人之私生活、家庭、住宅或通信，不得無理或非法侵擾，其名譽及信用，亦不得非法破壞；二、對於此種侵擾或破壞，人人有受法律保護之權利。有關必要性措施，聯合國人權事務委員會在其一般性評議 27 號，關於公民權利和政治權利公約第 12 條強調，公民權利之限制必須不損害其實質權利；權利和限制、規範與例外之間的關係必須不被錯置[6]。所謂合理性概念被解釋為「對於目的之追求，隱私的任何干擾必須合乎比例原則，而且必須具必要之情況下」[7]。

　　Alkarama Foundation 認為科威特這種賦予內政部無限制之蒐集及使用 DNA 資訊的權力，缺乏獨立的監控機構，構成任意干涉個人隱私和家庭，違反《公民及政治權利國際公約》的要求。該強制採樣法規與《公民及政治權利國際公約》第 17 條不相容，特別是針對隱私權限制之必要性、比例原則和正當性標準。基於人權事務委員會一般性評議第 31 號說明，對公約的一般法律義務規定，締約國必須避免違反公約所承認的權利；任何有關這些權利的限制，國家必須說明其必要性，採取符合比例原則之手段和正當性標準，以便確保公約權利受有效的

4. Alkarama（阿拉伯文：حقوق الإنسان الكرامة，中文：尊嚴）是一個成立於2004年，基於人權訴求設置於瑞士的獨立非政府組織，協助在阿拉伯世界受到不法處決、失蹤、酷刑和任意拘留等之案例。Alkarama 作為在阿拉伯世界中個人受害者和國際人權機制之間的橋樑，努力致力於使阿拉伯世界中所有個人都獲得法治保護的自由與尊嚴。

5. Alkarama Foundation, 2015, Kuwait, Submission to the List of Issues to be Taken up in Connection with the Consideration of Kuwait' Third Periodic Report by the Human Rights Committee. August 5, 2015.

6. See Human Rights Committee, General Comment 12, Article 1 (Twenty-first session, 1984), Compilation of General Comments and General Recommendations Adopted by Human Rights Treaty Bodies, U.N. Doc. CCPR/C/21/Rev.1/Add.9, paras. 11 to 16.

7. See Human Right Committee, Communication No. 488/1992, Toonan v Australia, para. 8.3; see also communications Nos. 903/1999, para 7.3, and 1482/2006, paras. 10.1 and 10.2.

保護[8]。科威特身為《公民及政治權利國際公約》的締約國，人權委員會（HRCtee）[9]將定期審查該國是否確實執行《公民及政治權利國際公約》所規定的權利，為確保依據公約，有效保護公民權利，Alkarama Foundation 建議科威特廢除強制性 DNA 採樣規定。

事實上，不僅科威特政府擬建制全民 DNA 資料庫，我國前法務部部長陳定南亦曾於任內囑託相關機關研擬全民 DNA 資料庫建檔之可能[10]，但無論是全民指紋建檔或是 DNA 資料建檔，由於皆涉及到龐大的經費預算及人權團體之杯葛，而遭否決。司法院釋字第 603 號解釋：「國家基於特定重大公益之目的，而有大規模蒐集、錄存人民指紋，並有建立資料庫儲存之必要者，應以法律明定其蒐集之目的，其蒐集之範圍與方式且應與重大公益目的之達成，具有密切之必要性與關聯性，並應明文禁止法定目的外之使用。主管機關尤應配合當代科技發展，運用足以確保資訊正確及安全之方式為之，並對所蒐集之指紋檔案採取組織上與程序上必要之防護措施，以符憲法保障人民資訊隱私權之本旨。」大法官釋字第 603 號解釋對於我國 DNA 資料庫建檔的法制，具有重要的參考價值。

2006 年英國布萊爾首相亦曾提出建置全民 DNA 資料庫計畫，全民 DNA 資料庫檔案將包括英國全國公民和訪客，但此計畫引發爭議及批評[11]。主要之批評包括：（1）建立全民 DNA 資料庫無助於解決更多之

---

8. See Human Rights Committee General Comment No. 31 CCPR/C/21/Rev.1/Add. 13, para. 6.
9. 人權委員會乃是由18個獨立專家組成。2015年12月人權委員會主要關切之議題共有27項，其中最主要的議題包括：強制DNA採樣、死刑、酷刑、缺乏獨立的司法機構、和平集會嚴重限制、言論和集會自由權利限制、無國籍人的歧視。
10. 有關陳定南曾提倡建立全國DNA資料庫資訊，詳見黃文雄，〈全民「透明化」的危機〉2004年05月31日中國時報，時論廣場；瞿海源，2001，〈全國司改會議兩周年體檢專題：非法律人對司法改革的一些觀察〉，《司法改革雜誌》，第34期，available at http://www.jrf.org.tw/newjrf/rte/myform_detail.asp?id=656 (last visited May 15, 2016)

犯罪；（2）喪失公眾的信任；（3）增加刑事司法機關及相關人員濫用
資料庫的風險；（4）增加錯誤偽陽性吻合機率之風險。2008 年 6 月警
察首長年會（Association of Chief Police Officers，簡稱 Acpo），英國
61% 的警察局長反對建置全民 DNA 資料庫 [12]。但英國 DNA 資料庫已因
一連串修法擴增國家 DNA 資料庫，存留許多無犯罪紀錄者的 DNA 與
指紋樣本及紀錄，歐洲人權法院於 2008 年 12 月 4 日裁決 S. and Marper v.
United Kingdom 一案，判決英國政府儲存無犯罪紀錄者的 DNA 與指紋
樣本及紀錄違反《歐洲人權公約》「歐洲保障人權和基本自由公約」（the
European Convention for the Protection of Human Rights and Fundamental
Freedoms）第 8 條。

　　隱私權固然為《公民及政治權利國際公約》、《歐洲人權公約》
所規定的基本權利，應當受到尊重及保護，但是基於保護全民之公共利
益，對於嚴重之恐怖主義暴力犯罪，是否應當採取更為積極有效偵查手
段，才能真正遏止犯罪，猶有爭議。科威特政府為能有效促進國內維安，
有效防治恐怖攻擊行動，已著手建置全世界第一個全民 DNA 資料庫，
但是恐怖攻擊行動不僅發生在阿拉伯國家，亦已肆虐擴及於歐盟國家，
2015 年 1 月 7 日發生於法國巴黎《查理週刊》總部的恐怖襲擊案，導
致 12 死 11 傷。2015 年 11 月 13 日與 14 日凌晨發生於法國巴黎及其北
郊聖但尼的連續恐怖襲擊事件，更造成來自 26 個國家的 127 人當場遇
難。2016 年 3 月 22 日在比利時首都布魯塞爾及周邊地區發生的連環爆
炸恐怖襲擊事件，造成 32 名受害者死亡，3 名自殺炸彈客亦在爆炸中
死亡，至少 340 人受傷。

---

11. DNA database 'should include all'. The Telegraph. 24th October 2006, available at http://www.
telegraph.co.uk/news/uknews/1532210/DNAdatabase-should-include-all.html.
12. Police chiefs against universal DNA database. RINF. 27th June 2008, available at http://rinf.com/
alt-news/surveillance-big-brother/policechiefs-against-universal-dna-database/.

　　為有效打擊恐怖主義、防止跨境犯罪，其他阿拉伯或歐盟國家是否會立法建置、擴增國家 DNA 資料庫計畫？本文首先回顧各國刑事 DNA 資料庫之建置標準，其次以歐洲人權法院 S. and Marper v. United Kingdom 判決為例，探討國家 DNA 資料庫過度擴增問題。再者，探究留存 DNA 資料庫之樣本與檔案究竟為何種屬性，最後提出結論與建議。

貳、國家 DNA 資料庫之建置規範

　　自從 1986 年英國基因學專家傑福瑞（Alec Jeffreys）[13] 成功將 DNA 鑑識技術應用於犯罪調查以來 [14]，DNA 鑑定已成為刑事犯罪專家利用生物學樣本偵測犯罪的一種新工具。1995 年英國建立第一個國家 DNA 資料庫後，各國政府基於在民主社會中，為了國家安全、公共利益、預防社會不安及犯罪之發生為前提下，跟隨英國腳步而驗證了經由刑事 DNA 資料庫之高科技智慧型辦案之「辦案魔力」。

　　美國於 1994 年制定《DNA 鑑別法》後，正式成立國家刑事 DNA 資料庫；但又因檢驗案件之延滯及累積，2000 年後通過《DNA 分析延遲消弭法》，授權美國聯邦調查局依法使用該資料庫。2004 年准許受重罪起訴者 DNA 檢體及紀錄之留存，美國准許聯邦調查局去蒐集聯邦所列舉之各項犯罪、監禁者、假釋、緩刑、交付保護管束者等之 DNA 樣本。加拿大於 2000 年 6 月制定《DNA 鑑別法》（DNA Identification

---

13. 生物體細胞中帶有遺傳性狀的生化物質者為染色體，染色體主要是由DNA所組成，DNA 就像是父母給的身分證號碼，除非是同卵雙胞胎，世上可能沒有兩個人具有完全相同的 DNA序列，即便是兄弟姊妹，DNA序列亦不同，這使得DNA成為個人識別的主要依據。 在刑案現場上所採到的血跡、體液、骨骼、肌肉、毛髮等生物組織樣本，都可以萃取出 DNA，以之判明被害人與加害人的身分。1985年傑福瑞將上述重大發現及其具體應用首次 發表於《自然》雜誌。請參見Jeffreys, A. J., Wilson, V., Thein, S.L. 1985, Individual-specific 'Fingerprints' of Human DNA, 314, Nature, pp.67-73.
14. R v. Pitchfork（See the times, 22 November 1986; the Times, 2 January 1987; the Crown Court in Leicestershire in January, 1988）.

Act），正式授權加拿大政府依法建置國家DNA資料庫（National DNA Data Bank，NDDB）。加拿大《DNA鑑別法》完全以刑事犯罪偵查及訴訟舉證問題為取向，准許國家DNA資料庫之建立及管理，國會並同時修改刑法以授權法官對於觸犯指定之刑法而被定罪者，可下令採集其身體上之樣本，並將其樣本分析而獲得之DNA資料併入國家DNA資料庫。1997年奧地利、荷蘭亦成功的設立國家刑事DNA資料庫，1998年德國國家刑事DNA資料庫也正式成立，1999年芬蘭、挪威成立國家刑事DNA資料庫，比利時、丹麥及瑞士等大部分歐洲國家亦跟隨此潮流而紛紛立法設立國家刑事DNA資料庫。

我國於1997年發生白曉燕命案後，調查局奉法務部命令正式成立DNA資料庫，針對全部暴力犯罪人犯抽取DNA分析建檔[15]。1999年2月去氧核醣核酸採樣條例制定，內政部警政署刑事警察局再依性侵害犯罪防治法及去氧核醣核酸採樣條例[16]之規定建立DNA資料庫，對於性侵害加害人、性犯罪、重大暴力犯罪案件之被告或犯罪嫌疑人依法強制採樣[17]。

國家DNA資料庫之規模隨著不同的國家立法制度而有很大的差異性，例如各國刑事DNA資料庫樣本紀錄來源基準、樣本紀錄銷毀及刪

---

15. 由於當時去氧核醣核酸採樣條例尚未制定，法務部根據監獄行刑法第11條及第51條規定，對暴力犯罪的受刑人進行「健康檢查」，但實際上卻是建立受刑人DNA紀錄，以促進科技辦案的能力。法務部以「健康檢查」之名，卻採取暴力犯罪者DNA分析建檔，引起人權團體之強力撻閥。詳見1997年臺灣人權報告，臺灣人權促進會網址 http://www.tahr.org.tw。

16. 人之自由權利受憲法保障，僅於有特定重大公益之目的，始得以法律限制。為兼顧治安維護及保障人民身體完整不受侵犯權、資訊自我決定權之基本權，去氧核醣核酸採樣條例有制定之必要。

17. 有關我國DNA鑑定對刑事犯罪認定有效性與我國刑事DNA資料庫之法律疑義，請參閱唐淑美，李介民，〈我國司法實務有關DNA鑑定對刑事犯罪認定有效性之分析〉，《東海法學研究》，第21期，2004，頁43-98。唐淑美，李介民，〈使用刑事DNA資料庫之法律疑義〉，《中央警察大學警學叢刊》，第36卷第3期，2005，頁281-299。

除標準、資料庫紀錄准許比對之標準皆不盡相同，不同的國家立法制度造成各國不同規模的 DNA 資料庫。由於各個國家的法律制度不同，因此其刑事 DNA 資料庫檢測項目及範疇亦有很大差異，強制性採樣基準、樣本紀錄銷毀及刪除標準，引起了諸多有關違反人權的爭議[18]。

　　大體而言，根據國家 DNA 資料庫得納入及刪除 DNA 檔案之立法，國家 DNA 資料庫之建置可分為「限制型」（restrictive）及「擴張型」（expansive）立法兩種趨勢。以歐盟而言，比利時、法國、德國、匈牙利、愛爾蘭、義大利、盧森堡、荷蘭、波蘭、葡萄牙、羅馬尼亞、西班牙和瑞典屬「限制型」建置立法；奧地利、丹麥、愛沙尼亞、芬蘭、拉脫維亞、立陶宛、蘇格蘭、斯洛伐克和英國（英格蘭和威爾斯）屬「擴張型」建置立法[19]。「限制型」國家 DNA 資料庫建置立法國家，大多要求被強制採樣者涉嫌觸犯較為嚴重之犯罪行為；「擴張型」國家 DNA 資料庫建置立法國家，相對於「限制型」建置立法國家，強制採樣範圍可能擴大於一般犯罪行為且要求更長的樣本保留期，可快速擴增國家 DNA 資料庫範圍。以理論而言，「擴張型」國家 DNA 資料庫建置立法應可提高樣本吻合機率，進而提高資料庫效能，但研究顯示，DNA 資料庫之擴增，不一定能直接轉化為更高效能[20]（詳見表一）。表一中，截至

18.有關國家DNA資料庫之擴增與隱私權之探討議題，請參酌唐淑美，〈刑事DNA資料庫之擴增與隱私權之探討〉，《東海法學研究》，第23期，2005，頁83-122；唐淑美，〈加拿大國家DNA資料庫之隱私權探討〉，《中央警察大學警學叢刊》，第38卷第2期，2007，頁73-92。唐淑美，〈基因資料庫之隱私權保護監督機制〉，《醫事法學》，第14卷第3-4期合訂本，2007，頁52-59；唐淑美、李介民，〈我國司法實務有關DNA鑑定對刑事犯罪認定有效性之分析〉，《東海法學研究》，第21期，2004，頁43-98；唐淑美、李介民，〈使用刑事DNA資料庫之法律疑義〉，《中央警察大學警學叢刊》，第36卷第3期，2005，頁281-299。

19.Filipe Santos, Helena Machado and Susana Silva, Forensic DNA databases in European countries: is size linked to performance? Life Sciences, Society and Policy, 2013, 9:12, available at http://www.lsspjournal.com/content/9/1/12 (last visited May 15, 2016).

20.Ibid.

表一　歐盟國家人口數和 DNA 資料庫效能

國家	全國人口數	DNA 資料庫留存總數	DNA 資料庫留存總數與總人口數比例	犯罪現場檢體採集數	個人 DNA 檔案資訊與犯罪現場檢體吻合數	DNA 資料庫效能
限制型立法建置						
比利時	10.400.000	22.871	0.22%	26.237	1.886	0.08
法國	64.300.000	1.873.016	2.91%	120.111	53.595	0.03
德國	81.835.000	746.912	0.91%	201.955	99.974	0.13
匈牙利	9.982.000	90.275	0.90%	2.264	240	0.00
盧森堡	500.000	877	0.18%	662	200	0.23
荷蘭	16.100.000	130.067	0.81%	49.158	29.792	0.23
波蘭	38.200.000	28.376	0.07%	2483	147	0.01
羅馬尼亞	22.000.000	13906	0.06%	696	43	0.00
西班牙	44.800.000	192.835	0.43%	59.761	20.671	0.11
瑞典	9.000.000	107.130	1.19%	23.539	32.144	0.30
擴張型立法建置						
奧地利	8.100.000	151811	1.87%	48411	14.809	0.10
丹麥	5.500.000	77.500	1.41%	40.518	20.738	0.27
愛沙尼亞	1.400.000	29.274	2.09%	9.376	2.860	0.10
芬蘭	5.402.145	119.383	2.21%	13.296	14.779	0.12
拉脫維亞	2.400.000	37037	1.54%	2092	761	0.02
立陶宛	3.169.000	55.561	1.75%	4.204	1.558	0.03
英國（蘇格蘭）	5.062.000	236.202	4.67%	9.987	18.410	0.08
斯洛伐克	5.500.000	29.474	0.54%	6.686	3.454	0.12
英國（英格蘭和威爾斯）	53.700.000	5.508.170	10.26%	390.275	1.710.391	0.31

資料來源：Filipe Santos, Helena Machado and Susana Silva, 2013, Forensic DNA databases in European countries: is size linked to performance? Life Sciences, Society and Policy（統計資料截至 2011 年 12 月）。

2011 年歐盟國家人口數和 DNA 資料庫效能結果，國家 DNA 資料庫留存總數與總人口數比例最高者為英國（英格蘭和威爾斯）10.26%，其次為英國（蘇格蘭）4.67%，第三者為法國 2.91%，研究顯示英國採樣蒐集比例遠高於其他歐盟國家，但資料庫效能並非與採樣蒐集比例呈正比關聯。

　　英國原對 DNA 採樣及樣本檔案留存較為謹慎，但爾後一連串修法，急速擴大英國國家 DNA 資料庫樣本與紀錄合法建檔及留存之範疇。R. v. Attorney General's Reference No.3 of 1999[21] 一案，原上訴法院認為《英國警察暨刑事證據法》第 64 條第 3B（b）款必須與 3B（a）款合併解釋，因此，法官並沒有自由裁量權允許應當被銷毀之樣本，所得自該應被銷毀樣本之資料，不具證據能力。但上議院（House of Lord）[22] 認為在一旦違反《英國警察暨刑事證據法》第 64 條第 3B（b）款的情況下，法庭將允許擁有自由裁量權去決定該項來自不應允許調查證據之證據能力。上議院認為法官應該考量的不僅僅是被告的權利，仍然要考慮

---

21. 1997年1月，英國一位66歲老婦人於一起竊盜案中遭強制性交及嚴重之身體攻擊，警察從受害者陰道取得加害者之精斑抹片，1997年4月，警察將從加害者精斑抹片獲得之DNA鑑定資料貯存於國家DNA資料庫。嫌犯B因其他與此案不相關之竊盜案而遭警方逮捕，警方根據《英國警察暨刑事證據法》第63及65條，合法地採取B之非親密性樣本（唾液樣本），B涉嫌之竊盜案於1998年8月因被排除懷疑而釋放，但其DNA鑑定之結果仍然一直被留置於國家DNA資料庫而沒有銷毀。1998年10月，B沒有被銷毀之DNA鑑定結果與老婦人陰道取得加害者之精斑抹片DNA鑑定結果吻合，基於上述DNA鑑定結果相符之資訊下，警察決定重新逮捕B，並第二次合法採取B之非親密性樣本（頭髮），無須獲得B之同意。警方第二次採取樣本之理由即是要證明B與該66歲老婦人遭強制性交案件之關聯性，因此第二次採取之非親密性樣本（頭髮），仍屬合法取得，而犯罪嫌疑人與老婦人陰道之精斑抹片DNA鑑定結果，其相符對偶基因再現頻率為一千七百萬分之一，而由警方第二次採取之樣本頭髮所獲得之DNA證據，為起訴B強制性交老婦人之主要證據。See R. v. Attorney General's Reference No. 3. [2001] 1 Cr. App. R.34.

22. 上議院原為英國之終審法院（12位上議院的司法議員組成），但2009年7月30日起停止上議院司法審判職權；2009年10月1日起改由最高法院負責終審英國所有的民事及英格蘭、威爾斯及北愛爾蘭的刑事案件。

到公共利益以及受害者之處境及受害者家人對司法之期望。依據《英國警察暨刑事證據法》第 78 條，法庭應有自由裁量權去審酌非法取得之樣本的證據能力。上議院認為固然被告之隱私權應當受到尊重及保護，但是刑法的目的乃是保護每個人的生命及財產不受威脅及迫害，基於保護全民之公共利益，對於嚴重之暴力犯罪，應當予以有效偵查及起訴，這才符合司法之公平與正義。英國國會於 2003 年刑事正義法第 10 條修訂《英國警察暨刑事證據法 1984》第 63 條，2004 年 4 月 5 日起准許警察對所有因觸犯「列為登錄之犯罪」者，一旦遭警察逮捕，無論嗣後該嫌犯是否遭起訴或判刑，警察都可採檢及留置其樣本，而不須被銷毀，以達到犯罪預防及犯罪偵查之目的。依刑事正義法遭逮捕取樣之人稱為 CJ Arrestees，自 2005 年 4 月至 2006 年 3 月增加 20 萬件 DNA 樣本[23]。

英國經由一連串的立法及修法，急速擴大國家 DNA 資料庫樣本及紀錄合法建檔及留存之範疇，許多原先應銷毀之不起訴或無罪判決者 DNA 樣本及紀錄改為無限期保留，對人民隱私權造成極大衝擊，歐洲人權法院於 2008 年 12 月 4 日裁決 S. and Marper v. United Kingdom 一案，判決英國政府儲存無犯罪紀錄者的 DNA 與指紋樣本及紀錄違反《歐洲人權公約》，並下令英國應於 2009 年 3 月前提出銷毀現有資料庫內相關樣本、紀錄的計畫。

參、S. and Marper v. United Kingdom

一、案例事實說明[24]

2001 年 1 月，年僅 11 歲的 S.，因意圖偷竊而遭警察逮捕。S. 當時

---

23. Forensic Science Service, The National DNA Database Annual Report 2005-2006, p. 14.
24. See Marper v. United Kingdom (Application Nos 30562/04 and 30566/04) European Court of Human Rights (Grand Chamber): Judgment of December 4, 2008.

被要求採取指紋及 DNA 樣本進行建檔，爾後 S. 雖於 2001 年 6 月被排除嫌疑而釋放，但是警方仍留置 S 的 DNA 樣本及紀錄資料。另一案件，Michael Marper 於 2001 年 3 月，因騷擾同居人而遭警察逮捕，皇家刑事部門（The Crown Prosecution Service）因 Michael Marper 已與同居人和解而於 2001 年 6 月做出不起訴處分，但是 Marper 之前因被逮捕而遭採取的指紋及 DNA 樣本仍保留於國家 DNA 資料庫。S. 及 Marper 請求英國警方銷毀其 DNA 樣本及刪除 DNA 及指紋紀錄，但都遭警方拒絕。警方根據《英國警察暨刑事證據法 1984》第 64（1A）條款，所有遭警察逮捕的犯罪嫌疑人，其逮捕罪名被列為登錄犯罪，則犯罪嫌疑人所被採檢之樣本及登錄之紀錄資料，不會因刑事調查的結果為排除嫌疑、不起訴或無罪而須銷毀或刪除，亦即犯罪嫌疑人所被採檢之樣本及登錄之紀錄資料將會留存於國家 DNA 資料庫，用來提供警察日後偵辦犯罪案件之交互比對用途。Marper 等人對於警方拒絕銷毀他們的 DNA、指紋樣本及刪除相關紀錄資料，提起行政訴訟，行政法院駁回其申請；Marper 等人向上訴法院提起上訴，上訴法院以二（Lord Woolf C. J. and Waller L. J.）比一（Sedley L. J.）維持原判決[25]。贊成維持原判決主要意見為：（1）保留 DNA 資料庫之完整性以備篩檢比對及未來資料庫之使用；（2）DNA 樣本之保留提供將來 DNA 嶄新發展之再分析，以提高 DNA 相符之鑑別力；（3）DNA 樣本之保留提供將來新開發的分子標記以節省比對之速度、靈敏度與經費；（4）DNA 樣本之保留提供司法不公的案件之再度調查；（5）DNA 樣本之保留提供 DNA 鑑定或流程錯誤之進一步分析。Lord Waller L. J. 指出刑事追訴及犯罪預防之目的下，上述優點足以平衡個人權益可能受損之風險。抱持反對意見之 Lord Sedley L. J. 則主張無罪推定之原則。最後，Marper 等人再上訴

---

25. *Marper v. United Kingdom*, paragraphs 13-14.

到上議院仍遭駁回，上議院強調樣本及紀錄之留置並不會違反《歐洲人權公約》第 8 條。Lord Steyn 依據 FSS 統計資料，顯示有高達六千筆國家 DNA 資料庫原本應被銷毀之 DNA 紀錄與犯罪現場跡證關聯。Lord Steyn 提出五點聲明，表示符合採樣留置生物性樣本及紀錄之合法目的：（1）指紋及樣本僅提供為偵查及預防犯罪之用途；（2）指紋及樣本僅提供為犯罪現場採證之指紋及生物性跡證之比對用途；（3）指紋將不會被公開；（4）個人不會無端的自國家資料庫保留的檔案中被識別出來；（5）國家資料庫擴展結果賦予打擊嚴重犯罪案極大優勢[26]。由於 Marper 等人已用盡國內救濟途徑，經英國國內三審法院程序仍遭駁回，因此，2004 年 8 月 Marper 等人基於《歐洲人權公約》第 8 條及第 14 條理由，遂向歐洲人權法院提出訴訟。2008 年 12 月 4 日歐洲人權法院裁決，英國政府不得儲存無犯罪紀錄者的 DNA 與指紋，並下令英國應於 2009 年 3 月前提出銷毀現有資料庫內相關樣本的計畫。

二、《歐洲人權公約》第 8 條

本案實與《歐洲人權公約》第 8 條息息相關，《歐洲人權公約》第 8 條內容闡述：（1）人人有權使其私人和家庭生活、其家庭和通訊受到尊重；（2）公共機關不得干預上述權利的行使，但是依照法律的干預以及在民主社會中為了國家安全、公共安全或國家經濟福利的利益，為了防止混亂或犯罪，為了保護健康或道德，或為了保護他人的權利與自由，有必要進行干預者，不在此限。

《歐洲人權公約》第 8 條的重點，主要是評估該條第 2 項有關公共部門基於公權力對於私人隱私之干涉，其判斷標準乃在於處理下列問題：是否依法處理個人資料（In accordance with the law）？是否法

---

26. *Marper v. United Kingdom*, paragraphs 17, 21.

律乃依據《歐洲人權公約》第 8 條第 2 項中的合法的目的（Legitimate aim）？在民主社會中此種立法的需要性（Necessary in a democratic society），亦即是否過度或不符合比例原則之蒐集及儲存個人資訊？

三、原告主張

（一）Marper 等人認為指紋、細胞樣本或 DNA 紀錄，由於具身分之識別性，無限期留置導致原本他們可以控制的私人資訊失去控制，因此上述個人資訊之留置干預《歐洲人權公約》第 8 條的私人生活（private life）。另外，Marper 等人特別強調，指紋、細胞樣本或 DNA 紀錄之留置，造成社會恥辱（social stigma）及心理影響，尤其對於像 S. 的未成年人來說，更是特別干擾其私人生活的權利[27]。

（二）Marper 等人提出英國資訊法院（Information Tribunal）數宗適用《歐洲人權公約》第 8 條的判例引為參考[28]。

（三）英國政府對個人敏感性資訊留置行為乃是依據《歐洲人權公約》第 8 條第 2 項之例外原則，但是 Marper 等人認為英國政府所提出的「犯罪預防」、「犯罪偵查」等目的，過於模糊且目的寬廣，易於被濫用。此類敏感性資訊之程序監管不足，可能導致被濫用或誤用的情形，不僅連結到警察，亦連結到 56 個非警察單位，包括其他政府部門，甚至是私人團體，例如英國電信、英國保險或雇用人。除了英國國內，此類敏感性資訊甚至連結到泛歐體系之申根資訊系統（Schengen Information System）。因此，此類個人資訊之之留置對《歐洲人權公約》第 8 條的私人生活權利，具實質的干擾[29]。

---

27. *Marper v. United Kingdom*, paragraph 60.
28. Chief Constables of West Yorkshire, South Yorkshire and North Wales Police v Information Commissioner [2005] UK ITEA 0010 173, published on October 12, 2005, see paragraph 61.
29. *Marper v. United Kingdom*, paragraph 87.

（四）Marper 等人認為無限期保留未定罪之人的指紋、細胞樣本或 DNA 紀錄並非「民主社會之犯罪預防目的所需」。另外，政府強調高比例之「犯罪現場 DNA 型別」與「國家 DNA 資料庫之 DNA 紀錄型別」相符，並不必然導致後續之成功起訴。事實上，英國政府提出之大部分成功起訴之個案，最後得以成功起訴，並非來自偶發犯罪現場 DNA 型別與國家 DNA 資料庫之未定罪人 DNA 紀錄型別相符結果，往往來自更侷限的時間和範圍之資料庫範疇 [30]。

（五）Marper 等人認為英國政府之毫無差別的無期限留置個人敏感性資訊（指紋、細胞樣本或 DNA 紀錄），並未依據比例原則或犯罪嚴重性等因素考量。亦即表示英國政府對敏感性資訊之留置決策過程並未針對個人情況、獨立決策或審慎思考。Marper 等人認為留置樣本及相關資料表示該人雖已遭釋放或不起訴處分後仍遭懷疑，因此代表他們並非是全然無罪的，樣本之留置對兒童而言更是特別的傷害，另外，某些族群相較其他族群，在資料庫中過度建檔（over-represented）[31]。

（六）Marper 等人主張，一般人並無須將其樣本及紀錄資料提供警方作為犯罪調查之用，但是 Marper 等人的樣本卻須遭受留置處置，此種處置方式乃違反《歐洲人權公約》第 14 條關於不准歧視之規定 [32]。

四、英國政府主張

（一）英國政府接受指紋、DNA 紀錄以及樣本屬於個人資料保護法之個人資料，英國政府不認為 DNA 樣本及紀錄資料之留置，會與《歐洲人權公約》第 8 條之主張衝突，縱然有任何衝突，依照法律目的之比例原則處置 DNA、指紋之樣本及紀錄資料，例如採檢之紀錄資料僅供

---

30. *Marper v. United Kingdom*, paragraph 88.
31. *Marper v. United Kingdom*, paragraph 89.
32. *Marper v. United Kingdom*, paragraph 24.

偵查、調查或起訴犯罪等目的使用，將使留置樣本及紀錄與人權衝突減低至最小。樣本及紀錄之留置並不像最初採檢樣本時影響到個人身體及心理之完整性，亦不會干預他們個人發展、建立與人際關係發展或自決的權利[33]。

（二）英國政府認為原告的實質關切問題在於留置之樣本未來使用的情形，分析 DNA 樣本的方法、範疇和未來潛在干預個人私人生活的積極監測可能。英國政府強調這些樣本及紀錄僅限定於清晰及明確的法律目的許可的範圍[34]。

（三）英國政府認為 DNA 紀錄僅是一段序列之組合，這段序列提供鑑別個人組織之一種方法，這段序列並未包含重大侵入個人或個人個性的資訊。國家 DNA 資料庫乃是由這種 DNA 紀錄組合而成，可以使用為犯罪案現場跡證或身分鑑定之 DNA 型別比對。國家 DNA 資料庫對部分 DNA 紀錄型別相符（partial matches）之親族蒐尋（familial searching），僅發生於相當罕見的案例，且比對過程經過嚴格控管。指紋、DNA 紀錄以及樣本本身並不會造成主觀性的判斷，也不提供任何有關個人活動的資訊，因此上述資料及樣本之留存並不會對個人或個人的聲譽影響造成風險。縱使這種樣本及紀錄留置之方式可能落入《歐洲人權公約》第 8 條第 1 項範圍內，但樣本及紀錄留置造成之負面影響亦極為有限且不足構成嚴重干擾[35]。

五、歐洲人權法院判決說明

（一）歐洲人權法院重申保護電腦處理個人資料之重要性。指紋、DNA 紀錄、細胞性樣本都屬於 1981 歐洲理事會個人資料保護規範（The

---

33. *Marper v. United Kingdom*, paragraph 63.
34. *Marper v. United Kingdom*, paragraph 64.
35. *Marper v. United Kingdom*, paragraph 65.

Council of Europe Convention of 1981 for the protection of individuals with regard to automatic processing of personal data, the Data Protection Convention）範疇 [36]。

（二）歐洲人權法院認為《歐洲人權公約》第8條第1項所稱的「私人生活」的概念，乃具有廣泛範疇，包含許多有關身體和心理的層面，而無法詳盡定義之，例如性別、名字、性向、性生活等皆是，個人的健康、種族認同等資訊亦是私人生活中的重要資訊。此外私人生活權利包含保護個人發展和建立與其他人或外界之間的關係之發展權。「私人生活」的概念，主要為個人權利與其形象關聯之種種要素 [37]。

（三）歐洲人權法院認為細胞性樣本（cellular samples）、DNA 紀錄（DNA profiles）以及指紋之留置是否違反《歐洲人權公約》第8條主張，應分別考量：對於細胞性樣本，法庭認為個人對於政府保管其私人資訊未來可能之使用之關切，實為必要且具相當關聯性，因而反駁英國政府主張當事人基於未來假設性可能之使用為無關聯之顧慮 [38]。

（四）歐洲人權法院認為細胞性樣本具有高度私人特質，由於這種樣本包含個人健康資訊以及獨特的基因密碼，不僅與個人相關亦可能與親屬相關聯，屬於相當敏感性資料。DNA 紀錄所包含之訊息則較細胞性樣本所包含之訊息有限。無論如何，歐洲人權法院反駁英國政府主張：DNA 紀錄訊息僅為一組序列，須經由電腦整理才能使人明瞭。另外，英國政府承認此種訊息由於親族間之基因關係而可用於親族間之搜尋。英國政府亦不爭辯此種訊息可以用於評估樣本來源者之種族，因此歐洲人權法院認為細胞性樣本以及 DNA 紀錄之留置皆違反英國人權法

---

36. *Marper v. United Kingdom*, paragraph 41.
37. *Marper v. United Kingdom*, paragraph 66.
38. *Marper v. United Kingdom*, paragraphs 71-72.

第 8 條有關私生活權利之主張[39]。

（五）對於指紋，歐洲人權法院認為指紋具特異性，可精確的鑑別個人身分，此種資料不能被認為是中性或是無意義的。指紋與個人的照片及聲音資料具有相同的功能。一般而言，犯罪調查活動所採檢之指紋將因刑事調查目的為由，永遠保留於國家資料庫以自動化方式定期篩檢罪犯。指紋之留置將構成對私人生活之干擾[40]。

（六）歐洲人權法院雖注意到英國法院之判決乃依據《英國警察暨刑事證據法 1984》第 64 條，限制國家 DNA 資料庫使用目的為犯罪預防、犯罪偵查，或檢察官調查及起訴之理由下，在犯罪嫌疑人排除嫌疑或遭無罪釋放後，他們的樣本資料仍然被保留於國家刑事 DNA 資料庫中。但由於《英國警察暨刑事證據法 1984》第 64 條不夠明確，歐洲人權法院對這些樣本及紀錄日後之儲存及應用仍保留質疑[41]。

（七）歐洲人權法院同意英國政府的採樣及留置生物樣本之行為依據偵查及預防犯罪目的，符合《歐洲人權公約》第 8 條第 2 項中的合法的目的[42]。但歐洲人權法庭同意 Marper 等人的主張，認為英國政府無期限的留置未定罪之人的指紋、生物樣本及紀錄，並未有比例原則或犯罪嚴重性等因素考量，嚴重衝擊到公共利益與個人利益之均衡，而此種不符合比例原則之對私人生活的干預，並非民主社會所需要[43]。

（八）基於保護全民之公共利益、防止犯罪之公益目的之立法要求下，個人資料保護法下之個人敏感性資訊、指紋及 DNA 樣本及紀錄可能遭受例外之干預。但是政府應當審慎注意此種授權留置敏感性資訊而

---

39. *Marper v. United Kingdom*, paragraphs 74-75.
40. *Marper v. United Kingdom*, paragraphs 84, 86.
41. *Marper v. United Kingdom*, paragraphs 97-99.
42. *Marper v. United Kingdom*, paragraph 100.
43. *Marper v. United Kingdom*, paragraph 88.

無須取得當事人同意之法令規範。歐洲人權法庭認為會員國之國內法應
該提供合宜之安全管控，以確保個人資料之保護符合《歐洲人權公約》
第 8 條的要求，此種安全管控的需要主要在於對個人資訊於自動化處理
下之考量，而不僅僅只是用於警察犯罪偵查之目的 [44]。

（九）歐洲人權法庭注意到目前歐洲理事會中僅有英格蘭、威爾
斯、北愛爾蘭立法容許無限制留置觸犯登錄犯罪之犯罪嫌疑人的指紋、
DNA 樣本，且不論其年齡大小。假如不計代價的利用現代生物技術於
刑事司法體系，而不仔細考量平衡此技術之應用是否違反重要的私人生
活權利，此種司法制度顯然削減了「歐洲保障人權和基本自由公約」第
8 條之精神 [45]。

六、英國政府回應

英國政府為了回應歐洲人權法院於 S. and Marper v. United Kingdom
一案之判決，2009 年 5 月英國內政部公開諮詢各界對於指紋及 DNA 樣
本及紀錄留存之白皮書意見 [46]，基於歐洲人權法院對於英國政府毫無區
別的（blanket and indiscriminate）留存生物性樣本及紀錄之質疑，白皮
書對於 DNA 紀錄留存之年限主要分為三部分：（1）成年人觸犯列為登
錄犯罪者或未成年人（18 歲以下）觸犯單一嚴重犯罪或兩項以上較不
嚴重犯罪者，其 DNA 紀錄仍可無限期留存；（2）18 歲以下之未成年
人觸犯單一較不嚴重犯罪者，其 DNA 紀錄留存至他們年滿 18 歲時則須
刪除；（3）遭警察逮捕懷疑觸犯列為登錄犯罪之嫌疑人，於受不起訴
處分或無罪釋放時，其 DNA 紀錄依據犯罪之類型可保留六至十二年不
等。該諮詢意見計畫已於 2009 年 8 月 7 日截止，但該白皮書對生物樣

---

44. *Marper v. United Kingdom*, paragraph 104.
45. *Marper v. United Kingdom*, paragraph 109.
46. Home Office, Keeping the right people on the DNA database, May 2009.

本留存年限建議引起許多批評的聲浪[47]，英國保守黨及自由民主黨認為此白皮書計畫無法滿足歐洲人權法院對人權的要求[48]。

英國為符合歐洲人權法院對人權的要求，在 2012 年修法通過《自由保護法》（Protection of Freedoms Act），刪除無罪人民及兒童之 DNA 檔案。在 2013 年，刪除超過 170 萬的 DNA 檔案，銷毀 775 萬份 DNA 檢體[49]但是犯罪現場採證與資料庫吻合率仍持續增加。新的法規並沒有造成 DNA 資料庫效能的減損，此結果與 Santo 等人有關國家 DNA 資料庫效能並非與採樣蒐集比例呈正比關聯一致[50]。然而，有關對微罪遭逮捕定罪的人而蒐集之 DNA 樣本議題，卻仍持續引起爭議。

肆、懲罰、紀錄或羞辱之標籤

個人 DNA 樣本及相關紀錄留存於國家 DNA 資料庫，對於資料當事人而言，究竟是否是一種懲罰？或僅是一種紀錄？抑或是一種社會汙名之標籤？

一、懲罰

以加拿大 R. v. Rodgers[51] 一案為例，Dennis Rodgers 因觸犯性侵害罪而被定罪服刑於安大略監獄。Dennis Rodgers 被定罪時，《DNA 鑑別

47. GeneWatch UK and the Open Rights Group, Submission to the Home Office consultation: 'Keeping the right people on the DNA database', August 2009; ACPO press release 50/09, ACPO comment on consultation of DNA Database, 7 May 2009.
48. Conservative Party press release, Government plan to limit DNA database "doesn't go far enough", 7 May 2009 and Liberal Democrat website: The Freedom Bill; Liberty, Liberty's response to the Home Office's Consultation: Keeping the Right People on the DNA Database: Science and Public Protection, August 2009, pp2-3.
49. GeneWatch, The UK Police National DNA Database, www.genewatch.org/sub-539478, visiting on May 15, 2016.
50. Supra note no.18.

法》尚未制定，因此當時 Dennis Rodgers 並未受 DNA 檢體採樣，加拿大國家 DNA 資料庫並無 Rodgers 之 DNA 型別資料。刑事法院依據刑法 Section 487.055 溯及既往條款，片面的強制要求採樣其 DNA 檢體。Dennis Rodgers 認為刑法 487.055 乃是違憲之法令，因為法院之強制採樣其 DNA 檢體而未能事前通知及讓其參與聽證，片面強制採樣其 DNA 檢體，違反其依據《權利與自由憲章》第 7 條、第 8 條及第 11 條（h）及（i）應享有之權利[52]。Rodgers 認為刑法 Section 487.055 溯及既往條款侵害其於《權利與自由憲章》應享有之權利，他認為他已被定罪服刑，則不應再次受審理或者處罰；犯罪的刑罰在實施犯罪時和宣判時之間已經改變，應受較輕的處罰。因此，R. v. Rodgers 一案中，Rodgers 認為將其 DNA 鑑定之結果納入國家 DNA 資料庫以備將來之犯罪案件比對，無異是對其刑罰結果之加重懲處。

二、紀錄

S. and Marper v. United Kingdom 一案，英國政府認為 DNA 紀錄僅是一段序列之組合，這段序列提供鑑別個人組織之一種方法，這段序列並未包含重大侵入個人或個人個性的資訊。國家 DNA 資料庫乃是由這種 DNA 紀錄組合而成，可以使用為犯罪案現場跡證或身分鑑定之 DNA

---

51. *R. v. Rodgers*, [2006] 1 S.C.R. 554, 2006 SCC 15.
52. 《權利與自由憲章》條文如下：

第7條 Everyone has the right to life, liberty and security of the person and the right not to be deprived thereof except in accordance with the principles of fundamental justice.

第8條 Everyone has the right to be secure against unreasonable search or seizure.

第11條 Any person charged with an offence has the right. . .

(h) if finally acquitted of the offence, not to be tried for it again and, if finally found guilty and punished for the offence, not to be tried or punished for it again; and

(i) if found guilty of the offence and if the punishment for the offence has been varied between the time of commission and the time of sentencing, to the benefit of the lesser punishment.

型別比對。英國政府接受指紋、DNA 紀錄及樣本屬於個人資料保護法之個人資料，採檢之紀錄資料僅供偵查、調查或起訴犯罪等目的使用，將使留置樣本及紀錄與人權衝突減低至最小。樣本及紀錄之留置並不像最初採檢樣本時影響到個人身體及心理之完整性，亦不會干預他們個人發展、建立與人際關係發展或自決的權利。

　　R. v. Rodgers 一案，最高法院法官認為 DNA 樣本近似於指紋，僅能被採檢用於刑事鑑別目的，並不會對罪犯產生加拿大憲章第 11 條（h）及（i）項「處罰」之負擔。R. v. Rodgers 一案中法官摘錄 Arbour J. 法官於 SAB[53] 一案之評論[54]：「基於對被採樣者身體隱私權而言，DNA 採檢令可能侵犯被採樣者身體完整性，然而以被採樣者之犯罪刑度相對於 DNA 之採樣方式，無論是口腔棉棒之採檢或是血液採檢，均不會造成被採樣者身體完整性之無法忍耐，對於毛髮之採檢，除了陰毛以外，其他毛髮之採檢亦不致造成被採樣者隱私或尊嚴之嚴重侵害。」加拿大刑法 487.07（3）特別規定 DNA 之採樣方式必須尊重被採樣者身體隱私權，必須在合理之情況範圍下採檢，一般而言，被採樣者無須暴露太大範圍或太過於隱私之部位。

　　由上述兩見解看來，DNA 採檢及留置並非是刑罰之「懲罰」，而是為了預防犯罪而留存之「紀錄」。

三、羞辱之標籤

　　S. and Marper v. United Kingdom 一案，Marper 等人認為他們雖已獲釋放或不起訴處分後仍遭留置樣本及相關資料，此種作為代表他們並非是全然無罪的。因此 Marper 等人認為樣本之留置代表一種人格羞辱

53.*R. v. S.A.B.*, [2003] 2 S.C.R. 678, 2003 SCC 60 (para. 44).
54.*R. v. Rodgers*, [2006] 1 S.C.R. 554, 2006 SCC 15 (para. 39).

之標籤（stigmatization），尤其對於像 S. 的未成年人來說更是特別的傷害。社會汙名（Social Stigmas），是一種被社會貶低和被視為不名譽的標誌，被汙名化的人經常被賦予刻板印象，人會因要隱藏身上的汙名，而疏離了原本可以獲得支持的社群。標籤理論之代表人李瑪特（Edwin M. Lemert）及貝克（Howard S. Becker）曾將偏差行為分為兩階段：第一階段之偏差行為乃指任何直接違反社會規範之行為，通常大部分人多少均曾犯過類似第一階段偏差行為之經驗，此種偏差行為因甚為輕微，偏差行為者自認仍是一般正常社會之成員。但假若社會對於偶而犯錯之第一階段偏差行為給予嚴重之非難並加上壞的標籤，則極易導致更嚴重之第二階段偏差行為[55]。

依據英國國家 DNA 資料庫 2005/2006 年度報告，國家 DNA 資料庫內僅有 0.43% 建置紀錄來自願者（Volunteer），而這些自願樣本主要來自受害者、智慧型辦案之篩檢、特殊案件調查為排除嫌疑等；另外亦約有 0.43% 建置紀錄來自關聯性個案，其餘 99.14%DNA 建置紀錄來刑事正義法規範之採樣範疇。由此可知，英國國家 DNA 資料庫主要來自所有列為登錄之犯罪者及其犯罪嫌疑人之樣本。國會於 2003 年修訂《英國警察暨刑事證據法 1984》第 10 條，准許警察對所有因觸犯「列為登錄之犯罪」者，一旦遭逮捕，無論嗣後該嫌犯是否遭起訴或判刑，警察都可採檢及留置該樣本及相關紀錄。由於資料庫之 DNA 紀錄主要來自曾遭「警察逮捕」這個程序，因此縱然該受採樣人已獲釋放或不起訴處分，樣本之留存代表他們與「警察逮捕」具有極大的關聯性。

英國「列為登錄之犯罪者」乃是指被登錄於國家警察紀錄之犯罪者，包括被法院判決確定服監之犯罪者以及根據 2000 年國家警察紀錄條例所特別規範之犯罪者。又自 2003 年 12 月 1 日起，違法兜攬乘客之

55.蔡德輝、楊士隆，2006，犯罪學，臺北:五南出版社，頁143-144。

計程車（無職業執照登記）及行乞者（反社會行為）已屬列為登錄之違法者，都將被逮捕並儲存其指紋及 DNA 資料於國家警察紀錄，亦即，有些行為偏差較不嚴重之情形亦列為「登錄犯罪」。另外，遭逮捕而無罪釋放或不起訴處分之人，極可能完全無觸犯「登錄犯罪」之行為，或縱有觸犯亦極為輕微，但假若英國政府對於偶而犯錯或甚至完全無觸犯「登錄犯罪」之行為者給予樣本及紀錄之留置，則極易導致行為者更嚴重之第二階段偏差行為。

　　一般而言，針對少年罪犯之刑事制裁，雖認為青少年罪犯應為他們的犯罪行為負責，而其負責的方式應和他們的年齡和成熟程度相配合。但法庭在處理被定罪的青少年犯時應具有一定的靈活性與自由裁量權，包括：無條件釋放、賠償受害者損失、社區服務、假釋、拘留及監護。聯合國大會 1985 年 11 月 29 日第 40 ／ 33 號決議通過之「聯合國少年司法最低限度標準規則」，第 8 條強調了保護少年犯享有隱私權的重要性，少年犯的個人利益應當首要受到保護和維護，「應在各個階段尊重少年犯享有隱私的權利，以避免由於不適當的宣傳或加以點名而對其造成傷害。」「原則上不應公布可能會導致使人認出某一少年犯的資料。」1989 年 11 月 20 日第 44 屆聯合國大會第 25 號決議通過[56]，「締約國確認被指稱、指控或認為觸犯刑法的兒童有權得到符合以下情況方式的待遇，促進其尊嚴和價值感並增強其對他人的人權和基本自由的尊重。這種待遇應考慮到其年齡和促進其重返社會並在社會中發揮積極作用的願望。」其中第 2 項第 7 款則要求「其隱私在訴訟的所有階段均得到充分尊重」。加拿大最高法院於 R. v. R. C. 一案中指出，個人之 DNA 資訊乃為個人最私密之資訊，它不同於指紋資訊，DNA 資訊顯示出個人生

56.U.N. Convention on the Rights of the Child (1989). UN General Assembly Document A/
　　RES/44/25

物結構組成之不同，因此假設這種私密性資訊未受管制時，DNA 鑑定之潛在侵害性是無遠弗屆的。因此，「DNA 採檢令毫無疑問是定罪後之嚴重結果，採檢及留置 DNA 樣本於國家 DNA 資料庫絕非是微小而可輕忽之事，如果並非基於充分的公共利益之必要，DNA 採檢令將造成對被採樣者身體上及資訊上之嚴重侵犯。」[57] 對少年犯隱私權之加重保護，並非是犧牲或妥協公共利益，誠如 Bennie J. 法官強調，保護少年犯隱私乃是為了少年矯治之目的，長遠而言仍是為了保護社會 [58]。

伍、結論

　　成立於 1995 年的英國國家 DNA 資料庫是全世界第一個國家刑事 DNA 資料庫。各國政府期望透過國家 DNA 資料庫的建置，主動自刑事 DNA 資料庫中篩選出嫌犯，落實刑事司法維護社會治安的需求，有效打擊犯罪、嚇阻犯罪。在過去數十年中，各國刑事 DNA 資料庫所蒐集之範圍及內容明顯變更，有些國家刑事 DNA 資料庫原僅蒐集性犯罪者之 DNA 資料，到目前涵蓋許多非犯罪者之資料，其中最明顯的即在於資料庫人口數量之快速成長，刑事 DNA 資料庫之 DNA 樣本已成為政府用來對抗犯罪之重要工具。

　　人權和隱私權保護通常是相輔相成、互為補充。另外，「保障人權生物暨人性尊嚴公約」（Convention for the Protection of Human Rights and Dignity of the Human Being with regard to the Application of Biology and Medicine: Convention on Human Rights and Biomedicine）、「關於基因檢測與健康照護篩檢之個人資料保護建議」[59]、「關於刑事司法系

---

57. *R. v. R.C.*, [2005] 3 S.C.R. 99, 2005 SCC 61(at Para. 39).
58. *R. v. R.C.*, [2005] 3 S.C.R. 99, 2005 SCC 61(at Para. 42).
59. Council of Europe, Committee of Ministers, Recommendation No. R (92) 3 on Genetic Testing and Screening for Health Care Purposes, February 10, 1992.

統下使用 DNA 技術之個人資料保護建議」[60]，皆一再強調基因檢測、生物醫學、DNA 分析須特別著重對個人隱私權保護的重要性。對於個人資訊之相關保護規範，從歐洲理事會個人資料保護公約[61] 規範，隨後發展出歐盟的個人資料保護指令（Directive 95/46/EC of 24 October 1995 on the protection of individuals with regard to the processing of personal data and on the free movement of such data），揭櫫了多種個人資料保護原則。聯盟的個人資料保護指令（Directive 95/46/EC）為目前歐盟各會員國對於資訊保護立法之基礎，以確保會員國資訊流通之隱私權保護，英國亦因歐盟的個人資料保護指令要求，訂定英國資料保護法（UK Data Protection Act 1998）。

　　從前述不同法院的判決意見觀察，個人 DNA 樣本及相關紀錄留存於國家 DNA 資料庫，在不同的情境及時間點上有不同的解釋，可能是一種懲罰，亦可能僅是一種紀錄，甚或是一種社會汙名之標籤。自願提供 DNA 資料者，認為 DNA 訊息如同超市貨品編碼，僅是一種用以辨識個人之工具，提供 DNA 資料亦僅是留存於國家 DNA 資料庫作為辨識紀錄；英國政府於 Marper 一案，亦一再強調 DNA 紀錄僅是一段序列之組合，並不會干預提供資料者個人發展、建立與人際關係發展或自決的權利。但是對已被定罪之被告而言，個人 DNA 樣本及相關紀錄之留存，主要可作為防止再犯之發生，甚或有效打擊犯罪、嚇阻犯罪，落實刑事司法維護社會治安的功能。因此，對於已被定罪之被告而言，個人 DNA 樣本及相關紀錄之留存，乃是原有刑責之附帶懲罰。然而，下列兩種情況下：（1）遭警察逮捕懷疑觸犯列為登錄犯罪之嫌疑人，於受

---

60. Council of Europe, Committee of Ministers, Recommendation No. R (92) 1 on the Use of Analysis of DNA within the Framework of the Criminal Justice System, February 10, 1992.
61. Convention for the Protection of Individuals with regard to Automatic Processing of Personal Data, ETS no. 108, 1981.

不起訴處分或無罪釋放時；（2）18歲以下之未成年人僅觸犯微罪時；
警察仍留存上述受DNA採樣者之生物樣本及相關紀錄，作為將來犯罪
偵查及嚇阻犯罪之手段，則此種留存方式可被視為是對提供DNA資料
之當事者一種社會汙名之標籤。

　　資料保護的責任於《歐洲人權公約》第8條下清晰可見，其原則包
括：（1）須符合一定之比例原則；（2）原則建立在開放和透明度的問
題；（3）公平和合法；（4）個人資訊蒐集及用途的限制（為某一目的
且只用於此目的而蒐集的資料）；（5）安全和準確性的保證；（6）使
用、披露和保留的限制；（7）強制執行性等要求的限制。2009年英國
國家DNA資料庫最為人詬病的，乃是存有約33萬個小於18歲之青少
年DNA紀錄[62]。以S. and Marper v. United Kingdom一案為例，當時年
僅11歲的S.，因意圖偷竊嫌疑而遭警察逮捕。S.當時即被要求採取指
紋及DNA樣本進行建檔，爾後S.雖已被排除嫌疑而釋放，但是S.的
樣本及紀錄資料仍留存於國家DNA資料庫無法刪除。英國政府雖已因
應歐洲人權法庭裁決，於2009年3月5日刪除現在10歲以下兒童之
DNA建檔資料，但仍被認為侵犯少年及兒童權利。未成年人之DNA資
訊相較成年人而言，尤為敏感。如果政府之作法明顯偏離資訊保護法之
原則，亦即表示違反《歐洲人權公約》第8條之比例原則。但相對而
言，假若僅在少數特殊情況下才偏離資料保護法之原則，則其資訊之處
理在大多數情況下符合《歐洲人權公約》第8條之比例原則。以此種
比例原則應用在分析英國國家DNA資料庫之建檔及紀錄之處理，顯然
英國的作法是不成比例。由上述歐洲人權法庭對S. and Marper v. United
Kingdom一案判決顯示，英國政府未能充分體認《歐洲人權公約》的精

---

62. 英國國會2009年3月27日質詢之會議紀錄，英國國會網站：http://www.publications.
　　parliament.uk/pa/cm200809/cmhansrd/cm090327/text/90327w0011.htm

神，其對隱私權之保護機制顯然是不足且不成熟的。

　　但回顧前言所提到的恐怖主義行動，隱私權固然為《公民及政治權利國際公約》、《歐洲人權公約》所規定的基本權利，應當受到絕對之尊重及保護，但是基於保護全民之公共利益，對於可能發生之嚴重恐怖攻擊及暴力犯罪，是否應當採取更為積極有效偵查及預防手段，才能真正遏止犯罪。在恐怖組織肆虐的環境下，科威特建置全民 DNA 資料庫，此時 DNA 樣本留存之性質應屬紀錄，而非懲罰或汙名標籤。本文認為，個人 DNA 樣本及紀錄之留存，在不同的情況下，具有懲罰、紀錄甚或導致社會汙名標籤之特性。誠如我國司法院大法官釋字第 603 號解釋，國家基於特定重大公益之目的，而有大規模蒐集、錄存及建立資料庫儲存之必要者，應以法律明定其蒐集之目的、其蒐集之範圍與方式，且應與重大公益目的之達成具有密切之必要性與關聯性。各國有關 DNA 樣本及紀錄留存之修法重點，乃應審慎考慮此三種特性之可能性，在民主社會犯罪預防之目的下，依據比例原則以作為偵查犯罪、打擊犯罪之工具。

| 第 17 章 |

高齡化社會長期照顧居家服務照顧服務員法律風險管理之研究[1]

張智聖[2]

摘要

臺灣人口老化趨勢，65 歲以上老年人口比率，已於 1993 年邁入高齡化社會（7%），推估將於 2018 年邁入高齡社會（14%），2025 年邁入超高齡社會門檻（20%）。臺灣少子化已拿世界紀錄，亦是全球老化最快的地區之一，人口結構失衡，快速老化及隨之而來的失能人口增加，長照政策攸關國人安老與社會安定，其人力需求、財源、法令規範及服務方向，環環相扣。當明天過後，「絕子絕孫」、「老而不死」這些咒罵別人的話語，成為社會的真實現象，對長輩盡孝道變成社會負擔，既已無法迴避，吾人只能積極面對，及時並有效因應！我國四、五年級生「嬰兒潮世代」，無論身在政府或民間，都應最後衝刺，為自己及後代創造「高齡經濟」機會！長照 2.0 已於 2017 年元旦上路，總計共有 20 縣市，23 案搶先試辦，其配套制度將陸續出爐，試辦的經驗及結果，值得持續觀察。未來十年，將是我們面對銀色風暴挑戰之關鍵期！

跨領域的老年（高齡）法學發展，是「老年學」中不可或缺的一環。而「法律風險管理」之研究發展，嘗試從傳統重視司法判決的「治療法學」、「救濟法學」，轉向重視風險管理、跨領域、橫向科際整合的「預

---

1. 本文初稿，先發表於亞洲大學2016年1月15日「2016法律風險國際學術研討會」，感謝審查意見。另為節省出版專書之篇幅，參考文獻請參見各頁隨頁註，不再依例列於文末。
2. 亞洲大學財經法律學系暨研究所專任助理教授。

防法學」、「政策法學」等創新典範,並客製化應用於各行各業,發揮法學經世致用之實用價值,為法學創新藍海。居家照顧服務(以下簡稱「居服」)是一種以「人」為主的工作型態,本文以我國之「長期照顧居家服務照顧服務員」(以下簡稱「居服員」)為主要研究對象,其工作情境是以居服員隻身進入案主家中,提供身體照顧、家務及日常生活照顧等服務,其所衍生之法律風險管理議題,屬老年法學(elder law)「各論」研究性質。

　　本文研究之主要目的,係以法律風險管理預防與問題解決創新策略為導向,將居服員法律風險管理,整合落實於居服員直接面對案主案家的第一線工作及教育訓練中,透過系統整合之實證研究,除傳統文獻批判分析外,更以問卷調查等法,量化、質性分析解讀大臺中地區居服員觀點,試圖解答居服員常見及可能之法律風險類型為何,如何建構居服員「整合性」法律風險管理模式等值得深入探討的問題,以回應高齡化社會變遷,落實長期照顧服務法之立法目的,使居服人力資源「壯有所用」,高齡失能人口「老有所終」,提出制度面及執行面之具體建議,供各界參考。

壹、緒論

一、研究動機

　　老化有累積性、普遍性、漸進性、內外因性、傷害性等特性[3],21世紀74億人類,正面臨個人、在地及全球的老化危機,「老年學」(gerontology)乃研究老年人生命活動、心理特點及社會問題的綜合性學科,已漸成為「顯學」[4],而老年(高齡)法學(elder law)的發展,

---

3. 蔡文輝、盧豐華、張家銘主編,《老年學導論》,頁73-74,2015年。
4. 張廣照、吳其同主編,《新興學科詞典》,頁267-271,2003年。

更是老年學中不可或缺的一環。

　　根據聯合國世界衛生組織（WHO）將 65 歲以上老年人口占總人口 7% 的地區歸為「高齡化社會」（aging society），占比達 14% 為「高齡社會」（aged society），達到 20% 則被列入「超高齡社會」（super-aged society）[5]。臺灣在 1993 年，正式邁入高齡化社會，根據國家發展委員會之推估，只花 25 年，到 2018 年將進入高齡社會，再花 7 年，預計 2025 年，即可加速度達到超高齡社會[6]。

　　我國已是世界紀錄的「少子化」社會，在嬰兒潮世代逐漸退休後，臺灣終將進入超高齡社會，當壽比南山時，能否福如東海？家有一老，真的如有一寶？能否達到老吾老以及人之老、老有所善終之境界？日本電影《楢山節考》描述日本古代窮苦棄老習俗的生存悲歌，2010 年日本 NHK 電視臺《無緣的社會》孤獨死紀錄片[7]，2015 年日本暢銷書排行榜《下流老人》，則描述快速增加的退休後向下流動、收入少、存款少、可依賴人少、依賴養老金勉強度日的銀髮族困境及其負面影響，竟然成為流行新名詞，甚至於有實證調查下流老人與幸福老人之落差者[8]，實值得正在加速老化的我們警惕！

　　我國憲法第 155 條，提及人民之老弱殘廢，國家應予以適當之扶助與救濟方針，憲法增修條文第 10 條提及國家對於身心障礙者生活維護與救助，應予保障。我國人口政策綱領中亦提及健全「長期照顧」服務制度[9]，我國「長期照顧服務法」（以下簡稱長照法）第 3 條，長期照顧指身心失能持續已達或預期達六個月以上者，依其個人或其照顧者之

5. 陳亮恭、楊惠君，《2025無齡社會：迎接你我的超高齡社會》，頁17，2015年。
6. 李佳儒等，《老人福利》，頁4-5，2015年。
7. 陳亮恭、楊惠君，同註5，頁125-126。
8. 藤田孝典，《下流老人：即使月薪5萬，我們仍將又老又窮又孤獨》，頁23-34，2015年；三浦展，《下流老人與幸福老人》，頁17-18，2016年。
9. 張庭主編，《社政法典》，頁3-7，2015年8版。

需要，所提供之生活支持、協助、社會參與、照顧及相關之醫護服務，其第 9 條長照服務提供方式，「居家式」為到宅提供服務，與社區式、機構住宿式等有所區別，居家式服務之項目，依同法第 10 條有身體照顧、日常生活照顧、家事、餐飲及營養、輔具、必要之住家設施調整改善、心理支持、緊急救援、醫事照護、預防引發其他失能或加重失能、其他由中央主管機關認定到宅提供與長照有關之服務。老人福利法第 16 條提及老人照顧服務，應依全人照顧、在地老化、健康促進、延緩失能、社會參與及多元連續服務原則規劃辦理，並針對老人需求，提供居家式等服務，並建構妥善照顧管理機制辦理之，該法第 17 條規定，為協助失能之居家老人得到所需之連續性照顧，直轄市、縣（市）主管機關應自行或結合民間資源，提供醫護、復健、身體照顧、家務、關懷訪視、電話問安、餐飲、緊急救援、住家環境改善及其他相關之居家式服務。

　　憲法以權力分立制衡為手段，以民生福利國之老人福利政策為指導方針，以保障人權（落實人性尊嚴核心價值）、促進社會公平正義為終極目的。而長照法、老人福利法及其一系列子法，則為落實憲法基本國策之重要配套法源依據。我國居家服務的發展，經歷服務草創期（1982年~1996年）、服務法制期（1997年）、方案實施期（1998年~2000年）、產業發展期（2001年）、擴大補助期（2002年~2003年）、長期規劃期（2004年~2006年）、十年長照期（2007年~）[10]，2016年12月起，試辦長照 2.0 整合服務網，以居家、社區為主，機構為輔，為推動「在地老化」的重要服務照顧模式。

　　長照要能成功推動，法令制度、經費來源及人力資源實為三大關鍵因素。長照產業是一個勞力密集的產業[11]，居家照顧服務是以「人對人

10.謝美娥、沈慶盈，《老人居家照顧的服務與治理》，頁48-63，2015年。

服務」為本質的工作型態，不但服務的工具是「人」，服務的標的也是「人」，因此必須從「人」的角度與特性來評估其工作成果與績效[12]。依長照法第 3 條，長照服務人員指經本法所定之訓練、認證，領有證明得提供長照服務之人員。「老人福利服務專業人員資格及訓練辦法」第 2 條所定專業人員，包括：照顧服務員、居家服務督導員等，該辦法第 5 條規定照顧服務員應具領有照顧服務員訓練結業證明書或領有照顧服務員職類技術士證等資格。政府公告之「照顧服務員訓練實施計畫」，開宗明義提及為因應我國長期照顧人力需求，提昇照顧服務品質，促進居家服務員、病患服務人員就業市場相互流通，增加就業機會，並整合居家服務員、病患服務人員訓練課程為照顧服務員訓練課程。勞動部亦辦理照顧服務員職業訓練，並訂有單一級照顧服務員技術士技能檢定規範。居家服務員等長照體系人力極度缺乏，勞動部培訓十一萬多名領有專業證照的照顧服務員，2015 年底實際投入長照工作者僅有兩萬三千多人，而根據衛福部長照專業人力盤點，估算 2016 年居家服務員需求缺額仍高達 7,000 到 11,000 人[13]，服務能量不足，訓用之間存有極大落差。

　　本文以我國之「長期照顧居家服務照顧服務員」（以下簡稱居服員）為主要研究對象，其工作情境是以居服員「隻身進入案主家中進行服務、提供協助」為共同特質，其所面臨的工作環境，包括隱密的空間及無支援的工作自主、私領域及工作範圍的模糊、親密接觸與性騷擾之風險、工作情境與服務對象需求差異大等[14]。居服員的照顧對象是失能老人或

11. 徐慧娟等著，《長期照護政策與管理》，頁263-264，2013年。
12. 黃志忠，〈居家照顧服務品質之探討：「以案家為中心」觀點出發〉《社區發展》，147期，頁310，2014年 9 月；陳清芳、林芝安、劉惠敏《臺灣長照資源地圖：長期照顧實用指南》頁19，2016年。
13. 陳亮恭、楊惠君，同註5，頁170-171。
14. 謝美娥、沈慶盈，同註10，頁86-92。

身心障礙者，其「被需要」的工作內容，有其社會利他價值及重要性，惟因上述工作特性，也會衍生人身危機及法律責任風險。其常見之法律風險類型為何？其趨吉避凶之法律風險管理（Legal Risk Management, LRM）系統整合模式為何？誠有深入探討之必要。

二、研究目的

本文研究主題的範圍，鎖定長照關鍵基層人力「居服員」之法律風險管理議題，屬跨領域的老年法學「各論」研究性質。誠如論者所言，法律風險理論研究未及深入，但其法律實務卻因需求快速發展起來 [15]，凸顯其「實用法學」特色。

本文研究之主要目的，係以法律風險管理預防與問題解決創新策略為導向，將居服員法律風險管理，整合落實於居服員直接面對案家的第一線工作及教育訓練中，透過系統化實證研究，試圖解答下列問題：

（一）法律責任之所在，即風險之所在，居服員常見及可能之法律風險類型為何？

（二）預防勝於治療，其趨吉避凶之法律風險管理模式為何？如何建構教育訓練與法律風險管理整合之系統化創新模式？

本文期能 磚引玉，致力於達成長照法第 1 條「為健全長期照顧服務體系提供長期照顧服務，確保照顧及支持服務品質，發展普及、多元及可負擔之服務，保障接受服務者與照顧者之尊嚴及權益」之立法目的，提出制度面及執行面之具體建議，供各界參考。

三、研究方法

香港大學法學榮譽退休教授 Raymond Wacks，認為今日法學典範，

15.劉瑞復，《法學方法與法學方法論》，頁346-347，2013年。

是法律問題的解決（legal problem-solving），而明日法學典範之轉移，則是法律風險管理[16]。學者認為發展跨領域的老年法學，高齡者所需的法律支援，不僅有財產管理，尚包括醫療、長期照顧、遺產規劃等，涵括社會法、行政法、稅法、勞動法、親屬法、繼承法等領域[17]。

　　老年學之研究取向與方法有：生物科學、行為與社會科學、健康科學、社會研究、公共政策與實務等[18]，臺灣長照研究已成熱門主題，其本質是應用性的、回饋的、與政策結合的[19]，其研究方法多採實證的問卷調查分析、評估量表、深度訪談、焦點團體、個案研究等[20]，並導入比較研究、參與觀察法[21] 等，以擴展視野，貼近實務。

　　基此，本文之研究方法，除傳統文獻回顧分析外，於 2015 年 10 月至 12 月，更以問卷調查法、參與觀察法、訪談法，試圖從本土實證資料，量化、質性解讀分析大臺中地區居服員及居服督導員觀點所得，結合法律風險管理之預防、政策、跨領域、專業倫理價值判斷與選擇，在制度面及執行面有效解決實務問題，致力於老年（高齡）法學之「原創性」研究，回應社會變遷，發揮法學之經世致用。

四、研究架構

　　國內學者認為從「書本中的法律」走向「事實運作中的法律」的跨領域研究，要注意系統、實證的動態法律模型[22]。本文持動態平衡之一

---

16. RAYMOND WACKS, LAW: A VERY SHORT INTRODUCTION 148(2008).

17. 黃詩淳、陳自強主編，《高齡化社會法律之新挑戰：以財產管理為中心》，編者序，2014年。

18. 蔡文輝、盧豐華、張家銘主編，同註3，頁38。

19. 徐慧娟等著，同註11，頁381-386。

20. 謝美娥、沈慶盈著，同註10，頁97-100；盧美秀、陳靜敏，《長期照顧：跨專業綜論》，頁59-92，2014年2版；賴素月、陳毓璟，〈居家照顧服務員核心能力之研究：以雲林縣為例〉《成人及終身教育學刊》，22期，頁1-32，2014年6月。

21. 翁毓秀，〈澳洲老人照顧機構參訪經驗對臺灣地區老人照顧的啟示〉《社區發展》，145期，頁184-198，2014年3月。

貫思維，以系統整合研究尋求最適策略，務實從社會「環境」影響之「回應」出發，以本土實證調查之量化、質性分析，歸納常見或可能之法律風險類型，建構多元整合之法律風險管理模式，掌握「需求」及「支持」之「輸入」，將法律風險管理創新策略，透過學習與適應之「轉換」過程，累積成果「輸出」，演繹落實至各領域之實踐行動中，研擬具體可行建議，在制度面及執行面有效解決實務問題，其「影響與回饋」形成良性循環，全方位提升居服法律風險管理「學用合一」之法學實用價值。

　　法律風險管理系統觀點所形成之法秩序，並非純粹封閉、自給自足之完美體系，其現實面往往受環境變化之影響，也會影響環境之變化。法律體系概念之三段論形式操作，固為封閉系統，但對本土政治、經濟、社會、文化、科技環境有所回應，則為開放系統，其應用為預先診斷法律問題所可能造成的風險及後果，不斷改進「最適化」解決方案，使整體損失減至最低，或使整體的利益獲得最高，取之於社會，用之於社會，終結「從法條到法條」之循環論證框架，並以居服「人性尊嚴」需求為核心價值。

　　本文研究架構（framework）綜合上述理路，並參酌「根因分析」（root cause analysis, RCA）之 What？ Why？ How？ Action！作業程序[23]，除了第壹單元「緒論」與第肆單元「結論」外，本論部分為第貳單元「居服員法律風險類型分析」及第參單元「居服員整合性法律風險管理模式之建構」，整體架構採取系統、整合式之動態平衡設計（如下圖一所示），尋求居服員法律風險管理之最佳途徑解決方案：

22.劉宏恩，《基因科技倫理與法律：生物醫學研究的自律、他律與國家規範》，頁271-291，2009年。

23.許國敏、莊秀文、莊淑婷合著，《病人安全管理與風險管理實務導引》，頁108-126，2006年。

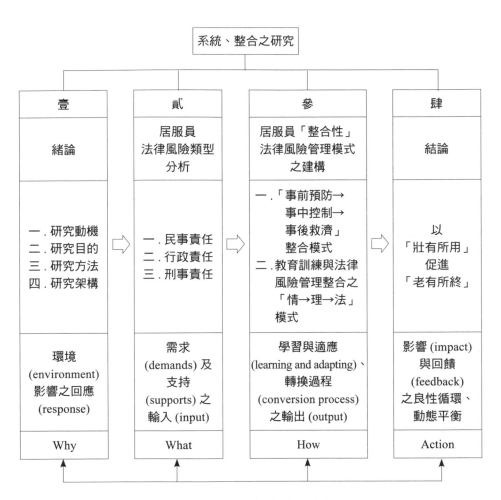

圖一：系統、整合之研究圖

資料來源：本文整理

貳、居服員法律風險類型分析

論者認為簡明謂法律風險（legal risk）即為法律責任之風險[24]，本文認為最廣義的法律風險保括法律政策風險、法律責任風險及法律危機處理。民事、行政、刑事三大法律責任風險，皆起因於「人」，屬可預見、可管理、可控制之風險，糾紛事實以法律定性、類型化，可尋求有效模式，以預防、移轉、控制、承擔、減低風險。吾人應主動積極地去管理法律風險，減免損失，而非被動消極地被法律風險所牽制。

論者將長照服務糾紛定義為個案或住民及其家屬，在長照服務過程中，對照顧服務進行的過程、內容、方式、結果或服務態度不滿，而導致或發生之任何形式的爭議、紛爭或訴訟。其糾紛種類有單純人際糾紛事件及服務過失糾紛案件[25]。本文居服員法律風險，主要指居服員在與案主及其家屬、僱主、同事互動、服務的過程中，因彼此之作為或不作為，所涉及之三大法律責任風險。

依《臺中市居家服務中心標準化作業工作手冊》所述，居服危機的種類有：1. 個案人身危機：如生理（失能）、心理健康、生命安全及不可預期的意外（疾病、跌倒、哽塞、燙傷、死亡等人身意外事件及火災、地震等天然災害事件）；2. 個案家庭的危機（財務、家暴）；3. 照顧服務員危機（人身性騷擾、暴力傷害、職業傷害、交通事故、傳染性疾病感染管控因應）；4. 服務單位危機（個案申訴、個資法之名譽危機及個案賠償、服務員賠償之財務危機）[26]。

筆者藉由社區法治教育宣導機會，設計書面問卷（詳見本章末附

---

24. 施茂林編著，《醫病關係與法律風險管理防範》，頁26，2015年。
25. 盧美秀、陳靜敏，同註20，頁350。
26. 臺中市政府社會局指導，曉明社會福利基金會編印，《臺中市居家服務中心標準化作業工作手冊》，頁8-2-1，2014年第4版。

件），以大臺中地區居服員為調查對象，於 2015 年 10 月至同年 12 月，取得有效樣本 86 人，樣本特性分析，性別上女性高達 95.35%，男女比例相差懸殊，年齡上 40~49 歲占 48.84% 最高，50~59 歲占 36.05% 次高，20~29 歲的年輕居服員只占 2.32%，中年人力投入現象明顯，學歷上則以高中（職）占 55.81% 最高，居服工作總平均年資為 5.09 年（詳見附件表 8 個人資料統計）。本文實證調查所發現之樣本特性，與其他學者專家對居服員實證調查所得之基本資料：大多在 40~59 歲之間，以女性、已婚、高中職為主，多數已取得照顧服務員證照，服務年資平均三年以上 [27] 相比較，完全符合。

本文調查發現，當被問到「對目前居服員工作環境的整體滿意度」，「滿意」者占 59.30% 最高，「非常滿意」者占 8.14%，整體表達滿意者合計占 67.44%，「不滿意」者僅占 3.49%（詳見附件表 1 統計）。惟「居服員工作的法律責任風險程度」，答「高」者占 67.44% 最高，「非常高」者占 8.14%，整體認為法律責任風險程度高者合計占 75.58%，認為「非常低」者僅占 2.33%（詳見附件表 2 統計）。可見工作環境的整體滿意度「高」，與其法律責任之「高」風險識別，同時併存。

而「擔任居服員之工作意義」，歸納附件表 5 之開放式意見，認為能真正幫助案主及其家庭者最多（詳見編號 1、2、5、9、11、12、14、22、23、24、25、26 意見），另有提升其生活品質（詳見編號 8、10、13、19、25 意見），是行善的社會工作（詳見編號 7、13、16、23 意見），學到溝通技巧（詳見編號 15、18 意見），對獨居老人幫助更大（詳見編號 9 意見），「對於所照顧的人，能看見他們身心靈都獲得照顧，身體漸漸好轉，內心很開心，也覺得很有意義」（編號 19 意見）。對照其工作環境整體表達滿意 67.44%，高風險認知 75.58%，總平均工

27.賴素月、陳毓璟，同註20，頁26-27。

作年資 5.09 年，可見具抗壓能力因應及留任，從這份工作中覺得有「利他」意義，才能維持相當之工作環境滿意度。

　　歸納附件表 6「居服員法律糾紛類型」之開放式意見，其糾紛排行榜前三名為：第一名「跌倒、滑倒、哽噎、移位、骨折等業務過失傷害、致死」（詳見編號 2、3、4、5、6、7、8、9、12、13、14、15、16、17、18、19、20、22、23、24、25、26、27、28、30、31、32、33 意見）；第二名「金錢糾紛、毀損財物、誣告竊盜」（詳見編號 1、2、4、6、8、10、11、12、15、16、18、19、21、23、25、27、29、32 意見）；第三名「性騷擾」（詳見編號 1、2、4、6、9、10、11、15、19、21、25、27、29、32 意見）。此外，另有「個資隱私」（編號 13、16 意見）、「言語暴力」（編號 15 意見）及「拿藥疑慮」（編號 28 意見）。所示意見結果，與上述標準作業手冊所列相符。

　　依中央「照顧服務員訓練實施計畫」及地方「臺中市政府社會局104 年度照顧服務員培訓計畫」所規定之核心課程中，「照顧服務相關法律基本認識」單元，課程內容有「與案主相關之照顧服務法規」（認識老人福利法、身心障礙者保護法、護理人員法等），「涉及照顧服務員工作職責之相關法規」（了解照顧服務相關民法、刑法等概要）。而中央之「照顧服務員技術士技能檢定規範」中，其「職業倫理」工作項目中有「照顧服務相關法規」之技能種類，其技能標準為具備照顧服務相關法律及常識，其相關知識為民法、刑法、老人福利法、身心障礙者保護法、護理人員法與照顧服務相關之法律概念。

　　承上，茲將居服員三大法律責任風險「類型化」定性如下，以有助於其體系之建立及其法律風險管理模式之建構：

一、民事責任

法律規定之邏輯結構，「完全法條」兼備構成要件與法律效力[28]，

民法「請求權基礎」思維，有契約、類似契約、無因管理、物上請求權、不當得利、侵權行為損害賠償、其他請求權之檢查次序[29]，另有民法之特別法如消費者保護法（以下簡稱消保法）優先適用問題（中央法規標準法第16條參照）：

（一）**民法違約責任**：依「104年臺中市長期照顧居家服務契約書」第二條之服務內容有：1.家務及日常生活照顧服務（包含換洗衣物、居家環境改善、文書服務、餐飲服務、陪同或代購物品、陪同就醫、其他）；2.身體照顧服務（包含協助沐浴、穿換衣服、口腔清潔、協助進食、協助服藥、翻身拍背、協助如廁、肢體關節活動、上下床及移位、陪同散步運動、協助運用輔助器具等），簽約之甲方為接受臺中市政府社會局委託辦理居家照顧服務業務之機構，乙方為服務申請者案主，雙方約定一方委託他方處理事務，他方允為處理，為勞務契約之「委任」契約性質（民法第528條參照）。又因受有報酬，受任人應以善良管理人之注意義務為之（民法第535條參照）。而債務不履行之違約類型有：1.給付不能；2.不完全給付；3.給付遲延[30]。債務人就其故意或過失之行為，應負責任（民法第220條參照），因可歸責於債務人之事由，致給付不能者，債權人得請求損害賠償（民法第226條參照）。須特別注意依民法第224條，居服員受僱於機構，為債務人之代理人或使用人，關於債之履行有故意或過失時，原則上債務人應與自己之故意或過失負同一責任，此為機構應負擔保責任，不能因證明其對意定代理人或使用人的選任及監督已盡必要注意而免責[31]。受任人（機構）因處理委任事務有過失，或因逾越權限之行為所生之損害，對於委任人（案

28.黃茂榮，《法學方法與現代民法》，頁232-235，2006年增訂第5版。
29.王澤鑑，《法律思維與民法實例：請求權基礎理論體系》，頁60-87，1999年。
30.王澤鑑，《民法概要》，頁250-251，2010年增訂4版。
31.王澤鑑，《侵權行為法》，頁592，2015年增訂新版。

主）應負賠償之責（民法第 544 條參照）。綜上，機構如違反委任契約，其主要法律效果即為損害賠償[32]，宜先定性其契約性質，再討論其雙方權利、義務及法律責任風險。而居家服務員契約，為民法僱傭契約性質（一方於一定或不定之期限內為他方服勞務，他方給付報酬之契約，民法第 482 條參照），居服員依機構指示派班服勞務，一年一簽，領取時薪或月薪報酬。僱用人（機構）對受僱人（居服員）之照顧義務，具社會化之倫理性意義[33]，依民法第 483 條之 1 規定，僱用人有危險預防義務，「受僱人服勞務，其生命、身體、健康有受危害之虞者，僱用人應按其情形為必要之預防」，如機構應將服務個案之身心狀況據實以報居服員，僱用人違反此項義務時，應依不完全給付規定（民法第 227 條參照），負損害賠償責任。又依民法第 487 條之 1 規定，「受僱人服勞務，因非可歸責於自己之事由，致受損害者，得向僱用人請求賠償。前項損害之發生，如別有應負責任之人時，僱用人對於該應負責者，有求償權」，為機構之無過失損害賠償責任。此外，居服員契約中如有「居服員依照機構與個案簽訂之服務範圍提供服務，居服員違反簽訂之契約，願負所有刑事、民事責任及機構損害賠償」，居服員應特別注意居家服務契約書中之服務內容勾選、服務使用者簽章之「居家服務工作項目確認單」附件及「居家服務使用須知」附件，拒絕從事服務項目以外之工作（如：肢體關節活動非連續按摩、遛狗）或與案主私人間成立契約（如：代領金錢或代為保管財物），以免產生糾紛後自負民事法律責任風險。

　　（二）**民法侵權行為責任**：與契約乃法律行為不同，侵權是事實行為。居服員個人因故意或過失，不法侵害他人之權利者（如過失導致案

32.黃惠璣等編著，《長期照顧》，頁465，2012年2版；劉淑娟等作，《長期照顧》，頁183，2015年3版。
33.王澤鑑，同註30，頁391-392。

主跌倒骨折），負損害賠償責任；不法侵害他人之身體或健康者，對於被害人因此喪失或減少勞動能力或增加生活上之需要時（如：醫療、看護、復健費用），應負賠償責任；不法侵害他人之身體、健康、名譽、自由、信用、隱私、貞操，或不法侵害其他人格法益而情節重大者，被害人雖非財產上之損害，亦得請求賠償相當之金額（精神慰撫金）；不法侵害他人致死者，對於支出醫療及增加生活上需要之費用或殯葬費之人，亦應負損害賠償責任；不法侵害他人致死者，被害人之父、母、子、女及配偶，雖非財產上之損害，亦得請求賠償相當之金額（民法第 184 條、第 192 條至第 195 條、臺北地方法院 102 年訴字第 5089 號參照）。反之，若案主或其家人對居服員人身攻擊或言語暴力，亦構成對居服員身體、健康、名譽等人格權之侵權行為，居服員可對之請求損害賠償、精神慰撫金、登報道歉。縱使案主因受民法監護宣告為無行為能力人，但於侵權時具有正常認識及預見其行為可能發生某種法律效果的責任能力，居服員仍可依民法第 187 條，要求案主及其法定代理人連帶負賠償責任[34]。而機構特殊侵權行為之連帶賠償責任，居服員受僱於機構（事實上僱傭關係），因執行職務，不法侵害他人之權利者，由僱用人與行為人連帶負損害賠償責任。但選任受僱人及監督其職務之執行，已盡相當之注意或縱加以相當之注意而仍不免發生損害者，僱用人不負賠償責任，民法第 188 條第 1 項固有明定，惟其立法精神重於保護經濟上之弱者，增加被害人或得依法請求賠償之第三人之求償機會，故上開但書規定係屬舉證責任之轉換，由僱用人對其選任受僱人及監督其職務之執行，舉證已盡相當之注意或縱加以相當之注意而仍不免發生損害後，方可免除賠償責任。又僱用人選任受僱人及監督其職務之執行是否已盡相當之注意，其所應注意之範圍，關於選任方面，著重於受僱人之技術是

---

34. 王澤鑑，《民法總則》，頁145-146，2014年增訂新版。

否純熟,性格是否謹慎精細;而關於監督方面,則在於受僱人職務之執
行,是否已提示其應注意事項,有無派員督導等(最高法院 87 年臺上
字第 791 號判決、臺北地方法院 102 年訴字第 5089 號民事判決參照),
惟要注意民法第 188 條第 3 項,僱用人賠償損害時,對於為侵權行為之
居服員,有「求償權」。另外,若數人共同提供服務,若有故意或過失
致生損害於案主時,仍可成立民法第 185 條之共同侵權行為(行為關連
共同、共同危險行為),由此數人負連帶賠償責任[35]。至於因侵權行為
所生損害賠償請求權之消滅時效,自請求權人知有損害及賠償義務人時
起,兩年間不行使而消滅(抗辯權發生),自有侵權行為時起,逾十年
者亦同(民法第 197 條參照);債務不履行損害賠償及侵權行為損害賠
償發生請求權競合,請求權人可選擇其一請求[36];如案主在意識清楚情
況下,仍然指示居服員為危險行為,損害之發生或擴大,被害案主「與
有過失」者,依民法第 271 條第 1 項「過失相抵」,機構或居服員均可
請求法院得減輕或免除賠償金額[37],應一併注意之。

　　(三)消保法民事責任:最高法院 102 年臺上字第 477 號民事判決,
將醫院及醫師所提供之醫療服務排除於消費者保護法適用範圍之列,惟
居家服務,依「臺中市長期照顧服務簡介」,服務內容以身體照顧服
務為主,以家務及日常生活照顧服務為輔,另依「104 年度臺中市長期
照顧居家服務契約書」第二條之服務內容亦同,皆不涉及醫療及護理行
為。居服亦為消保法第 3 條之「服務」範圍,另依該法第 2 條及其施行
細則第 2 條,提供服務之「企業經營者」,其「營業」不以營利為目的
者為限,故居服機構縱使為非營利之公益機構,亦屬消費者保護法所稱

---

35. 盧美秀、陳靜敏作,同註20,頁341;劉淑娟等作,同註32,頁183;王澤鑑,同註31,
　　頁473-504。
36. 王澤鑑,同註30,頁273。
37. 劉淑娟等作,同註32,頁187。

之「企業經營者」。依該法第 7 條，提供服務致生損害於消費者，應負連帶賠償責任，但機構能證明其無過失者，法院得減輕其賠償責任。機構除負消保法之「無過失責任」外，並依該法第 51 條，消費者（案主）得向機構請求懲罰性賠償金（故意所致損害額五倍以下、重大過失所致損害額三倍以下、過失所致損害額一倍以下）。而受僱於機構之居服員，並非消保法之「企業經營者」，不受消保法規範，僅有民法上的故意或過失侵權責任[38]。鑑於內政部公告「養護（長期照護）定型化契約應記載及不得記載事項」，具有消保法第 17 條之強制效力，違反公告之定型化契約條款無效。另依內政部公告之「養護（長期照護）定型化契約範本」，成為機構訂定養護契約的重要參考，在實務及評鑑上具有高度重要性，機構多遵照辦理[39]。「104 年臺中市長期照顧居家服務契約」雖非養護機構入住契約，卻已訂有至少五日之契約「審閱期」，有機構（甲方）更註明「經相關人員說明，已了解契約內容」，並由服務申請者（乙方）親簽，其條款應解為符合消保法第 2 條之「定型化契約條款」（企業經營者為與不特定多數消費者訂立同類契約之用，所提出預先擬定之契約條款），依該法第 11 條「定型化契約條款如有疑義時，應為有利於消費者之解釋」，另依該法第 12 條「定型化契約中之條款違反誠信原則，對消費者顯失公平者，無效」，以落實消保法第 1 條保護消費者權益、老人福利法第 1 條保障老人權益及長期照顧服務法第 1 條確保照顧及支持服務品質、保障接受服務者與照顧者之尊嚴及權益之立法目的，達到私法自律與公法他律之動態平衡。

（四）**勞動基準法**（以下簡稱勞基法）**民事責任**：勞動人權是受憲

---

38. 劉淑娟等作，同註32，頁180-189。

39. 詹森林，〈臺灣社會變遷與契約法發展〉，《月旦法學》，230期，頁7-8，2014年7月；許政賢，〈高齡化社會中法律規範的挑戰——以養護（長期照護）契約在臺灣社會發展為例〉，《月旦法學》，230期，頁53-73，2014年7月。

法保障之重要人權[40]，一例一休已上路，居服員之勞動權益依勞基法、
勞工保險條例及中央主管機關衛生福利部、勞動部及地方政府社會局之
規定。勞資雙方要訂立正式勞動契約，明確其權利義務範圍（居服員作
業工作管理規定、工作倫理規範宜明文列為附件），以預防、減低風
險，未來應視官方法令之修訂及法院裁判結果，檢討修正契約條款內
容。依勞基法第 12 條第 1 項第 1 款，勞工「於訂立勞動契約時為虛偽
意思表示，使雇主誤信而有受損害之虞者」，同條項第 4 款勞工「違反
勞動契約或工作規則，情節重大者」，雇主得不經預告終止契約，居服
員契約書中，通常會明文居服員之任用條件「須具備有效期限之照顧服
務員證照」，或「發現偽造文書，經查屬實立即解約，有損服務個案及
機構權利者，將提出刑事、民事告訴」，或「若違反照顧服務員工作管
理規定，經查屬實立即解約，有損服務個案及機構權利者，將提出刑
事、民事告訴」，或「在服務期間遵守本中心的工作倫理及工作手冊內
之規定，如未遵守相關規定，經勸導無效時，將予以停職」。

　　又工作守則多規定：按時到宅服務，不遲到、早退，不接受案主
（家）餽贈，不得和案主（家）有任何借貸、推銷、販賣關係，不隨意
為案主購買成藥或含酒精等刺激性飲料，不隨意移動或接觸案主私人物
品，不任意從事具危險性活動，不透露案主個人資料隱私，不在工作時
間玩智慧型手機，不能使用交通工具乘載個案，服務過程遭遇困難隨時
向中心反映。案主有任何意外應依意外處理程序如打電話處理等，居服
員於簽約時應詳細審閱相關條款及規定，確實遵守並誠信提供資料，以
免機構依勞基法第 12 條及第 18 條，不經預告終止契約，居服員不得向
雇主請求給付資遣費（嘉義地方法院 98 年度勞小上字第 4 號民事判決、
臺中地方法院 99 年度勞訴字第 79 號民事判決參照）。此外，居服員契

40.蘇永欽等合著，《部門憲法》，頁416-418，2005年。

約書中若有「離職必須依勞基法規定期限預先告知機構，機構接獲告知後有權調度居服員現服務個案，未依規定期限告知者，侵害服務個案及機構權利，機構將提出刑事、民事告訴」，或「居服員不得向服務個案進行推銷、借貸、收受紅包及任何交易行為，違者經查屬實，機構立即解約並提出刑事、民事告訴」，或「休假日、國定假日不排班」，或「勞工同意於休假日工作者工資加倍」，或「參加開會、在職進修、教育訓練」等，亦關乎居服員權益，應一併注意之。

（五）**個人資料保護法民事責任**：依個資法第 6 條之規定，有關病歷、醫療、基因、性生活、健康檢查及犯罪前科之個人資料，原則上不得蒐集、處理或利用，依同法第 29 條規定，「非公務機關違反本法規定，致個人資料遭不法蒐集、處理、利用或其他侵害當事人權利者，負損害賠償責任。但能證明其無故意或過失者，不在此限。依前項規定請求賠償者，適用前條第二項至第六項規定」，而同法第 28 條中規定有精神慰撫金，回復名譽適當處分，被害人不易或不能證明其實際損害額時，得請求法院依侵害情節，以每人每一事件新臺幣五百元以上二萬元以下計算等。個案服務契約書中要本人書面同意授權個資使用，居服員契約書中如規定「居服離職後違反個案個人資料保密條款者，機構將提出刑事、民事告訴」，居服員要注意個資保密風險，以免機構依個資法賠償後，再依債務不履行或侵權向居服員請求民事賠償。

（六）**性騷擾防治法民事責任**：由於居服員工作環境之私密性及與案主身體接觸的工作形態，經本文實證調查容易有性騷擾之風險。性騷擾之定義（性騷擾防治法 §2）：係指性侵害犯罪以外，對他人實施違反其意願而與性或性別有關之行為，且有下列情形之一者：（1）以該他人順服或拒絕該行為，作為其獲得、喪失或減損與工作、教育、訓練、服務、計畫、活動有關權益之條件；（2）以展示或播送文字、圖畫、聲音、影像或其他物品之方式，或以歧視、侮辱之言行，或以他法，而

有損害他人人格尊嚴，或造成使人心生畏懼、感受敵意或冒犯之情境，或不當影響其工作、教育、訓練、服務、計畫、活動或正常生活之進行。而性騷擾之認定（性騷擾防治法施行細則§2）：1.應就個案審酌事件發生背景、環境、當事人之關係、行為人之言詞、行為及相對人之認知等具體事實為之。2.在「合理人的標準」下，綜合考量被害人主觀認知及客觀合理標準。其民事賠償責任（人格權之侵權）：1.性騷擾防治法第9條：對他人為性騷擾者，負損害賠償責任。前項情形，雖非財產上之損害，亦得請求賠償相當之金額，其名譽被侵害者，並得請求回復名譽之適當處分。2.性擾防治法第10條：機關、部隊、學校、機構、僱用人對於在性騷擾事件申訴、調查、偵查或審理程序中，為申訴、告訴、告發、提起訴訟、作證、提供協助或其他參與行為之人，不得為不當之差別待遇。違反前項規定者，負損害賠償責任。

二、行政責任

行政罰乃為維持行政上之秩序，達成國家行政之目的，對違反行政上義務者，所科之制裁。行政罰法普通法之立法原則有處罰法定主義及法律保留原則、有責主義、比例原則與正當法律程序等[41]，而與居服較有關之特別法行政責任，分述如下：

（一）**老人福利法行政責任**：本法第48條：「老人福利機構有下列情形之一者，處新臺幣六萬元以上三十萬元以下罰鍰，再限期令其改善：一、虐待、妨害老人身心健康或發現老人受虐事實未向直轄市、縣（市）主管機關通報。……」；第51條：「依法令或契約有扶養照顧義務而對老人有下列行為之一者，處新臺幣三萬元以上十五萬元以下罰

41.吳志光，《行政法》，頁319-325，2014年6版；吳庚，《行政法之理論與實用》，頁465-479，2015年增訂13版。

鍰，並公告其姓名；涉及刑責者，應移送司法機關偵辦：一、遺棄。二、妨害自由。三、傷害。四、身心虐待。五、留置無生活自理能力之老人獨處於易發生危險或傷害之環境。六、留置老人於機構後棄之不理，經機構通知限期處理，無正當理由仍不處理者。」；第52條：「老人之扶養人或其他實際照顧老人之人違反前條情節嚴重者，主管機關應對其施以四小時以上二十小時以下之家庭教育及輔導。依前項規定接受家庭教育及輔導，如有正當理由無法如期參加者，得申請延期。不接受第一項家庭教育及輔導或拒不完成其時數者，處新臺幣一千二百元以上六千元以下罰鍰；經再通知仍不接受者，得按次處罰至其參加為止」，可見若發生機構、居服員虐待老人身心或機構發現老人受虐未通報等情事，會有行政罰鍰、公告其姓名、輔導等行政罰責任風險。居服員深入案主生活領域工作，應注意依「老人保護通報及處理辦法」第2條之規定：「…、社會工作人員、……及其他執行老人福利業務之相關人員，於執行職務時知悉老人有疑似下列情形之一者，應填具通報表，以網際網路、電信傳真或其他科技設備傳送等方式，通報直轄市、縣（市）主管機關；情況緊急時，得先以言詞、電話通訊方式通報，並於二十四小時內填具通報表，以上開方式傳送直轄市、縣（市）主管機關：一、老人因直系血親卑親屬或依契約對其有扶養義務之人有疏忽、虐待、遺棄等情事，致有生命、身體、健康或自由之危難。二、老人因無人扶養，致有生命、身體之危難或生活陷於困境。前項通報內容，應包括通報事由、老人基本資料及其他相關資訊」，居服員服務若發現老人有疑似受虐或陷入生命、生活困境，應即時向機構反映，迅向主管機關通報，以免機構或個人受罰。

（二）**身心障礙者權益保障法行政責任**：依身心障礙者權益保障法第75條：「對身心障礙者不得有下列行為：一、遺棄。二、身心虐待。三、限制其自由。四、留置無生活自理能力之身心障礙者於易發生危險或傷

害之環境。⋯⋯」；其第 76 條：「⋯⋯、社會工作人員、⋯⋯及其他執行身心障礙服務業務人員，知悉身心障礙者有前條各款情形之一者，應立即向直轄市、縣（市）主管機關通報，至遲不得超過二十四小時。村（里）長及其他任何人知悉身心障礙者有前條情形者，得通報直轄市、縣（市）主管機關。前兩項通報人之身分資料，應予保密。直轄市、縣（市）主管機關知悉或接獲第一項及第二項通報後，應自行或委託其他機關、團體進行訪視、調查，至遲不得超過二十四小時，並應於受理案件後四日內提出調查報告。調查時得請求警政、醫院及其他相關單位協助。第一項、第兩項及前項通報流程及後續處理辦法，由中央主管機關定之」；第 90 條：「身心障礙福利機構有下列情形之一，經主管機關查明屬實者，處新臺幣六萬元以上三十萬元以下罰鍰，並令限期改善；屆期未改善者，得按次處罰：一、有第七十五條各款規定情形之一。二、提供不安全之設施設備或供給不衛生之餐飲。三、有其他重大情事，足以影響身心障礙者身心健康」；第 95 條：「違反第七十五條各款規定情形之一者，處新臺幣三萬元以上十五萬元以下罰鍰，並得公告其姓名。身心障礙者之家庭照顧者或家庭成員違反第七十五條各款規定情形之一者，直轄市、縣（市）主管機關應令其接受八小時以上五十小時以下之家庭教育及輔導，並收取必要之費用；其收費規定，由直轄市、縣（市）主管機關定之。拒不接受前項家庭教育及輔導或時數不足者，處新臺幣三千元以上一萬五千元以下罰鍰，經再通知仍不接受者，得按次處罰至其參加為止」，可見若發生機構或居服員虐待身心障礙者，會有行政罰則，若居服員所照顧之案主為身心障礙者，發現其有受身心虐待等情事，亦應即時向機構反映，迅向主管機關通報處理，以免受罰。

（三）長照法行政責任：預計民國 106 年 6 月施行之長照法，其第 18 條：「長照服務之提供，經中央主管機關公告之長照服務特定項目，應由長照人員為之。長照人員之訓練、繼續教育、在職訓練課程內容，

應考量不同地區、族群、性別、特定疾病及照顧經驗之差異性。長照人員應接受一定積分之繼續教育、在職訓練。長照人員之訓練、認證、繼續教育課程內容與積分之認定、證明效期及其更新等有關事項之辦法，由中央主管機關定之」；第 19 條規定長照人員非經登錄於長照機構，不得提供長照服務；第 20 條規定長照人員之保密義務；第 42 條規定長照機構應與長照服務使用者等簽訂書面契約及中央主管機關應訂定定型化契約範本與其應記載及不得記載之事項；第 43 條：「未經長照服務使用者之書面同意，不得對其進行錄影、錄音或攝影，並不得報導或記載其姓名、出生年月日、住（居）所及其他足資辨別身分之資訊；其無法為意思表示者，應經其法定代理人或主要照顧之最近親屬之書面同意。長照機構於維護長照服務使用者安全之必要範圍內，得設置監看設備，不受前項之限制，並應告知長照服務使用者、其法定代理人或主要照顧之最近親屬」；第 44 條：「長照機構及其人員應對長照服務使用者予以適當之照顧與保護，不得有遺棄、身心虐待、歧視、傷害、違法限制其人身自由或其他侵害其權益之情事」；第 47 條：「長照機構違反第二十三條、第四十一條第一項或第四十四條規定者，處新臺幣六萬元以上三十萬元以下罰鍰。長照機構違反第二十三條規定者，除依前項規定處罰外，並限期令其改善；屆期未改善者，得按次處罰。

　　未經許可設立為長照機構，提供長照服務者，除依前兩項規定處罰外，並命其歇業與公布其名稱及負責人姓名。長照機構違反第四十四條規定者，除依第一項規定處罰外，並限期令其改善；屆期未改善者，處一個月以上一年以下停業處分，停業期滿仍未改善者，得廢止其設立許可。長照機構違反第四十四條規定，情節重大者，得逕行廢止其設立許可」；第 50 條：「有下列情形之一者，處新臺幣一萬元以上五萬元以下罰鍰：一、非長照人員違反第十八條第一項規定，提供經中央主管機關公告之長照服務特定項目。二、長照機構違反第十九條第二項規定，

容留非長照人員提供長照服務。三、非長照機構違反第二十七條規定，使用長照機構名稱」；第 52 條：「長照機構於提供長照服務時，未依第四十二條規定簽訂書面契約，或其契約內容違反中央主管機關依同條第二項所定應記載及不得記載規定者，應限期令其改善；屆期未改善者，處新臺幣一萬元以上五萬元以下罰鍰，並得按次處罰」；第 54 條：「長照人員違反第二十條、長照機構業務負責人違反第三十條、長照機構違反第四十三條第一項規定者，處新臺幣六千元以上三萬元以下罰鍰，並限期令其改善；屆期未改善且情節重大者，處一個月以上一年以下停業處分。長照機構違反第十九條第一項規定未報所在地主管機關核定，即由已登錄之所屬長照人員提供長照服務者，處新臺幣六千元以上三萬元以下罰鍰」；第 56 條：「長照人員有下列情事之一者，處新臺幣六千元以上三萬元以下罰鍰，得併處一個月以上一年以下停業處分；情節重大者，並得廢止其證明：一、執行業務時，為不實之記載。二、將長照人員證明租借他人使用。三、違反第四十四條規定」；第 59 條：「長照機構有下列情形之一者，得廢止其設立許可：一、因管理之明顯疏失，情節重大，致接受長照服務者傷亡。二、所屬之長照人員提供長照服務，違反本法規定，且情節重大，並可歸責於該機構。三、受停業處分而不停業。……」。可見在未來長照人員之訓練、登錄、保密義務、隱私保護、禁止身心虐待及長照機構之書面定型化契約、管理監督等規定，將更為細緻化，並加重機構之行政責任，機構及居服員宜「先發」提早因應其法律責任風險，並注意長照法進一步修訂及其子法配套規範之法令遵從。

（四）性騷擾防治法行政責任：依該法第 20 條：「對他人為性騷擾者，由直轄市、縣（市）主管機關處新臺幣一萬元以上十萬元以下罰鍰」；第 21 條：「對於因教育、訓練、醫療、公務、業務、求職或其他相類關係受自己監督、照護之人，利用權勢或機會為性騷擾者，得加

重科處罰鍰至二分之一」；第22條：「違反第七條第一項後段、第二項規定者，由直轄市、縣（市）主管機關處新臺幣一萬元以上十萬元以下罰鍰。經通知限期改正仍不改正者，得按次連續處罰」（糾正、補救措施、申訴管道）；第23條規定機構或僱用人為第十條第一項不當之差別待遇者，由直轄市、縣（市）主管機關處新臺幣一萬元以上十萬元以下罰鍰。經通知限期改正仍不改正者，得按次連續處罰；第24條：「違反第十二條規定者，由各該目的事業主管機關處新臺幣六萬元以上三十萬元以下罰鍰，並得沒入第十二條之物品或採行其他必要之處置。其經通知限期改正，屆期不改正者，得按次連續處罰」（原則上不得報導記載相關資訊）。居服員、機構及案主彼此間，對性騷擾之發生，應依上述規定，注意其行政法律責任風險。

（五）護理人員法行政責任：按護理人員法第24條中明文「醫療輔助行為應在醫師之指示下行之」，同法第37條中規定有：「未取得護理人員資格，執行護理人員業務者，本人及其雇主各處新臺幣一萬五千元以上十五萬元以下罰鍰」，次按衛生署100.7.18衛署照字第1002861759號函略以：「……公告照顧服務員訓練計畫，照顧服務員服務項目：一、家務及日常生活照顧服務；二、身體照顧服務；三、在護理人員指導下執行病患照顧之輔助服務。但服務範疇不得涉及醫療及護理行為」，查鼻胃管置入、導尿及抽痰等侵入性治療、處置，係屬醫療行為，應由醫師親自為之，或依護理人員法，由護理人員依醫師指示為醫療輔助行為，居服員未具護理人員資格，擅自為之，違反護理人員法第37條之規定，有行政罰責任風險外，如造成案主進一步之傷害，將引發更為嚴重之後果，甚至吃上刑事官司。至於居服員執行鼻胃管灌食及鼻胃管分泌物之清潔衛生，係維持案主生理機能、增加舒適感，不涉及醫療之專業判斷、醫療行為及醫療輔助行為，由居服員為之尚無不可。

（六）藥師法行政責任：居服員於醫護人員協助或依藥袋醫囑指示下，可協助案主分藥、磨藥、服藥，惟依藥師法第 24 條，未取得藥師資格擅自執行其第 15 條 1 項之藥師業務者，處新臺幣六萬元以上三十萬元以下罰鍰，居服員面對案主用藥問題，應更為審慎，不要亂買不明藥物，以免觸法或衍生更嚴重的問題。

三、刑事責任

刑罰之目的無論採應報、一般預防或特別預防理論，均具有「最後手段性」（謙抑思想）[42]。居服員之刑事責任風險，依其工作特性，透過單一刑法（總則、分則）、特別刑法及附屬刑法之「罪刑法定」，其可能涉及之刑責類型如下：

（一）業務過失刑事責任：居服員協助案主上下牀及移位、如廁、沐浴、餵食、服藥、翻身、拍背、肢體關節活動及陪同案主散步、復健等工作，應視案主身心狀況、居家環境及其運用之輔具等，提高注意。依刑法第 14 條，居服員雖非故意，按其情節，「應注意」，並「能注意」，而「不注意」者，為過失（無認識過失），另居服員對於構成犯罪之事實，雖「預見其能發生」而「確信其不發生」者，以過失論（有認識過失）。而居服員又是從事居服業務之人，所謂「業務」，係指個人基於其社會地位繼續反覆所執行之事務，包括主要業務及其附隨之準備工作與輔助事務（與其主要業務有直接、密切之關係者）（89 年臺上字 8075、90 年臺非字 341 參照）。另居服員具備「保證人」地位，對於案主傷亡結果負有防止發生之義務，且能防止而不防止時，仍須對該結果負責（刑法第 15 條、86 年臺上字 5904、103 年臺上字 4019 參

---

42. 林山田，《刑法通論》（上冊），頁64，2002年增訂8版；林鈺雄，《新刑法總則》，頁5-30，2009年2版；黃仲夫，《刑法精義》，頁3-12，2013年修訂29版。

照）。依刑法第284條第2項，業務過失傷害人者，處一年以下有期徒刑、拘役或一千元以下罰金；致重傷者，處三年以下有期徒刑、拘役或二千元以下罰金，刑法第276條第2項，觸犯業務過失致死罪，處五年以下有期徒刑或拘役，得併科三千元以下罰金，如居服員為行為主體，對案主之生命、身體法益造成危害，其行為態樣為長照居服行為業務，其業務過失行為造成案主之輕傷官、重傷害或死亡結果，行為與損害之間具「相當因果關係」，居服員又無刑法第22條業務上之正當行為之法定阻卻違法事由，亦無得被害案主之同意或承諾之超法定阻卻違法事由，並具責任能力、違法性認識可能性、期待可能性等[43]，即成立上述犯罪。故居服員從事居服工作要謹慎為之，不斷提升專業知能並竭力照顧案主[44]，以免觸犯刑法而有業務過失刑事責任法律風險[45]。

　　（二）**性騷擾刑事責任**：性騷擾定義已如前一、民事責任（六）所述，開黃腔性騷擾依性騷擾防治法第20條有行政罰鍰，觸碰身體特殊部位依該法第25條則會有刑責（須告訴乃論），如案主或案主親友對居服員意圖性騷擾，乘人不及抗拒而觸摸其胸部，故意從後拍打其臀部，或乘機親吻居服員，皆該當性騷擾防治法第25條：「意圖性騷擾，乘人不及抗拒而為親吻、擁抱或觸摸其臀部、胸部或其他身體隱私處之行為者，處二年以下有期徒刑、拘役或科或併科新臺幣十萬元以下罰金。前項之罪，須告訴乃論」。實務上已有判決有罪，處六個月以下短期自由刑，易科罰金，以新臺幣壹仟元折算壹日之例[46]。居服員除謹言

---

43. 盧映潔，《刑法分則新論》，頁457-473，2008年；黃仲夫，同註42，頁53-88、607-620；盧美秀、陳靜敏，同註20，頁336-339；劉淑娟等作，同註32，頁178-180。
44. 黃惠璣等著，同註32，頁464。
45. 例如：長照人員涉及業務過失傷害或業務過失致死，被法官判決6個月以下有期徒刑，該短期自由刑如易科罰金，以新臺幣壹仟元折算壹日，詳見：高雄地院98年訴字第1806號刑事判決、臺北地院102年審簡字第1100號刑事簡易判決、臺北地院102年審簡上字第136號刑事判決。

慎行外，遇性騷擾感到不舒服，第一時間表達拒絕、嚴格制止及合法蒐證很重要，萬一有糾紛，不必隱忍鹹豬手，可先告知家屬並向機構主管通報留下紀錄，尋求協助，或向政府機關通報、申請調解，不成立再請各地法律扶助基金會協助，走司法途徑進一步究責。

　　（三）**侵害財產法益刑事責任**：居服員與案主間如發生侵害財產法益之財物糾紛，較有可能被案主或其家屬指控：（1）依刑法第 320 條第 1 項之普通竊盜罪，處五年以下有期徒刑、拘役或五百元以下罰金；（2）刑法第 335 條第 1 項之普通侵占罪，處五年以下有期徒刑、拘役或科或併科一千元以下罰金；（3）刑法第 337 條侵占遺失物罪，處五百元以下罰金；（4）刑法第 341 條第 1 項之準詐欺罪，意圖為自己或第三人不法之所有，或乘人精神障礙、心智缺陷而致其辨識能力顯有不足或其他相類之情形，使之將本人或第三人之物交付者，處五年以下有期徒刑、拘役或科或併科五十萬以下罰金；（5）刑法第 342 條第 1 項之背信罪，處五年以下有期徒刑、拘役或科或併科五十萬元以下罰金；（6）刑法第 358 條之無故入侵電腦或相關設備罪，處三年以下有期徒刑、拘役或科或併科十萬元以下罰金。

　　綜上，為免誤會，居服員移動案主重要物品，要經案主或其家屬同意，或由案主、家屬自行拿取；居服員最好不要代案主領取或保管金錢或貴重財物；居服員自己私人貴重物品最好不要帶到案主家，如一定要帶請自行收妥，服務結束時要檢查清楚再離開，以免產生財產法益之刑事爭議。惟實務上仍有長照人員被檢方起訴侵占罪，甚至於刑法第 329 條之準強盜罪，因案主健忘之精神狀況、測謊鑑定、證人證述內容疑義、社區監視器錄影畫面光碟勘驗、所憑之證據顯未達通常一般人均不致有所懷疑而得以確信其為真實之程度等，或「罪證有疑，利於被告」

46.詳見：花蓮地方法院101年易字第19號刑事判決。

之證據法則，法官對被告長照人員為無罪之諭知或駁回檢察官之上訴[47]，可提供針對居服員財產法益刑事責任法律風險類型，建構客製化之法律風險管理模式之參考。

（四）妨害名譽刑事責任：案主或其家屬若對居服員使用言語暴力，有損害居服員名譽之故意及有侮辱居服員之行為，惟較有爭議者乃刑法第 309 條第 1 項公然侮辱罪之「公然」要件，實務見解認為乃指不特定人或多數人得以共聞共見之狀態[48]，論者認為行為時處於一個流動、開放的空間或情境，若可流動進出者是不特定人，則任何一個人為已足，若是特定人則要求應有多數人，才會達公然之程度[49]。若居服員與案主處於一對一之密閉情境，恐非屬公然，縱使案主以粗鄙之言語舉動侮謾辱罵或為其他輕蔑居服員之行為，仍因非公然，不成立刑法公然侮辱罪。此外，網際網路為公眾使用的開放式網路空間，係屬人人或網路家族得以隨時進出的場域，除非行為人特別設定少數特定人閱聽條件，否則，在網路上所為之侮辱行為，自符合「公然」的要件[50]。若公然侮辱謾罵同時指述影響他人名譽之具體事實，則另涉及刑法第 310 條第 1 項之誹謗罪，處一年以下有期徒刑、拘役或五百元以下罰金，此際誹謗罪與公然侮辱罪為法條競合之補充關係，加害人應論以保護名譽法益較高之誹謗罪[51]。綜上，縱使案主言語暴力如在室內非公然場合，不構成刑法第 309 條之公然侮辱罪，居服員可自我防衛發表善意言論制止外，可合法蒐證後考慮請求民事侵害名譽人格權之損害賠償、精神慰撫金及

---

47. 詳見：臺北地方法院99年易字第425號刑事判決；臺灣高等法院高雄分院101年上易字第843號刑事判決；臺中地方法院101年訴字第1097號刑事判決；臺灣高等法院臺中分院101年上訴字第1873號刑事判決。
48. 參照：司法院院字第2033號解釋文；大法官釋字第145號解釋文。
49. 盧映潔，同註43，頁539-540。
50. 盧映潔，同註43，頁540-541；黃仲夫，同註42，頁687。
51. 盧映潔，同註43，頁542。

登報道歉。當然，亦可透過機構達成和解或列入案主不良紀錄暫停服務或轉案、結案。此外，在實務上亦曾發生居服員因情緒管理問題，對其他居服人員在馬路邊或醫院復健室公然侮辱，被法官判拘役，如易科罰金，以新臺幣壹仟元折算壹日，或判處罰金並諭知易服勞役之案例[52]。

（五）**偽造文書刑事責任**：偽造文書罪所保護之法益為公共信用之社會法益，而非個人財產法益[53]。實務上曾發生不肖居服員以案主之存摺、印鑑前往銀行盜領存款，未經案主同意即盜用其印文於銀行取款條而領出存款，偽造私文書之低度行為為行使偽造私文書之高度行為所吸收，又係以一行為同時觸犯行使偽造私文書及詐欺取財罪，為想像競合犯，依刑法第 55 條從一重之行使偽造私文書罪處斷（刑法第 216 條參照），被法官判處有期徒刑之案例[54]。

（六）**妨害祕密刑事責任**：憲法第 12 條保障人民有祕密通訊之自由，憲法第 22 條概括條款亦保障人民之隱私權（釋字第 585 號、釋字第 603 號解釋參照）。依刑法第 315 條，觸犯妨害書信祕密罪者，得處拘役或三千元以下罰金。而依刑法第 315 條之 1 妨害祕密罪，居服員無故利用工具或設備窺視、竊聽他人非公開之活動、言論、談話或身體隱私部位者，或無故以錄音、照相、錄影或電磁紀錄竊錄他人非公開之活動、言論、談話或身體隱私部位者，處三年以下有期徒刑、拘役或三十萬以下罰金。而實務見解認為，依通訊保障及監察法第二十四條第一項規定：「違法監察他人通訊者，處五年以下有期徒刑」，參酌同條第二項規範之對象為執行或協助執行通訊監察之公務員或從業人員，第三項則為營利犯罪，而同法第三十條又規定僅第二十四條第一項之罪須告訴

52.詳見：臺中地院99年易字第1322號刑事判決；臺中地院99年中簡上字第350號刑事判決。
53.黃仲夫，同註42，頁525。
54.詳見：彰化地院104年訴字第161號刑事判決；臺灣高等法院臺中分院104年上訴字第1270號刑事判決。

乃論，可見該法第二十四條第一項之處罰對象係針對一般人民，再隱私權與其他權利保障之取捨，應就個案情節依比例原則衡量其法益加以判斷[55]。智慧型手機或錄音筆功能強大，有助於保存證據，私人蒐證如為求「自保」，雖不構成刑法第 315 條之 1「無故」錄音、錄影他人非公開活動之妨害祕密罪（須告訴乃論），但仍要注意通訊保障及監察法第 24 條第 1 項違法監察他人通訊（言論及談話）之刑責風險（須告訴乃論），比較安全之作法是符合通訊保障及監察法第 29 條不罰之精神，非出於不法目的，得到對方事先同意，或監察者為通訊之一方即將在場之自己言論、談話、動作錄進去。另要連續完整錄音錄影避免被指稱剪接，錄音錄影檔案要好好保存，不能只有譯文變成傳聞證據，也不要將錄到的紀錄 PO 到網路上公開，以免衍生案外案。依通訊保障及監察法第 25 條第 1 項、第 28 條，不要將錄到的資料無故洩漏或交付出去，否則會有刑責（須告訴乃論）。符合上述規定之私人蒐證自保，法益權衡下極有機會具有「證據能力」，更進一步以較強之「證明力」，影響司法人員之心證，為有利於居服員之裁判。

　　（七）妨害自由刑事責任：依刑法第 302 條規定，剝奪他人行動自由者，處五年以下有期徒刑、拘役或三百元以下罰金，因而致人於死者，處無期徒刑或七年以上有期徒刑，致重傷者，處三年以上十年以下有期徒刑。依刑法第 304 條規定，觸犯強制罪者，處三年以下有期徒刑、拘役或三百元以下罰金。依刑法第 305 條規定，恐嚇危害安全罪者，處二年以下有期徒刑、拘役或三百元以下罰金。依刑法第 306 條規定，無故侵入住居者，處一年以下有期徒刑、拘役或三百元以下罰金（6 個月內告訴乃論）。居服員與案主及其家屬間，應互相尊重，不可非法限制對方行動自由。居服員於非服務時間，未經同意不要隨便開門進入案主

55.詳見：最高法院97年臺上字第4546號刑事判決。

家，以免產生誤會。如遇緊急狀況，如案主攻擊行為或自殺行為，依刑法第 23 條「正當防衛」（對於現在不法之侵害，而出於防衛自己或他人權利之行為，不罰）及第 24 條「緊急避難」（因避免自己或他人生命、身體、自由、財產之緊急危難而出於不得已之行為，不罰），可阻卻違法，但要注意不要違反「比例原則」防衛或避難過當。當然，遇緊急狀況，第一時間先尋求自保，有機會再合法蒐證，確保人身安全後立即通報家屬、機構，嚴重者可報警處理。

（八）**偽證罪誣告罪刑事責任**：偽證誣告罪章所侵害法益，是國家司法權的正確行使[56]，居服員深入案主生活領域，雖應尊重案主隱私保持中立，惟於妨害性自主、遺棄、傷害直系血親尊親屬罪為審判或偵查之證人時，於案情有重要關係之事項，觸犯偽證罪者，處七年以下有期徒刑（刑法第 168 條參照）。若案主或其家屬意圖居服員受刑事處分，向該管公務員為虛偽之誣告者，處七年以下有期徒刑（刑法第 169 條第 1 項參照），另依刑法第 171 條第 1 項，即使未指定居服員為犯人，仍構成未指定犯人之誣告罪，處一年以下有期徒刑、拘役或三百元以下罰金。

（九）**醫師法刑事責任**：按醫師法第 28 條規定，未取得合法醫師資格，擅自執行醫療業務者，處六個月以上五年以下有期徒刑，得併科新臺幣三十萬元以上一百五十萬元以下罰金。除非陪同就醫或情況緊急施行急救，否則居服員切勿擅自診斷案主病情或提供祕方，以免觸犯醫師法。

據上論結，本文已歸納出居服員主要及可能涉及的法律風險類型，這些糾紛類型，如果居服員、機構、案主及其家屬無法及時識別、預見、防範並妥為化解，抑或是隱匿、遲延，最終將轉化為法律風險或危機，

56.盧映潔，同註43，頁165。

現實的後果往往就是面臨三大法律責任的制裁如：1. 民事（不完全給付之賠償、侵權行為之連帶賠償等）；2. 行政（罰鍰等）；3. 刑事（業務過失傷害判有期徒刑、拘役、罰金等），有損形象，影響正常工作、作息，甚至被捲入時間、金錢、人力成本極高的司法訴訟中，得不償失，後悔莫及。居服員進入不同案主的私人生活領域服務，因應不同個案需求，勞心又勞力，協助案主改善生活品質，也讓家屬得到喘息的機會，然多為「一對一」、「非公開」之密閉工作場合，工作範圍有模糊地帶（包山包海），又與老弱案主有近距離的身體接觸，政府及機構有責任提供更有保障之就業環境！萬一發生糾紛、衝突，居服員如何在保護自身權益之餘，同時也將案主、機構之損害降至最低，掌握其法律風險之類型，才能對症下藥，有效建構其法律風險管理整合創新模式並落實執行，以健全臺灣長照體系，確保居服「人性尊嚴」[57]之服務品質，在銀色風暴來襲時，「我預防，故我在」，「利他」與「自保」要動態平衡，今天要為明天做好準備，未雨綢繆，有以待之，才能化危機為轉機、商機，成功老化！

參、居服員「整合性」法律風險管理模式之建構

臺灣高齡服務有錢少、人少、服務量少三大挑戰，其中人力資源更是服務之關鍵，目前面臨吃緊，既患寡又患不均[58]。根據學者之實證調查[59]，基層居服員所面臨之困境如：工作專業性無法受到肯定與尊重、

---

57. 人是目的，不是手段、工具，「人性尊嚴」乃我國成為憲政主義下的共和國、民主國、法治國、民生福利國的核心價值，憲法權力分立制度及基本國策方針，乃至於高齡科技產品之設計，皆應以人為本。而「聯合國老人綱領」則有獨立、參與、照顧、自我實現及尊嚴五個要點，並提及老人應儘可能長久的居住在家中，能夠在人性及尊嚴的環境中，適當利用機構提供的服務。

58. 滕淑芬等，〈儲備你的長照存摺〉，《健康遠見》，頁14-41，2015年11月。

頻繁的身體接觸、無中立第三者的工作環境、薪資福利不完整、工作範圍不易界定、案家認知錯誤、社會地位低、性騷擾心理傷害、拉扭挫傷生理職業傷害、督導功能不足、照顧方式不當的恐懼、感染疾病的威脅、被當成傭人、工作內容吃重、面對案主因為病情而衍生的許多照顧難題、挑戰自我的極限等。對照本文之實證調查，居服員工作之困境如：社會評價不高、薪資低不固定、職場尊嚴、個案環境與條件不同、人力不足、案主申訴、藥物及食品風險、家庭支持薄弱、升遷管道受限、政府政策不定、案主案家無理取鬧、案主主觀要求太多又指揮工作、被當成傭人使喚、濫用社會福利、無法吸引年輕人、職業傷害、精神疾病患者之應對、與案主案家溝通困難、老人家過分要求、工作備感吃重、感染疾病風險、家屬的干擾等（詳見附件表 5 編號 1 至 26 具體意見），高度符合，充分凸顯居服工作所面臨的實際難題，不但會影響居家服務之品質，更易釀成糾紛及法律風險。

　　歸納出常見及可能的法律風險類型後，如何對症下藥，以多元對話、參與、預防、動態、慎始、系統化，建構下列居服員「整合性」法律風險管理模式，採取風險降低、風險迴避、風險分擔及風險承受等應對措施，以執行力有效減免其法律風險之發生及其所造成之損害，有助於政府、民間機構、案主案家及居服員之多贏，則為更重要之課題。

一、「事前預防→事中控制→事後救濟」之整合模式

　　法律風險管理之三階段性作法，分別為事前預防之預防管理，事中處理之危機管理以及事後防範之復原管理，防阻法律風險再發生[60]。

---

59. 張江清、林秋菊、蔡和蓁、陳武宗，〈困境向前行——高雄縣市居家照顧服務員服務經驗探究〉，弘光學報，64期，頁75-80，2011年；謝美娥、沈慶盈，同註10，頁380-399。
60. 施茂林，《解讀醫療與法律暨風險管理之象限》，載：〈醫病關係與法律風險管理防範〉，頁28，2015年。

分析居服員法律風險意識的認知與態度，藉由「風險溝通」（risk communication）進行風險意識的傳播與交流，由內部形成共識，建立風險管理文化，將有助於建立法律風險管理機制，並可將其成果導入居服員教育訓練系統中，在行動上產生影響與回饋的良性循環[61]。

　　根據本文實證調查研究顯示，當被問到「整體而言，您對居服員在工作上，如何自我保護，預防法律糾紛，有何心得與建議」，其具體表達之意見中，屬「事前預防」者，有「與個案及家屬先就服務內容、目的達成共識」、「按機構的合約條款，有危險性質者婉拒」、「和案家誠實溝通」、「不做契約外的事」、「先具備法律知識，了解居服糾紛與風險」（詳見附件表7編號2、4、5、13、15、17、19意見），屬「事中控制」者較多，有「工作包放在門內出口旁，勿入不是服務範圍之家屬房間」、「隨時防備性騷擾」、「自保錄音、錄影、拍照蒐證，要有自己及對方聲音、影像」、「遇性騷擾需表明立場及感受」、「即時具實回報中心」、「移位時要注意案主是否骨質疏鬆，請案家協助，或自己特別小心注意，避免案主受傷」、「代購物品要有收據、發票、記帳，金錢當面點清」、「工作時衣服不要太暴露」、「代領金錢時，最好要有第三人證如社工、里長在場」、「隨時與案家及機構聯絡及溝通，並時刻保持警覺性」、「家屬在場或案家同意」、「使用藥物照醫生或家屬指示」（詳見附件表7編號1、3、5、6、7、8、9、10、11、12、15、16、18、19、20、21意見），屬「事後救濟」部分，只有「請機構協助協調」（詳見附件表7編號14、21意見）。可見居服員對工作上的法律風險意識，在「事前預防」及「事中控制」部分，已有一定的認知，並採取某些具體行動，惟「事後救濟」部分，則屬較欠缺認知

---

61. 張智聖，《政府作為與法律風險管理──以國家賠償為中心》，載：〈法律風險管理〉，頁326，2011年第2版。

的環節。

論者將照顧服務糾紛發生後之互動型態，分為：理解、吵鬧、暴力、告狀、訴訟型，造成糾紛之原因，有：權利義務規定不夠明確；服務規定僵化缺乏彈性；管理上之疏失；員額編制不足，工作負荷量太大；個案要求提高，機構無法配合，遷怒照顧服務人員；個案因生病或失能，對服務人員不友善；因雙方立場上差異、認知與期望之差距、說明解釋不足或不適當造成之誤會、誤解；第三者介入和慫恿。而預防糾紛發生，要：建立良好服務關係；保持最新知識與技能；保持良好身心狀況和行事能力；善盡注意義務；對所提供之服務善盡說明義務；充實法律知識，以免違法失職；人性化照顧與管理；詳實記載服務處理經過；隨時提高警覺。處理糾紛，則要：以冷靜、從容、誠懇態度面對；妥善處理個案及其家屬之抱怨；以說明、澄清、溝通代替對抗、衝突；召開跨專業團隊會議，立刻調查事件真相，尋求和解之道；必要時請第三者協助；詳細提供物證，並充分舉證；請教律師[62]。對照上述本文對居服員自我保護、預防法律糾紛的實證調查，兩者對建構居服員法律風險管理整合模式，皆有相當之參考價值。惟吾人不能主觀上一廂情願地相信，所有糾紛都能靠理解、溝通、善意化解，而應針對其法律風險可能產生的後果，在不同階段採取妥適有效的應對措施，發揮系統多元整合之功效，「慎始」並儘可能避免小糾紛惡化成大麻煩。

危機管理之動態模式，可分為：爆發前、發生時及解決後的活動三階段[63]。《2014 年臺中市居家服務中心標準化作業工作手冊》中，列有專章討論「居家服務危機管理」[64]，內容包括：認識危機、危機的種類、

62.盧美秀、陳靜敏，同註20，頁351-353。

63.詹中原，《危機管理：理論架構》，頁20-21，2004年。

64.臺中市政府社會局指導，財團法人天主教曉明社會福利基金會編印，同註26，頁8-1-1~8-5-1。

處理程序、居服常見危機處理案列、處理原則及程序、具體作法、善後
與復原，與《2006年臺中市居家服務實務工作手冊——居服督導員》
舊版相較，新版提供更多案例情境及處理流程SOP。本文認為，廣義的
法律風險管理包含法律危機處理，有賴建構「事前預防→事中控制→事
後救濟」模式，發揮系統整合功效，進行風險溝通，建立其法律風險管
理SOP，以有效進行居服之危機處理及風險管理，以該模式所執行之步
驟與過程，降低其法律責任風險之不利影響。

（一）事前預防模式：

如何避免風險的發生或降低其發生之後的影響性與嚴重程度，使人
員或財物的傷害／損失的機會與程度最小，屬於事前預防的管制行為，
此即為預應式（proactive）系統設計的基本功能[65]。建構「慎始」的「事
前預防」預應式系統模式，確認其法律風險管理的主要職責，消除、預
防與減低在居服過程中，可能造成人際糾紛及服務過失糾紛的危險因素
與不確定性，本文建議：

1. 王澤鑑大法官認為，以形成性法律向前思考方法，來從事契約的
設計規劃，運用法律所提供手段的可能性，就契約上的危險做必要合理
的分配，以確保實踐契約所要達成的目的，預防爭議於前，勝於處理糾
紛於後，技術上以簡潔精確通曉的文字，符合邏輯的體例結構，及具有
適應將來發展的彈性，將法律規定具體化，內容上須不背於強行規定
或善良風俗，擬定定型化契約條款時，須不違反誠信原則及平等互惠
原則[66]。案主與機構（居服中心）簽訂委任契約，為單方預擬之定型化
契約（長期照顧居家服務個案服務契約書），機構與居服員簽訂勞僱契
約（居家服務員契約書），彼此之權利、義務、責任，均於契約條款內

65. 許國敏、莊秀文、莊淑婷合著，同註23，頁196。
66. 王澤鑑，《債法原理（一）：基本理論、債之發生》，頁251-255，1999年增訂版。

容及相關附件（附件視為契約之一部分，與契約有同一效力）中呈現，契約細節之所在，即法律風險之所在，相關契約條款應更加公平周延，於契約形成時事先預防法律風險。

私法自治（契約自由）是一種受憲法第 22 條保障的基本權利（大法官釋字第 580 號參照），惟為維護契約正義、社會秩序，增進公共利益，契約自由在必要範圍內（比例原則）應受法律（或授權明確之法規命令）之限制（憲法第 23 條參照）。對契約內容自由的限制，為保障消費者權益，從三權分立之「法政策學」角度，有賴行政、立法及司法之協力，作必要的規制 67。其中行政權如：由中央機關訂頒公告之「定型化契約應記載及不得記載事項」，具消保法第 17 條強制效力，違反公告之定型化契約條款無效，另頒行「定型化契約範本」則具有參考示範、指導教育作用 68。此法令遵循之「他律」模式，乃在使契約自由及契約正義獲得調和及實現，與「自律」模式之契約自由，具動態平衡之關係，如果說解說、告知、經案主案家同意是居服機構（居服員受僱於機構，為其代理人或使用人）之法律義務，違反會有法律責任，那在充分告知說明磋商經個案同意後，在資訊對等下個案之選擇，則為契約自由範圍。

行政院消費者保護會網站中 69，有「養護（長期照顧）定型化契約應記載及不得記載事項」強制性法規命令，另有「養護（長期照顧）定型化契約範本」，供機構及消費者參考，雖係針對「機構住宿式」長照所為規範，惟其中有許多重要規範，如：審閱期、緊急意外事故處理流程、緊急聯絡人、告知權利義務、親簽、同意書、資訊對等，仍可為「居

67.陳銘祥，《法政策學》，頁23-24，2011年；王澤鑑，同註34，頁270-272。

68.王澤鑑，同註66，頁108。

69.瀏覽日期：2016年1月31日，檢自：http://www.cpc.ey.gov.tw/Content_List.aspx?n = 2FEB2263FCA75F24。

家式」長照服務契約書「類推適用」，明文載入契約內容中。而居服契約書之附件如「居家服務工作項目確認單」及「居家服務使用須知」，亦為契約之一部分，機構應對案主案家解說，使其充分了解契約內容並簽名確認。居服契約具委任契約性質，雖民法第 549 條規：「當事人之任何一方，得隨時終止委任契約。當事人之一方，於不利於他人之時期終止契約者，應負損害賠償責任。但因非可歸責於該當事人之事由，致不得不終止契約者，不在此限」，惟本文認為居家服務兼具老人福利、身心障礙者福利之契約正義、公益性質，機構應依比例原則及正當程序原則，先通知、制止、勸導、協調或變更契約、暫停服務，而以結案停止服務（終止契約）並同時知會主管機關社會局為最後手段。長照法雖於 2017 年 6 月才正式實施，惟其第 40 條規定規定長照服務品質基準：一、以服務使用者為中心，並提供適切服務。二、訊息公開透明。三、家庭照顧者代表參與。四、考量多元文化。五、確保照顧與生活品質；第 42 條規定長照機構應與長照服務使用者等簽訂書面契約及中央主管機關應訂定定型化契約範本與其應記載及不得記載之事項；第 44 條規定長照機構及其人員禁止侵害權益之事項。值此長照法實施前及新增居服定型化契約應記載及不得記載事項與居服定型化契約範本前之「緩衝期」，宜使其有法令遵循之「先發效力」，以此檢視並修訂現行居服契約，如：評估契約書其對服務品質之提升、居服員必要之預防保護及糾紛申訴之通報處理協調機制，是否有實質明文規範？「居家服務使用須知」是否須妥適修止並加強宣導告知親簽？契約書之審閱期是否落實？居服工作項目確認單相關欄位是否已確實勾選？是否簽署緊急處理流程同意書？並注意消保法第 11 條第 2 項「定型化契約條款如有疑義者，應為有利於消費者之解釋」及該法第 7 條之 1 第 1 項「企業經營者主張其服務於提供時，符合當時科技或專業水準可合理期待之安全性者，就其主張之事實負舉證責任」之規定，以事先防範其法律風險並保護居服

員之人身安全及職業尊嚴，萬一不幸要走訴訟途徑，也可憑詳盡明確之契約內容及審閱親簽同意，為有利之舉證。

　　至於居服員與機構所簽之居家服務員契約書，依民法為僱傭契約性質，居服員依協會指示服勞務，一年一簽，領取時薪或月薪。勞資雙方要訂立正式書面契約，明確其權利義務範圍（如：居服員作業管理規定、工作倫理規範宜明文列為附件），以預防、減低風險。未來應視官方法令之增訂，思考如何修正契約條款。居服員之勞動權益依勞基法、勞保條例及市政府社會局相關規定。其契約內容除契約期間、工作項目、任用條件、服務對象、工作地點、派班事宜、代班事宜、酬勞、假期、一例一休、請假、離職等條款外，居服員於簽約前應注意審閱「工作管理規定」之具體內容，有疑義者應與機構溝通清楚，以免有所誤解。惟本文認為居服員契約有促進就業之社會公益目標，其解約、賠償及提出民、刑事告訴條款，機構應依誠信原則、比例原則及正當程序原則，導入制止、勸導、改善及申訴機制，並善盡民法第 483 條之 1 僱用人之預防危害保護義務，除負面之罰則外，也能加入薪資福利、晉升、表揚機會、教育訓練補助、員工旅遊福利等正向支持條款，以凝聚內部向心力，疏減工作壓力，增加留任誘因。

　　借鏡日本順天堂醫院制定之「醫療事故防止對策手冊」總論中，提及風險管理、防止事故對策關聯事項之說明書與知情同意書、隨附文件內容之遵守及事故賠償保險等[70]，居服機構當可以契約及其附件、同意書之解說、告知、同意，「自律」事先預防法律風險。而居服定型化契約之公權力「他律」規制，立法上已有消保法第 11 條至第 17 條及民法第 247 條之 1 的雙軌制規範，行政規制上透過事前審查、公告積極強制應記載事項及消極強制不得記載事項、強化社會行政監督輔導、採購契

---

70. 許國敏、莊秀文、莊淑婷合著，同註23，頁45-46。

約規範，相較於發生糾紛後之司法規制（不告不理），立法、行政規制較能發揮積極、主動、事先預防功能，未來應朝向完善立法配套及行政明確性目標努力。而法官對居服民事爭點司法裁判理由之輕重緩急、勝敗得失關鍵，雖屬事後救濟，亦可為法律風險管理之個案教材，在定型化契約之檢查流程：認定→訂入契約→條款矛盾→解釋→內容規制效力[71]，學習法官判斷該契約條款有效或無效之依據，為消保法第12條、其施行細則第13條、第14條違反誠信、互惠平等原則、對消費者顯失公平，並反向引為事先預防「前車之鑒」紅線之所在。

2. 機構對於居服法律責任風險，可以風險自承（accept the risk），全部自我承受吸收，也可以風險轉嫁（transfer the risk），支付合理代價，將風險移轉至某特定的對象，讓風險的衝擊由此特定對象承擔[72]。「法律責任風險」（legal liability risk）屬「可管理風險」（manageable risks），而「責任風險」（liability risk）屬「可保風險」（insurable risks），可用商業保險方式加以管理[73]。保險法第90條規定：「責任保險於被保險人對於第三人，依法應負賠償責任，而受賠償之請求時，負賠償之責」，消保法第7條對提供服務之企業經營者採「無過失責任」，責任險更形重要。行政院所屬各機關風險管理及危機處理作業基準中，「風險轉移」（risk transfer）之定義為：透過立法、合約、保險或其他方式將損失之責任及其成本轉移至其他團體。居服法律責任風險，除非改行、拒絕有爭議之個案、個人無償當志工外，很難完全進行「風險避免」（risk avoidance）。臺中市政府社會局與民間社團法人、財團法人等機構（廠商），依政府採購法所簽訂之「104年度臺中市長

---

71. 陳自強，《契約之成立與生效》，頁212-218，2012年第2版。
72. 許國敏、莊秀文、莊淑婷合著，同註23，頁219。
73. 鄭燦堂，《風險管理》，頁18-21，2008年2版。

期照顧居家服務業務暨中低收入老人特別照顧津貼督導計畫契約」內
容，廠商對其提供勞務勞工，除依法投保勞工保險、全民健康保險外，
廠商應於履約期間辦理人身意外險，承保範圍為廠商主責服務區域執行
本案之照顧服務員等之意外死亡、殘廢、傷害醫療保險，保險金額每人
意外身故及殘廢保險金額新臺幣 100 萬元、每人每次傷害醫療保險金額
新臺幣 2 萬元，每一事故之自負額上限 3 千元，保險單記載契約規定以
外之不保事項者，其風險及可能之賠償由廠商負擔，廠商未依契約規定
辦理保險、保險範圍不足或未能自保險人獲得足額理賠者，其損失或損
害賠償，由廠商負擔，機關對於廠商及其人員因履約所致之人體傷亡或
財物損失，不負賠償責任，對於人體傷亡或財物損失之風險，廠商應投
保必要之保險。

　　美國有關老人照顧管理之教科書建議，居家照顧需要擴大保險範
圍，增加責任險和員工的保險，可以選擇涵蓋個案居家竊盜或其他財物
損失範圍的員工保險，由於居家照護的性質，居服人員可能需要協助個
案上下床、上廁所、坐椅子等，要安排此類的訓練計畫，盡量減少個案
受傷的危險，避免照顧者要求保險索賠的風險 [74]。我國之居服員除須投
保人身意外險外，主要困境在於因商業利益及職業風險考量，機構或居
服員個人欲加保僱主責任險或照顧任意責任險（財產保險），保險公司
承保意願不高，故有機構以居服員互助金方式移轉分散風險。日本戰後
出生的第一代（團塊世代）高齡者社會保障，除年金保險、醫療保險及
介護保險制度外，2015 年 4 月施行之「醫療‧介護一括法」，總合確
保推進高齡者醫療、長照整合制度持續之可能性 [75]。我國長照法第 34
條規定機構住宿式服務類之長照機構應投保公共意外責任險，並未提及

74.柯瑞斯（Cathy Jo Gress）作，吳瓊滿等譯，《老人照顧管理》，頁15之11，2013年。
75.上野千鶴子，《2025年之介護》，載：〈10年後日本之大問題〉，頁217-255，2015年。

居家服務之責任保險，惟其第 15 條規定中央主管機關為促進長照相關資源之發展、提升服務品質與效率、充實與均衡服務及人力資源，應設置長照服務發展基金至少新臺幣 120 億元，本文建議該基金可制度化配套，建立代墊及求償制度，以達居服糾紛個別、連帶賠償責任事先預防、風險移轉分擔之目的，並增加居服人力留任之誘因。若將來長照居服開放商業經營[76]，業必歸會，配套法規應規定業者繳存營業保證金，受害人亦可向該保證基金管委會申請調處、請求代為賠償，以適度承擔企業之社會責任。

　　3. 高階風險管理有所謂風險分級與篩選（Risk Ranking and Filtering），依發生率與嚴重程度，可分為三級：綠燈（可以普遍被接受的風險）、黃燈（警示注意管控區，必須去降低的風險）及紅燈區（無法承受的風險）[77]。紅綠燈發揮其交通安全管控功能，引申出法律風險管理「燈號理論」法秩序系統模型，單獨燈號意義不大，要發揮號誌系統之結構功能，在「綠燈」與「紅燈」之二元對立間，「黃燈」秒數雖然較短，卻是交通安全管制的重要介面（Interface），綠燈直接跳紅燈很危險，縱使轉為閃光黃燈亦要停看聽，如果羈束性（停止）是「紅燈」（高度風險），自由性（通行）是「綠燈」（低度風險），法律風險管理的功能，就是以「黃燈」扮演法秩序動態平衡管理、中介轉換之重要角色，發揮注意、預警、預防、轉換、調控之良性系統循環作用，因應

---

76. 政府面對更多元、大量的高齡需求，政府須轉變為「公民社會參與思維」，採用公私協力（PPP-Public Private Partnership）模式，政府必須扮演好規範者、監督者角色，在失能者的長照部分建立「規範性市場」，在非失能者高齡生活支援服務部分，則宜在自由市場中建構銀髮產業，並鼓勵社會企業或一般企業以企業社會責任CSR角度投入，而面對高齡社會可能衍生的各種風險，商業保險社會化，發展多元多樣的高齡保險商品有其必要性，詳見：馮燕，〈我國企業社會責任之實踐──《高齡社會白皮書》提供的機會〉，《社區發展》，第152期，頁8-18，2015年12月。
77. 許國敏、莊秀文、莊淑婷合著，同註23，頁214-218。

行政、立法、司法公權力「他律」，實施「自律」管理及評鑑，化被動為主動，即是實施法律風險管理，如下圖二所示：

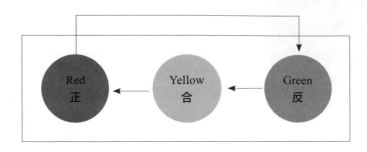

圖二：法律風險管理燈號理論法秩序系統圖
資料來源：本文整理

　　「法令之所在，即風險之所在」，相關當事人宜提早注意預警，評估其法律責任風險之輕重緩急。按民法第 483 條之 1，僱用人對受僱人之危害有預防保護義務，如僱主未盡此義務，受僱人可依民法第 184 條第 2 項之「違反保護他人之法律，致生損害於他人」，請求侵權行為之損害賠償，亦可依民法第 487 條之 1「受僱人服勞務，因非可歸責於自己之事由，致受損害者」，得向僱用人請求賠償。查居服員僱傭契約派班事宜，規定有「甲方（機構）須將服務個案之身心狀況據實以報乙方（居服員）」。不同身心狀況之案主會有不同的風險，機構（居服中心）對不同案主之事前「客製化」風險評估並據實以告，有助於風險溝通、顧客溝通及資訊對等，更符合民法誠實信用原則，使居服員在走入不同情況案主家中服務前，能做好相對應之心理及技術準備，以降低規避其服務及人際關係所可能產生之法律風險，機構亦可免於因疏於預防告知，導致居服員感染疾病或身心傷害之賠償責任。而刑法第 22 條「業務上之正當行為，不罰」，其阻卻違法要素：主觀上基於執行業務之意思；客觀上在業務範圍內必要的業務行為，原則上須經相對人之事前「同

意」[78]。經案主或其家屬之事前「同意」，除符合刑法第 22 條之阻卻違法意旨，亦符合「自決自主」之倫理原則，為倫理規範與法律規範之「交集」，惟須注意同意之自主性有其限制性，不可傷害自己生命、身體健康重大福祉或傷害他人（法益自由處分權限之限制）[79]。如臺中市居家服務「請求救援暨破門而入同意書」[80]，即事前徵得案主「同意」簽訂，案主同意不請求損害賠償及不提起任何民、刑事訴訟。居服員於服務時間至案家提供服務，如敲門及電話均無人回應，緊急連絡人亦無法及時趕到，居服員即可聯繫中心，由中心通報里長及警察局進行開鎖進入救援。機構或居服員取得案主家鑰匙或感應扣亦要經其書面同意！

104 年臺中市長期照顧居家服務居服督導員例行性查訪紀錄表中，家訪訪談內容包括個案生理狀況、心理情緒、社會互動狀況、居家環境安全評估、家庭照顧支持情況、主要照顧者身心負荷情況、照服員之服務態度、出勤狀況及服務內容執行情形，並註記調整修改服務時間或內容、更換照服員之說明，另有特殊記載。惟須注意學者研究因年齡、工作經驗、流動性等所導致之督導功能不足[81]，督導員與居服員應密切合作，以電話或實地訪查偵測發掘可能危機，提早預警並為「高中低度風險評估」之特殊記載，溝通風險並預為因應防範，以為強化督導機制善盡監督責任（善良管理人）之有利舉證，並降低規避預防其法律風險。此外，學者建議透過持續性教育的在職訓練，加強居服員的法律常識及危機意識，使其能保護自己、減少無力感，積極參與機構的「改進、創新與學習」措施，應用具有證據基礎的品質管理文獻，持續學習、觀

---

78. 黃常仁，《刑法總論：邏輯分析與體系論證》，頁73-75，2009年增訂2版。
79. 李佳儒等作，同註6，頁359；林鈺雄，同註42，頁280-281。
80. 同意書為得被害人承諾之阻卻違法證明，格式詳見：《臺中市政府社會局指導》，曉明社會福利基金會編印，同註26，頁8-4-12及附件8-1。
81. 謝美娥、沈慶盈，同註12，頁398。

摩、思考改進及創新服務[82]。本文建議將居服糾紛案例及處理情形、法律見解，導入居服人員（督導員、居服員）之職前及在職教育訓練中，以提高其風險識別度，增強風險意識及法律風險管理、危機處理之能力，建立適當的獎勵機制，強化 SOP 標準作業流程及相關法令契約規定之定期教育訓練（要有測驗或實作回饋機制），研討糾紛案例之解決方案，建立學習型組織，演練即時通報及協調機制，將有助於增強機構及居服員之法律風險意識，有效預防、減低法律風險，並將之列入自律評鑑效標，並有助於通過定期之他律評鑑。

居服法律風險管理及危機處理有 SOP[83]，如發生性騷擾事件→照顧員立即處理：如拒絕、警告或立即離開→回報機構、督導安撫照顧服務員情緒→依性騷擾防制法辦理相關事宜或由機構處理、聯絡案家溝通澄清、給予照服員心理支持→後續追蹤、個案記錄，又如服務員發生受到攻擊事件→立即離開現場→回報機構、督導員安撫照服員情緒→至醫院驗傷，另由照服員自行評估是否提出訴訟→機構出面處理及溝通→後續追蹤、個案記錄。從事居服，有時候是「心理攻防戰」（奇檬子問題），但法律風險管理不當，有可能變成機構、居服員、案家三輸的「法律攻防戰」。居服與飛航安全不同，過度強調 SOP 流程，而忽視人性尊嚴價值的同理心，被需求及陪伴之感性功能，被形式主義的框架「物化」，SOP 之邊際效用將遞減，而趨向消極被動之麻木制式化。學者提醒我們，不要因為學習法的邏輯與技術（法教義學）而忽略法的精神與理念（社會關懷）[84]。法律是最低限度的道德，最高的法律是人的良知。「誠實就是最好的政策」，民法第 148 條第 2 項之誠信原則，為「帝王條

---

82. 謝美娥、沈慶盈，同註10，頁454；黃秀雲，〈老人長期照顧機構之服務品質管理系統現況：以「ISO 9004: 2009版－管理組織的持續成功」作檢視，《社區發展》，152期，頁288，2015年12月。

83. 詳見：《臺中市政府社會局指導》，曉明社會福利基金會編印，同註26，頁8-1-1至8-5-1。

款」，另落實於民法第 245 條之 1 及消保法第 12 條第 1 項，學者肯定其具有倫理價值與經濟義理（減少交易費用、提高成交量、減少交易中的外部費用、防止交易風險、減少不確定性）[85]。法官具體適用此原則時，務必斟酌各該事件之特殊情形，衡量雙方當事人彼此之利益，使其法律關係臻於公平妥當（82 年臺上字 1654 號民事判決參照）。誠信原則不僅是民法上的重要原則，也是居服員待人接物的基本素養與倫理規範，本文建議將倫理規範與法律規範有所「交集」之核心價值，列入居服自律倫理規範中，並進一步將違反倫理規範之懲戒效力列入契約、法律或法規命令中，並進一步與長照人員資格取得教育訓練、換照制度配套結合，將倫理規範內部法之道德宣示「外部化」，而有其法律倫理價值與經濟效益（發揮服務道德心，口碑是最好的行銷策略，感恩是最好的預防策略），以行動實踐，達到法律風險管理自律與他律整合模式事前預防之目標。

（二）事中控制模式：

居服員三大法律責任風險類型，從教義法學的法規範角度分析，具有體系化、可預見性、法安定性功能，減輕法官認事用法之負擔，也有助於居服員能將其法律風險「類型化」識別。惟欲建構居服員「整合性」法律風險管理模式，則需社會科學之協力，以實證資料的成本效益和均衡分析，降低行為成本，而得到趨吉避凶之效益。經本文調查發現（詳見附件表 7 意見），居服員對工作上自我保護及預防法律糾紛，其所表達之具體意見中，占最大宗者即進入案主家中服務，所涉及之

---

84. 民法第98條規定，解釋意思表示，應探求當事人之真意，不得拘泥於所用之辭句，另見：李茂生，《法律與生活》，自序、頁89-90，1994年。
85. 本文認為，參照民法第98條，法條除文義解釋外，論理解釋立法目的、整體規定關聯意義綜合判斷更為重要，另見：趙萬一，民法的倫理分析，頁143-168，2005年；王澤鑑，同註34，頁624-625。

「事中控制」事項，與居家服務個案服務契約書之工作項目、使用須知及居家服務員契約書之條款、工作管理規定細節相比較，具有高度之符合性，例如：居服員按契約上約定事項工作，不得私下要求變更服務項目；妥善保管財物，以免產生糾紛；代購物品盡可能拿取收據、發票，並當日點清金額；非經醫師指示之藥物，不在代購之列；案主有任何意外，應依照意外處理程序處理（撥緊急聯絡人電話、119、110、中心電話等）；服務過程若遭遇困難隨時向中心反映；工作時衣服不暴露等。可見實然（實證）與應然（規範）間具有明確的關聯，並符合事中控制之成本效益，以法律風險管理之行為驅動力，有效整合居服之道德與法律，並使之均衡（equilibrium）。

　　從「顧客心理學」及「同理心」逆向思考，提升道德高度，拓展倫理規範寬度，除法律攻防之理性算計外，情感連結更有助於減低法律風險，如：事緩則圓，合理的冷靜期，以時間換取修復彼此關係的空間，避免「心理攻防戰」（攻心為上）演變成「法律攻防戰」（攻城為下）。惟居服員進入案主家中工作之場域具私密性（如：臥房、浴室、廁所等），如遇緊急情況，情緒安撫、即時制止、正規處理仍無法奏效，也來不及等待公力救濟（如：警方或救護人員趕到現場），則要考慮「自力救濟」事中控制之成本效益。法經濟學學者認為，援用道德可以降低法律運作的成本，而緊急避難、正當防衛、刑事告訴乃論的法律規範符合「最小成本原則」[86]。居服員如遇案主或其家屬之人身攻擊，第一時間應先尋求自保，有機會再自行蒐證，確保人身安全後立即通報家屬、機構，嚴重者可驗傷報警處理或提出刑事告訴，若狀況緊急，已來不及逃離現場，可即時「正當防衛」以阻卻違法或免於民事賠償（刑法第23條、民法第149條參照），惟要注意不要違反「比例原則」防衛

---

86. 熊秉元，《正義的效益：一場法學與經濟學的思辨之旅》，頁55-56、182，2015年。

過當。居服員如遇案主異物哽塞，可視案主呼吸狀況及意識是否清楚，打 119 呼叫，在救護車來之前，採取急救措施（如：哈姆立克法、CPR 等），可主張「緊急避難」以阻卻違法或免於民事賠償（刑法第 24 條、民法第 150 條參照），惟亦要避免違反「比例原則」避難過當。如居服員涉及刑法第 284 條第 2 項之業務過失傷害罪（如：移位不當導致案主跌倒骨折），或案主案家涉及性騷擾防治法第 25 條之性騷擾罪，因皆屬告訴乃論，在 6 個月的告訴期間內，可爭取道歉、和解之空間，換人服務治標不治本，另可依「修復式司法」（Restorative Justice）[87] 之精神，促進案件當事人間真誠溝通，注重當事人心理上的需求，確保當事人能充分表達自身感受，導引自我情感復原力量，認錯悔改，承擔責任，自主決定解決問題的方式，降低將來再犯可能，共同修復犯罪帶來的傷害。

居服員民事侵權行為責任之「過失」，指應注意能注意而不注意，即行為人得預見其行為的侵害結果而未為避免，此項注意義務，應以善良管理人的注意（抽象輕過失）[88] 為基準，居服員應具其所屬職業通常所具的智識能力，客觀上高於一般人的注意能力與義務。至於更嚴重的刑事責任，按刑法第 15 條：「對於犯罪結果之發生，法律上有防止之義務，能防止而不防止者，與因積極行為發生結果者同。因自己行為致有發生犯罪結果之危險者，負防止其發生之義務」，居服員依法令或契約，負有積極之作為義務（86 年臺上字 5904 號判決參照），具防止案主發生危險之「保證人地位」[89]，其過失不純正不作為犯之成立要件，係怠於履行其防止危險發生之義務，致生構成要件該當結果（如：居服

87.亞洲大學財經法律學系編著，《生活法律風險管理（三）》，頁95-97、159-160，2016年。
88.王澤鑑，同註30，頁215-216。
89.林鈺雄，同註42，頁528-529。

員不作為與業務過失傷害之間具相當因果關係）（97年臺上字3115號判決參照），依「客觀歸責理論」[90]，居服員之行為如製造法律所不容許的風險，且因風險實現，而造成結果的發生者，則結果始可歸責於行為人。因此，居服員於工作時要盡善良管理人之注意義務，依其專業訓練之SOP及工作管理規定，不任意從事具危險性的活動（如：使用交通工具乘載個案、購買成藥或含酒精等刺激性飲料等），遇緊急情況（如：地震、火災或案主哽噎、跌倒、死亡等），居服員應在第一時間採取緊急處置，並即時以手機通報119、110、緊急聯絡人、機構督導員、大樓管理室請求支援，以緊急避難阻卻違法，以降低風險排除結果的歸責。此外，居服員應於每次服務後確實填寫「居家服務工作紀錄表」，尤其是「特殊事項紀錄」，包括個案狀況改變、服務情形、家庭狀況改變，如：個案主訴嚴重頭痛、個案有性騷擾嫌疑或舉動、個案成為獨居等，應載明異常狀況之人、事、時、地、物，並通報緊急聯絡人、家屬、督導員，並對所進行之身體照顧及家務服務項目、次數、時間為詳細記載，由個案、案家親自簽章後，交由機構留存，均有助於事中控制，並為有利之證明，以減低法律責任之風險。

居服勞心勞力，更需要愛心耐心，遇糾紛如能以同理心化解（和解）最好，訴諸法律實為最後手段。居服多為「一對一」、「非公開」場合，萬一發生糾紛衝突，如何即時保全證據、保護自身安全，成為關鍵。本文調查研究顯示，居服員為求自我保護，預防法律糾紛，除人證及案主案家之同意（詳見附件表7意見編號10、11、15、16）外，亦認為可以手機錄音、錄影蒐證（詳見附件表7意見編號3、6、11、20），涉及金錢事項則要有收據、發票（詳見附件表7意見編號10、21）。參照臺灣臺北地方法院104年度易字第257號、臺灣高等法院

<hr>

90.林山田，同註42，頁195-201；柯耀程，《刑法構成要件解析》，頁179-183，2010年。

105年度上易字第1244號刑事判決，依吾人日常生活經驗法則及社會演進之實況，由客觀事實資為判斷，兼衡侵害手段與隱私權法益保障間之適當性、必要性及比例原則，居服員如別無其他人證、物證、書證，不立即自行蒐證保存證據，恐很難證明自身清白及對方違法侵害其權益，惟要注意以下四大關鍵點：1.為求「自保」，非出於不法目的之「有故」錄音、錄影；2.監察者為通訊之一方，將在場之自己言論、談話、動作錄進去，而非只是錄音、錄影「他人」非公開活動、言論、談話等；3.技術上要連續完整錄音錄影不要異常中斷，以避免被對方指稱遭剪接，且錄音檔要好好保存，不能只有譯文變成傳聞證據[91]；4.不要將錄到的資料無故洩漏或交付出去，也不要PO到網路上公開，以免衍生案外案之民事、刑事法律責任風險。若居服員未依上述安全關鍵蒐證，而涉及刑法第315條之1妨害祕密罪、通訊保障及監察法第24條第1項之違法監察他人通訊、第25條第1項明知為違法監察通訊所得資料無故洩露或交付罪、第28條非公務員洩露資料罪，因皆為「告訴乃論」，其告訴期間六個月，萬一不慎觸法，可爭取民事和解、調解之訴訟外紛爭解決方法（ADR），避免提出刑事告訴。而犯後態度也會影響能否獲檢方「緩起訴」處分或法官「緩刑」判決。

　　至於居服員私下未經案主案家事先同意而錄音、錄影自行蒐證，是否具有證據能力？民事訴訟法學者認為如發現取得行為有正當防衛、緊急避難，甚至「利益權衡」結果等阻卻違法事由，自得正當化該等證據之可利用性[92]。最高法院（法律審）實務見解認為刑事證據排除法則，不包括私人違法取證，例如：97年臺上字734號刑事判決認為：偵查

91.依我國刑事訴訟法第159條第1項規定，除法律有規定者例外，對於被告以外之第三人於審判程序外所為的言詞或書面陳述，原則上不具證據能力，詳見：王兆鵬《刑事訴訟法講義》頁594-620，2006年2版。另請參照：臺灣高等法院97年度上易字第911號刑事判決。

92.姜世明，《民事訴訟法（下）》，頁65-66，2013年。

機關「違法」偵查蒐證與私人「不法」取證,乃兩種完全不同之取證態樣,刑事訴訟法「證據排除原則」具有其憲法人權保障之意義,此與私人不法取證係基於私人之地位,侵害私權利有別,蓋私人非法取證之動機,或來自對於國家發動偵查權之不可期待,或因犯罪行為本質上具有隱密性、不公開性,產生蒐證上之困窘,難以取得直接之證據,冀求證明刑事被告之犯行之故,而私人不法取證並無普遍性,且對方私人得請求民事損害賠償或訴諸刑事追訴或其他法律救濟機制,無須藉助證據排除法則,即能達到嚇阻私人不法行為之效果,如將私人不法取得之證據一律予以排除,不僅使犯行足以構成法律上非難之被告逍遙法外,而私人尚需面臨民、刑之訟累,在結果上反而顯得失衡。惟如私人故意對被告使用暴力、刑求等方式,而取得被告之自白(性質上屬被告審判外之自白)或證人之證述,因違背任意性,且有虛偽高度可能性,基於避免間接鼓勵私人以暴力方式取證,例外地,應排除該證據之證據能力;103 年臺上字 419 號刑事判決亦認為:私人錄音、錄影之行為,雖應受刑法第315條之1與通訊保障及監察法第29條第3款之規範,但其錄音、錄影所取得之證據,則無證據排除法則之適用。蓋我國刑事訴訟程序法(包括通訊保障及監察法)中關於取證程序或其他有關偵查之法定程序,均係以國家機關在進行犯罪偵查為拘束對象,對於私人自行取證之法定程序並未明文。私人就其因被追訴犯罪而為蒐集有利證據之情事,除得依刑事訴訟法第 219 條之 1 至第 219 條之 8 有關證據保全規定,聲請由國家機關以強制處分措施取證以資保全外,其自行從事類似任意偵查之錄音、錄影等取證之行為,既不涉及國家是否違法問題,則所取得之錄音、錄影等證物,如其內容具備任意性者,自可為證據(另可參照臺灣高等法院 105 年度上易字第 410 號刑事判決)。其他如 98 年臺上578 號、98 年臺上 2513 號、99 年臺上 857 號、99 年臺上 1648 號、101年臺上 5182 號刑事判決,亦採取相同之證據評價立場。可見居服員於

緊急狀況之自行蒐證，縱使未獲案主案家事先同意，如符合本文所建議之四大關鍵點，其所取得之錄音、錄影等證物，如其內容具備任意性，法益權衡下有極高之機會具有「證據能力」，更進一步以較強之「證明力」，影響司法人員心證之形成，而為有利於居服員之判決。至於案主案家對居服員、機構之民事求償，依民事訴訟法第 277 條前段「當事人主張有利於己之事實者，就其事實有舉證責任」舉證責任分配之一般原則，案主案家要對其主張之侵權行為及不完全給付損害賠償，負舉證責任（舉證之所在，敗訴之所在），惟要注意民事訴訟法第 277 條後段「但法律別有規定，或其情形顯失公平者，不在此限」舉證責任減輕之例外 [93]。因本文認為居服法律行為有消保法之適用，應一併注意依消保法第 7 條、第 7 條之 1，居服業者有較重之舉證責任分配，故能合法並有效保存有利證據，對降低機構、居服員敗訴法律風險，有關鍵性之事中控制作用。

依臺中市長期照顧居家服務業務暨中低收入老人特別照顧津貼督導計畫，其服務對象權利維護中規範：居服督導員每月電話訪問案主一次，每三個月至少至案家訪視一次，每月至少一次辦理服務員團體督導一次，並視案主需要不定時期督導居服員服務情況並掌握案主情形；訂定居家服務工作流程、申訴、性騷擾申訴、獎懲、合約書及工作手冊；服務期間，提供案家簡介、申訴流程、申訴專線、線上申訴等申訴管道，服務對象有任何的申訴事由，由專職居家服務督導員針對案主申訴之事件進行處理，處理結果紀錄於申訴紀錄表中。若協調未果，則由機構主管負責處理。若服務對象對服務仍有疑慮，經機構主管協調未果，可上訴主管機關；申訴應填具申訴書並具名，申訴人可以傳真、書信、電子信箱等方式提出申訴，必要時得以電話先行申訴，並於七日內以書面補

---

93. 姜世明，《民事訴訟法基礎論》，頁 146-165，2013 年 6 版。

正；書面申訴應載明申訴事實及內容、可取得之相關事證或人證等；案件由承辦人擬辦後七日內將辦理情形答覆申訴人；個案及居服員申訴管道有居服支援中心專線電話、書面投遞中心信箱、直接向中心社工人員反映；申訴流程及處理辦法中有會談溝通之滿意紀錄歸檔，不滿意則開案召開投訴案件會議、性騷擾投訴會議並給予回覆。而臺中市長期照顧居家服務個案服務契約書之條款及附件居家服務使用須知中規範，如對照顧服務員或本單位有需要申訴部分，可依居家服務申訴流程提出申訴並有居服單位及市政府社會局申訴電話。而居服申訴申請書格式中，有服務狀態、申訴事由（發生時間、地點、事由簡述）、申訴期待與建議陳述、處理結果與回覆填寫欄位。

本文建議，居服員正常服務在第一線，遇申訴、求償則退居第二線，由機構成立應變處理小組因應，該小組委員除主責督導、中心主管外，建議引進法律、心理諮商、醫療保健專家或社會公正人士等組成，以強化其功能性及公正性。應盡快處理糾紛，邀集相關案主案家、居服員，與處理小組三方會談，協力解決問題。若會談溝通失敗，則應召開投訴、求償案件正式會議，由上述委員作成決議，並將處理結果正式函覆申訴人或求償人。在協商及處理流程中，應落實公正客觀及民主正當程序，給予當事人充分陳述意見機會，並應於當事人有利及不利之情形一律注意。

性騷擾防治法及其施行細則之相關因應措施，如：1. 教育訓練與兩性平權宣導；2. 申訴管道之建置（專線電話、專用傳真、信箱）；3. 立即有效之糾正及補救措施（保護被害人之權益及隱私、對所屬場域安全空間之維護或改善、對行為人之懲處）；4. 性騷擾申訴處理調查小組之女性比例及迴避規定；5. 調查之不公開、客觀、公正、專業，給予當事人充分陳述意見及答辯機會，權力不對等避免對質；6. 事件發生後一年內申訴，若不服三十日內再申訴，主管機關介入調查；7. 相關情境及事

證之保全蒐證；8. 性騷擾防治委員會調解管道之善用等。居服機構如要召開性騷擾緊急會議，除引進法律、性別主流化學者專家、社會公正人士擔任委員外，應注意其中女性代表最好不得少於二分之一，更要保護被害人權益及隱私。此外，長照法第45條規定：「主管機關應建置陳情、申訴及調處機制，處理民眾申訴案件及長照服務單位委託之爭議等事件」，均凸顯現在及未來健全居服體系，應建立「公私協力」之機制，事中控管風險及損害。

　　綜上所述，高齡化社會居服使用比例升高的同時，也容易造成三大法律責任風險與訴訟成本增加，「事中控制」模式應致力於落實三個「協力」機制，即：1. 社科法學（實然之實證分析）與教義法學（應然之規範分析）之協力；2. 公私協力；3. 機構、居服員及案主案家之三方協力溝通互信。針對不同類型、輕重之居服糾紛，如即時處理、控制得宜，為化解糾紛創造有利契機，而透過第一線居服員之關注、紀錄、回報、緊急處理，可使風險危機之衝擊效應降低。若未能在事中做好損害控管並保存有利證據，風險產生「社會放大」[94]，如：政府介入、機構回應、居服員及案主人際關係網絡，甚至於新聞媒體[95]之漣漪擴散效應，對其經濟損失、政府監管、訴訟成本、機構名譽、專業形象等造成負面影響，而弱化降低風險的積極力量，其成本終將由事後救濟及社會連帶來承擔。

---

94. 珍妮‧卡斯帕森（Kasperson, J.X.），羅杰‧卡斯帕森（Kasperson, R.E.）編著，童蘊芝譯，《風險的社會視野（上）：公眾、風險溝通及風險的社會放大》，頁85-87，2010年。
95. 如案主案家，因為不滿居服，威脅要召開記者會，此訴諸媒體之名譽危機，機構應了解申訴緣由，如認為機構有責任，應速與申訴人協商，妥為處理及解決問題；如非機構責任，則應準備詳細紀錄與新聞稿，統一窗口謹慎發言，與媒體進行溝通，若媒體報導不實或未平衡報導，使機構名譽形象受損，機構可要求媒體更正，若媒體不處理，機構可訴諸司法裁判，以避免法律風險之擴散放大效應。

（三）事後救濟模式：

法律風險事前再怎樣預防、避免、分擔，事中流程再怎樣控制、降低，有時還是防不勝防，特別是照顧高齡失能及身心障礙者，萬一還是發生法律糾紛，只能「風險承受」（Risk acceptance），事後救濟，妥善處理。事後救濟的模式，可分為：

1. 訴訟外紛爭解決機制（Alternative Dispute Resolution, ADR）：

ADR 如和解、調解、仲裁等，通常相對所花時間較短、費用較少[96]。《易經》：「訟，終凶」，《論語》：「必也使無訟乎！」[97]，均凸顯「和為貴」的重要性。對居服員而言，遇糾紛即時通報機構，由機構兼顧居服員與案主雙方權益，居中溝通協調，促成和解、調解，不得已再訴諸司法訴訟最後手段。ADR 可讓糾紛從對抗走向諒解，能以較低成本化解衝突、解決問題，在「國法」之外，能兼顧「天理」、「人情」，避免訴訟的成本及證據至上，更有彈性促成利害關係人對話機會（見面三分情），「事緩則圓」，以時間換取妥協空間，「修復」彼此間的關係。居服民事爭議依當事人意願解決紛爭，有時比刑事爭議發現真實更重要。此 ADR 模式應用於居服員法律風險管理，萬一發生法律糾紛或案主案家申訴，機構應給予居服員心理建設及法律支援，以積極態度面對協調，避免風險擴大，可以相關法令剛性規範為基礎，但不以法令框架為限，能柔性兼顧其心理感受及平衡各方利益，是最經濟的權利救濟首選。

居服糾紛發生後，機構應由主管、督導等人，配合法律顧問，組成處理小組。正式訴求可以雙掛號寄發郵局存證信函私文書，以表明立

---

96. 薛波主編，《元照英美法辭典》，頁65，2003年；李念祖、李家慶主編，《訴訟外紛爭解決機制》，頁5-7、337-339，2012年。
97. 范忠信、鄭定、詹學農，《中國式法律傳統》，頁182-184，2013年。

場、提出警告、意思通知、意思表示或當成訴訟上的證據，提供雙方在訴訟前協調改善、解決問題之機會。居服糾紛的當事人，可以互相讓步，簽訂和解契約，不再提起任何民事、刑事告訴，以給付金錢、道歉、提供免費服務等以終止爭執或防止進一步的爭執發生（民法第 736 條參照），惟此協商和解只有一般合約性質，不具有法律判決的強制執行效力[98]，為免反悔，建議另依公證法第 13 法條作成公證書，載明應逕受強制執行，取得「執行名義」（強制執行法第 4 條參照），避免訟累。

本文認為，居家服務有消保法適用之餘地已如前述，案主可依消費者保護法第 43 條規定，先向機構申訴（第 1 次申訴），業者對消費者之申訴，應於申訴之日起 15 日內妥適處理之，未獲妥適處理時，得向直轄市、縣市政府消保官申訴（第 2 次申訴），對於申訴結果不滿意時，可依消保法第 44 條之規定，向直轄市或縣（市）消費爭議調解委員會申請調解，調解成立應作成調解書，其效力依消保法第 46 條準用鄉鎮市調解條例，調解書經法院核定後，即具有與法院民事確定判決有同一效力（執行名義），調解未成立，可向法院提起消費訴訟。

論者建議應針對糾紛案件的特點、類型，找到適當的調解技巧與方式[99]。居服爭議之侵權行為、契約不完全給付，均在可解調之民事事件之列，而居服之業務過失傷害、妨礙書信祕密、窺視竊聽竊錄、性騷擾，亦均在可調解之告訴乃論刑事案件之列[100]。居服糾紛當事人可依鄉鎮市調解條例之規定來調解，如調解成立經法院核定後，與確定判決有同一效力，具有執行名義，當事人就該事件不得再行起訴、告訴或自訴，民刑事事件已繫屬於一審法院，視為撤回起訴、告訴或自訴，若調解不成

98.張冀明，《律師不會告訴你的事 2：訴訟糾紛全攻略》，頁37-38，2010年。

99.深圳市律師協會民事法律業務委員會編，律師參與調解的技巧與藝術，頁123-136，2012年。

100.法務部調解事件參考表，詳：臺中市政府法制局編，調解書彙編，頁135-140，2013年。

立可另訂期日繼續調解，或走法院訴訟途徑。若居服員與機構有勞資爭議，可依勞資爭議處理法第 6 條、第 19 條、第 23 條調解。社會局與民間機構之居服政府採購履約爭議，可依政府採購法第 85 條之 1 至之 4 調解[101]。

上述協議、和解、申訴、調解 ADR 模式，重點在尊重當事人意願（非強制），居服員、機構、案主或案家三方會商解決（機構雖可能為糾紛當事人，惟亦有機會扮演糾紛斡旋者），由機構自行處理協調客訴或居服員之訴求以達成和解，亦可依消保法或鄉鎮市調解條例，由公權力介入保障。不必拘泥於法律形式上的是非對錯，避免合法與非法之二元對立，在談判中導入同理心、人情義理、利弊得失分析等，謀求實質上合理解決，並要取得執行力，以早日定紛止爭。

2. 訴訟機制：

法治社會追求公平審判、人權保障[102]，惟公平正義有其法經濟學之成本代價[103]。雖然憲法第 16 條保障人民的訴訟權（司法上受益權），惟居服糾紛宜先以 ADR 模式為首選，妥適迅速解決問題（協調模式優於對抗模式）。若仍無法解決，一旦要進入訴訟攻防對抗之最後防線，則應注意訴訟程序、實體理由、時效及舉證責任（舉證之所在，敗訴之所在，如民事訴訟中機構舉證選任監督居服員已盡相當之注意、符合專業水準可合理期待之安全性、SOP 流程、行規及倫理規範之遵守、契約書當事人審閱親簽同意、人證、影音證據等），協助法官形成心證，認事用法，為有利之判決。

若案主或居服員為經濟上之弱勢者，訴訟上的律師費用可請求法律

101.蔡文斌，《從法律風險控管論多元化糾紛解決機制》，載：〈工商事業活動與法律風險管理〉，頁 504-505，2014 年。

102.TOM BINGHAM, THE RULE OF LAW 66-109(2010).

103.MARCEL BERLINS AND CLARE DYER, THE LAW MACHINE 178-192(1994).

扶助基金會之協助，裁判費用，則可依民事訴訟法第 107 條、第 109 條，聲請訴訟救助暫免費用。縱使進入民事訴訟程序，依民事訴訟法第 377 條、第 380 條，法官介入下訴訟上和解成立與確定判決有同一效力（有既判力、執行力）[104]，另依民事訴法第 403 條及第 436 條之 12 擴大強制調解範圍，以避免訴訟，維持當事人日後和諧關係，避免法院所費之時間、勞力及費用，與請求數額實不相當 [105]，另當事人依民事訴訟法第 404 條，於起訴前，亦可聲請任意調解，依民事訴訟法第 416 條規定，法院調解經當事人合意而成立，調解成立者，與訴訟上和解有同一之效力。以和諧自治方式早日解決紛爭，應用於居服糾紛民事訴訟，仍有機會尋求訴訟上的和解、調解成立，以節省訴訟的勞力、時間及費用成本，減少對立性，更可早日擺脫訴訟，回歸生活常軌。

　　「緩起訴」是一種附條件的暫緩起訴處分（刑事訴訟法第 253 條之 1、第 253 條之 2 參照），對罪責輕微的被告，猶豫期間一至三年（緩起訴期間通常為一年），以觀後效，以勵自新，並減輕司法負擔。居服員或案主可能觸犯之業務過失傷害、妨害名譽、偽造文書、妨害祕密、妨害自由及性騷擾等罪，法定本刑多為死刑、無期徒刑或最輕本刑 3 年以上有期徒刑以外之罪，若經查無前科或不構成累犯，犯後坦承不諱，深具悔意，態度良好（如與對方達成民事和解），經此教訓，已知警惕，應無再犯之虞，縱未對被告提起公訴，對於公共利益之維護亦無礙，檢察官參酌刑法第 57 條款所列事項及公共利益之維護，認本件以緩起訴處分為適當，惟緩起訴期間內，不得故意更犯有期徒刑以上之罪經檢察官提起公訴，或不遵守檢察官所命事項（如：立悔過書、支付緩起訴處分金額、義務勞務、法治教育、不得再犯等），否則如被檢察官

---

104. 楊建華，《民事訴訟法要論》，頁332-340，2008年。
105. 姚瑞光，《民事訴訟法論》，頁564-589，2004年。

依職權或依告訴人之聲請撤銷（刑事訴訟法第253條之3參照），恐變成「真起訴」！居服糾紛所犯輕罪進入偵查程序，可向檢方爭取緩起訴[106]，不會留下犯罪前科，以早日擺脫刑事官司的惡性循環。縱使進入審判程序，亦可向法官爭取判「緩刑」。另依刑法第41條，六月以下有期徒刑或拘役之短期自由刑，得易科罰金，無力完納罰金者，依刑法第42條、第42條之1，易服勞役或易服社會勞動。告訴乃論之罪，如當事人和解，告訴人依刑事訴訟法第238條，於第一審辯論終結前，得撤回其告訴，撤回告訴之人，不得再行告訴。被告犯罪後若自願坦承犯行，表示悔悟，以減省訴訟資源之耗費，或力謀恢復原狀或與被害人和解者，法院自得據此認為其犯後態度良好，而依刑法第57條第10款規定，採為有利於被告之量刑因素。反之，若被告犯後不知悔悟，一味推諉或指責被害人者，法院亦非不能據此認定其犯後態度惡劣，而依上述規定，採為科刑輕重之依據（103年臺上3904刑事判決參照）。可見，民事早日道歉、和解，會成為刑事科刑輕重之審酌標準，更凸顯居服糾紛「和為貴」之重要性。

縱使進入行政爭訟，如機構、案主、居服員認為罰鍰等「行政處分」違法或不當，可提起訴願、行政訴訟救濟，若當事人認為「惡法非法」，也可在確定終局裁判後聲請大法官釋憲。政府機關、案主、居服員及機構，都有責任展現公私協力，共同促進居服服務品質之決心及作為[107]！

二、教育訓練與法律風險管理整合之「情→理→法」模式

討論「道德」（morality）是哲學議題[108]，而法律與道德之區隔及彼此關係，卻是自然法（natural law）理論之爭點[109]。然當道德規範解

106.緩起訴制度，請詳見：《林鈺雄，刑事訴訟法（下）》，頁76-85，2010年第6版。

決不了問題，就必須借助法律規範來解決[110]。法律之作用，在乎拘束人類外部行為，而道德之作用，乃在支配人類內在之心機，兩者在作用、觀念、產生、制裁上有所不同，惟在目的、內容上亦有相同之處，兩者異而復同，關係密切，相輔相成[111]。儘管吾人可致力於使法律成為可能的道德[112]，惟西哲柏拉圖與亞里斯多德早已指出法治不可能百分之百實現，法律權威有其極限[113]。

　　資深律師強調，法律本質上出於人類社會生活潛在的秩序與價值取捨，應養成「全觀」的法律人，追求「利」、「義」的幸福總體概念[114]，亦有強調「善念」與「法理」兼具，處理商務爭端[115]。誠信原則既是法律規範，也是待人處世的基本道德。任何法律問題本質上都是人權保障與限制的問題！更是當事人與法、理、情之有機綜合體！爭端解決不是只有法律戰，更有心理戰！法律是製造問題還是解決問題？

---

107. 太史公司馬遷在兩千多年以前，以《史記》鉅作究天人之際、通古今之變、成一家之言，其〈貨殖列傳序〉中即強調，人的本性是追求財富、趨利避害的，他主張政府在制定經濟政策時，最好的辦法是順應人性自然，次一等的是因勢利導，再次一等的是進行教誨，再次一等的是用法令規章來加以強制，最下等的是與民爭利，頗有見地。本文認為，行政程序法第1條行政效能與保障人權之立法目的，公權力「他律」與民間「自律」，看得見的手與看不見的手間，都要維持動態平衡。整合長照之預算及保險，居服之政府主導社會福利與「準」商業經營模式併行，發揮行政手段之多樣性，公私協力，既有動能，也能維持方向感及平衡，預防管理分散風險，及時改正姿態，才能避免政府與市場雙雙失靈。
108. ROGER SCRUTON, AN INTELLIGENT PERSON'S GUIDE TO PHILOSOPHY 111-126(1996).
109. ROBERT P. GEORGE, NATURAL LAW THEORY: CONTEMPORARY ESSAYS 105-133(1992).
110. 曾世雄，《理財法學》，頁85，2015年。
111. 鄭玉波，《法學緒論》，頁5-7，1981年7版。
112. 富勒（Lon L. Fuller）著，鄭戈譯，《法律的道德性》，頁69-143，2010年。
113. 長谷部恭男著，郭怡青譯，《法律是什麼？法哲學的思辨旅程》，頁157-158，2012年。
114. 陳長文，《愛與正義》，頁84-100，2012年。
115. 陳玲玉，《法理與善念：9個經典案例，看企業化危機為轉機》，頁9-10，2015年。

「價值判斷」及「法理情」之整體考量是關鍵因素。

哈佛大學桑德爾（Michael J. Sandel）教授，強調培養美德、思辨共善及善待歧見公共文化[116]。本文主張「西學為體，中學為用」，從西方實證法學體系之本體出發，調合法家之「嚴刑重法」及儒家之「德主刑輔」，再尋求超越，接近道家之「道法自然」，參照墨家功利主義倫理觀「義利合一」、「兼相愛，交相利」[117]，在社會福利及產業化趨勢中，務實達到「老吾老以及人之老」及「老有所終」之大同境界！此「儒道墨法」古典力之整合應用，即是發揮「法律人本主義」所強調之人性、人道、人倫、尊嚴與法之倫理因素[118]，亦是將孫中山先生「心物合一」及「互助服務人生觀」的主張[119]，應用於客製化之居服員法律風險管理之策略創新中。

倫理學（ethics）為道德的哲學研究，構成社會、文化或組織的道德價值信念和態度，研究人們應當如何行動才合乎道德，關心善良意志、善的生活、責任心、目的、應然、正當行為等概念[120]。如為「應用倫理學」[121]之應用，則可成為指導各行各業專業行為的自律道德準則。誠如學者所言，社會的實效性（社會學）、內容的正確性（倫理學）及權威的制定性（法學）三種效力概念，確實有可能衝突[122]。居服員法律

---

116. 亞洲大學財經法律學系編著，《生活法律風險管理（二）》，頁196，2015年。

117. 史華茲著，程鋼譯，《古代中國的思想世界》，頁150-155，2004年；孫中原、吳進安、李賢中，墨翟與《墨子》，頁240-275，2012年。

118. 楊奕華，《法律人本主義——法理學研究詮論》，頁116-151，1997年。

119. 吳寄萍，《國父思想》，頁243-261，1984年再版。

120. 奧迪（Robert Audi）、王思迅主編，《劍橋哲學辭典》，頁392-395，2002年；安傑利斯（Peter A. Angeles）著，段德智、尹大貽、金常政譯，《哲學辭典》，頁131-132，2004年；戴維‧賈里（David Jary），朱莉婭‧賈里（Julia Jary）著，周業謙、周光淦譯，《社會學辭典》，頁225-226，2005年2版。

121. 朱貽庭主編，《倫理學小辭典》，頁141，2004年。

122. 羅伯‧阿列西（Robert Alexy）著，王鵬翔譯，《法概念與法效力》，頁127-137，2013年。

風險管理關鍵問題之一，即在於面臨倫理兩難（Ethical Dilemmas）困境時（如：老人家請居服員買成藥），如何價值選擇，做出適當的倫理決策（Ethical Decision-Making）[123]。可參考中華民國老人福利推動聯盟之照顧服務員倫理守則[124]，如：避免與案主產生金錢或個人利害關係；只要對案家有利，服務員應把握時效，隨時徵詢督導之意見；尊重案家隱私，對服務過程中所獲案家資訊應予保密，在適當的場所與適當的人討論個案資料；不可答應案主私下的要求，案主提出時請按照機構工作程序告知督導；確實填寫服務紀錄，並事實反映服務狀況，以便督導了解，致力於服務效能之維持；服務員應本著博愛之精神，用愛心、耐心來照顧案主等。

　　居服員應利用平時評估個人、案主及案家價值觀，充實照顧專業知識及技能，認識相關倫理及法律規範，了解機構的政策與制度規範，學習相關倫理決策模式，以便在遇到倫理爭議時，能做出合乎倫理與法律要求的決策[125]。居服員可諮詢同儕、機構意見，參照保護生命優先、合理差別待遇、自主自由知情同意、最小傷害比例、生活品質維持、隱私守密、真誠原則之順序[126]，及行善、公義原則等[127]，結合法律風險管理預防、溝通原則，當有助於在價值衝突時，做出最適切的倫理決策及法律風險迴避。

　　本文認為，憲法第23條規定有比例原則，行政程序法第7條適當性、必要性、衡量性（狹義比例）3子原則配套落實此原則，而正當防衛、緊急避難之自力救濟、阻卻違法，均不得過當、逾越必要程度（民

123.盧美秀、陳靜敏，同註20，頁288-290。
124.臺中市政府社會局指導，曉明社會服利基金會編印，同註26，頁2-2-17至2-2-18。
125.盧美秀、陳靜敏，同註20，頁291-293。
126.黃惠璣等編著，同註32，頁441-455；劉淑娟等作，同註32，頁174-176。
127.徐慧娟等著，同註11，頁324-331。

法第 149 條、第 150 條；行政罰法第 12 條、第 13 條；刑法第 23 條、第 24 條參照）。此外，民法第 148 條之權利濫用禁止及「誠信原則」（帝王條款），消保法第 12 條中，規定有定型化契約條款違反誠信原則，對消費者顯失公平者，無效；行政程序法第 8 條亦規範有誠信原則及信賴保護原則；民法第 72 條規定法律行為，有背於公共秩序或善良風俗者，無效。以上皆為具有倫理價值之法律規範，為法、理、情三者兼顧之最佳「介面」（interface），更是解決「法→理→情」vs.「情→理→法」矛盾之重要關鍵所在。故居服員除上述倫理守則、倫理決策考量原則外，應升級至「比例原則」、「誠信原則」遵循之具體化，以建構更為優質之決策模式。

法治社會正規邏輯應是「法→理→情」，惟居服工作勞心又勞力，更需要愛心與耐心，遇糾紛如能以同理心溝通化解（和解）最好，訴諸法律實為不得已的最後手段。現實社會中並不可能每天都是真善美，居服倫理是居服行為的專業道德標準，與案主互動的過程中，有時會面臨兩難情境，須價值判斷及選擇，建議可先依輕重緩急，動之以情，說之以理，如仍無法排除困境，則法律就是最後底線！此外，可先善用行政（如：通報督導及主管機關、列入不良紀錄、暫停服務、轉案更換居服員、寄存證信函警告、結案之「風險避免」手段等）、民事手段（如：調解、和解、要求賠償、道歉等），最後不得已再用刑事手段（如：提出刑事告訴）。居服糾紛及風險，可依預防及溝通原則、比例原則、自主決定原則（注意依民法「監護宣告」為無行為能力人，要由法定代理人代為意思表示並代受意思表示）、隱私原則、誠信原則等，改以兼顧理想與現實之「情→理→法」順序逆向思考，先以情感、信任及同理心為高標連繫因素，再以法律責任制裁為低標最後手段，保持彈性，區別輕重緩急，有效處理及解決問題。

居服員法律風險管理「情→理→法」創新模式，乃增加情、理法碼

於「自律」端，以倫理道德為先鋒，發揮服務道德心及陪伴、互助、關懷、情緒安撫、正向鼓勵、照顧之功能（心理戰），惟仍須另以「他律」端之法律責任及制裁做後盾（法律戰），建構動態平衡天平模型，如下圖三所示：

自律
（情、理）

他律
（法）

圖三：動態平衡天平模型圖

資料來源：本文整理

　　筆者藉由參與居服員社區法治教育機會，宣導法律風險管理觀念，並搭配律師現場面對面法律諮詢，經實證調查發現，認為此堂教育訓練活動，對居服員工作法律糾紛的預防，降低法律責任的風險與損失，「有幫助」者占 74.42%，「非常有幫助」者占 12.79%，整體持有幫助的正面態度者合計達 87.21%，而整體持無幫助的負面態度者，合計只占 3.49%（「無幫助」1.16% 加上「非常無幫助」2.33%），兩者相差懸殊，顯見教育訓練與居服員法律風險管理整合之正面成效（詳見附件表 3 統計）。當被問到是否贊成於居服員任職前、在職訓練中，增加相關實用法律課程，強化預防勝於治療的「法律風險管理」觀念，「贊成」者占 60.46%，「非常贊成」者占 30.23%，整體持贊成立場者，合計高達 90.69%（詳見附件表 4 統計），顯見居服員對教育訓練與法律

風險管理整合之支持度極高。綜上，皆顯示出「正向回饋」（positive feedback）的趨向。

管理學大師杜拉克（Peter F. Drucker）認為「人」才是管理重點，員工是資源而非成本[128]。教育訓練是達成組織目的的人力培訓過程，提供學習經驗與機會，經由連續而有系統的發展計畫，以增進員工的知識技能，改善工作態度，進而提高工作效率，以提升組織整體績效。以法律風險管理預防與問題解決創新策略為導向，將居服員法律風險管理透過策略創新，落實於居服員教育訓練中，使其在知識、技能、情意面皆能「學用合一」[129]。

根據民國 97 年國科會有關居家照顧服務員人力培訓與職業證照制度之研究成果報告[130]顯示，在機構內部訓練 13 項課程主題高低排行榜中，「學習與服務對象溝通之技巧」排第三，「了解照顧服務員之倫理守則」排第五，「了解任職機構之政策和相關規定」排第八，「了解政府訂頒之相關政策和法規」排第九，洽可與本文「情→理→法」之模式呼應。該報告中亦顯示，機構內部訓練方法高低排行榜，依序為：「講師課堂講授」→「個案研討」→「實際演練」。在訓練需求上，有九成三的照顧服務員表示需要「與個案及家屬的溝通技巧」課程，有近九成五表示需要「衝突與抱怨的處理技巧」，有九成一表示需要「認識照顧服務員相關政策與法律」，而有超過九成五表示需要「照服員的人身安全與自我保護」課程。而對照服員技術士檢定考試之學科知能方面，超

128.PETER F. DRUCKER, MANAGEMENT: TASKS, RESPONSIBILITIES, PRACTICES 300-311(1993).

129.張智聖，《不動產仲介人員教育訓練與法律風險管理整合之策略創新》，載：〈法學發展新趨勢：司法、財經、科技新議題〉，頁257-260，2015年。

130.呂寶靜主持，高齡社會的來臨：為2025年的臺灣社會規劃之整合研究：臺灣社會照顧人力培訓與職業證照制度之研究——以居家照顧服務員為例（第2年）研究成果報告，頁36-42，2008年12月。

過九成五的照服員認為「緊急及意外事件處理」重要，超過九成認為「職業倫理」重要，均可凸顯「情→理→法」三者整合創新模式之重要性。

居服員教育訓練與法律風險管理整合創新，應致力於建立「學習型組織」（Learning Organization）[131]，組織成員能夠持續擴展能力，團隊學習，建立共同願景，系統思考，改善心智模式，自我超越，增進組織積效。居服機構宜於居服員契約書或居服員工作管理規定中，建立適當之獎勵機制，如：經費補助、考核加分、慶生、旅遊、年度表揚等，以鼓勵其在情意面「延伸學習」（Activities），改變其觀念、行為並應用於職場，構築風險防範的前端第一道防線，有助於建立團隊風險文化（risk culture），提昇其服務品質。

申言之，縱使中央之「照顧服務員訓練實施計畫」，已將與案主相關之照顧服務法規及涉及照顧服務員工作職責之相關法規，以「照顧服務相關法律基本認識」課程單元，列入其「核心課程」，亦將照顧服務員的工作倫理及工作守則、人際關係與溝通技巧等列入其「核心課程」。而中央「單一級照顧服務員技術士技能檢定規範」，強調其工作範圍為：秉持職業倫理，運用照顧相關知識、技能與情意，提供案主在日常生活中所需之協助與支持，其應具備之各項知識及技能之「職業倫理」工作項目中，技能種類（一）遵守工作倫理之技能標準有：1.能尊重案主及其家庭的隱私；2.能維護案主的權益；3.具備友善、敬業的服務態度；4.維持儀容整齊、清潔；5.認識預防照顧工作職業傷害之重要性，其技能種類（二）照顧服務相關法規之技能標準有：1.具備照顧服務相關法律及常識；2.正確撰寫照顧服務紀錄。本文仍認為，靠上述數小時「職前訓練」及數十題之四選一單選「職業倫理」學科知能測試

131.吳定編著，《公共政策辭典》，頁326-327，2006年3版；孫本初、賴維堯監修，《行政學辭典》，頁449-451，2008年。

試題，在建構居服員法律風險管理安全體系上，仍有不足之處，應以上述學習型組織概念，強化其「在職訓練」之法律風險管理能力。

本文認為，具法律風險管理特色之在職訓練課程，其設計在「理論」上，應注意居服員成人學習、職業教育及終生學習之特性，強調以問題為中心，以經驗為基礎之「實用主義」。訓練方法上，以居服員為中心，從經驗中「建構」「實踐性」之教育訓練方法。在「講」（Teaching）的知識面，依參與觀察經驗顯示，傳統講授法單向灌輸法條之被動學習成效不彰，應走向互動式學習，讓居服員就工作中之爭議問題提問，共同思考、討論，尋求解決問題之最佳模式，建構其法律風險管理的專業能力與自我學習的風格。

居服倫理及法律課程要有專業師資帶動，導入常見服務糾紛案例類型及實務判解、法律風險管理之他律與自律、事前預防、事中控制、事後救濟模式、最新倫理規範及 ADR 等，以符合教育訓練證照與經驗學習、實務應用結合之「學用合一」目標。以經驗交流討論法、個案研究法及視聽教學法「活化」教學，針對居服員經常遇到的服務糾紛法律風險，以主題基礎學習法（SBL）如性騷擾專題，講述完整體系架構，案例事實與法律概念並重，引導學員從實務中「理解」相關法律知識，以「客製化」量身打造結合居服專業背景，切合實務學習需求，具法律風險管理特色的教材、教法，以實際例證強化居服員法律風險意識及危機處理應變能力。Case Study 將抽象法律概念具體化、故事化，強化學員對專業知識、服務倫理、人文關懷之「法感」認知，以建構居服「終身學習」體系。先診斷其學習需求與障礙之所在，再進行教學設計，課程進度均使用「講→測→延伸學習」三合一統整式、建構式、多元創新之教材、教法，以涵蓋知識、技能、情意面，並綜合應用視聽、實踐、問題解決（PBL）及化被動為主動之翻轉創新教學法，將所累積之實證成果，用以回饋及 PDCA 循環改善。

　　目前勞動部照顧服務員單一級技術士技能檢定「職業倫理」學科知能測試共有 74 題單選題庫 [132]，內容如：職業傷害及工作標準；不小心致使案主受傷盡速報告服務單位，由服務單位協助處理，協助緊急就醫，通知案主之緊急聯絡人，不可隱瞞事實；案主有其他需求及問題，應回報服務單位，由專業人員協助或轉介；不可代答案主個人隱私問題；接納照顧不同類型案主，學習自我成長；委任法律關係；挪用應為案主利益而使用之金錢，涉嫌觸犯業務侵占罪；與案主或案家對服務項目有爭議時，委婉拒絕案主的要求，並說明服務契約的規定內容；對失能失智老人不合宜行為給予更大包容；幫案主做關節運動不慎造成其骨折之過失傷害刑責；對失智案主隨時告知或提醒；依工作守則不可以收餽贈禮物；照顧服務員應具備愛心、耐心、熱心、誠實、身心健康條件；不在訪客面前討論案主病情，以免洩漏個人祕密及有損案主尊嚴；與案主溝通簡單明確，不應帶有專業術語衛教；正向調適工作壓力；發生意外事故，機構依規定報告；其技術士檢定目的乃為提升照服員的照顧品質、提高照服員的社會信譽、促進就業市場、增加就業機會及保障案主之福祉；自殺傾向；案主與家屬爭吵，抒解雙方情緒，避免衝突惡化，但不介入爭執；不可私下答應案主要求，更不可額外收費；服務關係結束後，避免密切聯繫；案主有性騷擾行為時，立即且堅定地拒絕案主，警告其不可再犯，並告知機構督導；失智案主因財物遺失懷疑照服員偷竊時，禮貌但堅定向案主表達清白，並尋找失物可能放置地點；居服工作範圍；子女遺棄父母之行政、刑事責任；不遲到早退；不宜將照服員個人電話、地址留給案主、案家；不必完全順從案主家人決定；注射工作是侵入性治療行為，照服員不可執行；不可和案主、案家有私人商業行為；案主主訴或表情不舒服時，先行關懷並蒐集相關資料，供就醫時參考；衣著

整潔樸素，不過度暴露，剪短指甲，不宜配戴鑽戒、項鍊、飾物；照顧服務員留存紀錄，提供醫護人員、案主、案家參考，若發生醫療糾紛、保險理賠、犯罪嫌疑、遺囑查證，可為法律上證明文件等。綜觀該題庫，基本上已具有一定之廣度及實務取向，尚可兼顧情、理、法之平衡。

由長照法第 18 條可見居服員之職前訓練、繼續教育、在職訓練及換證等，將走向「制度化」。本文建議，因應此趨勢，應將居服員常見或可能法律風險類型，及其倫理規範與法律風險管理整合之「情→理→法」模式，系統化導入其系列教育訓練體系中，持續充實更新題庫，以「情境式」實例題，回應居服員訓練成效評估之實際需求（如：下列四位居服員，在案主家中工作時之實際作為，何者牴觸其專業倫理規範？下列何項作法，對居服員法律風險的預防最為正確？），居服員技能面之測（Test）及大專院校相關模組課程，皆以其倫理規範、法律風險常見類型及其管理模式為專業知識及核心能力，帶動居服員品質之提升，更能符合成人教育訓練經驗學習、實務導向之特色，從「上游」到「中下游」，整合居服員之「教考訓用」。

居服「預防之本」法律風險管理創新教育訓練的成本，遠低於「治療之末」的訴訟成本，更可使有形及無形之利益極大化。當愈來愈多的居服員參與結合理論與實務、具法律風險管理特色整合策略創新的教育訓練，經歷「學習與適應」、「轉換」過程，「輸出」取得專業證照及定期充電換照，多層次使法律風險管理預防的觀念深入人心，從態度到行為改變其工作表現，在職場上能趨吉避凶、化危機為轉機，能有效以最小代價，最大限度地降低居服糾紛法律責任風險所造成之損失及其形象之負面影響。

太極圖中，陰陽兩色，以 S 型曲線分開，陽中有陰，陰中有陽，陰陽相互轉化，動態平衡。西方的二元對立思維模式，與太極陰陽相蕩、互補互濟、相輔相成，達到中和均衡狀態的動態思維有所衝突[133]。本文

贊同將太極陰陽代代相傳的終極哲學基礎為系統化之應用發展[134]，在繼受西方法律對抗（vs.）模式之辯證中，以太極陰陽主張「非訟」法理（訟則終凶）[135]，並追求法律動態和諧秩序之美[136]。他律與自律公私協力之動態平衡，如：因應他律之法律責任制裁及相關輔導措施，而實施自律之倫理規範、SOP管理，以減免他律之公權力制裁，並通過公權力之評鑑，即是實施法律風險管理，降低整體社會之成本。在「事前預防→事中控制→事後救濟」標準流程中，使居服員之法律風險管理「他律中有自律」、「自律中有他律」[137]，以法實證之科學哲學觀，「西學為體，中學為用」（西方二分法 vs. 思維，有助於法律責任體系之建構及訴訟攻防，而中學太極陰陽☯之應用，則有益於動態平衡預防風險、解決問題），使法學成為追求動態平衡之學，以「物質為體，精神為用」，

---

133. 紀金慶，《二元對立與陰陽：世界觀的衝突與調和》，頁163-172，2008年；龔鵬程，《中國傳統文化十五講》，頁201-208，2009年。

134. WAYSUN LIAO, THE ESSENCE OF T'AI CHI 3-11(2007).

135. 曹競輝，《法理學》，頁120-121，1987年再版。

136. 呂世倫，《法的真善美：美法學初探》，頁425-452，2004年。

137. 純他律或純自律，如同純物質或純精神，會造成孤陰不生、孤陽不長，陰陽應互為先後、輕重，相需相濟，以致中和。他律中的白點，如「小花理論」，發揮自律自愛；自律中之黑點，則如「破窗理論」，有賴公權力及時糾正修復。「情理法的衝突與協調」，為95年司法人員特考國文作文題目，「法律與人情」，為99年律師高考國文作文題目。自律「情→理→法」與他律「法→理→情」一順一逆，即是圓形的動態平衡循環，從整體關聯脈絡中找尋居服法律風險管理之意義與價值。除他律定型化契約書制式化服務內容、應記載及不得記載事項之強制規範外，也要有自律客製化、多元彈性、創新服務的契約自由（私法自治）空間。我國已有中醫預防醫學APP，《黃帝內經》強調「治未病」，認為：陰陽者，天地之道也，萬物之綱紀，變化之父母，生殺之本始，神明之府也，治病必求於本。吾人法於陰陽，陰陽互根，陰為陽體，陽為陰用，陰中有陽，陽中有陰，物極必反，陽極生陰，陰極生陽，他律之極則需自律，自律之極則需他律，依法行政、依法裁判之餘，也能充分考量影響法規執行的非法規因素，既能消極防弊，也能積極興利，才是法律風險管理之最高境界。此模型既非為理論而理論，也非美術設計上之標新立異，更非甲說、乙說、折衷說或胡說，而是擬似創新圖像執簡馭繁，呈現法律風險管理預防、政策、實用法學之特質，藉由模型與實證之不斷交互運用、測試操作，從實證回饋中校準，找出盲點，探究原因，發展預警、回應策略，解釋、預測並解決問題。

心物合一，天人合一，達到太極「動態平衡」、「良性循環」之最適和諧境界。太極陰陽圖近看為一個圓，象徵人生的圓融互動，可應用於自律與他律陰陽動態辯證和諧平衡狀態之法律風險管理，遠觀則為「一點‧」（one dot）之「道法自然」運行模式，如下圖四所示：

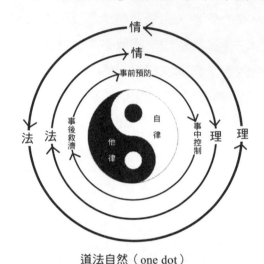

道法自然（one dot）

圖四：居服員法律風險管理動態平衡太極陰陽模型圖

肆、結論

　　著名新聞工作者費雪曼（Ted C.Fishman）的《當世界又老又窮：全球人口老化大衝擊》，乃自我實現的預言！誠如日本《無緣社會》的結論所言，從「無緣社會」到「結緣社會」，應尋求新的「聯結」型態[138]。在長照第一線工作的居服員，派案後與案主、案家結緣的場域，即成功推動「在地老化」的關鍵所在。充分認知其法律風險，做好風險溝通、資訊對等、公民參與、後果分析，建立預防之道專業 SOP 並完

138.NHK特別採訪小組編著，鄭舜瓏譯，《無緣社會》，頁345-372，2015年。

成扎實訓練課程，是「先知先覺」。做好危機處理之應變、善後、重建修復，從錯誤中學到教訓與經驗，重新擬定或調整政策、操作程序，是「後知後覺」。最差的是「不知不覺」，社會大眾不知老之已至，利害關係人心存僥倖，不知道有哪些法律風險，亦不知道要如何防範，也不重視個案紀錄。

　　降低行為成本，是人類行為的主要驅動力之一，而得到效益（趨吉避凶）是自然的結果，由成本效益和均衡分析可以解釋諸多問題的外在社會現象或內在思維結構[139]。系統思維是總體大於部分之和的動態平衡（Dynamic equilibrium），反饋迴路（Feedback loop）整體性思考[140]。本文所建構之居服員法律風險管理系統，必須不斷藉由新產生的社會實證資料加以驗證、修正，「輸出」後最重要的「影響」，就是發揮法律風險管理預防法學、實用法學的功能，「回饋」系統良性循環，提升從業人員居家服務品質，建構其法律風險管理之學習型組織，培育兼具愛心、職場倫理、照顧技能及法律風險管理能力之居服優質人力，建立居服秩序，保障接受服務者與照顧者之尊嚴及權益，促進高齡化社會居服關係之正常化及長照社會安全體系之永續發展。

　　日本二戰後出生的第一代（團塊世代），將在2025年達75歲以上之後期高齡階段，其老人介護、認知症（失智症）、年金、醫療保險等皆面臨嚴峻挑戰，朝日新聞經濟部已發出「老人地獄」的崩壞警示，縱使在德國的社會福利國給付行政下，老人照服員工作繁重，其薪資、社會地位及未來發展前景，尚未足以吸引大量之就業人口，並以之為穩定之職業選擇，而2015年日本介護人力不足37.7萬人，預計到2025年，

---

139. 熊秉元，同註86，頁184。
140. 唐內拉·梅多斯（Donella H. Meadows）著，邱昭良譯，《系統思考：克服盲點、面對複雜性、見樹又見林的整體思考》，頁317-321，2016年。

就會有「介護難民」大量發生問題，應從地域、政策、組織、營運、醫療臨床、法規整備及產學公之實務教育加以統合，介護人力構造應為「富士山型」（質之向上、量之擴大）[141]。看看日本及德國經驗，吾人應以戒慎恐懼的危機感，對長照的缺乏長期財務支持、人力資源短缺、品質有待提升等問題，除借鏡他國高齡社會創新治理經驗，更要針對臺灣高齡社會的特性，集思廣益，以「人」為中心，突破法規及市場障礙，以穩定財源提供整合式照顧，強化資源利用效率，創造服務價值，減輕家庭負擔，使社會藉由「銀髮經濟新動能」活躍／積極老化（Active Aging），將嬰兒潮人口老化危機，轉化為周邊商機新藍海。「老年學」是有關高齡福祉及社會永續發展之新興多面向、跨領域學科（如：醫療與長照整合）[142]，而具法律風險管理特色之高齡法學，將使老年學之拼圖更加完整。

　　吾人更要善用公共資源，創新高齡服務思維，解決長照人力缺少問題，並善用長照服務發展基金，持續辦理長照人員的訓練與評鑑[143]。居服工作有其專業考量，也需要對人的關懷與責任熱情，以居服人力之「壯有所用」，促進高齡失能人口之「老有所終」，居服工作與個案互動，須謹守專業分際，維繫彼此間合理正常關係，極端疏離或過度介入，過猶不及，應尋求「致中和」、「執兩用中」動態平衡之「最適點」！幸福養老不是口號，「重操作，輕風險」往往使得事前風險管理

141.朝日新聞經濟部，《老人地獄》，頁6-7，2015年；高文琦，《德國老人照服員制度》，載：〈長期照護保險法制〉，頁121，2016年；小黑一正編著，《2025年高齡者難民》，頁54、63、66、111、172，2016年。
142.陳貽照，《從「老人心理健康與調適」到「多學科觀點高齡福祉」的標竿之路：跨科際理念、實踐與成效》，載：〈跨科際教學思與行〉，頁78，2016年；葉力綺、許功餘、陳欣進、蔡玲玲，《高齡照護專才培育課程：跨科際共時教學範例分享》，載：〈海水漫上島嶼：跨科際教育先行者紀實之路〉，頁414-417，2016年；王懿範、邱文達等著，《醫療與長照整合：打造全人照顧體系》，頁377-379，2016年。
143.詳見：國家發展委員會，《國土及公共治理季刊》，第4卷第1期，頁1-142，2016年3月。

變成事後危機處理，應轉型為「經營要創新，專業要提升，風險要預防」，並使三者環環相扣。美好的夕陽餘暉必須與風險共舞，居服照顧模式的成敗關鍵在於「人」，而其法律責任風險係「人為製造出來的」（manufactured）風險，亦可藉由人為方式努力預警、控管。亞里斯多德的「中庸之道」（Golden Mean），認為美德就在於和其伴隨而來的惡行達成某種均衡的狀態[144]，誠為現代「風險社會」（Risk Society）的先見之明！居服員法律風險之實證研究，有助於掌握其主客觀關鍵因素，其三大法律責任風險類型以民事（不完全給付之賠償、侵權行為之連帶賠償等）、刑事（業務過失傷害判有期徒刑、拘役、罰金等）為主，行政（罰鍰）為輔，除相關法條之定義、程序、要件及其效果外，更要重視不同個案風險之實際倫理情境經驗與詳實之個案紀錄，「事前預防→事中控制→事後救濟」及「情→理→法」模式，固可各自發揮其整合功能，如在「事前→事中→事後」三階段中，均強調自律「情→理→法」與他律「法→理→情」之動態平衡，當更可發揮其「綜效」。

　　本文認為高齡法律風險議題，應從「高齡覺醒」的心理建設，走向更具有「行動力」（Action）的法律風險管理。展望未來，可嘗試擴大其實證研究範圍至民間機構、居服督導員及政府主管機關，持續追蹤調查，增加樣本數並交叉分析，關鍵人士如案主、案家深度訪談之質性分析，區別城鄉差距，進行比較研究。面對新興法律風險，並值此長照法實施前之「緩衝期」及長照2.0之「試辦期」，相關子法配套或進一步修法（如：人員訓練、認證從基礎到進階分級、繼續教育；人員登錄之資格、要件、程序；長照機構評鑑之對象、內容、方式；長照服務陳情、申訴及調處機制之建置；居服員工作範圍；以案主為中心的個別化服務；

---

144. 波莉‧莫蘭(Polly Morland)著，侯嘉珏譯，《美好人生的風險智慧：九個聰明冒險家教你如何在不確定中變勇敢》，頁16-17，2016年。

居服員人身安全保護；薪資及職涯規劃等）更應整備完善，以法律風險管理「政策法學」角度，與各界溝通風險，透過前瞻性立法，預擬有效因應策略，回應高齡化社會發展之趨勢及實際需求。

　　照顧人力需求質與量之滿足及「教考訓用」有效整合亦是關鍵因素（如：產官學模組課程；專技證照國考；聘用多元族群；原住民訓練及部落整合型照顧產業；二度就業職訓；就業博覽會；替代役等）。長照不只是法律議題，更是國家發展民生議題！低薪資加上高責任，勞動條件不佳，社會地位不高，居服人力嚴重不足，難以吸引年輕新血投入，現階段應致力於從產業思維，強化居服員留任誘因，並進一步透過模組課程產官學合作，吸引年輕人才投入。以「加法」增加其薪資、專業知能及升遷職涯發展、創業管道，提升其專業形象，增加職業認同；以「減法」管理預防、減免其法律責任風險。

　　風險為將來損失的不確定性，法律風險人為事故如犯罪、侵權、違約等，透過風險的確認、衡量評估、管理方法之選擇與執行，事前避免、預防、移轉，事中控制，事後風險自留或提出救濟等一連串系統化行動，以最小成本達成法律風險管理之最大效能，並定期評估檢討，調整控制及財務風險管理策略，循環改善。長照服務使用人數以「居服」占最多，長照 2.0 要找得到、看得到、用得到，更要永續經營，以帶動臺灣「內需型」高齡經濟之投資及消費，擬試辦 A（社區整合型服務中心：旗艦店）、擴充 B（複合型服務中心：專賣店）及廣設 C（巷弄長照站：柑仔店），建立社區整合長照體系，擴增服務對象，採特約制，調高遺贈稅、菸稅，以籌措四百多億財源，加薪鼓勵留任，採月薪、時薪雙軌制，簡化核銷程序，強化初級預防功能，提供優質平價且普及的服務。其支付標準要滾動式檢討修正，增加彈性，加強宣導亮點，溝通風險，整合人力、經費資源、組織及法規。此大工程無法一步到位，只能循序漸進，可以本文「太極陰陽」模型推演，以服務使用者之人性尊嚴需求

為中心，建構他律與自律「動態平衡」之公私協力模式，政府政策導向，與機構共同負責，建立對全民健康全人、全責健康照顧體系，提出具體可行建議，在推動之初，即能「慎始」預防法律風險，趨吉避凶，既能防弊，又能興利，成功啟動高齡經濟向前衝，能以「老有所終」，帶動「壯有所用」及「幼有所長」！長照法於 2017 年 1 月修正，其第 15 條充分凸顯法源、財源、人源，實為長照成敗關鍵之所在！

附件：長期照顧居家服務照顧服務員法律風險管理調查研究統計表

調查單位 : 亞洲大學財經法律學系助理教授 張智聖
調查對象 : 大臺中地區居家服務照顧服務員
調查日期 :2015 年 10 月至 2015 年 12 月
有效樣本 :86 人
調查方式 : 書面問卷

表 1　對目前居服員工作環境的整體滿意度

選項	人數	百分比 %
非常滿意	7	8.14
滿意	51	59.30
普通	25	29.07
不滿意	3	3.49
非常不滿意	0	0
總計	86	100

表 2　居服員工作的法律責任風險程度

選項	人數	百分比 %
非常高	7	8.14
高	58	67.44
普通	19	22.09

選項	人數	百分比 %
低	0	0
非常低	2	2.33
總計	86	100

表 3 整體而言,您認為此堂教育訓練活動,對居服員工作法律糾紛的預防,降低法律責任的風險與損失,有沒有幫助?

選項	人數	百分比 %
非常無幫助	2	2.33
無幫助	1	1.16
普通	8	9.30
有幫助	64	74.42
非常有幫助	11	12.79
總計	86	100

表 4 是否贊成居服員任職前、在職訓練中,增加相關實用法律課程,強化預防勝於治療的「法律風險管理」觀念?

選項	人數	百分比 %
非常不贊成	2	2.33
不贊成	2	2.33
普通	4	4.65
贊成	52	60.46
非常贊成	26	30.23
總計	86	100

表5　擔任居服員，有哪些工作意義及困境？居服員表達之意見。

編號	具體意見
1.	意義：居家服務能幫助許多家庭。 困境：似乎社會對居服員的評價不高，薪資也不高，希望政府能重視，不是只一味提供工作，職場尊嚴也要顧慮到。
2.	意義：居服員可以改善不能服務自己的長輩的家庭，使他們能夠安心工作，得到兩全其美。
3.	困境：面臨老人化社會，愈來愈多的個案，每個的環境與條件皆不同，居服人員的不足，及個案社會福利方面的申訴。
4.	困境：藥物及食品風險。
5.	意義：不但幫助到案主，也幫助一個家庭。 困境：家庭支持系統薄弱。
6.	困境：藥物及食品風險是比較會遇到的困境。
7.	意義：能為社會盡心力。 困境：薪資無法再提升、升遷管道受限、政府政策不定。
8.	意義：案主的生活品質提升，家屬有喘息機會。 困境：案主、案家無理取鬧，當居服員是外勞。
9.	意義：對於案主有很大的幫助，尤其是獨居老人，幫助越大。 困境：案主要求太多，而且會指揮工作。
10.	意義：讓家屬有機會休息有更好的生活品質。 困境：個案及家屬，不理性的認為我們居服員什麼都該做，當我們是婢女。
11.	意義：協助案主食行、住行，而非替他生活，奪去生活能力。 困境：有的案主會認為這是他的福利，有時會把居服員當傭人使喚。
12.	意義：可真正協助到有需求的長輩。 困境：薪水、升遷管道狹隘，勞動條件差，無法吸引年輕人加入。
13.	意義：維持別人生活品質，我覺得這是一種做善事的工作。 困境：職業傷害、薪水不固定。
14.	意義：能夠幫助真的需要幫助的人。 困境：大部分的人都認為我們的幫忙是應該的，甚至當我們是傭人。
15.	意義：接觸的人多，見識了各式各樣的人，也學會了許多實用技巧。 困境：對於精神疾病患者，很無力，應對上的技巧很難。

編號	具體意見
16.	因為家裡有遇過，所以有一種想做來補償一下。 困境：案家給的待遇，以及認知的問題。
17.	困境：案方故意拖延時間，要求居服員做服務以外的事工作。
18.	案家的體諒及溝通。 困境：安家無理取鬧的要求，要求做服務範圍以外的事情。
19.	意義：對於所照顧的人，能看見他們身心靈都獲得照顧，身體漸漸好轉，內心很開心，也覺得很有意義。
20.	困境：案主有時會希望居服員幫他多做一些事，但時間和工作範圍會有些困難。
21.	困境：有些案主對工作範圍概念不好、主觀性強，覺得不需有工作約定。
22.	意義：解決案主家中目前的困境。 困境：家屬、患者有時候難溝通。
23.	意義：幫助老人家是一種善事。 困境：有時候老人家過分的要求會困擾。
24.	意義：能幫助需要幫助的人工作自然有意義。 困境：遇到自己無法勝任的案主，工作備感吃重。
25.	意義：個案家庭多半不健全，我們帶入關懷和生活照料。 困境：感染疾病的風險、其他個案家屬的干擾。
26.	意義：協助照顧個案身心靈。 困擾：大多數的個案家屬，會把居服員當備人使喚。

表 6　居服員工作，可能遇到哪些類型的法律糾紛？請具體表達

編號	具體意見
1.	金錢糾紛、被誣告事件、性騷擾。
2.	金錢糾紛、意外跌倒、食道哽噎、骨折、性騷擾。
3.	跌倒、噎到、過失傷害。
4.	金錢糾紛、意外跌倒、食道哽噎、骨折、性騷擾。
5.	服務的長輩受傷，有理賠問題。
6.	案主跌倒、案主失智（金錢糾紛）、性騷擾。
7.	特別是洗澡時最容易跌倒，其責任的歸屬？何時發生意外沒有人知道。

編號	具體意見
8.	個案不小心跌倒的責任歸屬、個案失智而誤以為我們偷東西。
9.	性騷擾、工作過失。
10.	身體上的接觸容易造成性騷擾的困擾、案主年老記性不好會說居服員偷他的東西。
11.	性騷擾難具體蒐證、若遇失智老人有幻聽或幻覺,認為居服員有偷竊行為或欲攻擊時如何能全身而退?
12.	個案跌倒或是移位時發生意外、打掃打破個案的東西。
13.	洩漏個資、業務過失致死等。
14.	怕個案受傷,如:跌倒、骨折。
15.	金錢、性騷擾、受傷、言語暴力之類的法律糾紛。
16.	過失傷害、偷竊、個資法、損壞他人財物、隱私權、被誣賴。
17.	有可能因為過失造成案主的摔倒、或其他無心的過失。
18.	案主東西弄丟,懷疑居服員,案主在居服員上班時跌倒。
19.	無法溝通造成誤解、性騷擾、跌倒、生命安全性。
20.	案主跌倒、滑倒受傷。
21.	照顧失智者有時會被當小偷、有些案主會在口頭上說些較色的言語、性騷擾。
22.	意外跌倒受傷。
23.	金錢、跌倒意外。
24.	案主跌倒受傷。
25.	金錢的糾紛、性騷擾糾紛、發生照顧上的意外糾紛。
26.	不小心使案主受傷。
27.	偷竊、業務過失、性騷擾等。
28.	案主受傷、替案主拿藥有疑慮。
29.	性騷擾、金錢糾紛。
30.	精神不穩的案主,萬一發生問題,工作責任過失的問題。
31.	工作時不小心使案主受傷。
32.	代領代辦事項(財務金錢)、共處一室(性騷擾)、服務期間造成個案受傷(身體傷害)。
33.	業務過失。

表 7 居服員在工作上,如何自我保護,預防法律糾紛,有何心得與建議? 請具體表達

編號	具體意見
1.	把工作包放在門內出口旁,勿入不是服務範圍之家屬房間,對色伯伯不要太靠近,隨時防備。
2.	盡量與個案及家屬達成共識服務的內容,使其了解我們服務的目的。
3.	為自保,錄音錄影蒐證,要錄到自己及對方的聲音及影像。
4.	按基金會的合約條款,有危險性質的,婉轉告知家屬。
5.	照合約走,若遇性騷擾,當場表明立場及感受。
6.	錄音、錄影保存證據、據實回報。
7.	沒遇過糾紛,最好是不要遇到,工作上要自我保護,不讓案主受傷。
8.	與個案有金錢代購物品的行為,金額要當面點清楚。
9.	工作時衣服不要暴露。
10.	錢的部分,要收據、發票記錄清楚,移位時要注意案主是否骨質疏鬆,導致受傷,請案家家屬協助或自己特別小心注意。
11.	要用工具蒐證,如:手機錄音、錄影;若須代領金錢時,最好要有第三人證在場,例如:社工、里長等。
12.	我們照顧的是人,做任何動作都要小心,且衣服不要太暴露。
13.	居服糾紛與風險了解之後,真能保護自己自身安危與預防。
14.	遇到事情基本是請機構協調,目前沒太大問題。
15.	意外處處有,和案家誠實溝通,任何時刻保持警覺性,無時無刻和案家及公司聯絡及溝通。
16.	做所有的工作,最好有家屬在場,或是有案家的同意,若有醫藥問題應由案家自己來做。
17.	做服務範圍之事,不做契約外的事。
18.	如果幫忙買東西要記帳。
19.	先具備法律知識、個案有狀況要第一時間回報中心。
20.	做紀錄、拍照。
21.	及時回報社工,有狀況的個案請求協助,購物盡量有收據及發票,使用藥物照醫生或家屬指示。

表 8　個人資料統計

性別選項	人數	百分比 %
男	4	4.65
女	82	95.35
總計	86	100

年齡選項	人數	百分比 %
20~29 歲	2	2.32
30~39 歲	9	10.47
40~49 歲	42	48.84
50~59 歲	31	36.05
60~64 歲	2	2.32
65 歲以上	0	0
總計	86	100

學歷選項	人數	百分比 %
國小及以下	2	2.33
國（初）中	14	16.28
高中（職）	48	55.81
專科	14	16.28
大學、學院	8	9.30
研究所及以上	0	0
總計	86	100

第 18 章

氣候變遷風險之計畫法上的對應
以洪水風險管理為中心

山田洋[1]

壹、前言

一、日本已提出「氣候變遷調適對策」

以溫室氣體排放為主因之氣候變遷或全球暖化之議題，長久以來即為全球關注焦點。眾所皆知，近期根據《巴黎條約》進行全球性溫室氣體減量國際性規範，持續在努力進行中。至於日本，為抑制溫室氣體排放，先不論其成果為何，業已導入排放交易制度、環境稅、各種抑制能源消費措施、推行以再生能源為主能源轉換政策等法制措施。此等對於氣候變遷的「減緩」措施，在日本一直以來即受到各界關注。

然而如同國際上氣候變遷規範制度建置所面臨的困境，到目前為止其具體實踐成果尚無法評估。此外縱使能落實此等制度，其等對於氣候變遷的抑制效果仍相當有限。在此背景下，可想而知氣候變遷現象將持續不斷惡化，其結果也會對人類生活產生重大的影響。舉例而言，由急遽降雨所引起的洪災，因全球暖化造成農業水產業的影響，因傳染疾病的盛行所導致人類健康之影響，因生態系變化導致自然環境的影響等，於此等面向上將呈現大範圍且重大的衝擊。所以因應氣候變遷的對策，除透過減少溫室氣體的排放而「減緩」其影響外，更必須有對應此等氣候變遷影響所必須「調適」（adaptiaton/Anpassung）的政策。此等調適政策，業已在許多國家受到相當關注，且部分國家於早期即以綜合性策

---

1. 日本一橋大學大學院法學研究科教授。
   東華大學財經法律研究所賴宇松譯。

略加以因應[2]。相對此等國家，先不論個別政策，在日本同樣於早期即
將氣候變遷的「調適」作為政府綜合性政策目標，直到 2015 年，日本
政府才終於正式制定「調適計畫」[3]，而其前提是各部會間調適計畫也
才終於完成制定。

　　上述動向中，洪水相關領域由於其影響較為顯著，從對應氣候變遷
的調適角度，在日本可謂較早對應的領域，甚至於 2012 年，日本國土
交通省諮詢機關社會資本整備委員會即提出「氣候變遷調適對策」報告
（方針）[4]，其後更於 2015 年 6 月接續整體政府的對應措施（上述調適
計畫），進一步提出「氣候變遷調適對應」報告書[5]。整體而言，日本
全國終於正式對調適政策顯示出高度關切。

二、事前完善規劃很重要

　　依筆者初步的觀察，關於氣候變遷調適，歐美等國，特別是德國的
研究討論結果，其主要實踐對應手段，包括以都市計畫在內的土地利用
計畫。更進一步而言，以德國方式表示，則特別強調「國土利用計畫」
（Raumplanung）作用。換言之，調適的主要思想反映在為了因應氣候
變遷所導致人類生活的影響，以未來為導向有計畫地實現符合此等影
響的土地利用上。其主要思想在於為面對氣候變遷所導致人類生活的影
響，必須將配合此等影響進行土地利用的理想狀態，以未來為導向計畫
性實現所必要的概念。當然到目前為止，對應中最顯著的案例乃反映在

---

2. たとえば、ドイツにおいては、Deutsche Anpassungsstrategie an den Klimawandel（von Bundeskabinett am 17.12.2008）.
3. 閣議決定「気候変動の影響への適応計画」（2015年11月27日）
4. 社会資本整備審議会「水災害分野における地球温暖化に伴う気候変化への適応策のあり方について（答申）」（2008年6月）。
5. 社会資本整備審議会「水災害分野における気候変動適応策のあり方について」（2015年6月）。

災害對策的土地利用，然並應僅限於此等範疇，氣候變遷的調適乃被定位為廣泛調適對策計畫目標之一[6]。

若視氣候變遷調適為長期性並確實推進的政策，將其定位為土地利用計畫，當然是非常自然的安排。然而既往的土地利用計畫，主要努力方向為政策實踐所需基礎設施的整備，一般稱為「靜態性」計畫。相對地，氣候變遷調適實乃包含眾多未知或不確實性要素，所以對應此等要素的計畫也必須能以未來為導向，並柔性地對應未來變化之計畫，此正是所謂「動態性」計畫。換言之，氣候變遷之調適乃包含某種風險對應要素在內之概念[7]，正因如此，計畫本身也必須是採取順應性（adaptive）方式進行。

換言之，此處所強調計畫本身的角色，並非僅將因應現制現狀所期許的土地利用方向予以固定住，而是立於未來將不斷擴展的氣候變遷相關科學知識及不斷持續變化的社會情勢基礎下，預先於相關制度中規劃出得以對應氣候變遷調適的土地利用決定架構。所以依據相關研究指出，必須有下列計畫制度以茲因應[8]：首先，於計畫擬定之初，必須明確參考氣候變遷調適對應的責任；其次，持續調查氣候變遷等之科學研究，並適時配合並反思調整計畫的義務；再者，為確保此等計畫能夠落實，必須適當地整合各領域調適對策，並賦予其外部之拘束力。氣候變遷調適對策，屬於一種長期性政策目標，相較於各時期的經濟活動需求，往往處於較劣勢地位。所以為了確保其最適化的實踐，有必要事前於計畫制度中予以完善規劃。

---

6. 近年のものとして、Reese, KlimaanpassungimRaumplanungsrecht, ZUR 2015, S.16ff. :Köck, FestlegelungenzurAnpassung an den Klimawandeldurch die Raumplanung, ZUR 2013,S.269ff. ; Kment, RaumplanungunterUngewissheit, ZUR 2011, S.127ff.

7. とりわけ、Kment, ZUR 2011,S.127f.

8. Reese, ZUR 2015,S.18

三、洪水對策與土地利用計畫

眾多類型氣候變遷調適對策中，防止河川氾濫所引起水害的措施，由於直接與居民的生命息息相關，往往被列為政府的首要任務。然而縱使在此領域中，要適切地將此政策目標反映在土地利用計畫中並不容易。主要原因在於，與其要對應未來具有高度不確實性的水災害，現實狀況下往往土地利用的經濟利益比較容易被優先考量。此等現象即便於具有「無計畫即無開發」之稱，並擁有強硬都市計畫法制的德國等，也是如此。近年來於洪水災害持續不斷增加的情況下，德國除再度確認因應洪水災害之必要性外，並於此等前提下制定新法加以因應。該法主要內容包含對於具有高度洪水災害危險地區的建築進行管制等措施，然而若要以該等規範直接適用於現行德國都市地區，一般認為並不容易。但相對而言，（此等規範仍然不足）仍須具有拘束力更強的土地利用計畫始可達成[9]。

本報告中將以土地利用計畫為主的洪水對策為素材，更進一步思考欲對應氣候變遷調適所需土地利用計畫的角色。氣候變遷調適對策，雖為世界各國共通的課題，然於各國間國情不同，所以往往同樣的土地利用計畫卻無法輕易地因應各國水災情勢。在日本藉由擴大河川設施的水害對策業已出現其瓶頸，必須更進一步思考以河川氾濫為前提的減災對策，這也成為日本各界一般性共識。此外，種種日本政府報告中也指出，必須另外透過搭配「城鄉營造」等水害對策，納入未來必須檢討的課題。接下來進行報告之中，將透過借鏡先進國家的對策，以摸索新對策的路徑，當然這項研究過程相信將具有其學術上意義。

---

9. たとえば、Reese, ZUR 2015,S.24f.

貳、展開氣候變動與河川管理

一、防洪對策著重水利工程

人類與水害的對抗歷史由來已久，不同的時代也有不同的對策[10]，然而大都不外兩種對應方式：其一是藉由築堤或興建水庫等以控制河川水流，其二則藉由移住高地等方法避免洪水侵害。近代日本以來，多數人口被迫密集地居住在河川流域的沖積平原上，所以對日本而言，大部分防洪對策較集中於防洪工程。

二次世界大戰後，日本河川行政的主要目標也同樣在於如何避免洪水外溢到河川流域之中[11]。在此意義上，所謂水災對策主要即指治水。換言之，河川區域內水利工程，於法之層面上，即以河川法作為管理河川區域公物管理法制主要依據。除水庫及堤防建設所需土地徵收情形外，對於調整私人間權利義務關係之特別水災複雜對策的法制度，似乎並無特別的需求。

二、防洪工程面臨的考驗

然而，對於上述藉由築堤或水庫等設施所進行的水災防止對策，早期即有相關見解認為必須轉變。主要原因是，在於透過堤防等河川改修工程，必須耗費龐大費用與時間，所以現實層面上，河川之改修比例其實並不高。所以目前在日本的河川，僅具有判例中所謂「過度之安全性」[12]，換言之，僅能針對個別河川為暫時性修繕，藉以獲得暫時性安全。而各河川之個別河川計畫中，所定計畫高水流量以下之流量，其實

10.水害対策の種類につき、さしあたり、今後の治水対策のあり方に関する有識者会議「今後の治水対策のあり方について・中間とりまとめ」，2010年9月，頁20。

11.中間とりまとめ・前揭註（9），頁7など。

12.最判1984年1月26日民集38卷2號53頁。

並無法真正避免洪水之侵害。縱使如此，作為水災防止基本對策的築堤等設施工程，為何仍然成為日本主要的因應對策？依筆者推測，縱使於尚未修繕完竣之河川，因應各地區之需求，大多數民眾仍抱持於不遠的未來應可能會修繕完成的「希望」或「前提」。然而日本近數十年的財政窘境，其影響所致導致眾多公共事業預算遭到刪減，想當然爾此舉也連帶大大影響治水工程，所以論及日本未來的河川修繕願景，可說是遙遙無期[13]！

　　至於已經修繕整治完畢的河川部分，當然並無法保障對於洪災具有絕對的安全性，充其量僅可乘載，以每一百年或每兩百年一次計畫降水為基礎，所算出之計畫高水流量而已，但對於超出此等流量的溢水或決堤，則無法避免。首先，縱使經過長年累月持續不斷地整備至今之堤防工程等河川設施，並非皆可確保其所有設施具有絕對的安全性。其次，由於近年被視為全球大規模氣候變遷影響，所導致的降雨量大幅度增加，河川的安全性則相對地不斷在遞減當中[14]。本來於此等情況下，必須配合此等變化並重新檢視計畫高水量以進行增高堤防等工程。然對此等部分，當然一方面除涉及龐大預算支出外，由於氣候變遷所導致降雨量增加之部分，不論短期、長期，對其要有高度正確的預測是近乎不可能的任務。從結論而言，由於面臨降雨量的增加及河川設施安全性欠缺的雙重不確定性，日本之河川管理，可說正被迫因應此等具有高難度的風險管理情勢。

三、日本的對策：「與洪水共存」

　　基於上述前提下，日本社會並非以「消除洪水」為其目標，而是被

---

13. 中間とりまとめ‧前揭註（9），頁4など。
14. 答申‧前揭註（3），頁8など。

迫以「與洪水共存」為其主要任務。換言之，也就是被要求必須建構所謂「可持續水災調適社會」[15]。不再依賴僅僅透過河川區域的設施設置之綜合性治水對策，日本其實早於八〇年代即開始推動，更於 2003 年制定以此構想為基礎的「特定都市河川浸水對策法」。然而其內容仍為諸如藉由設置調整池等措施，以減弱河川流量，作為該法的主要項目[16]。然而時至今日其實更迫切者，為以洪水發生為前提的相關對策的整備[17]。

當然縱使在日本，從過去即存在水防法等規定洪水發生時對應的法制度。此等法制度，其主要對應事項為居民緊急避難體制建制，此部分至今仍然非常之重要，然而，未來更進一步被要求的事項，則側重在危險地區的開發管制，從平時即預想洪水發生時的社會建構所需法制度的建置。

想當然爾，伴隨氣候變遷惡化，洪水風險也日益增大，此業已成為全球普遍的現象。而與洪水共存的思考，其實也已於先進國家間成為重要的課題[18]。接下來，則以領先其他國家早一步朝此方向邁進的歐盟動向，作簡單之介紹。其次，也同時概觀日本先進地方自治團體（滋賀縣）的相關對策，預想並摸索未來邁向水災害調適社會應有的法建制方向。

15. 答申・前揭註（3），頁29。
16. いわゆる「流域管理」について、櫻井敬子「水法の現代的課題」塩野古稀・行政法の発展と変革（下巻），頁703，2001。
17. 土木工学ないしは河川工学においても、洪水氾濫を前提とした治水計画論が必要であるとする認識に立って、その具体的な検討をする例が出てきている。これについて、堀智晴ほか「氾濫原における安全度評価と減災対策を組み込んだ総合的治水対策システムの最適設計」土木工学会論文集B 64巻1号，頁1，2008。
18. 答申・前揭註（3），頁26。

參、藉由計畫進行洪水風險管理——歐盟的對應策略

一、歐盟訂立「洪水風險評估與管理有關歐盟規範指令」

　　歐盟的水災，主要來自德國境內數條跨國境的國際河川，因其水位上升而引起跨國境水災。舉例而言，2002 年易北河水災，不僅僅德國，連上游的捷克也發生重大災害。當然對應此等對策，必須跨國協力共同加以因應。然而氣候變遷及無秩序的開發所導致的洪水災害增加，業已成為歐洲全面所關注的重要事項，歐盟於是對此更進一步祭出相關對策[19]，其結果為 2007 年 10 月共同訂立「洪水風險評估與管理有關歐盟規範指令」[20]。

　　這項指令的特色如同其名，將洪水災害視為「風險」，並依據「風險評估」、「風險管理」、「風險溝通」的規範，提出相對應的對策。這項風險論規範的運用，其實在歐盟法之化學物質管制等環境管制領域中，業已被廣泛使用[21]，然於這項指令主要是以自然產生的風險——洪水風險，為其新領域的適用嘗試。由於是「指令」（Richtlinie），其內容上對於歐盟成員國政府而言，必須透過內國法加以因應，以下僅就指令主要內容為概要介紹[22]。

二、風險評估、風險管理與風險溝通

　　關於「風險評估」階段，首先，成員國最遲至 2011 年 12 月止對於

---

19. 從来の制度や立法化のいきさつなどについて、Reinhardt, Der neueeuropäischeHochwassers chutz, NuR 2008,S.468ff.
20. Richtlinie 2007/60/EG des europäischenParlaments und Rates vom 23.10.2007 über die Bewertung und das Management vomHochwasserrisiken, ABl.L 288,S.27ff.
21. EUにおける化学物質規制について、さしあたり、山田洋「環境リスクとその管理－ナノ物質のリスク?」山田・リスクと協働の行政法，頁87，2013。
22. 内容の詳細については、Reinhardt, NuR 2008,S.469ff.

所有流域，必須依據地形圖及過去洪水紀錄等既存資訊，對於洪水風險實施預備性評估。其次，更進一步基於上述評估結果，成員國必須決定未來潛在可能發生重大洪水風險的區域，成員國最遲至 2013 年 12 月止必須製作「洪水危險地圖」（Hochwassergefahrenkarten）以及「洪水風險地圖」（Hochwasserrisikokarten）。此兩種地圖分別依據其洪水發生頻率而制定，前者必須更進一步納入可能淹水範圍、水位、流速等；至於後者則要將可能受害居民的數量、其經濟活動、危險設施等資訊記載於地圖之中 [23]。

其次，進入「風險管理」階段，依據上述兩種地圖，成員國必須最遲至 2015 年 12 月止，制定關於此等地區的洪水風險管理計畫。這項計畫中當然必須記載受害減少目標，與達成該等目標所應採取之措施等，至於詳細內容則委由各成員國制定。

最後，關於「風險溝通」部分，則強調對於洪水風險資訊民眾可接近性的保障。在制定上述計畫時，各利害關係人的參加也被明定其中，此舉也正反映近年來歐盟特別注重公眾資訊公開及直接參與的趨勢。

三、德國制定「水管理法」

承接上述歐盟規範，例如成員國之一德國，在 2009 年制定「水管理法」（Wasserhaushaltsgesetz）[24]，關於洪水對策部分，則規定於同法第 6 章洪水防禦篇，內容包含歐盟指令的內國法化在內最新洪水對策法制化的實踐。

首先，州政府對於所有流域，必須基於過去地形圖及過去洪水資

---

23. ここでの用語法は、EUやドイツにおいて頻繁に議論される「ハサード（危険）」と「リスク」の対比という用語法とは、かなり異なる。この点につき、Reinhardt, NuR 2008, S.470f.
24. GesetzzurOrdnung des Wasserhaushaltsvom 31.7.2009, BGBl. I S.2585ff.

料等既有資訊，並考量其頻率及受害程度，將具有重大洪水風險的區域劃定為「風險地區」（Risikogebiete）。其次，關於這些地區，必須調整其「危險地圖」及「風險地圖」，前者資訊中包含洪水發生的概然性及其水位範圍等；後者則必須記載對於居民數及經濟活動危險設施的受害預測。再者，在這些風險地區，主管機關最遲必須於 2015 年 12 月止，制定包括洪水受害減少目標及其對策在內的「風險管理計畫」（Risikomanagementplan）。其記載內容之大綱，則依據歐盟指令規定。具有特別高度洪水風險的地區則被指定為「浸水地區」，原則上禁止任何開發行為。

肆、日本最新嘗試

一、地方自治團體風行制定危險地圖

以上簡略介紹近年法制化後的歐盟水害對策法制，該等法制的基本精神，乃以洪水發生的風險為基本前提，同時盡可能地客觀評估其風險，並摸索對應因此而產生的危險，最後希望能將其降至最小化的方針。當然於歐洲各國，透過強化堤防等避免洪水發生的對策，也同時並行。然而易北河大洪水的教訓，導致各界關心的焦點轉向如何減少因淹水所導致的災害，這些轉變確實具有重要的意義 [25]。

近年來日本地方自治團體風行制定危險地圖，法律方面的水防法也規定，管理者必須指定淹水想定區域，然而此等規定對策侷限於淹水發生時居民避難等相關措施，除了欠缺如歐盟法制中預防受害所需的綜合性風險管理理念外，更不用說不可能存在管制地區開發的相關制度 [26]，因此當然在計畫法中，尚未出現得以因應洪水的城鄉營造思考內容。

---

25. この点につき、さしあたり、Reese, NuR 2011,S.19.

二、滋賀縣通過「流域治水基本方針」

　　然而近年來較值得關注者，為滋賀縣的新防水計畫對策。滋賀縣雖是圍繞琵琶湖的內陸縣，然而縣內人口大都集中居住在面臨湖畔的狹窄平原上。而該地也因地形之故，從四面險峻的山地上有眾多中小型河川朝湖宣洩而下，所以這地區長久以來即常遭受洪水災害的侵襲。與其他地區相同，隨著國家治水對策預算逐年遞減，但相對地因集中豪雨所引起的洪水災害則接踵而至。滋賀縣為了保護縣民生命與財產，不斷思索新的對策，另一方面伴隨震災等的影響，居民對於防災意識也不斷提升當中。在此等背景下，該縣於 2012 年 2 月議會通過「流域治水基本方針」[27]，而此方針經過長期討論結果，於 2014 年更正式進一步制定相關條例[28]。

　　這些條例中，除主要確認僅依賴堤防等設施建置並不足以抑制洪水外，並以此為前提評估各地居民生活流域地點的安全性，以提高其安全性為目標。所謂安全性，主要依據「床下浸水」、「床上浸水」、「家屋淹沒」、「家屋流失」的災害程序與發生頻率，加以評估，其後再以這些評估結果為前提，藉由有效的河川整治的「ながす」對策，與改善森林及水田保育措施，以提高貯水功能的「ためる」對策，除此之外，再加上透過計畫洪水及土地利用限制防止洪水災害擴大的「とどめる」對策，整治洪水發生時避難對策的「そなえる」對策等，種種對策都以洪水為前提的綜合推進政策。

---

26. わずかに、建築基準法39条に「災害危険区域」の指定と建築制限の制度が存在するが、従来、土砂崩れ対策が主流で、洪水対策に用いられた例は稀である。
27. 滋賀県流域治水基本方針（2012年3月）。
28. 滋賀県流域治水の推進に関する条例（2014年3月31日公布、同9月1日施行）。

三、土地利用管制是否納入對策的考量

承上所述，為防止洪水受害擴大，應留意大範圍土地利用管制是否得以納入對策之中。換言之，具體而言，預期每十年一次以上頻率會發生床上浸水地區，即不將此等地區編入可建築都市區域。再者，每兩百年一次以上頻率預期家屋淹水地區，則導入禁止住宅等的建築利用管制規範。除此之外，對於推動計畫洪水針對具有遊水機能地區的土地開發管制等等措施，皆為與土地利用限制連結而具有擴大防止洪水災害的對策[29]，乃本條例的特點。就此而言，或許未來日本也將更加重視以洪水發生為前提並立於多角化防止災害擴大對策，而未來滋賀縣的試行將成為注目的焦點。

伍、結論

回顧前言，為調適全球暖化的不確定因素，並同時因應伴隨而來的洪水風險，必須依據各地的狀況，採取包含各種措施在內的綜合性對策。此眾多對策中，土地利用的限制，可謂適用於風險最高區域的對策，也伴隨最嚴格的權利限制，可謂實效性最高的對策。然而不論任何國家，此等高風險地區中業已廣泛都市化，命令該地居民必須及時撤離的對策，不太具有實施之可能性。所以必須依據個別情況，一方面除適時地承認土地利用之外，另一方面為防止其惡化，以未來為導向適切地實施與該土地相符的利用行為。

既然未來仍繼續進行土地利用者，必須掌握其隨時發展的狀況外，並進行眾多的政策決定。至於洪水風險部分，同樣於社會情勢等具有眾多不確定因素，在現狀之下必須預測未來決定的內容，則有其難度。然

---

29. この条例について、山下淳「流域治水と建築制限」小早川古稀・現代行政法の構造と展開，頁633，2016。

而特別高風險地區，在進行未來決定之際，仍有必要將洪水防禦考量視為第一優先事項來進行規劃，若非如此，經濟利益將被優先考量，此等也是具有法拘束力的土地利用計畫所被期待的主要功能。先前介紹的德國淹水地區制度，正是為此目的而量身設計者，而該制度內關於未來預想的地區內土地利用，於眾多政策決定階段中，除重視洪水防禦的必要性外，並適切地將土地利用納入其規劃中。

柔性地對應未來不確實風險，絕非「頭痛醫頭、腳痛醫腳」的方式可以因應。對於未來事項應預先準備並持續進行風險評估，適時地檢視相關對策。再者，於相關制度中，必須明確地將應堅持及應最優先的價值納入其中，並予以事前規劃。這也正是具有強制力的法律或具有拘束力的計畫所被期待的功能。

關於以洪水防禦為主的氣候變遷應對，縱使在日本，這些相關制度的整備，未來成為必須迅速因應的重要事項。雖說國情不同，關於這些以未來為導向政策形成的場域上法定計畫的角色扮演，則必須持續關注海外先進國家最新動向，並有重新檢討的必要[30]。

30.本報告は、山田洋「洪水リスクへの法対応」山田・リスクと協働の行政法，頁163，2013、同「洪水防御と土地利用計画」一橋法学14巻2号，2015，頁345、を基にしている。

作者介紹（按各章次序排列）

◎林秉毅（第1章）

學歷
- 中國政法大學民商法研究所博士班畢業
- 中原大學財經法律系碩士班畢業

經歷

現任
- 亞洲大學財經法律系兼任講師
- 雲林縣不動產經紀人員職業工會理事長與地政士

曾任
- 家慶不動產股份有限公司負責人
- 禾霖地政士事務所負責人
- 雲林縣不動產經紀人員職業工會理事長

研究領域
民法、土地法規、土地稅法、不動產經紀法規

專業資格
- 地政士開業執照：（91）雲縣地登字第000434號
- 不動產經紀人證書：（91）雲縣地字第00075號

◎郭林勇（第2章）

學歷
中興大學法學士及法學碩士

經歷

現任
- 尚德法律事務所所長
- 亞洲大學財經法律系兼任副教授

曾任
- 法務部政務次長
- 第一屆及第六屆立法委員
- 行政院公投審議委員會委員
- 中華民國律師公會全國聯合會理事長
- 臺中律師公會理事長
- 律師職前訓練所所長
- 立法院最高顧問
- 新北市第一屆公民投票審議委員會委員
- 東海大學公共行政班、碩士班講座、中興大學講師

研究領域
一般民刑事訴訟、行政訴訟、跨國訴訟、仲裁、調解、專利

◎林心印（第2章）

學歷
- 交通大學科技法律研究所碩士
- 臺灣大學法學士

現任
- 尚德法律事務所律師
- 亞洲大學財經法律系兼任講師

研究領域
一般民刑事訴訟、行政訴訟

◎劉籐（第 3 章）

學歷
- 政治大學地政學系博士班肄業
- 政治大學地政研究所碩士

經歷

現任

逢甲、東海、亞洲等大學兼任講師

曾任
- 公務人員退休撫卹基金監理委員會
  執行祕書
- 公務人員退休撫卹基金管理委員會
  副主任委員
- 銓敘部主任祕書
- 前臺灣省政府公務人力培訓處
  副處長
- 前臺灣省政府公共事務管理處處長
- 前臺灣省政府地政處主任祕書

研究領域

土地法、土地利用及土地登記相關議題

◎王國治（第 4 章）

學歷

中國文化大學法學博士

經歷

現任
- 亞洲大學財經法律學系暨研究所副
  教授，兼系主任
- 財團法人犯罪被害人保護協會基隆
  分會委員
- 基隆地方法院刑事補償事件求償委員
- 考試院考選部命題兼閱卷委員

曾任
- 法務部評鑑委員
- 基隆地方法院調解委員
- 財團法人法律扶助基金會基隆分會
  審查委員
- 崇右技術學院財經法律系主任、
  資訊法律系主任

研究領域

民法、智慧財產權、醫療法律、
民俗調理業法

◎蔡清遊（第 5 章）

學歷

文化大學中山學術研究所博士

經歷

現任
- 臺灣大學國家發展研究所兼任教授
- 亞洲大學財經法律系兼任客座教授

曾任
- 司法院優遇大法官（96 － 104）
- 臺灣澎湖地方法院庭長
- 臺灣高等法院臺南分院法官
- 擔任司法院刑事廳長任內，推動司
  法改革
- 清華大學科技法律研究所、東海大
  學法律系、文化大學法律研究所兼
  任助理教授
- 獲選輔仁大學 98 學年度傑出校友
- 大法官助理

◎**謝如蘭**（第 6 章）
學歷
- 德國海德堡大學（Heidelberg Universität）法學博士
- 德國海德堡大學（Heidelberg Universität）法學碩士
- 東吳大學法律系

經歷
現任
- 亞洲大學財經法律系暨研究所專任副教授

曾任
- 東吳大學法律系兼任助理教授
- 德國 Roedl & Partner 法律暨會計事務所國際稅法部亞洲區法律顧問
- 中興銀行法務專員
- 香港上海匯豐銀行法務專員
- 中央研究院人文社會科學研究所公法組研究助理

研究領域
憲法、行政法、稅法、國際稅法

◎**施茂林**（第 7 章）
學歷
- 韓國又石大學名譽法學博士
- 臺灣大學法律系畢業

經歷
現任
- 中山醫學大學特聘講座教授（103.08.01 迄今）
- 臺灣法學研究交流協會理事長（103.02.13 迄今）

- 逢甲大學經營管理學院兼任講座教授（97.08.01 迄今）
- 亞洲大學財經法律學系暨研究所講座教授（97.08.01 迄今）

曾任
- 中華法律風險管理學會理事長（98.07.25 － 104.08.03）
- 東海大學，逢甲大學，靜宜大學，亞洲大學等兼任講師、副教授、名譽教授（69.08.01 － 97.07.31）
- 行政院政務委員兼法務部部長（94.01.31 － 97.05.20）
- 法務部政務次長（93.11.05 － 94.01.31）
- 桃園、臺中、高雄、臺北地方法院檢察署檢察長（86.08.13 － 93.11.05）
- 法務部參事、保護司司長（82.06.30 － 86.08.13）
- 臺灣高等法院臺中分院法官（74.10.28 － 82.06.30）
- 臺灣臺東、雲林地方法院法官兼庭長（73.08.06 － 74.10.28）
- 臺灣臺中地方法院法官（71.07.02 － 73.08.06）
- 臺灣臺中、福建金門地方法院檢察署檢察官（65.08.11 － 71.07.02）
- 臺灣省政府法規委員會編審（63.05.22 － 65.08.11）

研究領域
刑事法、財經法、司法保護、綜合法學、法律風險管理、法律創新意識

專業資格
- 高考 普通行政人員法制組及格
- 高考 律師考試及格
- 特考 司法人員推事檢察官考試及格

◎薛筱諭（第 7 章）

學歷

亞洲大學財經法律學系畢業

現任
- 中華法律風險管理學會學術研究委員會研究員
- 先進光電科技股份有限公司法務專員

研究領域

商事財經法

專業資格

不動產經紀人普通考試及格

◎蔡佩芬（第 8 章）

學歷
- 中正大學法學碩士、博士
- 東吳大學法律系學士

經歷

現任
- 亞洲大學財經法律系暨研究所專任副教授
- 考試院考選部司法特考、高普考命題委員
- 臺中市政府勞資爭議調解委員
- 臺中市政府勞資爭議仲裁委員
- 臺中市政府勞資爭議仲裁人
- 中華民國仲裁協會仲裁人
- 臺灣催眠學會理事
- 臺灣催眠學會法律顧問
- 臺灣正念學會法律顧問
- 高雄市中正大學校友會副會長
- 內政部不動產經紀營業員資格取得授課講師
- 內政部不動產經紀人專業訓練課程講師
- 內政部地政士專業訓練講師
- 國陞科技有限公司法律顧問
- 銓求償法律事務所法律顧問
- 主恩居家護理所法律顧問
- 代安居家護理所法律顧問
- 佳康居家護理所法律顧問
- 迦勒居家護理所法律顧問
- 高雄市真天巖慈善功德會法律顧問

曾任
- 財產法暨經濟法學會理事
- 臺中教師會法律顧問
- 財經立法促進院法政文教研究所教授
- 中正大學校友會常務理事
- 雲林科技大學兼任助理教授
- 中正大學兼任助理教授
- 中正大學兼任講師
- 雲林科技大學兼任講師
- 高雄市中正大學校友會發起人暨籌備代表
- 嘉祐耳鼻喉科法律顧問
- 臺中市交通事故鑑定委員會委員
- 亞洲大學學涯中心法律顧問
- 臺中逢甲大學、靜宜大學、僑光大學教師申訴評議委員會委員

研究領域

國際私法、海商法、刑事法、財經法、綜合法學

專業資格

中華民國仲裁人

◎**魏馬哲**（Mr. Matthias Wetzel）（第 9 章）

學歷

· 德國法蘭克福大學法學博士候選人
· 德國佛萊堡大學法律學系碩士
· 德國佛萊堡大學法律學系學士

現任

· 亞洲大學財經法律系暨研究所專任助理教授

曾任

· 德國德烈斯登大學法律學系民法暨智慧財產權法研究中心，助理教授
· 德國海德堡地方法院法官
· 德國 Dr. Weiss, Weiss & Brecht 商標專利法律事務所，律師
· 德國慕尼黑 Viering, Jentschura & Partner 商標專利法律事務所，資深律師
· 德國慕尼黑 Hammonds LLP 國際法律事務所，資深律師
· 德國慕尼黑 Heisse Kursawe Eversheds 國際法律事務所，經理

研究領域

智慧財產權法、經濟法、民法、法學英文、法學德文

◎**李東穎**（第 10 章）

學歷

德國波昂大學法學博士

現任

亞洲大學財經法律系暨研究所助理教授

曾任

· 司法院大法官助理
· 科技部人文社會科學研究中心博士後研究員

研究領域

憲法、行政法、政府採購法、金融管制

◎**賴苡任**（第 11 章）

學歷

· 北京大學法學院知識產權法學博士生
· 亞洲大學法學碩士

經歷

北京大學科技法律研究中心研究助理

研究領域

商標法、專利法、國際智慧財產權戰略研究

詹姆斯·庫珀（第 12 章）

（James M. Cooper）

學歷

劍橋大學法學碩士（國際法）

經歷

現任

美國加州西部法學院法律系教授，兼國際法研究主任

曾任
- UCSD 伯爵沃倫學院的客座教授
- UCSD 伊比利亞和拉丁美洲研究中心的訪問學者
- 德國吉森的 Justus Liebig 大學 Franz von Liszt 研究所的訪問教授
- 澳門大學的短期訪問學者
- 斯特拉斯克萊德大學法學院和多倫多大學法學院教授
- 擔任智利大學、海德堡大學和位於巴拉圭亞松森 CEDEP，以及海德堡拉丁美洲中心的學術人員
- 在球最大的律師事務所 Baker & McKenzie 工作

研究領域

國際商業交易、侵權行為、比較法、國際貿易法、拉丁美洲法律文化

◎林田富（第 13 章）

學歷

海洋大學海洋法學研究所法學碩士

經歷

現任

亞洲大學財經法律系暨研究所專任副教授兼產學長

曾任
- 靜宜大學法律系副教授
- 靜宜大學藝術中心主任
- 靜宜大學推廣教育中心城區部主任
- 逢甲大學藝術中心審議委員
- 彰化縣副縣長
- 彰化縣政府教育處長
- 彰化縣文化局長
- 臺灣時代文化藝術基金會董事長
- 中華民國大學藝文中心協會監事
- 國立臺灣美術館諮詢委員
- 省立臺灣美術館諮詢委員
- 席德進基金會董事
- 鹿港民俗文物館董事
- 彰化縣都市計畫審議委員會委員
- 彰化縣公共藝術審議委員會委員兼召集人
- 臺中縣政府公共藝術審議委員

研究領域

國際法、海洋法、海商法

著作
- 《釣魚臺列嶼主權歸屬之研究》，臺北五南，1999 年 9 月
- 《再論釣魚臺列嶼主權爭議》，臺北五南，2002 年 12 月

◎李維宗（第 14 章）

學歷

德國慕尼黑大學法學博士

經歷

現任

亞洲大學財經法律系暨研究所專任副教授兼人事室主任

曾任
- 軍法官
- 國防大學法律系主任兼法研所所長

研究領域
刑事法

◎朱武獻（第 15 章）
學歷
- 德國薩爾蘭大學法經學院博士
- 臺灣大學法律學系研究所碩士
經歷
現任
- 臺灣大學國家發展研究所兼任教授
- 亞洲大學財經法律系客座教授
曾任
- 銓敘部部長（2004.6 － 2008.5）
- 考試院祕書長（2001.9 － 2004.6）
- 行政院人事行政局局長
  （2000.5 － 2002.1）
- 行政院大陸委員會法政處處長
  （1980.1 － 1992.11）
研究領域
憲法、行政法、公務員法、兩岸法制、
宗教法制

◎唐淑美（第 16 章）
學歷
英國雪菲爾大學法學博士
經歷
現任
- 亞洲大學財經法律學系暨研究所教授
曾任
- 亞洲大學財經法律學系系主任
- 英國愛丁堡大學訪問學者

研究領域
新興科技法律與風險治理、醫療法、
科技倫理

◎張智聖（第 17 章）
學歷
中山大學中山學術研究所社會科學博士
現任
亞洲大學財經法律學系暨研究所專任
助理教授
研究領域
憲法、行政法、海商法、土地法規、
法律風險管理

◎山田洋（第 18 章）
學歷
日本一橋大學法學博士
經歷
- 一橋大學法學部助手（1982.4）
- 西南學院大學法學部 任講師
  （1982.10）
- 西南學院大學法學部助教授
  （1984.4）
- 西南學院大學法學部教授（1990.4）
- 東洋大學法學部教授（1995.4）
- 一橋大學法學部教授（1998.4）
- 一橋大學大學院法學研究科教授
  （1999.4）
- 政府公共信息和個人信息保護審查
  委員會（總務省部）

- 日本國土資源部，基礎設施發展委員會委員（基礎設施和運輸）
- 日本國稅廳全國委員會委員
- 東京都政府信息公開與個人信息保護審查委員會等

研究領域

大型設施的安裝過程法律結構、德國環境行政法和歐盟、道路環境規劃法埋論、風險與合作行政法

法律探微今與明的新學思

2017年3月初版　　　　　　　　　　　　　　　定價：新臺幣680元
有著作權‧翻印必究
Printed in Taiwan.

合　　　著	亞　洲　大　學	
	財經法律系教授	
主　　　編	施　茂　林	
	蔡　佩　芬	
總　編　輯	胡　金　倫	
總　經　理	羅　國　俊	
發　行　人	林　載　爵	

出　版　者	聯經出版事業股份有限公司
地　　　址	台北市基隆路一段180號4樓
編輯部地址	台北市基隆路一段180號4樓
叢書主編電話	(02)87876242轉223
台北聯經書房	台北市新生南路三段94號
電　　　話	(02)23620308
台中分公司	台中市北區崇德路一段198號
暨門市電話	(04)22312023
台中電子信箱	e-mail：linking2@ms42.hinet.net
郵政劃撥帳戶第0100559-3號	
郵撥電話	(02)23620308
印　刷　者	世和印製企業有限公司
總　經　銷	聯合發行股份有限公司
發　行　所	新北市新店區寶橋路235巷6弄6號2樓
電　　　話	(02)29178022

叢書主編	鄒　恆　月
叢書編輯	王　盈　婷
協力編輯	鄭　秀　娟
封面設計	林　芷　伊
內文排版	林　婕　瀅

行政院新聞局出版事業登記證局版臺業字第0130號

本書如有缺頁，破損，倒裝請寄回台北聯經書房更換。　　ISBN　978-957-08-4892-2 (平裝)
聯經網址：www.linkingbooks.com.tw
電子信箱：linking@udngroup.com

國家圖書館出版品預行編目資料

法律探微今與明的新學思/亞洲大學財經法律系
教授合著．施茂林、蔡佩芬主編．初版．臺北市．聯經．
2017年3月（民106年）．576面．17×23公分
ISBN　978-957-08-4892-2（平裝）

1.法律　2.文集

580.7　　　　　　　　　　　　　　　　　106001739